Francis Trochu

Der Pfarrer von Ars

«Gott sei gepriesen! Mut, meine Seele! Die Zeit vergeht, die Ewigkeit kommt. Wir sollen leben, wie wir einmal sterben wollen. Gepriesen sei die heilige und unbefleckte Empfängnis der allerseligsten Jungfrau und Mutter Gottes Maria!»

Johannes-Maria-Baptist Vianney
im Alter von ca. 13 Jahren

«Der Pfarrer von Ars bleibt für alle Länder ein unvergleichbares Vorbild der Erfüllung des Dienstes und zugleich der Heiligkeit des Dieners.»

Papst Johannes Paul II.

VIA·VERITAS·VITA

Francis Trochu (1877-1967)

Als Francis Trochu in Ars Exerzitien machte, wurde er von Monseigneur Hippolyte Convert ganz spontan gefragt, ob er bereit wäre, das Leben von Johannes-Maria-Baptist Vianney zu beschreiben. So kam er zu seiner Berufung als Hagiograph. Mit der Biographie des Pfarrers von Ars ist ihm ein Meisterwerk gelungen.

FRANCIS TROCHU

Der Pfarrer von Ars

Johannes-Maria-Baptist Vianney
1786 - 1859

Von der Académie Française
preisgekrönte Biographie

CHRISTIANA-VERLAG
STEIN AM RHEIN

Francis Trochu – Biographische Notizen

** 5. Oktober 1877 in Nort sur Erdre, † 8. Mai 1967 in Nantes. Priesterweihe 1901. Doktorat in Literatur 1925. Professor am Lyzeum Saint Stanislas, Direktor der «Religiösen Woche» 1935-60, Hausprälat 1943 im «Maison de la Sainteté», Apostolischer Protonotar 1959. Seine Biographie «Der hl. Pfarrer von Ars» wurde von der Académie Française preisgekrönt.*

Titel der französischen Originalausgabe «Le Curé d'Ars, Saint Jean-Marie-Baptiste Vianney», nach allen Akten der Heiligsprechung und zahlreichen unveröffentlichten Dokumenten zusammengestellt.
20. französische Auflage. Editions Résiac, F-53150 Montsurs.

Aus dem Französischen übersetzt von P. Justinian Widlöcher OFMCap, überarbeitet von Maria Branse und dem Christiana-Team.

Fotonachweis:
Sämtliche Farbfotos inklusive 1. und 4. Umschlagseite und folgende s/w-Fotos: Seiten 121, 225, 269, 454 stammen von Josef A. Slominski, Foto-News-Design, D-40885 Ratingen.
Mit freundlicher Genehmigung des Theresia-Verlages, Don Francesco Bachmann, CH-6424 Lauerz, haben wir folgende Fotos aus seinem Werk «Vianney, Meine lieben Zuhörer. Die Predigten des hl. Pfarrers von Ars» entnommen: Seiten 94, 231, 352, 505

2. Auflage 2006: 5. -7. Tsd.

Satz und Layout: Christiana-Verlag
Druck: CPI Moravia Books, CZ-69123 Pohorelice
Printed in Czech Republic

Bibliografische Information der Deutschen Bibliothek

Die Deutsche Bibliothek verzeichnet diese Publikation in der Nationalbibliografie; über http://dnb.ddb.de abrufbar.

ISBN 3-7171-1088-8 (978-3-7171-1088-0)

Inhaltsverzeichnis

Vorwort des Verlegers 7
Vorwort des Verfassers 10
Mutter und Kind 1786-1793 13
Ein Hirtenknabe
in der Schreckenszeit 1793-1794 20
Schule, erste Beichte
und Kommunion 1794-1799 30
In Feld und Reben 1799-1805 37
Ein Spätberufener 1805-1809 48
Fahnenflüchtig 1809-1811 55
Studienjahre 1812-1815 72
Vom Subdiakonat zum Priestertum 1814-1815 82
Vikar in Ecully 1815-1818 86
Ankunft ini Ars und erste Fühlungnahme 95
Gebet und Buße 105
Der Kampf gegen die religiöse Unwissenheit 112
Der Kampf gegen die Sonntagsarbeit,
die Schenken und das Fluchen 122
Der Kampf gegen das Tanzen 129
Umbau der alten Kirche in Ars 142
Die großen Prüfungen der ersten Jahre:
Verlcumdungen und Versuchungen 148
Fortschritte im Guten und apostolische Arbeiten .. 160
Die «Vorsehung» von Ars 174
«Ars ist nicht mehr Ars!» 189

Der Pfarrer von Ars und der Teufel 207
Die Anfänge der Wallfahrt und die hl. Philomena .. 226
Der Widerspruch des Klerus 232
Der Beichtvater 247
Der Seelenführer 270
Das Tagewerk des Pfarrers von Ars
und sein Innenleben 284
Das Verlangen nach Einsamkeit 303
Die Aufhebung des Waisenhauses 326
La Salette 336
Ehrenkanonikus, Ritter der Ehrenlegion,
das Fest vom 8. Dezember 1854 345
Auf dem Weg zum
«Trappistenkloster» La Neylière 353
Das Charakterbild des Heiligen 367
Eine Wolke von Zeugen 385
Demut und Liebe zur Armut 394
Geduld und Abtötung 414
Die Gabe des Hellsehens und Voraussagen
des Pfarrers von Ars 430
Die Wunder 456
Die großen mystischen Tatsachen 467
Das letzte Jahr eines Heiligen 1858-1859 483
Letzte Krankheit und Tod 490
In der Glorie 500

Vorwort des Verlegers

Wenn eine Stelle in der Heiligen Schrift auf Johannes-Maria Vianney zutrifft, dann ist es der erste Korintherbrief, 1,26-29: «Seht doch auf eure Berufung, Brüder! Da sind nicht viele Weise im irdischen Sinn, nicht viele Mächtige, nicht viele Vornehme, sondern das Törichte in der Welt hat Gott erwählt, um die Weisen zuschanden zu machen und das Schwache in der Welt hat Gott erwählt, um das Starke zuschanden zu machen. Und das Niedrige in der Welt und das Verachtete hat Gott erwählt: das, was nichts ist, um das, was etwas ist, zu vernichten, damit kein Mensch sich rühmen kann vor Gott.» Der Pfarrer von Ars bekennt: «Gott hat mir in seiner großen Barmherzigkeit nichts gegeben, worauf ich mich stützen könnte, weder Talent noch Wissenschaft, weder Weisheit noch Kraft oder Tugend. Wenn ich mich recht betrachte, so entdecke ich an mir nichts als meine armen Sünden.» Im Studium war er der Letzte, er tat sich ungeheuer schwer und wurde sogar einmal wegen Unfähigkeit entlassen. Aber er gab nicht auf.

Wie kommt es nur, dass ausgerechnet die Biographie dieses einfachen Priesters, der keine Geistesgröße war und der nie einen akademischen Grad bekommen hatte, vom höchsten akademischen Gremium Frankreichs, von der Académie Française, preisgekrönt wurde? Es gibt dafür nur eine Erklärung: Sein Herz war ein Schmelztiegel der Gottesliebe, sein Mund war ein Sprachrohr des Heiligen Geistes.

Die ganze Natur erinnert ihn an die Güte und Weisheit seines Schöpfers. Jede Blume ist ihm ein Lächeln Gottes, jedes Vogellied bringt seine Seele zum Klingen. «Ihr wisst nicht, was ihr singt, wie schade, ihr singt das Lob Gottes.» Wehmut packt ihn: «Arme Vögel, euch hat Gott zum Singen erschaffen und ihr singt. Gott hat den Menschen zum Lieben erschaffen, aber er liebt nicht.»

Das Gebet, für ihn so selbstverständlich wie das Atmen, begleitet sein Tagewerk. Er braucht nicht viele Worte. Gebet ist für ihn ein bewusstes, liebendes Bei-Gott-sein. «Auf, meine Seele! Du wirst mit dem lieben Gott verkehren, mit ihm arbeiten, mit ihm gehen, mit ihm kämpfen und leiden. Du arbeitest, aber er segnet deine

Arbeit. Du gehst, aber er segnet deine Schritte. Du leidest, aber er segnet deine Tränen. Wie groß, wie edel, wie tröstlich ist es, alles mit dem lieben Gott und unter seinen Augen zu tun, zu denken, dass er alles sieht, alles zählt ...!»

Im Sommer 1857 nahmen zwei Mädchen mehr aus Neugierde am Katechismus-Unterricht des Pfarrers von Ars teil. Eines der Mädchen nannte den Pfarrer eine «Karikatur». Johannes-Maria Vianney blieb der Spötterin die Antwort nicht schuldig: «Gelt, Fräulein, es ist sinnlos, soweit hierher zu kommen, um eine Karikatur zu sehen!»

Das Mädchen war betroffen. Wie konnte der Pfarrer die leise Bemerkung gehört haben? Nach der Christenlehre bat es den Pfarrer herzlich um Entschuldigung. «Zur Buße», sagte dieser, «gehen Sie beichten und morgen früh kommunizieren.» Dann nahm er die Freundin des Mädchens beiseite und bat sie: «Haben Sie bei der Heimkehr ein Auge auf Ihre Reisegefährtin. Es wird ihr ein Unglück zustoßen.» Glücklich, dass ihr Ausflug als Wallfahrt geendet hatte, brachen die beiden Mächen auf. Die Freundin hatte die Mahnung des Pfarrers bereits vergessen, als ihre Begleiterin plötzlich laut aufschrie. EineViper hatte sie in die Wade gebissen. Die Arme starb auf der Stelle. Ab und zu lässt Gott seiner, aber auch seiner Diener nicht spotten; das hatte schon der Prophet Elisäus erfahren.

Wie andere Heilige hatte auch Johannes-Maria Vianney unter schweren dämonischen Quälereien zu leiden. Die stärksten Männer des Dorfes waren Augenzeugen. Durch den Mund einer Besessenen hat Satan Zeugnis abgelegt für ihn: «Gäbe es drei wie du auf Erden, es wäre aus mit meinem Reich.»

Die vorliegende Biographie des Pfarrers von Ars, geschrieben von Francis Trochu, gilt als klassisches Meisterwerk der Hagiographie und wurde in viele Sprachen übersetzt. Der Autor hat nicht nur alle Akten der Selig- und Heiligsprechungsprozesse verarbeitet, sondern dazu noch die gesammelten Predigten des Pfarrers von Ars, die kostbare Schätze enthalten, und viele andere Dokumente, die er in seinem Vorwort aufzählt. Der zuständige Bischof Adolphe Manier von Belley hat dies in seinem Brief vom 1. Mai 1925 an Francis Trochu voll anerkannt und hat ihm folgendes Zeugnis ausgestellt: «... Um das Leben des Pfarrers von Ars in seiner ganzen Größe und Schönheit mit der ansteckenden Frömmigkeit und Innigkeit schreiben zu können, haben Sie sich von Ars' religiöser Atmosphäre durchseelen lassen; Sie sind über die Stätten gepilgert, die der Fuß des Gottesmannes geheiligt hat; Sie haben lange vor seinen heiligen Überresten gebetet, in der Kirche, die noch von seinen heißen Gebeten duftet und von seinen glühenden Worten nachtönt, in dem gesegneten Heiligtum, wo Gottes Gnade unzählige Wunder gewirkt hat zur Auferweckung und Neubelebung der Seelen.

Auf den Fliesen, die der heroische Büßer oft mit dem Blut seiner Geißelschläge gerötet hat, neben dem Bett, in dem er seine Seele mit einem Akt höchster Liebe Gott zurückgab, hier haben Sie die ergreifende Seite seines Todeskampfes und seines Heimganges geschrieben.

Im Bewusstsein, dass Ihre Aufgabe als Historiker auch Apostelpflicht bedeutet, haben Sie sich bemüht, die Lehren dieses erhabenen Dieners Gottes zu verkünden und im schlichten Dorfpfarrer das vollendete Vorbild des Seelsorgpriesters zu zeichnen: den Engel der Geduld, den Seraph der Liebe, das Abbild Christi in seiner Güte und Milde, den Nacheiferer des heiligen Täufers in seiner ununterbrochenen Kasteiung. Durch Ihr Lebensbild tragen Sie mächtig dazu bei, dass des Heiligen gewaltige Wirkkraft auf die Seelen fortdauere und er auch in Zukunft die Menschen zur Übung evangelischer Tugend und zu christlicher Lebensheiligung anleite.»

Der große Priestermangel ist zur brennendsten existenziellen Sorge der Kirche geworden. Die Priester sind die Elite in der Nachfolge Christi. Der Priester hat mit Gott zu tun und daher passt sein Beruf in kein normales Schema; darum kann der Zeitgeist mit ihm nichts anfangen.

Vom Aufgang der Sonne bis zum Untergang bringen Priester das Opfer des Neuen Bundes dar. Sie tun dies nicht in ihrem Namen, sondern im Namen Christi. Um sich dieses hohen Amtes würdig zu erweisen, verzichten die Priester um des Himmelreiches willen freiwillig auf die Ehe. Johannes-Maria Vianney war mit der ganzen Leidenschaft seiner Seele Priester des Allerhöchsten und hat in seinem Namen unzählige Wunder an den Seelen vollbracht. Wenn einer junge Männer für dieses hohe Ideal begeistern und hinreißen kann, dann ist es der Pfarrer von Ars. Aber auch Laien fasziniert das Leben dieses charismatischen Gottesmannes.

Arnold Guillet

Vorwort des Verfassers

Wir bieten die erste Biographie des hl. Pfarrers von Ars, die sich auf die Dokumente des Selig- und Heiligsprechungsprozesses stützt. Dank dem Entgegenkommen von Bischof Manier von Belley konnten wir für unsere Arbeit nicht nur den Informationsprozess der Diözesanbehörde (1862 bis 1865), sondern auch die drei apostolischen Prozesse berücksichtigen, die in den Jahren 1874 bis 1886 vom Heiligen Stuhl durchgeführt wurden.

Bereits die Zeugnisse dieser Prozessakten lieferten dem Verfasser eine solche Fülle erstklassigen Materials, dass es auf den ersten Blick allein hätte ausreichen müssen, die wundersame und überwältigende Gestalt des hl. Johannes-Maria-Baptist Vianney ins rechte Licht zu rücken. Sie bilden eine reiche Fundgrube an Tatsachen und bieten zugleich die beste Gewähr für Zuverlässigkeit.

Von zuständigen Richtern finden wir hier die Aussagen der Personen gesammelt, die den Pfarrer von Ars am besten gekannt haben; hier sprechen seine Schwester Margaret, seine Jugendgespielen, seine Mitschüler vom Seminar, seine Pfarrkinder, seine Amtsbrüder, die Priester, die ihm in seiner heroischen Arbeit zur Seite standen. Alle diese Zeugen sind ernst zu nehmen und glaubwürdig, sind weder von Leidenschaft noch Voreingenommenheit geblendet, tief gläubige Seelen, die sich durch einen feierlichen, auf die Evangelien abgelegten Eid gebunden haben.

Und man hat nicht zwanzig oder dreißig Jahre gewartet, um diese Zeugen zu Wort kommen zu lassen. Der unschätzbare Vorteil dieses Seligsprechungsprozesses ist der Umstand, dass er sofort nach Vianneys Heimgang eingeleitet wurde. So fand die Legende nicht Zeit, die noch scharf umrissenen Züge im Andenken der Beteiligten umzugestalten und zu entstellen.

Außer den fünf Foliobänden der Prozessakten konnten wir zahlreiche Manuskripte des Pfarrarchivs benützen:

1. Die drei aufeinander folgenden Fassungen des Petit Mémoire sur M. Vianney von Katharina Lassagne aus Ars.

2. Die Notizen (ohne Zeitangabe), die der aus Ars gebürtige Priester Renard gesammelt hat.

3. Ein von Toccanier, seinem damaligen Hilfspriester und späteren Nachfolger, im Jahre 1855 niedergeschriebenes Tagebuch.

4. Ein fragmentarisches Leben des Pfarrers von Ars (193 Folioseiten), das sein Vikar Raymond von 1845 bis 1853 verfasst hat.

5. Die Sammlung der zahlreichen Untersuchungen, die Kanonikus Ball, der dritte Nachfolger des Heiligen, über die Vianney zugesprochenen Tatsachen von Hellsehen durchgeführt hat.

6. Zwei Hefte Notizen mit den mündlichen Überlieferungen der Dorfältesten, ehemaliger Pfarrkinder Vianneys.

7. Drei Mémoires sur Vianney, Curé d'Ars, die wir der Feder von Johannes-Claudius Viret aus Cousance (Jura) verdanken.

8. Eine Notice historique sur la Providence d'Ars, oeuvre du bienheureux Vianney, von Kanonikus Béréziat, dem Hausgeistlichen am Mutterhaus der Sankt-Josephs-Schwestern von Bourg.

9. Zahlreiche Briefe, die von Vianney, Vicomte d'Ars, Frau Prosper des Garets, Toccanier und andern stammen.

Des weiteren haben wir die Staatsarchive von Paris und Trévoux, die Diözesanarchive von Lyon und Belley durchforscht, ferner eine ganze Reihe von Denkschriften, Berichten, Briefen ausgebeutet.

Vor allem haben wir Vianneys gesammelte Predigten, die Annales d'Ars und die verschiedenen Biographien des Heiligen zu Rate gezogen. Die Annales d'Ars erscheinen seit Juni 1900.

Von den verschiedenen bis heute veröffentlichten Lebensbeschreibungen unseres Heiligen sind nur zwei von Bedeutung:

1. Le Curé d'Ars, vie de M. Jean Baptiste Marie Vianney, par l'abbé Alfred Monnin (2 volumes in 8°, Paris, Douniol, 1861).

2. Le bienheureux Curé d'Ars (1786-1859), par Joseph Vianney, Paris, Lecoffre, 1905.

Die von Monnin verfasste Biographie hat viele Auflagen erlebt. Ihr Vorteil: Monnin hat den Heiligen persönlich gekannt.

Unsere Erforschung der Quellen hat es uns ermöglicht, mehrere unklare und dunkle Punkte klar zu stellen, vor allem Johannes-Maria Vianneys Aufenthalt in Les Noës von 1809 bis 1811, sein Leben im Lyoner Großen Seminar von 1813 bis 1814, die Verleumdungen, deren Opfer er in den ersten Jahren seiner Pfarrtätigkeit geworden ist, die moralische Umwandlung seiner Pfarrei, Gründung und Fall der *Vorsehung* von Ars, die Widersprüche, unter denen der junge Pfarrer von Seiten seiner Mitbrüder zu leiden hatte, den Zwischenfall von La Salette, die «Flucht» nach dem «Trappistenkloster» von La Neylière, letzte Krankheit und Tod.

Am 9. Februar 1818 begibt sich Johannes Maria Vianney von Ecully nach Ars, seinem neuen Wirkungsort. Es ist kalt und neblig. Er ist müde, denn er hat schon dreißig Kilometer zurückgelegt und ist offenbar vom Weg abgeirrt. Plötzlich hört er Kinderstimmen. Es sind Hirten, die ihre Herde weiden. Der neunjährige Anton Givre zeigt ihm den Weg nach Ars. Der Pfarrer dankt ihm herzlich mit den Worten: «Du hast mir den Weg nach Ars gezeigt, mein kleiner Freund, ich werde dir dafür den Weg zum Himmel zeigen.» Der Pfarrer von Ars hat Wort gehalten.

Mutter und Kind 1786-1793

Peter Vianney wohnte mit seiner Gattin Maria Charavay in dem Flecken Dardilly im Lyoner Bergland. Gern öffnete er sein wohlhabendes, echt christliches Bauernhaus allen Unglücklichen, die an seine Tür pochten. Der Ruf dieser gastlichen Güte sollte im Jahre 1770 an seinen Herd einen Bettler locken, der ein Heiliger war.

Von Skrupeln geplagt, hatte Benedikt Labre die Trappistenabtei von Sept-Fonts verlassen, wo er sein Noviziat unter dem Namen Bruder Urban angetreten hatte. Nun war ihm sein Beruf als «ewiger Pilger und Fremdling» aufgegangen, und er hatte sich auf den Weg nach Rom gemacht.

Die erste größere Rast gönnte er sich in Paray-le-Monial, wo er lange in der Erscheinungskapelle betete. Von Paray ging es weiter nach Lyon. Anstatt bis in die Stadt hinunter zu steigen, zog er es vor, bei einbrechender Nacht im Dorf Dardilly Herberge zu suchen. Arme lenkten gerade ihre Schritte zum Haus von Peter Vianney. So folgte er ihnen.

Benedikt Labre trug damals eine wunderliche Tracht. Den Novizenrock, den man ihm beim Austritt aus dem Kloster gelassen hatte, behielt er an. Von der Schulter hing der Bettelsack. Ein Rosenkranz schlang sich um seinen Hals. Ein Kupferkreuz glänzte auf seiner Brust. Ein Brevier, eine Nachfolge Christi, ein Evangelienbuch waren sein ganzes Reisegepäck.

In dieser Aufmachung betrat er den bescheidenen Hof vor dem niedrigen Wohngebäude der Vianneys. Der Hausvater nahm ihn auf, wie er alle Armen willkommen hieß. Die Kinder betrachteten teilnahmsvoll und mitleidig diesen Armen, in dem sie, wie sie es von Vater und Mutter gelernt hatten, Jesus Christus in Person sahen.

Einer der fünf Knaben, Matthäus, war zugegen. Ohne jegliche Vorahnung, dass er der Vater eines anderen Heiligen sein werde, versenkte er sich in den so auffallend bleichen und milden Gesichtsausdruck dieses jungen Bettlers, dessen Finger nicht von den Rosenkranzperlen ließen.

In der geräumigen Küche, nicht weit vom Kamin, an dem sechzehn Jahre später das gottbegnadete Kind seine bloßen Füße wärmen sollte, setzte sich Benedikt Labre mit seinen Leidensgefährten vor die dampfende Schüssel. Zur Suppe erhielten sie noch

Speck und Gemüse. Nach Tisch verrichteten sie das Dank- und Nachtgebet. Dann legte sich das fahrende Volk über dem Backofen auf einem guten Strohlager schlafen.

Am nächsten Morgen bedankten sie sich beim Abschied. Der eine von ihnen, dieser junge zwanzigjährige Bursche mit den feinen Zügen, dem edlen, gar nicht bettlergleichen Benehmen, kleidete seinen Dank in Worte, die von Bildung und tiefer Frömmigkeit zeugten. Wie groß war aber erst die Überraschung von Peter Vianney, als er von dem armen Pilger einen Brief erhielt! Benedikt schrieb nur ganz selten. Hier musste es ihm die Gastlichkeit von Dardilly angetan haben. Vielleicht hatte er auch gotterleuchtet das Kommen des Gnadenkindes voraus gefühlt, das ewigen Glanz über dieses Dach strahlen sollte.

Acht Jahre später, am 11. Februar 1778, heiratete Matthäus Vianney in Ecully, einem kaum eine Wegstunde von Dardilly entfernten Dorf, Maria Beluse. War schon Matthäus ein rechtschaffener Christ, so brachte ihm seine junge Gattin als beste Morgengabe einen Glauben mit, in dem sich kluge Weisheit mit tätigem Eifer paarten. Gott segnete ihren Bund. Kinder, die nach dem frommen Brauch der Zeit noch vor der Geburt Unserer Lieben Frau geweiht wurden, hatten sie sechs: Katharina, die als Jungvermählte starb; Johanna Maria, die fünfjährig in den Himmel heimging; Franz, der spätere Erbe des väterlichen Hofes; Johannes-Maria, den die Welt nur unter dem Namen Pfarrer von Ars kennen wird; Margaret, die allein von allen Vianney-Kindern ihren heiligen Bruder um viele Jahre überlebte; endlich ein zweiter Franz, «Nesthocker» genannt, der Dardilly als Soldat verließ und nie mehr wiederkehrte.

Johannes-Maria kam am 8. Mai des Jahres 1786 gegen Mitternacht auf die Welt und wurde noch am gleichen Tag getauft. Paten waren Johannes-Maria Vianney, ein nachgeborener Bruder seines Vaters, und seine Frau Franziska Martinon. Vom Paten erhielt das Taufkind seinen Vornamen.

Kaum dass dieser Jüngstgeborene die äußeren Dinge wahrnehmen konnte, hatte seine Mutter auch schon ihre Freude daran, ihrem Liebling – denn das war er allem Anschein nach – das Kruzifix und all den frommen Wandschmuck des Bauernhauses zu zeigen. Und als sich erst die Ärmchen leichter aus den Wickeln lösten, führte sie auch sofort sein tastendes Händchen von der Stirn zur Brust und von der Brust zu den Schultern. Gar bald war dem Wickelkind diese Handbewegung in Fleisch und Blut übergegangen; denn eines Tages – Johannes war damals etwa fünfzehn Monate alt – hatte die Mutter vergessen, ihm vor der Suppe zum Kreuzzeichen nachzuhelfen; da biss der kleine Tropf die Zähne aufeinander und schüttelte mehrmals nein, nein mit dem Kopf. Maria Vianney verstand, was ihr das Kind bedeuten wollte.

Und kaum hatte sie seine kleine Hand über Stirn und Brust und Schultern geführt, als sich auch schon die zusammengebissenen Lippen von selber lösten.

Soll das heißen, Johannes-Maria Vianney «habe schon von seiner Wiege an untrügliche Zeichen seiner zukünftigen Heiligkeit» gegeben, wie es vom hl. Raymund Nonnatus heißt, vom hl. Kajetan, dem hl. Alphons von Liguori, der hl. Rosa von Lima und vielen andern?

Keines von allen erhaltenen Zeugnissen spricht von einem solchen Wunder. Aber sein Gemüt hatte sich früh allem Frommen erschlossen und war leichter und inniger als die übrigen Geschwister auf die fromme Sorge seiner Mutter eingegangen. Er war eine jener begnadeten Naturen, die es zu Gott hindrängt. Schon vom achtzehnten Monat an kniete er – zweifellos aus Nachahmungstrieb – beim Abendgebet der Familie neben den Geschwistern und faltete sorgfältig seine Patschhändchen.

Nachher legte ihn seine fromme Mutter schlafen, beugte sich vor dem letzten Gutenachtkuss noch einmal über ihn und flüsterte ihm vom Jesuskind, von der Gottesmutter, von seinem Schutzengel liebes Gedenken ins Ohr. Unter der Süßigkeit dieser Mutterworte schlief der Knabe ein.

Der kleine Johannes-Maria wuchs heran, machte seine ersten Gehversuche durch Haus und Hof, immer neben der vielbeschäftigten Mutter her. Während sie den häuslichen Arbeiten nachging, unterwies sie den Kleinen mit innigen Worten und kindlichen Bemerkungen. So prägten sich neben dem Vaterunser und Gegrüßet-seist-du-Maria die ersten Ahnungen von Gott und Seele seinem Gemüt ein. Auch stellte ihr der aufgeweckte Knabe allerlei Fragen. Am meisten beschäftigten ihn die Geheimnisse der Kindheit Jesu, allen voraus Weihnachten mit den Hirten.

Manchmal zog sich dieses herzige Geplauder von Mutter und Kind in die Nacht hinein weiter. Um den Gottestaten der Heiligen

Schrift lauschen zu können, blieb Johannes-Maria mit seiner Mutter länger auf, zusammen mit der frömmsten seiner Schwestern, Katharina. Zuweilen «kniete er sich dabei auf die Steinfliesen hin, faltete seine Hände und barg sie in denen seiner Mutter».

In der schönen Jahreszeit ging Matthäus Vianney schon frühzeitig aufs Feld. Im Laufe des Tages kam seine Gattin mit ihrer kleinen Welt zu ihm hinaus gezogen. Einige Schritte voran liefen Katharina und Franz, der Älteste; sie trieben mit der Gerte die Kühe und Schafe des Hofes vor sich her. Auf einem Esel folgten Johannes-Maria und Margaret, die man «Gothon» rief.

Auf der Wiese angekommen, tollte die Schar miteinander im Gras oder hütete die Herde auf der Weide. Und da brachte gerade Johannes-Maria, der aufgeweckte Wildfang, Leben ins Kinderspiel. Der Kleine war nämlich keineswegs – wie es sein erster Biograph nahe legt – eines jener jungen Wesen, denen die herzige Frische und Lebhaftigkeit ihres Alters abgeht. Bei diesem Buben mit den blauen Augen, dem braunen Haar, der matten Hautfarbe und dem lebhaften Blick schloss die früh aufgeblühte Frömmigkeit keineswegs ein gewisses natürliches Ungestüm aus. «Er hatte von Natur aus einen übersprudelnden Charakter.»

Später hat er um die Tugend abgeklärter Milde in langem, verdienstreichem Bemühen ringen müssen. Bei alledem verstand es dieser nervöse Knabe von Kind auf, sich zu beherrschen. Seine verständnisvolle Mutter, welche die Wirkkraft des Beispiels richtig einschätzte, stellte ihn oft seinen Geschwistern als Muster vor. «Schaut», sagte sie ihnen, wenn sie nicht aufs Wort folgen wollten, «schaut, Johannes-Maria ist gehorsamer als ihr. Er tut ohne Zögern, was ich sage.»

Einmal allerdings forderte dieser Gehorsam Tränen. Johannes-Maria besaß einen hübschen Rosenkranz, an dem er mit ganzem Herzen hing. Gothon, seine um achtzehn Monate jüngere Schwester, fand die Perlen auch nach ihrem Geschmack und wollte sie selbstverständlich besitzen. Zwischen Bruder und Schwester folgte eine Szene: Schreien, Stampfen, aufeinander Losgehen.

Da lief der Kleine niedergeschlagen zu seiner Mutter. «Mein Liebling, gib deinen Rosenkranz Gothon», sagte sie lieb und eindringlich zu ihm, «... gelt, du gibst ihn ihr aus Liebe zu Gott.» Johannes-Maria schluchzte auf und reichte den Rosenkranz hin, der damit in andere Hände überging. Das bedeutete für das Kind von vier Jahren ein grosses Opfer.

Um seine Tränen zu trocknen, verhätschelte und verzärtelte ihn seine Mutter keineswegs. Sie schenkte ihm eine kleine holzgeschnitzte Muttergottesstatue. Oft hatte der Kleine zu diesem grob gearbeiteten Bild droben auf dem Kaminsims der Küche mit heimlichem Begehren hinauf geschaut. Nun gehörte es ihm, ihm allein! Welch ein Glück! «Oh, wie habe ich diese Statue gern gehabt!», gesteht er sechzig Jahre später; «ich konnte mich Tag und Nacht nicht davon trennen und wäre nicht eingeschlafen, ohne sie neben mir im Bett zu haben ... Die Liebe zur Gottesmutter – das ist meine älteste Liebe: Sie habe ich geliebt, noch bevor ich sie kannte.»

Zeugen seiner ersten Kinderjahre, insbesondere seine Schwester Margaret, haben berichtet, wie er sich beim ersten Anschlagen der Angelusglocke vor allen andern auf die Erde hinkniete. Zuweilen beobachtete man ihn, wie er sich in einen Winkel des Hauses zurückzog, dort sein kostbares Bild auf einen Stuhl vor sich hinstellte und tief gesammelt vor ihm seine Kindergebete verrichtete.

Kinder kennen die Torheit, Menschenfurcht genannt, nicht. Mochte er im Haus, im Garten, auf der Gasse sein, beim Stundenschlag machte Johannes-Maria überall nach dem Beispiel seiner Mutter das Kreuzzeichen, betete ein Ave-Maria, bekreuzigte sich wieder und «segnete so die Stunde ein».

Einem Nachbarn, der im Nebengehöft arbeitete, fiel dieses merkwürdige Tun auf und er bemerkte gegenüber Matthäus Vianney: «Ich glaube, dein kleiner Braunschopf hält mich für den Teufel.» Der Vater erzählte die Geschichte nachher der Familie.

«Weshalb hast du das getan?», fragte ihn die Mutter. «Ich wusste nicht», antwortete Johannes-Maria, «dass der Nachbar mich beobachtete. Aber macht man nicht vor und nach jedem Gebet das Kreuzzeichen?»

Nachbarinnen, die das Kind laut beten hörten, sagten zu den Eltern: «Er weiß seine Gebete gut auswendig. Ihr solltet euren Johannes-Maria Priester oder Mönch werden lassen.»

Maria Vianney mag vielleicht nichts von der wundersamen Zukunft ihres Sohnes voraus geahnt haben; die Schönheit dieser Seele war ihr deshalb nicht weniger heilig und teuer; sie suchte jeden Schatten einer Sünde von dem Knaben fern zu halten.

«Schau, Johannes», wiederholte sie ihm oft und oft, «wenn deine Geschwister den lieben Gott beleidigen, würde ich schwer darunter leiden – aber noch viel mehr, wenn du es tätest!»

Wahrlich: ihr kleiner Johannes war kein Alltagsknabe. Dieses Gnadenkind trat schon vor dem vollen Erwachen der Vernunft aus den Allerweltswegen heraus – denn anders kann man kaum folgendes Begebnis erklären:

Eines Abends verlässt der etwa Vierjährige, ohne ein Wort zu sagen, die Stube. Die Mutter nimmt sein Verschwinden wahr. Sie ruft. Sie lauscht. Keine Antwort! Sie sucht mit wachsender Beängstigung im Hof, hinter den Holzbeigen und hinter den Strohhaufen. Ihr kleiner Knabe ist nicht zu entdecken.

Er, der sonst auf den ersten Anruf Antwort gibt! Während sie auf den Stall zu geht, denkt die Mutter: «O du großer Gott! Er wird doch nicht am Wassertümpel der Viehtränke des Hofes ...»

Aber wen findet sie da in einer dunklen Ecke zwischen zwei gemächlich wiederkäuenden Tieren knien? Ihren Unschuldsknaben, in eifriges Gebet versenkt, die Hände über seiner Muttergottesstatue verschlungen. Maria Vianney hebt den Kleinen in ihre Arme und drückt ihn an ihr Herz: «O mein Liebling, hier bist du!», rief sie aus und das Weinen überkam sie plötzlich mit Allgewalt. «Warum versteckst du dich denn, wenn du beten willst? Du weißt doch, dass wir zusammen beten ...» Nun sieht auch das Kind nur noch seiner Mutter Kummer. «Verzeihung, Mama, ich hatte nicht daran gedacht ... ich werde es nie wieder tun!», schluchzt er und lässt sich in ihren Armen wiegen.

Während sich in einem kleinen, unbekannten Weiler dieses Familienidyll abspielte, waren entsetzliche Ereignisse über Frankreich hereingebrochen. Aber weder der Sturm auf die Bastille noch der Rauberlass gegen die Kirchengüter, noch das Unterdrükkungsgesetz gegen die Orden und Klöster schien an das einfache Volk auf dem Lande draußen auch nur zu rühren. Sie waren schlecht unterrichtet oder verstanden die Tragweite der Geschehnisse nicht. Sie verhielten sich ruhig, bis die Zivilkonstitution des Klerus vom 26. November 1790 ihre Priester und Altäre bedrohte.

Die Mutter Maria Vianney war «von außerordentlicher Frömmigkeit» und wohnte so oft als möglich am Morgen der Heiligen Messe bei. Gewöhnlich nahm sie ihre älteste Tochter Katharina mit.

Aber ihr Lieblingsbegleiter wurde bald dieser vierjährige Kleine, dessen Seele sich frühreif der Frömmigkeit erschloss und nach Gott hungerte. Sobald von der nahen Kirche das Zeichen zum hl. Opfer ertönte, flehte er seine Mutter an, sie möge ihn doch mitnehmen. Gern ging sie auf sein Drängen ein.

In der Familienbank kniete er dicht neben seiner Mutter, welche ihm jede Bewegung und Handlung des Priesters erklärte. Schnell fand das Kind Gefallen an den kirchlichen Zeremonien. Seine Augen gingen vom Zelebranten, der ihm in seinen golddurchwirkten Gewändern so schön vorkam, zu den Messdienern herab, deren weiße Chorhemden und rote Mäntelchen ihn entzückten. Und er hätte gern selber Messe gedient, wenn nur seine Ärmchen nicht zu schwach gewesen wären für das große Missale. Von Zeit zu Zeit wandte er sich gegen seine Mutter. Und hier lernte er beten einzig durch den Blick auf ihr gesammeltes Gesicht, das von einer inneren Flamme wie verklärt leuchtete.

Als man ihn später einmal zu seinem früh erwachten Sinn für Gebet und Altar beglückwünschte, antwortete er mit tränenerstickter Ergriffenheit: «Nächst Gott danke ich es meiner Mutter. Sie war so innig! Die Tugend springt leicht vom Gemüt der Mutter auf das Herz des Kindes über ... Nie sollte ein Kind, das die Gnade hatte, eine gute Mutter sein eigen zu nennen, sie anschauen oder ihrer gedenken, ohne zu weinen.»

Das Namen-Jesu-Monogramm des hl. Bernardin von Siena

Ein Hirtenknabe in der Schreckenszeit 1793-1794

Als im Januar 1791 die Zivilkonstitution des Klerus für das Lyoner Gebiet in Kraft trat, zählte Johannes-Maria erst fünf Jahre.

Jakob Rey, seit neununddreißig Jahren Pfarrer von Dardilly, war schwach genug, den schismatischen Eid zu leisten.

Wenn man aber der örtlichen Überlieferung Glauben schenken darf, haben ihm das Beispiel seines Vikars und anderer ungeschworener Mitbrüder die Augen geöffnet, so dass er seinen Fehltritt erkannte und verurteilte. Er hielt sich nachher noch einige Zeit in seiner Pfarrei auf, wo er in einem Privathaus das hl. Opfer darbrachte. Dann zog er nach Lyon, von wo er später nach Italien flüchten musste.

Das Verschwinden von Pfarrer Rey fiel zwar auf, störte aber die Harmonie des Dorflebens nicht so stark, wie man vermuten könnte. Die Kirche blieb geöffnet, denn ein anderer Pfarrer erschien im Auftrag des neuen Bischofs von Lyon. Neuer Bischof und neuer Pfarrer hatten den Eid geleistet.

Wie sollte aber das gute Volk von Dardilly auch nur auf den Gedanken kommen, dass die Zivilkonstitution, die sie kaum dem Namen nach kannten, zu Schisma und Häresie führe?

Äußerlich hatte sich nichts geändert. Nicht in den kirchlichen Zeremonien und nicht in den Pfarrgebräuchen. Diese schlichten Menschen wohnten eine Zeitlang ohne Bedenken der Heilige Messe des «geschworenen Priesters» bei.

Unter ihnen erschienen in bestem Glauben auch Matthäus Vianney mit Frau und Kindern. Bald aber gingen ihnen die Augen auf. Obgleich die älteste Tochter Katharina damals erst zwölf Jahre zählte, erspürte sie zuerst die Gefahr. Auf der Kanzel sprach der neue Pfarrer nicht ganz in derselben Weise, auch nicht über die gleichen Gegenstände wie Pfarrer Rey. Seine Rede war von den Schlagworten Bürger, Bürgertugend, Konstitution durchsetzt. Auch entfuhr ihm ab und zu ein Hieb auf seine Vorgänger. Zudem waren die Kirchenbesucher so wunderlich gemischt und doch auch wieder dünner gesät als früher.

Die frommen Familien ließen sich beim öffentlichen Gottesdienst nicht mehr sehen – wo erfüllten sie nur ihre Sonntagspflicht? Dagegen tauchten andere Köpfe an den Ehrenplätzen auf, die früher nicht zu den eifrigsten Kirchgängern gezählt hatten. Der kleinen Katharina kamen Bedenken, die sie ihrer Mutter anvertraute.

Mittlerweile erhielten die Vianneys Besuch von einer Verwandten aus Ecully. «Ihr guten Seelen, was tut ihr denn?», rief sie aus bei der Nachricht, sie gingen beim geschworenen Priester in die Heilige Messe. «Die guten Priester haben den Eid verweigert. Sie sind verjagt, verfolgt, flüchtig. Zum Glück sind einige in Ecully in unserer Mitte geblieben. An diese müsst ihr euch halten. Euer neuer Pfarrer hat sich durch seinen Eid von der katholischen Kirche losgesagt. Er ist nicht euer Hirte. Ihr dürft ihm nicht folgen.»

Ganz außer sich gebracht durch diese Enthüllung, scheute sich die Mutter nicht, beim Geistlichen vorstellig zu werden und ihm seinen Abfall von der wahren Kirche vorzuhalten. Sie erinnerte ihn an das Schriftwort, dass der vom Weinstock getrennte Rebzweig ins Feuer geworfen wird, und nötigte ihm das Geständnis ab: «Sicher, Frau, der Weinstock ist mehr als der Rebzweig.»

Maria Vianney muss die Ihren über den Fehltritt des Priesters verständigt haben, denn es heißt vom kleinen Johannes-Maria, «er habe einen Abscheu gegen die Sünde von jenem Tag an gezeigt, seit er den geschworenen Pfarrer mied». Die Pfarrkirche, die so viele liebe Erinnerungen barg, in der die Eltern getraut, die Kinder getauft worden waren, konnte von nun an nicht mehr länger teure Gebetsstätte der Familie sein. Sie wurde zudem bald geschlossen.

Die Tage blutiger Verfolgung waren angebrochen. Jeder eidverweigernde Priester setzte sich der Verhaftung und – ohne auch nur die Möglichkeit einer Berufung – der Hinrichtung innerhalb von vierundzwanzig Stunden aus. Wer den Geächteten anzeigt, erhält hundert Taler Belohnung. Wer ihm Obdach bietet, wird verbannt. So lauten die Gesetze vom 24. April, 17. September und 20. Oktober 1793.

Trotz dieser blutrünstigen Droherlasse durchstreiften getreue Priester die Gegend von Dardilly und das Haus der Vianneys bot einem um dem andern Versteck. Verschiedentlich haben sie dort das hl. Opfer dargebracht. Es ist wie ein Wunder, dass der Hofbesitzer, der von einigen Jakobinern des Weilers beargwöhnt wurde, diese heilige Kühnheit nicht mit dem Kopf bezahlen musste. Meistens aber fanden die Glaubensbekenner in Lyon selbst oder im Stadtgebiet Unterschlupf.

Zuverlässige Boten kamen an bestimmten Tagen durch die katholischen Häuser und meldeten das Versteck, wo in der folgenden Nacht die heiligen Geheimnisse gefeiert werden sollten. Die Vianneys machten sich bei einbrechender Nacht geräuschlos auf den Weg und legten oft weite Strecken zu Fuß durch die Finsternis zurück. Johannes-Maria war hochbeglückt, zu diesem Fest mitgehen zu dürfen. Er holte tapfer mit seinen kurzen Beinchen aus. Seine Geschwister brummten manchmal; ihnen war der Weg zu weit. Dann mahnte sie die Mutter: «Schaut auf Johannes-Maria, wie der vorwärts drängt.»

An verabredeter Stelle angelangt, wurden sie in eine Scheune oder eine rückwärts gelegene Stube, deren Fenster verdunkelt waren, geführt. An einem armseligen Tisch betete ein Unbekannter, über dessen müden Zügen ein gütiges Lächeln spielte. Mit offenen Armen ging er den Neuangekommenen entgegen. Dann erfolgte im entlegensten Winkel die vertrauliche Zwiesprache zwischen Priester und Gläubigen. Hinter einem Vorhang mahnte, beriet, ermutigte er sie leise, sprach sie von ihren Sünden frei. Zuweilen erbaten sich Neuvermählte den Segen für ihre Ehe.

Dann folgte das heilige Opfer, nach dem Groß und Klein innige Sehnsucht trug. Der Priester legte den Altarstein auf den Tisch, richtete Missale und Kelch und mehrere Hostien her, da er den Heiland in dieser Nacht auch andern reichen wollte, und warf sich in aller Eile die heiligen Gewänder über. Und unter dem Schweigen des Volkes begann er das liturgische Gebet: «Introibo ad altare Dei – zum Altare Gottes will ich treten ...» Heilige Glut bebte in seiner Stimme und ergriffene Ehrfurcht breitete sich über die versammelten Getreuen. Oft mischten sich in den Laut der heiligen Worte das Schluchzen erschütterter Gemüter. Es war ein Katakombengottesdienst vor der Gefangennahme und dem Martergang.

In diesen unvergesslichen Augenblicken wurde die Seele des kleinen Johannes-Maria bis in ihre Tiefen aufgerüttelt. Zwischen Mutter und Schwester kniete er und betete wie ein Engel. Auch ihm kamen vom Weinen der andern die Tränen.

Mit großer Aufmerksamkeit lauschte er den teilweise unfasslichen ernsten Unterweisungen des Geächteten, der sein Leben aus Liebe zu den Seelen aufs Spiel setzte. Mag ihn nicht bei diesen nächtlichen Zusammenkünften der erste Anruf zum Priestertum erreicht haben?

1793– Schreckenszeit! In Lyon floss das Blut. Auf dem Terraux-Platz kam die Guillotine nicht mehr zum Stillstand. Revolutionssoldaten durchstreiften andauernd das Dorf Dardilly.

Aber dieser Kriegslärm beunruhigte das fromme Kind weniger als das beharrliche Schweigen der Kirchenglocken. Die Kirche blieb geschlossen. An den Straßen standen nur noch die Sockel der Wegkreuze. Männer waren aus Lyon gekommen und hatten die frommen Bilder zerschlagen.

In den Wohnungen hatte man Kreuze, Statuen und Heiligenbilder verbergen müssen. Nur das Heiligtum der Herzen (Joh 14,23) war noch bei den Getreuen unentweiht. Seine Muttergottesstatue hatte der kleine Johannes-Maria auch nicht aus Angst vor den Verfolgern weggetan. Er hütete sie nur um so sorgfältiger und trug sie in seiner Blusentasche sogar mit ins Feld hinaus.

Kinder vergessen schnell und trösten sich um ein Geringes. Mochte die Revolution Frankreich mit Blut besudeln – auf den Feldern von Dardilly zwitscherten die Vögel ihre Weisen weiter und die Lämmer hüpften munter wie zuvor. Während dieser Schreckensmonate verbrachte Johannes-Maria lange Stunden draußen in stiller Natureinsamkeit, in der frecher Menschenwitz die Spur Gottes nicht verwischt.

Um Dardilly schweift der Blick in schöne weite Gefilde. Der Weiler ist an die Ausläufer einer felsigen Hochebene hingebaut, die nach Lyon hinunter abfällt.

Von hier aus gesehen scheinen der Mont-d'Or und die Höhen von Fourvieres ganz in die Nähe gerückt. Aber des Kindes Auge streifte nicht zu den Bergen hin. Seine Lieblingsplätzchen waren die heimischen Wiesengelände, die sich grün über die Hügel hinwellten zur Pré-Cusin, dem Eichen-Grund und dem Amsel-Lied-Grund. Hier lagen die Weideplätze des Hofes.

Am 8. Mai des Jahres 1793 wurde der Knabe sieben Jahre alt. Er war bereits stark genug, um mitzuhelfen. Seine Hauptarbeit sollte das Hüten der Herde sein. Zweimal des Tages führt er den Esel, die Rinder und Schafe aus dem Stall; nimmt Gothon, sein jüngstes Schwesterchen, bei der Hand und eilt mit ihr die steil und steinig höhenauf- und -absteigenden Pfade entlang. Beide scheiden vom Haus mit dem Versprechen, brav zu sein. Damit es ihnen nicht an Beschäftigung fehlt, nehmen sie Wolle zum Stricken mit, denn in jener Zeit war es bei Hirten und Hirtinnen allgemeiner Brauch, beim Hüten Strümpfe anzufertigen.

Heute hat der tiefe Amsel-Lied-Grund mit seiner schönen schattigen Umfriedung auch viel von seiner still verhaltenen Einsamkeit eingebüßt. Aber noch rauscht die Planches, von Schwarzdorn, Ulmen und Espen umstanden, durch den heimeligen Grund, der bis heute Singvögelrefugium geblieben ist. Johannes-Maria liebte diesen Erdenwinkel. Lebenslang ging sein Erinnern zu ihm zurück.

Inmitten des Gedränges und der Begeisterung der Volksmassen hört man ihn später nach diesem heimatlichen Gelände seufzen, wo er so kinderselig war, weil er dort «Zeit fand, zum lieben Gott zu beten und an seine Seele zu denken».

Auf der Weide angekommen, knieten sich Bruder und Schwester, wie die Mutter es ihnen aufgetragen hatte, hin und opferten Gott ihre Arbeit als kleine Hirten auf; hüteten dann die Herde und gaben sorgfältig acht, dass die Kühe ja nicht auf die Fruchtfelder der Nachbarn gingen.

Zweifellos hätte Gothon die Zeit am liebsten mit Johannes-Maria verplaudert, war er doch der Geschichten voll. Von den Geschehnissen des Alten Testamentes erzählte er dem Schwesterchen, lehrte sie beten und wies sie zum Frommsein an.

«Schau, Gothon, bei der Heiligen Messe musst du bescheiden aufmerken ...», und er zeigte ihr, wie sie das tun solle. Aber auch hier draußen überkam den Kleinen, der im Stall aus inniger Beschauung herausgerissen worden war, jener Gotteshunger, der die Unrast und zugleich Beglücktheit heiliger Seelen ist.

«Strick du an meinem Strumpf», ersuchte er Gothon, «ich muss am Bach drunten beten.» Dort stand ein wurmzerfressener Weidenstamm. In eine Höhlung des alten Baumes stellte Johannes-Maria seine Statue, umkränzte sie mit Moos, Zweigen und Blumen, kniete davor ins Gras und betete seinen Rosenkranz. So wurde ihm hier draußen das Ufergebüsch zum Gotteshaus, während daheim in der entweihten Dorfkirche niemand mehr betete.

Manchmal baute er aus Lehm Kapellchen, formte Heiligen- und Priestergestalten und richtete so für seine Liebe Frau einen ganzen Altar her. Er verfügte über eine gewisse Fingerfertigkeit, die man durch entsprechende Schulung hätte vervollkommnen können. So formte er eine Muttergottesstatue, «die ganz gelungen war; Vater Vianney hat sie sogar im Ofen gebrannt und sie wurde im Haus lange Zeit aufbewahrt».

Vor dem vollendeten Altar riefen die beiden Kleinen halbverblasste Erinnerungen an abgeschaffte Prozessionen und Fronleichnamstage wach und sangen den einen und andern Vers aus frommen Liedern.

Im gleichen Grund hüteten andere Hirten, die nicht alle in die Kameradschaft gut erzogener Kinder passten. Aber Johannes-Maria konnte ihnen den Zutritt nicht verwehren.

An manchen Tagen kamen mehrere von ihnen auf die Vianney-Wiese herüber und bestaunten den Altar im Grünen. Auf ihre Fragen antwortete Johannes-Maria unbefangen und zutraulich. Bereits hatten diese gleichaltrigen Kameraden vergessen, was diese Lehmgebilde bedeuten.

Auch sie waren früher mit ihm zur Kirche gegangen, nur ohne frommen Sinn und ohne grosses Interesse, weshalb ihnen Feier und Sinn von Sonn- und Festtagen so bald entschwunden waren. Nun wird hier der kleine Vianney unversehens ihr Apostel. Er lehrt seine Kameraden den Katechismus.

Aufrecht neben dem Feldaltar spricht er vor ihnen nach, was er im unruhigen Schweigen der Nächte vernommen hat; er lehrt sie die Gebete, die er selber von den Lippen seiner Mutter erlauscht: «Ein Kind», fügt er bei, «darf seinen Eltern nicht ungehorsam sein; darf nicht grollen, darf keine frechen, gotteslästerlichen Worte ausstoßen.» Und feierlich ernst schloss er: «Wohlan, meine Freunde, seid brav und habt unseren lieben Gott gern!»

Langsam blühte unter dem schattigen Gehölz des Amsel-Lied-Grundes ein Priesterberuf auf.

Vor dieser zappeligen Zuhörerschaft musste die Predigt kurz ausfallen. Aber der kleine Apostel wusste seine Schar auf andere Weise zusammenzuhalten. Er hielt mit ihnen Prozessionen ab. Und während auf dem Boden Frankreichs jegliche religiöse Kundgebung unterdrückt war, reihten sich hier in diesem weltverlorenen Tal Kinder hinter dem Kreuz, das aus zwei Stäben hergerichtet war, beteten den Rosenkranz und sangen ihre Kinderweisen.

Später, als all die schönen Kinderträume Wirklichkeit geworden waren, gestand Johannes-Maria mit einem Anflug von Stolz: «Den Pfarrer habe fast immer *ich* gespielt.»

Außerhalb dieses frommen Zeitvertreibs weilte unser kleiner Prediger nicht gern unter den andern Kindern. Ihre wilden, lauten Spiele und manche ihrer Äußerungen missfielen ihm. Um aber kein Spielverderber zu sein, ging er zuweilen auf einen Austrag mit Wurfsteinen ein.

«Er war ein äußerst geschickter Spieler», erzählte siebzig Jahre später Andreas Provin, ein um zwei Jahre jüngerer Kindheitsgefährte, «und er hat uns leicht geschlagen. Nach verlorener Partie ließen wir gewöhnlich die Köpfe hängen. Sobald er unseren Missmut bemerkte, sagte er: Dann würde man besser nicht spielen! – Und um uns zu trösten, erstattete er uns seinen Gewinn zurück und gab uns immer noch einen Sou dazu.»

Oft brachte er auf den Amsel-Lied-Grund ein großes Stück Brot mit, das er an die ärmeren Kinder austeilte. Diese Güte gab ihm das Recht, die Hitzköpfe zurechtzuweisen, wenn sie im Zorn mit dem Stock auf Kameraden und Vieh losgingen. «Das tut man nicht», beschwichtigte er gütig, «das ist Sünde.»

Gewöhnlich hörte man auf ihn. Nur ein feiger Flegel, der stärker war als Johannes-Maria, wollte verschiedene Male den Verweis nicht hinnehmen. Im Bewusstsein, dass ihm die Schläge sicher nicht heimgezahlt würden, schlug er Johannes-Maria auf die Beine.

Glücklicherweise gehörten zur jungen Schar auch edle, gut erzogene Kinder, wie Franz Duclos, Andreas Provin und Johannes Dumond. An den Tagen, wo Gothon ihren Bruder nicht begleiten konnte, gestattete der Vater seinem kleinen Johannes, einen seiner Kameraden mitzunehmen.

«Komm», rief eines Tages der kleine Vianney dem jungen Duclos zu, «ich habe einen guten Bissen bei mir. Wir teilen ihn.»

Einmal hatte sich Johannes-Maria unter den Silberweiden am Ufer der Planches versteckt, um dort zu beten. «Wo steckt er denn?», fragten die Hirtenbuben der Nachbarmatten. Franz Duclos verriet ihnen durch einen verräterischen Fingerzeig das Versteck des kleinen Einsiedlers und führte sie ins Weidengebüsch, wo sie ihn auf den Knien entdeckten.

Eines Nachmittags brach Johannes-Maria mit dem beladenen Esel nach der Mühle Saint-Didier auf. Das Nachbarmädchen, Marion Vincent, siebenjährig wie er, wollte ihn begleiten. Die Eltern beiderseits ließen sie gewähren. So machten sie sich auf den Weg.

Die Sonne brannte heiß. Um sich abzukühlen, rasteten sie an einem schattigen Plätzchen. Es war eine Stunde vertrauter Zwiesprache. Der kleinen Marion gefiel der stille, willige Nachbarsbub und diese blauen Augen mit dem milden Glanz hatten es ihr angetan.

«Johannes-Maria», sagte sie unbefangen, «wenn unsere Eltern zusagen, würden wir uns gut verstehen.»

«O nein, niemals», wehrte sich ihr Gegenüber lebhaft, wie aus allen Himmeln gefallen, «nein, sprechen wir nicht davon, Marion.»

Er sprang auf, nahm den Esel beim Zaum und die beiden Kinder trotteten den Weg zur Mühle weiter.

Noch sechzig Jahre später erzählte Marion Vincent vor dem Spinnrocken auf der Schwelle ihres Hauses ohne Groll mit bewegter Stimme von diesem Kindheitsidyll, das schönste und vielleicht einzige ihres ganzen Lebens.

Bereits damals regte sich jenes angeborene, zurückhaltende Feingefühl, das ihn jegliche, auch die reinste und berechtigte Zärtlichkeit ablehnen hieß. «Ich weiß wohl, dass es erlaubt ist», vertraute er später jemand an, «und doch habe ich manchmal auf eine Umarmung meiner armen Mutter verzichtet.»

Der Konvent in Paris hatte sich im Wahn gewiegt, durch das Schließen der Kirchen jeden Gotteskult vernichten zu können. Es war ihm aber nicht gelungen, eine der rührendsten Glaubensäußerungen zu unterbinden: die christliche Liebe und Güte. In der Familie Vianney stand sie weiter in voller Blüte. Es war eine von den Vätern überkommene Tugend. Und der Apostel dieser Gottestugend war gerade unser kleiner Heiliger.

Einer seiner Gefährten aus Dardilly hat ihn seinen grauen Esel holzbeladen zum Armenhaus treiben sehen. Johannes-Maria strahlte. «Lade zwei oder drei Scheiter auf», hatte ihm der Vater anfänglich gesagt, um dann beizufügen, «nein, lade auf, so viel du kannst.»

Die armen Wandergesellen, die nicht Heim noch Herd hatten, fanden in Dardilly offene Türen. Die Vincents – die Eltern von Marion – und die Vianneys hatten unter sich eine Vereinbarung getroffen, die für ihr gutes Einvernehmen und für ihre zartchristliche Gesinnung spricht. Die Vincents sollten armen Frauen, die Vianneys armen Mannsleuten Obdach bieten.

Johannes-Maria wies den Bettlern den Weg zum väterlichen Haus. Manche dieser Armen, die stets zu Fuß anrückten, führten Kinder mit. Beim Anblick dieser Ärmsten bis zu Tränen gerührt, nahm Johannes-Maria die Kinder bei der Hand und empfahl sie gleich beim Eintritt besonders warm der Güte seiner Mutter. Das eine musste Holzschuhe, das andere eine Weste, eine Hose, ein Hemd haben. Frau Vianney ließ sich rühren und der Kleine sah mit frohem Herzen die gewünschten Gaben aus den Tiefen des hohen Wandschranks erscheinen.

Die Armen saßen mit den Herbergsleuten am gleichen Tisch und wurden zuerst bedient. Eines Abends sandte die Vorsehung den Vianneys gleich zwanzig dieser Gäste. «Die Suppe reicht nicht für alle», sagte die Mutter manchmal zu ihrem Gatten.

Der hl. Benedikt Joseph Labre (1748-1783) durchwanderte mehrmals das Abendland und besuchte große Wallfahrtsorte. Aktenkundig ist, dass er in der Schweiz Werthenstein und Einsiedeln besuchte. Fest steht auch, dass er vom Großvater des Pfarrers von Ars beherbergt wurde. Zeitgenössischer Stich.

«Dann verzichte ich darauf», erwiderte der christliche Hausvater. Vielleicht gesellten sich unter die Landfahrer geächtete Priester, vielleicht aber auch Ungläubige, die von den Zeitideen verseucht waren. Durch himmlische Fügung wurden die Vianneys nicht verraten, obschon sie sich vielen Gefahren aussetzten.

Man stelle sich nur vor: War nach dem Nachtessen die Tür geschlossen, so wurden alle Gäste gebeten, sich hinzuknien. Eine frische, reine Kinderstimme setzte ein. Johannes-Maria betete das Nachtgebet vor.

Dann führte er mit seinen Brüdern die Armen in die Scheune oder in die Backstube, wo ihrer ein hoch geschichtetes Strohlager harrte. Und der mächtige Gottesfrieden umfing gar bald dieses Haus der Barmherzigkeit.

Vor dem Schlafengehen tat Johannes-Maria, was er seinen Vater hatte tun sehen und was früher auch der Großvater, Peter Vianney, getan hatte. Er kehrte den Herd, um den das landfahrende Volk gesessen hatte, und hing die durchnässten Mäntel der Fremden über der verglimmenden Glut auf.

Dann unterhielt er sich mit seiner Mutter oder älteren Schwester über die Wahrheiten unseres heiligen Glaubens; denn seine Frömmigkeit entfaltete sich immer reger.

Endlich betete die Familie noch einige Vaterunser und Gegrüßet-seist-du-Maria für die Armen Seelen – diese Bettler des Jenseits – und wünschte sich Gute Nacht.

Schon damals hatte Johannes-Maria eine besondere Andacht zu den Armen Seelen. Im Laufe des Jahres 1793 «starb eine unserer Tanten», erzählt Margaret. «Wir sagten unter uns: Das ist dumm, jetzt müssen wir ein weiteres Vaterunser und Gegrüßet-seist-du-Maria beifügen; und es wäre doch schon genug.»

Johannes-Maria, der damals gegen sieben Jahre zählte, erwiderte: «Mein Gott, was bedeutet ein Vaterunser und Gegrüßet-seist-du-Maria mehr! Das ist im Nu gebetet.»

Ziemlich früh musste unser Heiliger, der nicht als Hätschelkind aufwuchs, nach der Sitte jener Landgegenden in einer Ecke des Stalles nächtigen, wo für ihn und Franz ein Bett aufgeschlagen wurde. «Wir wollen brav sein», mahnte er seinen älteren Bruder, «wir wollen brav sein, um nicht wie die Sünder überrascht zu werden.»

Schule, erste Beichte und Kommunion 1794-1799

Verschiedene Züge aus seiner Kindheit zeigen, dass sich beim kleinen Vianney die Vernunft ziemlich früh regte. Er sah gar nicht nach einem Zurückgebliebenen aus, wenn ihm auch bis zum 9. Lebensjahr außer der religiösen Unterweisung alles menschliche Wissen eine verschlossene Welt geblieben war. Seine älteste Schwester Katharina hatte ihn unterrichtet und ihn wenigstens sein Gebetbuch entziffern gelehrt. Nun war es höchste Zeit, dass er zu einem Lehrer kam. Leider hatte Dardilly keine Schule.

Das Gesetz vom 19. Dezember 1793 bestimmte: Alle Kinder müssten frühestens im Alter von sechs, spätestens mit acht Jahren drei Jahre hintereinander die öffentliche Schule besuchen. Der Unterricht sollte für alle Pflicht sein. So gedachten die Revolutionsmänner das Licht bis ins verlassenste Nest hinauszutragen. Unerfüllbarer Traum! Die Revolution hatte in Frankreich die Quellen der Bildung verstopft.

«Freiheit des Unterrichts», hatte sie im ersten Artikel des oben erwähnten Schulgesetzes verkündet. Aber niemand durfte Unterricht erteilen, wenn er nicht den Eid geleistet und das Bürgerzeugnis erhalten hatte.

Kein Mitglied einer ehemaligen religiösen Genossenschaft, kein Priester, hätte er auch seine Priesterweihe verleugnet, durfte als Lehrer angestellt werden. Überall war Mangel an Jakobinerlehrern und die kleine Schule von Dardilly, die bis zum Jahre 1791 von einem biederen Christen geleitet worden war, wurde geschlossen und nicht wieder eröffnet.

Auf dem Gebiet des Volksschulunterrichts hatte der Sturz Robespierres (vom 27. Juli 1794) einen glücklichen Wechsel zur Folge. Der Konvent schaffte den von den Lehrern geforderten Bürgereid ab und erkannte jedem Bürger das Recht zu, Unterricht zu erteilen. Diese Milderung von Anfang 1795 machte es dem «Bürger Dumas» möglich, in Dardilly eine Schule zu eröffnen.

Da es in der schlechten Jahreszeit geschah und der Schulmeister ein braver Mann war, strömten ihm die Schüler zahlreich zu.

Außer Lesen, Schreiben und Rechnen lernten sie Geschichte und Geographie. Johannes-Maria stach durch seine Aufgewecktheit und seinen Fleiß hervor.

«Dumas», erzählt Margaret, «war sehr zufrieden mit ihm und sagte oft zu den andern: ‹Oh, wenn ihr alle wie der kleine Vianney wärt!›» Wirklich musste der Knabe auffallende Fortschritte gemacht haben, denn an den langen Winterabenden ging er seinen Katechismus durch und brachte ihn seiner Schwester Gothon bei oder las den Eltern und Armen, die ihm fromm lauschten, laut aus der Heiligenlegende vor.

Beim Tode Robespierres hatte man sich mit neuer Hoffnung getragen. Die Verfolgung hatte nachgelassen, doch leider blieb die Kirche geschlossen.

Ein Dekret vom 21. Februar 1795 hatte den Kult des «höchsten Wesens» und die Zivilkonstitution des Klerus abgeschafft. Aber schon drei Monate später, am 30. Mai, hatte ein neues Dekret verordnet, dass «niemand in den wiedereröffneten Kirchen Gottesdienst abhalten dürfe, außer er habe seine Unterwerfung unter die Gesetze der Republik erklärt».

Der frühere Pfarrer von Dardilly, Rey, war nicht zurückgekehrt und kein anderer Eidpriester meldete sich für seine Kirche. Sicher hätte die Familie nie einen vereidigten Priester anerkannt und fuhr einstweilen fort, der Heilige Messe in Privathäusern beizuwohnen.

Bis Ende 1794 waren an die dreißig katholische Priester im Lyoner Gebiet verblieben, die trotz der Todesstrafe die Seelsorge versahen, allerdings plan- und ziellos, bald da, bald dort, ohne festen Wohnsitz. Frankreich war schlimmer als ein Missionsgebiet geworden.

Das Bedürfnis nach einer Organisation machte sich langsam geltend. Während Bischof Marbeuf in der Verbannung weilte, war sein Generalvikar in der Stadt geblieben, wo er sich verkleidet verborgen hielt. Im Frühjahr 1794 teilte er die Diözese in Pfarrgruppen ein und verteilte auf jeden Bezirk Missionare, denen er Laienkatecheten zur Seite gab.

Ecully wurde ein Missionszentrum, dem Dardilly angeschlossen war. Die Namen der Glaubensbekenner, die in der Gegend einer so heroischen Seelsorge oblagen, sind erhalten geblieben: Es waren zwei Sulpizianer (Ordensangehörige des Ordens Societas Sulptitiensis), Royer und Chaillon, frühere Leiter von Großen Seminaren, dann ein Ordensmann, den der Sturm aus seinem Kloster weggefegt hatte, Karl Balley, endlich Groboz, Vikar an der Heilig-Kreuz-Pfarrei, der zuerst nach Italien geflüchtet, dann über die Alpen heimgekehrt war, um an die Stelle der vielen zu Tode gemarterten Mitbrüder zu treten.

Diese vier Priester wohnten in Ecully verstreut. Zur Vorsicht hatten sie ein Handwerk übernommen, das sie aber nie ausübten. Balley war Schreiner, Groboz Koch. Die Handwerkszeuge in ihren Händen entschuldigten am besten vor der Öffentlichkeit ihr stetes Kommen und Gehen. Gewöhnlich gingen sie nur bei einbrechender Nacht aus und erreichten auf Schleich- und Umwegen den abgemachten Ort, wo sie die Heilige Messe feiern sollten.

Diese vor den Jahren ergrauten Männer, die in ihrem Gesicht die Male so vieler um der Seelen willen ausgestandener Mühen und Entbehrungen trugen – mit welch ergriffener Ehrfurcht musste der kleine Vianney sie am Altar betrachten! Ihnen musste schließlich dieser Knabe mit den hellreinen Augen, der mit so viel Sammlung und mit solchem Eifer betete, auffallen. Im Laufe des Jahres 1797 kam Groboz auf einem Streif durch Dardilly auch auf den Hof der Vianneys. Er segnete die Kinder eines nach dem andern. An Johannes-Maria stellte er die Frage:

«Wie alt bist du?»

«Elf.» «Seit wann hast du nicht mehr gebeichtet?»

«Ich habe es überhaupt noch nicht getan», gab der Knabe ganz verwundert zurück. «Dann tun wir es auf der Stelle.»

Johannes-Maria blieb mit dem Priester allein zurück und begann seine erste hl. Beichte. «Ich erinnere mich immer noch daran», erzählte später der Heilige; «es war daheim unter unserer Uhr.»

Die wundervolle Reine dieser Kinderseele musste den Priester, den Gott für diese stammelnde Anklage gesandt hatte, beglücken. Es war für ihn eine Offenbarung. Noch sollte der Knabe weiter im Glauben unterrichtet werden und sich deshalb an die geheimen Katechistinnen in Ecully wenden. Groboz konnte die Eltern mühelos dazu bereden: Johannes-Maria könnte ja einige Monate im Nachbardorf bleiben und bei seiner Tante Margaret Beluse, die mit Franz Humbert verheiratet war, wohnen.

Irgendein höherer Grund – wahrscheinlich die Notwendigkeit, das Kind noch in die Schule von Dumas zu schicken – ließ den Plan erst im nächsten Jahr Wirklichkeit werden. Ende April 1798 brachte Maria Vianney ihren Lieblingssohn nach Ecully. Man kam dahin überein, dass Tante Margaret den Neffen beherberge, die Eltern aber

Johannes-Maria Vianney,
Statue von Bildhauer Emilien Cabuchet, Reliquien-Kapelle

Dardilly, Dorfansicht, wo Johannes-Maria am 8. Mai 1786 das Licht der Welt erblickte.

Kleider und Unterhalt stellen sollten. Dank dieser Abmachung sah Johannes-Maria Vater, Mutter und Geschwister ziemlich oft auf dem Point-du-Jour (Morgenröte), wie der Hof poetisch hieß.

Zwei Ordensfrauen vom hl. Karl, die Schwestern Combes und Deville, deren Kloster nicht mehr bestand, hatten in Ecully Zuflucht gefunden. Ihnen hatten die Missionare die Aufgabe übertragen, die Kinder auf ihre erste hl. Kommunion vorzubereiten. Von ihnen wurde Johannes-Maria zusammen mit fünfzehn anderen unterrichtet.

Dem großen Tag gingen Exerzitien voraus. Während dieser Zeit schien der kleine Vianney ganz in Gott verloren zu sein. «Schon damals», hat Fleury Véricel aus Dardilly bezeugt, «haben wir in ihm einen kleinen Heiligen gesehen.» Er betete und betete. An nichts anderem fand er Gefallen.

«Schaut», bemerkten seine Kameraden mit einem Spitznamen, der vielleicht den Vianneys anhing, «da schaut diesen *Fetten*, wie er mit seinem Schutzengel ringt.»

Im Laufe des Jahres 1799 setzte mitten im Heuet die «zweite Schreckenszeit» ein. Die Ruhe, die auf Robespierres Fall gefolgt war, hatte nicht lange angehalten. Wieder wurden die Katholiken verfolgt, ihre Priester nach Guayana verschleppt, auf den Schiffen von Rochefort, von Ré und Oléron zusammengepfercht, wo sie zu Hunderten dahinstarben.

Der heiligmäßige Pius VI. war Gefangener der Revolution. Der republikanische Kalender galt weiter und der Dekadi (die Woche bestand aus zehn Tagen, deren letzter der Dekadi war) ersetzte auch fernerhin den Sonntag. Unsere schönen religiösen Feste, Nutz und Frommen des guten Volkes, blieben geächtet und wurden durch lächerliche Zeremonien nachgeäfft.

Wer zu Gott beten wollte, musste sich weiter verstecken. In Ecully waren mit dem Hause der Frau von Pingon weite Nebengebäulichkeiten verbunden. Diesen Ort hatten Groboz und Balley ausersehen, um dort das große Kinderfest abzuhalten, diese Feier, die in Friedenszeiten wie ein Stückchen Paradies von weißem, reinem Schimmer überleuchtet, aber in diesen Frühlingstagen ganz aus dem Erinnern der Masse entschwunden war.

In früher Morgenstunde wurden die sechzehn Erstkommunikanten aus Dardilly, getrennt und werktäglich gekleidet, in ein großes Zimmer geführt, dessen Läden wohlverschlossen waren, damit nicht der Schein der Kerzen in den Kinderhänden hinausstrahle. In übertriebener Vorsicht hatte man vor die Fenster noch Heuwagen angefahren, welche die Männer während der Feier abluden, um ja jeden Verdacht fernzuhalten. Die Mütter hatten unter ihren langen Mänteln verborgen die Schleier und weißen Armschleifen mitgebracht und richteten nun ihre Kinder für die Gotteseinkehr her.

Johannes-Maria hatte bereits das dreizehnte Lebensjahr erreicht. Seine übernatürlich sensible Seele konnte die Gabe, die ihr werden sollte, würdigen. Den Knaben hungerte es nach Christus, auf den er infolge der traurigen Zeitumstände noch länger als gewöhnlich hatte warten müssen. Er nahm den Heiland in ein Herz voll Glaube, Sehnsucht und Liebe auf.

«Ich bin dabei gewesen», erzählte Margarete Vianney, «mein Bruder war so glücklich, dass er das Zimmer, wo ihm das Glück der hl. Kommunion zum ersten Mal zuteil geworden war, gar nicht mehr verlassen wollte.»

Er erlebte zweifellos schon im Voraus jene Worte, die eines Tages ganz heiß von seinen Priesterlippen fallen sollten: «Wenn man kommuniziert, fühlt man etwas ganz Außerordentliches ... eine Beglücktheit ... einen Balsam ... ein Wohlbehagen, das den ganzen Körper durchströmt ... und ihn erbeben lässt ...

Mit dem hl. Johannes müssen wir dann ausrufen: Es ist der Herr! ... O mein Gott, welch eine Freude für einen Christen, der vom hl. Tisch aufsteht und den ganzen Himmel in seinem Herzen mit sich trägt!» Später hat er nie mehr ohne Glückstränen in den Augen von seiner ersten hl. Kommunion gesprochen.

Noch nach fünfzig Jahren zeigte er den Kindern von Ars seinen schlichten Erstkommunikantenrosenkranz und mahnte sie, ihren eigenen treulich aufzubewahren.

Am gleichen Tage noch kehrte Johannes-Maria Vianney mit seinen Eltern nach Dardilly heim. Mit diesem Fest war seine Kindheit abgeschlossen und auch die Zeit des Lernens. Obwohl er nur langsam wuchs, war er für sein Alter doch stark. Die Arbeiten in Hof und Feld warteten auf ihn.

Mehr denn je erfüllte er in der Folge das Vaterhaus mit den Tugenden seiner reinen Jugend. Und sein offenes Gesicht, seine zuvorkommende Güte, die ihn jedermann freundlich grüßen ließ, halfen ihm im Dorf vollends, alle Herzen zu erobern.

In Feld und Reben 1799-1805

Der Gewaltstreich vom 9. November 1799, der die Geschicke Frankreichs in die Hand Bonapartes riss, befreite praktisch auch die Kirche ohne neue Gesetze vom Verfolgerjoch.

Bald nahmen die Priester die Erlaubnis des ersten Konsuls wahr und kehrten von den Wegen der Verbannung und Fremde zurück. Die Kirchen öffneten ihre Tore. In Ecully brachten Groboz und Balley wieder öffentlich das hl. Opfer dar. Die Katholiken von Dardilly strömten in Massen hin, unter den ersten die Familie Vianney. Nun konnte man den Sonntag wieder feiern! Johannes-Maria erzitterte vor Freude, als er vor dem Altar das Flämmchen wieder aufleuchten sah, das an die Gegenwart Christi erinnerte. Die Herzen erschlossen sich der Hoffnung, dass auch Dardilly bald seinen Priester haben werde!

Nun kommt ihn die schwere Feldarbeit nicht mehr so hart an. Ein Blick auf die Kirche in der Ferne flößt dem ermüdeten Schaffer neuen Mut ein. Dessen bedarf er; denn das Viehhüten hat er Gothon und dem jungen Franz überlassen und selber an die schweren Geräte herantreten müssen. Frisch hilft er dem Vater, seinem älteren Bruder und dem Knecht beim Bebauen des Gutes. Je nach den Jahreszeiten ackert er das Land, hackt die Reben, fällt Nuss- und Apfelbäume, wirft Gräben aus, beschneidet die Stämme und holzt die Wäldchen aus. Zu Heuet und Ernte, Herbst und Keltern, Vieh und Stall wird er herangezogen. Unscheinbare Arbeiten, die aber klein oder groß werden, je nach der Meinung, die sie beseelt.

Für Johannes-Maria Vianney wurden sie groß, weil er sie Gott aufopferte, großherzig und ununterbrochen. Später erlauschen wir von ihm das Geheimnis seines Innenlebens, das er als junger Bursche geführt hat. In einer seiner Christenlehren erklärte er: «Man muss Gott seine Arbeit, seine Schritte, seine Ruhe aufopfern. Oh, wie ist das schön, alles für den lieben Gott zu tun!

Wohlan, meine Seele, wenn du mit Gott arbeitest, arbeitest *du*, aber *er* wird deine Arbeit segnen; *du* gehst, *er* aber segnet deine Schritte. Alles ist gezählt, ein unterdrückter Blick, ein versagtes Vergnügen, alles ist eingetragen. ...

Es gibt Menschen, die aus allem Nutzen ziehen, selbst aus dem Winter. Ist es kalt, opfern sie Gott ihre kleinen Beschwerden auf.

Oh, wie ist es schön, sich Gott jeden Morgen zum Opfer darbringen zu können!» Auf diese Weise heiligte Johannes-Maria in Hof und Feld seine Seele. Eine ganze unsichtbare Welt blieb seinem innern Auge gegenwärtig. Dabei war er keineswegs träge und verträumt; er war stark gewachsen und sein Temperament drängte zum Schaffen.

Kurz nach seiner ersten hl. Kommunion ging er eines Tages mit seinem Bruder Franz in die Reben. Er mochte sich noch so anstrengen, um es seinem älteren, 15-jährigen Bruder gleichzutun, der Abend brachte ihn erschöpft und zerschlagen heim. «Ach», sagte er zu seiner Mutter, «ich habe mit Franz gleichen Schritt halten wollen und mich so aufgerieben.»

«Franz», mahnte die Mutter mitleidig, «mach doch etwas langsamer als er oder hilf ihm etwas nach. Du siehst doch, dass er nicht so stark ist wie du!»

«Oh», erwiderte Franz mit größter Seelenruhe, «Johannes-Maria braucht nicht so viel zu leisten wie ich. Was würden die Leute sagen, wenn der Ältere den Jüngeren nicht überholen würde?»

«Am nächsten Tag» – Margaret Vianney hat uns diese traulichen Erinnerungen erhalten – «traf eine Schwester von der Heimsuchung aus Lyon im väterlichen Hause ein. Sie schenkte jedem von uns ein Bildchen. In einem Etui hatte sie eine kleine Statue der Gottesmutter. Wir wollten sie alle gerne haben. Unser Gast aber schenkte sie dem kleinen Johannes-Maria.

Am übernächsten Tag ging er mit Franz aufs Feld. Bevor sie anfingen, küsste er andächtig die Füße des Bildchens und warf es dann so weit wie möglich vor sich. Hatte er es erreicht, hob er es ehrfürchtig auf und tat wie das erste Mal. ... Heimgekehrt, sagte er am Abend zur Mutter: ‹Habe immer großes Vertrauen in die liebe Gottesmutter. Ich habe sie heute kräftig angerufen und sie hat mir gut geholfen. Ich habe mit meinem Bruder Schritt halten können und bin nicht müde.›»

So arbeiteten Franz und Johannes-Maria Seite an Seite acht Tage lang. Schweigend schafften sie vorwärts wie zwei Trappisten. Um seinen Bruder Franz nicht zu stören, betete der Jüngere ganz leise und innerlich. «Wohlan», dachte er sich bei jedem Schlag, «du musst auch deine Seele bebauen, du musst das Unkraut herausreißen und sie herrüsten für die gute Saat.»

War er aber im Feld allein, ließ er seinen Herzensjubel frei ausströmen; in das Vogelgezwitscher hinein betete er laut und sang seine Lieder. Von Kindheit an hatte er die Gewohnheit beibehalten, «die Stunde zu segnen»; nur fügte er dem Ave Maria, das er früher beim Stundenschlag verrichtet hatte, die fromme Anrufung an:

«Gott sei gepriesen! Mut, meine Seele! Die Zeit vergeht, die Ewigkeit kommt. Wir wollen leben, wie wir einmal sterben sollen. Gepriesen sei die heilige und unbefleckte Empfängnis der allerseligsten Jungfrau und Mutter Gottes Maria!»

Wenn sich die Gesellschaft nach dem Essen ausruhte, streckte sich Johannes-Maria mit den andern im Gras aus, «stellte sich aber bloß, als ob er schlafe, und betete zu Gott aus ganzem Herzen».

Johannes-Maria hat nicht lange auf der Schulbank gesessen. Sein Geist wächst, sein Urteil verfeinert und bildet sich hier bei den ländlichen Arbeiten. Die harte Lebensweise kräftigt ihn für schwere Kasteiungen. In seinem Gedächtnis häuft sich eine Fülle lebendiger Bilder vom Landleben. Er wird sie wieder hervorholen am Tag, da er nach dem Beispiel Christi die Bilder der Natur, die Szenen des Familienlebens benützt, um die Gotteswahrheit zu künden.

So schaut er dem Flug der Schwalben nach, die ihn an den Heiligen Geist denken lassen. Das Samenkorn, das in die Erde geworfen wird und Regen und Sonne braucht, um zur Ähre emporzureifen, wird ihm zum Gleichnis der von der Gnade befruchteten Seele.

Er sieht Früchte, die gelber und reifer aussehen, weil sie wurmstichig sind, und sie werden ihm Sinnbild anscheinend guter Handlungen, die aber vom Stolz zerfressen sind. Er atmet den Duft der Reben, die im Blust stehen und doch nicht so süß duften wie eine Seele, die den Frieden hat mit Gott.

Der Saft, der von einer gut ausgereiften Traube tropft, versinnbildlicht in seinen Augen die Köstlichkeit des Gebetes. Brachland erinnert ihn an das gestrüppbestandene Gewissen des Sünders.

Im Winter sieht er den Rauch über den Hirtenfeuern quirlen und denkt dabei an die Kreuze, die man in die Flammen der Liebe wirft wie die Dornstöcke, die dort in den Hirtenfeuern zu Asche verglühen: Die Dornen sind hart, aber die Asche ist weich.

Bei anbrechender Nacht schlenderten die Arbeiter des gleichen Weilers manchmal miteinander dem Dorf zu. Man plauderte und sang. Die eine und andere Schlüpfrigkeit floss in die Späße und Strophen ein. Das missfiel dem jungen Johannes-Maria. Er verspürte zudem in dieser Abendstunde, wo die Natur sich sammelt, ein unermessliches Bedürfnis nach Einsamkeit und Schweigen. Deshalb blieb er kurz entschlossen hinter den andern zurück und ließ seinen Rosenkranz durch die Finger gleiten.

«Seine Lippen waren ständig am Lispeln.» Kameraden schauten zurück und betrachteten ihn, wie er so fromm und gesammelt daherkam; andere, die von den verwerflichen Zeitideen bereits angesteckt waren, bespöttelten seinen Eifer.

«Franz», zischelten sie, «willst du nicht mit Johannes-Maria die Vaterunser plärren?» Franz sah es nicht gern, dass man seinen jüngeren Bruder so hänselte. Er errötete und gab keine Antwort. Übrigens hätte Johannes-Maria die Spötter leicht zum Schweigen bringen können. Er war ein guter Menschenbeobachter, und die Fehler der andern entgingen seinem scharfen Auge nicht. Seine Entgegnungen waren fein und schlagend. Aus Tugend zog er es vor zu schweigen, behielt die Hand an seinem Rosenkranz und betete ruhig weiter. Betroffen gingen die jungen Dummköpfe auf andere Gegenstände über. Das waren jedenfalls dieselben Kameraden, die sich einen Spaß damit leisteten, ihm seine Geräte zu verstecken. Dieser sinnlose, oft wiederholte Streich hätte auf die Dauer einen ungeduldigeren Kopf sicher aus dem Häuschen gebracht.

Der arme Johannes-Maria schien sich nicht darüber aufzuregen. Ohne sein freundliches Lächeln aufzugeben, suchte er in der Hecke nach Schaufel und Hacke und machte sich mit dem wiedergefundenen Gerät von neuem friedlich an die Arbeit. Eines Tages wies ihn sein älterer Bruder aus einem «nichtigen Grunde» sehr verletzend zurecht. Johannes-Maria hätte sich leicht rechtfertigen können. Auch hier zog er es vor zu schweigen.

Ähnliche Beispiele mussten früher oder später ihre Früchte tragen. Die Leute, die ihn auf den Wegen von Dardilly bekrittelt hatten, dachten schließlich wie der brave Greis, der dem Bischof Richard von Belley gestand: «Johannes-Maria war ein Vorbild. Einige haben ihm Unrecht getan. Im Grunde hatte er Recht. Er war der Gescheitere.»

Unterdessen stieg eine neue Morgenröte über der Kirche Frankreichs auf. Im Bestreben, durch Schaffung des inneren

Friedens die Ordnung im Lande wiederherzustellen, hatte der erste Konsul begriffen, dass er ohne die Religion nichts Ernstes und Dauerhaftes aufbauen könne. Aus diesem Grunde leitete er die Konkordatsverhandlungen mit dem Papst ein. Das berühmte Schriftstück wurde unterzeichnet in Paris am 16. Juli 1801, von Rom ratifiziert am 15. August und am 5. April 1802 von der gesetzgebenden Körperschaft zum Staatsgesetz erhoben.

Eine unsagbare Begeisterung erfasste Paris, als durch den Frühlingsmorgen des 18. April die große Glocke von Notre-Dame, die vor zehn Jahren verstummt war, in die Wolken hinein ihre Triumphklänge trug und mit dem Osterfest die Auferstehung der katholischen Kirche in Frankreich verkündete. Mit einer Beglücktheit, die zu Tränen rührte, nahm die Familie Vianney und insbesondere Johannes-Maria diese Freudenbotschaft auf.

Bereits einige Monate zuvor war Jakob Rey, dem die Verbannung weder Pfarrtitel noch Anhänglichkeit an seine Pfarrkinder geraubt hatte, nach Dardilly zurückgekehrt.

Vom Frühjahr 1802 ab wurden die kirchlichen Feste, die Johannes-Maria nur noch ganz verblasst in seiner Erinnerung trug, wieder mit der gleichen Feierlichkeit wie vor dem Sturm begangen. Am Fronleichnamstag pflückte er die Rosen des Hausgärtchens und streute sie auf den Weg; half seinen Geschwistern Girlanden aus Stechpalmenzweigen und Buchs über die Wege spannen.

Es ging wie ein Erschauern durch sein ganzes Wesen, als das Kirchenportal weit aufging und bei den Klängen des «Pange lingua» die Monstranz über den Platz strahlte und der Heiland durch die betende Menge getragen wurde.

So oft er es künftig ermöglichen konnte, ging der junge Vianney am Morgen vor seiner Arbeit in die Kirche. Er brauchte Mut für einen ganzen langen Tag. Wenn aber in der Erntezeit die Sonne schon vor dem «Angelus» über den Feldern schimmerte und es die Frühstunden auszunützen galt, um Heu und Frucht rechtzeitig einzubringen, stand Johannes-Maria, noch bevor es zur Morgenmesse läutete, draußen an der Arbeit. Er hielt sich an seine Pflicht; seine Frömmigkeit kannte nur Gehorsam, keine törichten Ängstlichkeiten.

Aus der Ferne betete er dann fünf Vaterunser und Gegrüßet-seist-du-Maria, vereinigte sich so mit dem Priester, sehnte sich nach dem

Leib Christi und erfüllte durch diese geistliche Kommunion sein Herz mit übernatürlichen Süße.

Zuweilen allerdings hielt es den jungen Burschen nicht mehr länger draußen. An manchen Tagen schlug in den Nachmittagsstunden die Glocke an und rief zu einer Segensandacht. Da der Vater an rheumatischen Schmerzen litt, bat ihn Johannes-Maria um die Erlaubnis, schnell in die Kirche eilen zu dürfen, mit dem Versprechen: «Vater, lasst mich eine Viertelstunde gehen. Ich werde beten, dass Euer Übel verschwindet.»

Die Vianneys hatten auch in den Verfolgungszeiten, wo der Dekadi, der Zehnte, als staatlicher Ruhetag galt, nicht aufgehört, «den Tag des Herrn heilig zu halten». In der Nacht vom Samstag auf den Sonntag hatten sie der Heilige Messe eines verfolgten Priesters beigewohnt und dann den übrigen Teil des Tages im Gebet, frommer Lesung und Besuchen bei Verwandten und Freunden verbracht.

Wenn sie auch nach der Rückkehr der Priester und nach Wiedereinführung des Gottesdienstes nicht viel in ihren Gewohnheiten und Bräuchen zu ändern hatten, so bedeutete diese neue Zeit doch auch für ihr Glaubensleben eine Wiedergeburt, zumal das Beispiel ihres Johannes-Maria sie zu einem vollkommenen Christenleben anspornte.

Am Sonntagmorgen warf er sich schnell in die Kleider und begab sich zur Kirche. Dort verweilte er so lange wie nur möglich auf den Knien, die Augen auf den Tabernakel geheftet wie ein Anbetungsengel, und erbaute die versammelte Gemeinde.

Inskünftig war er bestrebt, sich in den Glaubenswahrheiten weiterzubilden. Aber außer dem Sonntag verblieben ihm hierfür nur einige Augenblicke in den Abendstunden. «Über seinem Bett im Stall, wo er schlief, hatte er einen kleinen, jetzt noch erhaltenen Schaft, auf dem er seine Andachtsbücher aufbewahrte.» Er nahm eines herunter, das Evangelium oder die Nachfolge Christi, und bei dem dünnen Schein einer Harzkerze machte er sich ans Lesen. Sein Bettkamerad, der ältere Franz, schlief lieber.

Schließlich ging Franz die anfängliche Geduld aus und er machte seine Mutter darauf aufmerksam. Diese verbot es Johannes-Maria gütig, allzulange in die Nacht hinein wach zu bleiben, und bat ihn, sich doch die nötige Ruhe zu gönnen.

Johannes-Maria gehorchte ohne Murren. Während aber Franz neben ihm schlummerte, blieb er im Dunkel der Nacht wach, dachte an Gott und seine Zukunft.

In jenen einsamen Stunden hörte er in den Tiefen seiner Seele das «Folge mir» ertönen, den Ruf, der an den Gestaden des Sees Genesaret Petrus, Andreas, Jakobus und Johannes in die Nachfolge Jesu lockte. Johannes-Maria wollte Priester werden! Diese innigste Sehnsucht seines Herzens half ihm, so fromm und gut zu sein.

Wie sollte er aber zum Priestertum gelangen? Er ging ins siebzehnte Lebensjahr, hatte nur einen mangelhaften Volksschulunterricht genossen und sollte nun Latein lernen! Und was würden seine Angehörigen zu einem solchen Herzenswunsch sagen?

Ja, seiner Mutter war er sicher. Mit Freuden würde sie dem Herrn ihren Lieblingssohn weihen. Aber der Vater? Bei all seiner Mildtätigkeit war sein Glaubensleben gewöhnlicher Art; ihn hatte die harte Feldarbeit fast ganz in Anspruch genommen. Zudem stand Franz vor der Musterung und musste vielleicht freigekauft werden, Katharina war verlobt und brauchte für die Hochzeit eine Aussteuer.

Der junge Johannes-Maria wurde zwischen Bangen und Hoffen hin- und hergerissen. Aber dann standen die Seelen, die er retten könnte, vor ihm auf; all die vielen Pfarreien ohne Priester, all die vielen Kinder ohne religiöse Unterweisung, ohne Sakramente, ohne Eucharistie; diese goldene Ernte, die gefährdet war aus Mangel an Arbeitern, die sie hätten einbringen können. War das nicht der Mühe wert, allen Widerwärtigkeiten zu trotzen, alle Schwierigkeiten niederzukämpfen?

Zuerst zog er seine Mutter, dann seine Tante Margaret Humbert ins Vertrauen. Ohne Umschweife legte er ihnen den wahren Beweggrund seines Berufes dar. «Wenn ich Priester wäre, möchte ich viele Seelen retten.» Um ihre so heiß ersehnte Zustimmung zu erhalten, brauchte er nicht des Langen und Breiten zu diskutieren und sich zu verteidigen, er brauchte sich nur seiner Mutter in die Arme zu werfen, die vor Freude aufweinte.

Nun galt es aber, den härteren Vater zu gewinnen. Johannes-Maria scheint eine Zeit lang gezögert zu haben, ihm sein Geheimnis anzuvertrauen. Seine Mutter sprach ihm Mut zu und so wagte er es endlich, sich ihm in einer Ruhepause nach getaner Arbeit zu eröffnen. Die Einwürfe waren nur zu klar vorauszusehen. Matthäus

Vianney blieb unnachgiebig. Einem erwachsenen Sohn nach der Aussteuer Katharinas – sie war seit kurzem mit Melin aus Ecully verheiratet – und nach dem Loskauf von Franz, der wirklich eine Unglücksnummer gezogen und einen Stellvertreter hatte suchen müssen, nach all dem einem erwachsenen Sohn noch die Studien bezahlen zu sollen, das war wahrhaftig der Ruin! Er solle sich diese Gedanken aus dem Kopf schlagen. Wer würde sich zudem jetzt, wo die Lage der Priester immer noch so unsicher war, mit dem Unterrichten eines Achtzehnjährigen abgeben? Würde er sein Ziel überhaupt erreichen? Johannes-Maria schwieg schmerzbewegt.

Matthäus Vianney teilte seiner Frau mit, was ihm sein Sohn anvertraut und wie er es aufgenommen habe. Umsonst setzte ihm seine christliche Gattin auseinander: es handle sich um ihr tugendhaftestes Kind, um ihren Arbeitsamsten und Frömmsten. Diese Beweisgründe wandten sich gegen die von ihr verteidigte Sache. Johannes-Maria war ein zuverlässiger Arbeiter, ein erfahrener Bauersmann: ein Grund mehr, weshalb er auf dem Hof bleiben sollte. Zudem wurde er, der Hausvater, langsam alt. Sollte man einen zweiten Knecht dingen müssen?

Kurz, der Hofbesitzer von Dardilly ging nicht darauf ein, seinem Herrgott einen solchen Schatz abzutreten. Störrisch-trotzig war er im Kampf. Zwei lange Jahre. Johannes-Maria blieb stumm, aber seine Sehnsucht stand in seinen Augen geschrieben. Sein musterhaftes Verhalten kündete auch weiter dem in seinen Widerstand verbohrten Vater von dieser echten Berufung, die unwiderstehlich und auch unwiderruflich war, seitdem der junge Bursche die Zustimmung seines Beichtvaters gefunden hatte.

Sehr wahrscheinlich hatte Johannes-Maria seinem Pfarrer Rey Wünsche und Schwierigkeiten anvertraut. Unglücklicherweise hatte sich der ehrwürdige Priester in der Verbannung allerlei schmerzhafte Gebrechen zugezogen und musste sich nach Lyon zurückziehen. Sein Nachfolger Jakob Tournier wurde nur langsam mit der Familie Vianney bekannt. Aber Gott gab seinen demütigen und beherzten Diener nur scheinbar auf. Seine Vorsehung bereitete ihm die Wege, auf denen er zu den Höhen des Priestertums und der Heiligkeit emporschreiten sollte. Gleichzeitig mit Rey in Dardilly war ein anderer Glaubensbekenner zum Pfarrer von Ecully ernannt worden: Karl Balley. Balley, das jüngste von sechzehn Kindern, war am 30.

September 1751 in Lyon geboren. Bruder des Kartäusers P. Stephan, war er noch ganz jung mit Johannes Alexander, einem andern seiner Brüder, bei den Genovefanern (religiöser Orden, erlosch in der Revolution) eingetreten.

Beim Ausbruch der Revolution war er Pfarrer in Saint-Clément-de-Choue in der Diözese Blois. Von seinem Posten verjagt, flüchtete er sich nach Lyon. Dort lebte er bald in einer kleinen Wohnung, die er von seiner Familie geerbt hatte, bald in zuverlässigen Häusern, meistens bei der Familie Loras. Hier sollte er den Verrat, den sein eigener Bruder, Johannes Alexander, begangen hatte, erleben.

Sein anderer Bruder Stephan fiel auf dem Terreauxplatz unter dem Fallbeil der Guillotine; mit einem Lächeln auf den Lippen ging er in seinen glorreichen Martertod.

Drei Monate später reihte sich Karl unter die Missionare, die hunderte Male dem Tod trotzten, um in Ecully und der Umgegend den Glauben zu verteidigen. Als er im Jahre 1803 die Pfarrei erhielt, brachte er seine Schwester Margaret mit, die Ordensfrau gewesen und achtzehn Jahre älter war als er.

Nach seinem Einzug als Pfarrer in Ecully war eine von Balleys ersten Sorgen Priesterberufe zu finden. Er hatte Erfolg und bald gründete er eine Pfarrschule. Der Gatte von Katharina Vianney, der ein guter Christ war, erzählte die Sache seinem jungen Schwager.

Johannes-Maria kannte Balley bereits, da er während der Schreckenszeit seiner Heilige Messe beigewohnt hatte. Die Aufgabe des neuen Seelsorgers von Ecully war gewaltig, erdrückend. Er hatte eine ziemlich große Pfarrei zu versehen, wo die Revolution infolge der Nähe zu Lyon schwere Schäden angerichtet hatte. Obgleich er erst zweiundfünfzig Jahre zählte, war er doch von den Widerwärtigkeiten eines gehetzten, beständig gefährdeten Lebens hart mitgenommen. Was verschlugs!

Auf der Suche nach Männern, die das Erbe seiner apostolischen Arbeit antreten würden, ging er unter das Dach der Armen und Reichen und fahndete nach Kindern und jungen Burschen, auf deren Stirn er das Siegel Gottes entdecken könnte. So beherbergte er unter seinem Dach einen späteren Jesuiten, den jungen Deschamps, dann Matthias und Jakob Loras, die Söhne jenes braven Mannes, der auf dem Schaffot gestorben und dessen Gastfreundschaft er in den düstersten Tagen genossen hatte.

Bei der Nachricht von dieser kleinen Pfarrschule erschloss sich Johannes-Marias Herz weit der Hoffnung. War das nicht eine günstige Gelegenheit, beim Vater einen siegreichen Angriff zu versuchen?

Die Mutter hatte bisher ihren Sohn unablässig in seinem heiligen Entschluss bestärkt und wurde nun ein zweites Mal seine Fürsprecherin. Sie legte Matthäus Vianney dar, es handle sich ja nicht darum, Johannes-Maria weit fort in ein Seminar zu senden; er würde ganz in ihrer Nähe in Ecully bleiben, wo er seine erste hl. Kommunion empfangen habe, und würde bei den Humberts wohnen können; auch wären die Ausgaben nicht so drückend. Johannes-Maria würde nur für den Unterricht zu Balley gehen und die Tante Margaret würde ihm die Suppe bereiten; und schließlich, ja oder nein, suche denn ihr Sohn etwas anderes als Gottes Willen zu erfüllen?

Matthäus Vianney war gewonnen. «Nun gut», antwortete er, «wenn Johannes-Maria darauf besteht, will ich nicht weiter dagegen sein.»

Auf Drängen ihres Priesteramtskandidaten begab sich nun Maria Vianney mit ihrer Schwester Margaret Humbert ins Pfarrhaus nach Ecully. Balley war mager und hochgewachsen, hatte römische Gesichtszüge und machte bei der ersten Begegnung einen gewaltigen Eindruck auf die beiden Frauen. Sie nahmen ihren Mut zusammen und legten ihrem ehemaligen Seelenhirten den Grund ihres Kommens dar. Sie erzählten vom aufbrechenden Beruf im Herzen des jungen Burschen, von seinem Alter, seinem unvollständigen und schon weit zurückliegenden Volksschulunterricht, aber auch von seiner wachsenden Frömmigkeit, seinem vorbildlichen Leben. Balley hörte ihnen unentschlossen zu.

«Ich bin bereits völlig in Anspruch genommen, ich kann keinen weiteren Schüler aufnehmen ...» Die beiden Frauen drangen in ihn. «Nein, ich kann nicht, ich kann nicht!» So schloss entmutigend diese erste Aussprache.

Niedergeschlagen brachten die beiden Abgesandten diesen Bescheid dem Gatten Katharinas heim. Auf ihre Bitten hin verstand sich Melin dazu, erneut in dieser verlorenen Sache vorstellig zu werden. Zuerst bestand Balley auf seiner Absage. «Aber», erwiderte der andere, «geben Sie wenigstens so weit nach, dass Sie meinen

Schwager einmal sehen. Wenn Sie ihn gesehen haben, werden Sie ihn sicher nehmen, dessen bin ich gewiss.»

«Nun gut, dann mag er kommen!» Und der schlichte Bauer und Rebmann stellte sich in Begleitung seiner Mutter dem, der ihn auf das «Feld des Seelsorgers» führen sollte. Der ernste Balley bohrte seine forschenden Augen in diesen jungen neunzehnjährigen Burschen, der mager und bleich, gesammelt und bescheiden vor ihm stand. Er sprach mit ihm. Er fand, dass er in den heiligen Glaubenswahrheiten gut beschlagen war. Sein helles, vertrauensvolles Lächeln heimelte ihn an. Er fasste diese junge Seele, die nach dem Priestertum verlangte, in einen Blick voll herzlicher Güte und dachte ganz laut: «Oh, für *den* da, *den* nehme ich an!»

Dann wandte er sich an Johannes-Maria: «Seien Sie unbekümmert, für Sie werde ich mich opfern, wenn es sein muss.»

Das längste Pontifikat, unter welchem der Pfarrer von Ars lebte, hatte Pius VII. Er führte die Kirche durch die schweren Wirren nach der Französischen Revolution 1800-1823.

Ein Spätberufener 1805-1809

Zum zweiten Mal verließ Johannes-Maria Vianney die Felder von Dardilly und das Vaterhaus. Obwohl er seit seiner ersten hl. Kommunion gewachsen war, fanden die Besitzer des Point-du-Jour in diesem jungen zwanzigjährigen Burschen das freundliche, arglose Kind von ehedem wieder. Ohne vollkommen zu sein, zeigte der künftige Heilige bereits hier, zu welcher Tugendhöhe er sich noch emporkämpfen könnte. Beinahe bei sämtlichen Mahlzeiten gab er sich mit der Suppe zufrieden und rührte an keine weitere Speise, auch wenn man ihn dazu ermunterte. Und doch fordert der Hunger in diesem Entwicklungsalter sein Recht.

Mit dieser Abtötung, die er noch zu steigern suchte, hatte Johannes-Maria seine Absicht: Um den Segen des Himmels auf seine Studien herabzuziehen, bat er seine Tante, «ihm seine Suppe stets zu wässern, bevor sie Butter hineintat». Aus Vergesslichkeit oder der Einfachheit halber setzte ihm Margaret Humbert zuweilen die gleiche Suppe wie der übrigen Familie vor. Dann zeigte aber ihr Neffe, den seine natürliche Lebhaftigkeit auf einige Minuten übermannte, beim Leeren seines Napfes ein mürrisches Gesicht, wie wenn ihn jeder Mundvoll erwürgen müsste. Bald sollte ihn aber die Gnade von grundauf umgestalten, dass er sein gütiges Lächeln unter viel widerlicheren Umständen wahrte.

Er war der große Freund der Armen geblieben. Es kam vor, dass er alle unterwegs getroffenen Bettler auf den Hof der Humberts zum Übernachten brachte. Auf dem Weg nach Dardilly überließ er eines Tages einem Armen seine guten Holzschuhe, die ihm der Vater gekauft hatte. Da er sie mit seiner Hände Arbeit bezahlt hatte, glaubte er ein Recht darauf zu haben. Als er aber barfuß im väterlichen Haus eintraf, wurde er hart gezankt. Das besserte ihn keineswegs. Ein andermal begegnete er auf der Straße einer armen Frau mit ihren Kleinen. Von Mitleid gerührt, gab er ihr alles, was er bei sich trug: sieben Franken.

Seine Studien hatte er also angefangen. Die Morgen- und Abendstunden verbrachte er künftig im Pfarrhaus von Ecully. Hier hieß ihn beim Eintritt Fräulein Margrits einladendes Lächeln willkommen, die auch im Weltkleid Seele und Art von Schwester Maria-Josepha-Dorothea vom Kloster her bewahrt hatte. Ihr Bruder Karl galt als gewiegter, guter Theologe. Mehrere Male hatte er den Lehrstuhl für Moral am Großen Seminar von Lyon abgeschlagen. Wenn sein Empfang auch ernst und seine Stimme entschieden war, so leuchtete sein Blick doch von Milde und Wohlwollen. Johannes-Maria Vianney fühlte sich bald bei ihm daheim. Die lateinische Grammatik kam ihm wahrlich herber vor. Der junge Bursche redete lebhaft und schlagfertig. Man hörte ihn gern erzählen. Aber mit den Studien fand er sich mühsamer zurecht. Sobald er eine Feder zwischen den Fingern spürte, fühlte er es wie eine Hilflosigkeit über sich kommen. Ohne seine eigene Schuld war sein Geist allzulange Jahre untätig geblieben. Die ersten Kenntnisse sind hauptsächlich Gedächtnissache; nun war aber bei Johannes-Maria in der Zeit, wo er seine Hacke an der Scholle geschärft und geglättet hatte, das Gedächtnis eingerostet. Die paar grammatikalischen Begriffe, die er in der Schule des Bürgers Dumas erworben, hatte er vergessen. Welch eine erdrückende Aufgabe hatte er vor sich!

Die kleinen Deschamps und Loras mussten trotz all ihrer guten Erziehung lachen, wenn sie ihren großen Kameraden Deklinationen und Konjugationen, die sie spielend gelernt hatten, schwerfällig herstottern hörten. Balley hatte gar keine Lust zum Lachen. Wird dieser junge Mann mit seinem sicheren Urteil, seiner tiefen Frömmigkeit sich am ersten Hindernis stoßen? Entsetzliche Arbeit, schwerer als das Rebenhacken! Unnachgiebig setzte sich der zwanzigjährige Schüler am Abend beim Schein der kleinen Lampe über sein Buch. Dann rief er in einem heißen Gebet den Heiligen Geist an, er möge doch die Vokabeln in seinen «armen Kopf» graben, musste aber am nächsten Tag feststellen, dass sie alle aus seinem Gedächtnis entschwunden waren.

Er übte sich an den Kinderaufgaben der «Ausgewählten Geschichten aus dem Alten Testament», dem damals klassischen Handbuch für Latein-Anfänger. Pater Deschamps erzählte, wie er seinem alten Schulkameraden geholfen hat, die Wörter im Lexikon zusammenzusuchen und passend zu übersetzen.

Eines von den Loraskindern, Matthias, der Bestbegabte unter den Balleyschülern, leistete Johannes-Maria denselben Dienst. Nur war der Kleine einer von den Nervösen und Leichtgereizten. Eines Tages war er der Verständnislosigkeit des Großen derart überdrüssig, dass er ihm in Gegenwart der anderen frech ins Gesicht schlug.

Der Beleidigte, der doch auch heftig veranlagt war, sank vor diesem zwölfjährigen Kind, das ihn geohrfeigt hatte, in die Knie und bat es demütig um Verzeihung. Matthias war eine goldene Seele. Von Reue sofort zu Tränen gerührt, warf er sich Johannes-Maria, der immer noch vor ihm kniete, in die Arme. Damit wurde eine tiefe Freundschaft besiegelt.

Nie hat Matthias Loras, der später als Missionar nach den Vereinigten Staaten ging und Bischof von Dubuque wurde, diesen Kniefall und den Ton dieser Worte vergessen. Die Fortschritte, die Johannes-Maria während einiger Monate erzielte, waren gleich Null. Und doch arbeitete er mit einer bewundernswürdigen Ausdauer. Er betete und kasteite sich. Schließlich deutete die Müdigkeit seiner Gesichtszüge seine Unterernährung und Erschöpfung an.

Da sich die Tante Humbert nicht zu helfen wusste, glaubte sie Balley hierauf aufmerksam machen zu müssen. Der Pfarrer von Ecully, der selber sehr karg lebte, hatte nicht genügend darauf geachtet. Johannes-Maria war, nach einem kindlichen Wort, schön gewachsen; um sich aber aufrecht zu erhalten, hätte er mehr essen müssen als ein anderer; statt dessen fastete er streng. «Schau, mein Kind», erklärte Balley schließlich seinem Schüler, «man muss tüchtig beten und Buße tun, aber auch nähren muss man sich und darf seine Gesundheit nicht zugrunde richten.»

Eine seelische Krise war im Anzug, die alles befürchten ließ. Die Aufgabe war entschieden zu abschreckend. Die Versuchung kam wie ein Sturm über seine erschöpfte Seele. Ein Widerwillen gegen seinen schönsten Traum erfasste den armen Studenten. Im Geiste schaute er den heimischen Herd, die väterlichen Äcker, auf denen sein gesundes Schaffen und Sicheinsetzen leichter Erfolge gezeitigt hatte. «Ich will heimkehren», vertraute er traurig Balley an, der unter all die Schwierigkeiten mit ihm durchlitten hatte.

Mit einem Blick hatte das durchdringende Auge des alten Lehrers die seelische Not seines lieben Schülers ergründet. Aber im Bewusstsein, dass ihm ein überaus großer Schatz anvertraut war, fragte er ihn: «Wohin willst du gehen, armes Kind? Du läufst in neue Qual hinein ... Du weißt, dass dein Vater keinen anderen Gedanken hat, als dich daheim zu behalten. Wenn er dich so kummervoll sieht, wird er dich nicht mehr ziehen lassen. Dann lebt wohl Pläne, Johannes-Maria! Leb wohl Priestertum! ... Lebt wohl Seelen!»

Lebt wohl Seelen! O nein, nicht das! Gott werde es nie zulassen. Das Anschlagen dieses Gedankens – Priestertum, Altar, Heil der Seelen, reiche Ernte und Mangel an Schnittern – bannte die Unruhe seines Herzens. Der Dämon der Mutlosigkeit umlauerte nicht mehr länger diese reine Seele. Darob war es aber mit dem Gedächtnis des Studenten nicht besser geworden.

Nach seinem eigenen Geständnis «konnte er nichts in seinen elenden Kopf hineinzwängen». Im Bewusstsein der Gefahr und um vom Himmel baldige Hilfe zu erlangen, sann er auf einen heroischen Versuch. Er gelobte, zu Fuß nach dem Wallfahrtsort La Louvesc an das Grab des hl. Franz Regis zu pilgern und sich auf dem Hin- und Heimweg mit Betteln durchzuschlagen.

Es war im Sommer 1806. Von Ecully nach La Louvesc rechnet man gut hundert Kilometer. Trotz seiner asketischen Magerkeit war Johannes-Maria Vianney munter und stark geblieben. Ganz von seinem Plan eingenommen, dachte er gar nicht daran, dass ihm sein kräftiges Aussehen unterwegs manch scharfe Abweisung eintragen könnte. Nach einer Morgenmesse und hl. Kommunion brach er auf, in einer Hand seinen Stock, in der andern den Rosenkranz. Lange schritt er einher.

Aber der Hunger und Durst machten sich geltend. Er musste einlenken. Auf der Schwelle eines Hauses hielt er an. Was wollte dieser Landstreicher? Führte der hinter seiner scheinheiligen, frommen Miene nicht etwas Böses im Schilde? Und was sollte dieses einfältige Gerede? Seine Studien? Der hl. Franz Regis? Wer würde so naiv sein und ein solches Gestammel glauben? Barg sich nicht eher unter dem Anschein eines frommen Pilgers ein fahnenflüchtiger Soldat, der sich gegen Savoyen und Piemont davonmachte? So wurde der junge Wallfahrer als Fresser, Faulenzer von allen Schwellen abgewiesen und selbst mit den Gendarmen bedroht.

Er hätte sich genügend Lebensmittel verschaffen können; denn für alle Fälle hatte er etwas Geld mitgenommen. Aber getreu seinem Gelübde wollte er nichts kaufen. So zog er seines Weges weiter, aß Kräuter und trank aus den Quellen am Wege.

Infolge der Übermüdung erfasste ihn schließlich ein Schwindel. Von Hunger verzehrt, wagte er es dann, ein Haus zu betreten. «Er fand eine Frau vor und hoffte, sie werde ihm zu essen geben. Sie wickelte gerade einen Zwirnknäuel ab und reichte dem Unbekannten einen Faden mit dem Ersuchen, ihn hinauszuziehen. Im Gedanken, es handle sich um eine Handreichung, zog er am Faden; als er aber draußen auf der Schwelle stand, warf die Frau vor ihm die Tür zu.»

Für die Nacht konnte er bei niemand Obdach finden und schlief deshalb unter freiem Himmel. Glücklicherweise traf er auf dem Weiterweg milder gesinnte Herzen.

Einige Stücke Almosenbrot stärkten ihn und halfen ihm, das berühmte Heiligtum La Louvesc hoch oben in 1100 Meter Höhe auf diesen fast ungangbaren Pfaden zu erklimmen. Erschöpft, aber selig langte er droben an.

Beim Betreten des Bergdorfes hatte Johannes-Maria Vianney nur den einen Wunsch, sich vor dem Schrein des Heiligen in die Knie zu werfen und ihm den Grund seiner weiten Fahrt anzuvertrauen: Erlangen wolle er von ihm «die Gnade, genug Latein für sein Theologiestudium zu beherrschen».

Diese Gnade wurde ihm zuteil, aber sparsam, knapp ausreichend zugemessen. Gott, der mit jeder Menschenseele seine besonderen Absichten hat, wollte den Glauben seines Dieners auf die Probe stellen und ihn so stählen für heroischere Kämpfe.

Der fromme Pilger ehrte die Stätte, die durch das Wirken des hl. Franz geweiht und berühmt geworden ist. Betend schritt er unter dem schwer wuchtigen Gewölbe durch die alte Kirche, in welcher der Apostel des Vivarais fiebergeschüttelt auf Weihnachten 1640 eine Mission predigte, wo sein Eifer für das Heil der Seelen im Gefühl des nahen Todes zu höchster Glut emporloderte.

Von Durst verzehrt, hatte der unerschütterliche Apostel vom frühen Morgen bis nachmittags zwei Uhr Beichte gehört und gepredigt, hatte seine Heilige Messe gelesen und sich dann von Neuem unter einem ausgebrochenen Fenster der Sünder erbarmt.

Schließlich war er ohnmächtig zusammengebrochen. Im Pfarrhaus kam er neben einem wohligen Feuer wieder zu sich, aber nur um aufzustehen und weiter Beichte zu hören.

Eine galoppierende Schwindsucht warf ihn um die Mitternachtsstunde des 31. Dezember nieder. Er starb, 43 Jahre alt.

Welch ein Beispiel, welch eine Aufmunterung für Johannes-Maria! Beim Durchschreiten der ehrwürdigen Kirche und des alten Pfarrhauses senkte sich ihm die Lehre dieses Lebens tief in die Seele. Wer hätte damals gedacht, dass eines Tages Pilger auch seine

Pfarrkirche und sein Pfarrhaus aufsuchen werden, um von dort ähnliche Weisungen mit auf den Heimweg zu nehmen!

In La Louvesc beichtete und kommunizierte er. Dem Jesuiten, der seine Beichte entgegennahm, erzählte er, wie schwer ihm die Wanderung durch das Bettelgelübde geworden sei. Sollte er, weil es eine gottversprochene Sache war, dieselben Gefahren und dieselbe Schmach ein zweites Mal auf sich nehmen?

Der Beichtvater dachte nein und «änderte ihm das Gelübde um unter der Bedingung, dass er statt zu empfangen nach seiner Rückkehr selber ein Almosen gebe». Er kehrte wohl zu Fuß zurück, bezahlte aber Zehrung und Lager auf dem ganzen Weg. Ja noch mehr: «Jedem, der ihn um ein Almosen anging» – ein Zeichen, dass er nicht wie ein Bettler aussah – «willfahrte er»; und diese neue Weise, seine Fahrt zu heiligen, war ihm so lieb, dass er später gestand: «Ich habe die Wahrheit des Schriftwortes erfahren: ‹Geben ist seliger als nehmen›», und beifügte: «Ich würde niemals einem Menschen anraten, sich durch ein Gelübde zum Betteln zu verpflichten.» Die Widerwärtigkeiten dieser Wallfahrt ließen ihn das Elend der obdachlosen Armut mit Händen greifen, machten ihn mitleidiger und nachsichtiger für die vielen Elenden, die auf fremden Wegen umherirren müssen.

In Ecully nahm ihn Balley, der sich aus der Ferne dem Beten seines «lieben Vianney» angeschlossen hatte, mit offenen Armen auf.

«Von dieser Stunde an machte der junge Bursche genügend Fortschritte, um nicht wieder den Mut zu verlieren.» Die Schulbücher flößten ihm keine Abneigung mehr ein. Seine Mühe wurde fruchtbringender und es war ihm eine frohe Ermunterung, den Weg zum Priestertum sich vor seinem Blick ebnen zu sehen. Nun schaute auch Balley ohne allzu großes Bangen der Zukunft entgegen und es blieb das inständige Hoffen des alten Lehrers, einmal seinen großen Schüler zum Altar des Herrn begleiten zu dürfen.

Indessen kam sein Schüler ins militärpflichtige Alter. Sein Jahrgang war bereits vor der Zeit stark herangezogen worden. Im November 1806 hatte Napoleon I. nach der blutigen Schlacht von Jena trotz seines Sieges 80'000 junge Männer unter die Fahnen gerufen haben. Da aber Johannes-Maria Vianney seine Studien in der Diözese Lyon angefangen hatte, war er damit ohne weiteres vom Waffendienst befreit.

Kardinal Fesch, der damals in Gunst stand, hatte es bei seinem kaiserlichen Neffen durchgesetzt, dass alle in die erzbischöflichen Listen eingetragenen Studenten militärfrei blieben, genau wie die Kleriker, die bereits die Weihen erhalten hatten. Infolgedessen ersuchte der Pfarrer von Ecully seinen ehemaligen Mitkämpfer aus der Revolutionszeit, Groboz, der inzwischen beim Kardinal Sekretär geworden war, den Studenten Vianney unter die Priesteramtskandidaten einzutragen, was auch geschah.

Während der Fastenzeit 1807 empfing Johannes-Maria in Ecully das Sakrament der hl. Firmung. Er ging in sein einundzwanzigstes Jahr. Mit ihm wurde seine fast zwanzigjährige Schwester Margaret gefirmt. Bei all seiner zarten Frömmigkeit muss er an diesem Tag tief gesammelt, ganz in Gott verloren gewesen sein. Der Purpur, der von den Schultern des Kaiseronkels wallte und so viele Blicke auf sich zog, verwirrte seine innere Sammlung nicht, auch nicht die Neuheit eines solchen Festes und das Brausen und Wogen einer so gewaltigen Menschenmenge. Der Erzbischof hielt vor ihm an, las seinen Namen, den ihm der junge Mann auf einem Blättchen entgegenhielt, salbte ihn auf die Stirn und sprach über ihn die liturgischen Worte: «Johannes-Baptist, ich bezeichne dich mit dem Zeichen des Kreuzes und firme dich mit dem Chrisam des Heils, im Namen des Vaters und des Sohnes und des Heiligen Geistes.»

Der junge Vianney hatte sich den heiligen Vorläufer als Firmpatron erkoren. Inskünftig unterschrieb er bald Johannes-Maria-Baptist, bald Johannes-Baptist-Maria. Sein Leben lang ist dieser zweite Patron einer seiner Lieblingsheiligen geblieben.

Der Geist Gottes konnte «sich in dieser erlösten Seele niederlassen wie eine schöne Taube auf ihrem Nest», dort «die guten Herzenswünsche ausbrüten», die Gnadenwunder vorbereiten, die diesen Jüngling eines Tages zum Glanz der Altäre emportragen werden. Zwei Jahre lang durfte sich Johannes-Maria-Baptist im tiefsten Seelengrund eines unaussprechlichen Friedens erfreuen.

Plötzlich aber erschütterte ein Donnerschlag dieses Himmelsblau, das sich hell über seinem Leben wölbte. Im Herbst 1809 brachte ein Polizist aus Lyon auf den Hof von Dardilly einen Gestellungsbefehl, der auf Johannes-Maria Vianney lautete.

Fahnenflüchtig 1809-1811

Hier betreten wir in der Geschichte unseres Helden eine dunkle, bis heute unentwirrte Episode, über die wir dank unwiderlegbarer Dokumente möglichst volles Licht zu werfen gedenken.

Der Pfarrer von Ecully hatte es also durchgesetzt, dass sein Schüler unter die vom Militärdienst Befreiten eingetragen wurde. Wie wir gesehen haben, befreite das Gesetz nur die Kleriker, welche die höheren Weihen erhalten hatten. Auf die ungeweihten Lyoner Seminaristen erstreckte sich die Vergünstigung einzig auf Grund eines einstweiligen Gnadenerlasses des Kaisers. Von diesem Privileg war in der Diözese Lyon nichts zurückgenommen worden. Und doch waren nun ausnahmsweise und unerwartet – wahrscheinlich infolge irgendeines Versehens – Johannes-Maria Vianney und drei andere Seminaristen unter die Fahnen gerufen worden.

Alle Schritte, die man zu seiner Befreiung unternahm, nützten nichts mehr. Johannes-Maria blieb nichts anderes übrig, als der Aufforderung Folge zu leisten. Aber was für eine moralische Prüfung und Enttäuschung bedeutete dieser Schlag! Nun zählt er bald vierundzwanzig Jahre und steckt noch in den Studien eines Fünfzehnjährigen! Wird er je bis zum Priestertum gelangen? War all das nicht der Tod seiner Hoffnungen? Wenigstens hätte ihm dieser Gedanke kommen müssen.

Das Gesetz gestattete eine Freistellung durch Stellung eines Ersatzmannes. Johannes-Maria flehte seinen Vater an, er möge einen Stellvertreter kaufen. Das war der einzige Weg, ihn den Studien zu erhalten. Matthäus Vianney, der bis jetzt zum Beruf seines Sohnes nur halb und halb seine Zustimmung gegeben hatte, stellte sich anfänglich taub. Hatte er doch schon Franz, den Ältesten, freikaufen müssen. Diesmal könne er wirklich nicht dafür aufkommen. Aber der Kummer seines armen Knaben ging ihm zu Herzen und auch die Tränen der Mutter.

So nahm er all sein verfügbares Geld, legte die acht Kilometer nach Lyon zu Fuß zurück und fahndete nach dem so ersehnten Freiwilligen. Ein junger Bursche, berichtet Maria Vianney, wurde mit dem Vater handelseinig «um die Summe von 3000 Franken, nebst 200 Franken Handgeld und einer kleinen Ausrüstung. Aber zwei oder drei Tage nachher legte der junge Mann die Tasche und 200 Franken auf der Schwelle des väterlichen Hauses nieder. So musste Johannes-Maria einrücken».

Am 26. Oktober trat er in ein Rekrutendepot von Lyon ein. Obgleich er kaum einen Einblick in dieses Soldatenleben getan hatte, konnte er kein gutes Andenken daran mitnehmen.

«Das gemeine Benehmen seiner Kameraden, ihr Fluchen», hatte ihn tief angewidert. Bereits hatten ihm die strenge geistige Arbeit und die Kasteiungen, denen er sich in Ecully ausgesetzt hatte, Gesundheit und Kräfte geschwächt. Ein durch diesen plötzlichen Wechsel all seiner Gewohnheiten verschlimmertes Fieber setzte ihm zu. Am 28. Oktober konnte er nicht mehr aufstehen. Der Depotarzt fand seinen Zustand schlimm und ließ ihn ins städtische Krankenhaus bringen, in den Saal zum hl. Rochus, der für Militärpersonen bestimmt war. «Ich habe der Regierung nur eine Feldration weggegessen», spielte er später auf die beiden einzigen Tage an, die er in der Kaserne verbrachte.

Während der zwei Wochen, die er im Lyoner Krankenhaus war, suchten ihn Balley und seine sämtlichen Verwandten aus Dardilly und Ecully auf. «Ich war auch dabei», erzählte Margaret Humbert, seine damals siebzehnjährige Kusine, «ich hatte das Glück, einen Abend bei ihm zu verbringen und sein armes Mahl mit ihm zu teilen. Er unterhielt sich mit mir fast nur über Gott und die Notwendigkeit, seinen heiligen Willen zu erfüllen.»

Am 12. November verließ ein Truppenteil, der zur spanischen Armee stoßen sollte, Lyon und marschierte nach Roanne, wo die Rekruten noch weiter ausgebildet werden sollten. Johannes-Maria, der sich wieder so weit erholt hatte, gehörte zum Transport. Da er aber für den Marsch noch zu schwach war, folgte er seiner Abteilung im Wagen. Außer dem schweren Tornister trug er noch nichts von seiner militärischen Ausrüstung.

Das Schütteln des Wagens und die beißende Kälte brachten ihn derart herunter, dass er einen Rückfall erlitt und fiebergeschüttelt ins Krankenhaus von Roanne in die Obhut der dortigen Augustinerinnen gebracht werden musste. Hier verblieb er sechs Wochen. Er ließ an seine Familie schreiben. Franz, der Älteste, mit dem er gut Freund war, nach dem er auch verlangt hatte, kam seinen armen, kleinen, kranken Bruder aufsuchen. Von Unruhe getrieben, machten auch Vater und Mutter die weite Reise. Mochte Johannes-Maria sie noch so herzlich trösten, ihnen noch so innig Lebewohl nachrufen, sie kehrten mit wehem Herzen nach Dardilly zurück, mit dem Eindruck, ihr Kind sei endgültig verloren.

Die Mutter hatte die Schwestern gebeten, sie am Bett ihres Kindes zu vertreten. Überflüssiges Begehren! Bereits war den Schwestern unter den übrigen dieser so höfliche, geduldige, ruhige Rekrut aufgefallen. Als sie ihn so fromm seinen Rosenkranz beten sahen, konnten sie nicht anders als ihn wie ein großes Kind verzärteln. Hierüber haben wir sein eigenes Geständnis: «Ich werde nie die kleinen Aufmerksamkeiten vergessen, die ich von all den Schwestern in Roanne erhalten habe.»

Scheu tuschelten sie unter sich: «Aus dem wird nie ein Soldat. Er wird auf dem Weg nach Spanien zusammenbrechen.» Und mitleidig beklagten sie ihn, dass er so weiterziehen müsse. Seine Antwort lautete: «Ich muss dem Gesetz Folge leisten, meine guten Schwestern.»

«Sie würden Frankreich mehr helfen durch Beten, als wenn Sie in den Krieg ziehen.» «Ich danke euch für eure Worte, meine guten Schwestern. Ich bitte euch, mich später nicht zu vergessen.»

Am 5. Januar 1810 erhielt der Infanterist Vianney die Mitteilung, dass er sich der Abteilung anzuschließen habe, die am nächsten Tag an die spanische Grenze abgehen sollte; infolgedessen solle er sich im Laufe des Nachmittags um die und die Stunde auf dem Rekrutierungsbüro Blanchard stellen und seine Papiere abholen.

In Sorgen und Gedanken verließ Johannes-Maria das Krankenhaus kurz vor der angegebenen Stunde. Noch hätte er Zeit gehabt, rechtzeitig an Ort und Stelle zu sein. Aber am Weg stand eine Kirche. Der Seminarist-Soldat trat zu einem Gebet ein. Wie viele Sorgen und Wünsche hatte er dem Heiland anzuvertrauen!«Hier», sagte er, «schmolzen alle meine Kümmernisse wie der Schnee in der Sonne hinweg.» Hier auf dem Tabor wurde der junge Heilige der Flucht der Stunden nicht inne. Und als er sich an die Tür des Büros stellte, fand er sie verschlossen.

Am nächsten Tag, dem 6. – es war Dreikönigsfest –, machte sich Johannes-Maria, der sich immer noch nicht besonders kräftig fühlte, marschbereit. Den Tornister auf dem Rücken nahm er in früher Morgenstunde von seinen treu ergebenen Pflegerinnen Abschied. Sie begleiteten ihn bis an das äußere Spitalgitter und sagten ihm unter Weinen Lebewohl. Dann ging er ein zweites Mal zum Rekrutierungsbüro. Diensttuende Soldaten teilten ihm mit, dass seine Kolonne, ohne länger auf ihn zu warten, bereits abgezogen sei. Natürlich legten sie ihm in den «lieblichsten» Ausdrücken das Verlockende seiner Lage auseinander. Als das Büro geöffnet wurde, kam es noch schlimmer. In einem Wutanfall drohte Kapitän Blanchard sofort mit Ketten und Polizisten. Bei diesen Drohungen lief es wie ein Erbeben über den Rekruten. «Er dachte mitleidig an die unglücklichen, fahnenflüchtigen jungen Burschen, die fluchend und widerstrebend in Ketten zurückgeschleppt wurden.» Da legte sich ein Unterbeamter ins Mittel. Hatte dieser arme Bursche überhaupt an Flucht gedacht?

Kaum aus dem Krankenhaus entlassen, stellte er sich ja selber seinen Vorgesetzten. Blanchard lenkte ein. Der Marschzettel wurde ihm ausgehändigt mit dem Befehl, sich wenigstens der Nachhut anzuschließen. So schlug er den Weg nach Remaison ein. Er hatte nichts von einem Haudegen an sich, dieser bleiche Spitalentlassene. Der Tornister lastete auf seinem Rücken. Seine Beine versagten. Wie sollte er die anderen an der ersten Lagerstelle einholen? Niedergeschlagenheit überkam ihn. Er rief zu Gott und ließ den Rosenkranz durch die Finger gleiten. «Ich habe ihn vielleicht nie mit so gutem Mut gebetet», vertraute er später Personen aus Ars an.

An eben diesem 6. Januar fragte seine Schwester Gothon, die allein den Weg von Ecully nach Roanne zurückgelegt hatte, im Krankenhaus nach ihm. Ihre Enttäuschung war schrecklich, als sie vom Abmarsch ihres armen Bruders erfuhr.

Unterdessen näherte sich Vianney den Höhen von Le Forez, die in ihrem bald wilden, bald lieblichen Anblick das Entzücken des Wanderers bilden. Aber unser junger Rekrut hatte kein Auge für diese Schönheiten. Seine eingeknickten Beine wollten ihn kaum weiterschleppen. Die Erschöpfung übermannte ihn. Angesichts eines kleinen Gehölzes, das ihm gegen den scharfen Winterwind Schutz bieten könnte, bog er an die hundert Schritte von der kaiserlichen Straße ab und «schritt über ein bestelltes Feld hinaus», um sich einen Augenblick auszuruhen.

Er kam an einen schmalen Pfad, der ins Gebirge führte. «Hier setzte er sich auf seinen Tornister, und um seine düsteren Gedanken loszuwerden, fing er wieder mit seinem Rosenkranzbeten an.

Er nahm seine Zuflucht zur allerseligsten Jungfrau, die ihm immer Schutz und Schirm gewesen, flehte sie mit Vertrauen an, sie möge ihn auch diesmal nicht verlassen.»

«Plötzlich», hat er selber erzählt, «tauchte ein Unbekannter auf und fragte mich: ‹Was tun Sie hier? ... Kommen Sie mit mir.› Er griff nach meinem schweren Tornister und hieß mich folgen. Wir stapften lange durch die Nacht vorwärts zwischen den Bäumen des Berges hin. Ich war so müde, dass ich nur mit großer Mühe folgen konnte.» Dieser Unbekannte in Bauerntracht war ein Mann namens Guy, aus Saint-Priest-la-Prugne. Um der Einziehung zu entgehen, hatte er sich mit vielen anderen Fahnenflüchtigen in den bewaldeten Höhen von Le Forez versteckt. Nun hatte er diesen zurückgebliebenen Rekruten aufgelesen und schleppte ihn mit sich seinem eigenen Schicksal entgegen.

Davon hatte Johannes-Maria mit seinem Kindervertrauen keine Ahnung. Ihm war nur eines klar, dass ihn Müdigkeit und Fieber schüttelten, dass er ein Lager finden musste für die Nacht und dass seine «Marschkolonne» fern war. Im Gehen kam man ins Gespräch. Ohne dass er sich zu erkennen gab, hatte Guy durch die Freundlichkeit, womit er ihm den Tornister schleppte, das Vertrauen von Johannes-Maria gewonnen. So eröffnete er sich furchtlos diesem Bauern und erklärte ihm seine Verhältnisse. «Sie schauen nicht wie ein Soldat aus», erwiderte der Fremde.

«Oh, das schon, ich muss aber folgen.»

«Wenn Sie mir folgen wollen, verbergen Sie sich in unserem Dorf, das ganz von Wäldern umgeben ist.»

«Nein, gewiss nicht; meine Eltern haben der Plackereien schon übergenug gehabt!» «Oh, seien Sie ruhig. Es gibt noch viele andere, die sich hier versteckt halten ...» Was konnte der unglückliche Nachzügler anderes tun als ihm folgen, wenigstens während dieser Nachtstunden? Am nächsten Tag werde er dann schon sehen! So überließ er sich den Händen der göttlichen Vorsehung.

Das Dorf Les Noës liegt 660 Meter hoch. Guy kannte sich auf den Bergpfaden aus. Die beiden Flüchtlinge klommen noch höher bis zur Hütte eines Holzschuhmachers, der in der ganzen Gegend unter dem Spitznamen Gustin bekannt war. In Wirklichkeit hieß er Augustin Chambonniere und wohnte zusammen mit seiner Frau in dieser Einöde. Guy klopfte, nannte seinen Namen und das arme Paar öffnete ihm die Tür. Der junge Soldat brach vor Hunger und Müdigkeit zusammen. Gustin gab ihm etwas zu essen, während seine Frau das einzige Bett für ihn neu überzog. Bald war Johannes-Maria in tiefen Schlaf gefallen. Die drei andern nahmen mit Behelfslagern auf Hobelspänen vorlieb.

Gleich am nächsten Morgen hieß es ans Brotverdienen denken und Guy führte seinen Genossen in die Waldhütte von Claudius Tornaire, der sie zwei Tage lang Buchenklötze sägen ließ. Sie wollten sich weiter verdingen. Aber trotz der vielen Arbeit dieser Jahreszeit behielt Claudius nur den Stämmigeren.

«So schaffte Guy bei ihm weiter», während sich Johannes-Maria anderswo nach Arbeit umsehen musste. «Er ging nach Le Pont, das zur Gemeinde Les Noës gehörte, und bat um die Lehrerstelle im Weiler. Er wandte sich an Antoinette Mivière, Witwe Prefolle, die zu ihrem Leidwesen seine Dienste ablehnen musste, da sie bereits einen Schulmeister hatte.»

Die Dinge verwickelten sich. Der Rekrut Vianney war unbeabsichtigt, verirrt und verlassen in den Bergen, fahnenflüchtig geworden. Er stellte sich bei Paul Fayot, dem Bürgermeister der Gemeinde. Dieser schlichte Bauersmann wohnte nicht in Les Noës, sondern zwei Kilometer höher in den Bergen im Weiler Les Robins.

Paul Fayot hat in Les Noës das Andenken eines ausgezeichneten Mannes hinterlassen. Nur hatte er seine eigene Art, die kaiserlichen Gesetze zur Anwendung zu bringen. In eben jenen Januartagen des Jahres 1810, da sich Johannes-Maria Vianney ihm anvertraute, bot er zwei andern Fahnenflüchtigen im Anbau seines Hauses Unterschlupf. Das Eintreffen eines Neuen schien ihm nicht besonders willkommen zu sein. Er hatte eine große Familie zu ernähren; vor allem aber streifte die Polizei von Zeit zu Zeit diese Waldgegend ab, die wie ein wahres Stelldichein von Flüchtlingen wimmelte. Und gerade bei ihm, dem Bürgermeister Paul Fayot, saßen die Polizisten ab und stießen gemütlich an.

Sollte er diesen armen Knaben obdachlos in den Wäldern umherirren lassen? Ihn auszuliefern kam ihm auch nicht in den Sinn; denn betreffs Militärdienst teilte er die Anschauungen vieler seiner Zeitgenossen. Er beruhigte den jungen Mann, über dessen Schicksal er zu entscheiden hatte; machte ihm klar, es sei zu spät, um sich noch zu seiner Abteilung zu schlagen; er sei zudem bereits als fahnenflüchtig verzeichnet und habe infolgedessen nichts anderes zu tun, als sich den Nachforschungen der Polizisten zu entziehen. Und wagemutig wies ihm der Bürgermeister als Aufenthaltsort das gegenüberliegende Haus seiner Base Claudine Fayot an, einer Witwe mit vier Kindern, von denen das älteste erst vierzehn Jahre zählte. Sie war als gut und fromm und hilfreich bekannt. Man werde ihr ihren Schützling ernähren helfen. Um die Nachforschungen auf falsche Fährte zu locken, sollte Johannes-Maria den Namen Jérôme Vincent annehmen.

Die achtunddreißigjährige Claudine Bouffaron, Witwe des Peter Fayot, war tatsächlich eine goldene Seele. Sie griff bei der Arbeit tapfer zu und leitete selber ihren Hof. Hilfsbereit zeigte sie sich gegen alle Armen und legte von jedem Schub ein Brot für sie zurück. Gütig nahm sie diesen Unglücklichen auf, der auf sonderbare Weise ihrer Obhut anvertraut worden war.

Nachdem sie sich der Verschwiegenheit ihrer Kinder vergewissert hatte, indem sie den Neuangekommenen für einen Vetter ausgab, der auf den Hof geflüchtet kam, ging Claudine selber mit äußerster Klugheit vor. Anfangs hielt sich der Fahnenflüchtige tagsüber verborgen.

Die ersten zwei Monate verbrachte er in der Scheune oder im Stall, die auf das Anwesen des Bürgermeisters stießen. Und zu allem Überfluss an Vorsichtsmaßnahmen brachte Mutter Fayot – so hieß sie allgemein im Volksmund – acht lange Wochen hindurch dem Verbannten das Essen in einem Holzkübel, mit dem man die Tiere füttert. Erst mit einbrechender Nacht getraute sich der Verfemte an die frische Luft und in die Familie. Er las ihnen das Evangelium vor oder die Heiligenlegende, erzählte ihnen schöne Geschichten, die er Balley oder seiner Mutter abgelauscht hatte. Er gewann alle durch seine Güte und erbaute sie durch seine Frömmigkeit.

Hieronymus Fayot, der fünfzehn Jahre jünger war als er, gedachte noch in seinen alten Tagen, wie manchmal ihm «der Vetter» mit seinem Hut liebevoll einen Klaps gegeben, wenn der Wildfang beim Abendgebet nicht ruhig bleiben konnte.

In einem Winkel des Stalles hatte man an einem Fenster mit einem groben Bretterverschlag ein sogenanntes «Zimmer» hergerichtet. In diesem Unterschlupf teilte Johannes-Maria sein Bett mit dem ältesten, dreizehnjährigen Knaben Ludwig. Er sollte diesen jungen

Schlafgenossen aber nicht lange behalten. Der arme Ludwig konnte kaum ein Auge schließen. «Mama», meldete er nach drei Nächten seiner Mutter weinend, «mein Vetter betet die ganze Zeit. Er lässt mich nicht schlafen. Ich will nicht bei ihm bleiben.»

Die Mutter Fayot musste im Stall für ihren Knaben eine zweite Liegestatt einrichten. Unser Fahnenflüchtiger war bestrebt, nicht unnütz zu bleiben. Aber der Winter hatte alle Feldarbeit unterbunden. Auf diesen Höhen von Le Forez fällt gewöhnlich reichlich Schnee und bleibt lange liegen. Deshalb griff «Jérôme Vincent» hier in Les Robins eine frühere Idee auf: Er wurde Schulmeister. Die Kinder ohne Schulbildung waren in der Mehrzahl. Nun sollten sie wenigstens ihre Messgebete lesen lernen.

Für den Unterricht im Lesen, Schreiben und zur Christenlehre erschienen die Kinder der Witwe Fayot und sonst einige, auch junge Burschen, selbst Männer auf dem Hof. Augenscheinlich erweckte in Les Robins die Anwesenheit dieses jungen Mannes, der wie ein Bauer aussah, bei niemandem Verdacht.

Trotzdem ließ Johannes-Maria noch einige Zeit verstreichen, bevor er ins Dorf Les Noës hinunterstieg, wo jeden Tag das hl. Opfer dargebracht wurde. Sein Herz krampfte sich zusammen, wenn er von drunten herauf die Glocke läuten hörte und er ihrem Ruf nicht Folge leisten durfte. Da Pfarrer Jacquet, ein Glaubensbekenner, der während der Revolution in der Verbannung gelebt hatte, die Heilige Messe an Wochentagen schon sehr früh las, wagte es Johannes-Maria ein erstes Mal in der Dunkelheit hinunterzusteigen, trat in die ziemlich menschenleere Kirche, beichtete und kommunizierte.

In diesen einsam zwischen den Bergen gelegenen Dörfern besteht der Brauch, an den Sonntagmorgen jeweils jemand das Haus hüten zu lassen. Diese Person vereint sich im Geist mit ihren Verwandten und Freunden, die in der Kirche der Heilige Messe beiwohnen dürfen. Das Anschlagen der Glocken, das so lieblich durch die Berge widerhallt, kündet ihr an, wie weit der Priester in der heiligen Handlung gekommen ist. Längere Zeit war Johannes-Maria der gegebene Sonntagswächter.

Von Les Robins nach Les Noës geht es steil abwärts. Der unebene Weg ist mit dicken, schweren Steinen übersät. Deshalb nahm die Mutter Fayot ihren Nesthocker, die erst dreijährige Claudine, nicht mit auf den Kirchgang, sondern überließ sie diesem großen vierundzwanzigjährigen Knaben, der sich mit der Kleinen abgab, wie es der beste, zärtlichste Bruder nicht inniger hätte tun können. Sie plauderte zu seinem Ergötzen in ihrem kindlichen Gestammel mit ihm; er nahm an ihren kindlichen Spielen teil. Nur während des Hochamts verhielt er sich tief gesammelt und ließ beim Wandlungsläuten auch das Kind neben sich hinknien.

Auch unterwies er sie. Vom Kirchgang heimgekehrt, bemerkte eines Tages die Magd zur Kleinen: «Claudine, umarme deinen Vetter und danke ihm, dass er dich so gut gehütet hat.» Aus zarter, ehrfürchtiger Regung heraus wies Johannes-Maria Vianney die Ärmchen, die sich ihm entgegenstreckten, gütig zurück. Die Mutter grollte mit der Magd und befahl ihr, diesen Spaß in Zukunft bleiben zu lassen.

Trotz des Heimwehs nach dem alten Lehrer, nach den Büchern, nach dem Priestertum, hatte sich Balleys Schüler langsam mit seinem harten Los abgefunden. Wann wird aber diese schwere Prüfung enden? Er wagte es gar nicht, daran zu denken und warf sich rückhaltloser denn je in die Arme der Vorsehung, die seine einzige Hoffnung war. Seine große Zuflucht und Zuversicht war das Gebet. Nur nagte ein geheimer Kummer an ihm. Was war aus den Seinigen in Dardilly geworden? Sie glaubten ihn im Feld; – was noch schlimmer war: Blanchard war sicher gegen sie vorgegangen und quälte nun zu dieser Stunde seinen Vater mit allen erdenklichen Drohungen und seine Mutter mit allen möglichen Befürchtungen.

Auch in Les Noës tauchten neue Sorgen auf. Die gute Witwe Fayot, die für Johannes-Maria eine zweite Mutter geworden war und ihn wie eines von ihren Kindern behandelte, zerfiel körperlich langsam infolge von Blutarmut. Um ihr beizustehen und auch um weniger an seine eigenen Kümmernisse zu denken, warf er sich Hals über Kopf in die Arbeit. Unter den Bauern von Les Robins schien er einer von ihnen geworden zu sein. Da er aber trotz der Vorhaltungen von Mutter Fayot sehr wenig aß, zog er sich infolge von Unterernährung eine Erkältung zu. In der Nacht packte ihn das Fieber. Eine Lungenentzündung trat ein. Die guten Leute pflegten ihn, so gut sie konnten. Seine starke Konstitution riss ihn durch.

Von da an sorgte er sich weniger um ein mögliches Auftauchen der Polizisten, wenn er auch immer noch vorsichtig blieb.

Furchtlos fand er sich beim Sonntagsgottesdienst ein. Mehreren frommen Leuten fiel er dabei auf und sie bemerkten: «Wir haben noch nie einen so vollkommenen jungen Menschen gesehen.»

Das Pfarrhaus von Les Noës liegt ganz nahe bei der Kirche. Etwas tiefer lag am Hang gegen das Magdalenengehölz zu «das Häuschen der beiden Schwestern Dadolle. Wenn er aus der morgendlichen Frühmesse trat, der er nun jeden Tag beiwohnte, setzte er sich gern für eine Weile zu diesen frommen Seelen und plauderte mit ihnen über religiöse Dinge».

Als nach der Schneeschmelze die Pfade wieder etwas gangbarer geworden waren, tauchten die Polizisten von Neuem in der Gegend auf. Zuweilen erschienen die gefürchteten Uniformen plötzlich in Les Robins, bald bei hellichtem Tag, bald bei stockdunkler Nacht. Und – so geht die Überlieferung in der Fayotfamilie von Mund zu Mund – so oft die Polizisten bei Nacht aus den umliegenden Ortschaften in Les Robins einbrachen und in den Stall der Witwe eindrangen, jedesmal war ihnen der Flüchtling entgangen. Durch eine unerklärliche Vorahnung getrieben, war Johannes-Maria Vianney im Wald verschwunden.

Eines Tages hätte er sich doch beinahe erwischen lassen. An einem Herbstnachmittag des Jahres 1810 arbeitete «Jérôme Vincent» nicht weit vom Hof, als die Polizisten plötzlich am Weg auftauchten. Das verabredete Zeichen schreckte den Fahnenflüchtigen auf – seit einiger Zeit hatte man auch die älteren Kinder der Fayot und die Söhne des Bürgermeisters in das Geheimnis eingeweiht.

Da ein solcher Überfall immer zu gewärtigen war, hatte man über der Futterraufe zwei Bodenbalken durchgeschlagen und so im Heuschober eine Öffnung freigelegt, durch die sich ein Mann durchzwängen konnte. Flink stürzte sich der Flüchtling auf den Stall zu, schwang sich an der Futterkrippe empor, sprang ins Versteck, kauerte sich unter einen Heuhaufen, wartete und empfahl sich Gott. Hatten ihn die Polizisten davonlaufen sehen? Jedenfalls machten sie sich auf dem Heuschober an überaus gründliche Nachforschungen, die allen Zeugen dieser Hatzszene in die Glieder fuhren.

Johannes-Maria hielt den Atem an. Es war zum Ersticken im Heu, das in Gärung und dazu durch die Ausdünstungen vom Stall herauf und durch die sengende Sonne vom Dach herunter überhitzt war. Noch mehr, ein Gendarm durchstöberte den Heuhaufen, unter dem der Arme Marterqualen ausstand, und traf ihn mit der Spitze seines Säbels. Trotz der heftigen Schmerzen verriet er sich nicht.

Wenn er später seine Erinnerungen an Les Noës zum Besten gab, gestand er, dass er nie in seinem Leben so gelitten hatte und dass er damals Gott versprochen habe, sich nie mehr zu beklagen. «Ich habe treu Wort gehalten», fügte er harmlos bei. Hätte er einige Minuten länger in diesem Schwitzbad bleiben müssen, er wäre sicher erstickt. Aber die Polizisten glaubten, genug geschnüffelt zu haben und tranken beim Bürgermeister im Haus gegenüber ein Gläschen auf ihre Mühe.

In dieselbe Zeit fällt ein anderer Überfall der Polizei und eine kleine Begebenheit, deren Kenntnis wir einem ganz unvermuteten und sonst auch unzuverlässigen Zeugen verdanken, der aber für dieses eine Mal die Wahrheit gesagt hat.

Um 1850 brachte man ins Dorf Ars ein armes Weiblein, das alle Anzeichen wahrer Besessenheit an sich trug. Sie hüpfte, tanzte und redete kraus. Bald umstellten sie neugierige Gaffer. Jedem Einzelnen aus der Schar enthüllte sie ein Stück seines Lebens. Da erschien Pfarrer Vianney auf dem Plan. Ihm erklärte diese Frau, aus welcher der Teufel sprach: «Dir, Dir habe ich nichts vorzuwerfen.

Doch», besann sie sich, «Du hast früher einmal eine Traube genommen.» «Richtig, aber um sie zu bezahlen, habe ich unter den Stock an der Mauer einen Sou gelegt.» «Aber der Eigentümer hat ihn nicht gefunden ...» Tatsächlich erzählte uns Vianney, «er habe diese Traube genommen, als er sich eines Tages wegen der Einziehung verstecken musste und von Durst gequält war».

Um die Mitte des Jahres 1810 erhielt Johannes-Maria Nachrichten von daheim. Ein Arzt hatte der Mutter Fayot eine Badekur in Charbonnières-les-Bains, ganz nahe bei Dardilly, verordnet. Die Kranke zögerte. Es war umständlich und kostspielig. Johannes-Maria drang in sie, sie möge doch dem Arzt gehorchen, dort unten käme sie wieder zu Kräften und könnte auch Nachrichten mit heimbringen. Wegen der Reisekosten möge sie sich weiter keine Sorgen machen: Er verdanke ihr doch sein Leben und würde ihr gern eine kleine Summe vorschießen; auch sei sie unter dem Dach der Vianneys gut aufgehoben.

Der arme Verbannte setzte für die Seinen «einen Leid- und Reuebrief auf», nannte aber den Ort nicht, wo er sich versteckt hielt. Mit hundert geliehenen Franken reiste Frau Fayot nach Charbonnières ab.

Nach dem Bericht ihres Sohnes Hieronymus sprach sie im Haus Vianney vor: Da man ihr mit der Aufnahme Schwierigkeiten machte, wies sie den Brief von Johannes-Maria an die Mutter vor. So froh war diese, Kunde von ihrem Sohn zu erhalten, dass sie vor Freude weinte und Frau Fayot umarmte. «Sie bleiben bei uns, und wir sorgen für Sie.» Dabei erzählte sie Frau Fayot, wie sie eines Tages in großer Sorge Balley, den Pfarrer von Ecully, aufgesucht und wie dieser ihr geantwortet habe: «Mutter, macht euch keinen Kummer um euren Sohn. Er ist weder tot noch krank. Er wird nie Soldat, aber Priester wird er werden.»

Der rauhere Matthäus schien über den Besuch nicht so entzückt zu sein. Was wollte diese geheimnisvolle Fremde, die sich mit seiner Frau besprach? Auch der Brief nahm ihm nichts von seiner Griesgrämigkeit. Bereits von mehreren Strafen getroffen, war der Bauer nun von Zwangseinquartierung bedroht.

«Ich werde aus euch den letzten Groschen herausholen», hatte ihm Kapitän Blanchard an den Kopf geworfen, als er sich in Dardilly über den Aaufenthalt des verschwundenen Rekruten Vianney erkundigen kam.

Johannes-Maria hatte einfach zu marschieren wie die anderen, wiederholte sein Vater, und alle hätten es daheim ruhiger gehabt. «Es scheint», gab Claudine zurück, «dass Sie nicht recht zufrieden sind, Ihren Sohn in meinem Haus zu wissen?» «Wo wohnen Sie, dass ich ihn holen kann?»

«Selbst wenn Sie wüssten, wo ich wohne, würde ich ihn noch weiter fort verstecken. Er ist mehr wert als Euer ganzes Hab und Gut!»

Nach achtzehn Tagen brach Mutter Fayot wieder gen Les Noës auf. Vater Vianney führte sie bis nach Tarare. Johannes-Maria war glücklich, Nachrichten von seiner Familie zu erhalten; aber «zu wissen, unter welchem Kummer sein Vater seinetwegen litt», brachte ihm schweres Herzeleid. Sicher hatte er all das nicht gewollt. Er war dem Zwang der Umstände erlegen und wusste nicht, wie er aus dieser Sackgasse herauskommen könnte.

Sein inniger Zug zum Priestertum hatte in all der Zeit nicht abgenommen. Um die Mitte September entschloss er sich, seine

Der Taufstein in der alten Kirche von Dardilly,
wo Johannes-Maria am 8. Mai 1786 getauft wurde.

Geburtshaus in Dardilly

Schulbücher kommen zu lassen. «Ich komme zu stark in den Rückstand», erklärte er seiner «guten Mutter» von Les Noës; «wenn Sie damit einverstanden sind, studiere ich in meinem Zimmer und bezahle Sie dafür.» Er entschuldigte sich, dass er bei den großen Herbstarbeiten nicht mithelfen konnte. Ein Brief gelangte unbehindert nach Ecully und die Witwe Bibost, eine zuverlässige Person, die neben dem Pfarrhaus wohnte und Mutter Fayot während ihres Aufenthaltes bei den Vianneys kennengelernt hatte, brachte das Bücherpaket, das Johannes-Maria bei seinem Schwager Melin abgestellt hatte, nach Les Robins. Und mit neuem Eifer schlug der vierundzwanzigjährige Schüler seine lateinische Grammatik auf.

Indessen sollte er sie nicht lange in seiner mehr als klösterlichen Zelle studieren dürfen. Gegen Ende Oktober ging ihm durch die gleiche Botenträgerin eine Nachricht zu, die ihn vor Freude jubeln ließ: Balleys Schüler werde nicht mehr länger verfolgt, er sei frei, Ecully und Dardilly warteten auf ihn. Wie wunderbar die Vorsehung Gottes doch wirkte!

Bessere Zeiten waren angebrochen. Wenigstens für einmal herrschte Friede in ganz Europa. Nach dem Sieg Napoleons über Österreich hatte er aus Anlass seiner Vermählung mit der österreichischen Kaisertochter Maria-Louise (am 2. April) eine Amnestie erlassen. Kapitän Blanchard teilte den Vianneys in Dardilly mit, ihr Sohn falle unter diesen Gnadenerlass und könne sich der Aushebung für immer entziehen, wenn er einen Stellvertreter finde.

Der jüngste Sohn, Franz, der Junge genannt, stand in seinem einundzwanzigsten Lebensjahr. Er hatte bei der Musterung eine hohe Nummer gezogen, wodurch sich seine Einziehung hinausgeschoben hatte. Nun drängte Kapitän Blanchard den jungen Rekruten, er solle sich schon vor der Einberufung seiner Jahresklasse freiwillig stellen, so würde er als der vom Gesetz geforderte Ersatzmann gelten. Dem Vater selber war eine solche Stellvertretung, die ihn von der lästigen Strafeinquartierung in seinem Hause befreien würde, willkommen.

Der Jüngste ließ sich bereden. Er verpflichtete sich, seinen Bruder um die Summe von 3000 Franken zu vertreten, die Johannes-Maria auf sein Erbteil nehmen würde. «Die Eltern haben ihn nie mehr wiedergesehen.» Er soll aber nicht im Krieg umgekommen sein.

Am Herd der guten Witwe Fayot gab es Tränen, als man von der bevorstehenden Abreise «Jérôme Vincents» hörte.

Am meisten weinte die kleine Claudine, die sich zärtlich an ihn angeschlossen hatte. Sie sagte zur Mutter: «Nun werden wir keinen Vetter mehr haben.»

Alle, «die das Glück hatten, ihn in Les Noës zu kennen», litten unter dem Gedanken, dass sie das gute Beispiel dieses vollkommenen jungen Menschen, der sie zum Guten anspornte, missen sollten. Alle wollten ihm ihre Anhänglichkeit bezeigen. Sicher werde «Jérôme» eines Tages Priester! Warum sollte man nicht jetzt schon zu seiner Pfarrausrüstung beisteuern?

Die Mutter Fayot nötigte ihm Servietten auf, die sie ehedem als Hochzeitsgeschenk erhalten hatte. «Die Schwestern Dadolle neben dem Pfarrhaus sammelten in der ganzen Pfarrei.» Von Renaison musste ein Schneider herüberkommen und dem zukünftigen Vikar Vianney, dessen Namen man jetzt kannte, eine Soutane schneidern, die er eine Stunde lang tragen musste, weil seine Freunde von Les Robins sehen wollten, wie er sich einmal darin ausnehmen würde. «Sie kommen zu uns als Pfarrer», sagte man ihm zwischen Tränen und Lachen. Eine gutherzige Alte brachte ihm 30 Franken. «Meine gute Frau», fragte Johannes-Maria sie, «haben Sie nicht Geld leihen müssen, um mir dieses Geschenk zu machen?»

«O nein! Das habe ich aus dem Verkauf meines kleinen Schweines erlöst. Noch bleibt mir meine Ziege, das genügt ... Nehmen Sie, ich bitte Sie, und denken Sie an mich, wenn Sie einmal Priester sind.»

Einer seiner Schüler wollte seine Heimkehrkosten mitbestreiten helfen. Und so verließ an einem Wintermorgen, wahrscheinlich anfangs Januar 1811, Johannes-Maria Vianney nach einem letzten, von Weinen unterbrochenen Lebewohl auf immer den Hof von Les Robins. «Die Zeit seiner Verbannung», die «Zeit seines Traurig- und Verfemtseins» war zu Ende.

Seine «gute Mutter», seine «liebe Wohltäterin» hätte am liebsten persönlich ihren «Adoptivsohn» zu seiner wahren Mutter heimgeführt. Sie hatte nicht die Kraft dazu. Ihr Ältester, der vierzehnjährige Ludwig, begleitete seinen großen Freund bis zum väterlichen Haus nach Dardilly.

Maria Vianney schloss ihr liebes Kind, das so viel gelitten hatte, stürmisch in ihre Arme. Aber auch sie trug in ihrem Gesicht die Spuren langer Leiden. Sie hatte zu viele stille Tränen geweint, zu viel verschwiegener Kummer hatte ihr Herz gebrochen. Ihr lieber kleiner Priester – denn schon schaute sie ihn im Traume am Altar – war ihr wiedergegeben! Aber wie lange wird sie sich seiner noch freuen dürfen?

Bereits am 8. Februar, einige Wochen nach der Heimkehr Johannes-Marias unter das Dach des Vaterhauses, segnete seine fromme Mutter im Alter von 58 Jahren das Zeitliche. Er sollte bis in den letzten Monat seines Lebens hinein mit Ergriffenheit das Andenken an seine Mutter wachrufen. Er weinte, wenn er von ihr sprach. Er gestand, niemals wieder seit ihrem Tod sein Herz an etwas Irdisches gehängt zu haben.

Nie vergaß Johannes-Maria die Monate, die er in Les Robins verbracht hatte. Wenn er trotz seines Versprechens und seiner Sehnsucht nie dorthin zurückkehrte, so erhielt er doch bis ans Ende seines Lebens Besuche von dem einen oder anderen alten Freund, den er in jenen unruhigen Zeiten dort oben im Dorf kennen gelernt hatte.

Nach seinem Tod kamen die Bewohner von Les Noës zu seinem Grab wallfahren und beteten zu ihm. Der Pfarrer von Fareins, Dubouis, berichtet: «Eine Person aus dem Dorf, welcher ich im letzten Jahr begegnet bin, sagte mir, das Andenken an seine Frömmigkeit sei heute noch unter ihnen lebendig.» Und wie es scheint hat keine Menschenseele unter diesen guten Leuten Johannes-Maria je einen Vorwurf daraus gemacht, dass er sich dem Militärdienst freiwillig entzogen hatte.

Er selber «hat sein Gewissen» – sei es nun aus gutem Glauben oder in der Überzeugung eines übernatürlichen Eingreifens – «sicher nie ob dieser Fahnenflucht belastet gefühlt». So urteilt Toccanier, einer seiner intimsten Freunde. «Nie habe ich ein Wort der Selbstanklage oder der Rechtfertigung aus seinem Mund vernommen. Nur in seinen Christenlehren habe ich ihn seine eigene Geschichte zum Vergleich herbeiziehen hören: ‹Als ich fahnenflüchtig war, fürchtete ich immer, die Häscher irgendwo auftauchen zu sehen. So fühlt der Sünder in seinen Gewissensbissen die göttliche Gerechtigkeit beständig über sich hereinbrechen›.» «Dabei klang nichts von Reue in seiner Stimme», berichtet die Gräfin Prosper des Garets.

«Er wurde von seinem Weg abgedrängt – und so fahnenflüchtig durch Ursachen, die in der Vorsehung Gottes zu liegen scheinen.»

Studienjahre 1812-1815

In einer Stunde, da er ihrer noch sehr bedurfte, musste Johannes-Maria Vianney seine «arme Mutter» verlieren. Wer sollte ihn von nun an trösten in den anbrechenden Prüfungen? Die erste Vertraute seiner Berufung, die milde Fürsprecherin bei seinem verbitterten Vater war nicht mehr. Vielleicht war es doch auf das heiligste Anbefehlen der Sterbenden hin, dass Matthäus Vianney seinen Sohn ohne Widerstand zu Balley zurückkehren ließ.

Trotz der Trauerstimmung war die Freude des Wiedersehens im Pfarrhaus von Ecully groß. Balley hatte nie an dieser gottgeführten Rückkehr gezweifelt. Seit sechzehn Monaten hatte er seinen lieben Schüler jeden Abend in das Nachtgebet eingeschlossen. Ein Pfarrkind, «dessen Frömmigkeit etwas kurz geraten war», soll beim Anblick des Entlassenen ausgerufen haben: «Um so besser! Nun werden wir alle Tage ein Vaterunser und Gegrüßt-seist-du-Maria weniger zu beten haben.»

In Zukunft sollte unser Seminarist nicht mehr bei seiner Tante Humbert, sondern im Pfarrhaus selber wohnen. Die Brüder Loras und der junge Deschamps waren ins Kleine Seminar eingetreten. Um nun die unzureichenden und unzusammenhängenden Studien schärfer überwachen zu können, bestand Balley darauf, Johannes-Maria Vianney bei sich zu behalten.

Dabei könnte der Schüler seinem alten Lehrer allerlei Dienste leisten und «ein bisschen den Diener spielen: während der Erholung den Garten besorgen; in der Kirche den Posten des Sakristans und Messdieners in einer Person vereinigen; bei den Gängen übers Land seinen Professor begleiten; somit wären auch diese Ausflugsstunden keine verlorene Zeit».

Johannes-Maria trat in sein fünfundzwanzigstes Lebensjahr. Die Zeit drängte. Balley hatte es eilig, seinen Schüler die heiligen Weihen empfangen zu sehen. Er verschaffte ihm die Gleichberechtigung mit den Rhetorikschülern der Kleinen Seminare und erreichte so, dass er am 28. Mai des Jahres 1811 die erste Tonsur empfangen konnte.

Von diesem Tag an war Vianney dem klerikalen Stand zugeteilt, «er gehörte zur Kirche», er hatte einen Schritt voran zum Priestertum getan. Trotz der Trauer über die kürzlich verstorbene Mutter bedeutete dieser Tag ein neues Freudenfest für das Pfarrhaus von Ecully. Unter Balleys persönlicher Führung war Johannes-Maria in eine gute, allerdings harte Schule geraten. Ein Greis der Pfarrei zeichnet seinen Seelsorger folgendermaßen: «Er war ein großer Mann, der nur aus Haut und Knochen zu bestehen schien. Man hatte den Eindruck, er esse nicht genügend.» Der Schüler «fing an, das Bußleben seines Meisters zu teilen». Die Berührung mit diesem heiligen Mann erbaute ihn mehr und mehr. Der ernste Balley war von einer schlichten und innigen Frömmigkeit; «er weinte beim Messelesen». Sein Schüler, der ihm dabei diente, lernte von ihm vor allem die heiligen Geheimnisse feiern.

Wenn er seine Erholungszeit nicht im Garten oder in der Kirche verbrachte, suchte Vianney gern die gute Mutter Bibost auf, die ihm um der Liebe Gottes willen seine Kleider instand hielt. Sie hatte selber einen Sohn im Seminar. Glücklich traf er in den Ferien mit diesem jungen Freund zusammen und ließ sich von ihm in die geheimnisvolle Zukunft einweihen, in der vor seinem Auge das einzige, höchste Ziel aufglänzte: der Altar. Sein Gehorsam war vollkommen.

«Bei Balley», gestand er, «habe ich nie meinen Willen getan.» Seine Lieblingslektüre war das Leben der Heiligen. Erhalten ist von ihm ein Brief an Jakob Loras, einen ehemaligen Mitschüler von Ecully, den er bittet, er möge die Güte haben und ihm «beim Buchhändler Ruzand einen alten Folioband mit dem Titel *Geschichte der Wüstenväter* holen».

I.

Mit dem letzten Semester 1812 hielt Balley den Augenblick für gekommen, den großen Studenten mit seinen sechsundzwanzig Jahren in den regelmäßigen Studiengang einzureihen. Damals verlangte man von den Priesteramtskandidaten ein Jahr Philosophie und wenigstens zwei Jahre Theologie. Die ungünstigen Zeitverhältnisse drängten zur Nachsicht.

Johannes-Maria Vianney wurde ins Kleine Seminar von Verrières bei Montbrison beordert. Er war der Älteste seiner Klasse, sein Professor jünger als er.

Der «Neue» nahm es weiter nicht schwer, dass er in der Demut, der Wissenschaft der Heiligen, größere Fortschritte gemacht hatte als in den weltlichen Fächern. Zum ersten Mal vor der ganzen Klasse befragt, erfasste er nicht einmal den Sinn der Frage und musste es beim Schweigen bewenden lassen.

Lachen – überall «ist dieses Alter erbarmungslos» – lief von einer Bank zur andern. Der Professor stellte die Fragen nach Seminarbrauch lateinisch und der arme Philosophiestudent hatte doch gerade Müh und Not genug, seine Lektion im Buch Zeile um Zeile zu übersetzen.

Mehrere seiner Mitschüler waren allerdings auch nicht stärker als er. So wurde von der Klasse, die unter der Leitung von Chazelles stand, eine Gruppe von sieben Schülern abgetrennt und französisch unterrichtet.

Trotz seines besten Willens verstand der heilige junge Mann wenig von der Dialektik. Die scholastischen Sätze führten ihn nicht in die Logik ein. Damit hatte ihn sein gesunder Menschenverstand dank der Gnade Gottes reichlich versehen.

Obgleich er am 13. Juni 1813, d.h. sieben oder acht Monate nach seinem Eintritt in Verrières, an seinen «sehr lieben Vater» schrieb: «Betreffs meiner Studien geht es etwas besser, als ich gedacht hätte» – wahrscheinlich hatte er anfangs gefürchtet, überhaupt nichts zu verstehen –, blieb er doch «ein äußerst schwacher Schüler.»

Gott wollte, dass er wie der hl. Paulus «in der Kunst des Schönredens ein Stümper» bleibe. Und hätte ihm seine tiefe Bescheidenheit nicht den Mund verschlossen, er hätte den Ersten seiner Abteilung die Worte eines anderen Heiligen, des italienischen Dichters Jacopone da Todi, entgegenhalten können:

«Fort mit allen Syllogismen
Kettenschlüssen und Sophismen;
Fort Problem' und Aphorismen
Und die Spintisiererei ...
Reines, einfaches Verstehen
Wird von selbst schon sicher gehen
Und des Herren Antlitz sehen
Ohne die Philosophei ...»

Von den Menschen verkannt, wandte sich Johannes-Maria dem ewigen Freund zu, der auch das Schweigen versteht und das heimlichste Herzensseufzen erlauscht. Wenigstens in der Kapelle konnte er sich nach Herzenslust aussprechen und ausweinen.

Seine treugeliebte Mutter lag tot drunten auf dem kleinen Friedhof am Hügelhang von Dardilly. Aber gerade sie fühlte er jetzt ihrer Seele nach viel lebendiger und näher; ihr vertraute er seine bitteren Sorgen an. Freche Mitschüler machten ihn lächerlich; seine Lehrer geizten mit Aufmunterungen. «In Verrières», hat er später gestanden, «hatte ich wohl ein bisschen zu leiden.»

Man ahnt, was diese beiden Wörtchen «ein bisschen» auf seinen Lippen an liebevollem Verschweigen bergen. Lange Besuche in der Kapelle gaben ihm Mut. Und jetzt, da ihm das mütterliche Herz fehlte, das nichts auf dieser Welt ersetzen kann, wurde seine Verehrung zur Mutter Gottes kindlicher und zarter.

Seine innige Liebe zu ihr drängte ihn, ihr «Knechtschaft» zu geloben und sich ihr dadurch ganz zu eigen zu geben.

Es wäre immerhin eine Übertreibung, Johannes-Maria in Verrières als einen Verfolgten und Ausgestoßenen hinzustellen. Einer seiner ehemaligen Mitschüler berichtet: «Die Ernstesten und Eifrigsten nahmen ihn gern zum Vorbild. Sie freuten sich am Umgang mit ihm, weil er ihnen gewöhnlich vom lieben Gott und der allerseligsten Jungfrau erzählte.» Auf diese Weise gewann er die Freundschaft Marcellin Champagnats, des späteren Gründers der Kleinen Brüder Mariens. Auch Marcellin galt nicht als Adler. Er hatte seine Lateinstudien siebzehnjährig angefangen. Wegen Unzulänglichkeit nach Ablauf eines Jahres entlassen, hatte auch er wie Johannes-Maria eine Wallfahrt nach La Louvesc gelobt. Man nahm ihn ein zweites Mal in Verrières auf.

Nach fünf Jahren unermüdlicher Arbeit gelang es ihm, in die Rhetorikklasse einzutreten, die er nachsitzen musste. Beim Schulbeginn des Jahres 1812 traf er in der Philosophie mit Balleys Schüler zusammen. Marcellin zählte dreiundzwanzig, Johannes-Maria siebenundzwanzigeinhalb Jahre. Vorgerücktes Alter, gleicher Kampf, gleiche Neigung und Tugend brachten die beiden einander bald näher.

In Verrières hatten sich die Gebräuche der heroischen Zeit gut erhalten. Obgleich man etwas besser wohnte als früher, war das Leben hart, die Mahlzeiten frugal, die Ordnung streng. Weit entfernt, sich darob zu beklagen, war Johannes-Maria dessen froh und nicht ein einziges Mal hat man es erlebt, dass er seine Pflicht vernachlässigte. Allerdings zog sein Verhalten die Aufmerksamkeit nicht besonders auf ihn. Hing er doch gar sehr am Unbekannt- und Vergessensein! Nichts lässt darauf schließen, dass er je öffentlich als Muster hingestellt wurde. Eine gewisse Missachtung heftete sich an seine Studienmisserfolge. Das Schlusszeugnis dieses Jahres spricht in diesem Sinne und lautet:

Arbeit .... gut
Kenntnisse ... .sehr schwach
Verhalten .... gut
Charakter .... gut

Wenn Barou, der Leiter des Hauses, auch ein guter Erzieher war, brauchte er doch nicht Prophet zu sein. Da er sich an den äußeren Schein hielt, war es ihm nicht gegeben, das wundersame Kleinod richtig einzuschätzen, das ihm die Vorsehung für kurze Zeit anvertraut hatte.

II.

Sehr glücklich war Johannes-Maria in Verrières nicht gewesen. Die Philosophie, die man nach der alten Sorbonne-Methode im Geiste Descartes' vortrug, hatte er kaum erfasst, hatte sie unschmackhaft und kalt gefunden.

So war er froh, als er im Jahre 1813 nach Ecully zurückkehren und seinen alten Lehrer wiedersehen durfte. Balley nahm ihn nicht minder beglückt auf.

Miteinander tauschten sie ihre Hoffnungen aus: Mochte der Aufstieg zum Priestertum noch so rauh sein, die Gipfelhöhe lag nun nicht mehr so weit entfernt; und dort droben werde man nach Herzenslust Atem schöpfen können; die Seelsorge werde nicht mehr diese Trockenheit von Schule und Buch bieten.

Ohne Zeit zu verlieren, machte sich Balley ans Werk, seinen Schüler fürs Große Seminar vorzubereiten. Das waren sicher seine schönsten und die letzten Ferien, deren sich Vianney zeit seines Lebens erfreut hat.

Die Kurse des Jahres 1813 bis 1814 gingen nach den üblichen Exerzitientagen kurz vor Allerheiligen an. Zu seinen Mitschülern zählte Johannes-Maria: Marcellin Champagnat, der ihm ins Sankt-

Irenäum gefolgt war, Johannes Claudius Colin, welcher der Kirche die Genossenschaft Mariens schenken, Ferdinand Donnet, der siebenundachtzigjährig als Kardinal-Erzbischof von Bordeaux sterben sollte.

Ein zukünftiger Kanonikus von Belley, Johannes Augustin Pansut, der in jenem Jahr seinen theologischen Kursus abschloss, hat bis in sein Alter die Erinnerung an diesen «Neuen» behalten, dessen Gesichtsausdruck ihm aufgefallen war. Denn trotz seiner Liebe für Verborgensein und Schweigen konnte Johannes-Maria dem aufmerksamen Auge nicht entgehen. Mit siebenundzwanzig Jahren hatte er ein Asketengesicht.

«Die Sammlung, die Bescheidenheit, die Selbstverleugnung, eine bis zur Selbstzerfleischung getriebene Kasteiung leuchteten aus seiner ganzen Person. Wären die anderen 250 Seminaristen, die mit ihm gekommen waren, Vianney gleich gewesen, das Sankt-Irenäum hätte bei Spaziergang und Erholung das vollkommene Bild eines Trappistenklosters geboten.

Das Sankt-Irenäum konnte nur schwer alle seine Schüler fassen. So musste man mehrere in den größeren Zellen zusammenlegen. Auf diese Weise erhielt Johannes-Maria als Zimmerkameraden Bezacier, den er noch nie getroffen hatte, und Desclas und Duplay, die er beide von Verrières her kannte.

«Er war die Regel selber», erzählt Bezacier; «von unserem Zimmer brauchte man nur zwei Schritte zu tun, um ein Schweizerregiment vorbeimarschieren zu sehen und seine schöne Musik zu hören. Mehrere Seminaristen gaben der Versuchung nach und schauten und lauschten. Hinsichtlich Vianney kann ich mich nicht entsinnen, dass er sich deswegen bemüht hätte.»

Später sagte Desclas zu seinem Neffen, dem Geistlichen Stephan Dubois: «Ich habe ihn ehemals gut gekannt; das ist ein Heiliger.»

Man könnte den Eindruck gewinnen, Vianney habe etwas den Sonderling gespielt. Im Gegenteil, «nichts Auffallendes hatte er in seinem Benehmen: Er war von großer Schlichtheit».

Unglücklicherweise war, nach der Aussage von Bezacier, «der Erfolg seiner Studien gleich Null, weil er nicht genügend Latein verstand. Mehrmals habe ich ihm Dinge zu erklären versucht, ohne dass er es begriffen hätte. Trotzdem arbeitete er mit unverdrossenem Fleiß weiter».

«Uns allen war bekannt», erzählt Pansut, «dass Vianney keine regelmäßigen Studien gemacht hatte; und keiner von uns war von seinen geringen Erfolgen überrascht. Wenn er später in der Seelenleitung wahre Wunder gewirkt hat, so verdankt er das seiner ausdauernden Arbeit und vor allem Gottes Gnade, die sichtlich in Fülle über ihm war.»

Gewiss interessierte sich der Obere Gardette für diesen älteren Seminaristen, dessen Frömmigkeit und heroischer Fleiß ihm bekannt waren. Er teilte ihm als Repetitor Johannes Duplay, einen der Ersten seines Kurses, zu. Da ihn dieser Mitschüler weniger einschüchterte und ihm die Fragen französisch stellte, gab Johannes-Maria in seiner Muttersprache treffende und sehr verständige Antworten.

Mioland, einer seiner Lehrer, hatte die Güte, ihm wegen seiner Rückständigkeit einige Stunden zu erteilen. Er legte ihm die Theologie nach dem *Rituel de Toulon*, einem französisch und sehr klar geschriebenen Handbuch, auseinander.

Dank diesem besser angepassten Vortrag hätte sich Vianney die im Seminar verlangten Kenntnisse aneignen können. Da aber Latein die offizielle Schulsprache war, blieben die öffentlichen Vorlesungen für unsern Nachzügler toter Buchstabe. Und nach all den vergeblichen Versuchen stellten die Professoren alle Fragen an ihn ein.

Wie musste er leiden unter der Ergebnislosigkeit seiner Anstrengungen! Niemand im Sankt-Irenäum sehnte sich mehr als er nach dem Priestertum, und niemand schien weiter davon entfernt. Aber welch ein Übermaß von Weh, welch ein Herzzerreißen musste es für ihn bedeuten, als «nach Verlauf von fünf bis sechs Monaten die Studienleiter sein weiteres Bemühen als zwecklos erachteten und ihn ersuchten, seinen Abschied zu nehmen».

Entlassen! Er, dessen Reliquien der Stellvertreter Christi eines Tages auf den Knien betrachten sollte! Das war die härteste Prüfung seines Lebens. Er mochte später immer wieder gern auf seine dunklen Stunden, auf seine Widerwärtigkeiten zu sprechen kommen, nie aber, soweit erinnerlich, auf diese Entlassung anspielen.

«Viele seiner Mitschüler litten sehr unter seinem Abschied aus dem Seminar.» Er, der Heimgesuchte, nahm sein Urteil ergeben, ohne Murren hin. Noch fünfzig Jahre später hat einer seiner damaligen Vertrauten von jener Stunde bekannt: «Die Erinnerung an seine Demut und an die Verständigkeit der Worte, die ich damals mit ihm wechselte, ist tief in meine Seele eingegraben geblieben.» Was sollte nun aus ihm werden? Die Tore zum Heiligtum waren vor ihm zugeschlagen. Sollte er in die Welt zurückkehren, er, der nur einen einzigen Wunsch kannte: sich Gott zu weihen? ...

Da erinnerte sich Johannes-Maria eines seiner Jugendkameraden, Johannes Dumond, der am 27. November des letzten Jahres bei den Brüdern im Lyoner Noviziat eingekleidet worden war. Ein neuer Traum stieg in der Seele des armen, ausgestoßenen Seminaristen auf: Kleid gegen Kleid. Er würde seine Soutane gegen das Brüderkleid umtauschen. Ohne auch nur Balley aufzusuchen und seinen Rat einzuholen, verließ er das Sankt-Irenäum und klopfte nicht weit von der Johanneskirche an die Pforte des Kleinen Kollegiums.

«Ich kann nicht genug Latein, um Priester werden zu können», vertraute er Bruder Gerard, seinem ehemaligen Freund Johannes Dumond, an, «ich werde hierher kommen und Bruder werden.» Dann kehrte er, wie er dachte, auf einige Tage ins Pfarrhaus nach Ecully heim.

Balley schloss ihn in seine Arme, ließ ihn sich an seinem priesterlichen Herzen ausweinen und lauschte seinen Geständnissen. Dann sprach der Greis. Von neuem versicherte er seinem Schützling, Gott habe ihn für den Dienst an seinen Altären bestimmt. «Schreibe an deinen Freund in Lyon», schloss er, «er möge weiter nichts verlauten lassen und dass ich auf der Fortsetzung deiner Studien bestehe.» Es galt, wenigstens einen letzten Versuch zu machen.

Lehrer und Schüler beteten zusammen und beugten sich dann von neuem über die Bücher. Das Studium des *Rituel de Toulon* wurde wieder aufgenommen. Balley wandte Französisch und Latein an. Sollte Vianney nicht wenigstens die wesentlichen Kenntnisse in der Sprache der Kirche erfassen können? Im Übrigen würde der Heilige Geist, der dieser Seele innewohnte, die Leere ausfüllen und das Fehlende ersetzen. Wie aber sollte das geschehen? Der Mann, den es anging, hatte keine Ahnung und empfand darob zuweilen ein herbes Weh. Glücklicherweise hielt ihn seine Frömmigkeit aufrecht. Und Gott kam ihm zu Hilfe.

«Als ich studierte», erzählte er später, «war ich von Kummer niedergedrückt. Ich wusste nicht mehr was anfangen. Noch sehe ich die Stelle in Ecully; ich ging bei den Bibosts vorüber; ich hörte die Worte, wie wenn sie mir ins Ohr gesprochen wären: Geh, sei ruhig, du wirst eines Tages Priester werden.»

Unterdessen rückte die Zeit der Weihen heran. Die kanonischen Prüfungen begannen Ende Mai. Balley wagte es, seinen Schüler dazu antreten zu lassen. Die Diözese brauchte immer Priester. Der Kandidat trat in sein neunundzwanzigstes Jahr; seit drei Jahren trug er die kleine Tonsur; wollte man ihn nicht ganz und gar aufgeben, müsste er jetzt wenigstens die niederen Weihen empfangen. Gründe genug, um nicht länger abzuwarten.

So erschien Vianney kaum drei Monate nach seinem Fortgang aus dem Seminar inmitten seiner alten Mitschüler, die ihn beglückt willkommen hießen. Auf dem letzten Platz wartete er, bis die Reihe an ihn kam. Das Betreten des Prüfungszimmers und der Anblick dieser ehrwürdigen Kommission, welcher Generalvikar Bochard vorstand, schlug ihm aufs Herz. Er hörte seinen Namen nennen, verlor die Fassung, erfasste die lateinischen Fragen schlecht, verwirrte sich und antwortete nur ungenügend.

Die Examinatoren standen unschlüssig da. Kannten sie doch Balleys Wissen und verständige Art und das Lob, mit dem er die Energie und die Frömmigkeit seines Schülers bedacht hatte. Sollten sie nun den armen, so gutwilligen Seminaristen endgültig entlassen oder nur auf einige Zeit zurückstellen? Man zog es schließlich vor, jede Verantwortlichkeit in diesem schwierigen Fall abzuschieben. Vianney sollte es freigestellt bleiben, um Aufnahme in einer anderen Diözese nachzusuchen, vorausgesetzt, dass ihn ein Bischof annehmen würde.

Noch am gleichen Abend kehrte Vianney nach Ecully heim. Balley sah die Gefahr. Schon am nächsten Morgen war er in Lyon. Zuerst holte er sich Rat beim Priester, der Johannes-Maria Vianney die erste Beichte abgenommen und ihn auf die erste heilige Kommunion vorbereitet hatte. Groboz, der erzbischöflicher Generalsekretär geworden war, begleitete Balley zum Generalvikar, der am Vortag an Johannes-Maria die Fragen gestellt hatte.

Der Seelsorger von Ecully konnte nichts anderes tun, als nochmals alles Gute zu wiederholen, das er von seinem Schüler dachte: Er mochte der Dümmste sein, war aber sicher der Tugendhafteste unter sämtlichen Lyoner Seminaristen. Auch Groboz holte prächtige Erinnerungen hervor.

Bochard ließ sich bereden und versprach, die Angelegenheit einer weiteren Prüfung unterziehen zu wollen. Noch mehr! Auf Balleys Bitten hin versprach er, am folgenden Tag in Begleitung des Seminarobern ins Pfarrhaus nach Ecully zu kommen. Beide würden sie vertraulich den unglücklichen Kandidaten sprechen.

Bereits beruhigt durch einen derart wohlwollenden Schritt, antwortete Johannes-Maria «auf die vorgelegten Fragen sehr gut, so dass man sich mit seinen Antworten völlig zufrieden gab».

So äußert sich Betemps, Kanonikus von Sankt-Johann in Lyon, ein alter Freund von Balley, der beim Tod des Letzteren auf einige Wochen der Beichtvater unseres Heiligen wurde. Bochard verließ Ecully mit einem günstigen Eindruck; es lag aber nicht in seiner Hand, eine endgültige Entscheidung zu treffen.

Nach der Völkerschlacht bei Leipzig am 20. Oktober 1813 waren die verbündeten Russen, Österreicher, Deutschen, Engländer und Spanier in Frankreich eingebrochen. Besiegt unterschrieb Napoleon am 11. April des darauffolgenden Jahres seine Abdankung. Seine Mutter und sein Onkel, der Kardinal Fesch, hatten beim heiligmäßigen Papst Pius VII. Zuflucht gefunden. In Abwesenheit des Erzbischofs hatte der erste Generalvikar, Courbon, die Leitung der Diözese in die Hand genommen.

Es stand also bei ihm, über Vianneys Los zu entscheiden. Man legte ihm nahe, dass Balleys Schüler nur seine Muttersprache wirklich gut beherrsche und man es aufgeben müsse, ihm das Latein beizubringen.

Der Generalvikar fühlte sich zur Nachsicht geneigt. Zudem hatte sich auch sein Erzbischof nicht besonders wählerisch gezeigt. Hatte er doch kaum zwei Jahre vorher, an Weihnachten 1812, um sie sicherer vor der Armee zu retten, «die zahlreichen Schüler vom ersten Theologiekurs in Massen aufgerufen, wie alle anderen Klassen, welche die Subdiakonatsweihe noch nicht erhalten hatten».

Als schlichter, gutmütiger Mann stellte Courbon bloß die Frage: «Ist Vianney fromm? ... Verehrt er die liebe Gottesmutter? ... Kann er seinen Rosenkranz beten?»

«Ja, er ist ein Muster an Frömmigkeit.»

«Ein Muster an Frömmigkeit! Gut, dann berufe ich ihn. Die Gnade Gottes wird das Übrige tun.»

Nie war Courbon besser inspiriert.

Vom Subdiakonat zum Priestertum 1814-1815

Durch Verdemütigung und Leid hatte der göttliche Bildner diese Seele genügend geformt und verschönert. Nun war die Stunde der Weihe gekommen. Mit unendlicher Dankbarkeit nahm Vianney die Kunde entgegen, dass er am 2. Juli, am Fest Mariä Heimsuchung, gleichzeitig die niederen Weihen und das Subdiakonat erhalten würde. Die Diözesanbehörde dispensierte ihn von den kanonischen Wartezeiten. War das ein «Te Deum» im Pfarrhaus von Ecully!

Johannes-Maria fand sich einen Monat vor seiner Weihe im Seminar ein, um sich dort durch Exerzitien auf den großen Tag vorzubereiten und sich über die Zeremonien und neuen Vollmachten unterrichten zu lassen.

Am Morgen des 2. Juli tat er dann in der weißen Albe den symbolischen Schritt, der ihn für immer von der Welt und dem weltlichen Leben trennen sollte, und gelobte mit der Berührung des leeren Kelches, der für das kostbare Blut Christi bestimmt ist, ewige Keuschheit.

Es war in der Sankt-Johannes-Kirche. Marcellin Champagnat, sein lieber Mitschüler in Verrières, hatte das Subdiakonat bereits am 6. Januar aus den Händen von Bischof Simon empfangen, während Johannes-Claudius Colin, den damals Ängstlichkeiten zurückgehalten hatten, sich nun unter den neuen Ordinanden an Vianneys Seite befand. Bischof Simon, der eigens von Grenoble herübergekommen war, nahm ihr Gelöbnis entgegen.

«Ich hatte das Glück, in jener Stunde ganz nahe bei Vianney zu stehen», erzählte Peter Millon, Pfarrer von Bény. «Nach der Zeremonie begab man sich nach altem Brauch in Prozession von der Primatialkirche ins Große Seminar. Ich war betroffen von der ergriffenen Begeisterung, mit der er den Danksagungspsalm, das Benedictus, sang. Sein Gesicht strahlte.

Von einem Vorgefühl gedrängt, wandte ich auf ihn die Worte an: Und du, Kind Gottes, wirst ein Prophet des Allerhöchsten genannt werden! Dabei dachte ich: Er besitzt weniger Kenntnisse als viele andere, aber in der Seelsorge wird er Großes leisten.»

Da sich Balley für seinen Schützling verbürgte, wurde er für das Schuljahr 1814-1815 bei ihm belassen. Lehrer und Schüler konnten sich darob nur glücklich schätzen; denn das Sankt-Irenäum erlebte ein erbärmliches Schuljahr infolge der napoleonischen Wirren und der Schwierigkeiten, die Kardinal Fesch daraus erwuchsen. Wie musste der kluge Balley im Laufe dieser Wirren der Vorsehung danken für das armselige Examen, dessentwegen im verflossenen Jahr der letzte und verdienstreichste Student vom Sankt-Irenäum ins Pfarrhaus von Ecully zurückgesandt worden war!

Gegen Ende Mai 1815 kehrte Vianney für den Empfang der Diakonatsweihe ins Seminar zurück. Ohne sich in irgendeine politische Auseinandersetzung einzulassen, schuf er sich eine innere Einsamkeit, aus der er auch nicht für einen Augenblick heraustrat.

Am 23. Juni, am Vorabend seines Namenstages, wurde er in der Primatialkirche Sankt-Johann zu Lyon durch Msgr. Simon, Bischof von Grenoble, zum Diakon geweiht. Und der Geist der Stärke, der adlergleich auf ihn niederstieß, durchsetzte die letzten Falten seiner bereits so tapferen Seele.

An diesem Morgen warfen sich während der Allerheiligenlitanei an seiner Seite nieder: Johannes-Claudius Colin, der spätere Gründer der Maristen, und Marcellin Champagnat, der spätere Stifter der Kleinen Brüder Mariens.

Beide sollten für das Vorbereitungsjahr auf die Priesterweihe ins Sankt-Irenäum zurückkehren. Durch einen unerwarteten Gunsterweis, den er zweifellos den Schritten seines treuen Lehrers, aber sicher auch dem Ruf seiner eigenen Tugend zu verdanken hatte, sprach man sofort nach seiner Erhebung zum Diakonat davon, Vianney zur Priesterweihe zuzulassen.

Zum zweiten Mal stellte er sich in Gegenwart des Generalvikars für die kanonische Prüfung im Pfarrhaus von Ecully. Mit Genugtuung stellte Bochard fest, dass unser Theologe seit einem Jahr wirklich Fortschritte gemacht hatte.

«Der gelehrte Examinator legte Vianney über eine Stunde lang Fragen über die schwierigsten Punkte der Moraltheologie vor. Er war zufrieden mit seinen Antworten, sogar verwundert über deren Klarheit und Genauigkeit.

Man entschied: Der neue Diakon solle nach mehrtägigen Exerzitien nach Grenoble aufbrechen und dort die Priesterweihe empfangen.» Seinen Kursgenossen, Pansut, Colin und Champagnat, sollte erst am 22. Juli des folgenden Jahres die priesterliche Salbung zuteil werden.

Am Mittwoch, dem 9. August, stellte sich Vianney auf der erzbischöflichen Kanzlei ein, wo ihm Courbon seine «litterae testimoniales» aushändigte.

Dieses Schreiben ging dahin: Der Bischof von Grenoble könne ihn für die Diözese Lyon weihen, aber unter der Einschränkung, dass der Neupriester erst später nach dem Gutdünken seines kirchlichen Obern die Vollmacht erhalte, von Sünden loszusprechen.

«Der Menschen Gedanken sind nicht Gottes Planen»: Der schüchterne Diakon, den man unter dieser Bedingung nach Grenoble entließ, sollte Dreiviertel seines Lebens in einem Beichtstuhl zubringen! Courbon setzte seine Unterschrift unter das Schreiben mit den Worten: «Die Kirche braucht nicht nur gelehrte, sondern auch fromme Priester – und das an erster Stelle.»

Unter dem Sengen der Augustsonne legte Vianney den Weg zu Fuß zurück, allein, in der Hand ein kleines Paket, in dem er einigen Vorrat und eine Albe für seine erste Heilige Messe trug. Grenoble liegt hundert Kilometer von Lyon entfernt.

Der Priesteramtskandidat fühlte es wie Flügel wachsen – nun sollte sie sich endlich verwirklichen, seine große Herzenssehnsucht! – Und frohgemut bezwang er die weite Strecke. Nicht ohne Gefahr. Die Straßen der Dauphiné waren nach einem neuen Einfall der Verbündeten von feindlichen Truppen belagert. Mehrere Male hielten ihn die Soldaten auf seiner Wanderung an und bedrohten ihn mit ihren Bajonetten.

Endlich öffneten sich am Samstagabend, dem 12. August 1815, dem Lyoner Weihekandidaten die Tore des Großen Seminars von Grenoble.

Am nächsten Tag geleitete man ihn in früher Morgenstunde – es war der 13. Sonntag nach Pfingsten – in die Kapelle, die vor der Französischen Revolution den Paulanern gehört hatte.

Bischof Simon traf in sehr einfachem Aufzug ein. Er war ein tieffrommer Prälat, voll Gemüt und Herablassung. Man entschuldigte sich, ihn wegen einer solchen Kleinigkeit belästigt zu haben: nur eine einzige Weihe und dazu noch ein Fremder! ... Der alte Bischof betrachtete einen Augenblick diesen Diakon mit dem Asketengesicht, den kein Verwandter, kein Freund begleitete. «Es ist nicht zuviel der Mühe», erwiderte er mit einem ernsten Lächeln, «*einen* guten Priester zu weihen.»

Vianney hat nie von der Ergriffenheit dieser himmlischen Morgenstunde gesprochen. Er fühlte sich zweifellos unfähig, dieser Stimmung Ausdruck zu verleihen. Aber später, in seinen Christenlehren, als er von der Erhabenheit des Priestertums sprach – und das tat er oft –, hat er jedenfalls jene unaussprechlichen Eindrücke vom 13. August des Jahres 1815 aufleben lassen: «Oh, was ist doch der Priester etwas Großes!», rief er dann aus. «Was Priestersein bedeutet, wird man erst im Himmel recht erfassen ... Würde man es schon auf Erden verstehen, man würde sterben, nicht vor Erschrecken, sondern vor Liebe!»

Neunundzwanzig Jahre und drei Monate alt, sah endlich Johannes-Maria Vianney nach so vielen Ungewissheiten, so vielen Misserfolgen, so vielen Tränen die Tür zum Heiligtum vor sich aufgehen. Nun würde er zum Altar des Herrn hinaufsteigen! Vom Augenblick seiner Weihe an betrachtete er sich nach Leib und Seele als heiliges Gefäß, einzig zu göttlichem Dienst bestimmt. In seiner Kindheit hatte er in die Arme seiner Mutter geseufzt: «Wenn ich Priester wäre, würde ich viele Seelen gewinnen.»

Die Seelen harrten seiner.

Der hl. Franz Regis (Bleirelief auf einem Weihwasserkessel)

Vikar in Ecully 1815-1818

In der Kapelle des Großen Seminars in Grenoble, in der er am Vortag die priesterliche Salbung empfangen hatte, las Vianney am 14. August, am Vorabend von Mariä Himmelfahrt, seine erste Heilige Messe. Zwei Feldgeistliche der österreichischen Armee zelebrierten gleichzeitig mit ihm an Nebenaltären.

Zweifellos machte er sich nicht sogleich wieder auf den Weg nach Ecully, sondern feierte das große Marienfest in Grenoble. Seine Gewissenszartheit, seine so innige Liebe zur Gottesmutter hätten es ihm nicht erlaubt, an einem solchen Tag zu reisen. Alles lässt darauf schließen, dass er erst am 16. das Seminar verließ, nachdem er dort dreimal das heilige Opfer dargebracht hatte.

Auf dem Heimweg hatte er die gleichen Schwierigkeiten wie beim Kommen. Endlich kam er in Ecully an, wo sein alter Meister ungeduldig seiner harrte. Eine liebe Überraschung war ihm vorbehalten. Nachdem sich der Greis in die Knie geworfen und den Segen empfangen hatte, teilte Balley seinem Schüler die frohe Kunde mit, die Generalvikare hätten der Pfarrei Ecully einen Vikar gewährt und der für diese Stelle bestimmte Priester sei niemand anders als Johannes-Maria Vianney! So würde der «Adoptivsohn» bei seinem Vater verbleiben, würde ihm Stütze sein bei so vieler Arbeit, würde ihm einmal im Tod die Augen schließen.

Auch im Vaterhaus zu Dardilly kehrte tiefe Freude ein. Die ganze Vergangenheit mit ihrem Bangen und Sorgen war vergessen, als der Neupriester unter den Seinen erschien. Ja, wenn nur die Mutter noch gelebt hätte! Johannes-Maria betete lange draußen an ihrem Grabhügel.

Ein Brief meldete in Les Noës und Les Robins die Priesterweihe von «Jérôme Vincent». Im Jahre vorher hatte er nach seiner Subdiakonatsweihe an den ehrwürdigen Jacquet, den dortigen Pfarrer, geschrieben und sich ihm als Vikar angeboten. Als Vergütung hatte er einzig seinen Unterhalt ausbedungen. Er liebte Les Noës so sehr, sagte er, dass er die Erinnerung an das Dorf nicht loswerden konnte. Welch ein Glück für die Mutter Fayot, ihren «großen Sohn» auf dem Gipfel all seiner Sehnsucht zu wissen. Er würde zuerst in Ecully bleiben, ja, aber er würde doch auch einmal Pfarrer werden! Und dann, wer weiß? ...

Auf dem Hof von Les Robins wurde ausgemacht, so bald wie möglich in Balleys Pfarrhaus seinen heiligen, liebenswürdigen Vikar zu grüßen.

Die Pfarrkinder teilten die Zufriedenheit ihres Seelenhirten. «Vianney», bemerkten sie untereinander, «hat uns erbaut, solange er in unserer Mitte studierte. Was wird es jetzt erst werden, da er nun Priester ist?» Sehr bald schenkten sie ihm ihr Vertrauen. Zu Anfang konnten sie ihn allerdings nur außerhalb des Bußsakramentes um seinen Rat angehen. Erst einige Monate nach seiner Ernennung zum Vikar sollte Vianney die Beichtvollmachten erhalten. So hatte, wie wir gesehen haben, Courbons Entscheidung gelautet.

Das erste Beichtkind, das zu seinen Füßen niederkniete, war Balley, sein eigener Beichtvater. Auf der Suche nach einem neuen Seelenführer hatte der strenge und weise Seelenhirt von Ecully keinen geeigneteren Mann gefunden, dem er die Geheimnisse seiner Seele hätte anvertrauen mögen, als diesen alten, allzulang verkannten Hirtenknaben. Der würdige Greis hatte das unablässige Gnadenwirken in dieser auserlesenen Seele verfolgt und dann Courbon auseinander gesetzt, dass es an der Zeit sei, «die Vollmachten seines jungen Vikars freizugeben». Ohne weiteres willfahrte der Generalvikar einem so berechtigten Ersuchen.

Vianneys erste seelsorgerliche Handlung ist vom 27. August 1815 datiert. Eine Taufe. Sobald sich die bischöfliche Approbation im Dorf herumgesprochen hatte, wurde sein Beichtstuhl auch schon belagert. Die Kranken verlangten fast ausschließlich nach ihm. «Das nahm ihm viel Zeit und es kam vor, dass er darüber zuweilen das Essen vernachlässigte.» Später sollte dieses Vernachlässigen zur Gewohnheit werden! Seine Mühe blieb nicht ohne Frucht und Trost, denn «eine große Anzahl von Menschen, die bis dahin der Pfarrei keineswegs zur Erbauung gereicht hatten, bekehrten sich, nachdem sie sich an ihn gewandt hatten».

Den Katechismusunterricht bereitete er sorgfältig vor und brachte die Glaubenswahrheiten den Kindern liebevoll bei. Er wurde mit den Kleinen klein. Die Minderbegabten nahm er mit auf sein Zimmer. Und in Erinnerung an das, was andere für ihn während der Revolution getan hatten, unterwies er sie mit unermüdlicher Geduld.

In Ecully «war er auf der Kanzel bündig und klar». Hier setzte er mit einer Seelsorgsarbeit ein, die harte Anstrengungen von ihm fordern, aber auch wunderbare Erfolge zeitigen sollten. «Nach meinem Empfinden predigte er noch nicht gut», sagt seine Schwester Margaret, die von Dardilly, nur um ihn zu hören, herübergekommen war; «und doch lief man in die Kirche, wenn die Reihe an ihm war.»

Er schreckte nicht davor zurück, harte Wahrheiten auszusprechen und gewisse Laster zu geißeln. Ecully war keineswegs eine Oase der Vollkommenheit; auch hier hatte die Revolution Missstände hinterlassen, gegen die eine nahe Großstadt kein Heilmittel bedeutete. Man ging im Dorf dem Vergnügen nach, tanzte bei jeder Gelegenheit. «In der Gegend, wo ich Vikar war», verkündete er später in einer Christenlehre, «wurde ein junger Mann, der Pate werden sollte und für diese Gelegenheit einen Spieler zum Tanz bestellt hatte, am folgenden Tag von einem Balken erdrückt. Es war ihm auch nicht ein Augenblick geblieben, um einen guten Gedanken zu haben.

Als der Spielmann eintraf, läuteten die Totenglocken zur Beerdigung des Unglücklichen.»

Zu seiner Predigt über Sittenreinheit und christliche Vollkommenheit gab Vianney selber das erste Beispiel. Dieser dreißigjährige Priester war von einer wundersamen Zurückhaltung, sehr schlicht und sehr gütig, aber «unter Ausschluss jeder Vertraulichkeit». Ihm war jene den Heiligen eigene Gabe geworden, von welcher der milde Franz von Sales spricht, die im «Alles-Sehen und Niemand-Anschauen» besteht.

Solchen Vertrag hatte er mit seinen Augen geschlossen, weil er seine Hinfälligkeit fühlte so gut wie jeder in diese Welt geborene Mensch. Er betete und tötete sich ab und suchte so das Fleisch zu überwinden; denn auch er verspürte tief in seiner Natur das Locken und Laden des Bösen.

«Am 3. Oktober 1839», berichtet der Priester Tailhades von Montpellier, «machte mir Vianney ein sehr wichtiges Geständnis. Ich fragte ihn, wie er das Freisein von den Versuchungen gegen die hl. Keuschheit erreicht habe. Schließlich sagte er mir, das sei ihm auf ein Gelübde hin geworden.

Durch dieses Gelöbnis, abgelegt vor dreiundzwanzig Jahren – in der Vikariatszeit von Ecully –, hatte er sich verpflichtet, täglich einmal das *Regina coeli* und sechsmal folgendes Gebetchen zu verrichten: ‹*Gepriesen sei die heiligste und unbefleckte Empfängnis der allerseligsten Jungfrau und Mutter Gottes Maria. In Ewigkeit. Amen.›»*

Balley war nicht wohlhabend. Der Unterhalt eines Vikars hätte ihm eine allzuschwere Last werden können. Das begriffen die Pfarrkinder und «lieferten alles zu diesem Unterhalt Notwendige umsonst oder zu halbem Preis. Die guten Leute machten sich ein Bedürfnis daraus, eine Ehre und eine Freude».

Vianneys persönliche Einnahmen flossen in die Hände der Armen. Selbst seine Kleider schenkte er ihnen.

«An einem Wintertag», erzählt Margaret, «sagte Balley zu meinem Bruder: ‹Sie besuchen in Lyon die Frau Soundso. Sie müssen wohl oder übel die Hosen anlegen, die man Ihnen zum Geschenk gemacht hat.› Am Abend kehrte er in sehr schlechten Beinkleidern heim. Sein Pfarrer fragte ihn, was er denn mit den andern angefangen habe. Er antwortete, er sei einem durchfrorenen Bettler begegnet, habe Mitleid mit ihm empfunden und habe seine neue Hose gegen die alte des Bettlers umgetauscht.»

«Wie geht es Johannes-Maria?», fragte zuweilen Andreas Provin, ein Kamerad aus Dardilly, den greisen Balley.

«Vianney ist immer der Gleiche», antwortete der Pfarrer von Ecully, «was er hat, schenkt er her.»

Als Courbon den Neupriester Vianney für die Vikarstelle in Ecully bestimmte, hatte Balley angegeben, er wolle ihn bei sich in seinem Pfarrhaus behalten, um ihm bei der Fortsetzung seiner theologischen Studien behilflich zu sein. So wurde es auch gehalten. In den freien Augenblicken schlugen sie das *Rituel de Toulon* auf. Nun konnte der Lehrer in praktischerer Weise das Dogma, die Moral und die Liturgie erklären. Auf den gemeinsamen Spaziergängen legte der Pfarrer seinem Vikar mehr oder minder verwickelte «Gewissensfälle» vor. Der Neupriester musste die Lösung finden und dann seine Gründe für das Für und Wider seiner Entscheidung auseinander setzen.

Aber Gott hatte Vianney nicht nach Ecully gesandt, einzig um ihn dort in die Pfarrseelsorge einzuführen. In eine Schule der Heiligkeit hatte er ihn gegeben.

Balley war ein sehr abgetöteter Priester. Zwischen ihm und seinem Schüler setzte bald ein rücksichtsloses Wetteifern in harter Zucht ein. «Hier stand», nach dem Wort von Pelletier, dem Erzpriester von Treffort, «Heiliger neben Heiligem.» Später hat Vianney einmal selber folgendes Geständnis voll rührender Demut abgelegt: «Ich wäre schließlich doch ein bisschen gut geworden, wenn ich das Glück gehabt hätte, ständig mit Balley zusammen zu sein. Niemand hat mir besser als er begreiflich gemacht, bis zu welchem Punkt die Seele über die Sinne hinauswachsen und der Mensch sich dem Engel nähern kann. ... Um Verlangen nach der Liebe Gottes zu verspüren, brauchte man ihn nur sagen hören: Mein Gott, ich liebe dich aus ganzem Herzen.»

Balley trug einen Bußgürtel. Vianney ließ sich heimlich von Claudine Bibost und ihrer Tochter Columba ein Bußhemd verfertigen, das er von nun an auf der bloßen Haut trug.

Warf nicht der Besuch eines Mitbruders Pfarrer und Vikar aus ihren kleinen Gewohnheiten, so war das Essen mehr dem Zufall überlassen, ein «attrape qu'attrape, ein Schnapp-Schnapp», wie es Vianney nannte: kein Wein, einige Kartoffeln mit Schwarzbrot, ein Stück Rindfleisch, das vom Ewig-wieder-aufgetischt-Werden schließlich schwarz wurde. Das ging so weit, dass die Pfarrkinder Courbon von diesen Strengheiten unterrichteten. «Ihr seid gut daran, ihr Leute von Ecully», erwiderte der Generalvikar, «dass ihr Priester habt, die derart Buße für euch tun!»

Aber es kam noch besser. Der Pfarrer vermeldete der kirchlichen Behörde, sein Vikar «überschreite doch jegliches Maß», und der Vikar zeigte seinen Pfarrer wegen übertriebener Kasteiung an. Courbon lachte und schickte sie beide heim.

Zwischenhinein war es manchmal wie ein Atemholen in all den strengen Übungen und die Pfarrtafel schaute «ziemlich oft» weniger abstoßend aus.

Sooft man Gäste empfing – selbst die Generalvikare und Groboz fanden sich ein –, wurde der Tisch besser und reichlicher gedeckt.

Bei einer solchen Gelegenheit betrat an einem schönen Oktobertag des Jahres 1815 eine Bäuerin in Forezertracht das Pfarrhaus von Ecully. Sie verlangte Johannes-Maria Vianney zu sprechen.

Die Haushälterin gab ihr zu verstehen, die Herren seien bei Tisch und im Esszimmer zudem viele Fremde. Das beeindruckte die Bäuerin nicht. Die Mutter Fayot aus Les Noës – denn sie war es in Person – hatte nur einen Gedanken im Kopf und schreckte nicht davor zurück, auch ein solches Festessen zu stören. Sie trat ein und musterte die Gäste, unter denen Courbon und Bochard saßen. Schnell hatte sie ihr «liebes Kind» erkannt. Vianney sprang auf; vor Freude schoss ihm das Blut in den Kopf. Er sah «seine gute Mutter» auf sich zukommen, die ihn in ihre Arme schloss und ihm auf beide Wangen einen schallenden Kuss drückte.

Mochte Balley ein noch so abgetöteter Priester sein, deshalb war er keineswegs ein Menschenfeind. In Lyon hatte er eine Reihe von Freundschaften und Beziehungen aufrecht erhalten. So besuchte er die Familie Loras und war bei Anton Jaricot gern gesehener Gast. Dieser Großindustrielle hatte in Tassin bei Ecully ein Landhaus erworben, das er bald an seine älteste Tochter, Frau Perrin, abtrat.

Die reizende Schwester der Frau Perrin, Pauline Jaricot, die im Jahre 1817 achtzehn Jahre alt wurde, verbrachte die schönen Tage in Tassin draußen. Anfänglich hatte sich Pauline einem weltlichen Treiben überlassen, dessen Gefahren sie noch nicht durchschauen konnte, um dann plötzlich auf diesen schimmernden Firlefanz ihrer Eitelkeiten zu verzichten. Nun war sie ein Vorbild an Frömmigkeit geworden. Das alte Heim sah zuweilen um die Familie Jaricot und den Pfarrklerus von Ecully hoch gestellte Geistliche in seinen Mauern versammelt, unter ihnen den späteren Kardinal Villecourt.

Bei diesen Zusammenkünften in Tassin war es, wo Vianney, der mit Pauline Jaricot bescheiden am Ende der Tafel Platz genommen hatte, zum erstenmal von einer Märtyrerjungfrau, der heiligen Philomena, sprechen hörte, deren Leib vor wenigen Jahren in einer römischen Katakombe aufgefunden worden war, und die, wie man berichtete, nun Wunder über Wunder wirkte. Damals hatte er noch keine Ahnung, welch eine Rolle dieses Märtyrerkind aus den Frühtagen der Kirche in seinem Leben und Herzen spielen werde.

Ihr gemeinsames Leben, das sie nach den Verordnungen der Lyoner Kirche führten, brachten unsere beiden Einsiedler in wolkenloser Freundschaft zu. «Zusammen machten sie ihre frommen Übungen, zuweilen sogar Wallfahrten zu Unserer Lieben Frau von Fourvière, beide so arm, dass sie sich unter den einzigen Schirm des Pfarrhauses ducken mussten.»

Gemeinsam schrieben sie Gebete zur lieben Gottesmutter ab, um sie nachher in der Pfarrei zu verteilen. Sie beide verfassten den «Rosenkranz zur Unbefleckten Empfängnis», den man heute noch jeden Abend vor dem Nachtgebet in der Kirche von Ars verrichtet.

So verstrich das Jahr 1816, dann die ersten Wochen von 1817. Balley zählte erst fünfundsechzig; aber die Jahre der Verfolgung während der Revolutionszeit wogen doppelt. So war er frühzeitig gealtert und stand nun an der letzten Wegkehre zur Ewigkeit.

Im Februar warf ihn ein Beingeschwür aufs Krankenlager, von dem er sich nicht mehr erheben sollte. Er ließ sich infolge der zunehmenden Schmerzen fast völlig durch seinen treu ergebenen Vikar vertreten. Er litt ohne Klagen. Das Geschwür ging langsam in eine Blutvergiftung über und in seinem kranken Bein trat der Brand auf. Die Ärzte gaben Balley verloren.

Nachdem er bei seinem teuren kleinen Priester, dem Sohn seines Herzens, gebeichtet und von ihm Wegzehrung und letzte Ölung empfangen hatte, verschied am 17. Dezember der verehrte Seelenhirte von Ecully, an Verdiensten reich, im Herrn.

Man erzählt: Nach der letzten Ölung traten die Pfarrkinder aus dem Zimmer und ließen Pfarrer und Vikar miteinander allein. Nun gab der Sterbende seinem «lieben Vianney» die letzten heiligen Ratschläge mit auf den Weg und empfahl sich in seine Gebete; dann zog er unter seinem Lager seine Marterwerkzeuge hervor: «Da nimm, mein armes Kind», flüsterte er ihm ins Ohr, «verbergen Sie das; wenn man das nach meinem Tode entdecken würde, könnte man glauben, ich habe genug für meine Sünden gesühnt, und mich im Fegfeuer lassen bis ans Ende der Welt.»

Balleys Geißel und Bußgürtel sollten nicht lange unbenützt bleiben!

Vianney beweinte ihn wie einen Vater. Ihm verdankte er alles. Diesem heiligmäßigen Priester bewahrte er ein unvergängliches Andenken. «Ich habe schöne Seelen kennen gelernt», rief er aus, «aber keine schönere.»

Die Züge seines alten Lehrers waren so tief und so genau in seine alte Seele eingegraben, dass er noch in seinen letzten Lebensjahren gestand: «Wenn ich Maler wäre, könnte ich jetzt noch sein Bild zeichnen.»

Oft sprach er von ihm mit Tränen in den Augen. Jeden Morgen nannte er ihn im Memento seiner Heilige Messe. Er, der sonst allem so abgestorben war, hielt bis zu seinem Tode daran, Balleys kleinen Spiegel auf seinem Kamin aufzubewahren, «weil er sein Gesicht widergespiegelt hatte». In der Gegend von Ecully blieb das Andenken dieses hervorragenden Priesters in treuer Verehrung.

Kurz nach Balleys Hinscheiden unternahmen mehrere Pfarrkinder beim Erzbischof einen Schritt, der ihre Hochachtung für Vianney in ein helles Licht stellt. Sie verlangten ihn als Pfarrer. Ihrem Gesuch wurde nicht stattgegeben. Wahrscheinlich hätte der Verlangte selber die Berufung nicht angenommen. «Ich hätte nicht Pfarrer von Ecully werden wollen», hat er später erklärt, «die Pfarrei war zu bedeutend.» An Balleys Stelle trat Pfarrer Tripier, und Vianney behielt seinen Vikarstitel bei.

Tripier hielt sich nicht im Gewissen verpflichtet, in die Fußstapfen seines Vorgängers zu treten. Es war ihm keineswegs daran gelegen, aus seinem Pfarrhaus eine Kartause zu machen. Seinen Vikar fand er bald überspannt; weigerte sich Vianney doch, ihn zu den Mitbrüdern oder wohlhabenderen Pfarrkindern zu begleiten, unter dem Vorwand, er habe nur eine Soutane und diese könne sich in besserer Gesellschaft nicht mehr sehen lassen. Verlangte Tripier einen anderen Vikar? Möglich. Auf jeden Fall zog die Diözesanbehörde die Versetzung von Johannes-Maria Vianney in Erwägung.

Seit dem 21. Januar – wir stehen im Jahre 1818 – war eine unansehnliche Kaplanei des Departements Ain unbesetzt. Der letzte Kaplan, ein junger Priester von siebenundzwanzig Jahren, Anton Deplace, war nach dreiundzwanzig Tagen Seelsorgsarbeit daselbst an Schwindsucht gestorben, Ars stand frei.

Es war aber ein so kleines, so armes Dorf, es zählte kaum 230 Einwohner! Wird man überhaupt noch einmal einen Priester dahin senden? Die Pfarrei Mizérieux, wozu es eigentlich gehörte, war allerdings drei Kilometer entfernt. ... Man ersuchte Durand, den Pfarrer von Savigneux, die Stelle zu versehen. Hernach schien Ars auf mehrere Wochen vergessen. Ein persönlicher Schritt der Schlossherrin Anna des Garets, die ihr Dorf als wirkliche Pfarrei betrachtet wissen wollte, beschleunigte jedenfalls die Entscheidung der Generalvikare.

Anfang Februar 1818 vernahm Johannes-Maria Vianney, Vikar in Ecully, dass Kapelle und Dorf Ars seiner Fürsorge anvertraut seien. Nicht einen Augenblick kümmerte er sich um das Gerede, ob Courbon in die Pfarreien des Ain-Gebietes, «das für den Lyoner Klerus eine Art Sibirien geworden war, tatsächlich nur minder zuverlässige Leute sandte». Treuherzig suchte er den Generalvikar auf, der ihm seine Ernennung mit den Worten überreichte: «Es ist nicht viel Gottesliebe in dieser Pfarrei vorhanden; die werden Sie hineintragen.» Vianney versicherte, dahin gehe sein einziges Verlangen. Dann glaubte Courbon, ihn ermutigen zu müssen.

Der Ort, den man ihm zuweise, zähle ja zu den Geringen unter den Geringsten: fast kein Einkommen, ein Vikarsgehalt, jährlich 500 Franken von der Gemeinde ... Aber auch in dieser entlegenen kleinen Pfarrei werde ihn die Vorsehung nicht verlassen. Ars habe den Vorteil, ein Schloss mit «einem guten Fräulein» zu besitzen, die dem Pfarrer mit ihrem Geld und Einfluss beistehen werde. ... So redete Courbon zu seinem zweiunddreißigjährigen Priester.

Am 3. Februar nahm Vianney in Ecully seine letzte priesterliche Handlung vor. Am Morgen des 9. brach er nach Ars auf.

Am Dorfeingang zeigt die Statue der hl. Philomena zum Heiligtum des Pfarrers von Ars.

Ankunft in Ars und erste Fühlungnahme

Der Ort Ars scheint auf graue Vorzeit zurückzugehen. Der Name taucht aber erst mit dem 10. Jahrhundert in den Handschriften auf. Eine Urkunde vom Jahre 980 deutet auf eine Kirche mit rechtlich entwickelter Pfarrei hin. Trotz allem ist Ars nur ein kleiner Weiler geblieben.

Der Flecken ist 35 Kilometer nördlich von Lyon im Kanton Trévoux auf der Dombes-Hochebene gelegen. Die ruhigen Höhen des Beaujolais begrenzen gegen Westen den Horizont. Das Gelände wellt sich um das Dorf in breiten Feldern, aus denen da und dort ein kleines Gehöft emporlugt.

Es ist nicht mehr die flache, eintönige Ebene des übrigen Dombes-Gebietes, in der sich See an See reiht, aber auch nicht das reiche Hügelland, das sich zur Saône hinunterdehnt.

Ars erhebt sich an den Hängen eines kleinen Tales, durch das der Fontblin sommers wie ein dünner Wasserfaden zwischen den braunen Kieselsteinen rieselt und winters zu einem kleinen Bach anwächst. Armselig und traurig lag das Dorf im Jahre des Heils 1818 da. An die siebzig niedrige Backsteinhäuser lagen verstreut in den Obstgärten.

Auf halbem Hang stand – wenn man dieses gelbliche Gebäude so nennen konnte – die Kirche, von einfachen Fensteröffnungen durchbrochen, von vier Pfosten und einem Querbalken überragt, die eine rissige Glocke trugen. Die Kreuze des Friedhofs drängten sich nach altem Brauch am Gotteshaus entlang. An der Chorhaube beschatteten zweiundzwanzig schöne Nussbäume einen kleinen Platz. Dicht neben der Kirche erhob sich das Pfarrhaus, eine Bauernwohnung, dem ein mehrere Quadratmeter breiter Hof vorgelagert war. Im Talgrund ragte einsam unter seinen hohen Bäumen das Schloss der Familie des Garets von Ars.

Die Zufahrtswege zum Dorf waren in so schlechtem Zustand, dass Ars in unzugänglicher Einsamkeit verloren schien. Es war ein Nest in der wahrsten Bedeutung des Wortes. Und seine Bewohner, die schon von Natur aus Stubenhocker waren, kamen kaum einmal über die Bannmeile hinaus. Von Ecully sind es dreißig Kilometer bis nach Ars. Vianney legte den Weg zu Fuß in armseligem Aufzug zurück, begleitet von Mutter Bibost, die sich schon seiner

Studentenaussteuer angenommen hatte. Einige Kleidungsstücke, ein hölzernes Bettgestell, die Bücher, die er von Balley geerbt hatte, folgten auf einem Fuhrwerk.

Der neue Pfarrer konnte nur mit Mühe seine Pfarrei ausfindig machen. Ein dichter Nebel hatte sich über die Landschaft gebreitet und verhüllte die Ferne. Hinter dem Dorf Toussieux stießen sie auf keine Seele mehr, die ihnen hätte Auskunft geben können; so verirrten sich die Wanderer und schritten eine Zeit lang aufs Geratewohl fürbass. Auf nebelüberspönnenen Matten weideten Kinder ihre Schafe. Vianney ging auf sie zu. Die Hirten, die ihren Dialekt sprachen, verstanden ihn zuerst nicht. Im Glauben, es sei im Dorf selbst gelegen, fragte er sie nach dem Weg zum Schloss von Ars. Mehrmals musste er seine Frage wiederholen.

Endlich führte der Aufgeweckteste unter ihnen, Anton Givre, die Unbekannten auf den Weg zurück.

«Mein kleiner Freund», dankte ihm der Priester, «du hast mir den Weg nach Ars gezeigt; ich werde dir den Weg zum Himmel zeigen.»

Dann erklärte ihm der Hirtenbub, dass gerade an der Stelle, wo sie standen, die Pfarrgrenze durchlief. Der Pfarrer von Ars warf sich in die Knie und betete.

Bald hatte die bescheidene Gruppe den Hang, der zum Fontblin hinunterführt, hinter sich gelassen. Von hier aus entdeckte Vianney um eine kleine Kapelle herum einige zerstreute Hütten. Wie er so durch die einbrechende Nacht diese grau starrenden, geduckten, strohgedeckten Häuser wahrnahm, dachte er: «Wie klein!» – fügte aber in übernatürlicher Vorahnung bei: «Diese Pfarrei wird all jene nicht fassen können, die später hierher kommen werden.» Dann kniete er ein zweites Mal hin und rief den Schutzengel der Pfarrei an. Sein erster Besuch galt der Kirche.

Ars hatte einen guten Priester in der ganzen, so gewaltigen Bedeutung dieses Wortes erhalten; in diesem Fall einen heiligen Priester, wenn vielleicht auch noch niemand die Voraussage wagte: Dem wird einmal die Ehre der Altäre zuteil werden. Bis dahin war der Welt seine hohe Tugend fast völlig entgangen. Aber hohe Tugend bedeutet nicht notwendig Heiligkeit.

Wenngleich er äußerst seeleneifrig und abgetötet lebte, hatte Vianney doch in diesem Lebensabschnitt noch nicht «jene unaussprechliche Milde» in sich verwirklicht, jenes Wunder von Buße und Opferhingabe, die ihn im Jahre 1925 unter die größten und volkstümlichsten jener Helden, die man Heilige nennt, reihen sollte.

Am Morgen des 10. Februar läutete es zur Heilige Messe; für Ars das Zeichen, ein neuer Priester sei gekommen. Einige fromme Seelen waren dessen froh; die meisten aber wurden von der Kunde nicht weiter berührt. «Man lauschte betroffen auf, als man zur Heilige Messe läuten hörte», bemerkt Frau des Garets, «und man sagte sich: Da hätten wir also einen neuen Pfarrer bekommen!»

Im 18. Jahrhundert war Ars noch eine tief christliche Pfarrei gewesen. Und man darf auf übertriebene Darstellungen hin nicht glauben, Vianney sei im Jahre 1818 auf eigentliches «Missionsgebiet» gestoßen, auf eine Bevölkerung, jeglichen Glaubens und jeglicher christlichen Sitte bar.

Sicherlich hatte das Dorf in den letzten fünfundzwanzig Jahren religiös nicht geglänzt. Praktisches Heidentum hatte die Seelen durchsetzt, hatte bei der Mehrzahl dieser Dörfler den Glauben geschwächt, aber nicht völlig ausgerottet.

«Es war ein Schlendrian in der Pfarrei eingerissen», sagte ein gut unterrichteter Zeuge, «eine gewisse Nachlässigkeit und Gleichgültigkeit. ... Ich glaube nicht, dass in Ars Ausnahmemissstände vorlagen. ... Das Bedauerlichste an dieser Pfarrei war im Grunde das völlige Aufhören aller religiösen Übungen.» Ohne jegliche Gewissensangst versäumte man aus nichtigen Gründen die Heilige Messe. Ohne die geringste Notwendigkeit arbeitete man am Sonntag, besonders zur Zeit des Heuet und der Ernte. Männer, Burschen, selbst Kinder hatten sich grobes Fluchen angewöhnt.

Vier Kneipen nannte Ars sein eigen, in denen die Familienväter ihr Gut verprassten. Besonders an Sonn- und Montagabenden gröhlten Betrunkene durch das friedliche Dorf. Die Mädchen waren leidenschaftlich dem Laster des Tanzes verfallen. Die Zusammenkünfte in den Spinnstuben dauerten bis tief in die Nacht hinein und waren die Quellen schwerer Sünden.

Mit diesen Missständen ging eine tiefe Unwissenheit Hand in Hand. Die Kinder kamen nur selten und unregelmäßig in die Christenlehre. Zudem konnte man die des Lesens Kundigen an den Fingern zählen. Schulzwang war unbekannt. Schon früh wurden die Kinder zur Arbeit herangezogen und brachten die ganze schöne Jahreszeit draußen auf den Feldern zu. Mit Winteranfang eröffnete ein Wanderlehrer eine Schule für Mädchen und Knaben. Aber die armen Tröpfe lungerten, statt zu lernen, auf der Straße herum.

Das Bild ist nicht schmeichelhaft. Aber Ars glich eben allen andern Pfarreien der Umgegend, war nicht besser und nicht schlechter. Kein Hass gegen den Priester war zu spüren. Alles in allem «ein gewisses religiöses Grundgefühl war da, aber sehr wenig frommer Geist». Um sich eine richtige Vorstellung vom damaligen Ars zu machen, braucht man nur die Predigten des jungen Pfarrherrn durchzublättern. Die Mehrzahl, die uns erhalten geblieben ist, hat er in den ersten Jahren seiner Seelsorgetätigkeit geschrieben. Er trifft sehr gut die Seelenstimmung seiner Bauern, denen die Dinge dieser Erde über alles gingen.

Dank der Gnade Gottes fand sich noch guter Same im Unkraut verstreut. Die Sakramentsbruderschaft, die Pfarrer Hescalle zu Anfang des 18. Jahrhunderts gegründet hatte, war nicht ganz fallen gelassen worden. Noch gab es in Ars einige Familien, bei denen christlicher Brauch galt. Von den ersten Tagen an schlossen sich der Bürgermeister Anton Mandy und das Gemeinderatsmitglied Michael Cinier ihrem Pfarrer Vianney an, um gemeinsam am Werk der Wiedergeburt zu arbeiten. Ihre Familien und die Lassagne, die Chaffangeon, die Verchere erschienen regelmäßig beim Sonntagsgottesdienst.

Ein aus Ars gebürtiger Seminarist studierte in Lyon. Auf dem Schloss teilte Maria Anna Colomba Garnier des Garets, die besser unter dem Namen Fräulein von Ars bekannt ist, ihre Zeit zwischen Haushaltungsarbeiten, Krankenbesuchen und bis ins Kleinste festgelegte Frömmigkeitsübungen ein.

Jeden Tag betete sie nach einem von der Mutter überkommenen Brauch das Brevier, zusammen mit einem alten treuen Diener, den die einfachen Leute ehrerbietig Herr Saint-Phal nannten.

Das Fräulein von Ars zählte damals vierundsechzig Jahre. Trotz ihrer Liebestätigkeit scheint ihr Einfluss auf die Gesamtheit der Bevölkerung nur ganz unbedeutend gewesen zu sein.

Ohne Zweifel entdeckte Vianney auf diesem mageren, ihm anvertrauten Feld den guten Samen, sah ihn aber derart vom Unkraut überwuchert, dass ihm bange wurde. Zudem beurteilte der neue Seelsorger seine Pfarrei mit den Augen seiner eigenen Gewissenszartheit und nach seinem eigenen Sündenabscheu.

Und so nahm er Missstände wahr, die andern Blicken entgangen wären. Ohne aber seine Zeit mit Jammern zu vertun, machte er sich unverwandt ans Werk. Er trug sich nicht mit dem Plan, die ganze Welt zu bekehren, aber dieses Dorf, dessen Seelen ihm Gott anvertraut hatte, wollte er auf den richtigen Weg bringen. Von diesem Gesichtspunkt aus gilt es, Vianneys Lehren und Taten aus den ersten Jahren seiner Seelsorgetätigkeit zu beurteilen. Er wird für Ars reden, aber gegen die Missstände von Ars donnern.

Auf ein anderes Feld gestellt, hätte sein Eifer zweifellos einen andern Lauf genommen. Aber gegen Missbräuche und Übelstände, die überall unter gleicher, wenn auch etwas anderer Gestalt auftreten, suchte er keine neuen Gegenmittel. Sein Bestreben ging einfach dahin, gegen alte Übel die alten Arzneien nach überlieferter Methode anzuwenden.

Sein vor dem Tabernakel durchbetrachtetes Programm war das eines jeden guten Hirten, dem das Heil seiner Herde wirklich am Herzen liegt: hingehen und so bald wie nur möglich Fühlung nehmen mit seinen Pfarrkindern; sich die Mithilfe der guten Familien sichern; die Guten bessern; die Gleichgültigen zurückführen; die öffentlichen Sünder bekehren; vor und über allem aber zu Gott flehen, von dem jegliche gute Gabe kommt; sich selber heiligen, um so die andern zu vervollkommnen; Buße tun für die Schuldigen. Vor dem Werk, das seiner harrte, fühlte er sich schwach und hilflos! Aber der junge Landpfarrer trug in sich die geheimnisvolle Kraft göttlicher Gnade. Gott erkor demütige Armseligkeit, um die stolze Kraft zuschanden zu machen. Ein heiliger Priester verwirklicht eben Gewaltiges mit scheinbar so kleinen Hilfsmitteln.

Obgleich Vianney nur Kaplan von Ars war, beehrten ihn seine Anvertrauten, wie sie es bereits bei seinen Vorgängern getan hatten, mit dem Titel Pfarrer. Unter diesem Titel wurde er am Sonntag, dem 13. Februar, in die Pfarrei eingeführt. Sämtliche Pfarrkinder mit kaum einer Ausnahme fanden sich zu diesem Fest ein. Die einfache, aber zu Herzen sprechende Feier hatte es den Versammelten offensichtlich angetan.

Der alte Pfarrer von Mizérieux, Ducreux, für den der neue Kaplan kein Unbekannter war, holte ihn in Begleitung der Gemeindevertreter im Pfarrhaus ab. Auf der Schwelle des Kirchenportals überreichte er ihm die Priesterstola als Zeichen seiner Sendung und seiner

Gewalt. Er führte ihn an den Altar, wo der neue Priester den Tabernakel öffnete, und weiter zum Beichtstuhl, zur Kanzel, zum Taufbrunnen. Dann verkündete der neue Seelsorger seiner Herde, wie innig er sie liebe, wie treu er sich ihrer annehmen wolle und zelebrierte hierauf für seine ganze Pfarrei sein erstes Hochamt. Sicherlich umrahmte nur ein armseliger Gesang die Feier. Aber es war ein Fest für Ars.

Im Laufe der Zeremonien betrachteten die Pfarrkinder vorwitzig den Neugekommenen. Mehrere hatte ihn bereits über den Platz gehen und auf dem Friedhof verweilen sehen. Mittelgroß war er ihnen vorgekommen, von etwas linkischer Art, besonders wenn sie seine grobtuchige Soutane und seine Bauernschuhe betrachteten. Wenn sie ihn aber am Altar erblickten, strahlend, verklärt, mit einer nie gesehenen Majestät der heiligen Feier hingegeben, dann kam ihnen ein tief ehrfürchtiges Gefühl für ihren Priester. Ein beifälliges Gemurmel ging von Platz zu Platz.

«Wir haben eine arme Kirche», sagte der Bürgermeister, ein Mann mit ausgeprägt gesundem Menschenverstand, der seiner Gemeinde seit zwanzig Jahren vorstand und mit seinem Wort der Stimmung des ganzen Ortes Ausdruck verlieh, «wir haben eine arme Kirche, aber wir nennen einen heiligen Pfarrer unser eigen.»

Vianney kümmerte sich um die Einrichtung des Pfarrhauses überhaupt nicht. Diese Sorge überließ er völlig der Witwe Bibost, die sich auf Haushaltungsfragen besser als er verstand. Er hatte sie als Haushälterin mitgebracht, aber sie sollte nicht lange auf dem Posten bleiben, da der Pfarrer nur zu gern auf eine Köchin verzichtete.

Das Pfarrhaus hatte fünf Zimmer mit je einem Fenster. Im Erdgeschoss lag die Küche und das Esszimmer; von hier stieg man auf einer Steintreppe in das Zimmer des Pfarrers und in die zwei Gastzimmer hinauf. Das Ganze war von vornherein schön eingerichtet mit Möbelstücken, welche die Schlossherrin von Ars dem Pfarrhaus leihweise überlassen hatte.

Aber Vianney, der doch das alte, ihm von Balley vermachte Bett sein eigen nennen konnte, wollte nur das Allernotwendigste behalten. War er jetzt nicht sein eigener Herr? So ersuchte er gelegentlich eines Besuches auf dem Schloss das Fräulein von Ars, all diese schönen Stücke, für die er auch nicht das geringste Bedürfnis hatte, abholen zu lassen. Desgleichen «eine Bratpfanne samt Spieß» und

Dardilly, Hof der Eltern

Elternhaus in Dardilly, das Hausinnere. Hier beherbergte Vianneys Großvater den Heiligen Benedikt Josef Labre.

andere Küchengeräte. Er lebe so einfach! Er wolle mit ihrer gütigen Erlaubnis ein gewöhnliches Bett, zwei alte Tische und einen Bücherschrank zurückbehalten, ferner einige Büfette, Strohstühle, einen gusseisernen Topf, einen Ofen und einige andere kleinere Gebrauchsgegenstände für seinen Haushalt.

So viel Schlichtheit machte Eindruck auf die ärmeren Leute. Die Wohlhabenderen, die Gutsbesitzer und Großpächter, denen kein Heller für die Armen aus der Hand rutschen wollte, waren wie aus allen Wolken gefallen, als sie hörten, der Pfarrer habe nichts für sich behalten. An diesem Zug mussten sie den wahren Gottesmann erkennen. Und die Bettler, denen er reichlich Almosen austeilte, trugen sein Lob durch die Lande. «Von Ecully hatte Vianney eine wohlgespickte Börse mitgebracht; sie hielt nicht lange vor.»

Der Pfarrer von Ars gab sich nicht der einfältigen Hoffnung hin, seine bloße Gegenwart in der Pfarrei würde jeglichen Missstand beheben. In den auf seine Einführung folgenden Wochen leitete er, der Seelenerober, den Feldzug ein. Es galt, auf diese Köpfe, die mehr aus Unwissenheit als aus Bosheit in solches Abseits geraten waren, Einfluss zu gewinnen und ihre Herzen zu erobern.

Sechzig Familien besuchen bedeutete an sich wenig. Auf die Art und Weise kam es an. Pfarrer Vianney verließ – unter dem Arm den Dreispitz, den er überhaupt nie anders trug – gegen Mittag seine Kirche oder sein Pfarrhaus. Um diese Zeit würde er sicher alle Leute daheim antreffen. Der erste Empfang war nicht überall gleich warm. «Die meisten jedoch», erzählt Wilhelm Villiers, ein Bauer aus Ars, der damals neunzehn Jahre zählte, «die meisten fühlten sofort seine Güte, seine Herzlichkeit und Freundlichkeit heraus; wir hätten ihn aber nie für so tief tugendhaft gehalten.»

Bei dieser ersten Fühlungnahme sprach er mit ihnen fast einzig über ihre materiellen Interessen, über ihre laufenden Arbeiten und die kommende Ernte. Er wollte einen Einblick in die Familien gewinnen und sich unterrichten über die Zahl der Kinder und ihr Alter, die Bekannten und Verwandten eines jeden Hauses. Wenn er zum Schluss das Wort Religion einfließen ließ, konnte er nach der Antwort der Leute auf den größeren oder geringeren Glaubensgeist der Familie schließen.

Hierbei stieß er auf eine entsetzliche Leere und auf schwere Übelstände. Mit Schmerz musste Vianney feststellen, dass einer ganzen Anzahl seiner Pfarrkinder die elementarsten Katechismuskenntnisse abhanden gekommen waren, besonders jener Generation, die in den Revolutionsjahren aufgewachsen war, den Burschen und Mädchen, den Männern und Frauen zwischen fünfundzwanzig und dreißig. Von diesen Kreisen ging das verderbliche Beispiel aus.

Mehrere unter ihnen brüsteten sich sogar mit ihrer Frechheit und behaupteten ungeniert, dass sie weder im Tanz noch in der Entheiligung des Sonntags, noch in den andern Lastern auch nur das geringste Böse sähen.

Wie sollte er diese verirrten Schafe in die Herde zurückführen? Der junge Hirte empfand sein Unvermögen, ließ aber den Mut nicht sinken. Ihm gehörten Gott und die Zukunft.

Johannes der Täufer

Der Lieblingsjünger des Pfarrers von Ars war Johannes der Täufer, vielleicht deshalb, weil dieser ein großer Asket war, streng gegen sich selbst, der sich von wildem Honig und Heuschrecken ernährte. Vianney fügte deshalb von sich aus seinem Taufnamen noch den Namen Baptist (der Täufer) hinzu.

Gebet und Buße

Der Pfarrer von Ars hatte neben der Liebe zu Gott und zu den Seelen jenes Drängen im Blut, das man «den Erobererinstinkt» genannt hat. Von Natur aus draufgängerisch und unternehmungslustig, hatte er von einem taterfüllten, fruchtbringenden Leben geträumt. Und nun war er hier auf dieses handbreite Gottesfeld gestellt, wo er sich fauler Muße hätte überlassen können. Statt dessen sehen wir ihn von den ersten Wochen an wirken, sehen ihn volle und fruchtbare Arbeit schaffen.

Längst vor dem ersten Morgengrauen, wenn in Ars noch alles schlief, konnte man über den Friedhof hin einen zitterigen Lichtschein huschen sehen. Vianney schritt, die Laterne in der Hand, vom Pfarrhaus in die Kirche hinüber.

Der «gute Soldat Christi» marschierte auf seinen Gebetsposten, schritt geradeaus auf den Tabernakel zu und warf sich dort in die Knie.

Hier schüttete er seines Herzens heilige Sehnsucht und Leidenslast aus. In diesem ungestörten Schweigen der Nacht flehte er mit lauter Stimme zum Herrn, er möge doch Mitleid haben mit Herde und Hirte. «Mein Gott», hielt er an, «gewähre mir doch die Bekehrung meiner Pfarrei. Ich bin bereit, alles, was du über mich verhängen willst, bis zum Ende meines Lebens zu dulden. ...

Ja, hundert Jahre lang die wildesten Schmerzen, wenn sie nur zu dir zurückfinden!» Mit seinen Tränen benetzte er die Fliesen der Kirche. Bei Sonnenaufgang kniete der arme Priester noch an der gleichen Stelle. Man konnte es am Licht wahrnehmen, das durch die Scheiben glitzerte.

Auch seine Vormittagsstunden nach der Heiligen Messe verbrachte er in der gleichen Weise im Gebet vor dem Tabernakel, falls ihn die Seelsorge nicht fort rief. Wer ihn zu einem Kranken holen wollte, brauchte nicht ins Pfarrhaus zu gehen. Die Leute wussten, wo er zu finden war. An manchen Tagen verließ er die Kirche erst nach dem abendlichen Angelusläuten.

Am Nachmittag erging er sich gewöhnlich in den Feldern, sei es, dass er sich etwas Erholung gönnte oder Kranke besuchte. Auch auf diesen Gängen betete er in Stoßseufzern seines priesterlichen Herzens und in Psalmworten des Breviers. Mit den Arbeitern auf den Feldern knüpfte er gern ein Gespräch an. Dann wanderte er, den Rosenkranz in der Hand, die Hohlwege entlang und suchte den Schatten der einsamen Gebüsche auf. Seine mystische Seele hungerte nach Einsamkeit und Frieden. Inmitten dieser Stille der Natur weitete sich seine an den frischen Höhenwind gewöhnte Brust in glücklichem Behagen.

Er tut gut daran, sich diese freien Augenblicke zunutze zu machen, sich an Gottes schöner Natur zu erfreuen; denn bald wird der Tag kommen, da ihm keine ruhige Stunde mehr gehört, wo er wie eingemauert ohne Luft und Sonne leben muss!

«Seine Freude», hat man von diesem neuen Franz von Assisi gesagt, «seine Freude war es, im Gehölz zu beten. Dort schaute er, einsam mit Gott, des Schöpfers Größe und alles wurde ihm Anlass, selbst das Vogelgezwitscher, sich zu ihm zu erheben.»

Nur mischten sich in diesen Seelenjubel düstere Gedanken. Eines Tages kam Papa Mandy durchs Gehölz von Papesse und fand dort Vianney auf den Knien. Der junge Pfarrer wurde seiner nicht gewahr. Er weinte heiße Tränen und betete: «Mein Gott bekehre meine Pfarrei!» Der Bauer wagte das herzergreifende Gebet nicht zu stören und entfernte sich leise.

Der fromme Priester hatte eine Vorliebe für die schönen Schattenlauben des Schlosses Cibeins. Die Böschung vom Fontblin hinauf verlor er sich unter den alten Eichen. Er glaubte sich jedenfalls ganz einsam und warf sich oft auf die Knie nieder; dies tat er wahrscheinlich bei jedem Gloria Patri seines priesterlichen Stundengebetes. «Wenn immer er auf seinen Gängen das Brevier betete, kniete er zu Beginn und am Schluss nieder, ohne Rücksicht auf Witterung und Ort.»

Zum Gebet gesellte der Pfarrer von Ars die Buße. Nur um jeden Zeugen seiner entsetzlichen Kasteiungen auszuschließen, hat er sein Leben lang im alten Pfarrhaus einsam bleiben wollen. Wenn jemand das Lösegeld für sie entrichtete, würde Gott den armen Sündern schneller verzeihen. «Seelenretten muss etwas kosten.» Das war auch sein Glaube.

Gleich bei seiner Ankunft hatte Vianney den Bedürftigen seine eigene Matratze weggeschenkt. Zwei andere, die er noch nicht verteilt hatte, lagen auf Stühlen im Gesellschaftszimmer. Brauchte er überhaupt ein Bett? Mehrere Wochen hindurch streckte er sich drunten in einem Kellerraum auf Reisig aus. Steinboden und Mauern waren feucht. Bald hatte sich der strenge Büßer ein Nervenleiden im Gesicht geholt, an dem er fünfzehn Jahre lang zu leiden hatte. Er gab also die Kellerschlafstätte auf. Aber anstatt nunmehr sein Zimmer zu beziehen, ging er zum Schlafen auf den Speicher.

Ein Mann aus Ars, der ihn nachts zu einem Sterbenden rief, hörte ihn von diesem ungemütlichen Boden heruntersteigen. Auch dort oben legte er sich auf den bloßen Dielen nieder, den Kopf gegen ein Balkenstück gelehnt. Die Witwe Renard und ihre Tochter, die dicht neben dem Pfarrhaus wohnten, hörten ihn vor dem Heruntersteigen dieses neuartige Kopfkissen umherrücken.

Meistens ging dem unbequemen Ruhen eine viel härtere Kasteiung voraus. In sein Zimmer eingetreten, schlug Vianney den oberen Teil seiner Soutane zurück, bewaffnete sich mit einer eisenspitzigen Geißel und hieb dann unbarmherzig auf seinen *«Kadaver»*, seinen *«alten Adam»* ein, wie er seinen Körper nannte.

In manchen Nächten hörte eine Person aus Lyon, die bei der Mutter Renard wohnte, ihn über eine Stunde lang auf sich einschlagen. Für Augenblicke setzte er aus; dann klangen die Hiebe von neuem durch die Nacht. «Wann hört er denn endlich auf?», seufzte mitleidig seine Nachbarin.

Er verfertigte oder wenigstens flickte seine Bußinstrumente selber. Beim Zimmerrichten am Morgen fand man unter den Möbeln Kettenfetzen, kleine Schlüssel, Eisen- und Bleistücke, die sich von der «Disziplin» abgesplittert hatten. Er nutzte eine Geißel in vierzehn Tagen ab.

«Es tat einem im Herzen weh», erzählt Katharina Lassagne, «das linke Achselstück seiner Hemden ganz zerschlagen und blutbefleckt zu sehen.»

Er muss mehrere Male ohnmächtig geworden sein und gegen die Mauer hin geblutet haben. In einer vom Bettvorhang verdeckten Ecke seines Zimmers sind Blutstropfen über den gelben Bewurf hingespritzt und heute noch sichtbar. Drei große Flecken geben einen ziemlich genauen Schulterabdruck und von diesen braunen Flächen sind Fäden bis auf den Boden geperlt. Andere Spuren rühren von Finger- und Daumenabdrücken her. Der Heilige muss sich beim Aufrichten gegen die Mauer gestützt und so sein Siegel zurückgelassen haben.

März 1818. Fastenzeit. Beste Gelegenheit für unseren Asketen, sich rücksichtslos ins Fasten zu stürzen, das erst am Ende seines Lebens zum Abschluss kommen sollte. Bereits hatte er eine Sorge weniger, da er auf seine Haushälterin verzichtet hatte. Er suchte seine materiellen Bedürfnisse auf ein Minimum herabzudrücken. Er hielt sich nie besonders genau an die Essenszeit.

Aber im ersten Jahr seiner Pfarrtätigkeit überstieg er in seinen Abtötungen doch jedes Maß. Später hat er diese Übertreibungen selber «Jugendtorheiten» genannt – glücklich, wer keine anderen bedauern muss! – und selber zugegeben, dass er doch die Grenzen des Zulässigen überschritten habe. «Ist man jung», sagt er zu einem Priester, «macht man eben Dummheiten!»

Vierzehn Tage nach seinem Amtsantritt kam von Dardilly seine Schwester Margaret in Begleitung der Witwe Bibost, dem Titel nach Pfarrköchin von Ars, zu ihrem Bruder herüber. Außer dem herzlichen Willkomm wusste ihnen Vianney nichts weiter zu bieten.

«O meine lieben Kinder», sagte er gutherzig zu den beiden Besucherinnen, «was soll ich euch vorsetzen? Ich habe rein gar nichts!» Nach einem Augenblick der Überlegung dachte er an seinen Eigenvorrat: selbstgekochte Kartoffeln, die aber bereits leicht schimmelig geworden waren.

«Wir haben es nicht über uns gebracht, davon zu essen», erzählte Margaret. «Er nahm zwei oder drei und aß sie vor uns mit den Worten: ‹Sie sind noch nicht verdorben, ich finde, sie sind noch gut.› Dann fügte er bei: ‹Man erwartet mich in der Kirche; ich muss gehen; behelft euch, so gut ihr könnt.›»

Zum Glück hatten Gothon und Mutter Bibost auf dem Herweg in Trévoux vorsichtshalber etwas Brot gekauft. Schließlich entdeckten sie im Pfarrhaus auch noch eine Kleinigkeit Mehl, Butter und einige Eier, die eine gutherzige Frau Vianney geschenkt, die er aber in einer Ecke vergessen hatte. Damit richteten sie ihm den «Matefaim», eine Art Brotkuchen, eines seiner Lieblingsgerichte her. Ja noch mehr, sie schlachteten zwei Täubchen, die im Grashof pickten und steckten sie an den Spieß.

Der junge Pfarrer kam gegen Mittag aus der Kirche. «Oh, die armen Tierchen», rief er aus, als er auf dem Tisch den unerwarteten Braten erblickte, «ihr habt sie also getötet; ich wollte sie sowieso abschaffen, weil sie den Nachbarn schaden; aber man hätte sie nicht braten sollen!» Er wollte sie nicht anrühren und begnügte sich mit einem Brotkuchen.

Ein andermal suchte ihn sein Bruder Franz auf. Weniger vorsorglich als seine Schwester hatte er nichts mitgenommen. Er musste selber im Garten einige Kartoffeln ausgraben und sie im Kessel der Pfarrküche kochen. Später sollte die Zeit kommen, da sich Vianney der Seinen sorglicher annahm.

Diese Anfangsperiode war sicherlich die härteste seines Lebens. Er war damals fast allein, ganz auf sich selbst angewiesen. Das hat er sich zunutze gemacht.

Es ist vorgekommen, dass er in seinem Bußeifer zwei und drei Tage vorübergehen ließ, ohne das Geringste zu genießen. Während einer Karwoche – wahrscheinlich im Jahre 1818 – aß er nur zweimal. Bald legte er überhaupt keinen Vorrat mehr an, und «niemals sorgte er sich für den morgigen Tag».

Bevor die Witwe Bibost nach Ecully heimkehrte, sorgte sie für eine Stellvertreterin in der Person der Witwe Renard. Diese nahm es anfangs mit ihrer Aufgabe sehr ernst und brachte gutes, frisch gebackenes Brot ins Pfarrhaus. Aber sie musste nur zu bald feststellen, dass Vianney gar nicht davon kostete, sondern es einfach an die Armen austeilte. Im Austausch erbettelte oder kaufte er von ihnen Krusten, die sie in ihrem Bettelsack mit herumgeschleppt hatten.

Die Mutter Renard bereitete ihm «Matefaims» und schwellte ihm Kartoffeln. Er aß sie, wenn er Zeit hatte. Mehr als einmal musste diese gute Frau, Tränen des Mitleids in den Augen, die volle Schüssel wieder abtragen. Wusste sie den Pfarrer aus der Kirche zurück, ging sie hinüber und klopfte an die Tür. Zuerst gab er keine Antwort. Sie wich nicht. Darauf rief er ihr durch die verschlossene Tür zu: «Ich brauche nichts! Ich will nichts!»

Mehrmals hatte er ihr aufgetragen: «Sie brauchen nicht zu kommen bis zu dem und dem Tag.» Dabei handelte es sich um mehrere Tage. Wollte dann die Köchin trotz seines Befehles den Zugang erzwingen, blieb er unerbittlich.

Das gleiche Los ist auch andern widerfahren, von denen eine seufzte: «Ach, es ist doch schwierig, einen Heiligen zu bedienen!» Manchmal hat Vianney selber in seinem Wundertopf Kartoffeln für eine ganze Woche gekocht.

Er legte sie in eine Art eisernen Korb, den er an der Wand aufhing; und wenn ihn dann der Hunger quälte, nahm er eine oder zwei – eine dritte wäre nach ihm schon «Genusssucht» gewesen – und verzehrte sie kalt, wie sie waren, selbst wenn sie gegen Schluss schon ganz mit Schimmel überzogen waren. Auch hat er das eine und andere Mal in der heißen Asche ein Ei gekocht oder hat sich aus einer Handvoll Mehl in Wasser und Salz ein Gemisch von «Matefaims» zusammengebraut.

An diese Lebensordnung hielt er sich bis zur Gründung der *Vorsehung* im Jahre 1827. Dann nahm er dort seine Mahlzeiten ein. «Wie glücklich war ich», spaßte er, «solange ich allein war! Wenn ich einiger Nahrung bedurfte, habe ich mir drei Brotkuchen hergerichtet. Während ich den ersten aß, habe ich den zweiten fabriziert, und während ich den dritten fabrizierte, habe ich den zweiten gegessen. Dann habe ich den dritten verzehrt und habe dabei Ofen und Feuer in Ordnung gebracht; trank darauf noch ein großes Glas Wasser. Und genug war's für mehrere Tage! ...»

Am Sonntagmittag vernachlässigte er sich völlig und begnügte sich mit drei, vier Gramm geweihten Brotes. Erst am Abend ließ er sich dazu bestimmen, reichlicher zu essen. Als sich eines Tages der Hunger dringlicher fühlbar machte, fand der heroische «Nicht-Vorsorger» seinen Korb leer. Er ging zu einem Nachbarn hinüber. Seine erschöpfte Miene verriet ihn. «Was fehlt Ihnen, Herr Pfarrer?», fragte der Mann erschrocken.

«Mein lieber Freund, ich habe seit drei Tagen nichts mehr gegessen.» Das Pfarrkind reichte ihm schnell ein halbes Brot. An einem andern Tag war er bei Johannes Cinier eingekehrt. Es war Mittagessenszeit. Die Kartoffeln dampften auf dem Tisch. «Die Kartoffeln sehen prächtig aus», sagte er und nahm eine in die Hand. Er betrachtete sie einen Augenblick und legte sie wieder zurück. «Das war», sagt Anton Cinier, damals noch ein Kind, der die Szene miterlebt hat, «eine Buße, die er sich auferlegte.»

Als die Nachbarin ihre Kuh zum brach liegenden Pfarrgarten auf die Weide brachte, was ihr der Pfarrer erlaubt hatte, überraschte sie den Pfarrer beim Sauerampferpflücken. «Sie essen also Gras?», fragte sie ihn. «Ja, meine arme Mutter Renard», gestand er, ob des Entdecktseins etwas verlegen, «ich habe versucht, damit allein auszukommen, konnte mich aber nicht daran gewöhnen.»

Auch ohne die gute Frau, die sicher im Dorf den Mund nicht halten konnte, hätte schon sein eingefallenes Gesicht den Einwohnern von Ars zur Genüge kundgetan, welchen Abtötungen sich ihr Hirte unterzog. Dieser Mystiker schaute es intuitiv: Der Geist des Bösen knechtet die unreinen Seelen mit tyrannischer Gewalt; es gilt, sie zu befreien. «Diese Art von Dämonen wird nur durch Gebet und Fasten ausgetrieben», steht im Evangelium. Der Pfarrer von Ars hatte seine Losung von den Lippen des Meisters erlauscht.

Zwanzig Jahre später kam Tailhades, ein junger Priester von Montpellier, zu ihm, um sich einige Wochen lang auf das Apostolat vorzubereiten. Ihm hat der Heilige in einem vertraulichen Gespräch am 14. Oktober des Jahres 1839 das Geheimnis seiner ersten Erfolge mitgeteilt.

«Mein Freund, der Teufel macht sich nicht viel aus Geißel und den übrigen Bußinstrumenten. Was ihn trifft, ist Abbruch an Speise und Trank und Schlaf. Nichts fürchtet der Teufel mehr als dies, und nichts ist deshalb dem lieben Gott wohlgefälliger. Oh, wie habe ich das erprobt! Solange ich allein war – und ich bin es acht oder neun Jahre lang gewesen – konnte ich nach Herzenslust meinem Hang folgen und zuweilen ganze Tage lang nichts essen ... Damals habe ich vom lieben Gott alles erhalten, was ich für mich und die andern begehrte.»

Tränen flossen ihm über die Wangen. Einen Augenblick später fuhr er fort: «Jetzt ist es gar nicht mehr so. Ich kann nicht mehr so lange ohne Nahrung bleiben. Ich kann dann einfach nicht mehr sprechen. ... Wie war ich damals glücklich in meiner Einsamkeit! Ich habe für die Armen Brot gekauft, das man ihnen reichte. Ich habe einen guten Teil der Nacht in der Kirche zugebracht. Ich hatte nicht von so vielen Menschen Beichte zu hören wie jetzt. ... Und Gott hat mir außerordentliche Gnaden verliehen. ...»

So war für den jungen Priester die Zeit seiner großen Kasteiungen auch die Zeit seiner großen Tröstungen gewesen.

Der Kampf gegen die religiöse Unwissenheit

Vianney war sich bewusst, dass sich seinem Eifer ein furchtbarer Feind entgegenstemmen werde: die ganze niederziehende Schwere und Trägheit von Menschen, die an ihren alten Gewohnheiten festhalten. Keines seiner Pfarrkinder hatte vor ihm die Tür zugeschlagen. Wer bis jetzt in die Heilige Messe ging, wird auch weiterhin kommen. Aber er möge um Gottes willen nicht noch mehr verlangen!

Das Gegenteil tat er. Der junge Hirte fühlte sich vor Gott für alle Seelen von Ars verantwortlich und war entschlossen, sie erst an dem Tag in Ruhe zu lassen, an dem alle Missstände aus der Pfarrei verschwunden wären. Über Gebet und Buße hinaus wollte er sich durch Wort und Tat für dieses Ziel einsetzen.

Die Heilighaltung des Sonntags, mit dem das christliche Leben steht und fällt, hatte er sich als Erstes zum Ziel gesetzt. Das Haus des Herrn stand verlassen. Hierher mussten die Gläubigen zurückgeführt werden. Also galt es, das Gotteshaus selber anziehend auszustatten. Die Arser Kirche zum hl. Sixtus war im Jahre 1818 «arm nach innen und außen». Die Ausstattung war mehr als bescheiden.

Diese alte Kirche hatte Vianney sogleich wie ein Stückchen Vaterhaus in sein Herz geschlossen. Bei der Verschönerung setzte er mit dem Altar, dem Mittelpunkt und tiefsten Seinsgrund des Heiligtums, ein. Aus Ehrfurcht vor der hl. Eucharistie sollte alles so schön wie nur möglich werden. Für diese Anschaffung klopfte er nicht an die Tür des Schlosses, sondern bestritt alles aus eigener Tasche. Mit einer glühenden Herzensfreude half er den Arbeitern, den Altar aufzurichten.

Um ihn noch reicher auszustatten, machte er den Weg nach Lyon hin und zurück zu Fuß und brachte aus der Stadt zwei Engelsköpfe heim, die er zu beiden Seiten des Tabernakels aufstellte. Getäfel und Schnitzwerk strich er selber und schuf so der Kirche ein gefälligeres und würdigeres Aussehen.

Dann mehrte er die «Hauseinrichtung des lieben Herrgotts», wie er sich in seiner bildhaften Sprache ausdrückte. In Lyon suchte er Stickerinnen und Goldschmiede auf und kaufte bei ihnen, was er an Kostbarstem entdeckte.

«In der Nähe lebt ein kleiner Landpfarrer», vertrauten sich seine Lieferanten gegenseitig an, «mager, schlecht gekleidet, der dreinschaut, als habe er keinen Heller in der Tasche, und dem für seine Kirche gerade das Beste gut genug ist!»

Im Jahre 1825 nahm ihn Fräulein von Ars eines Tages mit in die große Stadt zur Beschaffung eines neuen Messgewandes. Bei jeder neuen Vorlage wiederholte er: «Nicht schön genug ..., es muss schöner sein als das!»

Die äußere Instandsetzung seiner Kirche sollte nicht vergebliche Mühe sein. Sie zeugte für den heiligen Eifer des Pfarrers, erfreute die frommen Seelen und lockte bald einige neue Personen, die vielleicht mehr aus Neugierde als aus Frömmigkeit kamen, in den Sonntagsgottesdienst.

Die Unwissenheit und die daraus erwachsende «Gleichgültigkeit in religiösen Dingen» – nicht aber Unglaube, denn diese Menschen hatten ihren Glauben bewahrt – bildete das Krebsübel bei der armen Bevölkerung. In dieser Unwissenheit sah ihr strenger, aber klar schauender Pfarrer nicht bloß eine Lücke, er betrachtete es als Sünde.

«Ich bin sicher», erklärte er von der Kanzel herab, «dass diese *eine* Sünde mehr Menschen in die Hölle stürzt als alle andern zusammen. Denn eine religiös unwissende Person erkennt nicht das Böse, das sie anrichtet, und auch nicht das Gute, das sie durch das Sündigen unterlässt.»

Deshalb ging er mit einer heiligen Leidenschaft an die Unterweisung der Pfarrkinder. Früher hatte er im Schweiße seines Angesichtes die Scholle umgegraben. Aber jene Arbeit der Hände war eitel Erholung gewesen im Vergleich zu der unerhörten Mühe, die er sich in Zukunft auferlegen wird.

Der religiöse Unterricht der Jugend war die dringlichste seiner Hirtensorgen. Die Kinder von Ars wurden schon von frühester Jugend an für die Feldarbeiten herangezogen. Bereits mit sechs und sieben Jahren ließ man sie die Herden weiden. Vom zwölften Jahr ab mussten die Knaben ihren Vätern beim Säen und Ernten zur Hand gehen. Ganz wenige Kinder konnten lesen. Sie kamen nur während der kalten und regnerischen Wintermonate in die Christenlehre und hatten dazu weder Lust noch Liebe, da sie nichts auswendig lernen konnten.

Gingen sie am Sonntag überhaupt in die Heilige Messe? Ja, wenn sie an diesem Tag nicht aufs Feld geschickt wurden – und auch dann hielten noch allerlei Arbeiten sie in Hof und Stall zurück. Bald führte schlechte Gesellschaft, zusammen mit der religiösen Unwissenheit, sie in ein unsittliches Treiben hinein. Geistlos, an der Erde klebend lebten und wuchsen viele dieser armen Kinder heran, wie wenn sie keine Seele hätten. Die erste hl. Kommunion bedeutete für ihr Leben nicht mehr und nicht weniger als irgendein anderes Ereignis.

Der junge Pfarrer von Ars ging daran, sie von Allerheiligen bis zur Zeit der ersten Kommunion jeden Wochentag schon um sechs Uhr morgens um sich zu sammeln. An Sonntagen erteilte er den Katechismusunterricht vor der Vesper, gegen ein Uhr. Mit allerlei frommen Listen lockte er seine junge Welt in die Kirche.

Franz Pertinand, Gastwirt und Fuhrhalter von Ars, berichtet aus seiner Jugend: «Ich kann mich noch gut daran erinnern, wie er zu uns Kindern sagte: ‹Wer zuerst in der Kirche ist, bekommt ein Bildchen von mir. ...› Um dieses Bildchen zu erobern, waren manche schon morgens früh vor vier Uhr in der Kirche.» Das war offensichtlich in der guten Jahreszeit.

Erst im Jahre 1845, mit dem Tag, da er einen Hilfspriester erhielt, verzichtete er darauf, persönlich die Katechismusstunde zu halten. Siebenundzwanzig Jahre hindurch hatte er ganz allein seines priesterlichen Amtes gewaltet. «Er läutete selbst zur Kinder-Christenlehre», berichtete Tailhades, «dann verrichtete er auf den Knien, ohne sich je aufzustützen, das Vorbereitungsgebet. Zuerst weckte er die Aufmerksamkeit dieser Kleinen durch einige kräftige Erwägungen, die gewöhnlich so ergreifend zu der Seele sprachen, dass die Anwesenden zu Tränen gerührt wurden.

Nach dem Abfragen folgte die kurze, leicht verständliche, seelenvolle Erklärung.» Er drang bei den Kindern auf ruhige Sammlung, wachte streng über sie und strafte sie gelegentlich milde. Aber vor allem verstand er es, sie zu ermutigen, sie durch seine liebevolle, väterlich-gütige Art, in der alle Ehrfurcht beschlossen liegt, zu begeistern.

Er hieß sie auf allen Wegen den Rosenkranz bei sich zu tragen und hatte selber stets mehrere in der Tasche, um sie an Kinder, die den ihrigen verloren hatten, auszuteilen. Gute alte Leutchen haben noch siebzig Jahre später von diesen trauten Kindheitserinnerungen gesprochen. «Als wir in den Katechismusunterricht gingen», erzählte im März 1895 Papa Drémieux dem damaligen Pfarrer von Ars, Msgr. Convert, «hat Vianney vorn in den Bänken des alten Chors unter den Glocken auf den Knien gebetet und dort gewartet, bis wir alle versammelt waren. Er betete und betete ... Von Zeit zu Zeit erhob er die Augen zum Himmel und lächelte dabei. ... Wahrhaftig, ich glaube, dieser Mann hat etwas gesehen.»

Auch die Mutter Drémieux wusste noch zu erzählen, wie der heilige Pfarrer die Kinder unterrichtete, wie er zwischen ihnen hin und her ging, da und dort den Kleinen, die nicht aufmerkten, öfters einen Klaps austeilte. «Oh, gar nicht schlimm, er war so mild!», muss sie in lieber Erinnerung nach so vielen Jahren beifügen.

Er berührte ihre Wange mit dem Katechismus, in den er seinen Finger als Buchzeichen eingesteckt hatte. Am Sonntag durften sich auch die älteren Leute zu den Schülern für den Katechismusunterricht gesellen.

Die Mutter Verchère, die nach dem Mittagessen leicht einnickte, «musste mehr als einmal wie die Kleinen zur Ordnung gerufen werden. Der Pfarrer kam an ihr vorbei, gab ihr einen Klaps und weckte sie so aus ihrem Nickerchen. Sie war es ganz zufrieden und schien sogar stolz zu sein auf sein Vorgehen».

Dank den unermüdlichen Wiederholungen und dem eindringlichen Zureden Vianneys waren die Kinder von Ars bald die am besten Unterrichteten in der ganzen Gegend. Bischof Devie erkannte dies gelegentlich einer Firmungsreise an.

Und später fühlten sich die Nachfolger des Heiligen in der Pfarrei oft ganz betroffen und tief erbaut von den religiösen Kenntnissen, die sie beim Erteilen der Sterbesakramente an schlichten Seelen feststellen konnten. Ihnen war eben die Gnade zuteil geworden, von Kindheit an die Glaubenslehre aus dem Mund eines Heiligen zu erlauschen

Es nahmen allerdings nicht alle den gleichen Segen von diesen Stunden mit. Der Pfarrer von Ars bestand auf dem wörtlichen Auswendig-Lernen des Katechismus. Manches Gedächtnis sträubte sich gegen solche Arbeit.

Aus diesem Grund zwang er junge Leute zu jahrelangem Ergänzungsunterricht – gewisse Moralisten scheinen ihn in diese ängstliche Strenge getrieben zu haben – und schob so in unglaublicher Weise die erste hl. Kommunion hinaus. Papa Drémieux wusste davon zu erzählen:

«Peter Cinier, Stephan Perroud und Cinier des Gardes gingen erst im Alter von sechzehn Jahren zur Erstkommunion. Cinier des Gardes ging in Amérieux. Mich musste man nach Mizérieux schicken. ... Es war doch lästig, so alt noch in den Katechismusunterricht zu müssen!»

Mit noch glühenderem Eifer widmete sich Vianney der Unterweisung seiner Gläubigen von der Kanzel herab.

Er richtet sich in der Sakristei ein. Er öffnet die Tür zum Heiligtum. Er, der Priester, will unter den Augen seines ewigen Meisters arbeiten. Der Ankleideraum, wo er die Gewänder für das heiligste Opfer anlegt, wird sein Studierzimmer. Er durchackert die Heiligenlegende, den Katechismus von Trient, das theologische Nachschlagewerk von Bergier, die Abhandlungen über das innere Leben von Rodriguez, die Predigtbücher von Le Jeune, von Joly, von Bonnardel und andern.

Seine einzige Erholung bei dieser angespannten Tätigkeit ist von Zeit zu Zeit ein Blick auf den Tabernakel. Die innere Erleuchtung sucht er vor dem Altar. Auf der untersten Stufe hingeworfen, betrachtet er, was er soeben gelesen hat. In seinem Geist ziehen die armen, schlichten Leute an ihm vorüber, denen er diese Wahrheiten verkünden soll. Hier vor ihm im Tabernakel ist der Meister, der alle diese höchsten Wahrheiten den Fischern, den Bauern, den Hirten verständlich zu machen wusste. Ihn bestürmt er mit Tränen in den Augen, auch ihm jenen Gedanken einzugeben, auch auf seine Lippen jenes Wort zu legen, das sein Volk rühren und bekehren wird.

Er geht in die Sakristei zurück. Er beginnt die Niederschrift. Als Künder der Wahrheit steht er aufrecht bei seinem Werk, wie ein Soldat zum Kampf bereit. Seine Feder läuft über das Papier und oft bedeckt er mit seiner feinen, geneigten, eiligen Schrift acht, zehn Seiten in einer einzigen Nachtwache.

Zu gewissen Zeiten arbeitete er sieben Stunden ohne Unterbrechung bis tief in die Nacht hinein. Er streicht kaum die eine und andere Stelle. Unvollendete Sätze verraten seine Eile, die Glut seines Eifers. Die Zeit ist kostbar. Er muss voran, koste es, was es wolle.

Nun folgt das härteste Stück seiner Arbeit: das Auswendiglernen. Sein Gedächtnis ist bis ans Ende widerspenstig geblieben; und doch gilt es, sich fünfunddreißig bis vierzig, in einem Zug, ohne Absätze, ohne ersichtliche Einteilungen geschriebene Seiten einzuhämmern.

In der Nacht vom Samstag auf Sonntag machte er seine Vorübungen und trägt die Predigt laut vor. Vom Weg herüber, der am Kirchhof vorbeiläuft, haben ihn verspätete Heimkehrer oft seine Sonntagspredigt einüben hören. Übermannte ihn der Schlaf, so setzte sich der Asket auf die bloßen Steinplatten und lehnte sein Haupt gegen den eichenen Kredenztisch, wo er sich für einige kurze Augenblicke dem Schlummer überließ. Diese schrecklichen Stunden zählen zu seinen verdienstvollsten und zu den ergreifendsten seines ganzen Priesterlebens.

Dann kommt der Morgen, wo er vor seine Zuhörer treten muss. Außer in der für die Schlossfamilie bereitgestellten Bank füllte lauter Bauernvolk die Kirche. Sie hatten kritische Augen im Kopf und billigen Spott auf den Lippen und manche unter ihnen, vor allem die Jüngeren, wären am liebsten anderswo gewesen. Das wusste er. Aber er wusste auch, dass es um Seelen ging, denen er die Frohbotschaft verkünden sollte.

Tiefer als jeder andere Priester war der Heilige von dieser Überzeugung durchdrungen. Dieser Glaube gab ihm den nötigen Mut. Allerdings war der Kopf des armen Pfarrers von der schweren Nachtarbeit wie zerschlagen. Und nun sollte er nach dem Fasten seit gestern Abend, nach dem Hochamt um elf Uhr, jetzt, wo es bereits auf zwölf Uhr ging, seine Predigt halten, die immer eine ganze Stunde dauerte.

Er predigte fast ständig in einer etwas erhöhten Stimmlage. Vortrag und Geste waren natürlich. «Warum schreien Sie denn so laut?», fragte ihn Fräulein von Ars, besorgt, er könnte sich auf der Kanzel überanstrengen. «Schonen Sie sich doch ein bisschen mehr!» «Herr Pfarrer», stellte ihn eine andere Person zur Rede, «warum sprechen Sie so leise, wenn Sie beten, und so laut, wenn Sie predigen?» «Wenn ich predige», erwiderte er treuherzig, «rede ich eben zu tauben Ohren und zu schläfrigen Leuten; wenn ich aber bete, spreche ich zum lieben Gott, der ja nicht taub ist.»

Es verwundert nicht, dass bei einer derartigen Überanstrengung sein Gedächtnis manchmal aussetzte. «Auf der Kanzel», sagt der

Lehrer Johannes Pertinand, «verlor er er manchmal den Faden und musste noch vor dem Schluss herabsteigen.»

Eine solche Beschämung vor seinen Pfarrkindern, die er vielleicht gerade scharf zurechtgewiesen hatte, brach seinen Mut nicht, steigerte vielmehr seinen heiligen Eifer. Am folgenden Sonntag erschien Vianney wieder auf der Kanzel.

Diesmal hatte er aus Sorge, sein Misserfolg könnte seinen seelsorgerischen Einfluss schädigen und seine priesterliche Autorität herabsetzen, selber viel gebetet und andere beten lassen.

Und diesmal zeigte sich sein Gedächtnis nicht so untreu, ja er fand sogar den Mut, einige Worte aus dem Stegreif einzufügen.

Was predigte «dieser Stümper in der Kunst der Rhetorik» eigentlich seinen Pfarrkindern? Ihre Pflichten. Sein Wort richtete sich einzig an die ihm anvertrauten Seelen, mit Klarheit, ohne leere Umschweife, ohne gewundene Schmeicheleien. Manche seiner Sätze klingen sehr hart. Aber der Prediger schlägt, vor allem in den ersten Jahren, scharf drauf, damit der Nagel eindringt. Dabei ist seine Stimme oft von Milde, Weichheit, Innigkeit durchzittert. Er, der Apostel, ist eben nicht bloß Menschenbekehrer, er ist auch Hirte, Vater. Er weiß es: Drunten sitzen Menschen, deren Herzen er ermuntern und deren Willen er emporreißen muss.

Wilhelm Villier, der bei Vianneys Amtsantritt neunzehn Jahre zählte, berichtet: «Oft sagte er uns Worte wie folgende: ‹Oh, ihr meine lieben Pfarrkinder, wir wollen uns bestreben, ins Paradies zu kommen! Dort werden wir Gott schauen. Wie werden wir glücklich sein!

Wenn die Pfarrei gut wird, gehen wir alle wie in Prozession hinauf, und euer Pfarrer wird an eurer Spitze marschieren.›»

Ein andermal lauteten seine Worte: «In den Himmel müssen wir kommen! Welch ein Schmerz, wenn einige von euch auf der anderen Seite stünden!» Gern wiederholte er den Gedanken: Das Heil ist leicht zu wirken für Leute vom Land, die so bequem bei ihrer Arbeit beten können. Für die Burschen und Mädchen von Ars, die ihren Übermut aufgaben und entschlossen den Weg christlicher Reinheit gingen, hatte er Worte des Lobes, die an das Feinste der Seele rührten.

Bei denen, die noch in die Kirche kamen – die Abtrünnigen sollten später an die Reihe kommen – verlangte er vor allem ehrfürchtiges

Benehmen, die Haltung des Christen, der sich bewusst ist, dem Heiligsten unserer Geheimnisse beizuwohnen. Bei den meisten muss er leider eine faule Bequemlichkeit feststellen, Geflüster, breites, lautes Gähnen aus Langeweile, was nur zu klar auf ihren inneren Überdruss schließen lässt. Die Nachzügler lassen die Tür dröhnend ins Schloss fallen. Die Übereiligen verlassen die Kirche mitten in der heiligen Handlung. Die Jungen «gaffen von der Decke zum Boden, von einer Ecke der Kirche in die andere ... lassen ihre Blicke umherschweifen, um diese Zierde und jenen Schmuck zu mustern». Die Kinder führen sich nicht besser auf. «Schaut das Lachen, seht die Zeichen, die sich diese kleinen Nichtsnutze geben, all die kleinen Dummköpfe.»

Diese Seelen sind nichts anderes als harte Felsen; und es braucht starke Schläge, um sie dem Wort zu öffnen. Vianney greift ihre Redewendungen auf, übernimmt ihre Redensarten und hält ihnen in ihrer eigenen Sprache den Mangel an echtem, lebendigem Glauben vor, manchmal in so scharfen Ausdrücken, dass man sie nur aus der Glut seines heiligen Eifers heraus verstehen und entschuldigen kann. Auch auf die Gefahr hin, manche Leute öffentlich bloßzustellen, trifft er sie wo nötig «ohne Schonung», ohne Umschweife, ohne Rücksicht. Seine Vorhaltungen sind «lebhaft, gehen direkt auf die Person los».

«Weise sie scharf zurecht, damit sie im Glauben gesunden», schreibt der hl. Paulus an seinen Schüler Titus. Zu Beginn seines Wirkens nahm der Pfarrer von Ars dieses Wort buchstäblich. Und zuweilen brach auch ein Rest seines beißenden, spöttischen Temperamentes durch, das die Tugend noch nicht überwunden und zur Vollkommenheit milder Sanftmut durchsonnt hatte.

Auch hatte seine Erfahrung noch nicht die volle Reife erlangt. So blieb er, der gegen sich selber streng bis zum Heroismus war, ein wenig allzu unnachsichtig gegen andere. Es hatte allerdings auch seine Zeit auf ihn abgefärbt. Der Baum des Jansenismus war gefällt worden, aber im Grund waren seine Wurzeln noch nicht ganz tot. Die katholischen Kanzeln im Umkreis von Ars hatten zwar nicht die Gnade, einen Heiligen zu tragen, warfen aber ganz ähnliche Worte unter das gläubige Volk.

Folgsam gegenüber den Vorschriften des Konzils von Trient erklärte der Pfarrer von Ars seinen Gläubigen oft die ganze Liturgie des heiligen Opfers und suchte ihren Seelen so Verständnis und Liebe zum Heiligsten unseres Glaubens einzupflanzen. Es galt nicht bloß, Falsches auszureißen, man musste neuen Samen in das aufgerissene Erdreich legen. Er erklärte ihnen der Reihe nach das Wesen, die Notwendigkeit, den Wert, die Gnaden des allerheiligsten Altarsakramentes. Überhaupt beherrschte dieses eine Streben und Ideal sein ganzes priesterliches Leben: die Seelen loszulösen von irdischer Sorge und Neigung und sie hinzuführen zu der Gnade des Altares.

Natürlich hatte er in seiner Pfarrei immer noch einige von jenen Gleichgültigen, die, anstatt der Heiligen Messe beizuwohnen, einen Nachbarn aufsuchen und mit ihm eine gute Flasche trinken; die sich kein Gewissen daraus machen, einen Freund, den sie gerade auf dem Weg treffen, mit heimzunehmen und die Heilige Messe für ein andermal aufzuschieben; solche, welche die Zeit des Gottesdienstes mit Spielen und Trinken, mit Arbeiten, Reisen oder Tanzen totschlagen, alles Leute, die leben, wie wenn sie sicher wären, sie hätten gar keine Seele zu retten. Diesen drohte der Pfarrer von Ars mit den Strafen der jenseitigen Welt.

«Arme Leute! Wie seid ihr doch elend dran! Trottet nur euren Weg weiter! Geht, ihr habt nur etwas zur erwarten: die Hölle ...!» Er nahm sie auch an ihrer schwachen Stelle, an ihrem persönlichen Eigennutz. «Eines ist klar: Sie gehen fast alle elend zugrunde. ... Der Glaube schwindet aus ihren Herzen und ihre Güter verfallen. So sind sie doppelt unglücklich geworden.»

Bei all seinem Eifer musste der Prediger jedoch schmerzlich erkennen, dass er sich meist an Abwesende wandte und «für die Wände sprach». Nur an bestimmten Hochfesten führte ein von christlichen Voreltern überkommener Brauch noch fast die ganze Pfarrei in die Kirche. Das war für den jungen Pfarrer die beste Gelegenheit, die seelenmordenden Laster zu geißeln. Am Himmelfahrtstag griff er alle auf einen Schlag an.

Seine Fronleichnamspredigt setzt mit einem wohlgezielten Hieb gegen die Sünder ein, «die überallhin ihre Ketten und ihre Hölle schleppen». Aber plötzlich bricht er ab. «Nein, meine Brüder, hier wollen wir innehalten, dieser Gedanke ist zu verzweifelt, diese Worte stimmen nicht zu dem heutigen Tag.

Lassen wir diese Unglücklichen, Verlorenen in ihrer Finsternis, weil sie selber dort bleiben wollen. Sie mögen sich selbst verdammen, da sie sich nicht retten wollen ...!» Mit diesen Worten brach er ab und wandte sich dem praktizierenden Teil seiner Herde zu: «Kommt, liebe Kinder ...»

Am Patronatsfest werden auch jene kommen, die den Tag und die darauffolgende Nacht mit Tanzen und Trinken entweihen, doch nicht den Mut haben, der Heiligen Messe auszuweichen. Er wird sein ganzes Volk vor sich haben und er wird sie nicht gehen lassen, bevor er sie mit «frischen Ruten» geschlagen hat. Er geht gegen die Tänzer vor. «Ihr werdet mir antworten: Uns von Tanz und seinen bösen Folgen zu sprechen, ist doch verlorene Zeit ...! Mag sein! Ich werde dennoch weiterreden und das tun, was meine Pflicht ist. Es soll euch nicht verletzen. Euer Hirte erfüllt einfach seine Pflicht.»

Und so geißelte er Reihe um Reihe «die Burschen und Mädchen, die ihren Durst an dieser Sündenquelle stillen ... die blinden, verirrten Eltern, die ihnen diesen Weg vorangegangen sind».

Der Kampf ist aufgenommen. Und der Pfarrer von Ars ist – falls Gott ihm das Leben lässt – entschlossen, die Waffen erst nach siegreich gewonnener Schlacht zu strecken.

Dardilly, Dorfansicht

Der Kampf gegen die Sonntagsarbeit, die Schenken und das Fluchen

I.

Im Jahre des Heils 1818 muss die kleine Kirche von Ars bis auf die Zeit der wichtigsten Arbeiten auf dem Feld an Sonntagen ziemlich gefüllt gewesen seien. Und der junge Seelsorger hätte sich über den religiösen Stand seiner Pfarrei allerlei Illusionen hingeben können. Ostern hatte ihm zwar nicht viel Trost gebracht.

Die meisten Männer waren der jährlichen Osterkommunion ferngeblieben. Bereits zehn, fünfzehn, zwanzig Jahre lang waren manche von ihnen ihrer Osterpflicht nicht mehr nachgekommen.

Als aber mit dem Monat Juni die Tage länger wurden, musste Vianney mit doppeltem Schmerz feststellen, dass sich das kleine Schiff immer mehr leerte: fast keine Männer und Burschen waren mehr anwesend, gegenüber anderen Zeiten waren auch die Frauen spärlicher vertreten.

Wo blieben die andern alle? Beim Morgengrauen waren sie, Sense oder Gabel geschultert, hinausgezogen. Nur mit Herzweh konnte der Pfarrer durch diese gottgeweihte Morgenstille die Fuhrwerke aufs Feld holpern und in der Schmiede den Amboss unter dem Hammer dröhnen hören. Auf das einladende Klingen der armseligen Arser Glocken gab es nur Spott und Hohn.

Die Sonntagsschänder arbeiteten je nach Belieben stundenlang. Heimgekehrt, warfen sie sich dann wieder in die Sonntagskleider. Die einen hockten sich um die Tische in den Schenken – das Dorf konnte sich rühmen, für seine zweihundert Einwohner deren vier zu besitzen –, tätigten hier ihre Kauf- und Marktgeschäfte und tranken im Übermaß.

Die anderen, Burschen und Mädchen, «die nur Spiel und Zeitvertreib im Kopf hatten», Männer und Frauen, selbst «frechmäulige» und bebrillte Greise versammelten sich unter den Nussbäumen des Dorfplatzes neben dem Friedhof, dessen Kreuze und Gräber über die Mauer ragten, und ergaben sich bei den Klängen einer schrillen Geige dem Tanz. Bis in die Nacht hinein war das Gegröhle und Gejohle und das schlüpfrige Geschrei, das von frechem Lachen und Flüchen unterbrochen wurde, zu hören.

Da sein Garten nur von einer Hecke eingefasst war, konnte Vianney alles aus nächster Nähe sehen und hören. Er weinte bittere Tränen. Seine innere Trostlosigkeit erreichte den Höhepunkt, als er vernahm, dieses ausgelassene Treiben würde sich bis in den Herbst hinein Sonntag für Sonntag wiederholen, würde auf den Sixtustag, das Patronatsfest von Ars, noch schlimmer werden und Buden samt Possenreißern und Kirmesmusik ins Dorf locken. Ars war nur allzu bekannt als lustiges Nest und «galt als Stelldichein für die Tänzer und Tänzerinnen der Umgebung».

Wie war nur das Dorf in dieses Kirmesfieber hineingeraten? «Ars liegt fast gleich weit von den Ufern der Saône und dem Seegebiet der Dombes entfernt. Das Klima der Gegend ist lau. Hat doch Vianney selber davor gezittert, dieses Stück Land könnte seine Verdammung werden. Das Wort kommt verschlafen wie im singenden Tonfall von den Lippen der Einwohner und weist auf ihren matten Willen hin.

Sie gieren nach Lust und Genuss, und ohne den Halt eines starken Glaubens lassen sie sich leicht vom Sinnentrieb beherrschen.»

Wie es mit dem Glauben in dieser Gegend um 1818 stand, wissen wir. Selbst in der Welt der Adeligen gab es nicht mehr genügend Zucht und die feinere Genusssucht, der sie sich hingaben, wirkte verderblich auf das Bauernvolk. So prüde das Fräulein von Ars auch sein mochte, die Dame fand gar nichts daran, dass man in ihrem Haus tanzte, sooft ihre Verwandten, die Cibeins oder die Gillet von Valbreuse, bei ihr einkehrten.

Armer Pfarrer Vianney! Tausend Gelegenheiten zur Sünde umlagerten die Seelen und das unter seinen Augen! Soll er das weiter dulden? Diese Seelen hatte er zu retten; die Ehre Gottes hatte er zu verteidigen.

Fluchen und Sonntagsarbeit, Tanz und Zechen, Stelldichein an den Wegkreuzungen und in den Spinnstuben der Bauernhöfe, schlüpfrige Lieder und freche Gespräche – das alles wird er mit seinem Bannspruch belegen.

Er wird den Kampf tapfer, Auge in Auge, wider alle Gegner zugleich führen. Jahrelang wird er nach der Mahnung des hl. Paulus «zurechtweisen, tadeln, drohen, ermahnen», auf der Kanzel und im Beichtstuhl, bei seinen Besuchen und Begegnungen, «gelegen und ungelegen». Nichts kann ihm Einhalt gebieten.

Wird der Tag des Herrn gehalten und fromm begangen werden, solange die Schenke mit der Kirche konkurriert? Der Gedanke des Pfarrers von Ars war es, man müsse die eine leeren, um die andere zu füllen. Im vorausgegangenen Jahrhundert galt die Schenke noch als «Ort der Ausschweifung». Das war auch Vianneys Ansicht. Trafen sich nicht hier die Paare zum wollüstigen Tanz, warfen nicht dort die Männer jedes Verantwortungsgefühl ab? So stürzte er sich ohne weiteres auf den Feind und in seiner ungekünstelten Entrüstung suchte er seine Rede keineswegs zu mäßigen.

«Die Schenke», rief er aus, «die Schenke ist die Werkstatt des Teufels, die Schule, wo die Hölle ihre Lehre feilbietet, der Ort, wo man die Seelen verschachert, wo die Familien verkommen, wo man die Gesundheit untergräbt, wo Händel angezettelt, wo Morde begangen werden.»

Die Trunkenbolde kamen selbstverständlich nicht ungeschoren davon. Mit zornbebender Stimme fährt der Pfarrer von Ars auf sie los und zeigt ihnen, dass sie «sich unter das gemeinste Tier erniedrigen».

Und wenn schon die Säulen der Dorfschenken so behandelt werden, wie wird es dann erst dem Kneipenbesitzer ergehen? Pfarrer Vianney stürmte besonders gegen die beiden Schenken in der Mitte des Dorfes los. Ob die Eigentümer unter den Dorfbewohnern über einen großen oder geringen Einfluss verfügten, kümmerte ihn wenig. Er brandmarkte sie ohne jegliche Furcht und Schonung:

«Die Schenkenbesitzer», sagte er, «stehlen einer armen Frau und ihren Kindern das Brot vom Munde weg, wenn sie diesen Trunkenbolden, die ihren ganzen Wochenlohn durchbringen, Wein hinstellen. ... Der Priester kann und darf, ohne sich selber zu verdammen, keinem Schenkenbesitzer die Lossprechung geben, der Trunkenbolden nachts oder zu gottesdienstlicher Zeit zu trinken reicht. ... Ja, die Schenkenbesitzer, der Teufel quält sie nicht besonders, im Gegenteil, er verachtet sie und spuckt auf sie!» Diese scharfen Worte machten mehr Eindruck auf die versammelten Gläubigen als auf die Wirte, die zweifellos die Kirche selten von innen sahen. Der Prediger erreichte aber doch sein Ziel: Die Stammgäste wurden in den Wirtschaften langsam weniger. Einer der Wirte erschien beim Pfarrer und setzte ihm auseinander, das bedeute für ihn den Ruin. Vianney bot ihm Geld an und ersuchte ihn, sein Haus zu schließen.

Dieser Mann wurde später ein ausgezeichnetes Pfarrkind. Sein Geschäftsbruder trotzte noch einige Zeit dem heiligen Zorn des Seelsorgers, gab sich aber schließlich auch geschlagen, schloss seine Kneipe und wählte einen anderen Broterwerb. So hatte es Vianney erreicht, dass es um die Kirche herum keine Schenke mehr gab.

Auch die zwei Übriggebliebenen, die etwas weiter entfernt vom Dorfkern lagen, verschwanden schließlich aus dem Dorfbild. «Das war einer der größten Siege des Pfarrers von Ars», sagte Dubouis, der gute Pfarrer von Fareins.

Aber die Geldgier macht zäh. Sieben Wirtschaften öffneten eine nach der andern ihre Tore und alle sieben mussten nacheinander wieder schließen. Der Zorn eines Heiligen lag auf ihnen. «Ihr werdet sehen», hatte der Diener Gottes prophezeit, «ihr werdet sehen: Wer hier eine Schenke errichtet, geht daran zugrunde!»

Dieser unnachgiebige Kampf zeitigte unerwartete Frucht. Die Armut im Dorf ging zurück: «Es gab in Ars selbst wenige Arme», bemerkt der Lehrer Pertinand, «mit dem Schließen der Schenken hatte der Pfarrer auch die Hauptursache des Elends behoben.»

Als später die Fremden ins Dorf strömten, öffneten sich ihnen bescheidene Hotels, ohne dass Vianney dagegen Einspruch erhob. Bis zum Jahre 1858 gab es deren fünf.

Hätte man sich in den Schenken zu anständiger Unterhaltung, ohne Gott zu beleidigen, zusammengefunden, Vianney hätte sie ungestört leben und gedeihen lassen.

II.

Auf das betrübliche Thema des Fluchens kam er immer nur unter Tränen zu sprechen. Auf eine Seele, die wie die seine von so inniger Ehrfurcht vor dem Namen Gottes durchdrungen war, wirkte dieses Vergehen unaussprechlich schmerzlich. Und doch sollte er in diesem kleinen Dorf den Schmerz erleben, dass er Fluchen sogar aus dem Mund von Kindern hören musste, die kaum das Vaterunser sprechen konnten. Oft kam er in seiner Predigt und im Katechismusunterricht auf dieses Laster zu sprechen. Er drohte Fluchmäuler mit allen möglichen Strafen für Zeit und Ewigkeit:

«Ist es nicht ein unerhörtes Wunder, dass ein Haus, in dem ein Flucher wohnt, nicht vom Blitz in Grund und Boden vernichtet und von allen möglichen Unglücksschlägen getroffen wird? Nehmt euch in Acht! Ist das Fluchen einmal über euer Haus gekommen, dann geht alles bergab.»

Er ging gegen das Fluchen mit erbarmungsloser Strenge vor. Mit allen Mitteln suchte er den Kindern und jungen Leuten Abscheu vor diesem Übel einzuflößen.

«Ich erinnere mich», bermerkt Pfarrer Convert, «aus dem Munde eines würdigen Geistlichen vernommen zu haben, wie er als junger Priester mit einem Kind von zwölf bis vierzehn Jahren nach Ars kam. Der Priester und das Kind beichteten beim heiligen Pfarrer.»

«Du wirst während meiner Heilige Messe kommunizieren», sagt der Priester zum Kind. «Nein», antwortet dieses, «ich kann nicht.»

«Warum nicht?»

«Der Pfarrer hat mir für dieses Mal die Lossprechung verweigert, weil ich den heiligen Namen Gottes leichtsinnig gebraucht habe.»

Pfarrer Vianney führte den Kampf gegen jede Art von Schwören und Fluchen so energisch, dass sogar gröbere Ausdrücke, die er ungescheut auf der Kanzel aufzählte, langsam aus dem Wortschatz der Arser verschwanden. Und an ihrer Stelle kam von den Lippen dieser Bauersleute das *Vaterunser*, das *Ave Maria* und Worte wie: *Gott ist gut! ... Gott sei gepriesen! ...*

III.

Der Kampf gegen die Sonntagsarbeit forderte vom Pfarrer von Ars acht Jahre ununterbrochener Anstrengung und auch dann hatte er diesen Missstand noch nicht völlig abgestellt. Als er zum ersten Mal von der Kanzel herab darauf zu sprechen kam, tat er es unter solchen Tränen, mit einem solchen Tonfall in der Stimme, mit einer solchen Entrüstung, mit einem solchen Erbeben seines ganzen Wesens, dass Greise noch ein halbes Jahrhundert später die Erinnerung an jene Stunde ergriffen in der Seele trugen. Und sooft er während seines Lebens von der Sonntagsentweihung sprach, war sein Wort vom gleichen heiligen Zorn durchzittert:

«Ihr arbeitet, aber was ihr erackert, verdirbt euch Seele und Leib. Auf die Frage: ‹Was tut ihr denn?› könnten jene, die am Sonntag arbeiten, antworten: ‹Ich verkaufe meine Seele dem Teufel, ich kreuzige meinen Heiland wieder ... Ich bin für die Hölle bestimmt.›

... Wenn ich Leute am Sonntag fuhrwerken sehe, denke ich, sie fahren ihre Seele in die Hölle.»

«Der Sonntag ist der Tag des Herrn, das ist *sein* Tag. Er hat alle Tage der Woche geschaffen. Er konnte sie alle für sich behalten. Er hat euch sechs davon geschenkt. Nur den siebten hat er sich ausbedungen. Mit welchem Recht rührt ihr an das, was euch nicht gehört? Ihr wisst, dass unrecht Gut nie gedeiht. Der Tag, den ihr dem Herrn wegstehlt, wird euch nichts einbringen. Ich kenne zwei sichere Mittel, um arm zu werden: Sonntagsarbeit und gestohlenes Gut.»

Seine Anklagen, seine Drohworte gingen von Herd zu Herd und kamen gar bald auch den Schändern des Sonntagsgebotes zu Ohren.

Zudem übernahm es Vianney gelegentlich selber, ihnen seine Mahnungen zu Gehör zu bringen.

An Sonntagen sah man ihn nach der Vesper gegen seine Gewohnheit die Kirche verlassen und in einen der Wege, die an der Kirche vorbeikommen, einbiegen. So stieß er an einem Julisonntag auf einen Mann, der seine Ernte einbrachte. Aus Scham, auf frischer Tat ertappt zu werden, wollte sich der Bauer hinter seinem Wagen verstecken.

«Mein lieber Freund», redete ihn Vianney, der den Mann erkannt hatte, im Ton tiefster Traurigkeit an, «Ihr seid sehr überrascht, mich hier zu treffen. ... Aber der liebe Herrgott sieht Euch immer. Ihn heißt es fürchten.» An diesem Sonntagabend «hielt er statt der üblichen Homilie eine strenge Strafpredigt gegen die Sonntagsarbeit». «Geht», rief er mit beißender Ironie, «geht durch die Felder derer, die am Tag des Herrn schaffen; es sind immer einige dort.» Das sagte er oft und mit solcher Eidringlichkeit, dass «ihm dabei die Stimme versagte».

Es war deshalb vergebliche Mühe, bei ihm wegen Dispens von diesem Gottesgebot vorstellig zu werden. In dieser Frage war er unnachgiebig, rigoros. Er bangte, die Dispens könnte diesen Missbrauch auch in die besten Familien tragen. Und dann hatte er ein solches Vertrauen in *IHN*, von dem alle guten Gaben kommen. Wird nicht Gott den gesetzestreuen Christen in seine Obhut nehmen? Bei diesem Aufeinanderstoßen von Gottes Gebot und Menschensorge fällte der Pfarrer von Ars seine Entscheidung mit dem Ton und in der Kraft eines Propheten.

An einem Julisonntag bedeckte noch die kürzlich gemähte Ernte das Feld. Zur Stunde des Hochamtes erhob sich ein heftiger Wind und fegte am Horizont drohende Wetterwolken heran. Sollte man sich nicht auf die Garben stürzen? Zuerst hielt sich der Pfarrer noch zurück; aber im Augenblick der Predigt verhieß er den guten Christen, die ihm lauschten, schönes Wetter, mehr als sie brauchten, um die gefährdete Ernte einzubringen. Das Gewitter zog, ohne loszubrechen, über Ars hinweg und auf diesen Sonntag folgten zwei Wochen Sonnenschein und blauer Himmel.

Bei wirklichen Notfällen ließ Vianney die Leute allerdings gewähren. So nahm er die Nachricht, dass man an einem Sonntag einen Brunnen weiterbohrte, ohne Protest hin. Auch verbot er die Sonntagsarbeit nicht, wenn das schlechte Wetter anhielt und die Ernte zu verderben drohte. Nur gab er nie einem Menschen die direkte Erlaubnis, die Sonntagsruhe zu brechen, weder öffentlich noch privat. «Tut, wie ihr es für gut findet», erklärte er den Leuten, die ihm ihr Ersuchen persönlich vortrugen. «Das ist eure Sache!» Ein anderes Mal sagte er: «Ja, anderswo können die Priester es erlauben. Ich hier in Ars, ich kann es nicht tun.»

Bei dieser Haltung verfolgte er sein Ziel. Er wollte eine Musterpfarrei gründen. Wir werden bald sehen, wie in der Tat für die ganze Bevölkerung von Ars «der Sonntag wahrhaft der Tag des Herrn wird».

Das Christus-Monogramm mit dem ersten und letzten Buchstaben des griechischen Alphabets A (Alpha) und O (Omega)

Der Kampf gegen das Tanzen

Die Art und Weise, wie Vianney das Tanzen aus seiner Pfarrei verbannte, ist ein Meisterstück. Hier blieb er Sieger auf der ganzen Linie. Es war ein langes Ringen. Das Tanzen war derart Brauch im Ort geworden, dass es den Heiligen zwanzig Jahre kostete, um es wieder vollständig daraus zu verdrängen. Nach dem Urteil eines Mannes «war es bei manchen in eine Art wilden Taumel übergegangen». Wie Heiden, die das Bewusstsein ihrer Gemeinheit in sich ertötet hatten, riefen die Tänzer, es sei ein unschuldiges Vergnügen und damit erlaubt. Es galt, ihnen die Binde von den Augen zu reißen!

Ein Mädchen, das dem Tanzen so verfallen ist, dass es ihm zur Leidenschaft wird, findet kein Genügen mehr an schlichten, reinen Freuden. Sie hat keinen christlichen Geist. Und eine Familie, die ein solches Verhalten ihrer Tochter gutheißt, ist keine Familie, in der frommer Brauch und reine Sitte in Ehren stehen. Mädchen und Haus finden nur dann zu ernstem Glaubensleben zurück, wenn sie dieses weltliche Sinnen und Treiben aufgeben. Wer der Sünde entkommen will, muss die Gelegenheit zur Sünde meiden. ...

Von diesen Grundsätzen ging der Pfarrer von Ars aus und schritt gerade aufs Ziel los. Der milde heilige Franz von Sales hatte zwar auch den Tanz ob seiner Gefahren und seiner möglichen Folgen verurteilt, hatte das Thema aber mit Glacéhandschuhen angefasst.

Der hl. Johannes-Maria Vianney, der ihm an gütiger Milde gleichkommen sollte, verzichtete auf die, wie er dachte, unnütze Rücksicht. Er war unerbittlich. Er nannte Gelegenheit und Sünde in einem Zug als fluchwürdig.

Er blickte weiter. Sein Angriff galt dem Tanz und der daraus entspringenden unreinen Leidenschaft. Aus dem gleichen Grund wetterte er auch gegen die Spinnstuben, wie sie damals gehalten wurden, die Ausgelassenheiten, die sich junge Leute bei Hochzeitsfeiern herausnahmen. Die Bauern von Ars verbrachten die langen Winterabende gemeinsam und hockten mangels entsprechender Räumlichkeiten in den Stallungen zusammen. Und hier vollzogen sich unter den Augen stummer, mitschuldiger Eltern Dinge, die selbst im Heidentum geächtet waren. Unwissenheit und Gewissenslauheit entschuldigten ja teilweise diese armen Menschen. Aus diesem

Grund mögen sie auch auf Vianneys Wort hin, der die Abscheulichkeit von der Kanzel herunter brandmarkte und geißelte, sogleich von den schändlichen Lastern abgelassen haben.

Aber was das Tanzen angeht, setzten sie ihm einen zäheren Widerstand entgegen; hier konnte er ihnen nur Stückchen um Stückchen entreißen. Über zehn Jahre lang musste der Pfarrer in seinen Unterweisungen auf dieses Thema zurückkommen.

«Es gibt kein Gottesgebot, zu dessen Übertretung der Tanz nicht verleitet. Wohl behaupten die Mütter: Oh, ich werde schon auf meine Töchter Acht geben! Ihr wacht über ihre Toiletten, ihr könnt aber nicht über ihre Herzen wachen. Geht, verkommene Väter und Mütter, geht in die Hölle, wo Gottes Zorn auf euch wartet, auf euch und auf eure sauberen Taten, ihr, die ihr eure Kinder habt laufen lassen; geht, sie werden euch nur allzu schnell nachfolgen, denn ihr habt ihnen den Weg so gut vorgezeichnet. ... Dort werdet ihr sehen, ob euer Seelsorger euch diese teuflischen Lustbarkeiten mit Recht verboten hat. ...

Mein Gott, kann ein Mensch tatsächlich so verblendet sein, dass er glaubt, der Tanz bedeute keine Gefahr, während doch der Teufel die meisten Seelen an diesem Seil in die Hölle zerrt!»

Auch in diesem Punkt ließ es der Pfarrer von Ars nicht beim bloßen Wort bewenden. Er ging zur Tat über.

Eines Tages trat er plötzlich vor den Spielmann. Wer die Violine zerschlägt, wird vielleicht auch mit dem Tanz aufräumen. Seine Geige unter dem Arm kam der Mann ins Dorf gewalzt. «Wieviel bezahlt man Ihnen für Ihr Aufspielen zum Tanz?», fragte ihn Pfarrer Vianney. «Ich weiß nicht», berichtet Bruder Athanasius, der die Geschichte hatte erzählen hören, «ob der Spieler fünf oder zehn Franken angab. Der Pfarrer gab ihm das Doppelte. Der Mann zog zufrieden von dannen und das Tanzen unterblieb.» Auf gleiche Weise verfuhr er an einem Kirmestag mit dem Schankwirt Bachelard.

«Wieviel glauben Sie heute mit ihrem Verkauf herauszuschlagen?»

«So und so viel, Herr Pfarrer!»

«Hier haben Sie die Summe; aber lassen Sie die Sache bleiben!»

Der Wirt nahm an und hielt den Pakt.

Eines Sonntags setzte der Tanz auf dem Dorfplatz ein und zur allgemeinen Belustigung sollte der «Esel herumgeführt werden», weil eine Frau ihren Gatten durchgeprügelt hatte. Plötzlich erscheint der

Pfarrer von Ars in der Tür seines Hauses. Er tut weiter nichts, als nur vom Pfarrhaus die paar Schritte gegen die Kirche hinüberzuschreiten. Und schon packt alle Versammelten das Entsetzen. Der Platz leert sich. «Sie sind auf und davon wie ein Taubenschwarm», erzählte Vianney lachend. Und aus war es mit dem Fest.

Glücklicherweise waren nicht alle Arser Mädchen tanzwütig. Zu jener Zeit gab es auch noch wohlerzogene Töchter und gute Charaktere, die von der Seuche noch nicht ergriffen waren. Diesen Teil seiner Herde musste Vianney schützen. Andere, die bereits in die Lust hineingetaumelt waren, empfanden langsam eine gewisse Scham. Das Gebet und die Buße des Heiligen wirkten gnadenvoll und heimlich in den Tiefen dieser Herzen. Zudem stand Vianneys Leben als beste Predigt vor ihren Augen. In seiner Person offenbarte sich ihnen ein Stück Evangelium.

«Unser Pfarrer», erzählte man sich in den Spinnstuben, «tut selber, was er sagt; er tut, was er lehrt. Nie haben wir gesehen, dass er sich ein Vergnügen gegönnt hat. Seine einzige Lust ist, zum lieben Gott zu beten. Es muss doch Freude darin sein, da er sie findet. ... Folgen wir also seinen Mahnungen; er will sicher nur unser Bestes.» Bei all seinem Ankämpfen gegen die Missstände hatte Vianney begriffen: Nützlicher für die Erneuerung der Seelen sei die Heranbildung einer Elite. Der stark vernachlässigte Vespergottesdienst hatte wieder etwas Gnade gefunden. Frauen und Mädchen opferten jeden Sonntag bereits einige Minuten länger ihren frommen Übungen. Der Pfarrer hatte angefangen, in der Woche gegen acht Uhr abends das Nachtgebet zu verrichten, zusammen mit den spärlich vertretenen Personen, die zu so später Stunde Jesus im Sakrament besuchten. Neue Seelen hatten sich ihnen bereits angeschlossen.

Nun war eines Sonntags nach der Vesper eine Gruppe junger Leute in der Kirche zurückgeblieben. Sie wollten beichten. Es waren jedenfalls einige gute, schlichte Seelen, die sich bis jetzt gegenseitig übersehen hatten. Und nun kam Vianney die Eingebung, an sie alle gemeinsam einige Worte zu richten und sie im Bewusstsein der gemeinsamen Frömmigkeit zusammenzuschließen. «Meine Kinder», legte er ihnen dar, «wenn ihr wollt, beten wir den Rosenkranz miteinander, auf dass uns die liebe Gottesmutter die Gnade erwirke, das, was ihr tun wollt, gut zu tun.»

Unter der Schar kniete ein nicht gerade leichtsinniger, aber doch etwas törichter Tunichtgut. «Sie war froh, den Rosenkranz überhaupt mitbeten zu können.»

Vor Vianneys Ankunft betete man den Rosenkranz in Ars nämlich bloß einmal im Jahr, und zwar an Mariä Verkündigung. Das Wort des Priesters fand in dieser reinen Seele einen tiefen Widerhall. «Ich glaube», gestand sie später, «an diesem Tag hat mir der Pfarrer von Ars das Herz verwandelt.» Bis jetzt war sie bei allen Lustbarkeiten die Erste gewesen. Nun wurde sie ein Beispiel froher Tugend. Der Apostel hatte den guten Sauerteig entdeckt, der den ganzen Teig durchsäuern sollte.

«Es war im Jahr seiner Ankunft», sagt Katharina Lassagne, auch eine Seele, die er heranbilden sollte, «an einem ‹lustigen› Sonntag lud er seine jungen Beichtkinder nach der Vesper in seinen Garten ein, wo sie sich an den Früchten gütlich tun konnten. Er ging nicht selbst mit hinein. Ich war so kühn, ihnen zu folgen, obschon ich noch jung war» Katharina zählte damals erst zwölf Jahre.

«Der Pfarrer gesellte sich für einige Augenblicke zu uns. Ich erinnere mich noch an seine Worte: ‹Seid ihr nicht glücklicher als die Tänzerinnen draußen auf dem Platz?›

Dann führte er uns durch das Pfarrhaus in die Küche, wo er uns das Leben meiner Namenspatronin vorlas und nachher etwas vom lieben Gott erzählte.»

Diese Mädchen und mehrere andere, die ihrem guten Beispiel folgten, sollten sich im Dorf zur ersten frommen Gruppe unter dem Namen «Bruderschaft vom heiligen Rosenkranz» zusammenschließen. Denen, die seinen Ratschlägen und Ermahnungen trotzten, trat Vianney mit rigoroser Strenge entgegen.

Ausgehend von dem Grundsatz, man dürfe einen Gelegenheitssünder nur dann lossprechen, wenn er die Gelegenheit zur Sünde meide, verweigerte der Pfarrer von Ars die Lossprechung auch bei nur einer einzigen Verfehlung, bis die vollständige Bekehrung erfolgt war. Er hatte seine Gründe für dieses Vorgehen. So musste ein Gutteil seiner Pfarrkinder – gar keine schlimmen Sünder – monate- und selbst jahrelang warten, bis sie zu den Sakramenten zugelassen wurden.

Das beweist folgendes Zwiegespräch, das Pfarrer Convert im März des Jahres 1895 mit einer ehrwürdigen Greisin führte, deren

Aussagen von ihrem Gatten bestätigt wurden. «Ich habe sechs Jahre lang meine Ostern nicht halten können.» «Sechs Jahre!?»

«Ja, von sechzehn bis zweiundzwanzig. Ich ging jedes Jahr zu meinen Verwandten auf die Kirmes nach Mizérieux. Ich tanzte einen Augenblick. Ich bin sonst das ganze Jahr nicht ausgegangen, nur für diesen Tag. In Ars tanzte man schon seit langem nicht mehr – es war zwischen 1835 und 1841. Aber dieses einmalige Über-die-Stränge-Schlagen, jedes Jahr ein einziges Mal, war der Grund, dass ich die Lossprechung nicht erhielt.»

«Sind Sie trotzdem zur heiligen Beichte gegangen?»

«Ja, auf alle größeren Feste. Der Herr Pfarrer gab mir nur den Segen.» «Und was sagte er Ihnen?»

« ‹Wenn Sie sich hinsichtlich des Tanzens nicht bessern, sind Sie verloren!› Er war kurz angebunden!»

«Aber Sie haben doch auch bei anderen Anlässen getanzt?» «Nie!» «Warum sind Sie denn eigentlich beichten gegangen?»

«Ich dachte: Wenn mich der liebe Gott holt, bevor ich die Absolution erhalten habe, wird er mir meine Sehnsucht danach anrechnen. Meine Mutter fragte eines Tages den Pfarrer, ob ich nicht anderswo beichten gehen könnte.

‹Wie Sie wollen›, erwiderte er, ‹lieber ist es mir aber, wenn sie ihre Ostern nicht hält und nicht anderswohin beichten geht.›»

Desgleichen erzählte Fräulein Claudine Trève, dass sie einmal um den Monat Februar herum bei einer Hochzeit tanzte. Daraufhin schob der Pfarrer von Ars ihre Lossprechung bis zum Fest Christi Himmelfahrt hinaus.

In ihren jungen Jahren musste Mutter Butillon verschiedene Male zwei und drei Wochen auf die Absolution warten, weil sie auf den Markt oder auf die Kirmes von Montmerle gegangen war. Sie hatte nicht selber getanzt, «hatte aber den Tänzern zugeschaut».

Ein Familienvater, der seinen Seelsorger noch nicht recht kannte, legte ihm folgenden Gewissensfall in aller Einfalt vor: «Darf ich meine Tochter auf den Tanzplatz führen?»

«Nein, mein Freund!»

«Ich lasse sie ja nicht tanzen.»

Darauf schnitt der Pfarrer von Ars jeden weiteren Einwand mit folgender feinen psychologischen Bemerkung ab: «Oh, tanzt *sie* nicht, dann tanzt eben *ihr Herz*.»

Mochte Vianney die Fremden in manchen Punkten weniger streng behandeln als seine eigenen Pfarrkinder, über das Kapitel Tanzen ließ er nie mit sich feilschen. Leute von Welt, die zu seinen Füßen knieten, mochten hundert Mal beteuern, sie könnten für sich einstehen und seien gegen jede Verfehlung gefeit – die parfümierte Sünde fand keine Gnade vor seinen Augen.

«Er gestattete nicht, an einem Gesellschaftsball teilzunehmen, nicht einmal als einfacher Zuschauer dort zu erscheinen.» Kurz nach seiner Ankunft veranstalteten die Schlossbesitzer von Ars ein oder zwei Tanzabende. Aber bald ließ man davon ab «aus Rücksicht auf sein Verbot».

Mit verletztem Stolz erklärt Frau Christine von Cibeins: «Er kannte das Tanzen nur von den Ausgelassenheiten her, zu denen es auf dem Lande verführt. Ich kenne eine fromme Person, die standeshalber an verschiedenen weltlichen Veranstaltungen teilnehmen musste und sich infolgedessen verpflichtet glaubte, seinem Beichtstuhl fern zu bleiben, um nicht gegen seine Ansicht zu handeln.»

Hinsichtlich des Tanzens waren das die Richtlinien, an die sich der Pfarrer von Ars sein Leben lang hielt. Mit treuester Sorgfalt suchte er die Eltern über diese so ernste Sache zu unterrichten. Tief senkte er ihnen die Überzeugung ein: Ihren Kindern schulden sie zärtliche, aber strenge Liebe, das gute Beispiel, Aufsicht und Ermahnung. Sie machte er für die Quersprünge ihrer Söhne und Töchter verantwortlich.

«Ihr müsst für ihre wie für eure eigene Seele Rechenschaft ablegen», sagte er ihnen. «Ich weiß nicht, ob ihr euer Möglichstes tut; eines aber weiß ich: Wenn sich eure Kinder in eurem Hause versündigen, dann ist zu befürchten, dass ihr selber in die Hölle kommt, weil ihr sie nicht genügend beaufsichtigt habt. ... Ich weiß jedoch ganz gut, dass ihr aus mangelndem Pflichtgefühl gegenüber euren Kindern auch nicht einen Schritt *mehr* macht. Darüber beunruhigt ihr euch nicht im Geringsten! Und ihr habt fast Recht; denn ihr habt ja Zeit genug, euch damit zu zerquälen die ganze Ewigkeit lang.»

Diese beißende Ironie war die einzige Sprache, die am Platz war. Die Eltern fassten die Ratschläge ihres Seelenhirten buchstäblich auf. Eines Sonntags hatten sich zwei junge Schwestern nach der Vesper vermeintlich ohne Wissen ihrer Eltern auf die Kirmes

Standbild der Begegnung. «Du hast mir den Weg nach Ars gezeigt; ich werde dir den Weg zum Himmel zeigen.»

Inneres der Kirche in Ars, ehemaliger Teil

begeben; sie wollten sich den Kirmestanz in Savigneux, das zwei Kilometer von Ars entfernt liegt, ansehen. Sie mischten sich nicht unter die Tanzenden, da sie es mit der Heimkehr eilig hatten. Aber daheim war ihre Abwesenheit nicht unbemerkt geblieben. Der Vater griff zum Stock und verabreichte beiden eine gute Tracht Prügel.

Der zwanzigjährige Anton Cinier war ins Nachbardorf tanzen gegangen. Bei seiner Rückkehr spät abends grüßte er zweimal seine Mutter, ohne dass sie ihn einer Antwort würdigte. Schon gestraft genug durch diese ungewohnte Kälte, legte er sich schlafen. Damit war die grollende Mutter noch nicht zufrieden gestellt. Sie griff nach einer Gerte und rieb ihrem großen Sohn damit den Rücken ein.

Mit dem Jahre 1830 war das Tanzen aus dem Mitteldorf von Ars völlig verschwunden. Eine Verordnung des Bürgermeisters Anton Mandy gestattete nur noch die Bälle im Oberdorf. Dass man ihnen den Kirchplatz verwehrte, sahen die Veranstalter des Patronatsfestes als Schmach an.

Der Sixtustag war nahe. Und die jungen Leute, die ihrem Pfarrer immer noch trotzten, wandten sich kurzentschlossen an Mandy und forderten von ihm, die Kirmes auf dem gewohnten Festplatz abhalten zu dürfen. Der alte Bürgermeister gab ihnen zur Antwort, er habe dem Pfarrer sein Wort verpfändet und er werde es nicht zurückziehen. Die Sache ging jedoch weiter. Die törichten Burschen legten Berufung beim Unterpräfekten von Trévoux ein. Dieser verwarf die Verordnung des Arser Bürgermeisters, der sich vor dem Willen seiner Vorgesetzten beugen musste.

Das Fest kam und mit ihm die Sankt-Sixtus-Kirmes. Nach zwölf Uhr rückten die Tänzer bei den Klängen einer Drehorgel, bändergeschmückt, singend und springend an.

Lustige Spottverse gelten dem Pfarrer und dem Bürgermeister. Aber plötzlich bricht der Singsang ab; die Mienen verdüstern sich. Wo haben sich denn die Tänzerinnen versteckt? Nur noch zwei, drei Mägde von den Höfen und ein paar auswärtige Mädchen treiben sich unter den Nussbäumen herum. Die Jungfrauen der Pfarrei sind in die Kirche gegangen und wohnen dort der Vesper und dem Segen bei. Der Tanz verlief jämmerlich und schwunglos.

Als die Glocke zum Nachtgebet rief, zerstreute sich die kleine Kirmesgruppe. Die Kirche füllte sich mit Gläubigen. Der Pfarrer predigte seine kurze, gewohnte Homilie. Er weinte. Die Leute weinten mit ihm. Und manchen dieser unbedachten Burschen kam ihre Dummheit zum Bewusstsein, als sie ihre Mütter und Schwestern mit rot geweinten Augen vom Nachtgebet heimkehren sahen. Sie ließen sich in eine der bestehenden Pfarrbruderschaften eintragen und schlugen sich das Tanzen aus dem Kopf.

Von nun an hört man durch den stillen Sonntagnachmittag nur die Schritte der Gläubigen über den Platz in die Kirche und auf den Friedhof stapfen und nach dem Gottesdienst gemütliche Spieler mit Kugeln und Kegeln spektakeln. Die jungen Burschen, die sich aufs Tanzen versteift hatten, fanden unter den Mädchen des Dorfes keine Tänzerinnen mehr und konnten höchstens ein paar arme, hergelaufene Dinger auftreiben.

«Geht und sucht», rief triumphierend der Pfarrer von Ars aus, «geht und sucht das und das Mädchen bei der Lustbarkeit, bei *diesem* Tanz und *jener* schlechten Gesellschaft. Was werdet ihr zur Antwort erhalten? Seit längerer Zeit sehen wir sie nicht mehr; ich glaube, um sie zu treffen, müsst ihr in die Kirche oder zu ihren Eltern gehen. ... Trefft ihr sie nicht daheim, dann kommt in die Kirche und dort werdet ihr sie in dankbarer Andacht vor Gott versunken sehen, der eine so große Wandlung an ihr gewirkt hat: Reinheit und Bescheidenheit sind auf ihre Stirn geschrieben...»

Dass die Mädchen von Ars den Tanzplatz gegen die Kirche vertauschten, konnten die Lebemänner des Dorfes und der umliegenden Gemeinden dem Heiligen nicht verzeihen und sie sollten ihre Verbitterung an ihm zu rächen suchen. Was wollten sie aber einstweilen ohne Tänzerinnen tun? So veranstalteten sie heimliche Zusammenkünfte auf den fernliegendsten Weilern. Kaum aber hatte Vianney davon gehört, als er auch schon so heftig von der Kanzel herab dagegen donnerte, so dass vom Jahre 1832 ab auf seinem Pfarrgebiet nicht mehr getanzt wurde.

Aber auch jetzt war der Sieg noch nicht vollständig. Man gab sich Stelldicheins auf den Kilbenen und bei all den Tanzanlässen der angrenzenden Gemeinden, wo die jungen Leute, aller Aufsicht fern, ungestraft ihrem Lieblingszeitvertreib glaubten frönen zu können. Auch Mädchen aus Ars ließen sich verlocken. Vianney konnte sie ohne besondere Mühe ausfindig machen. Entschlossen, die Axt nicht eher aus der Hand zu legen, als bis das letzte Wurzelgeflecht dieses Lasters ausgerottet sei, gab er kein Pardon. «Gott drängt seine

Heiligen zuweilen zu außerordentlichem Vorgehen.» Weil er nun einmal deutlich reden musste, um verstanden zu werden, verweigerte der Pfarrer von Ars einfach die Lossprechung, bis er von einem Jeden, der auch nur einmal getanzt hatte, das Versprechen ernstlicher Besserung erhielt. Erst durch eine Mission vom Jahre 1847 wurde ein vollständiger und endgültiger Sieg errungen.

Als in der Folge einige verhärtete Sünder, zugezogenes Volk, noch ein- oder zweimal die Sixtus-Kilbe wieder zu erwecken drohten, blieb es bei dem eitlen Unterfangen. Graf Claudius des Garets, der im Jahre 1839 zum Bürgermeister ernannt worden war, nahm die Sache in die Hand und ließ die kleine Intrige für immer bachab fahren.

Als späterhin, um das Jahr 1855, das Auf-die-Märkte-Ziehen bei den Pfarrkindern von Ars wieder mehr um sich griff, konnte ein junger Geistlicher persönlich feststellen, «welche Gewalt Vianney in sein Wort legte, als diese Missstände sich von Neuem hervorwagten». «Noch höre ich», erzählt der Priester Pelletier, «wie er eines Abends mit Heftigkeit seine Stimme erhob gegen den Markt von Villefranche, wohin sich die Massen durch den weltlichen Unterhaltungstrubel locken ließen. Die Zuhörer waren einfach niedergeschmettert.»

Ein letztes Mal glaubte er einen ernsten Warnruf erheben zu müssen gegen gewisse, offensichtlich unschuldige Lustbarkeiten, die der Heilige aber unter der Würde seiner Pfarrkinder hielt.

Auf den 9. Februar 1858 – es waren auf den Tag genau vierzig Jahre her, seit er das Dorf Ars betreten hatte – heiratete Johannes-Baptist Mandy seine Nichte Claudina Trève. Einige Wochen vorher versuchten einige Männer, gar nicht aus den jüngsten Jahrgängen, die aber die alten Kämpfe zwischen ihrem Pfarrer und ihren Vätern vergessen zu haben schienen, den abgeschafften Brauch der «Hochzeitshühner» wieder einzuführen.

So zogen sie zu den Mandy und Trève, forderten lustig die besten Stücke aus dem Hühnerhof und hielten nach alter Dorfsitte eines schönen Samstagabends einen prächtigen Festschmaus zu Ehren des zukünftigen Paares. Das Gelage zog sich bis tief in die Nacht hin. ... Aber am Sonntagmorgen trat Vianney, der zweiundsiebzigjährige, von Überarbeitung und Fasten erschöpfte Greis, vor sein Volk; in seiner Ansprache gestand er seinen Kindern, auch den bereits reuig gewordenen Anstiftern, im Ton der alten Kampfzeiten all das Herzeleid, das sie ihm mit dieser Ärgernis erregenden Kinderei angetan hatten. «Bald findet eine andere Hochzeit in der Pfarrei statt», schloss der Prediger mit heiliger Entrüstung, «tut es dann noch einmal und ihr werdet sehen, dass ich auf und davon gehe!» Sie taten es nicht ein zweites Mal.

Freche Frauenmode geht mit sittenverderbender Vergnügungssucht Hand in Hand. Urteilt man nach manchen Predigten Vianneys, dann müssen eine ganze Anzahl von Frauen zur Zeit seiner Ankunft die allergewöhnlichsten Gesetze der Schicklichkeit mit Füßen getreten haben. Entrüstet kämpft er gegen diese Entwürdigung an. Sein Zorn trifft auch die Eltern, die ihre Kinder vergöttern und in die schlimmste Koketterie hineintreiben. Man muss ihn die Mutter geißeln hören, «die nur ihre Tochter im Kopf hat ... viel eher nach dem Häubchen fragt, ob sie es auch fein grad sitzen hat, als nach dem lieben Gott, ob sie ihm ihr Herz geschenkt.

Sie bringt ihr bei: Will man Bekanntschaften anbändeln und sie festhalten, darf man nicht die Widerspenstige spielen, muss gegen jedermann hübsch artig sein. ... Und nur zu bald sucht die Tochter die Blicke der Leute auf sich zu locken. Auffallend und unschicklich aufgedonnert steht sie da, ein Werkzeug der Hölle, mit dem der Teufel die Seelen verdirbt. Erst vor dem Richterstuhl Gottes wird sie die Zahl der Sünden erfahren, die ihretwegen begangen wurden.»

Im Allgemeinen begriffen die Mütter ziemlich schnell, was ihres Amtes war. Und ihr Pfarrer half ihnen bei ihrer Aufgabe nach, indem er unschicklich gekleideten Personen die Lossprechung verweigerte oder sogar selber die Mode beanstandete. Das war zwar eine delikate Sache. Aber auch hier hatte der Heilige seine tiefe Absicht: Ihm schwebte für seine Pfarrkinder ein Vollkommenheitsideal vor, dessen er sie fähig wusste. Aus diesem Grund ging er auf Einzelheiten ein, die auf den ersten Blick harmlos erscheinen.

«Die Frauen und Mädchen hatten eine ziemlich elegante Kopfbedeckung übernommen», die ihre Haare schön zur Geltung kommen ließ. Vianney zwang sie, diese Tracht aufzugeben und sie «durch Hauben zu ersetzen, die ihre Haare besser verbargen».

«Eines Tages», erzählt Martha Miard, «traf er mich etwas besser als gewöhnlich gekleidet» (sie trug ein Musselinkleid in schreienden Farben). «Statt mich wie immer mit ‹Guten Tag, Kind!› zu grüßen, begrüßte er mich feierlich mit den Worten: ‹Guten Tag, Fräulein!› und ich schämte mich sehr.»

Die kleine Johanna Lardet trug stolz eine hübsche neue Halskrause zur Schau. «Willst du mir deine Halskrause verkaufen?», fragte lachend Pfarrer Vianney. «Ich gebe dir fünf Sou dafür.»

«Ja, was wollen Sie damit tun, Herr Pfarrer?»

«Ich werde sie meiner Katze anlegen.»

Sicher hätte der Pfarrer von Ars in seiner Kirche nie die Entblößung von Hals und Armen geduldet. In diesem Punkt trat er gegen Hoch wie Niedrig dieser Welt auf. Bei einem Besuch im Schloss fiel ihm zum ersten Mal das Bildnis einer Dame im Abendkleid auf. «Man könnte meinen, sie will sich enthaupten lassen», bemerkte er und deutete mit dem Finger auf dieses Familienporträt. Die Schlossherrin von damals, Fräulein von Ars, verstand die Lehre und ließ das Gemälde entfernen.

Gegen Ende seines Lebens spottete er über die Krinolinen selbst in den Katechismusstunden. «Der Kaiser hat Prächtiges geleistet, hat aber eines vergessen; er hätte die Türen erweitern lassen müssen, damit auch die Krinolinen durchkommen können.» Trotz seiner Einwände stolzierten mehrere Frauen von Ars in dieser auffälligen Tracht daher. Vianney bestand nicht auf seiner Meinung, da er die Leute höchstens lächerlich fand. Zudem verschwanden diese dünn gesäten Pfarrkinder an Sonn- und Festtagen in der Masse der Fremden, die frei und reichlich der Zeitmode frönten.

Dreißig Jahre lang konnten die Arspilger in der Kirche, in den Straßen, auf den Feldwegen die Frauen und Mädchen des Dorfes bewundern, die würdig und bescheiden, wie Nonnen gekleidet, daherkamen.

Umbau der alten Kirche in Ars

Die Liebe zu Gott und den Seelen hatte den Pfarrer von Ars auf seinem Weg voran gedrängt. Sein Temperament war auf Tätigkeit eingestellt. Erzwungener Müßiggang wäre ihm eine unerträgliche Folter gewesen. Obgleich schon früh durch die übermenschlichen Bußübungen geschwächt und von ununterbrochenem Fieber gequält, das man auf das ungesunde Dombes-Klima zurückführte, gönnte er sich doch nicht eine Stunde Ruhe.

Seine seelsorgliche Arbeit nahm nur wenig Zeit in Anspruch. So suchte Vianney selber seinem Eifer und Tätigkeitsdrang genugzutun. Während er seinen Garten brachliegen ließ – er hatte sämtliche Bäume fällen lassen, weil Strolche durch die Hecken gebrochen waren, die Früchte gestohlen und so «den lieben Gott beleidigt hatten» –, während er aus seinem Pfarrhaus langsam ein Möbelstück nach dem andern den Händen der Armen überließ und ihn das Haus nur noch für den kurzen Nachtschlaf beherbergte, verwandte der junge Pfarrer seine Mußestunden, die er vom Studium und Gebet noch erübrigte, dafür, seiner allzu bescheidenen Kirche ein neues Aussehen zu geben. Bereits haben wir ihn einen neuen Hochaltar aufrichten und das Holzgestühl des Chores neu malen sehen. Darüber hinaus hatte er größere Pläne.

Da schien ein unerwartetes Ereignis allem Einhalt gebieten zu wollen. Anfang April 1820 erhielt Vianney vom Lyoner Erzbistum, dem er noch zugehörte, die Ernennung an die Pfarrei Salles im Beaujolais.

Die Diözesanbehörden waren von irgendeiner Seite über den Gesundheitszustand des jungen Pfarrers benachrichtigt worden und hatten deshalb diesen schön am Hügelhang gelegenen Weiler für ihn ausgewählt, damit er sich dort in der milderen Luft erhole.

Vianney hing an seinem schlichten Dörfchen Ars. Trotzdem machte er keine Einwendungen gegen den Befehl seiner Oberen und rüstete sich zur Abreise. Seine noch übrig gebliebenen Möbel und die Bücher ließ er auf einen Wagen schaffen.

Die Nachricht rief im gläubigen und praktizierenden Teil der Bevölkerung eine lebhafte Bestürzung hervor. Die Familienmütter hatten dieses Ereignis zu gut vorausgeahnt: «Wie wären wir doch glücklich», hatten sie sich gegenseitig gestanden, «wenn unsere

Kinder ihre erste hl. Kommunion bei diesem Priester machen könnten! Das ist ein Heiliger. ... Aber ihr werdet sehen, man lässt ihn uns sicher nicht ...!»

Mit Vianneys Wissen, der sich durch das «tiefe Bedauern» mehrerer Pfarrkinder hatte rühren lassen, wurde eine Abordnung mit dem Bürgermeister an der Spitze nach Lyon gesandt. «Ars fordert seinen Pfarrer zurück.» «Wenn es so ist», gab ihnen der Generalvikar Courbon zur Antwort, «kann er bleiben, so lange er will.» Und der frohbeglückten Gesandtschaft überreichte er ein Schreiben, das die Ernennung nach Salles zurücknahm. So blieb Vianney auf seinem Posten.

Zudem scheint Gott selber seinen Willen klar bekundet zu haben. An dem zur Abfahrt bestimmten Zeitpunkt hatte sich der «ernannte Pfarrer» von Salles mit seinem Gefährt am Ufer der Saône, die er überqueren musste, eingefunden. Der Fluss war aber bei seiner Ankunft so angeschwollen und so heftig vom Sturm gepeitscht, dass der Fährmann die Reisenden an diesem Tag nicht übersetzen konnte. Nach zwei vergeblichen Versuchen mussten die Möbel und die Bibliothek wieder ins Arser Pfarrhaus zurückgebracht werden.

Die Stellung Vianneys war äußerst unsicher. Als einfacher Kaplan schien er nur vorübergehend in diesem Winkel der Pfarrei Mizérieux hängen bleiben zu sollen. Kaum zwei Jahre nach seiner Ankunft im Dorf, gerade in dem Augenblick, wo man ihn zu schätzen begann, hätte er beinahe fortziehen müssen.

Und während dieses aufregenden Monats (April 1820) hatten sich die guten Leute des Ortes mit begründeter Unruhe sogar die Frage stellen können, ob das Erzbistum ihnen überhaupt einen Nachfolger senden würde.

Deshalb unternahmen die Schlossherren von Ars Schritte und die Einwohner wandten sich an Ludwig XVIII. mit der Bitte, man möge die Kaplanei zur unabhängigen Pfarrei erheben. Die guten Dörfler fügten ihrem Gesuch bei: «Die Einwohner, die Glauben, gute Sitte und Eifer für die Religion bewahrt haben, verlangen einen Priester auf ihre eigenen Kosten.

Dieser Priester ist ein Mann von hoher Tugend und hat in Pfarrei und Nachbarschaft unermesslich viel Gutes gewirkt. Unseligerweise kann dieses Gute durch die Abberufung des Seelsorgers in einem einzigen Augenblick zunichte gemacht werden.» ...

Daraufhin wurde Ars am 20. Juni 1821 durch königlichen Erlass zur Pfarrei erhoben.

Diese verschiedenen Ereignisse, die sich so unscheinbar in Welt- und Kirchengeschichte, aber um so folgenschwerer in die *Historie* des schlichten Dörfchens einfügen, fielen in die Zeit, da Vianney sich mit der Ausschmückung seiner Kirche befasste.

Im Jahre 1820 war der Neubau eines wenn auch noch so schlichten Glockenturmes notwendig geworden. Kaum war der Bau fertig gestellt, als auch Vianney schon mit eigenem Geld eine zweite Glocke anschaffte und sie auf den Namen «Glocke vom heiligen Rosenkranz» taufte, damit sie froh über das Land hin läute.

Die Muttergottes wollte er nach seiner innigen Herzensliebe ehren. So fasste er den Plan, eine erste Seitenkapelle zu eröffnen, die ihr geweiht sein sollte. An diesem stillen, dämmrigen Winkel seiner Kirche hing er mit besonderer Innigkeit, hier hat er vierzig Jahre hindurch jeden Samstag das hl. Messopfer dargebracht.

Im Lauf des Jahres 1823 hatte der Pfarrer von Ars, um seinen großen Heiligen und den von ihm selbst gewählten Firmpatron hoch zu ehren, auf seine eigenen Kosten eine zweite Kapelle errichten und dem hl. Johannes dem Täufer weihen lassen. Die Einweihungsfeierlichkeiten fanden am 24. Juni, dem Titularfest der Pfarrei, statt. Es war ein frommes, frohes Fest für die praktizierenden Pfarrkinder, die bereits die Mehrheit ausmachten.

Die Vergnügungsjäger, die sich unter die Versammelten gemengt hatten, mochten nur mit verhaltenem Ärger über dem neuen Kapellenbogen die Inschrift lesen, die ihnen allzu klar in die Augen und Gedanken sprang und die der Pfarrer eigens für sie hatte malen lassen: «Sein Kopf war der Preis eines Tanzes.» In der Folge ging es von Mund zu Mund, Vianney sei bei dieser Einweihungsfeierlichkeit eines Blickes in die Zukunft gewürdigt worden.

Katharina Lassagne schreibt in ihrer kleinen Denkschrift: «Hat ihn der liebe Gott an jenem Tage wissen lassen, was sich später an diesem Ort ereignen werde, hat er ihn die Bekehrung so vieler Seelen schauen lassen? Ich weiß es nicht. Aber folgenden Ausspruch hat er eines Sonntags in der Predigt getan: Meine Brüder, wenn ihr wüsstet, was sich in dieser Kapelle zugetragen hat, ihr würdet es nicht wagen, hier einzutreten. ... Ich sage euch nicht mehr darüber ... Diese Worte wiederholte er mehrere Male, wie wenn sein Geist davon übervoll wäre.» Man nahm an: Der Vorläufer des Herrn sei ihm erschienen, habe ihm den berühmten Beichtstuhl in dieser Kapelle vorausgezeigt und davor die Masse der Pönitenten auf den Knien.

Die Errichtung des Täuferaltares brachte dem Pfarrer von Ars mit der großen Beglückung auch eine schwere Sorge. Da er sämtliche Kosten auf seine Rechnung genommen hatte, schuldete er dem Schreiner 500 Franken.

Nun blieb ihm aber kein roter Heller mehr übrig, denn sein ganzes kleines Kaplangehalt und seine Jahrespension, die ihm sein Bruder Franz vom Familienerbteil entrichtete, waren ganz in die Hände des Maurers geflossen. Der Schreiner bestand auf der Bezahlung.

Vianney «war in großer Verlegenheit und verließ das Haus, um draußen seine Unruhe etwas zu beschwichtigen. Auf einem Weg, nicht weit von der Kirche entfernt, begegnete er einer unbekannten Frau, die ihn anredete: ‹Sind Sie der Pfarrer von Ars?› Auf seine bejahende Antwort überreichte ihm die Person 600 Franken, die sie für seine guten Werke stiften wollte». Trotz dieser außerordentlichen Hilfe wagte er es künftig keineswegs, in der göttlichen Vorsehung seinen Geldleiher zu sehen. Im Gegenteil, von Natur und aus Tugend gleich klug erklärte er: Das ganze Erlebnis bedeute ihm eine gute Lehre und er würde sich nie mehr in die gleiche Verlegenheit bringen lassen. Abgesehen von Ausnahmefällen machte er es sich zur Gewohnheit vorauszubezahlen.

Viel später weiteten sich die Mauern der bescheidenen Kirche von neuem. Drei weitere Kapellen fügten sich in den Bau. Im Jahre 1837 die Philomena-Kapelle, dann – den Zeitpunkt können wir nicht mehr bestimmen – die Ecce-Homo- und als fünfte die Engelkapelle.

Im Jahre 1845 musste die enge Chorrundung, in welcher der Hochaltar kaum Platz fand, einem Chorbau weichen, der sich fast so lang wie das ganze Schiff hindehnte. Eine zweite Sakristei ging auf den neuen Chor und der Heilige stellte hinter dem Altar seinen dritten Beichtstuhl auf, der eigens für die Aussprache der Priester bestimmt war.

Um der eigenen Frömmigkeit zu genügen und auch aus der Erfahrung heraus, dass fromme Bilder die guten, schlichten Seelen tief beeinflussen und weiterbilden, mehrte Vianney in seiner Kirche die Gemälde und Statuen. Der hl. Joseph und Petrus schmückten das Heiligtum; der hl. Sixtus, Patron der Pfarrei, und der hl. Blasius ragten am Eingang des Chores. Eine ruhende Philomena-Statue bildete das Gegenstück zu einem Christus im Grab, die beide in ihren entsprechenden Kapellen untergebracht waren.

In Nischen oder einfach auf Wandsockeln standen Unsere Liebe Frau von der wunderbaren Medaille, eine Muttergottes mit dem Jesuskind, der hl. Johannes der Täufer, der hl. Laurentius, der hl. Franziskus von Assisi, die hl. Katharina von Siena, der hl. Benedikt Labre, der Erzengel Michael, der Erzengel Gabriel und ein Verkündigungsbild, ferner der Erzengel Raphael mit dem jungen Tobias.

In der Ecce-Homo-Kapelle, die von einem dornengekrönten Christus beherrscht war, ragte das Reliefbild des Heiligen Antlitzes mit den Leidenswerkzeugen. Alles in diesem Kirchlein sprach zu den Augen eines Christen. «Zuweilen», erklärte Pfarrer Vianney, «braucht es nur eines Blickes auf ein Bild, um uns zu rühren und uns zu bekehren. Oft trifft uns ein Bild fast ebenso mächtig wie der dargestellte Gegenstand selber.»

«Die großen Statuen entzückten ihn», sagt die Gräfin des Garets. «Oh, wenn wir Glauben hätten!», rief er unter Tränen vor einem Ecce-Homo-Bild aus.

Bei seinem Restaurations- und Verschönerungswerk wurde Vianney tatkräftig unterstützt von einem Edelmann des Landes, Vicomte Franz, dem Bruder von Fräulein Anna Maria Garnier des Garets, dem das Dorf Ars zu ewigem Dank verpflichtet ist.

Wenn ein Mensch beim Eintreffen der großherzigen Geschenke des Grafen jubilierte, dann war es der Pfarrer von Ars. Es war geradezu eine Freude, ihm zuzuschauen und zu lauschen beim Öffnen der schweren Kisten, die ihm seine hilfsbereiten Pfarrkinder von Lyon herbeischafften. Er lachte und weinte durcheinander wie ein Kind. «Mutter», rief er einer guten Alten zu, die gerade vorbei kam, «kommt, kommt und schaut noch etwas Schönes vor dem Sterben!» Bald umgab eine Gruppe von Bewunderern die Schätze. «Oh», fügte er bei, «im Himmel wird alles noch viel schöner sein!»

Neben vielen anderen Geschenken, die für die Inneneinrichtung des Heiligtums bestimmt waren, ließ der Graf den Zugang zur Kirche ausbauen und den Eingang erweitern. So stand bereits im Jahre 1828, also zehn Jahre nach der Ankunft des Heiligen in Ars, die alte Kirche, nach innen und außen umgebaut, teilweise im heutigen Zustand da.

Der schlichte Pfarrer Vianney hatte bereits ein gutes Stück Arbeit geleistet. Nun kann die berühmte Wallfahrt nach Ars einsetzen, dieser ununterbrochene Zustrom von Fremden aus allen Nationen, von Gerechten und Sündern, die zu ihm eilen um von ihm, den sie schon vor Veröffentlichung des feierlichen Heiligsprechungsdekretes den Heiligen nennen, Gesundheit, Licht, Bekehrung zu erflehen.

Dieses Kreuz ließ der Pfarrer von Ars über seinem Waisenhaus errichten

Die großen Prüfungen der ersten Jahre: Verleumdungen und Versuchungen

Das Gute geschieht nicht ohne Leiden. «Ohne Blutvergießen gibt es keine Erlösung.» Nichts Grosses haben die Heiligen geschaffen, es sei denn durch Opfer. Der Pfarrer von Ars wusste das nur zu gut, er, der sich grausam geisselte und erbarmungslos fastete für die Bekehrung seiner Herde. Aber durch die Zulassung Gottes sollte anderes, viel brennenderes Weh über ihn kommen von mehr oder minder bewusster Menschenbosheit.

Wer gegen eingewurzelte Missstände und lieb gewonnene Laster angeht, wird stets Widerstand wecken. Solche Auflehnung hat Vianney vorausgeahnt und war darauf gefasst: «Will sich ein Hirte nicht selber verdammen», ruft er aus, «dann muss er vor jeder aufkommenden Unordnung in seiner Pfarrei Menschenrücksicht mit Füssen treten und auch die Furcht, von seinen Pfarrkindern verachtet oder gehasst zu werden. Und wäre er auch sicher, beim Herabsteigen von der Kanzel in den Tod geschleppt zu werden, das darf ihn nicht hemmen.

Ein Hirte, der seine Pflicht erfüllen will, muss stets das Schwert in der Hand führen.» Hatte nicht der hl. Paulus selbst an die Korinther die Worte geschrieben: «Ich will mit Freuden für eure Seelen Opfer bringen, ja mich selbst opfern, wenn ich auch, indem ich euch überschwänglich liebe, von euch um so weniger geliebt werde.» (2 Kor 12,15)

Vianney wollte sich nicht selber verdammen. Dessen wurden seine Pfarrkinder gar bald inne. Monatelang hörten die Kirchenbesucher fast ununterbrochen von der Kanzel herab Vorwürfe, Beschwörungen, Drohungen auf sich herunterwettern. Er mochte angesichts ihres nervösen Gähnens noch so sehr betonen: «Wenn ich unter euch bin, langweile ich mich nicht!», sie fanden ihn undankbar, was in ihrer Sprache unausstehlich, herausfordernd bedeutete.

«Predigte der Herr Pfarrer lange?», fragte Convert eines Tages den Papa Drémieux.

«Ja, lange und immer über die Hölle. ... Er schlug die Hände gegeneinander und rief: Meine Kinder, ihr seid verloren! Oder er schlug sich an die Brust. Was musste er für ein Gewissen haben!

... Es gibt Leute, die behaupten, es gibt keine Hölle. Oh, er! Er hat daran geglaubt!»

Als sich seine Pfarrei später merklich zum Besseren gewandt hatte, zog er es vor, die Schönheit der Tugend und nicht stets die Hässlichkeit des Lasters zu zeigen. Aber einstweilen zeichnete er von seinen Schäfchen ein Bild, das alles andere als schmeichelhaft ist. Sicher überließ er sich in den Anfängen unbewusst seinem empfindsamen, nervösen, heftigen Charakter. «Ich sage euch», erklärte er wohlweislich seinen Gläubigen, «es gibt auch einen heiligen Zorn, der aus dem Eifer für die Aufrechterhaltung der Gottesinteressen stammt.» Er hasste Halbheiten.

Dennoch ließ er sich in seinem Handeln stets weniger durch Temperament als durch Pflichtbewusstsein bestimmen. Niemals war er rücksichtslos, wo es der Versöhnlichkeit und der Milde bedurfte, scheute aber auch, wo es nötig war, nicht vor energischen Entscheidungen zurück. Über den Sünder hinaus, den er mit zärtlichem Mitleid umgab, schaute er die Sünde, für die er kein Erbarmen kannte. Seine Art war sicher nicht die seiner Vorgänger gewesen.

Bald ging rundum von Familie zu Familie gegen ihn ein Murren. Der Herr Pfarrer war entschieden zu streng! Hier war ein Kind der Lossprechung unwert erachtet und seine erste hl. Kommunion infolgedessen aufs nächste Jahr hinausgeschoben worden.

«Natürlich, gerade weil es meines ist!», jammerte die Mutter aus verletzter Eigenliebe. Und war dieser neue Pfarrer nicht zu hart gegen die Sonntagsschänder, gegen die Schenkenhocker, gegen die Tanzsüchtigen? ... Natürlich hatte der unerschrockene Moralist alle Schenkenbesitzer gegen sich aufgebracht. Wenn er nicht wie alle Welt leben wollte, dieser Priester, das war schließlich seine Sache! Er sollte aber wenigstens die andern in Ruhe lassen! So stichelten zwischen zwei Gläsern die Philosophen des Landes.

Selbst die wahrhaft frommen Seelen hatten Mühe, sich an Vianney zu gewöhnen. Zehn lange Jahre, «zehn Jahre des Elends», empfand Katharina Lassagne, seine spätere glühende Bewunderin, «ihm gegenüber ebensoviel Furcht wie Verehrung. Sie ging sogar so weit, Gott um die Entfernung dieses Priesters zu bitten, dessen Leitung sie unausstehlich fand». Er wollte sie eben vollkommen sehen und ließ deshalb keine Schwäche hingehen.

So behandelte er durchwegs alle Personen, die ihm zugetan waren. «Überaus harte Wege führte er sie», bezeugt ein treu ergebenes Fräulein Pignaut, das aus ziemlich wohlhabenden Verhältnissen heraus ihre Wohnung in Lyon aufgegeben und sich bei der armen Mutter Renard eingemietet hatte. «Keine Gelegenheit ließ er ungenützt vorübergehen, wo er sie abtöten, sie im Verzicht auf kleine und große Dinge üben konnte; sogar den Zutritt zu seinen Christenlehren untersagte er ihnen.» Bei seinen apostolischen Werken lehnte er frauliche Mithilfe nicht ab, drang aber bei dieser Mitarbeit auf selbstlose und übernatürliche Gesinnung.

Klagen und Zuträgereien von Leuten, denen er hart zugesetzt, von Beichtkindern, die er ohne Lossprechung entlassen hatte, waren dem strengen Beichtvater zu Ohren gekommen. Er machte durchaus kein Geheimnis von diesen Beschwerden. Nach einem heftigen Ausfall gegen das schlechte Beispiel der Eltern predigte er: «Will ein Seelenhirte sie auf ihre eigenen und auf die Fehler ihrer Kinder aufmerksam machen, so werden sie zornig, greifen ihn an, geifern darob, machen tausend Einwendungen.»

Ein andermal rief er aus: «Hat ein Einwohner eine Schwierigkeit mit seinem Seelsorger, weil dieser ihm um seines Seelenheils willen Vorhaltungen gemacht hat, gleich ist der Hass da. Er redet schlecht über ihn und hört dergleichen Geschwätz gern an; alles, was er über ihn vernimmt, verdreht er. ...

Oder ein anderer: Du hast ihn der hl. Kommunion unwürdig erachtet, er wird dir unverschämt antworten und dir Hass nachtragen, als ob man selber schuld wäre, dass er ein schlechter Kerl ist. ... Ein anderes Mal hast du einer Person die Lossprechung verweigert; sie lehnt sich gegen ihren Beichtvater auf; und du bist in ihren Augen schlimmer als ein Dämon.»

Diese aufgebrachte Stimmung hielt in manchen Familien lange an. Dessen sollte Vianney im Revolutionsjahr 1830 schmerzlich inne werden. «Es erschienen sieben von seinen Pfarrkindern, die ihn als zu streng erachteten, und bedeuteten ihm, er habe das Dorf zu verlassen. ... Wahr ist ja, dass diese sieben nicht zu den Musterchristen des Ortes zählten. Obgleich der Pfarrer von Ars gegen sie weiter keinen Groll hegte und sich stets nur im Vertrautenkreis mit Milde darüber ausließ, war ihm diese Prüfung doch sehr zu Herzen gegangen.»

Ein viel schrecklicherer Gegenangriff traf ihn bis ins Herz hinein. Wir haben gesehen, wie sämtliche Arser Mädchen auf seine Vorstellungen eingingen und sich schließlich unter den Hirtenstab ihres Seelsorgers stellten. Nun versuchten «einige schlechte Subjekte, die nicht zur Pfarrei gehörten», und jene jungen Leute des Landes, die keine Genossinnen ihres Lasterlebens mehr auftreiben konnten, sich am Priester zu rächen und ihn mit ihrem eigenen Unflat zu bewerfen. Sie erfrechten sich, sein bleiches und mageres Aussehen nicht auf entsetzliche Selbstkasteiungen, sondern auf geheime Ausschweifungen zurückzuführen.

Sie zerrten Vianneys Namen durch ihre gemeinen Gassenlieder, schrieben ihm niederträchtige Briefe voll ehrenrühriger Beschuldigungen, schlugen im selben Ton gehaltene Zettel an der Tür seines Pfarrhauses an, machten Katzenmusik und posaunten am Abend unter seinem Fenster.

Es kam noch schlimmer. Gott lässt es zuweilen geschehen, dass gerade die reinsten Seelen Opfer der niederträchtigsten Verleumdungen werden; und er nimmt die Priester seiner Altäre nicht von dieser Zulassung aus. «Gelegentlich eines öffentlichen Ärgernisses – ein unglückliches, ehrvergessenes Mädchen in einer Wohnung nahe dem Pfarrhaus war Mutter geworden – versuchten ein paar Schurken, den guten Namen des Dieners Gottes zu beschmutzen. Es war ja nur ein haltloses Gerücht, das vor seiner Tugend in nichts zerrann; denn nie fiel in seinem Verhalten auch nur das Geringste auf, das den leisesten Tadel oder auch nur den Schatten eines Verdachtes hätte aufkommen lassen.»

Trotzdem besudelte man seine Tür; «achtzehn Monate lang schmähte ihn ein Geschöpf Abend für Abend unter seinen Fenstern, als ob er ein ausschweifendes Leben führte». Anscheinend sollte ihm keine Verdemütigung, kein seelisches Leid erspart bleiben.

Nachdem die Diözese Belley neu aufgeteilt worden war, schied Ars im Jahre 1823 aus der Erzdiözese Lyon aus. Vianney war für seinen neuen Bischof ein Unbekannter. Anonyme Anklagebriefe liefen bei diesem ein und er erachtete es als seine Pflicht, «den Pfarrer von Trévoux, Vianneys Dekan, abzuordnen und Erkundigungen einzuziehen». Von der Art und Weise, wie die Untersuchung durchgeführt wurde, ist uns nichts überlierfert; sie zerstreute aber sicher diese verleumderischen Anschuldigungen völlig.

Hauptsächlich in Erinnerung an diese peinlichen und schmerzlichen Vorfälle bemerkte der Heilige einmal gegen Ende seines Lebens: «Hätte ich bei meiner Ankunft in Ars vorausgewusst, was ich leiden musste, ich wäre sicher auf der Stelle gestorben.»

Er hat Todeskampfstunden durchlebt. «Für einen Augenblick», berichtet ein Augenzeuge seines Lebens, «war er dieses bösen Geredes so überdrüssig, dass er seine Pfarrei verlassen wollte; und er hätte es auch getan, wenn eine ihm nahe stehende Person ihn nicht zu überzeugen gewusst hätte, dass sein Weggang die gemeinen Gerüchte bestätigen könnte.»

Auf das hin «warf er sich noch rückhaltloser in die Arme der göttlichen Vorsehung». Und während sich sein Herz gegen solche Niedertracht aufbäumte – ging es doch um seine Priesterehre –, verzieh er den Schuldigen. Ja noch mehr! Er behandelte sie wie Freunde. «Hätte er sie mit Gütern überhäufen können, er hätte es sicher getan. So stand er einer Familie, die ihn verfolgte, bei einem schweren Unglücksschlag bei. ...

Einer ihrer Angehörigen starb im Heim für Geisteskranke. Obgleich Vianney diese Leute kannte, nannte er ihre Namen nie, nahm im Gegenteil jede Gelegenheit wahr, wo er ihnen einen Dienst erweisen konnte.» «Wir müssen für sie beten», drang er wiederholt in den Bürgermeister Mandy, der über die Umtriebe dieser Elenden empört war. Einem Priester, der ihm klagte, die Beute böser Zungen geworden zu sein, gab er den Rat: «Tun Sie wie ich. Ich habe die Leute reden lassen und so haben sie schließlich von selber geschwiegen.»

Heilige Seelen «ziehen Süße aus jeder Bitternis». «Ich weiß», erzählte ein anderer Zeuge, «dass Vianney die niederträchtige Behandlung nicht nur mit Geduld ertrug, sondern sogar eine ganz übernatürliche Beglückung über dieses Leidendürfen empfand. Später nannte er diese Epoche *die schönste Zeit seines Lebens*. Sein Wunsch wäre dahin gegangen: Der Bischof hätte sich von seiner Schuld überzeugen lassen, ihn von seiner Pfarrei entfernt und ihm so Zeit gelassen, ‹*sein armes Leben* in Zurückgezogenheit zu beweinen›.»

Im Februar 1843 machte er mehreren Personen zu ihrem großen Erstaunen folgendes vertrauliche Geständnis: «Ich sah die Zeit kommen, wo ich mit Stockschlägen aus Ars vertrieben, der Bischof mir meine Vollmachten entziehen und ich meine Tage hinter Gefängnismauern beschließen würde. ... Ich sehe, dass ich diese Gnade nicht verdiene.» Und als ihn Bischof Devie nach der Untersuchung des Dekans von Trévoux, statt von seiner Pfarrei zu versetzen, mit größter Freude auf seinem Dörfchen beließ, seufzte er: «Man lässt mich hier wie ein Hündchen an der Kette. ... Man sollte mich doch zur Genüge kennen.»

Das ist der Heilige! Der Pfarrer von Ars hat sich zum heroischsten Grad demütiger Gesinnung emporgekämpft, über die Losgelöstheit von aller Achtung hinweg zur Verachtung von Ehre und Ruf. Seelisches Leid, weit entfernt, ihn niederzuschlagen, bedeutet für ihn neuen Antrieb zum Aufstieg. Schmerz ist in seiner Seele ein Gehilfe Gottes, der ihn umgestaltet, wie des Bildhauers Meißel den Marmor zerschlägt und so die Statue herausformt.

Gewiss hätte sich Vianney verteidigen können, sogar öffentlich, da man ihn öffentlich angriff. Mehr als einmal hat man ihm in diesem Sinne geraten. Aber er entschied sich, vor Gott zu beten und zu schweigen. Glücklicherweise sprach sein wundersames Leben laut genug zugunsten seiner Tugend. Zudem hielt ihn die Mehrheit seiner Pfarrkinder, deren Aussagen wir anführen, über jeden Tadel erhaben. Nur Verblendete konnten ihn in so gehässiger Weise verleumden.

Er, der es in seiner Kindheit zuweilen aus übermäßig zartem Empfinden ablehnte, «seine arme Mutter zu umarmen», war so zurückhaltend, so feinfühlig geworden, dass er nicht einmal ein Kind berühren wollte. Wenn die Schlossfräulein ganz munter in Begleitung ihrer Brüder auf ihn zugestürmt kamen, liebkoste er letztere manchmal, die Mädchen aber nie. «Seine geradezu übertrieben ängstliche Zurückhaltung ging in diesem Punkt so weit, dass er Mädchen zurechtwies, die es sich herausgenommen hatten, die Hand eines fremden Geistlichen anzufassen.»

«In seinen Krankheiten wollte der Pfarrer von Ars nur von Mannspersonen betreut werden.» Frauen, die er zur Mithilfe heranzog, «wusste er so zu unterweisen, dass sie wirklich aus Liebe zu Gott arbeiteten, was sie für ihn taten». «Ich habe es kaum gewagt, ihn anzuschauen oder ihn anzureden», sagte Katharina Lassagne. «Ich habe, wie ich glaube, ihm einzig aus Liebe zu Gott gedient, ohne jede natürliche Anhänglichkeit. Wenn ich ihm etwas brachte, war ich stets im voraus darauf gefasst, fortgeschickt zu werden.» Aus diesem Verhalten wird es begreiflich, warum er nie eine Magd hatte. «Fromme Frauenspersonen, die sich manchmal um die Besorgung des Pfarrhauses annahmen, hatten strengen Befehl, nur in seiner Abwesenheit einzutreten.» Zudem «war ihr Ruf über jeden Verdacht erhaben».

Bei Frauen, die bei ihm vorsprachen, «war seine Rede so kurz, sein Blick so bescheiden, seine Haltung so ernst – er setzte sich nie in ihrer Gegenwart –, dass man ihn für einen Engel in sterblichem Leib gehalten hätte». Eines seiner treuesten Beichtkinder konnte ihm das Zeugnis geben: «Sein erster Blick traf einen bis in die Tiefe der Seele; dann schaute er einen nie mehr an. Nicht die Person als Person galt in seinen Augen. Er sah nur die Seele, die er Gott zuzuführen bestrebt war.» Und doch «hatte Vianney auch nicht die Spur von Ziererei oder sogenannter Prüderie an sich».

Schliesslich hat er selber das Geständnis abgelegt: Wäre er nicht Priester und Beichtvater gewesen, er hätte überhaupt keine Ahnung gehabt vom Bösen; er hatte es durch das Bekenntnis seiner Beichtkinder kennen gelernt.

Nach all dem ist es weiter nicht auffallend, dass «die Anwürfe übel wollender und böswilliger Leute im gesunden Teil der Bevölkerung auch nicht den geringsten Glauben fanden». Mochten ihn seine Amtsbrüder auch nicht immer richtig einschätzen, so schenkten sie doch diesem verabscheuungswürdigen Geschwätz nie auch nur im geringsten Gehör. Seit dem Jahre 1822 galt Vianney beim Klerus als Heiliger.

Seine guten Pfarrkinder ließen keine Gelegenheit vorübergehen, ihn zu verteidigen. Anton Mandy, der Sohn des Bürgermeisters, berichtet: «Verschiedentlich habe ich Schurken sagen hören: Oh, euer Pfarrer! ... Der ist genau wie andere! Darauf habe ich ihnen zurückgegeben: Ihr irrt euch; ich habe ihn seit langem beobachtet; unser Pfarrer, das ist ein Heiliger!»

Selbst unter den Ungläubigen fand der gemein verleumdete Priester entschiedene Verteidiger. Ein Arzt aus Trévoux, der sich später bekehrte, Dr. Thiébaut, hatte Vianney gesehen, kannte genau die Gründe seiner körperlichen Erschöpfung und war ehrenhaft genug, in einer Kaffeewirtschaft von Trévoux gegen Freigeister, die des Heiligen Tugendhaftigkeit angriffen, für ihn einzutreten.

Der Sturm verzog sich und lebte nicht wieder auf. Der Pfarrer von Ars mochte für sich die Erniedrigung gewünscht haben. Das war seine eigene Sache.

Aber Gott, der den Elenden aus unverschuldeter Schmach erhebt, wollte nicht, dass die Verleumdung allzulange einen aus seinen Priestern beschmutze, der so treu den reinen Duft Jesu Christi unter den Menschen verbreiten sollte.

Nachdem einmal der Zustrom der Pilger eingesetzt hatte, hätte es niemand mehr gewagt, auch nur einen Zweifel an seiner vollkommenen Tugend anzudeuten. Um mit ganzer Seele daran zu glauben, brauchte man bloß in die reine Kindlichkeit seiner blauen Augen zu schauen. Dazu erregten noch ganz bedeutsame Tatsachen die Aufmerksamkeit der Menge.

Im Jahre 1853 betete die Mutter eines Priesters, aus dessen Munde wir den Bericht haben, Frau Gauthey-Degueurce, in der Kirche von Ars nicht weit vom Beichtstuhl des Heiligen. «Sie sah, nicht ohne Anteilnahme, dass eine Frau, die schon vor längerer Zeit im Dorf eingetroffen war, trotz aller Anstrengungen nicht zu Vianney gelangen konnte. Diese Person führte, wie es hieß, ein schlechtes Leben. Und sie konnte einfach nicht an den Beichtstuhl herankommen, trotz ihres Rufens und Weinens.»

Fünfundzwanzig Jahre vorher hatte sich etwas anderes zugetragen, was augenscheinlich wunderbar und unter den gegebenen Umständen Symbol zugleich ist.

«Fräulein des Garets hatte die Gewohnheit, dem Pfarrer jedes Jahr auf das Fest Johannes des Täufers einen Lilienstrauß zu schenken. In einem Jahr konnte sie dieses Geschenk nicht schon am Vorabend überreichen. So tat sie es am Tage selbst in der Sakristei. Vianney nahm den Strauß, bewunderte Frische und Form und legte ihn auf das Fenster, das gegen Süden geht und wo ihn die glühende Sonne dieser Jahreszeit in wenigen Stunden hätte verdorren lassen müssen. Statt dessen hatten die Lilien noch nach acht Tagen ihre volle Schönheit und ihren Duft bewahrt.»

Diese Lilien, die in der heissen Sonne so lange die Weiße ihres Blumenkelches und die herbe Frische ihrer goldenen Stempelgefäße bewahrten, versinnbildlichen wundersam den makellosen Ruf des Heiligen, den auch die niederträchtigste Frechheit nicht beschmutzen konnte.

Die Verunglimpfungen durch die Menschen waren nicht die einzigen Prüfungen, die Vianney in den ersten Jahren seiner Seelsorgetätigkeit zu bestehen hatte. Während von außen die Böswilligkeit der Menschen gegen ihn anstürmte, erduldete er in seinem Innern eine Qual anderer Art.

Wie tief auch sein Glaube an Gottes Vorsehung sein mochte, der Anblick dessen, was er seine abgründige Armseligkeit nannte, und die Aufgaben seines Berufes ließen ihn mit wirklicher Furcht vor dem Richterspruch Gottes zittern. ... Es war wie eine Versuchung zur Verzweiflung. «Mein Gott», seufzte er, «lass mich leiden, was immer du willst; aber lass mir die Gnade werden, nicht in die Hölle zu fallen!» Und er schwankte zwischen Furcht und Hoffnung, zwischen Zuversicht und Angst hin und her.

So erlitt er jenes entsetzliche Sackgassengefühl, «wo der Seele nicht Trost wird weder von der Erde, an der sie nicht mehr haftet, noch vom Himmel, in den sie noch nicht eingegangen ist»; jene verlassenen Kreuzesstunden, wo sie das Empfinden überkommt, «von Gott ganz und für immer preisgegeben zu sein». In diesem Zustand drängte seine Seele ihn zur Flucht, fort, wenn es nur in ein Stückchen Einsamkeit wäre, «wo er sein *armes Leben* beweinen könnte.»

Wahrhaftig, das Kreuz, das auf ihm wuchtete, hatte sein Maß. Nachdem er es aber einmal lieb gewonnen hatte, kam es ihm leicht vor. «Liebend leiden», rief er aus, «ist gar kein Leid. ... Dem Kreuz aber entfliehen zu wollen, heißt, sich seiner Last auszusetzen. ...

Man muss um Liebe zu den Kreuzen beten, dann werden sie süß. Ich habe es an mir selber während vier oder fünf Jahren erfahren. Ich wurde verleumdet, angefeindet. Oh, ich hatte Kreuze, ich hatte fast mehr, als ich zu tragen vermochte. Da habe ich mich daran gemacht, um die Liebe zum Kreuz zu beten, und ich bin so glücklich geworden, dass ich gestehen muss: Wahrhafte Beglückung ist nur im Kreuz.» Mochte der Sturm auch noch so wild gegen seine Seele toben, er drang nie bis in jenen Gipfelbereich, wo Zuversicht und Frieden ihre Wohnstatt haben.

«Eines Tages stellte ich ihm die Frage», erzählt Abbé Alfred Monnin aus seiner ersten Missionarszeit, «ob ihm die Leiden je den Frieden der Seele geraubt haben. ‹Das Kreuz›, rief er mit einem himmlischen Ausdruck, ‹das Kreuz – und uns den Frieden rauben!?

Gerade das Kreuz bringt ihn in unsere Herzen. All unser Elend kommt nur daher, dass wir das Kreuz nicht lieben.›»

Diesem unerschütterlichen Glauben verdankte es der Pfarrer von Ars, dass er der Mutlosigkeit nicht erlag und darüber hinaus noch Werke schuf, die andere, begabtere, aber weniger übernatürlich gesinnte Priester nie vollbracht hätten. Sein Beispiel zeugte für die innere Größe und das seelische Verdienst, die aus den Verdemütigungen dieses Lebens wachsen.

Einzig auf Gott bedacht, schaffte er weiter, ohne auf Menschenlohn zu warten. «Bei allen Dingen wirkt man viel mehr für Gott», war sein Wort, «wenn man sie ohne Genuss und Geschmack tun muss. Es ist möglich, dass man mich verjagt; bis auf weiteres arbeite ich, als ob ich für immer hier bleiben müsste.»

Indessen ging all dieses Leid nicht spurlos an ihm vorüber. Wenn Vianney auch unter Aufbietung höchster Geduld triumphierte, so untergruben diese inneren Kämpfe doch seine Kraft. Im Sommer 1827 ließ er sich dazu bewegen, auf dem Schloss mit einem Arzt zusammenzutreffen. Dr. Timécourt erwies sich als streng. Er verschrieb seinem heroischen Patienten «ein besseres Essen, um diesen nervösen Anfällen vorzubeugen, denen er unterworfen war und die in dauernde Zustände überzugehen drohten. ...»

Seiner ausgeklügelten Verordnung fügte der Mann vom Fach noch bei: «Abgesehen von den medizinischen Hilfsmitteln, die ich ihm verschrieben habe, müsste der Herr Pfarrer Kraft- und Milchsuppen zu sich nehmen, Huhn, Kalbfleisch, Bier, rohe Früchte und gekochte mit frischem Brot, geröstete Brotschnitten mit frischer Butter und Honig, Milchtee mit Zucker, und viele gut ausgereifte Trauben.»

Niemand aus Vianneys Umgebung konnte darüber Aufschluss geben, wie er diese ärztlichen Verordnungen befolgte. Er hat sich jedenfalls überhaupt nicht darum gekümmert. Nach dieser Untersuchung ließ er sich von dem Fräulein von Ars einzig eine Tüte Kräutertee geben.

Er war damals erst vierzig Jahre alt, fühlte sich verausgabt und litt an beständigem Fieber. War es körperliche Erschöpfung oder seelische Enttäuschung, gesicherte Tatsache ist, dass er um jene Zeit – es war Ende 1827 oder Anfang 1828 – selber seine Versetzung beantragte. Den Schlossherren ging dieser Versuch ungemein nahe und um ihren Pfarrer zu behalten, unternahmen sie Schritte bei Bischof Devie, dessen Antwort auf sich warten ließ.

«Ich nehme nicht an», schrieb am 1. April Gillet von Valbreuse an seine Nichte des Garets, «dass Seine bischöfliche Gnaden Vianney die Versetzung gewähren wird, ohne vorher Erkundigungen über den Grund seiner Absicht eingezogen zu haben. Und dann, was sollte aus der Schule werden?»

Die fragliche Schule war das «Haus der *Vorsehung*», das dem jungen Pfarrer besonders am Herzen zu liegen schien. Auch die Schlossherren hatten dieser ihre Sorge zugewandt. Der Weggang des Stifters musste das Bestehen des Hauses in Frage stellen.

Trotz dieser Tatsachen verwarf Bischof Devie Vianneys Antrag nicht. Er bot ihm die Pfarrei Fareins an. Auf diese Weise konnte er Vianney mit einem Schlag befördern und den Verleumdern von gestern eine Antwort zuteil werden lassen. Zudem könnte der heilige Priester in dieser Pfarrei, die fünfmal ausgedehnter war als das Nachbardorf Ars, mehr Gutes stiften; könnte eine neue «Vorsehung» gründen, die viel mehr Kinder fände als die erstere. Zuerst zögerte Vianney; dann fand er es angebracht anzunehmen.

Schließlich ging ihm sein «armseliges Elend» durch den Sinn, und schnell wechselte er seinen Entschluss. «Elender, der ich bin!», sprach er sich den Schulleiterinnen gegenüber vertraulich aus. «Ich hatte bereits mein Jawort gegeben und in eine große Pfarrei übersiedeln wollen, ich, der ich mich kaum in einer kleinen gegen die Verzweiflung wehren kann!» Und er teilte dem Bischof seine abschlägige Entscheidung mit.

Der Bischof von Belley, der nunmehr über Vianneys Eifer im klaren war, hatte seine Gründe gehabt, als er ihm die Pfarrei Fareins anbot. Kurz vor der großen Revolution hatte er sich dort unter dem Einfluss von zwei aufeinander folgenden jansenistischen Pfarrern, den Brüdern Claudius und Franz Bonjour, eine sonderbare Sekte angesiedelt: die Fareinisten. Diese Schwarmgeister, an deren Spitze Frauen marschierten, überboten die Überspanntheiten der Geißler. Es war ihnen eine Lust, sich bis aufs Blut zu geißeln. Ein Mädchen, Etienette Thomasson, ließ sich durch fanatische Einflüsterungen überreden, sich in der Kirche des Ortes kreuzigen zu lassen. ...

Derartige Tollheiten mussten selbstverständlich in Ausschweifung und Skeptizismus ausarten.

Im Jahre 1828 hing noch die Hälfte der Pfarrei der Lehre der Gebrüder Bonjour an. Gerade um diese allzulang getrennten Kinder wieder in den Schoss der Kirche heimzuführen, war Bischof Devie auf Vianney verfallen. Er hätte ihm einen Vikar zur Hilfe gegeben. So hätte die Seelsorge weniger schwer auf seinen Schultern gelastet. Freilich hätte er auch in Fareins sein Fasten und Kasteien fortgesetzt, weshalb auch dieser Stellenwechsel seiner Gesundheit keineswegs aufgeholfen hätte.

Aus welchen Gründen hat er aber eigentlich geglaubt, diese neue Stelle abschlagen zu müssen? Er fürchtete, der Aufgabe nicht gewachsen zu sein. Die Fareinisten galten als unbekehrbar. Vianney war sicher im Unrecht, aber guten Glaubens, da er jeden andern für befähigter als sich selbst hielt, sie von ihrer Verstocktheit zu heilen.

Eines Tages bemerkte er zu Dubouis, der im Jahre 1834 zum Pfarrer von Fareins ernannt worden war: «Bischof Devie wollte mich an Ihre Stelle setzen. Ich habe mich vor der Sekte gefürchtet. Die Heiden sind leichter zu bekehren als die Jansenisten. Eines Tages kamen vier arme Leute von ihnen zu mir mit der Frage, ob sie selig werden können, auch wenn sie der Kirche fern blieben und ihre Gebete nur daheim verrichteten.

Meine lieben Freunde, habe ich ihnen geantwortet, was würdet ihr von einem Kinde halten, das sagte: Ich habe meinen Vater ganz gern; aber meine Mutter, die will ich nicht zu Gesicht bekommen?»

Ohne Vianney einen weiteren Vorschlag zu machen, beließ ihn Bischof Devie in seinem Dörfchen.

Rosenkranz aus Olivenkernen auf einem Brief des hl. Pfarrers

Fortschritte im Guten und apostolische Arbeiten

Die Verunglimpfungen, unter denen Vianney in den ersten Jahren seiner Pfarrtätigkeit zu leiden hatte, waren nur das Werk unwissender, verblendeter oder verkommener Seelen. Es waren nicht einzig Dornen, die auf diesem ihm von Gott anvertrauten Feld wuchsen. Auch Blumen sprossten auf, Blumen der Unschuld, Blumen der Frömmigkeit, schön und duftig. Er setzte seinen heiligen Eifer daran, sie zu hegen und zu mehren.

Schon früh hatte er daran gedacht, eine Elite um sich zu scharen, die mit dem Priester zusammen das Herz der Pfarrei bilden und ihm helfen würde wie Sauerteig in der Gemeinde zu wirken, und sie zurückzuerobern. Dieser weltfremde Landpfarrer hatte lange vor seinen Zeitgenossen und Nachbarpriestern, wenn er auch sonst ihrem Einfluss unterstand, die heilige Eingebung, dass die Andacht zum allerheiligsten Altarsakrament unter den Völkern für immer das mächtigste Mittel der Erneuerung sein und bleiben werde.

Sicherlich war die Schlossherrin von Ars eine wohltätige, tapfere Christin, ohne deshalb besonders fromm zu sein. Ihre Frömmigkeit hatte etwas Hartes, Engherziges an sich. Bis dahin hatte ihr ein klar blickender und sicherer Führer gefehlt. Sie war, wenn man ihrem Vetter Johannes Felix des Garets Glauben schenken darf, «eine jener Seelen, die unter den Einwirkungen des verflossenen Jahrhunderts im jansenistischen Rigorismus verknöcherten und verdorrten. Vianney führte die Frau, die an ein regelmäßiges kirchliches Leben gewöhnt war, aber den Sakramenten fern blieb, nach und nach in den Gebrauch des öfteren Empfangs der hl. Kommunion und in die Übungen einer innigen Frömmigkeit ein».

Von nun an sah man sie jeden Morgen bei der Heilige Messe. Zu Fuß kam sie bei jedem Wetter, selbst bei Schneetreiben, in die Kirche. Lieber wollte sie die Armen ernähren und bekleiden, als sich stolz ins Kutschenpolster zu lehnen. Am Abend stieg sie ein zweites Mal ins Dorf hinab, um dort den Heiland im Tabernakel, ihres Herzens Freude, zu besuchen.

Dem Fräulein von Ars schlossen sich mehrere bescheidener gestellte Personen an, die an Vianneys Seite die treuen Arbeiterinnen der ersten Stunde wurden: die Witwe Claudine Renard, Mutter eines jungen Priesters; Fräulein Lacand, eine bescheidene und verschwiegene Person von sechzig Jahren, «die man Schwester nannte», wie Katharina Lassagne in ihrer kindlich-naiven Sprache sagt, «weil sie in Schwarz gekleidet ging oder einem Kloster angehört hatte»; Fräulein Antoinette Pignaut, die, vom heiligen Ruf des ehemaligen Vikars von Ecully angezogen, sich in Ars niedergelassen hatte, um sich Tag für Tag am Beispiel seiner wundersamen Tugend zu erbauen. ... Diese paar eifrigen Seelen zogen andere nach sich. Ihnen gesellten sich die Mädchen zu, die Vianney in der «Rosenkranzbruderschaft» zusammenschloss; dann die Leiterinnen der «Vorsehung», die wir bald am Werk sehen werden.

So kam es, dass seit dem Jahr 1825, also «noch vor dem großen Pilgerzustrom, außer dem Pfarrer, der sozusagen sein ganzes Leben vor dem Allerheiligsten zubrachte, ständig Personen in der Kirche beteten». ... «Ich kann mich nicht entsinnen», versichert der Lehrer Pertinand, «je dort eingetreten zu sein, ohne einen Menschen in Anbetung getroffen zu haben.» Mehrere dieser ausgezeichneten Christinnen, die Vianney nach dem Ausdruck von Fräulein Martha des Garets «mit den Flammen seiner eigenen Liebe entzündet hat», sind «wie Heilige gestorben».

Diese guten Seelen wandelten, ohne es zu wissen, auf mystischem Weg. Bei ihren langen Besuchen sprachen sie wenig zum Heiland, aber sie hatten ein solches Glücksgefühl, bei ihm zu verweilen! «Wohlan meine Seele», schienen sie mit den Worten des vor dem Tabernakel hingeworfenen Priesterasketen zu sich selber zu sagen, «verdoppeln wir unsern Eifer! Du bist allein, deinen Gott anzubeten; seine Blicke ruhen auf dir allein.»

Ohne dass Vianney sich darum bemüht hatte, war ein braver Arser Landmann dem Beispiel dieser Frauen gefolgt. Der Vater Ludwig Chaffangeon hatte der alten Sakramentsbruderschaft angehört, hatte sich aber wohl bisher nicht aus der Menge abgehoben und sich an Segens- und Prozessionstagen «damit zufrieden gegeben, eine Kerze in der Hand zu tragen». Ein Mann von tiefem Glauben, ein wenig wie Job und Tobias unter den Heiden verloren, ließ er sich durch die warmen Ermahnungen seines Seelsorgers gewinnen. Lassen wir den Pfarrer von Ars selber diese rührende Geschichte erzählen:

«Hier in der Pfarrei lebte ein Mann, der vor einigen Jahren gestorben ist. Frühmorgens vor seinem Gang aufs Feld ließ er seine

Hacke vor der Tür stehen, trat in die Kirche ein und vergaß sich dort vor seinem Gott. Ein Nachbar, der auf dem gleichen Grundstück arbeitete und ihn gewöhnlich dort sah, wunderte sich über seine Abwesenheit.

Er kehrte um und im Gedanken, er könnte ihn vielleicht dort treffen, kam ihm der Einfall, in die Kirche zu gehen. Tatsächlich traf er ihn dort. ‹Was machst du denn so lange da?›, fragte er ihn. Worauf der andere die Antwort gab: ‹Ich schaue den lieben Gott an, und der liebe Gott schaut mich an.›»

Dieser schlichten Geschichte, die er gern erzählte und die ihm jedesmal Tränen entlockte, fügte der Pfarrer von Ars die Worte bei: «Er blickte den lieben Gott an, und der liebe Gott blickte ihn an. Alles liegt daran, meine lieben Kinder!»

Darin urteilte Vianney ganz recht: Erst an jenem Tag würde seine Pfarrei ernstlich entschlossen zu wahrhaft religiösem Leben und christlichen Sitten zurückkehren, an dem er auch die Burschen und die Männerwelt erobert hätte.

Um auch sie für die eucharistische Frömmigkeit zu gewinnen, schuf er nichts Neues, sondern begnügte sich damit, der absterbenden Sakramentsbruderschaft frisches Leben einzuhauchen. «Die Männer haben eine Seele, die gerettet werden muss, so gut wie die Frauen», sagte er. «Überall sind sie die Ersten. Warum sollten sie nicht auch die Ersten sein, wo es gilt, Gott zu dienen und Jesus Christus im Sakrament seiner Liebe zu huldigen. Ihre Frömmigkeit macht einen tieferen und größeren Eindruck. ... Und täuscht euch nicht», fügte er bei, «ihr als *Brüder*, ihr seid zu einem viel vollkommeneren Leben berufen als die gewöhnlichen Christen.»

Mit den Männern und jungen Leuten erzielte Vianney den ersehnten Erfolg nicht. Vielleicht verlangte er in seinem Feuereifer zu viel von ihnen. Dass er sie nicht zum täglichen Tabernakelbesuch zu bewegen vermochte, wie das in den Bruderschaftssatzungen vorgeschrieben war, versteht sich mühelos, denn die Feldarbeiten nahmen sie den ganzen Tag in Anspruch.

Der Vater Chaffangeon fand keine vollkommenen Nachahmer. Trotzdem hat diese Vereinigung genug erreicht: Denn die Männer von Ars erschienen regelmäßig und vollzählig beim Gottesdienst in jener tadellosen Haltung, welche die Bewunderung der fremden Gottesdienstbesucher in so hohem Grad hervorrief; und nach der

Vesper konnte man eine Anzahl von ihnen eine Stunde lang vor dem ausgesetzten Allerheiligsten knien sehen.

Im Jahr 1818 hatte Vianney das Fronleichnamsfest nicht mehr organisieren können und es blieb beim Gewöhnlichen. Aber bereits 1819 entfaltete er «alle nur mögliche Pracht. Er ließ es sich Beträchtliches kosten, um die Kinder der Pfarrei in Weiß zu kleiden. ‹Kinder›, sagte er und half ihnen mit eigener Hand beim Ankleiden, ‹ihr müsst euch vorstellen, ihr steht vor dem lieben Gott und nehmt die Plätze der Engel ein›».

Die Kleinen des Dorfes waren sicher entzückt, diese Rolle spielen zu dürfen. Dagegen schienen die Alten sich weniger geschmeichelt zu fühlen, die Streitende Kirche darstellen zu sollen. Immer noch Sklaven der Menschenfurcht, machten viele Männer Schwierigkeiten, auch nur eine Kerze anzunehmen und sie brennend hinter dem Baldachin herzutragen. Nach den Pfarrbüchern sind zwischen 1824 und 1839 genau ein Fünftel der Sakramentsbrüder ihren Verpflichtungen nachgekommen. Freilich machte es ihnen ihr Seelsorger nicht zur Gewissenspflicht.

Anfänglich war die Sakramentsbruderschaft nur für Männer bestimmt gewesen, öffnete aber später ihre Reihen auch den Mädchen und Frauen, die größeren Eifer zeigten. Hingegen setzten es Männer und Jünglinge durch, in die Rosenkranzbruderschaft aufgenommen zu werden, die einzig für die Frauen gegründet worden war, aber leichtere Verpflichtungen auferlegte.

Desgleichen ließen sich am 17. Dezember 1845 sechzig Männer und Burschen in die Erzbruderschaft Unserer Lieben Frau vom Siege zur Bekehrung der Sünder eintragen, die Vianney an jenem Tag in seiner Pfarrei errichtete. Diese Andacht forderte von ihnen nur ein tägliches Ave Maria; und, was mehr war, sie lag ihrem Pfarrer, dessen Autorität und Ruf eine unvergleichliche Bedeutung erlangt hatten, besonders am Herzen.

Vianney sah klar: Die sogenannten Pfarrandachten würden nur eine Elite erfassen; er müsse auf andere Mittel sinnen, um seinen wohltuenden Einfluss auf die große Masse wirken zu lassen. Es lag ihm am Herzen, jede Familie mit lebendigem, starkem Christenleben zu durchdringen.

Seine Bauern, die ihr tägliches Brot erackern mussten, würden sicher nicht an Werktagen der Heiligen Messe beiwohnen; könnten sie aber nicht ihr Morgen- und Abendgebet verrichten und wenigstens einen Augenblick vor dem Schlafengehen in der Kirche verbringen?

Um 1818 betete man überhaupt nicht in der Pfarrei. Man muss hierüber die Klagen des armen jungen Pfarrers vernehmen. Vianney arbeitete mit all seinen Kräften daran, den alten, in Vergessenheit geratenen Familienbrauch wieder einzuführen und die schöne Sitte des gemeinschaftlichen Betens in der Familie wieder zu Ehren zu bringen. Dabei hoffte er, dieses Privatgebet in einer ruhig-natürlichen Entwicklung zur öffentlichen Pfarrandacht werden zu lassen.

Die Stunde ist nahe, da der Arser Kirchturm das ganze Jahr hindurch bei einbrechender Nacht eine letzte Einladung über das Dorf hinruft. Und bald sollte die große Pfarrfamilie von allen Wegen der Kirche zueilen, um dort den Rosenkranz und das Abendgebet zu verrichten.

Vianney wagt noch mehr. Er versucht es, diese einfachen Arbeiter für Übungen zu begeistern, die zwar ungewöhnlicher Art sind, aber die Frömmigkeit stärker beleben.

Er hielt sie zur täglichen Gewissenserforschung an und riet ihnen, «vor dem Schlafengehen, wenigstens im Winter, eine erbauliche Lesung zu halten, um so ihr Herz tiefer mit den Heilswahrheiten zu durchdringen».

Der Pfarrer von Ars gab sich nicht dem Irrtum hin, Bauern und Handwerker seien für ein innerliches Leben unzugänglich. Diese schlichten Bauersleute, vor denen das Gottesbuch Natur beständig ausgebreitet liegt, führte er in das Geheimnis der Betrachtung und des innerlichen Betens ein.

«Meine Brüder, nicht die langen und schönen Gebete sind es, die Gott ansieht, sondern die aus der Herzenstiefe gesprochenen. ... Nichts ist leichter, als zum lieben Gott zu beten, und nichts ist trostreicher.»

Empfänglicheren Seelen, die er in der Menge ausfindig machte, zeigte er mit der Kühnheit der Heiligen den Weg zu ungeahnten Höhen. Hier schüttete der Pfarrer von Ars über einige auserlesene Seelen die Überfülle seines eigenen Herzens aus:

«Wenn man einen Menschen liebt, braucht man ihn dann zu sehen, um an ihn zu denken? Zweifellos nicht! Desgleichen wird auch uns, wenn wir den lieben Gott gern haben, das Beten so selbstverständlich wie das Atmen. ... Oh, wie liebe ich diese Worte, in früher Morgenstunde gesprochen: Ich will heute alles tun, alles leiden, um so Gott zu verherrlichen. ... Nichts für die Welt oder aus Selbstsucht, alles um dem Heiland Freude zu machen! So vereinigt sich die Seele mit Gott, sieht nur ihn, wirkt nur für ihn.

Wiederholen wir oft: Mein Gott, hab Erbarmen mit mir! Wie das Kind bei der Mutter anhält: Reich mir die Hand, gib mir Brot. ... Und wird uns irgendeine Last aufgebürdet, wollen wir gleich denken, wir schreiten in der Nachfolge Jesu Christi und tragen sein Kreuz, wollen unsere Leiden vereinen mit denen des göttlichen Erlösers.»

Mehrere Leute im Dorf lebten buchstäblich nach diesen Ermahnungen; die Pilger konnten auf den Wegen von Ars in der verklärten Reine mancher Gesichter den tiefen Frieden stetig gottgeeinter Seelen bewundern. Mehrere Nachbarpfarreien nahmen am Segen solcher Unterweisungen teil. Pflicht und Liebe banden Vianney an seine Kirche; Liebe und Pflicht zwangen ihn von Zeit zu Zeit hinaus.

Um 1820 waren die moralischen Ruinen, welche die Französische Revolution im Land zurückgelassen hatte, noch lange nicht wieder aufgebaut. Eine Fülle von Unwissenheit, von Vorurteilen, von Verderbnis schwärte überall.

Mehr als die übrige Gegend schien das zur Erzdiözese Lyon gehörende Gebiet um den Fluss Ain Brachland geblieben zu sein. Traurige Symbole der verlassenen Seelen standen rings im Land; «die Glockentürme, die der Revolutionär Albitte hatte niederreißen lassen, waren nirgends wieder aufgebaut worden».

Aus Mangel an Priestern waren viele kleine Pfarreien der Gegend ohne Hirten geblieben; und sicher wäre Ars ohne den günstigen Einfluss der Familie des Garets vom selben Los getroffen worden.

Das beste, ja das einzige Mittel, die allzu lang vernachlässigten Seelen aus ihrer Lauheit aufzurütteln, waren Missionen. Zu diesem Zweck taten sich die Priester eines Distriktes zusammen, da die Kartäusermissionare von Lyon, die überallhin zugleich gerufen wurden, nicht allen Anforderungen genügen konnten. So kam es, dass der junge Pfarrer von Ars in mehreren Nachbarpfarreien als Beichtvater und Prediger mitwirken musste. Mochte ihn die Einladung seiner Amtsbrüder oder der Befehl seines Bischofs berufen, Vianney warf sich mit Freude und Begeisterung auf diese Arbeit für die Seelen.

Anfänglich mochten die Priester, die ihn wirken sahen, an seinem Wissen und Können einige Zweifel hegen. Aber bald schon brachten sie ihm hohe Achtung entgegen; denn seine Askese, seine innige Frömmigkeit, selbst seine ungeschminkte Rede gewannen ihm das Vertrauen, wenn auch nicht die Bewunderung aller.

Bei der großen Mission von Trévoux, die zu Beginn des Jahres 1823 abgehalten wurde, erzielte er geradezu unwahrscheinliche Erfolge. «Die Kapelle, in der er Beichte hörte, wurde nicht mehr leer.» Er wohnte bei Morel, einem alten Mitschüler von Verrières, der «Pensionsbesitzer» geworden war. Am Abend wartete der gute Freund vergebens auf ihn mit dem Nachtessen. Mehrere Tage nacheinander musste er ihn nach geschlagener Mitternachtsstunde in der Kirche suchen, wo er ihn beim Beichte hören fand.

In der Nacht, die dem Abschluss der Mission vorausging, gab es ein solches Gedränge um den Beichtstuhl des Pfarrers von Ars, dass die Menge im Geschiebe fast den Beichtvater mitsamt dem Beichtstuhl auf und davon getragen hätte. Das war die einzige Erinnerung an Trévoux, die Vianney gern zum Besten gab. Und er lachte von ganzem Herzen darüber. Absichtlich verschwieg er dabei diesen Andrang der Leute, die nach seiner Leitung verlangten, und die Bekehrungen, die sein Eifer geweckt hatte.

«Die Herren von der Unterpräfektur und vom Gericht hatten sich mit ihren Gewissensangelegenheiten an *ihn* gewandt.» Er entledigte sich dieser delikaten Aufgabe ohne Ansehen der Person in völliger apostolischer Freiheit. Der Unterpräfekt sprach später von ihm nur noch mit Bewunderung. Dabei musste er, obgleich er die Weisheit und milde Festigkeit seiner Anweisungen hervorhob, doch mit einem gedrückten Gefühl von ergebener Traurigkeit eingestehen, dass der Pfarrer von Ars erbarmungslos gewesen war in Bezug auf die Abendgesellschaften und Bälle der Unterpräfektur. Die einflussreichsten Personen der Stadt hatten ihm ihr Vertrauen geschenkt.

In jenen Tagen erneuerten die Priester gegen Ende der Mission vor versammeltem Volk ihre Weihegelöbnisse. In Trévoux war es Vianney, der jedem seiner Amtsbrüder das Evangelienbuch überreichte und an jeden Einzelnen die Worte richtete: «Glaubst du an das heilige Evangelium unseres Herrn Jesus Christus?» «Er tat das mit so viel Frömmigkeit, dass sein Gesichtsausdruck und der Ton seiner Stimme alle Priester aufs Tiefste ergriff.»

Als Vianney während der Mission in Trévoux vierzehn Tage von Ars fern blieb, schreckte eine Hiobsbotschaft seine Pfarrkinder auf. Das Gerede ging um, ihr Pfarrer sei vor Erschöpfung im Beichtstuhl gestorben. Dieses nicht ganz grundlose Gerücht wurde sofort widerrufen. Es lag ihm folgende Tatsache zugrunde: Der Heilige, der nüchtern nach Saint-Trivier aufgebrochen war, hatte sich unterwegs im Schneetreiben verirrt und war irgendwo vom Boden aufgelesen worden, bewusstlos. ...

Um bei ihm die Beichte abzulegen, strömten die Menschen sogar aus den Nachbarpfarreien herbei. Schon am frühesten Morgen ging er in die Kirche und hörte dort die Pönitenten bis zur Mittagsstunde an. Die Kirche war ein Eiskeller. Man brachte ihm Fußwärmer. Er nahm sie aus Gefälligkeit an, ließ sie aber unbenutzt neben sich liegen. Da die Pfarrräumlichkeiten in Montmerle nicht ausreichten, wurde Vianney während der Jubiläumsfeierlichkeiten bei Fräulein Mondésert in der Minimenstraße, nahe bei der Kirche, untergebracht.

Kaum war er bei dieser ehrwürdigen Sechzigerin eingezogen, als er auch schon das Dienstmädchen bat, ihm einen Topf voll Kartoffeln zu kochen und in sein Zimmer zu stellen.

Nach dem Jubiläum wollte der Pfarrer von Montmerle dem gefälligen Pfarrkind seinen Dank aussprechen und ihm die Kosten für den Logiergast vergüten.

«O Herr Pfarrer, für zwei Leintücher, das ist wirklich nicht der Mühe wert ...»

«Aber er hat doch bei Ihnen gut gespeist. Wir haben ihn im Pfarrhaus nicht gesehen.»

«Bei mir hat er auch nichts gegessen», sagte Fräulein Mondésert. «Fünf Minuten hat er hier zugebracht, gegen Mittag.»

In diesem Augenblick trat das Dienstmädchen herzu und erzählte die Geschichte vom Kochtopf. Man stieg ins Zimmer hinauf. Sie fanden den Topf hinter dem Ofenschirm versteckt und völlig leer.

Vianney hatte während der zehn Tage in Montmerle, an denen er die Kirche kaum verließ, nichts anderes als nur diese Kartoffeln gegessen. Der Pfarrer von Montmerle leitete in seiner Pfarrei eine Untersuchung ein. Sein heiliger Mitbruder hatte bei keinem Menschen auch nur das Geringste zu sich genommen.

Beim Jubiläum in Saint-Bernard fand sich er allein beim Hirten dieser Pfarrei zur Aushilfe ein. Die Leute wollten sich alle an den

Pfarrer von Ars wenden. Dieses Übergangenwerden scheint seinem Amtsbruder nicht sehr zu Herzen gegangen zu sein. Seinen Mitbrüdern, die zu Besuch kamen, erzählte er lachend: «Ich habe einen guten Arbeiter, er schafft tüchtig und isst nichts.» Die gesamte Bevölkerung fand sich zu Füßen des Pfarrers von Ars ein. Um ja nicht seine Predigten zu versäumen, ließen die Rebarbeiter und Tagelöhner ihre Arbeit liegen und eilten in die Kirche. «Wenn die verlorene Zeit bezahlt werden muss», erwiderten sie ihren aus allen Himmeln gefallenen Herren, «so bezahlen wir, aber auch wir wollen den Pfarrer von Ars hören.» In Saint-Bernard wirkte er viel Gutes, das lange anhielt.

In dieser Zeit wurde er vom Pfarrer von Limas eingeladen, beim vierzigstündigen Gebet zu predigen. «Dort hat man mir einen Streich gespielt», erzählte er später. « Ich habe zuerst abgesagt, denn ich fühlte mich nicht fähig, vor einer so erlesenen Zuhörerschaft zu sprechen. Aber der Pfarrer erklärte mir, es handle sich um eine Landpfarrei. So ging ich hin. ... Wie ich dann in die Kirche trat, sah ich den Chorraum mit Geistlichen angefüllt und das Kirchenschiff mit Menschen aus allen Ständen. Das verschüchterte mich zu Anfang. Immerhin machte ich mich daran, über die Gottesliebe zu predigen; und es scheint, das ging noch gut: Alle weinten.»

Bevor er sich für seine apostolischen Arbeiten auf den Weg machte, trug Vianney Sorge, den Dienst in seiner Pfarrei sicherzustellen. Er ersuchte einen Nachbarpfarrer, mit Vorliebe den von Savigneux, das zwei Kilometer von Ars gelegen ist, im gegebenen Fall für ihn einzuspringen. Freilich kehrte er jede Woche getreulich zu seiner lieben Herde zurück, in deren Mitte er stets den Sonntag verbrachte.

Während der Mission in Trévoux legte der heroische Seelenhirte nach beendigtem Beichte hören mitten im Januar in stockdunkler Nacht den schwierigen, zweistündigen Weg nach seiner Pfarrei zu Fuß zurück. Der Bürgermeister Mandy, der um seinen «heiligen Pfarrer» in Unruhe war, sandte ihm oft an Samstagabenden seinen Sohn Anton entgegen, auf dass er ihn heimbegleite.

«Selbst in Schneetreiben und Winterfrost», erzählt Anton Mandy, «nahmen wir selten den kürzesten und besten Weg. Der Herr Pfarrer hatte stets priesterlich bei irgendeinem Kranken zu tun. Trotzdem kam mir der Heimweg nie lang vor; so gut wusste der Diener Gottes

Das Pfarrhaus in Ars

Gartenlaube im Pfarrhausgarten in Ars

ihn zu verkürzen durch eine Fülle von Begebenheiten aus dem Leben der Heiligen, die er mir erzählte. Kam es zuweilen vor, dass mir eine Bemerkung über grimmige Kälte und die schwierigen Wege entschlüpfte, dann hatte er sofort seine Antwort bereit: ‹Die Heiligen, mein lieber Freund, haben viel mehr gelitten. Wir wollen das dem lieben Gott aufopfern!› Stockten diese geistlichen Zwiegespräche, fing er sofort an, den Rosenkranz zu beten. Bis heute ist mir die erbauliche Erinnerung an jene heiligen Unterredungen geblieben.»

Pfarrer Vianney, der während seines ganzen Priesterlebens auch nicht eine einzige Reise zur bloßen Erholung machte, war bei unzähligen Gelegenheiten bis in seine letzten Lebensjahre hinein zur Stelle, wenn es galt, seinen Amtsbrüdern einen Dienst zu erweisen.

Da er aus übernatürlicher Gefälligkeit nichts abschlug, fand man ihn für alles und jedes recht. Als Heiliger, der er war, ließ er sich für das Gute ausnützen.

«Es ist ja, nach dem Ausspruch einer kleinen Heiligen, wahr: Je bereitwilliger sich ein Mensch zu jedem Liebesdienst erbietet, um so unbekümmerter wird er in Anspruch genommen.»

Wurde irgendwo eine Pfarrstelle, wie Rancé und Saint-Jean-de-Thurigneux, vakant, so wurde Vianney mit der Pfarrverwesung betraut. Und konnten sich zu alte oder gebrechliche Pfarrherren, wie die von Villeneuve und Mizérieux, nicht mehr genügend um ihre Schäfchen annehmen, flugs stellte sich ihnen ihr Mitbruder von Ars zur Verfügung, bereit, auf den ersten Ruf, sei es bei Nacht oder bei Tag, einzuspringen.

«Bei Nacht machte er Krankenbesuche nicht nur in Rancé und Saint-Jean-de-Thurigneux, sondern auch in Savigneux und Ambérieux-en-Dombes. ... Rief man ihn an einem Sonntag, so brach er gleich nach dem Hochamt auf, ohne vorher seinen Fuß ins Pfarrhaus zu setzen, und kehrte wieder nüchtern zurück, um die Vesper abzuhalten.»

Julien Ducreux, seit 1808 Pfarrer von Mizérieux, Toussieux, Sainte-Euphémie und Saint-Didier-de-Formans hatte sich bei seiner Arbeit verbraucht. Pfarrer Vianney scheint diesem gutmütigen Greis, seinem Nachbarn, besonders nahe gestanden zu sein.

Vielleicht war Ducreux ein Freund des treu geliebten, unvergesslichen Balley gewesen. Wie dem auch sei, die Pfarrbücher von

Mizérieux bezeugen für die Jahre 1820 und 1821, dass der Pfarrer von Ars oft und oft die drei Kilometer zwischen den zwei kleinen Ortschaften zurücklegte, um die Schäfchen von Pfarrer Ducreux zu taufen, zu trauen oder zu beerdigen. Eines Tages ging er bei schneidendem Frost zu einem Begräbnis. «Er kehrte mit fast erfrorenem Gesicht zurück.»

Ein anderes Mal «kehrte er unter gleichen Umständen nach getaner Arbeit bei Nacht auf schlamm- und schmutzstarrenden Wegen heim. In einem erbärmlichen Zustand traf er im Arser Pfarrhaus ein; er beklagte sich auch nicht im Geringsten; er war im Gegenteil ganz zurfrieden darüber».

Eines andern Tages «begab er sich, selbst leidend, zu Fuß nach Savigneux, um dort einem Kranken die Beichte abzunehmen. Er selber war so geschwächt, dass man ihn im Wagen heimbringen musste».

Das Gleiche geschah mit ihm, als ihn an einem regnerischen Herbsttag eine Familie aus Rancé um seinen priesterlichen Beistand ersuchte. Bis auf die Knochen durchnässt, fiebergeschüttelt, musste er sich hinlegen. In dieser Lage hat er die Beichte abgenommen. «Ich war kränker als der Kranke», gestand er bei seiner Heimkehr.

Nur das Unmögliche schlug er ab. Sein Leben lang opferte er sich rücksichtslos für andere. Ein Fräulein aus Fareins, das an Krebs litt, sehnte sich vor dem Sterben nach dem höchsten Trost: den Pfarrer von Ars zu sehen, über den man ihr so viel Wundersames berichtete. Pfarrer Dubouis schrieb einige Worte an Vianney und übermittelte ihm den Wunsch der Kranken. Es war am Gründonnerstag des Jahres 1837 und der Diener Gottes sollte nach seiner Gewohnheit die folgende ganze Nacht in der Kirche verbringen.

Ohne weiteres brach er auf, verirrte sich aber unterwegs und kam schmutzbedeckt und erschöpft in Fareins an. Nichts wollte er annehmen, nicht einmal ein Glas Wasser. Der Ruf seiner Heiligkeit war bereits so gross geworden, dass die Dorfleute in Scharen aus ihren Häusern kamen, nur um ihn zu sehen. Der schlichte Priester segnete und ermunterte die arme Krebsleidende und machte sich dann eilends auf den Heimweg in seine Pfarrei, ohne den angebotenen Wagen zu besteigen.

«Im Jahre 1852», erzählt Beau, Pfarrer von Jassans, der dreizehn Jahre lang Vianneys ordentlicher Beichtvater war, «erkrankte ich schwer. Mein Amtsbruder aus Ars kam zu einem Besuch herüber. Es war am Nachmittag des Fronleichnamsfestes, am 11. Juni. Er hatte den ganzen Weg zu Fuß zurückgelegt, bei einer entsetzlichen Hitze, nachdem er vorher die Sakramentsprozession abgehalten hatte.»

Und wie viele derartige Züge sind der Vergessenheit anheim gefallen! Sie alle gehen über Menschenkraft und sind nur durch eine bis zum Heroismus für das Gute getriebene Leidenschaft erklärlich. «Auf diese Weise», sagt Katharina Lassagne, «hat sich unser heiliger Pfarrer für die Seelen geopfert.»

Pfarrer Vianney mit dem Katechismus in der Hand, umgeben von Pilgern in seiner Kirche. Stich von 1855.

Die «Vorsehung» von Ars

Ars besaß keine Schulen, die diesen Namen verdient hätten. «Es gab weder Lehrer noch Lehrerin. Im Winter ließ man einen Lehrer von auswärts kommen und Mädchen und Knaben gingen gemeinsam in den Unterricht. Das missfiel dem Herrn Pfarrer sehr.» So war sein Entschluss bald gefasst. Zuerst würde er eine Mädchenschule in Ars gründen und die Knaben müssten in Erwartung besserer Zeiten die mehr oder weniger regelmäßigen Schulstunden beim Lehrer besuchen.

Zwischen 1820 bis 1825 ließ Vianney diesen Plan in sich reifen und sammelte Gelder. In der eigenen Pfarrei suchte er sich die zukünftigen Lehrerinnen aus und wählte für dieses schwierige Amt zwei junge unschuldig-fromme Seelen, Katharina Lassagne und Benedikta Lardet. Da sie bis dahin ausschließlich auf den Feldern gearbeitet hatten, verfügten sie über keinerlei Kenntnisse oder Erfahrung, hatten aber einen aufgeschlossenen Geist und gesunden Menschenverstand und nannten einen tatkräftigen, frohgemuten Charakter ihr eigen.

Zu Beginn des Jahres 1823 sandte Vianney die beiden nach Fareins zu den St. Josephsschwestern. Er allein kam für ihre Pensionskosten auf. Dort setzten sie nicht nur ihre Volksschulstudien fort, sondern unterrichteten auch selber die jüngsten Schwesternschülerinnen und lebten sich so in ihr zukünftiges Amt ein.

Im März desselben Jahres erwarb der Pfarrer von Ars ein neues Haus, an der Chorhaube der Kirche gelegen. Für den Ankauf wandte er sich an die Mildtätigkeit der Leute und opferte sein persönliches Vermögen, soweit er es flüssig machen konnte. Wie es der Bürgermeister Anton Mandy im Gemeindebuch vermerkt, wollte er darin «ein Kollegium halten».

Das Haus war weder luxuriös noch allzu geräumig: Ein einziger Saal im Erdgeschoss war für die Schule bestimmt; dazu im ersten Stock zwei kleine Zimmer; das Ganze konnte leicht zwanzig Schülerinnen fassen und zwei Lehrerinnen beherbergen. Dieses Haus hatte dem Pfarrer von Ars sehr gefallen, weil es in der Mitte des Dorfes und in der Nähe der Kirche gelegen war. Die Ausgaben für das Haus erschöpften seine Finanzen allerdings so sehr, dass ihm in der Folge nichts mehr übrig blieb, «um die Schreibereien beim Notar zu begleichen».

Die unentgeltliche Mädchenschule wurde im November 1824 unter der gemeinsamen Leitung von Katharina und Benedikta eröffnet. Johanna Maria Chanay aus Jassans, ein Mädchen von sechsundzwanzig Jahren, das Vianney durch seine Zusprüche in der Beichte von einem Hang zur Weltsucht befreit hatte, stellte sich schon in den ersten Tagen den jungen Leiterinnen zur Verfügung.

In schlichten Verhältnissen aufgewachsen und nicht so aufgeschlossen wie ihre Kameradinnen, war sie für die Hausarbeiten wie geboren. Der Pfarrer ließ sie in Näharbeiten ausbilden. Johanna Maria, die in Vertretung auch die Aufsicht übernahm, hatte der Reihe nach die Rolle einer Köchin, Näherin und Wäscherin in diesem «Kloster mitten im Sturm» inne.

Vianney schrieb seinen Lehrerinnen keine eigene Kleidung vor, band sie durch keine geschriebene Regel, durch kein Gelübde, machte keine Nonnen aus ihnen, wollte aber Ordenstugend von ihnen gepflegt wissen. Katharina Lassagne sollte zweiundzwanzig Jahre an der Spitze der neuen Gründung verbleiben. Sie erwies sich des unbedingten Vertrauens, das der Pfarrer in sie gesetzt hatte, stets würdig. Eine schlichte, tief gläubige Seele, lernte sie von ihm ohne Murren die Entbehrungen tragen, die schwierigen Stunden und die harte Arbeit.

Obschon Johanna Maria Chanay eine treu ergebene Seele war, sollte sie doch durch ihren schroffen Charakter Katharinas Geduld täglich neu auf die Probe stellen. Im Jahre 1830 musste die junge Leiterin zu ihrem unermesslichen Leidwesen ihre fromme, gütige Freundin Benedikta Lardet sterben sehen.

Benediktas Nachfolgerin, Maria Filliat von Mizérieux, Näherin von Beruf, sollte unbewussterweise für die arme Katharina ein schweres Kreuz werden, so herrisch und widerwärtig konnte sie zuweilen sein. Das war Zulassung Gottes. Erst nachdem Vianney gebetet hatte, traf er seine Entscheidung. Katharina sollte eben ihre Himmelskrone verschönern. Und es war gut, dass diese milde Mystikerin Helferinnen in der Erziehung zur Seite hatte, die strenger waren als sie und mehr Kopf als Herz hatten.

Sämtlichen Personen, die Vianney für seine Gründung einstellte, gilt das Lob, dass sie vollkommen selbstlos arbeiteten. Sie erhielten keinen andern Lohn als Unterhalt und Nahrung, kein anderes irdisches Entgelt als das frohe Bewusstsein, Gutes zu tun.

So richteten sich Katharina und Benedikta auf den Sankt-Martinstag des Jahres 1824 mit den nötigsten Möbelstücken in ihrer Schule ein. Alles darin war äußerst arm. Vianney hatte seinen Lehrerinnen das Versprechen gegeben, ihnen Nahrung und Kleidung sicherstellen zu wollen. Aber sie konnten im Hause nichts auftreiben, womit sie ihre erste Mahlzeit hätten bereiten können. So putzten sie einstweilen das Haus. Dann kam ihnen der Einfall, nach Hause zurückzukehren und in ihren Familien zu essen. «Nein», sagten sie sich, «wir bleiben! ... Man wird uns schon etwas bringen, wenn man will ...» Da rückten auch schon die beiden Mütter mit Nahrungsmitteln für ihre Töchter an. Von der ersten Stunde an verdiente dieses Haus den schönen Namen, den es in der ganzen Welt berühmt machen sollte, *«Vorsehung»*.

Am nächsten Morgen scharten sich die Mädchen des Dorfes um ihre jungen Lehrerinnen. «Da die Schule völlig unentgeltlich war», berichtet Katharina, «wollten auch die Nachbarpfarreien daraus Nutzen ziehen. Man sandte uns Kinder von Mizérieux, Savigneux, Villeneuve usw. zu. Wir mussten den Speicher in einen Schlafsaal umwandeln. Im ersten Jahr (1825 bis 1826) beherbergten wir sechzehn Schülerinnen.» So kam es auf ganz unvorhergesehene Weise zur Gründung eines Pensionates. Keine Vergütung in Geld wurde gefordert – der Pfarrer von Ars wollte um keinen Preis davon wissen. Die Eltern lieferten die Betten und das Leinen und brachten Nahrungsmittel. Mochte es noch so große Mühe kosten, schließlich lief alles aufs Beste.

Als Vianney sah, wie seine bescheidene Schule sich füllte, kam ihm ein neuer Gedanke. Auf den Dorf- und Feldwegen der Umgegend hatte er arme junge Geschöpfe angetroffen, Mädchen entmenschlichter oder allzu armer Eltern, obdachlose Waisen, die man herumbetteln ließ oder als ganz junge Dienstboten bei glaubenslosen Herrschaften einstellte. Von Glaubensgeheimnissen wussten sie nichts, waren einzig in allen Lastern unterwiesen.

Das teilnahmsvolle Herz des Pfarrers von Ars konnte diesen Anblick nicht ertragen. Er entschloss sich, unter dem gleichen Dach mit der Schule eine Zufluchtsstätte zu errichten, die ihren Charakter im Namen ankünden sollte: *Vorsehung*.

Dieses Haus sollte tatsächlich keinen anderen Fürsorger haben als «den Vater, der im Himmel wohnt». Immerhin fürchtete der Heilige, er könnte Gott durch ein solches Unterfangen versuchen. Deshalb bat er an einem Sonntag im Januar des Jahres 1827 seine lieben Pfarrkinder, sie möchten sich doch in einer Novene zu Ehren der lieben Gottesmutter mit ihm vereinen, um genau den Willen des Himmels zu erfahren.

Der Entschluss ging aus diesem gemeinsamen Beten gefestigter hervor und so setzte er ihn in die Tat um. Vorerst musste das Haus erweitert werden. Zu diesem Zweck kaufte Vianney ein kleines Grundstück. Die Baupläne entwarf er selbst.

Um die Arbeiter zu ermuntern und die Ausführung zu beschleunigen, wurde er allen alles, wurde Maurer-, Zimmermanns-, Dachdeckergehilfe, hämmerte Steine, schüttete Mörtel auf, schleppte Material herbei. Nach vollendetem Werk verlangte er, das Haus dürfe als Pensionäre nur noch heimatlose Arme beherbergen. Die Arser Mädchen wurden auch in Zukunft als externe Schülerinnen aufgenommen, die wohlhabenderen Kinder aus der Nachbarschaft mit Schulbeginn 1827 nicht mehr länger zugelassen.

«Mit der Aufnahme von zwei oder drei verwahrlosten Kindern machte man den Anfang», sagt Katharina Lassagne; «aber die Zahl nahm langsam derart zu, dass das Haus oft zu eng war, um sie alle zu fassen.» Die Waisen – unter diesem Namen liefen die Pensionärinnen der *Vorsehung* – «wurden im Allgemeinen nicht vor dem achten Lebensjahr angenommen und erst nach ihrer ersten hl. Kommunion entlassen. Meldete sich das eine und andere arme Mädchen von fünfzehn, achtzehn und selbst zwanzig Jahren, so nahm sie der Herr Pfarrer bereitwillig auf».

Diese Magdalenen bedurften vielleicht mehr als die andern eines Heimes und einer Mutter. «Des öfteren trafen sie, halb nackt und ganz mit Ungeziefer bedeckt, ein», erzählte Johanna Maria Chanay. ... «Nichts kam an das zarte Mitleiden heran, das unser heiliger Pfarrer diesen armen Verstoßenen entgegenbrachte.»

Manche von ihnen hat Vianney «auf der Straße aufgelesen». Andere, völlig weggeworfene Geschöpfe, trugen am Kopf widerliche Wunden. Solange nur irgendein freier Winkel im Hause verblieb, wurde keine dieser Unglücklichen abgewiesen. Eines Tages war Vianney einer solchen herumirrenden Seele begegnet und hatte sie in die *Vorsehung* gebracht. «Nehmen Sie dieses Kind auf, das der liebe Gott Ihnen schickt», sagte er zu Katharina. «Aber, Herr Pfarrer, es ist kein Bett mehr im Hause!»

«Immer noch das Ihrige!»

Nur einen Augenblick hatte die junge Lehrerin an der göttlichen Vorsehung gezweifelt. In einem rührenden Reuegefühl öffnete sie ihre Arme dem armseligen Geschöpf, das zu ihr flüchtete, und drückte es an ihr Herz.

So ließ es Vianney nicht bei unfruchtbarem Gejammer bewenden; sein Mitleid mit den verlassenen Kindern war tatkräftig und lebenspendend. «Einmal hatte ich vor der Kirchenpforte ein neugeborenes Kindlein aufgelesen», berichtet Johanna Maria Chanay.

«Der Herr Pfarrer trug uns auf, es aufzunehmen, ihm eine kleine Wiegenaussteuer herzurichten und es dann erst in Pflege zu geben. ... Als er ein anderes Mal von einer armen, unglücklichen Frau vernahm, die in der Nachbarpfarrei starb, sandte er mich mit einer meiner Gefährtinnen dorthin, ihr Kindlein abzuholen, das wir dann aufziehen ließen.»

Niemals hat sich Vianney dazu bewegen lassen, den in seiner Stiftung untergebrachten Kindern auch nur einen Heller abzuverlangen. Einige der jungen Leute hatten bereits auf den Höfen gearbeitet und hatten vielleicht etwas Geld verdient. Andere hatten in ihrer Verwandtschaft Leute, von denen er eine Kleinigkeit hätte verlangen können. Bischof Mermod machte eines Tages eine diesbezügliche Bemerkung zu ihm: «Sie nehmen in Ihrer *Vorsehung* junge Mädchen unentgeltlich auf, die doch bezahlen könnten.» «Oh», antwortete er, «damit gebe ich mich nicht ab. Mein ganzer Ehrgeiz geht dahin, ihnen eine gute Erziehung angedeihen zu lassen und gute Christinnen aus ihnen zu machen.»

Freilich kostete das Waisenhaus seinen Stifter mannigfaltige Sorgen. An erster Stelle verschlang es seinen ganzen persönlichen Besitz. Als sein Bruder Franz von Dardilly herüberkam und ihm das Geld aus dem väterlichen Erbe überbrachte, befand sich der Bürgermeister von Ars gerade im Pfarrhaus.

«Regle das mit Vater Mandy», sagte Johannes-Maria zu seinem Bruder. Und auf der Stelle verfügte er über die ganze Summe zugunsten der *Vorsehung*. Er hatte gehofft, seine Pfarrkinder würden ihm durch Gaben in Naturalien beispringen.

So veranstaltete er im Dorf eine Sammlung, die ihm im Ganzen ... einen Sack Kartoffeln einbrachte. Er beschloss, von einem neuen Versuch Abstand zu nehmen, und zog es in Zukunft vor, sich an die Mildtätigkeit reicherer Leute zu wenden. «Lachend bemerkte er, er besitze den ‹*Zauberstab* der Vorsehung›. War die Kasse leer, so machte er sich auf den Weg, um Geld zu beschaffen.» Mutig klopfte er an die Pforte der Schlossherren, machte sogar zu Fuß die Reise nach Lyon, wo er die Familie Laporte und Jaricot näher kannte. Mehrere Male rief er die Mildtätigkeit von Beichtkindern an, deren Gutherzigkeit ihm bekannt war.

«Mein gutes Fräulein», schrieb er an die Baronin Alix von Belvey, «ich bitte Sie, mich teilhaben zu lassen an Ihrer Mildtätigkeit für *meine Kinder*, da ich weiß, dass Sie ein so gutes Herz für die Armen haben. ... Im Voraus danke ich Ihnen, indem ich Sie demütig grüße und mich Ihren heiligen Gebeten empfehle.»

In der Kirche hatte er nahe der Sakristei eine kleine Tafel mit der Verheißung aus dem Evangelium anbringen lassen: «Gebt, und es wird euch gegeben werden!»

Einen Augenblick trug er sich mit dem Gedanken, Landbesitzer zu werden. Er sparte, und als die Summe hübsch angewachsen war, «kaufte er Wald und Land in der Absicht, die *Vorsehung* damit auszustatten. Die Geschichte war ihm aber bald verleidet und er verkaufte das erworbene Gelände dem Grafen Cibeins, der ihm dafür eine Rente auszahlen sollte». Diese «jährliche und ewige» Rente belief sich auf fünfhundert Franken.

Überdies hatte sich Herr von Cibeins verpflichtet, dem Waisenhaus den nötigen Holzvorrat zu stellen – fünfhundert Scheite im Wert von hundert Franken. Erst nach diesem getätigten Verkauf nahm Vianney, im Bewusstsein etwas reicher geworden zu sein, die größtmögliche Zahl von Waisen auf.

Ab 1830 wurde das Haus nicht mehr leer. Zu manchen Zeiten beherbergte es sechzig und mehr Kinder. Im Übrigen scherten sich die Leiterinnen wenig um Statistiken. «Als sie eines Tages von einer vertrauenswürdigen, dem Werk befreundeten Person über die Anzahl der Kinder befragt wurden, antworteten sie im unschuldigsten Ton, mit der kindlichsten Miene von der Welt: «Wir wissen es nicht.» «Was! Ihr wisst es nicht?» «Nein, wahrhaftig nein, Gott weiß es und das genügt uns.»

«Wenn aber eine eurer Pflegebefohlenen entlaufen würde?» «Oh, wir kennen sie zu genau, und wir geben uns zu sehr mit ihnen ab, als dass es uns nicht sofort auffallen müsste.»

Mit diesem winzigen Einkommen brauchte es wunderbares Sparen und Sinnen und Glauben, um die *Vorsehung* von Ars über Wasser zu halten und auszubauen. Vianney hatte die ganze Last auf sich genommen und hatte sechzig Kinder zu nähren und zu kleiden, deren Arbeit dem Hause so gut wie nichts einbrachte.

Die jungen Schnäbel zeigten einen riesigen Hunger und man musste diesen aus dem Nest gefallenen oder geworfenen Vöglein doch wenigstens ein Stück Schwarzbrot sicherstellen, wofür monatlich hundert Scheffel Weizen notwendig waren. Der Pflegevater all der armen Waislein wäre aus der ewigen Unruhe nicht herausgekommen, wenn er sich nicht der Vorsehung Gottes anheim gegeben hätte «mit jener, den Heiligen eigenen wundersamen Sorglosigkeit, die nie zuschanden wird».

Er erlebte immerhin kritische Augenblicke. Der Pfarrer von Ars mochte die Gutherzigkeit der Leute anrufen, mochte auch einige Möbelstücke verkaufen, mehrere Male ging den Waisen doch das Notwendige ab. In solchen Stunden litten die Leiterinnen, die über weniger Vertrauen verfügten, grausame Seelennot. Der Diener Gottes tadelte sie dann «streng» ob ihres mangelnden Glaubens.

«Eines Tages», erzählt Katharina Lassagne in ihrer gewohnten Schlichtheit, «wollten wir uns nicht recht hineinfinden, dass er uns mit so vielen Waislein überlastete. Wir hatten das Empfinden, diese Aufgabe übersteige unsere Kräfte. Es war das erste Mal, dass uns einige Worte des Murrens entschlüpften. Johanna Maria trug um diese Zeit dem Pfarrer etwas in seine Wohnung hinüber. Er schien zu leiden. Zu Johanna Maria sagte er, wir hätten nicht den Geist der ersten Zeit, wir seien dem Willen Gottes nicht mehr in genügendem Maße hingegeben. Johanna Maria antwortete: ‹Ich schon, aber die andern murren doch nicht.›

‹Ihr seid alle drei die gleichen›, gab der Herr Pfarrer zurück.

Johanna Maria brachte uns diese Worte heim. Sonderbar, gerade während ihrer Abwesenheit hatten wir uns einige murrende Bemerkungen gestattet. Nun aber fassten wir den Entschluss, uns nie mehr zu beklagen.» Auch der schweigsam-ergebene Asket mochte im Geheimen ihre bange Sorge teilen.

In der Kirche, in der Einsamkeit seines Pfarrhauses, auf den Gängen betete er ohne Unterlass und wenn die Antwort vom Himmel ausblieb, «schrie er seinen guten Heiligen die Ohren voll», so lautete sein kräftiger Ausdruck. Unter solchen Umständen trat Gott in unmittelbarer Weise durch ein Wunder für ihn ein. Über diesen Punkt brauchen wir nur die Zeugen zu hören, die alle Vianneys Zeitgenossen und glaubwürdige Menschen sind.

Es war sehr wahrscheinlich im Lauf des Jahres 1829, dass der Getreidevorrat im Speicher des Pfarrhauses auf einige Handvoll zusammengeschmolzen war und über den Boden zerstreut lag. Von Seiten der Pfarrkinder war nichts zu erhoffen: Die Ernte war jedenfalls schlecht ausgefallen; wohl war die hilfsbereite Schlossherrin da, aber auch ihre Einnahmen litten unter der allgemeinen Not; zudem war das Fräulein von Ars schon unzählige Male angebettelt worden! ... Vianney war auf dem Punkt, einige Waisenkinder zu entlassen.

Welch ein Weh für sein Herz, das so innig an diesen Kleinen hing! Arme Kinder! So würden sie zurückgeworfen in ihr Elend, in die alten Gefahren für Seele und Leib! Von allen Menschen verlassen, wagte der Pfarrer von Ars das Äußerste. Durch die Fürbitte des «guten Heiligen», der ihn bereits auffällig während seiner Studien erhört hatte, erflehte er jetzt ein Wunder. Er fegte die auf dem Speicherboden zerstreut liegenden Körner auf ein Häuflein zusammen, verbarg darin eine Reliquie des hl. Franz Regis, des Wundertäters aus dem Louvesker-Gebiet, legte den Waislein innig ans Herz, sich mit ihm zu vereinigen und von Gott das tägliche Brot zu erflehen; dann ging er selber ins Gebet und harrte zuversichtlich des Kommenden.

«Gehen Sie hinauf und fegen Sie auf dem Speicher den Getreiderest zusammen», sagte er zu Johanna Maria Chanay, die ihm gerade in den Weg lief. Als Bäckerin der *Vorsehung* wollte Johanna Maria ihn vielleicht gerade in diesem Augenblick daran erinnern, dass der Mehlkasten leer sei.

Selige Überraschung! Droben lässt sich die Speichertür nur mit Mühe aufdrängen und durch den Spalt rauscht ein Getreidestrom. Johanna Maria läuft zum Pfarrer hinunter. «Aber Sie haben meinen Gehorsam auf die Probe stellen wollen!», ruft sie ihm zu, «Ihr Speicher ist voll.» «Wie? Er ist voll?»

«Ja, er ist gestopft voll. Kommen Sie und schauen Sie selber!»

Beide stiegen hinauf. Und es fiel ihnen auf, dass dieses Getreide eine andere Färbung hatte als das alte.

Nie hatte der Speicher so von Getreide gestrotzt. Man wunderte sich, dass der Haupttragbalken, der etwas wurmstichig war, und auch der Boden unter der Last nicht nachgab. Das Getreide schichtete sich kegelförmig auf und bedeckte die ganze Speicheroberfläche. Bischof Devie besuchte eines Tages diesen Raum. In Vianneys Begleitung stellte er ihm unversehens die Frage: «Das Getreide stieg bis hierhin, nicht wahr?» Mit dem Finger bezeichnete der Bischof einen ziemlich erhöhten Punkt an der Mauer.

«Nein, bischöfliche Gnaden, höher. ... Bis hierher!»

Kurze Zeit später ereignete sich in Ars ein zweites Wunder, das den Backtrog der *Vorsehung* als Wunderding berühmt machte. Trockenheit brannte das Land aus. Das Mehl war rar und teuer. Im Hause verblieb noch gerade genug, um drei Brote zu backen.

«Wir waren in großer Verlegenheit wegen unserer Kinder», erzählt Johanna Maria Chanay. «Katharina und ich dachten, wenn sich unser Herr Pfarrer an den lieben Gott wendete, würde er es erwirken, dass unser Mehlrest für einen ganzen Schub reichen würde. Wir suchten ihn auf, um ihm unsere Sorge darzulegen. ‹Man muss kneten›, sagte er.

Ich machte mich ans Werk, nicht ohne ein gewisses Bangen. Zuerst schüttete ich nur ganz wenig Wasser und Mehl in den Teigtrog, sah aber, dass mein Mehl nicht aufgehen wollte. Ich gab Wasser zu, dann Mehl, ohne meinen kleinen Vorrat aufzubrauchen.

Und der Trog füllte sich mit Teig wie an allen Tagen, wo wir einen ganzen Sack hineinschütteten. Wir stellten zehn große Brote her, von denen jedes zwanzig bis zweiundzwanzig Pfund wog, und füllten den Ofen wie gewöhnlich, zum großen Erstaunen all derer, die Zeugen davon waren.

Wir erzählten dem Herrn Pfarrer, was sich zugetragen hatte, und er antwortete uns: ‹Der liebe Gott ist sehr gut! Er sorgt für seine Armen.›»

Die Gründung der *Vorsehung* wuchs sich zu einem großen Segen aus. «Des öfteren habe ich den Herrn Pfarrer sagen hören», schreibt Katharina, «man werde erst am Tag des Letzten Gerichtes sehen, wie viel Gutes in diesem Haus geschehen ist.»

Tatsächlich rettete des Heiligen Werk die Tugend von vielen hundert Kindern, die es hier in diesem Heim lernten, ihr Brot ehrlich zu verdienen. Wenn auch Einzelne nicht durchgehalten haben, «eine Großzahl hat sich Vianneys Ratschläge wundersam zunutze gemacht; sie sind gute Familienmütter und gute Dienstboten geworden; mehrere haben sogar den Ordensberuf gewählt».

Ihre Gewissenszartheit war sprichwörtlich geworden. Ein Lacôte, der im Dorf für seinen Geiz berüchtigt war, besaß einen Weinberg. Er erbat sich die Waisenkinder zur Weinlese auf die Quatembertage im September aus, in der Gewissheit, dass sie auch nicht eine einzige Traubenbeere essen würden. Diese jungen Mädchen, die der Pfarrer von Ars «wie aus einer andern Welt herausgeführt hatte», ließ er an seinen Sorgen und Kasteiungen für die Sünder teilnehmen.

«Wenn der Pfarrer erfuhr», sagt Katharina, «dass der liebe Gott bei Festanlässen und Tänzen durch Skandale beleidigt worden war, erbaten sich die Größten von der Lehrerin die Erlaubnis, die Nacht im Gebet verbringen zu dürfen. Sie machten alles unter sich selber aus und weckten sich gegenseitig für die einzelnen Stunden der Nacht. Alles verlief ohne jegliches Geräusch, so dass jene, die nicht mitwachten, es nicht einmal merkten.»

Auf den Spaziergängen rupften diese jungen Mädchen Brennesseln aus und zerschlugen sich damit das Gesicht. Der Pfarrer hatte ihnen gesagt, man müsse für die Sünder dulden.

Der Heilige wirkte mit Zaubermacht auf sein Waisenhaus und erhielt von den Kindern alles, was er wollte. Zum Beweis führt man folgende Begebenheit an:

Eine Kleine aus der *Vorsehung* war in eine Puppe vernarrt; mochte das Ding auch noch so hässlich und ungestalt sein, das Kind hing doch mit allen Kräften daran und schleppte sie überall mit sich herum, selbst in die Kirche. Vianney bat sie eines Tages um ein Opfer und verpflichtete sie ... die Puppe ins Feuer zu werfen. Es war in der Küche des Waisenhauses. Die arme Kleine schien zuerst ganz außer sich. Dann raffte sie sich plötzlich auf und überantwortete ihr liebes Götzlein den Flammen. Es war eine heroische Tat.

Mehrere der Mädchen starben eines so wundersamen Todes, dass man über ihre letzten Tage eine neue *goldene Legende* schreiben könnte.

«Die einen frohlockten, weil sie in den Himmel gehen dürften, die andern sangen und forderten die Umstehenden auf, ein Danklied anzustimmen. Eine hatte gar sehr vor dem Tod gebangt. ‹Oh›, rief sie kurz vor ihrer letzten Stunde aus, ‹wie froh bin ich! ... Wie glücklich wird man im Glauben!› Und während ihre Kameradinnen rings um sie her eines ihrer Lieblingslieder anstimmten, sang sie aus vollen Kräften mit.

Eine der Lehrerinnen, Benedikta Lardet, die am 5. Oktober 1830 der geweihten Erde übergeben wurde, starb ebenfalls eines erbaulichen Todes. Als ihre Schwester über ihre schwere Krankheit weinte, sagte sie zu ihr: ‹Worüber weinst du denn? Möchtest du, dass ich in der Welt bleibe? Ich kann mich nicht daran gewöhnen.› Und als sie vom Arzt die Nachricht erfuhr, ihre Krankheit sei tödlich, rief sie aus: ‹Welch eine Freude! Welch eine Freude! Ich gehe den lieben Gott schauen!›»

Angesichts dieser Kinder seiner *Vorsehung*, die ihre Tugend bis zum Heroismus steigerten, konnte sich der Pfarrer von Ars der frohen Zuversicht hingeben, seine Absichten erfüllt, seinen Zweck erreicht zu haben. Er hatte nie daran gedacht, aus seinen dem Elend entrissenen Waislein «gelehrte Frauen» zu machen.

Konnte er sich zudem über die Fähigkeiten der Leiterinnen irgendwelcher Täuschung hingeben? Die phantastische Rechtschreibung der prächtigen Katharina machte ihm gar nichts aus.

Auch nahm dieser Asket, der sein Leben mit einer Kleinigkeit fristete, die einem andern gerade zum Sterben gereicht hätte, und dessen sich selbst überlassenes Pfarrhaus eher einem Geisterheim ähnelte, Gesundheitsfragen nie besonders wichtig.

In seiner maßlosen Güte fand er sich damit ab, sechzig Kinder in einem Haus unterzubringen, das für dreißig schon ein bisschen klein war. Zudem zwängte die Enge des Raumes alle Schülerinnen, Waisenkinder und Arser Mädchen, in eine einzige Schulklasse zusammen. Wenn die Kleinsten mit halsbrecherischem Mut die Silben buchstabierten, die Mittleren ihre Aufgaben hersagten und die Älteren den Erklärungen der Lehrerinnen lauschten, musste ein schöner Lärm herrschen.

Die Schule dauerte das ganze Jahr hindurch ohne andere Ferien als den Donnerstag. Katharina und ihre Kameradinnen hatten eine übermenschliche Aufgabe übernommen. Woher hätten sie auch die

Zeit nehmen sollen, um ständig perfekte Ordnung und Reinlichkeit herzustellen?

Fremde nahmen von ihren Besuchen den Eindruck mit, die *Vorsehung* sei kein Haus wie ein anderes. Ein Advokat aus Lyon, der im Jahre 1841 das Werk genau in Augenschein genommen hatte, schreibt: «Schon das Bestehen des Waisenhauses bedeutet uns, für sich allein genommen, eine wunderbare Tatsache. Das Haus beherbergte fünfzig bis sechzig Mädchen von zwölf bis achtzehn Jahren. Aus allen Gegenden zusammengewürfelt und unentgeltlich aufgenommen, verbrachten sie hier eine unbestimmte Zeit, worauf sie in den Höfen der Gegend eingestellt wurden.

Während ihres Aufenthaltes lernten sie vor allem und über alles Gott kennen, lieben und ihm dienen. Es war eine Art Familie, in der die Älteren Beispiel, Rat und Weisung gaben. Der Unterricht erstreckte sich auf ein enges Gebiet; aber es herrschte hier ein Glaube, eine Frömmigkeit, eine Gelehrigkeit, wundersam. Das war keine gewöhnliche Stiftung, vielmehr ein Ausfluss von des Stifters Heiligkeit. Hilfsmittel, Leben, Geist, Leitung, alles ging von ihm aus. Ein Werk, das übernatürlich gesiegelt war, das nur leben konnte unter dem unmittelbaren Einfluss der großen Seele, die das Haus ins Dasein gerufen hatte.»

In den Augen des Pfarrers von Ars kam die Erziehung immer vor der Bildung. Trotzdem erwarben die Mädchen in der *Vorsehung* eine ausreichende Schulbildung, wurden zu praktischer Arbeit herangebildet, konnten stricken, nähen, waschen und bügeln. Konnte man von diesen Kindern, die lebenslang auf irgendein weltverlorenes Dorf verschlagen werden sollten, viel mehr verlangen? Vor allem aber hatten sie sich in dieser außerordentlichen Umwelt genügend Tugend und Frömmigkeit angeeignet, um die moralischen Gefahren und Prüfungen aller Art, die ihrer harrten, tapfer zu bestehen. Unter diesem Gesichtswinkel betrachtete Papst Pius X. seligen Andenkens die *Vorsehung* von Ars, als er sie «ein Beispiel volkstümlicher Erziehung» nannte.

Die *Vorsehung* von Ars war Vianneys Lieblingsstiftung. «Er liebte dieses Haus», sagte deren Wohltäterin, die Baronin von Belvey, «weil es armen Kindern gewidmet war.» Sobald die Leiterinnen einmal genügend eingerichtet waren, gegen 1827, fand er es am Platz, sich von einer ihm schweren Bürde zu entledigen: vom Zubereiten seiner

Mahlzeiten. Als Pflegevater einer großen Familie erbat er sich von ihr zwanzig Jahre lang jeden Tag das Almosen einer Tasse Milch. Er holte selbst aus einer Herdecke das irdene Krüglein, das seine Tagesration enthielt.

Fünf Minuten genügten ihm reichlich, mit diesem Frühstück fertig zu werden. Und mehr als einmal hatte er es auch für diese paar Augenblicke zu eilig, trug das Krüglein mit sich fort und trank es auf dem Weg zwischen *Vorsehung* und Kirche aus. Aber für gewöhnlich verbrachte er nach seiner Mahlzeit gern einige Augenblicke auf dem Hof und schaute dem frohen Treiben seiner Pflegekinder zu. In ihren Augen las er die Reinheit ihrer Seelen, und dieses unschuldige Schauspiel ließ ihn für eine kurze Zeit die Hässlichkeit der Sünde und die Bosheit der Menschen vergessen.

Er kannte jedes Kind, interessierte sich für alle, fragte sie, ermunterte sie durch sein köstliches Lächeln. Er unterwies sie selber in guten Umgangsformen und ging sogar soweit, sie das rechte Verhalten bei Tisch zu lehren. Wollte er irgendeine Gnade erhalten, dann ließ er sie beten. «In all diesen Fällen», sagte er, «wurde ich immer erhört.» Er hatte es erfahren, dass «die Gebete der Kinder zum Himmel aufsteigen, ganz von Unschuld duftend».

Für seine teuren Pflegebefohlenen hatte er im Garten des Waisenhauses eine Weinlaube pflanzen lassen. Hier stellte er eine Statue der Unbefleckten Empfängnis auf und verwandelte so das Plätzchen in ein Feldheiligtum. Die Mädchen schmückten es mit Blumen und an schönen Tagen sammelte sich das ganze Haus jeden Abend vor diesem Bild, betete die Lauretanische Litanei und sang der lieben Gottesmutter zu Ehren ein Lied.

Endgültig verließen die meisten Waisenkinder die *Vorsehung* erst im Alter von neunzehn und zwanzig Jahren. Zwar dienten Einzelne schon vor diesem Alter auf den Höfen der Gegend, aber nur im Winter. Vianney verlor sie bei ihrem Scheiden nicht aus dem Auge. Schon im Voraus hatte er ihnen eine passende Stellung ausfindig gemacht. Später stand er ihnen bei ihrer Verehelichung mit seinem Rat zur Seite, schenkte ihnen eine kleine Summe Geld und stellte ihnen einen Teil ihrer Aussteuer.

Mit seinen Ermunterungen und Gebeten begleitete er auf ihrem Lebensweg besonders jene seiner Kindern, die sich Gott im Ordensstand weihten. Mehr Güte hat kein Vater je bezeigt, aber auch keiner ist je inniger geliebt worden als er. Im Schulsaal der *Vorsehung* haben die berühmten Katechismusstunden von Ars ihren Anfang genommen. Sie sind aus unscheinbaren Anfängen erwachsen. Eigentlich hat Vianney auch auf diesem Gebiet nichts Neues eingeführt. Jeder Seelenhirte, der sich seiner Pflicht wirklich bewusst ist, reicht den Kleinen seiner Herde die Milch der Lehre dar.

Wir haben gesehen, wie der heilige Priester die Knaben des Dorfes von Allerheiligen bis zur Zeit der ersten hl. Kommunion schon um sechs Uhr morgens in der Kirche versammelte und ihnen den Katechismus erklärte. Er hätte die Christenlehre für seine Schülerinnen der *Vorsehung* auf die gleiche Zeit verlegen können. Er zog es vor, sie eigens in die Glaubenswahrheiten einzuführen, länger und jeden Tag des Jahres, um sie inniger mit christlichem Geist zu erfüllen.

Der Morgenunterricht schloss mit dem Beten der Litanei von der Göttlichen Vorsehung. Während dieser Augenblicke innig frommer Sammlung öffnete sich leise die Tür und der Pfarrer trat ein.

Im Anfang wohnten nur die Lehrerinnen und Schülerinnen den Katechismusstunden bei. Das Kommen und Gehen des Pfarrers Vianney blieb einstweilen noch unbemerkt. Aber bald strömten die Pilger herbei, suchten ihn und gingen, um ihn zu finden, zum Waisenhaus hinab. ... Zuerst blieb man draußen vor dem Fenster stehen, wagte sich dann langsam etwas weiter bis auf die Schwelle vor, und eines Tages drang man bis zu einem frei gebliebenen Plätzchen des Saales vor. Auf diese Weise nahm der Katechismusunterricht im Familienkreis seinen Fortgang bis zum Jahre 1845.

Kanonikus Champenois von Bourg, der im Jahre 1842 oder 1843 diese Szene selbst miterlebte, berichtet: «Es reihten sich da nebeneinander die Kinder des Hauses, gute Frauen, die ihren Spinnrocken drehten – die Lehrerinnen füllten mit dieser Beschäftigung ihre allzu kargen Mußestunden aus – und, wenn ich mich recht erinnere, Hennen, die auf einem Tisch saßen. Der Pfarrer erscheint im Chorrock, nimmt einen Katechismus zur Hand und, auf die Teigmulde gestützt, beginnt er: ‹Meine Kinder, wir sind gestern bei der Lehre über die Ehe stehen geblieben.› Dann liest er die Frage vor: *‹Welches ist die gewöhnliche Ursache für unglückliche Ehen?›*, alsdann die Antwort, gefolgt von seiner Erklärung: ‹Ja, meine Kinder, wenn die Gatten frisch verheiratet sind, können sie mit dem gegenseitigen Sich-Anschauen nicht müde werden: So liebenswürdig finden sie sich, so trefflich, so aller guten Eigenschaften voll! Sie bestaunen sich, machen hundert Komplimente. Aber der Honigmond dauert nicht ewig, nicht ewig. ... Der Augenblick kommt, wo sie die früher entdeckten Schönheiten vergessen haben, wo sie nur noch die Fehler sehen, die ihnen vorher entgangen sind. Dann kommen manche so weit, dass sie sich nicht mehr ausstehen können, und der Mann schreit seine Frau an: Faulenzerin, falsche Katze, Nichtsnutz usw.›»

«Ich war betroffen», fügt Champenois bei, «vom familiären Ton, von der Ungezwungenheit. Ich warf einen Blick über die Versammlung. Alle hatten in frommem Schweigen den Worten gelauscht. Auch nicht ein Lächeln!»

Vom Jahre 1845 an zwang der wachsende Pilgerandrang den Pfarrer von Ars, die Christenlehre in die Kirche zu verlegen. «Eine Frau aus Bourg, die sie noch in der *Vorsehung* mitangehört hatte», erzählt der Geistliche Dufour, «sprach mir begeistert davon. Sie bedauerte allerdings, dass man sie in die Kirche verlegt hatte, weil man im Schulzimmer den Diener Gottes besser und aus nächster Nähe betrachten konnte.»

Ein derartiges Bedauern ist verständlich. Immerhin hatte die Verlegung ihre Vorteile. Einmal konnte eine größere Anzahl Pilger Vianney lauschen und dann kam er, ohne den heimeligen Ton aufzugeben, in eine größere Begeisterung hinein und ließ die Liebesflamme, die sein Herz verzehrte, heller emporzüngeln. Hier sprach er in der unmittelbaren Nähe des Tabernakels.

Schon früh hatte der Pfarrer von Ars mit Billigung seines Bischofs den Bau einer Kapelle in der *Vorsehung* geplant. Von der Sehnsucht nach Einsamkeit verzehrt, wünschte er die Seelsorge aufzugeben und sah sich bereits im Geiste in die *Vorsehung* zurückgezogen; wo «er eine Ewige Anbetung errichten würde, wenn das Gottes Wille wäre».

Die Gemeinde schenkte das nötige Gelände. Die erträumte Kapelle entstand. Dann aber tat sich «der Wille Gottes» kund. Noch war die Kapelle nicht fertig gestellt, als auch schon die *Vorsehung* unter *der* Form zu bestehen aufgehört hatte, unter der sie Vianney gegründet hatte. So blieb er in seinem Pfarrhaus und bis zum Ende seiner Tage der *Pfarrer von Ars*.

«Ars ist nicht mehr Ars!»

Am 7. November 1823 stößt der Pfarrer von Ars in einem Brief an die «Witwe Fayot» seinen ersten Triumphruf aus: «Ich lebe in einer kleinen Pfarrei voll Glaubensleben, die dem lieben Gott von ganzem Herzen dient.»

Der Pfarrer von Ars hatte sicher nicht die Absicht, seiner «guten Mutter» mit diesen Zeilen ein genaues Bild der Lage zu zeichnen. Denn neben den großen Tugenden herrschten in Ars noch allerlei Missstände. Und sicher hätte er eine so optimistische Würdigung nie von der Kanzel herab inmitten seiner Pfarrkinder ausgesprochen. Immerhin bezeugt dieser Brief die bereits erzielten Erfolge. Das Angesicht von Ars hatte sich sichtlich verändert. Das Dorf als Ganzes hatte sich von frecher Ausgelassenheit zur Tugend, von mäßiger Frömmigkeit zu erfreulichem Eifer bekehrt, wozu eine kürzlich stattgefundene Wallfahrt zu Unserer Lieben Frau von Fourvière, die Vianney aus der Zeit vor der Revolution wieder aufgenommen hatte, sicherlich beigetragen hat.

Aber nicht alle Einwohner von Ars waren über Nacht vollkommene Christen geworden. Einige gehen nicht regelmäßig zur Heiligen Messe und zu den Sakramenten. In arbeitsreicher Zeit bringt man ohne Skrupel nach der Sonntagsmesse die Ernte ein.

Weiter wütet die Tanzseuche, die der Bauernjugend anscheinend das Blut vergiftet hat. Aber dank der Gnade Gottes brachte das Jubiläum vom Jahre 1820 mehrere Verstockte ins Wanken. Und die Mission vom Jahre 1827 ist als Gnadenstunde in die Annalen der Pfarrei eingeschrieben.

«Nie wird man die Bekehrungsgnaden abschätzen können», schreibt Katharina Lassagne, «die der Pfarrer durch sein Gebet, vor allem durch die Darbringung des hl. Opfers erwirkt hat. ... Eine Umwälzung war in den Herzen vorgegangen. ... Der Gnadenstrom war so überwältigend, dass nur wenige widerstehen konnten. ...

Fast das ganze Dorf rang sich mit allen Kräften aus der Sünde heraus. Menschenfurcht war auf den Kopf gestellt: Nunmehr schämte man sich, das Gute *nicht* zu tun und die religiösen Übungen zu vernachlässigen. Männer gingen ernst und nachdenklich einher. Manche, die seit langem nicht mehr zur heiligen Beichte gegangen waren, hörte man laut auf den Straßen sagen: ‹Ich will beichten gehen!› Über alle war heiliger Ernst gekommen. In einer Ansprache gestand ihnen der Pfarrer: ‹Ars ist nicht mehr Ars! Ich habe Beichte gehört und gepredigt bei Jubiläen und Missionen. Wie hier habe ich aber nichts erlebt.› Das war im Jahre 1827.»

Aber nicht in allen Familien war der schlechte Geist ausgerottet. Zeuge dafür sind die sieben Pfarrkinder, die im Jahre 1830 ihrem heiligen Pfarrer frech erklärten, er würde am besten aus der Pfarrei verschwinden. Ihr Protest fand keinen Widerhall in der Bevölkerung, die diese dumme Tat entschieden missbilligte.

Die Arser wollten an Vianney festhalten, denn sie hätten sich nicht mehr in ein Leben ohne Priester hineinfinden können.

Als Johannes Picard im Jahre 1832 seine Schmiede aufmachte, fand er, nach seinen Worten, «das Angesicht von Ars stark verändert ». Er hatte früher «diese Pfarrei gekannt, die allen andern Pfarreien im Umkreis glich»; aber jetzt war Ars «dank seinem Pfarrer, der bereits als Heiliger galt», nicht mehr wieder zu erkennen. «Diese Pfarrei ragte unvergleichlich hoch über alle andern» wie ein heiliges Eiland empor, an dem so viele Seelen anlegten, um Auferstehung und das Geheimnis eines höheren Lebens zu suchen. Nunmehr konnte man an Werktagen junge Männer, die den Rosenkranz um die Hand geschlungen trugen, ihrem Gespann vorausgehen sehen. Rief die Abendglocke zum Gebet, eilten alle, die frei waren, zur Kirche; die das Haus hüten mussten, knieten daheim im Herrgottswinkel nieder. In allen Stuben, in denen eine Seele zurückgeblieben war, wurde wie vor dem Altar in der Dorfkirche gebetet.

Auf den Feldern draußen erhoben sich Kreuzlein aus Zweigen an den Ackerrainen und krönten die Garbenhaufen zur Erntezeit. Über den Schollen hallte von Pflüger zu Pflüger manch schlichtes Kirchenlied und munterte zu froher Arbeit auf. Zu Ende war es nun mit zotigen Schlagern, frechen Witzen, gottlosen Flüchen.

«Ich bin zur Erntezeit über die Felder gestreift», erzählt Alix von Belvey, «und habe kein einziges Fluchwort gehört. Ich habe meine Verwunderung darüber einem Bauern geäußert, der mir zur Antwort gab: ‹Oh, wir sind nicht besser als die andern. Wir würden uns aber in Grund und Boden hinein schämen, wollten wir neben einem Heiligen solche Sünden begehen.›»

Ein Fremder aus Lyon sah drei Männer mit zwei Pferden einen Baumstamm zu ihrem Wagen schleppen. Das eine Pferd verfing sich beim Überqueren des Baches und stürzte schwer. Die Männer eilten hinzu und befreiten das Pferd aus seiner misslichen Lage. «Was uns besonders auffiel», fährt der Erzähler fort, «war: Diese drei Bauern bezeigten nicht die leiseste Regung von Zorn, warfen sich keine Schimpfworte zu, hieben nicht mit Schlägen und Flüchen auf das arme Tier ein. Eine solche Selbstbeherrschung bei Bauersleuten, die in ihren Interessen gefährdet sind, ist einfach unerhört.»

Seinen Pfarrkindern hatte der Pfarrer von Ars oft ans Herz gelegt, sie möchten bei den Mahlzeiten Segen und Dank und ohne Menschenfurcht auf allen Wegen und Stegen dreimal des Tages den englischen Gruß beten. Nur wenige hatten seine Bitte in den Wind geschlagen. Wenn die Glockenschläge den Angelus über das Tal kündeten und zu den Höhen hinauftrugen, stockte sofort die Arbeit, die Männer nahmen die Kopfbedeckung ab, die Frauen falteten ihre Hände und alle sprachen den Engelsgruß.

Das gleiche Bild wiederholte sich auf allen Feldwegen und Dorfplätzen. Ja noch mehr! Vianney hatte eine Turmuhr mit einem klar sichtbaren Zifferblatt anbringen lassen. Schlug nun die Stunde, so unterbrachen die Dorbewohner nach dem Beispiel ihres Pfarrers ihre Beschäftigung, beteten ein Ave und «segneten» so die anbrechende Stunde.

Es kam die Sitte auf, im Frühjahr geweihte Kreuzlein auf die Felder zu stecken, um die Ernte durch die Verdienste Jesu Christi vor Hagel und andern Schäden und Unglücksfällen zu bewahren. Im Augenblick, wo die Ähren unter der Sichel fielen und die Männer auf eines dieser Kreuze stießen, warfen sich die Arbeiter in die Knie und beteten ein Pater noster und ein Ave Maria oder stimmten den Hymnus «O crux ave» an.

Diese neue Art trug ihnen von Seiten der Nachbardörfer manche Spöttereien ein. «Wenn ihr auf euren Pfarrer hört», hänselten sie, «wird er aus euch allen Kapuziner machen.» Aber die Neckereien rührten das gute Volk nicht weiter; die Arser gaben zurück: «Unser Pfarrer ist ein Heiliger und wir haben ihm zu gehorchen.»

So wandelte sich langsam Brauch und Sitte in Ars.

«Was uns besonders überraschte», erzählte der vorgenannte Pilger aus Lyon weiter, «war die Ruhe und der Friede an dieser Stätte. Man vermeinte in diesem Erdenwinkel reinere Luft zu atmen. ... Christliche Gastlichkeit und brüderlicher Nachbarsinn schienen in den Brauch aller übergegangen zu sein. Die Häuser sahen wir mit Statuen der Gottesmutter und mit Heiligenbildern geschmückt.»

Diese Häuser hatte Vianney von Zeit zu Zeit und immer wieder aufgesucht, um dort unausrottbar christlichen Brauch einzuführen. Nunmehr stand er mit allen auf gutem Fuß, erschien unvorhergesehen während des Mittagessens und rief schon von draußen den Vater des Hauses mit dem Taufnamen an. Wie ein lebender Heiliger verehrt, wurde ihm überall ein froher Empfang.

An die Wand oder ein Möbelstück gelehnt, sprach er bald mit dem, bald mit jenem; erkundigte sich nach der Gesundheit der Eltern, der Kinder, nach dem Gang der Arbeit und dem Stand der Ernte, ließ da und dort, ohne dabei aus dem familiären Ton zu fallen, ein erbauliches Wort einfließen. So fühlte er wie von ungefähr den Puls der Familie: Hielt man sich getreu ans Gebet, an die Heilige Messe, an die gebotenen Feiertage? Waren die Kinder folgsam, lernten sie fleißig den Katechismus? Besonders nahm sich der Pfarrer der Angestellten, dieser jungen, schüchternen Burschen an, die in den Nachbarpfarreien ringsum verdingt waren. Wie Kinder des Hauses wollte er sie behandelt wissen, in den Glaubenswahrheiten sollten sie belehrt, an Sonntagen in Messe und Vesper geschickt werden.

«In unserm Haus», sagt Katharina Lassagne, «war es allen eine Freude, ihn eintreten zu sehen.» ... «Er hat einige Male mit meinem Vater zusammen gegessen», fügt Anton Mandy, Sohn des ehemaligen Bürgermeisters, bei, «aber nie auf eine Einladung hin. Er kam während der Mahlzeit und hielt fröhlich mit. Er ließ sich eine Kartoffel herausgeben und schlug auch einen Tropfen Wein nicht aus, um mit der ganzen Familie anstoßen zu können.»

Diese Gänge und Besuche stifteten unermesslichen Segen. Nachdem er von der Kanzel herab zu allen versammelten Gläubigen gesprochen hatte, erteilte er hier im vertrauten Kreis auf die einzelne Familie abgestimmte Ratschläge und Ermahnungen.

Als später die Seelsorge auch den letzten Augenblick Vianneys verschlang, wurden seine Hausbesuche immer seltener; um schließlich ganz aufzuhören. «Das bedeutete für alle Familien von Ars großen Kummer.»

Convert, der im Juli 1889 für die Pfarrei ernannt wurde, hatte noch das große Glück, die letzten Überlebenden jener Familien kennen zu lernen, bei denen der Heilige eingekehrt war.

«Ihr Gesichtsausdruck», schrieb er, «trug das Siegel der Heiligkeit, wie ich es nie in solchem Grade wahrgenommen habe. Die Gelassenheit, die Heiterkeit, eine Art ausstrahlende Beglücktheit unterschied sie von Tausenden.»

Es hatte eben ein Heiliger aus ihren Vätern und Müttern Vorbilder häuslicher Tugend gebildet. Diese durchwegs wohlhabenden Bauersleute, die bei all ihrem Schaffen und Raffen für den Bedürftigen eine offene Hand hatten, setzten die Fremden in Erstaunen.

Ihre bedächtigen Äußerungen waren von gesundem Menschenverstand eingegeben. Ihre Herzen verbanden mit dem Adel, den Gnade und Glauben verleihen, eine eigene schlichte, einfältige Höflichkeit, die, wie bei den Patriarchen der Vorzeit, von ungewöhnlicher Vornehmheit und Zartheit beseelt war. Das Glaubensleben war ihr großer Erzieher gewesen.

Katharina Lassagne kostete noch in ihrem hohen Alter von achtzig Jahren diese Kindheitserinnerungen, durch die zwei über alles teure Gestalten schritten: ihr heiliger Pfarrer und ihre selige Mutter. Als mittelmäßige Christin hatte sich Claudine Lassagne im Jahre 1818 Vianneys Leitung unterstellt. Gar bald konnte ihre älteste Tochter eine schnelle Veränderung im ganzen Verhalten der Mutter feststellen. «Anfangs konnte sie nie mit meinem Ankleiden und Kämmen fertig werden. Endlose Zeit hat sie auf meine Ausstaffierung verwandt. Vianney war aber kaum einige Wochen in Ars, als auch schon eine völlige Änderung eingetreten war. Im Handumdrehen war ich hergerichtet und die Mutter auf dem Weg zur Kirche.»

Einmal «verlor sich Claudine dort im Gebet wie ein Fisch im Wasser». Zeit schien für sie nicht mehr zu existieren. «Mama, wir wollen doch gehen!», seufzte schließlich Maria, das jüngste von den Kindern, und zupfte sie am Rock. Wie jedem Laut abgestorben, regte sie sich nicht. Während der ganzen Fastenzeit gestattete sie keinem ihrer Kinder, außerhalb der Mahlzeiten etwas zu sich zu nehmen. Als von Rom aus der Fleischgenuss für den Samstag erlaubt wurde, blieb Claudine Lassagne mit der ganzen Familie dem alten Brauch treu.

«Aber es ist doch erlaubt, am Samstag Fleisch zu essen!», sagte ihr eines der Kinder. «Ist es auch befohlen?», erwiderte sie. «Nein, Mutter.» «Dann tut ruhig weiter Buße!» Am Abend hielt diese bewundernswerte Christin, die schon den ganzen Arbeitstag durch

Gebet geweiht hatte, auch die ganze Familie zum Beten an. Bevor sie dann selber als Letzte schlafen ging, beugte sie sich über das Bettchen von Katharina und fragte sie im Flüsterton: «Hast du schon das ‹Herr, gib den Segen› gebetet?» Dies sind die Anfangsworte im kirchlichen Nachtgebet, der Komplet.

Die Grundehrlichkeit der Einwohner von Ars war sprichwörtlich geworden. Sie durchzog ihre sämtlichen Beziehungen zu den Mitmenschen. Früher – dafür sind Vianneys realistische Predigten Beweis – verursachte auch ihnen die Frage nach Recht und Billigkeit wenig Kopfzerbrechen. «Sie handelten wie die andern auch.»

Beim Verkauf verheimlichten sie geschickt die Fehler ihres Viehs, verkauften ranzige Butter und angebrütete Eier als frisch. Der Weber behielt das gute Garn und verkaufte das schlechte.

Die Spinnerin «legte den Hanf an eine feuchte Stelle, um das Gewicht zu erhöhen.»

Man brachte vom Feld Schürzen voll Heu und gestohlener Rüben heim. Die Eltern lachten über die Kinder, die mit vollen Händen anrückten. Aber im verklärten Ars fürchtete man sich vor der kleinsten Unehrlichkeit. Einmal stibitzte der kleine Benedikt Trève, der in seinen alten Tagen diesen Bubenstreich Pfarrer Convert selbst erzählte, in der Auslage einer Krämerin eine Birne und nahm sie ohne weitere Bedenken zum Verzehren mit nach Hause. Er sollte aber keine Zeit finden, sie dort zu verspeisen. Seine Mutter wollte wissen, woher er die Birne habe. Benedikt gestand schließlich sein Vergehen, worauf ihm die Mutter die Hände auf den Rücken band und ihn mit Gertenhieben bis zur Tür der Krämerin trieb. Dort löste sie ihm die Hände, ließ das Kind die gestohlene Birne zurücklegen und um Verzeihung bitten.

Wenn Vianney auch alle Leute mit stets gleich bleibender Güte empfing, behandelte er doch seine eigenen Pfarrkinder mit einer besonderen Vorliebe. Nachdem ihn das Beichte hören einmal von morgens früh bis in die Nacht hinein an seine Kirche fesselte, konnte er «seine geliebten Kinder» nicht mehr wie ehedem besuchen. Während aber die Pilger tagelang warten mussten, bevor sie ihn auch nur auf einige Minuten sprechen konnten, hatte er jeden Samstag eigene Stunden für die Bewohner von Ars freigehalten.

Und nahm er sie an sonstigen Tagen während der Woche wahr, so ließ er sie zu sich rufen. Er war in diesem Punkt so entgegenkommend, dass die Leute, die gern längere Zeit der Vorbereitung gewidmet hätten, sich vor ihm verbergen mussten.

Er bezeigte ihnen «eine außergewöhnliche Hingabe» bis ans Ende. Inmitten des stärksten Menschenandranges «verließ er alles», um ihre Kranken aufzusuchen. Tag und Nacht stand er ihnen zu Diensten. Magdalena Scipiot bat ihn eines Nachts gegen elf Uhr zu ihrer schwer unpässlichen Mutter.

Sie ruft ihn von draußen her zwei-, dreimal. Er wacht auf, öffnet sein Fenster. «Ja, mein Kind», antwortet er, «ich komme im Augenblick.» Frau Scipiot entschuldigt sich, ihn belästigt zu haben. «Oh, nein, das ist nichts», erwidert er, «ich habe noch nicht mein Blut gegeben für Sie.» Im Winter des Jahres 1823 kam er während der Jubiläumsfeierlichkeiten in Trévoux eines Abends trotz Schnee und Kälte in seine Pfarrei zurück, nur um eine kranke Frau zu besuchen. Bei seiner Ankunft war er von Müdigkeit erschöpft, von Rauhreif behangen, in Schweiß gebadet. Nichts konnte ihn abhalten, wenn es um die Seelen der Seinen ging.

Es war ihm aber auch eine innige Herzensfreude, ihre Willigkeit und ihren guten Geist zu beobachten. In Ars wurde Vianney «wie ein Vater geliebt», wie ein König geehrt. Sein Einfluss erstreckte sich auf Alle und Alles.

Auf der Kanzel und im Beichtstuhl hatte er die Strenge und die Schönheit der heiligsten Verpflichtungen der christlichen Ehe verkündet. Man hatte ihm gelauscht, man hatte ihn verstanden. Auf die Dächer des Dorfes senkte sich Gottes Vatersegen herab. Und wie in biblischen Zeiten «glich die Gattin der fruchtbar üppigen Rebe an des Hauses Wänden», und «die Kinder reihten sich wie Ölbaumsprossen um den Tisch» ihres Vaters. Der Kirche gegenüber wohnten die Cinier mit zehn Kindern; Vater Mandy hatte zwölf; zwölf auch die Schlossfamilie des Garets; die Familie Pertinand und Fleury Trève zählte fünfzehn Kinder. Die Einwohnerzahl von Ars hat sich während Vianneys Amtstätigkeit mehr als verdoppelt. Allein zwischen 1818 bis 1824 kommen in der kleinen Pfarrei auf neunzig Geburten nur vierzig Todesfälle.

Vater und Mutter wahrten auch über ihre erwachsenen Kinder eine ausgesprochene Autorität und duldeten keinen Eingriff in ihre heiligen Rechte. Buben und Mädchen war es streng untersagt, sich auf der Gasse oder daheim träge herumzutreiben. «Wenn die

Mädchen aus der Schule kamen», erzählte Annette Scipiot, die in diesem Geist erzogen wurde, «ließ man sie nicht müßig gehen, sondern hielt sie zum Stricken und zur Mithilfe im Haushalt an. Gingen sie aus, wurden sie bei der Rückkehr gefragt, wie sie sich betragen und mit wem sie die Zeit verbracht hatten ...»

Am Sonntag gingen die Töchter nur mit ihrer Mutter aus. Johanna Cinier, die keineswegs Klosterberuf in sich fühlte, seufzte manchmal: «Aber heute nach der Vesper wollen wir spazieren gehen. Ich bin dieses Ewig-eingesperrt-Seins müde!» Und ihre Mutter ging mit ihr am Sonntagabend die stillen Feldwege entlang.

Einmal täuschte sie die mütterliche Wachsamkeit und ließ sich von einer jungen Frau und dem Fräulein Scipiot bis zum Gehölz Papesse schleppen. Dort könnte man so schön plaudern, dort könnte man Haselnüsse sammeln. Plötzlich brach von beiden Seiten des Gebüsches ein Rufen los; die Burschen von Mizérieux zogen der Jungmannschaft von Ars entgegen und von hüben und drüben gab man sich das verabredete Zeichen. Die Haselnusssammlerinnen machten sich aus dem Staub, «als ob», gestand Johanna Cinier, «alle Schlangen des Gehölzes hinter ihnen her gewesen wären». Sie waren gründlich von ihrem Ungehorsam geheilt.

Die vertiefte religiöse Bildung, die er den Seelen zuteil werden ließ, scheint die Priester- und Ordensberufe nicht außerordentlich stark gemehrt zu haben im Dorf. Bevor Vianney einer Seele den Weg an den Altar oder ins Kloster wies, verlangte er möglichst untrügliche Kennzeichen.

Im Jahre 1824 traf er eines seiner jungen Pfarrkinder, dessen Frömmigkeit ihm zweifellos aufgefallen war, und er fragte: «Willst Du ins Seminar gehen, Kind?» «O, Herr Pfarrer, ich muss unbedingt meinem Vater helfen. Ich kann ihn nicht verlassen.» Mit dieser Antwort war für den Pfarrer von Ars die Frage dieser Zukunft entschieden, die er in schönerem Lichte geschaut hatte. «Du tust gut so», schloss er. «Bleibe!» In andern Fällen riet er zögernden Seelen den sofortigen Eintritt ins Kloster und Seminar an.

Viele Pilger richteten es sich so ein, dass sie den Sonntag im Dorf verbringen konnten. «Dort», erzählte eines der treuen Beichtkinder des Heiligen, «wurde der in seiner Pfarrei vor seiner Ankunft so entheiligte Sonntag durch Vianneys Eifer wirklich der *Tag des Herrn*. Die Kommunionen waren zahlreich. Die Kirche wurde nicht leer.

Die Gottesdienste, die einander in kurzen Zwischenräumen folgten, waren sehr eifrig besucht. Der Pfarrer erteilte den Katechismusunterricht um ein Uhr nachmittags und es wohnten ihm fast so viele Leute wie der Heiligen Messe bei.

Auf die Vesper folgte die Komplet. ... Dann kam der Rosenkranz, den das ganze Volk mitbetete. Bei einbrechender Nacht rief die Glocke ein drittes Mal zur Kirche. Und zum dritten Mal folgte die Pfarrei ihrem Ruf. Vianney verließ dann seinen Beichtstuhl, betete das Nachtgebet vor und schloss die Andachtsübungen des Sonntags mit einer jener rührenden Homilien, denen ich mit so viel innerer Beglücktheit lauschen durfte. ...

Die Haltung dieser braven Christen machte einen tiefen Eindruck auf mich, insbesondere die Ehrerbietung, welche die Mütter von ihren Kleinsten verlangten.»

«Wir dehnten unsern Aufenthalt in Ars bis zum Sonntag aus», berichtet ein anderer Zeuge. «An diesem Tag begann der Gottesdienst um acht Uhr und dauerte bis elf. Vor der Messe fand eine Prozession statt und nach dem Evangelium die Predigt. Die Kirche war ganz gefüllt. Es herrschte eine auffallende Sammlung.»

Ein Stück Urkirche war wieder erstanden; Urchristen kamen hier zusammen. Die einzige Verfehlung, die Vianney mehreren seiner Pfarrkinder vorzuhalten hatte, war ihr öfteres Zuspätkommen zum Gottesdienst. Das war ein altes Erbübel der Dombes-Bauern. Im Jahre 1850 hatte der Heilige noch nicht völlig auf dieser Linie gesiegt. «Er beauftragte seinen Sakristan, den Bruder Hieronymus, vor dem «Asperges» des Hochamtes eine Runde um die Kirche zu machen und die Männer in aller Güte zu bereden, hereinzukommen.»

Bruder Hieronymus ging hinaus und bat die Nachzügler, sofort einzutreten. Anfangs sträubte man sich etwas. Aber bald gewöhnten sich alle daran und schließlich erlebte der Pfarrer von Ars die Freude, seine lieben Pfarrkinder schon zu Beginn des Gottesdienstes um sich geschart zu sehen.

Während die Menschen Gott lobten, lag es wie heiliger Friede draußen über Gärten und Feldern. Wenn es in der dringlichsten Erntezeit noch den einen und andern Sonntagsschänder gab, bildeten sie doch die Ausnahme und arbeiteten nur heimlich und so kurz wie möglich. «Bei uns», sagte ein braver Mann, «ist die Menschenfurcht auf den Kopf gestellt.»

Ja noch mehr: Sogar jeder Handel stand an diesem Tag im Dorf still. Vianney duldete nicht, dass die Läden an diesem Tag öffneten und weihte nie religiöse Gegenstände, die betrüglich am Sonntag gekauft worden waren.

Abgesehen von sehr schwer wiegenden Gründen, wie Trauerfall oder gefährliche Erkrankung, unterließen seine Pfarrkinder jedes Reisen am Sonntag. Kein werktäglicher Lärm, nicht einmal das Rollen eines Wagens störte die friedvolle Stille dieses Tages.

«Nie gestattete mir der Pfarrer von Ars, an einem Sonn- oder Festtag auszufahren, und auch die andern Fuhrhalter spannten an diesem Tag nicht an», erzählt Franz Pertinand. «Als dann die Eisenbahn gebaut wurde, wollte die Gesellschaft, die ich vertrat, keine Unterbrechung des Dienstes dulden. Dann bestand Vianney darauf, dass die Wagen an den genannten Tagen wenigstens nicht ins Dorf hineinfuhren, und er ließ es ohne klar ausgesprochene Erlaubnis geschehen, dass Reisende vor Erreichen der ersten Häuser auf- und abstiegen.»

Ein außerordentliches Ereignis, das damals die Gemüter stark erregte, schien den Bestimmungen des Heiligen das göttliche Siegel aufzudrücken. «Im Jahre 1856 war am Sonntag in der Fronleichnamsoktav eine Kutsche bis vor die Kirche vorgefahren, aus deren weitgeöffneten Türen das ausgesetzte Allerheiligste leuchtete. Die Pferde hielten plötzlich in vollem Galopp und ließen sich nicht mehr von der Stelle weitertreiben; mochte der Postillon noch so erbost mit der Peitsche auf sie einschlagen, sie blieben stehen wie die Eselin unter dem Stock des Propheten Bileam. Notgedrungen musste das Gespann wenden und zum Hotel zurückfahren.»

So lag es jeden Sonntag über dem Dorf Ars wie Klosterfrieden, über dem nur der Glockenschlag die heilige Stille unterbricht. Nicht mehr ging durch diese Gassen das marktschreierische Treiben weltlicher Feste und das laute, wilde Gegröhle angeheiterter Menschen, die wankend die Breite der Straße durchmessen. Ein Herr, der dieses Treiben besonders hasste, sagte: «Es gefällt mir ausgezeichnet in Ars, denn ich sehe nie einen Betrunkenen.»

Die freie Zeit, die den Gläubigen neben den Gottesdiensten noch blieb, verbrachten sie mit gemütlichen Familienbesuchen und bei herzlicher Unterhaltung. Die Männer vergnügten sich mit Kegelspielen. Die Alten saßen auf der Schwelle ihres Hauses, genossen die Sonne und ließen den Blick auf dem heimischen Gelände ruhen. Fleury Trève, der Patriarch der fünfzehnköpfigen Familie, pflegte noch lange Jahre, nach der Sonntagsvesper auf dem Torstein zu sitzen und seinen Rosenkranz zu beten.

Vianney führte auch den Brauch ein, manche Festtage, die nicht verpflichtend waren, im Geist des Sonntags zu begehen: so Oster- und Pfingstmontag, den Fronleichnamsdonnerstag, der sonst in Frankreich nicht gefeiert wird, das Fest Peter und Paul, Johannes der Täufer, St. Sixtus und «seine liebe kleine heilige Philomena».

An diesen Tagen füllten die Einwohner von Ars die Kirche für das Hochamt, die Vesper und die Abendpredigt. Niemand ist darob ärmer geworden. Selbstverständlich hat Vianney diese Feste nicht als verpflichtende Feiertage vorgeschrieben und es stand jedem frei, wenn nötig zu arbeiten. Es war aber nicht Brauch. «Ich habe diese Feste besonders gern», sagte Vianney, «weil man ungezwungen, einzig durch ein Gefühl vollkommener Liebe getrieben kommt.»

Selbst an den Werktagen wohnten etwa fünfzig Frauen und fünfzehn Männer der Frühmesse bei. In manchen Familien richtete man sich so ein, dass das ganze Jahr hindurch wenigstens ein Angehöriger des Hauses jeden Morgen zur Kirche ging. Die Mitglieder der Sakramentsbruderschaft trugen bei Segensandachten und Prozessionen die Kerzen.

An den Sonntagen hielten sie treu ihre Anbetungsstunde. Mehr als einer folgte dem frommen Vorbild und Beispiel von Vater Chaffangeon und trat zu einem kurzen Gruß vor oder nach der Arbeit in die Kirche ein. Und es war etwas Ergreifendes, ihre Werkzeuge draußen an der Kirchenmauer aufgereiht zu sehen, während die Bauern drinnen vor dem Allerheiligsten beteten.

Nicht von gleichem Erfolg gekrönt waren die Bemühungen des Pfarrers von Ars, als er nach einer ungefähr zwanzigjährigen Periode der Strenge nunmehr seine Pfarrkinder zu öfterem Sakramentenempfang führen wollte.

Obschon er mit seinem frommen Wunsch nicht durchdringen konnte – er wollte die monatliche und womöglich die sonntägliche Kommunion –, hatte er doch das Vertrauen, dass auch ein nicht so häufiger Kommunionempfang das Glaubensleben der Männer und Jünglinge erhalten und es mehr und mehr stärken werde. «Ich habe alles getan», sagte er gegen Ende seines Lebens, «um meine Männer zur viermaligen heiligen Kommunion im Jahr zu bringen. Hätten sie auf mich gehört, sie wären alle Heilige.»

Um diesen Erfolg zu erzielen, hatte er gebetet und gepredigt. Sein Eifer hatte ihn erfinderisch gemacht. Den religiös und seelisch Aufgeweckteren legte er nahe, sie möchten die großen Jahrestage ihres Lebens durch den Empfang der heiligen Sakramente begehen und so die Erinnerung an die Taufe, die erste hl. Kommunion, die Hochzeit würdig feiern. Er sah es gern, wenn die Taufpaten vor der Übernahme ihrer hohen Verpflichtungen zur hl. Kommunion gingen. Eine der größten Seligkeiten im Leben Vianneys war das Austeilen der heiligen Hostien. Mit diesem tröstlichen Dienst hätte er am liebsten all seine Tage hingebracht und er vollzog diese Spendung des Herrenleibes mit tränenfeuchten Augen.

Um sein Volk ganz in den Bann der hl. Eucharistie zu ziehen, hatte der Pfarrer von Ars alle Sorge darauf verwandt, sie mit einer innigen Liebe und einem warmen Empfinden für alles Heilige der Kirche zu durchdringen. Und er hat sein Ziel erreicht.

Jeden Sonntag entfalteten sich vor dem staunenden Blick dieser schlichten Menschen die schönsten Banner und reichsten Gewänder. Lange Jahre hindurch hatte der Heilige in Person seine Messdiener herangebildet und hatte ihnen wunderbare Zucht beigebracht. Er selbst trat an «seine priesterlichen Handlungen in ernster, würdiger Haltung und mit größter Sorgfalt heran».

«Sein liturgischer Sinn war so ausgeprägt, er bildete seine Messdiener mit einer solchen Genauigkeit und einem so feinen Verständnis aus, dass Bischof de Langalerie die Kirche des Heiligen dem Klerus seiner Diözese als Musterbeispiel empfahl: ‹Wollt ihr eine Kirche sehen, wo alle Zeremonien buchstabengenau beobachtet werden, dann geht nach Ars ...›»

An verschiedenen Tagen erbaute die religiöse Haltung der Pfarrkinder ganz besonders die Pilger. Für den Gründonnerstag, den Gedenktag der Einsetzung des allerheiligsten Altarsakramentes, «ließ Vianney den Sakramentsaltar aufs Herrlichste schmücken und er hatte seine kindliche Freude an dem Schmuck, der den Tabernakel in erhabenem Glanz erstrahlen ließ. Der ganze Chor, den er im Jahre 1845 stark ausgebaut hatte, war mit Bannern behangen. ...

Ein Lichterkranz leuchtete in tausend Strahlen. Dabei war aller Schmuck darauf abgestellt, die Sammlung der Gläubigen zu mehren, statt sie abzulenken». An diesem Tag verharrte die ganze Pfarrei in Anbetung vor dem verborgenen Gott in ihrer Kirche. Am Abend begann die sogenannte «Heilige Stunde». Ohne sich einen Augenblick zu setzen, brachte der Pfarrer die ganze Nacht vom Donnerstag auf Freitag auf den Knien zu.

Das Fest aller Feste bedeutete für das Dorf der Fronleichnamstag. Das war ein einzigartiges Schauspiel. Mag man anderswo größere Pracht entfaltet haben, nirgends bezeugten die Herzen lebendigeren Glauben und innigere Liebe.

Diese Feierlichkeit versetzte den Pfarrer von Ars in kindliches Entzücken und brachte alle Fröhlichkeit seines Herzens zu heller Blüte. «Schon an der Art und Weise, wie er den Tag ankündigte, fühlte man, dass er seinem Herzen innig lieb war.» Es war eine Freude, ihn an diesem Tag zu sehen. Dies eine Mal stand der Beichtstuhl für einige Stunden leer. Der Heilige atmete auf. Das waren seine Ferien.

Er schritt durchs Pfarrhaus, wo man die Messdiener ankleidete. Sie waren ihm nie zahlreich genug. «Einmal – ich zählte damals zwölf oder dreizehn Jahre –», berichtet der alte Vater Lardet, «einmal wartete ich im Pfarrhof mit anderen Messdienern.

Der Pfarrer erscheint. ‹O meine lieben Kinder›, redet er uns an und schreitet zwischen unsern Reihen auf und ab, ‹wenn nur eure Seelen so strahlend weiß sind wie eure Chorkleidchen!› Und er lächelte froh.» «Er bat auch die Mädchen, sie möchten sich weiß kleiden», schreibt Katharina Lassagne, «und die von der *Vorsehung* waren nicht die letzten.»

Er ließ möglichst viele Altäre aufrichten, um oft und oft den Segen über seine Pfarrei spenden zu können. Das Herz in übersprudelnder Seligkeit, schritt er durch die Dorfgassen, stieg bis zum Schloss hinauf, ermunterte die Arbeiter, legte selber Hand an und fand dann vor der Prozession noch Zeit, in die Kirche zurückzukehren, um schnell einigen Pilgern die Beichte zu hören.

Die Feier entfaltete sich inmitten eines Massenandranges. Denn Ars feierte Fronleichnam – entgegen dem eingerissenen Missbrauch, das Fest am folgenden Sonntag zu begehen –, am liturgischen Tag, am Donnerstag nach dem Dreifaltigkeitssonntag. So konnten die Dörfer der Nachbarschaft an der Prozession teilnehmen. Und sie ließen sich diese Gelegenheit nicht entgehen.

Vianney duldete nicht, dass Gaffer am Prozessionsweg entlang standen; alle mussten in Reih und Glied mitgehen.

Der Pfarrer von Ars, der bei allen anderen Gelegenheiten den allerletzten Platz unter seinen Mitbrüdern einnahm, trat an diesem Tag niemandem die Ehre ab, das Allerheiligste tragen zu dürfen. Mit den festlichen Gewändern angetan, schritt er in ergreifender Majestät unter dem Baldachin dahin. Ein heiliger Bann hielt auf den Lippen der Menge jede Bemerkung zurück. Hinter dem Baldachin wallte der Menschenstrom einher, von dem Hymnen und Gebete in ununterbrochener Innigkeit zum Himmel stiegen. Das war wirklich das «Fest des Herrn».

Bei der letzten Fronleichnamsprozession – vierzig Tage vor seinem Sterben – konnte er das allerheiligste Sakrament nur auf die Altäre heben. Aber noch im Jahr vorher hatte er die schwere Monstranz zwei Stunden lang getragen und trotz seiner zweiundsiebzig Jahre war er die Stufen der Feldaltäre «mit jugendlicher Beweglichkeit hinaufgestiegen».

Früher hatte er wohl manchmal «nach rechts und nach links geschwankt. Und man hatte das bange Gefühl, er könne fallen». Aber nur die Fremden konnten diese Furcht hegen. Seine Pfarrkinder wahrten ihr zuversichtliches Vertrauen in ihn, waren sie doch gewohnt, ihn unter schwerster, niederdrückender Arbeitslast tapfer aushalten zu sehen.

Er selber lebte nur in einem unaussprechlichen Herz-zu-Herz mit seinem Heiland und empfand nicht die geringste Unruhe. «An einem Fronleichnamstag», erzählte Bruder Athanasius, «fragten wir ihn, als er schweißgebadet aus der Sakristei heraustrat: ‹Sie müssen aber entsetzlich müde sein, Herr Pfarrer?› ‹Oh, wie soll ich müde sein? Den ich getragen, er hat auch mich getragen.›»

Ars war wahrhaft ein Mittelpunkt geworden, von dem Heiligkeit über Umkreis und Welt ausstrahlte. Um dieses geheimnisvolle Wirken aus nächster Nähe zu erleben, hatten sich eifrige Seelen im Dorf niedergelassen oder brachten dort mehrere Wochen zu. Einige hatten sich ins Dorf zurückgezogen in der Hoffnung, der Heilige werde einmal auch sie in ihren letzten Augenblicken trösten.

Und in der Tat: Ließ es sich schon selig in dieser gottbegnadeten Pfarrei leben, so ließ es sich noch seliger an diesem Gottesfleckchen sterben. Während Vianneys Amtstätigkeit waren die letzten Stunden

Das Zimmer des hl. Pfarrers von Ars,
wo er seine schöne Seele am 4. August 1859 Gott übergab.

Die Küche des Pfarrhauses in Ars. Rechts auf dem Küchentisch steht der berühmte Korb, in dem sich die Kartoffeln befanden.

mancher Seelen eigenartig verklärt, erbaulich, wie göttlichen Frohlockens voll.

Am letzten Oktobertag des Jahres 1825 ging Vater Ludwig Chaffangeon in die Ewigkeit hinüber, der fünfundsiebzigjährige Greis, der Mann der schweigenden Anbetungsstunden vor dem Allerheiligsten. In der Todesstunde leuchteten seine Augen in freudiger Hoffnung, und sein Mund sang: «Sehen werd' ich sie, die liebe Mutter.»

Unter dem Beistand ihres innig geliebten Hirten schieden seine Pfarrkinder aus dem Leben, so dass an ihrem Sterbebett nur der eine Wunsch aufkam: Wenn ich nur hinübergehen könnte wie diese!

Selbst in den Nachbarorten wünschte man die Sterbesakramente aus der Hand des Heiligen zu empfangen; und eine Person ließ sich nach Ars tragen, um dieses Glückes teilhaftig zu werden. Vom neuen Friedhof, den er selber eingesegnet hatte, sagte er mit großer Genugtuung: «Das ist ein Reliquienschrein!» Er war denen, die da im Frieden Gottes ruhten, selber in der letzten Stunde beigestanden, darunter manchen landbekannten Sündern, von denen – nach der Aussage älterer Dorfbewohner – keiner ihm beim dunklen Schritt entkommen konnte. Und der Heilige hatte das Vertrauen, dass sie alle in den Frieden Gottes eingegangen seien.

Der Satan hat selbst für diese Heiligkeit im Dorf gezeugt. Der übernatürliche Odem, der dem heiligen Dorf entströmte, reizte seine Wut. «Welch ein Drecknest ist dies euer Ars», schrie er eines Tages auf dem Dorfplatz durch den Mund einer Besessenen, die er entsetzlich quälte, «hier stinkt es widerlich. ... In Ars stinkt alles. Da nennt mir die ‹Rotonde› (ein verrufenes Lokal in Lyon). Das duftet prachtvoll!»

Auch in irdischer Hinsicht scheint Ars besonderen Gottesschutz und Segen erfahren zu haben.

«Ich habe es aus dem Mund meiner Mutter», erzählt Magdalena Mandy-Scipiot, «vom Jahre 1825, als sie ins Dorf zog, bis zum Tode Vianneys hat es nie gehagelt. Das führte sie auf die Fürsprache des Dieners Gottes zurück, zumal er selber um Abwendung dieser Gottesgeißel beten ließ.»

«Es ist auffallend», fügt Martha des Garets bei, «dass während seiner ganzen Amtszeit kein Unwetter über der Bannmeile von Ars niedergegangen ist. Meine Mutter schrieb eines Tages nach einem

Gewitter: Der Donner klang uns nur wie eine erlöschende Stimme im Ohr. Der Pfarrer hatte die ganze Nacht im Gebet zugebracht.»

Es lag an all dem Wunderbaren, dass so und so viele Fremde, die Ars kaum gestreift hatten, ihr Heimweh nach diesem gottgesegneten Dorf nicht mehr los wurden. Und jene, welche die Seele dieser Stätte erfasst und den Frieden in seiner Tiefe verkostet hatten, mochten in ihre Heimat zurückkehren – sie hatten nun das Empfinden, als ob Heimat Verbannung wäre.

«Nicht ohne Traurigkeit schieden wir von dieser Stätte», erzählt einer aus jener Schar. «Wie kam es nur, dass wir so schnell mit dem Dorf verbunden waren? ... Wir hatten eben auf dieser lichtlosen Erde ein Stückchen Seelenglück erfahren, das überall, wo Menschen es erfahren, ein Fleckchen Heimat schafft. Wieder in den Lärm und die Hast der Stadt hineingeworfen, konnten wir uns eines Unbehagens und einer Melancholie nicht mehr erwehren. Die Menschen kamen uns so ungeschlacht, so feindlich vor.

Das Reden, das Schreien, ja selbst das Arbeiten verriet Zwiespalt und Leid. Die Atmosphäre von christlichem Frieden und Zueinanderstehen, aus der wir nun wieder herausgetreten waren, hatte uns für alles Menschenelend empfänglicher gestimmt. Nun muss unsere Seele sich zurückflüchten in die Erinnerungen an Ars wie in ein Heiligtum und in unserer Erinnerung Vianneys heilige Gestalt neu erstehen lassen, auf dass sie uns wieder ermutigt und neu tröstet.»

Und Toccanier, dem die große Gnade zuteil wurde, mit dem Heiligen zusammenarbeiten zu dürfen, erhielt von einer treuen Beterin folgende Zeilen, die Tränenspuren aufwiesen: «O Ars! Könnte mein Leib meinen Gedanken folgen, ich würde Tag für Tag dorthin zurückpilgern. Kaum bin ich aus dem Dorf hinaus, möchte meine Seele schon wieder umkehren. ...

Meine Gedanken gehen dem Glück jener vergangenen Tage nach, jener Tage, die ich auf Ihrem gesegneten Fleckchen Erde verbracht habe. ... Wie sind Sie doch glücklich!»

Der Pfarrer von Ars und der Teufel

Dass es eine Hölle und gestürzte Engel gibt, ist katholische Glaubenslehre. Nach dem Dogma ist der Dämon ein lebendiges, persönliches Wesen und nicht eine bloße Angstvorstellung. In der Welt bleibt sein Einwirken meistens verborgen. Nur gelegentlich tritt mit des Schöpfers Zulassung der Böse hervor, besonders dort, wo er seinen Einfluss gefährdet sieht und versucht, weil er sich am Meister selber nicht vergreifen kann, das Wirken der Gottesstreiter lahm zu legen.

Fünfunddreißig lange Jahre – von etwa 1824 bis 1858 – war der Pfarrer von Ars den äußeren Teufelseinwirkungen ausgeliefert. Hätte es Satan durch die völlige Beraubung von Schlaf und Ruhe zustande gebracht, ihm das Gebet, die Kasteiungen und das apostolische Arbeiten zu verleiden, und hätte er ihn so schließlich von der Seelsorge losgerissen, er hätte triumphieren können! Aber der Feind alles Heils sollte zuschanden und besiegt werden! «Die Kämpfe Vianneys mit dem Dämon», sagt Katharina Lassagne, «halfen nur, seine Liebe lebendiger und selbstloser zu steigern.» Der Böse hatte mit einem solchem Ausgang nicht gerechnet.

Die satanischen Verfolgungen «setzten ein zur Zeit, da der Pfarrer von Ars die Gründung der *Vorsehung* plante und zu diesem Zweck ein Haus käuflich erwarb». Das war im Winter 1824 auf 1825. Sie bildeten eigentlich nur die Folge von heftigen inneren Versuchungen. Im Laufe einer schweren Krankheit, die nach seiner Aussage auf «Jugendtorheiten», d.h. übertriebene Bußübungen, zurückzuführen war, hatte er sich in einem Anfall von verzweifelten Gedanken dem Tod nahe geglaubt. Wie im eigenen Innern vermeinte er eine Stimme zu vernehmen, die wiederholt die Worte sagte: «Das ist die Stunde der Verdammung.» Aber der Heilige bestärkte sich in seinem inneren Frieden durch vertrauensvolles Rufen zu Gott.

Um seinen äußeren Frieden zu stören, setzte nun Satan mit ziemlich harmlosen Quälereien ein. Nacht für Nacht hörte der arme Pfarrer von Ars seine Bettvorhänge reißen. Er glaubte es einfach mit Nagetieren zu tun zu haben und stellte eine Heugabel an sein Bett. Vergebliche Mühe! Je heftiger er die Vorhänge schüttelte, um die Ratten zu vertreiben, desto lauter hörte sich das Reißen an. Und wenn er am Morgen meinte, nur noch Fetzen vorzufinden, sah er die Vorhänge nicht im Mindesten beschädigt. Diese Umtriebe dauerten eine Zeitlang.

Der Pfarrer von Ars hatte also zu Beginn nicht den leisesten Gedanken, dass er es mit dem Geist der Finsternis zu tun habe. «Er war nicht leichtgläubig und schenkte außerordentlichen Begebenheiten nur sehr schwer Glauben.» Als ihm später eine Reihe von Fällen von teuflischer Besessenheit vorgelegt wurden, ging er stets mit großer Umsicht vor. «Ich habe ihm einmal die Frage gestellt», erzählt Dufour, ein Missionar von Belley, «was er von einer Person halte, die angesichts eines Priesters oder Kruzifixes jedesmal einen Wutanfall erleide. Er gab zur Antwort: ‹Das ist ein bisschen Nervengeschichte, ein bisschen Verrücktheit und ein bisschen *Grappin.*›» *Grappin* war sein Spitzname für den Teufel.

Sicherlich litt der Heilige, der inmitten von unerhörter Arbeitslast sich so vollkommen in der Gewalt hatte, nicht an Halluzinationen. Zudem war er zu ernst und ein zu großer Feind der Lüge, um leeres Geschwätz aufzubringen; und er hätte sicher niemals von den teuflischen Angriffen gesprochen, wenn sie nicht Wirklichkeit gewesen wären. Wer immer mit ihm zu tun hatte, war dieser Überzeugung.

Bald hörte man mitten in der Nacht Schläge an die Türen donnern, Geschrei im Pfarrhof widerhallen. Sollten es Diebe sein, die nach den reichen Geschenken des Grafen von Ars gierten und sie im großen Speicherkoffer suchen wollten? Beherzt ging Vianney hinaus, sah aber nichts. Trotzdem fürchtete er sich in den folgenden Nächten vor dem Alleinsein.

«Seit mehreren Tagen», so lautet die Geschichte aus dem Mund des Wagners Andreas Verchère, eines starken, lustigen Gesellen von achtundzwanzig Jahren, «seit mehreren Tagen vernahm Vianney in seinem Hof ein sonderbares Geräusch. Eines Abends kam er zu mir und sagte: ‹Ich weiß nicht, ob das Diebe sind. ... Würden Sie vielleicht zu mir schlafen kommen?› ‹Sehr gern, Herr Pfarrer. Ich werde mein Gewehr laden.›

Bei einbrechender Nacht ging ich ins Pfarrhaus. Ich wärmte mich am Ofen und unterhielt mich bis gegen zehn Uhr mit dem Pfarrer. ‹Nun wollen wir schlafen gehn›, sagte er schließlich. Er überließ mir sein Zimmer und begab sich nach nebenan. Ich schlief nicht. Gegen ein Uhr hörte ich am Griff und an der Klinke der Tür, die auf den Hof geht, heftig rütteln. Im gleichen Augenblick schlugen Keulenhiebe gegen dieselbe Tür, während im Pfarrhaus ein Donnergepolter wie von vorüberrollenden Wagen losging.

Ich griff nach meinem Gewehr, stürzte mich ans Fenster und riss es auf. Ich schaute hinaus und konnte nichts entdecken. Das Haus erbebte während ungefähr einer Viertelstunde. Auch mir schlug es in die Beine und ich habe es noch nach acht Tagen gespürt. Sobald der Spektakel einsetzt hatte, zündete der Pfarrer eine Lampe an. Er kam zu mir herüber.

‹Haben Sie es gehört?›, fragte er mich.

‹Sie sehen, dass ich es gehört habe, bin ich doch auf und habe mein Gewehr.›

Das Pfarrhaus wankte wie bei einem Erdbeben.

‹Haben Sie denn Angst?›, fragte mich der Pfarrer weiter.

‹Nein, ich habe keine Angst. Aber mir ist, als ob meine Beine versagen. Das Pfarrhaus ist am Zusammenstürzen.›

‹Was halten Sie von der Geschichte?›

‹Ich glaube, es ist der Teufel.›

Als der Lärm vorüber war, legten wir uns wieder schlafen. Am nächsten Abend ersuchte mich der Pfarrer von neuem, zu ihm zu kommen. Ich antwortete ihm: ‹Herr Pfarrer, ich habe genug von der Geschichte.›»

Später hat Vianney in der *Vorsehung* die Verlegenheit seines ersten Wächters gemimt und «herzlich über sein Entsetzen gelacht».

«Mein armer Verchère mit seinem Gewehr», erzählte er den Leiterinnen, «zitterte am ganzen Leib. ... Er dachte gar nicht mehr daran, dass er eines hatte.»

Da der Wagner abschlägigen Bescheid gab, wandte sich der Pfarrer an den Bürgermeister, der ihm seinen Sohn beigesellte, einen groß gewachsenen Burschen von sechsundzwanzig Jahren, und dazu als Waffengefährten den zwei Jahre jüngeren Johannes Cotton, den Schlossgärtner von Ars. Zwölf Tage hintereinander begaben sich die beiden Wächter nach dem Abendgebet ins Pfarrhaus. «Wir haben kein Geräusch gehört», berichtet Johannes Cotton. «Nicht so der Pfarrer, der im Nebenraum schlief.

Mehr als einmal wurde er im Schlaf gestört und er rief uns zu: ‹Kinder, hört ihr nichts?› Wir gaben zurück, dass kein Geräusch zu uns herüberdringe. Nur einmal vernahm ich ein Geräusch, wie man es mit einer Messerklinge durch Klopfen auf einen Wasserkrug hervorbringen könnte. ... Wir hatten unsere Uhren an der Wand in der Nähe des Spiegels aufgehängt. ‹Ich wundere mich›, sagte der Pfarrer, ‹dass eure Uhren nicht zerbrochen sind.›»

Mehrere andere junge Leute, unter ihnen Edmar Scipiot, der Schlossverwalter von Ars, standen im Kirchturm Posten. Auch sie hörten kein verdächtiges Geräusch. Nur «sahen sie», nach der Aussage von Magdalena Scipiot, der Tochter des Letzteren, «eine Feuerzunge aufs Pfarrhaus loszüngeln».

Woher kamen nun eigentlich diese geheimnisvollen Geräusche? Klug wie Vianney war, wagte er trotz seiner Unruhe nicht, sich darüber auszusprechen. In einer schneeverwehten Winternacht hörte er wieder Schreie im Hof erschallen. «Es war wie ein Heer von Österreichern oder Kosaken, die wild durcheinander eine ihm unverständliche Sprache redeten.»

Der Pfarrer von Ars öffnete die Tür. Auf der Schneefläche, die auch in mondlosen Nächten weiß aufschimmert, konnte er keine Spur entdecken. Seine Überzeugung war fertig. Hier handelte es sich nicht um Menschenstimmen, auch nicht um ein Eingreifen Gottes oder seiner Engel, hier lag Schreckliches vor, Teuflisches! Verriet nicht schon dieses innere Erschaudern zur Genüge die geheimnisvolle Persönlichkeit? «Ich kam zur Überzeugung, es ist der Teufel, weil ich Furcht empfand», gestand er später seinem Bischof Devie: «Der liebe Gott flößt keine Angst ein.» Er begriff, dass in diesem Kampf nicht Gabel und Gewehre helfen, «sandte seine Wächter fort und blieb allein auf dem Posten zurück».

Es bedeutete wirklich Kampf. Und das einzige Hilfsmittel, ihn zu bestehen, war für den heiligmäßigen Priester Geduld und Gebet. «Ich habe ihn verschiedentlich gefragt», erzählt sein Beichtvater, «wie er die Anstürme überstanden hat. Er antwortete mir: ‹Ich wende mich an Gott. Ich mache das Zeichen des Kreuzes. Ich schleudere Satan einige Worte der Verachtung hin. Ich habe zudem festgestellt, dass sich der Lärm verstärkt und die Angriffe sich vervielfältigen, wenn am nächsten Tag ein großer Sünder kommen wird.›»

Diese Erfahrung tröstete ihn in seinen schlaflosen Nächten. «In der ersten Zeit fürchtete ich mich», vertraute er Mermod, einem seiner besten Freunde und treuesten Beichtkinder, an; «aber jetzt bin ich sogar froh darüber. Es ist ein gutes Vorzeichen. Am nächsten Tag gibt es immer einen ausgezeichneten Fischfang.» «Der Teufel hat mir heute Nacht stark zugesetzt», sagte er ein andermal; «es werden heute viele Menschen kommen. ... Der *Grappin* ist entsetzlich dumm. Er meldet mir selber die Ankunft der großen Sünder an. ... Er ist wütend. Um so besser!»

Langsam war die Zeit übermenschlicher Arbeitslast für Vianney angebrochen. Den größten Teil des Tages verbrachte er im Beichtstuhl. Erschöpft kehrte er abends in sein Zimmer zurück. Er legte sich nicht schlafen, bevor er nicht einige Seiten aus dem Leben der Heiligen gelesen hatte. Diese Abendstunde nützte er auch, um sich mehrmals in kurzen Abständen bis aufs Blut zu geißeln. Hernach suchte er auf seiner dünnen Strohmatratze den Schlaf. Langsam schlummerte er ein.

Aber plötzlich fuhr er auf. Schreien, wildes, unheimliches Rufen, fürchterliches Klopfen riss ihn aus der Ruhe. Es klang, wie wenn ein Schmiedehammer die Türen zum Pfarrhaus einschlagen wolle. Und plötzlich, ohne dass auch nur ein Riegel gegangen war, hatte der Pfarrer von Ars das schauderhafte Gefühl, dass der Teufel ganz in seiner Nähe sei. «Ich ersuche ihn wahrhaftig nicht einzutreten», erzählte Vianney halb scherzend, halb angeekelt, «aber er kommt doch!»

Nun konnte der Hexensabbat losgehen. Der Geist des Bösen blieb unsichtbar, aber seine Anwesenheit war deutlich fühlbar. Er warf die Stühle um, rückte die großen Zimmermöbel hin und her. Er schrie mit entsetzlicher Stimme: «Vianney, Vianney! ... Du Trüffelfresser! ... Ah, du bist noch nicht tot! ... Ich werde dich schon kriegen!» Oder er heulte wie ein Tier, brummte wie ein Bär, bellte wie ein Hund, warf sich auf die Bettvorhänge und zerrte wutschnaubend daran.

Von anderen Teufelskundgebungen hat Bruder Athanasius nach den Berichten von Katharina Lassagne und nach seinen eigenen Erinnerungen Folgendes erzählt: «Der Dämon ahmte den Hammerschlag nach, der Nägel in den Fußboden oder Fassreifen treibt; er hämmerte mit dem Trommelschlegel auf den Tisch, auf das Kamingesims und auf den Wasserkrug. ... Er gröhlte widerlich. Und der Pfarrer sagte uns nachher spöttisch: ‹Der *Grappin* hat eine liederliche Stimme!›»

Vianney hat es öfters wie eine Hand über sein Gesicht streifen oder wie Ratten über seinen Körper laufen gefühlt.

Eines Nachts hörte er das Gesumme eines Bienenschwarms, stand auf und zündete die Kerze an; er öffnete sein Fenster, um sie zu verjagen, sah aber nichts.

«Ein andermal zerrte der Teufel an seiner Matratze und versuchte, ihn so aus dem Bett zu werfen. Dadurch geriet Vianney in größere Angst, er bekreuzigte sich, worauf ihn Satan in Ruhe ließ.

Eines Abends hatte er sich kaum schlafen gelegt, da schien ihm plötzlich sein sonst so hartes Bett federweich zu werden und er darin wie in Daunen zu versinken. Im gleichen Augenblick wiederholte eine spöttische Stimme: ‹Haha! ... Los, los!›, und andere höhnische Worte, die ihn zur Sinnlichkeit reizen sollten. Entsetzt machte Vianney das Kreuzzeichen und vorüber war's.»

Erfinderisch in seinen unheimlichen Teufeleien schien sich der Geist der Finsternis zu vervielfältigen und im ganzen Pfarrhaus umherzustöbern. Das widerliche Flattern von Fledermäusen streifte die Balken, verfing sich in den Bettvorhängen. Auf dem Speicher zog sich das Getrappel von Schafherden stundenlang hin und peitschte die Nerven auf. Über dem Zimmer, im «Speisesaal», war es wie das Ausschlagen eines Pferdes, das sich bis zur Decke emporwarf, um dann mit allen vier Hufen auf den Fußboden herunterzustampfen.

Diese Höllenpossen ermüdeten den armen Pfarrer von Ars, zerbrachen ihn aber nicht. Trotz seiner entsetzlichen Schlaflosigkeit dachte Vianney mit dem Glockenschlag Mitternacht an seine Beichtkinder, die in immer neuen Scharen seiner harrten. Schnell erhob er sich vom Lager und ging in die Kirche hinunter. Aber um den Preis welch heroischer Anstrengung! «Um uns zu ermuntern, stellte er sich bei unseren Gesangsproben ein», berichtet ein Pfarrkind. «Manchmal kam er sterbensbleich. Wir fragten ihn, ob er krank sei. ‹Nein›, antwortete er, ‹aber der *Grappin* hat mir derartig zugesetzt, dass ich letzte Nacht kein Auge zugetan habe.›»

Zuweilen gab der dunkle Geselle Vianney ein unbehagliches Geleite. «Eines Tages», erzählt ein Missionar von Pont-d'Ain, «ließ mich der Pfarrer vor sich her die Treppe hinaufsteigen. ‹Mein lieber Freund›, sagte er dabei, ‹das ist nicht wie gestern; da ist der *Grappin* vor mir hergestapft, dass man meinte, er habe Stiefel an!›»

An einem Dezembermorgen des Jahres 1826 brach der Pfarrer von Ars noch längst vor Morgengrauen zu Fuß nach Saint-Trivier-sur-Moignans auf, wo er zum Jubiläum predigen sollte. Er schritt rüstig fürbass «und betete den Rosenkranz. Die Luft um ihn her war wie von unheilschwangerem Leuchten gesättigt; die Atmosphäre wie in Glut; und zu beiden Seiten des Weges schienen die Gebüsche in Feuer zu stehen. Das war Satan, der die reiche Seelenernte von Vianneys Worten voraussah; der ihm Schritt für Schritt, in seine verzehrende Glut gehüllt, folgte; der ihn erschrecken und entmutigen wollte. Er aber ging ruhig seines Weges weiter ...»

Der Pfarrer von Ars, der sonst über alles schwieg, was ihn irgendwie in ein gutes Licht setzen konnte, erzählte gern, selbst beim Katechismusunterricht in der Kirche, von den Streichen, die ihm der Böse spielte. Man wusste, dass Vianney einer Lüge überhaupt nicht fähig und dass er trotz seiner unerhörten Arbeiten vollkommen Herr seiner Nerven war.

Trotzdem hätte manch einer, auch aus der Schar seiner Vertrauten, andere Beweise fordern können als das bloße Wort des Heiligen und das schon etwas zurückliegende Zeugnis des Wagners Verchère. Raymond, der acht Jahre hindurch sein Hilfsgeistlicher war, und Toccanier, der es sechs Jahre lang blieb, haben nie etwas von außerordentlichen Geräuschen gehört.

«Hören Sie, der *Grappin*!», sagte er manchmal zu Raymond. Dieser spitzte aber vergeblich seine Ohren. Warum hat dann der Pfarrer von Ars diese Geräusche allein vernommen? Weil eben diese satanischen Belästigungen nur auf ihn allein abzielten!

Jedoch haben auch andere, durchaus glaubwürdige Personen diese teuflischen Einwirkungen durch eigenes Erleben unter ganz außergewöhnlichen Umständen feststellen können.

Um 1820 hatte der Pfarrer von Ars ein altes Gemälde, das die Verkündigung darstellte, aus der Kirche in seine Wohnung gebracht und über dem Treppenabsatz aufgehängt. Der Teufel verbiss sich nun wutentbrannt in dieses reine Bild und beschmutzte es mit Kot. Man musste es von der Stelle fortschaffen. «Viele Leute», schreibt Monnin, «waren Zeuge dieser widerlichen Entehrungen oder konnten wenigstens die Spuren davon wahrnehmen. Renard hat, nach seiner Aussage, dieses Gemälde ekelhaft beschmutzt gesehen. Die Gestalt der reinsten Jungfrau war einfach unkenntlich.»

Margaret Vianney, die «Gothon» der Kindertage, kam von Zeit zu Zeit ihren Bruder besuchen. Während einer dieser Nächte, die sie im Pfarrhaus zubrachte, hörte sie ihren Bruder vor ein Uhr aus seinem Zimmer in die Kirche hinübergehen. «Einige Augenblicke später», erzählt sie selber, «brach neben meinem Bett ein wilder Lärm los, wie wenn fünf, sechs Menschen mit gewaltigen Schlägen auf den Tisch und den Schrank eingehauen hätten. Mich packte die Angst. Ich stand auf, hatte noch Kraft genug, eine Lampe anzuzünden, und fand alles in vollkommener Ordnung. Vielleicht habe ich geträumt, dachte ich.

So legte ich mich wieder schlafen, war aber kaum im Bett zurück, als das Getöse wieder losbrach. Diesmal hatte ich noch größere Angst. Schnell kleidete ich mich an und lief in die Kirche. Als mein Bruder ins Pfarrhaus zurückkam, erzählte ich ihm, was sich zugetragen hatte. ‹O du mein liebes Kind›, erwiderte er, ‹du hättest dich nicht zu fürchten brauchen. Das ist der *Grappin*! Er kann dir nichts anhaben. Mich quält er auf diese Weise. Manchmal packt er mich an den Füßen und zerrt mich im Zimmer herum. Alles – weil ich die Seelen zum lieben Gott zurückführe.›»

Eine Person aus Gleizé, die sich im Jahre 1832 in Ars niedergelassen hatte, Fräulein Marie Ricotier, nahm von ihrer Wohnung aus gewisse Geräusche wahr, die ihr vom Pfarrhaus zu kommen schienen. Besonders einmal fiel ihr das Getöse auf und sie ging schon frühmorgens zu Vianney, um ihm ihre Wahrnehmungen mitzuteilen. «Ich habe es auch gehört, ich auch», antwortete er; «da sind wahrscheinlich Sünder, die nach Ars aufbrechen.»

Ein Gipser von Montmerle, Amiel, sagte eines Tages zu dem legendären Gastwirt Franz Pertinand: «Ich kann nicht begreifen, wie man in einem Pfarrhaus wohnen kann, in dem es so schrecklich rumort. Zu der Zeit, wo ich für Vianney Statuen verfertigte, habe ich mehrere Nächte darin zugebracht.»

Dionysius Chaland, ein junger Philosophiestudent aus Bouligneux, kam im Jahr 1838 nach Ars, um bei Vianney zu beichten. Er erfuhr die große Gunst, von dem Heiligen im eigenen Zimmer empfangen zu werden. «Ich kniete mich auf seinen Betstuhl», erzählte der Student selber. «Mitten in meiner Beichte ging auf einmal eine allgemeine Bewegung durch das Zimmer. Auch mein Stuhl verrückte wie alle andern Gegenstände. Von Schrecken gepackt, sprang ich auf. Der Pfarrer hielt mich am Arm zurück. ‹Das ist nichts›, sagte er, ‹es ist nur der Teufel!› Am Ende meiner Beichte entschied Vianney über meine Zukunft: ‹Sie müssen Priester werden!›

Meine Aufregung war äußerst stark; und ich muss gestehen, ich bin nie mehr zum Pfarrer von Ars beichten gegangen.»

Zehn Jahre zuvor hatte dieser gleiche Dionysius Chaland «als Pensionär beim Lehrer von Ars gewohnt». An manchen Abenden trug die Neugierde über alle Furcht den Sieg davon und er heftete mit andern Mitschülern sein Ohr an die Tür des Pfarrhauses, um den Geräuschen zu lauschen, die man auf den Teufel zurückführte. Diese Kinder nun «hörten mehr als zwanzig Mal, gewöhnlich bei einbrechender Nacht, von einer gurgelnden Stimme den Ruf wiederholen: *Vianney, Vianney*»!

Im Jahre 1842 wollte Napoly, ein Polizist von Messimy, der schwere Prüfungen durchzumachen hatte, sich beim Pfarrer von Ars Rat holen. Spät abends traf er im Dorf ein. Wie er nun gegen Mitternacht an der Tür des Pfarrhauses wartete, vernahm auch er im Schweigen der einsamen Stunde den schauderhaften Schrei, der mehrere Male aufeinander folgte. Das Zimmer des Pfarrers erhellte sich leise und bald erschien Vianney selber im Lichtschein seiner Laterne. «Herr Pfarrer, man greift Sie an, wie es scheint», rief der brave Napoly. ... «Aber *ich* bin da, um Sie zu verteidigen!»

«Oh, es ist nichts, mein lieber Freund! Es ist der *Grappin*.»

Mit diesen Worten griff er nach Napolys Hand, die heftig zitterte. «Kommen Sie mit mir, lieber Freund», sagte er und führte diesen bereitwilligen Verteidiger in die Sakristei, «wo alles – nach der Bemerkung von Bruder Athanasius – ein gutes Ende nahm. Seither habe ich erfahren, dass der Mann ein guter Christ geworden ist. Der Pfarrer bemerkte mir gegenüber, dass er ihn für einen Polizisten nicht besonders beherzt gefunden habe».

Im März des Jahres 1852 wollte die junge Ordensschwester Klotilde aus der Gesellschaft vom Kinde Jesus beim heiligen Priester beichten. Ein Tag verging. Auf die Nacht musste sie wie so viele andere Pilger in der Turmvorhalle Schutz suchen. Gegen 1.30 Uhr morgens öffnete Vianney die Tür. Man stürzte hinter ihm her. Er aber wandte sich plötzlich um und deutete mit dem Finger auf diese unbekannte Schwester, die sich scheu im dunkelsten Winkel verborgen hatte.

«Lasst dieses Kind kommen», befiehlt er. Schwester Klotilde folgt ihm. Kaum hatte der Heilige das Schiff betreten, nahm man ein seltsames Getöse wahr wie von Menschen, die sich wütend herumbalgen. «Das ist nichts», murmelte der Pfarrer von Ars der armen, am ganzen Leibe zitternden Schwester ins Ohr, «das richtet der Dämon an.»

Ein Ereignis, das man allenfalls auf natürliche Ursachen zurückführen könnte, in dem aber Vianney mit dem Volk einen besonders frechen Angriff Satans erblickte, brachte die Pilger in Aufregung und bestärkte sie in der Überzeugung, dass der Böse den Pfarrer von Ars auch äußerlich angriff. Es war am Montag oder Dienstag des Vierzigstündigen Gebets, am 23. oder 24. Februar des Jahres 1857. Der Heilige hatte sich an diesem Morgen früher als gewöhnlich in den Beichtstuhl begeben, weil sich die Massen in der Kirche vor dem ausgesetzten Allerheiligsten drängten.

Kurz vor sieben Uhr sahen Vorübergehende in Vianneys Zimmer Flammen aufschlagen. Man lief zu ihm, der gerade den Beichtstuhl verließ, um seine Heilige Messe zu lesen: «In Ihrem Zimmer ist, wie es scheint, Feuer ausgebrochen!» Ohne jede weitere Erregung reicht er den Schlüssel hin mit der Bemerkung: «Dieser gemeine *Grappin*! Hat er den Vogel nicht erwischen können, so verbrennt er jetzt den Käfig!»

Dann verließ er die Kirche, ging ins Pfarrhaus, wo er gerade auf die Leute stieß, welche die rauchenden Trümmer seines Bettes herausschafften. Er stellte keine Frage an sie, sondern kehrte in die Kirche zurück und trat in die Sakristei. Die Pilger im Schiff waren unruhig geworden. Bruder Hieronymus glaubte, der Pfarrer wisse noch nicht, um was es sich handle, und bemerkte zu ihm «Herr Pfarrer, Euer Bett hat gebrannt.» «Ah!», warf er in gleichgültigem Ton hin und schritt ruhig wie gewöhnlich an den Altar.

Alfred Monnin, der junge Missionar von Pont-d'Ain, war sofort ins Zimmer geeilt. Ihm fielen gleich die geheimnisvollen Umstände des Brandes auf. «Das Bett», erzählte er, «der Betthimmel, die Vorhänge und alles ringsum war verbrannt. Erst vor dem Reliquienschrein der heiligen Philomena, der auf einer Kommode stand, hat das Feuer Halt gemacht. Und genau an diesem Punkt hatte die Flamme eine geometrisch gerade Linie gezogen, hatte diesseits der Reliquie alles vernichtet und jenseits alles unversehrt gelassen. Wie es ohne ersichtliche Ursache angegangen, war es auch wieder von selbst erloschen; und was besonders auffiel und geradezu wunderbar scheint, ist die Tatsache, dass es von den dicken Sergevorhängen nicht auf die Zimmerdecke, ‹die sehr niedrig, alt und trocken war›, übergegriffen und sie wie Stroh verbrannt hat.»

«Als mich der Pfarrer auf Mittag in der *Vorsehung* besuchen kam, sprachen wir über das Ereignis. ... Ich erklärte ihm, man sehe allgemein einen bösen Streich des Teufels darin und fragte, ob er wirklich glaube, der Böse habe seine Hand im Spiel. Er antwortete mir sehr entschieden und mit der größten Kaltblütigkeit: ‹Oh, mein lieber Freund, das ist doch offenkundig. Er ist in Wut; das ist ein gutes Vorzeichen; es werden uns neue Sünder zuströmen.› Und tatsächlich erlebte Ars für einige Tage einen ganz außerordentlichen Andrang.»

Dreißig Jahre früher hatte ein anderer Vorfall, den man nicht leicht in Zweifel ziehen kann, besonders auf den Klerus der Umgegend einen tiefen Eindruck gemacht. Im Jahre 1826 ging in den Pfarrhäusern das Gerücht um, der «Dämon habe während einer Mission in Montmerle das Bett, in dem der Pfarrer von Ars schlief, im Zimmer umhergeschoben». Die Geschichte stieß überall auf ungläubige Ohren und lachende Gesichter. Aber im darauffolgenden Winter sollte man etwas anderes erleben.

Vianney war zum Jubiläum nach Saint-Trivier-sur-Moignans eingeladen worden. Gern war er dem Ruf gefolgt. Schon am ersten Abend waren in dem sonst so ruhigen Pfarrhaus von Saint-Trivier sonderbare Geräusche zu hören.

Die Priester, die mit dem Pfarrer von Ars unter demselben Dach wohnten, machten ihm Vorwürfe, denn er legte sich gerade schlafen und der Lärm kam aus seinem Zimmer. «Es ist der *Grappin*», antwortete Vianney, «er ist aufgebracht über all das Gute, das hier geschieht.» «Was!?», erwiderten seine Mitbrüder ungläubig, «Sie essen und schlafen nicht. Da brummt Ihnen natürlich der Kopf; die Ratten laufen in Ihrem eigenen Hirn herum! ...» Als dann eines Abends die Vorwürfe noch heftiger wurden, schwieg der Diener Gottes still dazu.

In der folgenden Nacht erschütterte das Getöse wie von einem schwer beladenen Wagen das Pfarrhaus. Man hatte den Eindruck, das Haus müsse einstürzen. Alle sprangen entsetzt aus den Betten:

Grangier, der Pfarrer von Saint-Trivier, Benoît, sein Vikar, Chevalon, «ein alter Soldat der republikanischen Armee und Diözesanmissionar», und die Haushälterin Dionysia Lanvis. In Vianneys Zimmer war ein solcher Höllenlärm losgebrochen, dass Benoît rief: «Man ermordet den Pfarrer von Ars!» Alle stürzten ihm nach. Und trafen? – Den Heiligen, ruhig ausgestreckt auf seinem Bett liegend, das unsichtbare Hände in die Mitte des Zimmers gerollt hatten. Lächelnd erklärte er ihnen: «Der Teufel hat mich bis hierher gezogen; *er* macht diesen Höllenspektakel. Es ist weiter nichts. ... Ich bedaure, euch nicht vorher gewarnt zu haben. Das ist aber ein gutes Vorzeichen: Morgen werden wir einen großen Hecht fangen.»

Wer wird dieser große Hecht sein? Natürlich hatte der Pfarrer von Ars mit diesem seinem Lieblingsausdruck die Bekehrung eines großen Sünders anmelden wollen. Trotz der offensichtlichen Tatsache zweifelten seine Mitbrüder immer noch leise und «glaubten an eine Halluzination», der sie vielleicht zum Opfer gefallen seien.

So ließen sie am nächsten Tag die Zugänge zu einem gewissen Beichtstuhl genau überwachen. Bis zum Abend traf nichts Außergewöhnliches ein. Da hatten sie es: «Der gute Pfarrer Vianney hatte geträumt!»

Wie groß war aber das freudige Erstaunen des Pfarrers und Missionars, «als nach der Predigt der Herr des Murs, ein Adeliger, durch die ganze Kirche vorschritt und den Pfarrer von Ars ersuchte, seine Beichte entgegenzunehmen. Dieser Edelmann hatte lange Zeit schon seine religiösen Pflichten vernachlässigt. Sein Beispiel machte auf die Einwohnerschaft von Saint-Trivier einen tiefen Eindruck». Seit diesem nächtlichen Abenteuer sah Chevalon, der vielleicht der größte Lacher unter den Spöttern gewesen war, «in Vianney einen großen Heiligen».

Die Wut Satans erschöpfte sich nutzlos. Vianney hatte sich langsam an sein Auftreten gewöhnt. «Sie müssen sich doch fürchten?», fragte ihn Toccanier mit Bezug auf diese widerliche Anwesenheit eines Zweiten.

«Man gewöhnt sich an alles, lieber Freund», gab der Heilige liebenswürdig zurück; «der *Grappin* und ich sind sozusagen Kameraden.»

Und so behandelte er Satan. Am 4. Dezember des Jahres 1841 erzählte er den Leiterinnen des Waisenhauses: «Der Teufel ist gestern

Abend in mein Zimmer eingedrungen. Ich betete gerade mein Brevier. Er pustete hart und schien, ich weiß nicht was für Körner, auf meine Steinfliesen zu erbrechen. Ich erklärte ihm: ‹Ich gehe hinunter (in die *Vorsehung*) und werde dort melden, wie du es treibst, damit sie dich verachten!› Und ohne weiteres blieb er still.»

Während der Pfarrer von Ars eines Nachts einzuschlummern suchte, kündete der teuflische Widersacher seine Anwesenheit durch Schreien an: «Vianney, Vianney, ich kriege dich, warte nur, ich kriege dich ...!» Worauf ihm der arme Heilige aus seiner dunklen Bettecke zurückwirft: «Ich fürchte dich nicht!»

Diese Herrschaft des Dieners Gottes über den Teufel suchten sich manche Leute zunutze zu machen, um Besessene aus dämonischer Gewalt zu befreien. Bischof Devie hatte dem Pfarrer von Ars alle Vollmacht gegeben und er durfte, wo es die Umstände erforderten, sein Amt als Exorzist ausüben. Auch hier sprechen eine Fülle von Zeugnissen für ihn.

Johannes Picard, der Dorfschmied, hat persönlich seltsame Auftritte mitangesehen. Eine unglückliche Frau war von ihrem Gatten von weither nach Ars gebracht worden. Sie schnaubte vor Wut und stieß unartikulierte Schreie aus.

Man ließ den Heiligen kommen, der sie beobachtete und dann erklärte, man müsse sie ihrem eigenen Diözesanbischof vorführen. «Gut! Gut!», antwortete die Frau, die plötzlich die Sprache wiederfand, mit einem Unterton in der Stimme, der alle erschaudern ließ, «das Geschöpf wird schon zurückkommen. ... Ja, wenn ich die Macht Jesu Christi hätte, würde ich euch alle in die Hölle herunter verschlingen.»

«Du kennst also Jesus Christus?», erwiderte Vianney. «Gut, dann möge man sie an die Stufen des Hauptaltares tragen.»

Vier Männer brachten sie trotz ihres Sträubens dorthin. Vianney legte der Besessenen sein Reliquienkästchen auf den Kopf, worauf sie wie tot hinsank. Nach einer kurzen Weile richtete sie sich auf und ging eilig auf den Ausgang der Kirche zu. Nach einer Stunde kehrte sie völlig ruhig zurück, nahm Weihwasser und kniete nieder. Sie war vollständig befreit und erbaute noch drei weitere Tage die Pilger in Ars durch ihr Benehmen.

Eine arme Greisin aus der Gegend von Clermond-Ferrand weckte das besondere Mitleid von Peter Oriol, einem der «Leibwächter» unseres Heiligen. Diese Unselige tanzte den ganzen Tag Lieder singend auf dem Kirchplatz herum. In einem Wutanfall biss sie in die Mauern der Kirche.

Ihr Sohn war mit ihr gekommen, wusste sich aber nicht zu helfen. Da führte sie ein fremder Priester zum Durchgang zwischen Pfarrhaus und Kirche, wo Vianney vorbeikommen musste. Der Heilige erschien tatsächlich und sprach über die Unglückliche, deren Mund von Blut troff, einige Segensworte. Auf der Stelle wurde sie völlig ruhig. Ihr Sohn berichtete, sie habe seit vierzig Jahren an diesem Zustand gelitten und noch nie so einen wilden und dann so ruhigen Augenblick erlebt. Man hielt sie für besessen. Von diesem Tag an aber waren die Anfälle für immer verschwunden.

Am Abend des 27. Dezember 1857 brachten ein Vikar der Sankt Peterskirche von Avignon und die Oberin der Franziskanerinnen von Orange eine junge Lehrerin nach Ars, die alle Anzeichen von satanischer Besessenheit aufwies.

Der Erzbischof von Avignon hatte den Fall persönlich untersucht und dann geraten, man solle die Person zu Vianney bringen. Am nächsten Morgen führte man sie in die Sakristei, im Augenblick, da Vianney die heiligen Gewänder anlegen wollte. Sofort stürzte die Besessene auf die Tür zu. «Hier sind zu viele Menschen», schrie sie. «Zu viele Menschen?», erwiderte der Diener Gottes; «dann geht hinaus.» Auf ein Zeichen verschwanden die Anwesenden und er verblieb allein mit diesem armen Opfer Satans. Vom Kircheninnern her nahm man zuerst nur ein wirres Durcheinander von Worten wahr. Dann wurde die Stimme deutlicher. Der Vikar von Avignon erhaschte, an die Tür gelehnt, einen Teil des Gesprächs.

«Du willst also um jeden Preis herausfahren?», fragte der Pfarrer von Ars. «Ja!» «Und warum?»

«Weil ich mit einem Menschen zusammen bin, den ich nicht ausstehen kann.»

Spöttisch gab Vianney zurück: «Du magst mich also nicht?» Ein schneidendes *Nein* war die einzige Antwort des Dämons, der in diesem unglücklichen Mädchen hauste.

Fast im gleichen Augenblick öffnete sich die Tür. Die Macht des Heiligen hatte triumphiert. Gesammelt und bescheiden, weinend vor Freude und mit einem Ausdruck unendlicher Dankbarkeit erschien die Lehrerin auf der Schwelle. Nur eine Sekunde malte sich noch einmal Furcht auf ihrem Gesicht ab. Sie kehrte sich zu Vianney um. «Ich fürchte, *er* könnte wiederkommen», sagte sie ihm. «Nein, gutes Kind, wenigstens nicht so schnell!» Tatsächlich kehrte *er* nicht wieder und das junge Mädchen konnte ihre Stelle als Lehrerin in Orange wieder aufnehmen.

Am 25. Juli des Jahres 1859, am Vorabend jenes Tages, an dem sich der Heilige niederlegen sollte, um nie mehr aufzustehen, führte man ihm mit großer Mühe gegen acht Uhr abends eine Frau zu, die «als besessen galt».

Ihr Gatte begleitete sie und trat auch allein mit ihr in den Pfarrhof, wohin ihnen Vianney folgte. Oriol und eine große Anzahl Fremder blieben nahe bei der Tür zurück. Im Augenblick, als diese Frau frei und glückstrahlend heraustrat, «hörte man im Hof ein Geräusch wie wildes Niederbrechen von Baumästen. Der Lärm war derartig, dass die Anwesenden erschauderten. Als ich dann», fügt Oriol bei, «nach dem Nachtgebet ins Pfarrhaus trat, standen die Holunderbäume unberührt da».

Eine andere unglückliche Seele war überhaupt nicht in die Kirche zu bringen, einen solchen Widerstand und Widerwillen bezeigte sie gegen den Pfarrer von Ars. So rief man den Heiligen in das Haus, wo sie wohnte, aber während ihrer Abwesenheit. Er wartete in einem anstoßenden Zimmer auf ihre Rückkehr. Natürlich wusste die Besessene von nichts. Als sie sich dann dem Haus näherte, wurde sie plötzlich von heftigen Verzerrungen geschüttelt. «Er ist nicht fern, der Pfaffe!», heulte sie. Auch in diesem Fall erfüllte der Heilige seine Befreierrolle.

Eine ganz phantastische Geschichte spielte sich am Nachmittag des 23. Januar 1840 in Vianneys Beichtstuhl ab. Eine Frau aus der Gegend von Puy-en-Velay hatte sich ganz unauffällig zu Füßen des Heiligen niedergekniet.

In diesem Augenblick drängten sich etwa zehn Leute, unter ihnen Maria Boyat und Genovefa Filliat aus Ars, in der Nähe der Täuferkapelle und warteten, bis die Reihe an ihnen wäre. Ohne etwas zu sehen, konnten sie doch alles hören. Mehrere Male hatte Vianney die Frau, die schweigend vor ihm kniete, aufgefordert, sie möge mit ihrem Bekenntnis beginnen. Plötzlich erklang eine geifernde, laute Stimme: «Ich habe nur eine Sünde begangen und teile jedem, der es wünscht, von dieser schönen Frucht mit. ... Hebe deine Hand auf und sprich mich los. Ah, du musst sie oft meinetwegen aufheben. Denn ich bin oft in deiner Nähe im Beichtstuhl.»

«Tu quis es? (Wer bist du?)», fragte der Heilige.

«Magister Caput! (Meister-Haupt)», antwortete der Dämon und fuhr dann in französischer Sprache fort: «Ah, du schwarze Kröte, was du mich leiden machst! Immer sagst du, du willst fortgehen. Warum tust du es nicht? ... Es gibt schwarze Kröten, die mich weniger leiden machen als du.»

«Um dich zu vertreiben, werde ich an den Bischof schreiben.»

«Ja, aber ich werde dir ein solches Zittern in die Hand setzen, dass du nicht schreiben kannst. Ich kriege dich schon, warte nur! Ich habe Stärkere, als du bist, überwunden.

Und du, du bist noch nicht gestorben. Ohne diese ... (hier nannte er die reinste Jungfrau mit einer widerlich-gemeinen Bezeichnung) dort oben, hätten wir dich; aber sie behütet dich, mit diesem großen Drachen (St. Michael) an deiner Kirchenpforte. ... Sag, warum stehst du morgens so früh auf? Du folgst deinem Blaurock (dem Bischof) nicht. Warum predigst du so einfach? Das bringt dir dazu noch den Ruf eines Ignoranten ein. Warum predigst du nicht im feierlichen Stil wie in den Städten? ...»

In dieser Weise setzte sich diese dämonische Begeiferung mehrere Minuten lang fort, richtete sich gegen den Bischof von Belley, den Bischof von Puy, dann gegen verschiedene Priester und schließlich gegen den Pfarrer von Ars selber. Aber der Böse, der am Leben jedes Einzelnen etwas auszusetzen fand, musste wider seinen Willen, wie vor Jesus im Evangelium, die makellose Tugend des Dieners Gottes verkünden.

Der Pfarrer von Ars, dessen Auge die Zukunft durchdrang, beurteilte die Anhänger des Okkultismus und Spiritismus sehr streng. «Wer lässt die Tische sich drehen und kreisen und sprechen?», fragte er eines Tages eine unglückliche vom Teufel Gequälte, die auf offenem Dorfplatz die Vorübergehenden beschimpfte. «Ich», antwortete die Frau. «Das alles ist mein Geschäft!» Der Pfarrer von Ars war der Überzeugung, dass der teuflische Betrüger für dieses eine Mal wahr geredet hatte.

Graf Julius von Maubou, der einen Teil des Jahres in Paris verbrachte, kam gern zu Vianney zu Besuch. Er war sein Beichtkind und Freund.

Es war um das Jahr 1850. Um diese Zeit stand – die Geschichte wiederholt sich eben ständig – das Krebsgeschwür der Spiritisten, der spiritistischen Medien, der kreisenden Tische in Mode. In der höheren Pariser Gesellschaft, selbst in gläubigen Familien, gab man sich diesem Zeitvertreib hin, weil es zum guten Ton gehörte. Herr von Maubou glaubte in einer Abendgesellschaft bei Verwandten nicht abschlagen zu dürfen und wirkte einige Male bei diesem Treiben mit. Vor seinen Augen spielten sich die gewohnten Erscheinungen ab: Der Tisch hob sich und gab durch Aufschlagen die gewünschten Antworten.

Zwei Tage darauf machte sich der Edelmann auf den Weg nach Ars, glücklich in dem Gedanken, seinen verehrten heiligen Seelenführer wiederzusehen. Gerade im Augenblick seiner Ankunft erschien Vianney auf der Schwelle der Kirche. Mit einem Lächeln auf den Lippen und ausgestreckter Hand eilte von Maubou auf ihn zu. Schmerzliche Überraschung! Ohne auch nur seinen Gruß zu erwidern, bannte ihn der Pfarrer von Ars mit einer Handbewegung auf der Stelle fest und warf ihm mit trauriger, strenger Stimme die Worte hin:

«Julius, bleiben Sie stehen! Vorgestern haben Sie mit dem Teufel verkehrt. Kommen Sie beichten!»

Der junge Graf folgte willig und versprach, sich nie mehr mit einem so hart verurteilten Zeitvertreib abgeben zu wollen.

Einige Zeit nachher war der Graf in Paris in einem andern Salon zu Gast. Man ersuchte ihn wieder, beim Tischrücken mitzuwirken. Diesmal hielt er Wort und zeigte sich unerbittlich. Die Geladenen beschlossen, den ängstlichen Edelmann nicht mehr zu beachten und ihn allein in seiner Ecke sitzen zu lassen. Aber gleichzeitig protestierte er in tiefster Seele gegen dieses Spiel und stemmte sich mit ganzem Willen innerlich dagegen. Der Widerstand des Tisches war derartig und so unvorhergesehen, dass das Medium erklärte: «Ich weiß nicht, was los ist. Hier muss eine höhere Kraft im Spiel sein, die unsere Einwirkung lähmt.»

Um dieselbe Zeit konnte Karl von Montluisant feststellen, ob der Pfarrer Vianney – ja oder nein – etwas von den Geheimnissen des Jenseits wisse. Auf die Wunderberichte aus Ars hin entschloss er sich mit drei anderen Offizieren, den Tatsachen auf den Grund zu gehen. Auf dem Weg kamen die Kameraden überein, jeder solle an

Vianney eine Frage richten. Herr von Montluisant erklärte ohne Umschweife, «er habe ihm nichts zu sagen und werde auch nichts sagen». Er betrat hinter seinen Kameraden die Sakristei mit dem Entschluss, stumm zu bleiben, als einer der beiden ihn dem Pfarrer von Ars mit den Worten vorstellte: «Herr Pfarrer, hier ist Herr von Montluisant, ein Hauptmann, der Sie über seine Zukunft etwas fragen möchte.» Überrumpelt wie er war, stellte er aufs Geratewohl eine Frage: «Nicht wahr, Herr Pfarrer, diese Teufelsgeschichten, die man mit Ihnen in Verbindung bringt, die sind nicht echt? ... Das ist alles Einbildung?» Vianney heftete seinen Blick in das Auge des Offiziers und dann blitzte seine Antwort kurz und schneidend hervor: «Mein lieber Freund, darüber wissen Sie ja Bescheid. ... Ohne das, was Sie getan haben, hätten Sie sich *seiner* nicht entledigen können!» Zum großen Erstaunen seiner Freunde schaute Herr von Montluisant betroffen drein und schwieg.

Auf dem Heimweg musste er sich erklären. Entweder hatte der Pfarrer von Ars auf gut Glück gesprochen oder aber – was war nur geschehen? Der Hauptmann gestand den Beiden: Während seiner Studienzeit hatte er sich einer Gruppe angeschlossen, die ein philanthropisches Fähnchen hisste, in Wirklichkeit aber ein spiritistischer Verein war.

«Als ich eines Tages in mein Zimmer heimkehrte», erzählte er weiter, «hatte ich das Empfinden, nicht allein zu sein. Beunruhigt über ein so seltsames Gefühl, schaue ich umher und suche das Zimmer ab. Nichts! Am nächsten Tag die gleiche Geschichte. ... Und zudem hatte ich den Eindruck, als ob mir eine unsichtbare Hand die Kehle zudrücke. ... Ich war damals noch gläubig. Ich ging in meine Pfarrkirche Saint-Germain-l'Auxerrois, holte mir Weihwasser und besprengte alle Ecken und Winkel meines Zimmers.

Von diesem Augenblick ab war jedes Empfinden einer fremden, außernatürlichen Gegenwart verschwunden. Ich setzte keinen Fuß mehr in die Versammlungen der Spiritisten. ... Ich zweifle nicht daran, dass der Pfarrer von Ars auf diesen weit zurückliegenden Vorfall angespielt hat.»

Auf dieses Geständnis folgte keine weitere Erklärung. Schnell wechselten die Offiziere das Thema.

Mit dem Älterwerden des Pfarrers von Ars gingen die Angriffe des Teufels an Zahl und Heftigkeit zurück. Da Satan diese heroische

Seele nicht entmutigen konnte, ließ der Geist des Bösen als Erster den Mut sinken und gab langsam den Kampf auf. Oder es war vielmehr Wille Gottes, dass sich dieses schöne, reine, anscheinend so ruhige, aber zutiefst durchstürmte Leben in abgeklärtem Frieden beschließe.

Vom Jahre 1855 ab bis zu seinem Tod 1859 wurde Vianney während der Nacht nicht mehr vom Teufel belästigt. Der Schlaf war ihm ohnehin genommen. Anstatt des *Grappin* hielt ihn ein hartnäckiger Husten wach. Nichtsdestoweniger verweilte er die endlosen Stunden im Beichtstuhl. «Wenn ich tagsüber wenigstens eine oder nur eine halbe Stunde schlafen kann», sagte er, «dann kann ich meine Arbeit wieder aufnehmen.» Diese eine, diese halbe Stunde verbrachte er unmittelbar nach dem Mittagessen auf seinem Zimmer. Er streckte sich auf dem Strohsack aus und versuchte zu schlummern. Aber selbst diesen Augenblick nützte der Teufel von Zeit zu Zeit, um ihm aufsässig zu sein.

Frau Maria Lamartine aus Grau-de-Roi wartete eines Tages in Begleitung von Pagès auf Vianney. Es war eine Stunde seit dem Mittagessen verstrichen. «Plötzlich hörten wir Schreie und Gestöhn», erzählt sie.

Schließlich kam der Böse überhaupt nicht mehr. Vianney sah diesen Kameraden eigener Art ohne Bedauern verschwinden. Auch seine Todesstunde hat Satan nicht mehr, wie er es bei andern Heiligen tat, getrübt. Noch vor dem Abschluss seiner irdischen Prüfungszeit hatte der Pfarrer von Ars den Teufel endgültig niedergerungen.

Kirche von Ars

Die Anfänge der Wallfahrt und die hl. Philomena

Ein Mensch, den zu seinen Lebzeiten die Massen in Wallfahrtszügen aufsuchen, den sie wie eine Reliquie verehren, ist eine Seltenheit, die nur bei den Wüstenvätern und in ihrer weltfernen Thebais ihresgleichen hat. Zeuge eines derartigen Wunders ist das unansehnliche Dorf Ars dreißig Jahre lang gewesen: Hier warfen sich stets neu andrängende Volksmassen zu Füßen eines Heiligen nieder. Vom Jahre 1827 bis 1859 wurde seine Kirche nicht mehr leer. Immerhin «waren es Schlichte und Fromme – und nicht andere –, die seinen Ruf begründeten.

Diesen ersten Pilgern folgten später Menschen, die nach Charakter, Alter und Stellung höchstes Ansehen genossen». Vianney hatte in seiner Heimatpfarrei und auch in Ecully, wo er drei Jahre lang Vikar gewesen war, «ein heiliges Andenken» hinterlassen. Leute aus diesen Orten suchten schon vom Jahre 1818 an Ars auf. Selbst von Les Noës kamen Menschen herüber, die hundert Kilometer zurücklegten, nur um *«Herrn Jérôme»* zu sehen, der Priester und Pfarrer geworden war. Die meisten machten unter seiner Leitung Exerzitien mit. Drei oder vier ließen sich schließlich im Dorf nieder.

Von diesem Zeitpunkt an breitete sich Vianneys Ruf immer weiter aus. «Im Jahre 1822 war ich Professor am Kleinen Seminar von Merimieux», erzählt Bischof Mermod. «Vianney kam dorthin, um Loras, seinen ehemaligen Mitschüler und damaligen Obern des Hauses, wiederzusehen. Er durchschritt unseren Spielhof und ging unverwandt auf die Kapelle zu, um dort vor dem Allerheiligsten seine Anbetung zu halten. Dann erst stattete er dem Obern seinen Besuch ab. Im Augenblick, da er sich auf dem Hof zeigte, rief ein Schüler, der ihn kannte, Anton Raymond – sein zukünftiger Hilfspriester –: ‹Das ist der heilige Pfarrer von Ars!› Im Augenblick war Schluss mit allem Spielen, und alle Augen richteten sich auf ihn.»

Anton Raymond, der aus Fareins stammte, zählte damals sechzehn Jahre. In seiner Heimatpfarrei hatte er von Vianney erzählen hören. Die hinterhältigen und tückischen Angriffe gewisser Leute aus Ars, die Lobeshymnen der andern waren in den umliegenden Dörfern nicht ungehört verhallt. Natürlich wollte man diesen Pfarrer kennen lernen, von dem seine ihm Anbefohlenen so viel Gutes – oder so viel Schlechtes – in die Welt riefen.

Und wer nicht bis ins Mark hinein verdorben war, erriet mühelos, auf welcher Seite guter Glaube und Wahrheit standen.

In Trévoux, dem Hauptort des Dombes-Landes, hatte man sich über Vianney gar bald eine äußerst vorteilhafte Meinung gebildet. Wir haben gesehen, wie während der großen Mission vom Jahre 1823 drei Viertel von allen Pönitenten des Ortes seinen Beichtstuhl belagerten. Das gleiche Bild bot das Jahr 1826 beim großen Jubiläum, das Papst Leo XII. ausgerufen hatte.

Die Geistlichen von Savigneux, von Montmerle, von Saint-Trivier, von Chaleins, von Saint-Bernard und andere, denen der Pfarrer von Ars im Beichtstuhl und auf der Kanzel aushalf, waren von seinen Erfolgen überrascht und konnten nicht anders als einfach seine hohe Tugend preisen. Sie sahen aber nicht voraus, dass an den Vorabenden von Festen und noch öfters Leute aus ihren Pfarreien, und zwar die Besten, bald den Weg nach Ars einschlagen würden, um Vianney zu bitten, er möge ihr Seelenführer bleiben.

Es kam der Tag – vom Jahre 1827 an –, wo man von recht weit her kam, um sich bei dem heiligen Mann Rat zu holen. «In jenem Jahr wurde ich zum Pfarrer von Chaleins ernannt», berichtet Bischof Mermod. «Überall sprach man von der Heiligkeit Vianneys. Mehrere Personen meiner Pfarrei gingen zum Diener Gottes beichten. Ich muss gestehen, dass sie eine Erbauung für alle waren.»

Nach den Aussagen von Johannes Pertinand sah Ars im Jahre 1827 täglich an die zwanzig Fremde eintreffen. Während der Fronleichnamsoktav hielt sich die junge Gräfin Laura de Garets zum ersten Mal in ihrem alten Schloss auf, in dem sie sich im Jahr 1834 endgültig niederlassen sollte. Jeden Abend ging sie zum «Segen».

«Die kleine Kirche war von Gläubigen, vorwiegend Fremden, angefüllt», schrieb sie an ihren Vater ... «Die Wände standen im Schmuck des Baldachins und der Banner; der Tabernakel glänzte von Gold; das Ostensorium (Monstranz) leuchtete von den kostbaren Steinen; dazu eine Fülle von Kerzen, ein von Fasten und Wachen erschöpfter Priester, der mit ersterbender, matter Stimme die Gebete spricht und darin seine Liebe ausströmt: «Das ist das ergreifende Bild, das sich uns jeden Abend bietet», schloss die fromme Dame.

Aus alten Zeugnissen geht hervor, dass «die Wallfahrt schon im Jahr 1828 groß war». Mit dem folgenden Jahr war es geschehen:

Der heilige Priester war der Gefangene der Seelen geworden. Erst der Tod sollte ihn von dieser gottgeheiligten Knechtschaft befreien. Mermod, Pfarrer von Chaleins, suchte ihn von Zeit zu Zeit auf. «Ihr Schutzengel hat Ihnen einen guten Gedanken eingegeben, dass er Sie hergesandt hat», sagte ihm eines Tages Vianney. Der Gast: «Ihr Engel drängt Sie scheints nie, zu mir zu Besuch zu kommen.»

«Ich kann nicht, ich bin ständig in Anspruch genommen.»

Nicht alle kamen anfangs zum Beichten ins Dorf. Die Neugier hatte ihren Teil an der Bewegung, hieß es doch, der Pfarrer von Ars lese in den Gewissen, er wirke Wunder. Also lebte da irgendwo in einem Winkel Frankreichs ein Heiliger, ein echter! Um ihn zu sehen, setzten sich die Massen in Bewegung.

«Die Menschen, selbst die Ungläubigen, haben eine derartige Sehsucht nach Heiligkeit, dass sie ihr, wo sie auftaucht, nachlaufen.» Gottes Gnade kennt eben mehr als nur einen Weg, um in die Menschenherzen zu gelangen. Die Neugierigen stellten zu Beginn der Wallfahrt einen Großteil der Besucher. Viele von ihnen kehrten heim, gebeichtet und bekehrt. Die Sünder fühlten sich durch einen gewissen unerklärlichen Zug nach Ars gedrängt; andere kamen in der Hoffnung, zu Füßen eines Heiligen den Mut zu finden, all ihre Armseligkeiten einzugestehen und von ihm auch das Heilmittel gegen ihre Schwachheit zu erhalten. «Herr Pfarrer», sagte Katharina Lassagne kindlich zu ihm, «die anderen Missionare laufen den Sündern nach bis in fremde Länder hinein, aber Ihnen, Ihnen laufen die Sünder nach.» Übernatürlich beglückt von dieser Feststellung antwortete der Heilige auf gleiche Weise: «Ja, wahrhaftig, es ist wahr.» Gar bald sollte er den Beweis dafür erleben.

Es war an einem Abend des Jahres 1828 oder 1829. Die Abendandacht in der Kirche war zu Ende. Vianney war in sein Zimmer hinaufgestiegen. Plötzlich erschütterte ein kräftiger Faustschlag die Hoftür. Nach zwei oder drei immer heftigeren Aufforderungen entschloss sich der Heilige, der ja einigen Grund zum Misstrauen hatte, hinunterzugehen und zu öffnen. Ein Fuhrmann wartete draußen. Sein Gefährt hatte er vor der Kirche stehen lassen. «Kommen Sie», sagte er. «Es ist eine beschlossene Sache. Ich will beichten, und zwar sofort!»

Von welchem Zeitpunkt ab sprach man den Gebeten Vianneys wunderwirkende Kraft zu? Zweifellos wurden die ersten Wunder von Ars – die Vermehrung von Mehl und Brot –, die etwa im Jahr 1830 geschahen, schnell unter den Einwohnern bekannt und dann auch von den Fremden, die bereits in großer Zahl herbeiströmten, verbreitet. Das Gerede, das diese wunderbaren Ereignisse auslösten, beunruhigte den jungen Pfarrer; unter Zittern bangte ihm, man könne ihm die Ehre dafür geben.

Bald mischten sich Gebrechliche und Kranke in die Menge. Mehrere, die sich dem Gebet des Pfarrers Vianney anempfohlen hatten, verspürten ein Nachlassen ihres Leidens, ja sogar Heilung. Natürlich griff das Gerede diese Tatsachen auf. «Aber der Pfarrer gebot Schweigen», sagte der Lehrer Pertinand, «und die Leute fürchteten, ihm mit dem Ausposaunen der Gnaden weh zu tun. Das hatte ein Ende, nachdem die Verehrung der hl. Philomena einmal in der Pfarrei aufgekommen war. Fürderhin schrieb der Diener Gottes ihr alle Ehre der wunderbaren Geschehnisse zu und es war ihm sogar eine Freude, sie laut zu verkünden. ...

Auf ihr Konto setzte er alle Wunder, die den Ruf der Wallfahrt durch die Welt trugen. Durch seinen Einsatz breitete sich die Verehrung der kleinen Heiligen rasch über die angrenzenden Gegenden und über ganz Frankreich aus.»

Hätte der Pfarrer von Ars nicht dreißig Jahre lang das Lob der hl. Philomena verkündet, sie hätte jedenfalls nicht den weltweiten Ruf erlangt, der ihr im 19. Jahrhundert zuteil wurde. Vor 1830 hatten nur wenige von ihr gehört.

Erst am 24. Mai des Jahres 1802 hatte ein Arbeiter beim Freilegen einer Galerie in der römischen Katakombe der hl. Priscilla ihr Grab entdeckt, einen «loculus», der in die Erde gegraben und mit drei Ziegelsteinen verschlossen war, worauf mit Mennige folgende Inschrift geschrieben stand: *Pax tecum filumena*.

Es waren die Gebeine eines Mädchens zwischen vierzehn und fünfzehn Jahren. In der Nähe des Hauptes fand man in mehreren Splittern die Glasphiole, die jedenfalls einige Blutstropfen enthalten hatte. In diesen Zeichen sieht die Kirche einen Beweis für ihr Martyrium.

Die Überreste Filumenas wurden in die *Kustodie der heiligen Reliquien* verbracht. Dort sollten sie vergessen liegen bleiben, bis sie im Juni des Jahres 1805 der Hilfspriester Franz von Lucia nach Mugnano überführte. In diesem kleinen Weiler des Königreichs

Neapel bedeutete das Eintreffen der Reliquien ein Freudenfest für die ganze Bevölkerung und Filumena tat ihre Macht durch auffallende Wunder kund.

Der Ruf ihrer Wunder erreichte erst im Jahre 1815 Frankreich. Die *Benfratelli*, wie die Brüder vom hl. Johannes von Gott genannt wurden, waren in den damaligen Revolutionswirren aus ihrer Heimat verjagt worden und durchzogen Frankreich von Dorf zu Dorf, von Stadt zu Stadt. Sie waren Bettler geworden, um sich die nötigen Hilfsmittel für ihre Werke zu verschaffen, und auf ihren Sammelgängen sangen sie die «Klage der hl. Philomena».

Ihr Oberer, Pater von Mongallone, fand auf seiner Durchreise durch Lyon gastliche Unterkunft bei der reichen Familie Jaricot. Auf die inständigen Bitten Paulines, die damals siebzehn Jahre zählte und später das Werk der Glaubensverbreitung gründen sollte, schenkte der vortreffliche Ordensmann dem Mädchen eine Philomena-Reliquie, die er aus Mugnano mitgebracht hatte. Von dieser Reliquie erhielt dann Vianney ein Partikelchen. So unauffällig fand die kleine Philomena ihren Weg nach Ars.

Sie sollte im Dorf eine doppelte Rolle übernehmen: eine öffentliche und eine geheim-verborgene. Für die Augen der Menge sollte sie die himmlische Wundertäterin sein, deren Fürsprache jegliches Wunder erwirken würde.

Im Stillen sollte sich zwischen ihr und dem heiligen Priester ein Band keuscher, geheimnisvoller Liebe und Anhänglichkeit weben; sie sollte «seine Beatrice, sein Ideal, sein süßer Stern, seine Führerin, seine Trösterin, sein reines Licht» sein. Und diese mystische Freundschaft sollte sich so innig und tief gestalten, dass man von ihr die folgenden kühnen Zeilen schreiben konnte:

«Von Anbeginn ging die liebe Heilige auf das Werben ihres Dieners ein. Immer inniger einten sich ihre Herzen und schließlich war es in den letzten Jahren nicht mehr eine Seelengemeinschaft aus der Ferne, sondern ein unmittelbarer, direkter Herzensverkehr. Von da an verband den lebenden Heiligen die herzlichste und innigste Freundschaft mit der Seligen. Seinerseits war es ein unaufhörliches Anrufen, ihrerseits ein fühlbarer Beistand und eine Art wirklicher Anwesenheit.»

Diese «innige, gleichsam ritterliche Minne» konnte nicht im Herzenskämmerlein verborgen bleiben. Die Massen der Pilger sollten vertrauensvoll davon wissen, sollten ihrer wohltätigen Wirkung teilhaftig werden.

Oft am Tag, auf der Kanzel, im Beichtstuhl, auf dem Kirchplatz, empfahl er ihnen, seine «liebe kleine Heilige», seinen «Konsul», seine «Stellvertreterin», seine «Geschäftsträgerin beim lieben Gott» anzurufen.

Und während das Unverständnis und der Widerspruch der Menschen ihn bedrängten, während noch die stete Bedrängung und Bosheit der Hölle ihn quälten, fand der Pfarrer von Ars Beistand und Kraft bei seiner unsterblichen Freundin, bewahrte durch sie bis in den Winter höchsten Alters hinein jenen Frohsinn, jene seelische Unverwüstlichkeit, jene Herzensjugend, die in dieser Seele Vorbote der unvergänglichen Jugend der Auserwählten ist.

Reliquien-Kapelle mit dem Herzen des Pfarrers Vianney

Der Widerspruch des Klerus

Bei der großen Volksbewegung, welche die Massen nach dem Dorf Ars zog, war es gegen alle Kirchenordnung, dass man sich bei einem Pfarrer von zweihundert Seelen Rat holen wollte! «Das ist kein Mann wie die andern!», betonte die Stimme des Volkes. Das wusste man ja nur zu gut! Schon sein äußeres Auftreten verriet, was er in Wirklichkeit war: ein «Überspannter», der sich am Besten wie alle Welt verhalten sollte!

In der ersten Zeit beurteilten die geistlichen Mitbrüder seine Art streng und wollten in gewissen Eigenheiten seines Auftretens nur die Folge einer gehätschelten, absichtlich gepflegten Originalität sehen. Sie nannten bizarres Wesen, was in Anbetracht seiner Lebensführung einzig Vollkommenheit und Heiligkeit war.

Die Aussage von Johanna Maria Chanay – sie war Wäscherin im Waisen- und Pfarrhaus – lautete: «Der Herr Pfarrer liebte von Natur aus Ordnung und Reinlichkeit.» Beweis dafür ist, «dass er sehr oft seine Leibwäsche wechselte». Nur blieb dieser intime Zug der Öffentlichkeit verborgen; «sein schäbiges Äußeres sprach gegen ihn, mochte er die Reinlichkeit noch so sehr lieben».

Freiwillig, im Geist der Abtötung und der Demut trug er eine abgetragene Soutane, einen alten Hut, geflickte Schuhe, denen Wichse überflüssiger Luxus bedeutete. «Selbst auf den kirchlichen Konferenzen, den einzigen von ihm besuchten Versammlungen, erschien er ärmlich und unansehnlich.»

Man kann verstehen, dass ein so armseliges Auftreten, dessen tiefster Grund verborgen blieb, nicht bei allen Mitgliedern des Klerus Gnade fand. Die Priester der Diözese Lyon sind durch ihr würdevolles Auftreten bekannt. Vianneys Zeitgenossen tadelten seine Vernachlässigung, welche sie lotterig schalten.

Manche warfen ihm Geiz vor. Konnte er sich denn nicht auch bei seinem mageren Einkommen wenigstens eine standesgemäße Kleidung anschaffen? Andere glaubten in diesem Fall mangelndes Urteilsvermögen feststellen zu müssen; wieder andere Heuchelei, versteckte Streberei, geheime Sucht, die Aufmerksamkeit auf sich zu lenken.

So begegnete man ihm allenthalben mit Abneigung, mit Widerwillen, was sich gelegentlich in Worten und selbst im Verhalten äußerte. Bei einer Monatskonferenz weigerte sich ein Nachbar, neben ihm sitzen zu bleiben, falls er nicht einen sauberen Hut aufsetzen würde.

Man warf ihm auch gutmütige Neckereien hin, die er mit der fröhlichsten Miene der Welt aufnahm. «Das ist gut genug für den Pfarrer von Ars», gab er zurück. ... «Mit dem Wort *Pfarrer von Ars* ist alles gesagt.» Aber öfters hatten diese gutmütig hingenommenen Spötteleien auch ihre verletzende Spitze. Bischof Devie konnte das persönlich wenigstens einmal miterleben.

Der Oberhirte von Belley führte im Pfarrhaus von Trévoux nach der Abschlussfeier einer Mission beim Festessen den Vorsitz und wünschte den Pfarrer Vianney an seiner Seite sitzen zu sehen.

Zweifellos wollte er bei dieser Zusammenkunft seine Hochachtung für den bescheidenen Priester bekunden, gegen den die Verleumdung bereits ihren Schmutz geschleudert hatte. Von diesem armen, kleinen Landpfarrer war eine geheimnisvolle Anziehungskraft auf ihn ausgegangen, die nicht vom Menschen kommt und von heroischem Tugendstreben zeugt.

Als man sich zum Mahl niedersetzte, brummte einer der Geladenen vor sich hin, aber doch laut genug, um verstanden zu werden: «Der Pfarrer von Ars, dort neben dem Bischof, trägt nicht einmal ein Zingulum (Talargürtel).» Der Prälat nahm die Bemerkung ohne Erwiderung hin und auch der Seelsorger von Ars schwieg. Die Antwort erhielt der Nörgler trocken und treffend von einem alten Pfarrherrn: «Der Pfarrer von Ars ohne Zingulum ist immerhin so viel wert wie ein anderer mit seinem Zingulum.» «Sehr gut gegeben!», schloss der Bischof. Und man ließ den Heiligen in Ruhe.

Vianney schien für alle Vorwürfe, die nur sein äußeres Auftreten betrafen, stets unempfindlich: Er hatte sich mit Frau Armut vermählt und wie der hl. Franz von Assisi und Benedikt Labre wollte er ihr Banner tragen. Aber aus den Reihen seiner Brüder im Priestertum trafen ihn andere Angriffe, die ihm ein schmerzvolles Kreuz aufluden. Hatte er denn nicht genug leidvolle Stunden durchkostet, als die Lästerzungen von Ars und den umliegenden Ortschaften den Ruf seiner priesterlichen Strenge und Reinheit begeiferten? Und nun wollte man die Seelen abhalten, die sich an ihn wandten!

Man hätte seine vernachlässigte Kleidung entschuldigt, wenn ein gelehrter Priester sie getragen, ein Mann, der sich selber aus Liebe zum Studium in diesen vergessenen Winkel verbannt hätte. So aber hatten seine Mitbrüder ein nur zu gutes Gedächtnis: Sicher war Vianney ein ausgezeichneter Mensch, gütig, dienstbereit, seelen-eifrig. ... Was für ein Theologiestudium hatte er aber hinter sich! Fünf Monate Hals über Kopf im Sankt-Irenäum zu Lyon, kaum eine Ahnung von Latein, ein Aussetzen mitten im Schuljahr, Gott weiß was für ein Betrieb im Pfarrhaus von Ecully und dann zuguterletzt die armseligste Pfarrei der Diözese! ...

Armer Vianney! Und *er* wollte nun so vielen einfältigen Seelen Führer sein! Was war denn an seinen Weisungen Besonderes? Hatten denn die Leute nicht die gleichen Ratschläge, dazu noch in langjähriger Seelenerfahrung gereift, in ihren eigenen Pfarreien bei der Hand? «Er ist doch auch kein größerer Zauberkünstler als wir», bemerkte einst ein Geistlicher in Gegenwart von Frau von Cibeins über Vianney. Dieser ununterbrochene Zug nach Ars, der sich zu Wallfahrten auswuchs, wurde zum Ärgernis. Es war Zeit, diese Schlichten und Einfältigen zu warnen. Im Notfall müsse man sich sogar an die kirchliche Behörde wenden!

So geschah es auch. Mehrere Priester verboten ihren Beichtkindern unter Androhung der Verweigerung der Absolution, nach Ars zu gehen. Einige schleuderten dieses Verbot von den Kanzeln herab unter ihre Gläubigen. Wieder andere griffen zur Feder und benachrichtigten den Bischof von der neuen Gefahr, die so vielen armen, irregeleiteten Seelen drohte. Und die Hinterträger «glaubten», nach einem Wort von Katharina Lassagne, «zweifellos noch, gute Gründe für ihr Vorgehen zu haben».

Alle diese «guten Gründe» ließen sich letzten Endes auf einen einzigen zurückführen: die «Beschränktheit» von Pfarrer Vianney. Hier gilt es, ein für allemal die angebliche Unwissenheit des Pfarrers von Ars zu beleuchten und mit jener Legende aufzuräumen.

Es sei unumwunden zugegeben, dass unser Heiliger nie in seinem Leben den Hang zu «literarischer Neugier» gekannt hat. Zeit seines Priesterlebens hat er sich keinen Augenblick für bloße Unterhaltungslektüre gegönnt; nicht einmal die Zeitung hat er gelesen; die «Jahrbücher der Glaubensverbreitung» waren die einzige Zeitschrift, die durch seine Hände ging. Der Verlauf seiner Studien in seiner Kindheit und in jungen Jahren, dieses Überstürzte, Abgebrochene, immer wieder Gestörte und doch mit heroischer Ausdauer neu

Begonnene verfolgte ihn sein Leben lang. Eine geistige Abgeschlossenheit bis zum zwanzigsten Lebensjahr geht nicht spurlos an einem Menschen vorüber. Zweifellos kannte er dem Namen nach die großen Dichter, die großen Dramatiker, die großen Rhetoriker; er mag sogar im Pfarrhaus von Ecully einige Stücke aus ihren Werken gelesen haben, aber offensichtlich ist ihm nichts daraus im Gedächtnis haften geblieben, denn in seinen sämtlichen Predigten findet sich kein Hinweis darauf.

Über diese Tatsachen hinaus ist die unzureichende geistige Begabung und Bildung des Pfarrers von Ars stark übertrieben worden. Er hat allerdings in diesem Punkt durch seine übertriebene Demut selber Waffen gegen sich geliefert. «Er hielt sich für einen großen Dummkopf», schreibt Katharina Lassagne. «Was wollen Sie», sagte er, «ich habe ja keine Studien gemacht. Balley hat sich fünf bis sechs Jahre mit mir herumgeschlagen, um mir etwas beizubringen, er hat aber sein Latein umsonst an mir versucht und nichts in meinen dummen Kopf einhämmern können.»

Und mit der größten Gutmütigkeit beteuerte er: «Unter den andern Priestern bin ich wie Brodin (der Name eines Idioten der Gegend). In den Familien findet sich immer ein Kind, das weniger begabt ist als seine Geschwister; gut, daheim war ich dieses Kind.» Als ihm in seinen alten Tagen einmal sein Bild zu Gesicht kam, das man mehr oder minder treffend auf gut Glück skizziert hatte, deutete er es lächelnd: «Wahrhaftig, das bin ich! Schaut, wie dumm ich dreinschaue!» Dieses übertriebene Misstrauen gegen seine eigene Urteilskraft hätte ihn lähmen, hätte ihn völlig brechen können, wenn ihn die Liebe zu Gott und zum Nächsten nicht gezwungen hätte, sich bei seiner priesterlichen Tätigkeit zu geben, wie er war. Und selbst bei seinem äußeren Wirken suchte er die Leute in diesem Punkt irrezuführen aus Furcht, man könnte seine Person zu hoch einschätzen.

«Im Beichtstuhl sprach er ein fehlerloses Französisch (ich habe es selber feststellen können), während ihm in der Christenlehre der eine oder andere Fehler unterlief, besonders wenn sich unter den Zuhörern feinere Leute befanden.»

Tatsächlich hätte Pfarrer Vianney bei seinem zähen Arbeitswillen, seiner scharfen Beobachtungsgabe, seiner erfrischenden Phantasie, der Treffsicherheit und Feinheit seiner Bemerkungen gute Studien machen können. Die geistvolle Dame, von der das eben angeführte Wort stammt, und die den Pfarrer von Ars sehr gut kannte, urteilte über ihn: «Er war nicht, was man gemeinhin ein Genie nennt, er verfügte aber über viel geistigen Adel und Klarheit.» «Aus seinem Mund habe ich Dinge gehört», gestand mit Bewunderung Katharina Lassagne, «die ich sonst nirgendwo vernommen und die ich auch in keinem Buch gelesen habe.»

Die harte, zähe, aber so ganz persönliche Vorbereitung auf seine Predigten hatte Früchte getragen: Auf der Kanzel lauschte man mit Bewunderung seinem genauen Lehrvortrag. Von den Priestern, die er zum Predigen in seine Kirche einlud, forderte er gleiche Strenge.

Eines Tages scheute er nicht davor zurück, einen Prediger rücksichtsvoll wegen einer zu phantastischen Ausmalung des Fegfeuers zurechtzuweisen.

Bis zu seinem Lebensende machte er es sich zur strengen Gewissenspflicht, immer wieder seine Lehrbücher durchzuarbeiten. Als ihn der Andrang der Pilger in den Beichtstuhl bannte, ließ er selbstverständlich seine Bücher; aber wenn er während der schlechten Jahreszeit auch nur einige Muße fand, so machte er sich jeden Abend ans Studium. «Ich habe ihm selber zu diesem Zweck», berichtet Raymond, sein erster Hilfspriester, «das Werk von Valentin und die Moraltheologie von Gousset verschafft. Und er ist sie nachher jeden Winter neu durchgegangen.»

Langsam und im Schweiße seines Angesichtes hat er sich den Kern theologischen Wissens angeeignet. Über die Eucharistie, über die Notwendigkeit und Größe des katholischen Priestertums, über die Mittlerschaft der Gottesmutter hatte er zuweilen solch lichtvolle und tiefe Einblicke, dass sie eines Kirchenvaters würdig wären. ...

Kann man mehr von ihm verlangen? Er verfügt über das priesterliche Wissen, über jene Kenntnisse, die seine Berufspflicht voraussetzt. Aber die Seelen kommen gerade zu ihm, um etwas Erhabeneres zu suchen, etwas von jenseits aller menschlichen Weisheit.

Über die durch Studium erworbenen Kenntnisse hinaus spielen in die geistige Welt der Heiligen oft Erleuchtungen hinein, die sich nur durch ein übernatürliches Einwirken erklären lassen. «Im Pfarrer von Ars», erklärte man in Gegenwart eines gelehrten Philosophieprofessors, «steckt ein Stück Heiligkeit, aber auch nicht mehr.»

Die Messgewänder des Pfarrers von Ars

Messkelch mit Patene. Vianney kleidete sich sehr bescheiden, aber für die Kirche kaufte er das Beste, was er fand.

Worauf der Gelehrte erwiderte: «Es steckt aber auch viel Weisheit in ihm; das bricht aus seinen Gesprächen bei vielfältigen Themen durch. Oh, wie klar, wie schön sieht man, wenn man im Licht des Heiligen Geistes die Dinge schaut! Zu welcher Höhe feinsinnigen Verstehens erhebt uns doch unser Glaube!»

Den selben Gedanken hat eine schlichte Seele, die nicht Philosophie dozierte, Katharina Lassagne, mit seltenem Glück ausgedrückt: «Der Herr Pfarrer», schrieb sie, «war so klein, war in seinen eigenen Augen so gering, dass es dem Heiligen Geist gefallen hat, diese Leere selber mit der überströmenden Gnade seines wundersamen Lichtes auszufüllen.»

Pater Cyrillus Faivre, Missionar in Saint-Claude, erzählte: «Ein mir befreundeter gelehrter Priester hatte sich an Vianney gewandt, um ihm einen der verwirrendsten theologischen Fälle vorzulegen; und er bezeugte mir, er sei einfach nicht mehr zu sich gekommen vor der Leichtigkeit und der erstaunlichen Genauigkeit, mit welcher der Diener Gottes ihm die Lösung bot.»

Den Schlüssel zu diesem Rätsel liefert uns der Pfarrer von Ars mit seinen eigenen Worten in der Christenlehre: «Wer vom Heiligen Geist geleitet wird, denkt richtig. Deshalb gibt es so viele Unstudierte, die viel mehr wissen als die Gelehrten.»

Zweifellos! Aber der Geist Gottes wirkt in der Tiefe der Seele, ohne äußeres Getue, ohne Hetze und Hitze, so geheimnisvoll, dass Pfarrer Vianney wegen seiner früheren Misserfolge bei vielen seiner Mitbrüder weiter den Ruf eines minderbegabten Menschen tragen musste. Mochten auch klarsichtige Priester bei jeder Gelegenheit verkünden, was die Demut des Heiligen verschweigen musste, mehrere wollten trotzdem noch auf längere Zeit hinaus in ihm nur den beschränkten und dazu noch übereilten Kopf sehen.

Er entschied über Berufsfragen gegen alle Wahrscheinlichkeit; analysierte wie spielend die schwierigsten Gewissensfälle; behandelte Pönitenten mit unerhörter Milde und wieder andere mit übertriebener Strenge.

Das alles ging über ihren gesunden Menschenverstand. Selbstverständlich hätten die Kritiker nicht den ehrlichen Mut aufgebracht, Vianney persönlich zu befragen oder in seinen Beichtstuhl zu knien; und so ging das Gerede auf bloßes Hörensagen hin von Pfarrhaus zu Pfarrhaus. Natürlich kam es vor, dass «unverständige

Leute seinen Antworten eine falsche Auslegung gaben und ihm Dinge in den Mund legten, die ihm nie in den Sinn gekommen waren».

Wer waren diese Leute? «Überspannte Köpfe», einfältige Tröpfe, Skrupulanten, Seelen, die an jeder Führung etwas auszusetzen haben, weil sie nicht in ihren Eigensinn hineinpasst. Solche Frauen mischten sich unter die Arspilger wie die Wespen unter die Bienen. Nie stieß der Heilige eine Seele zurück. Trotzdem konnte auch er nicht alle und jeden zufrieden stellen. Mit gewissen Wirrköpfen war er stets kurz angebunden und entließ sie mit entsprechenden Ermahnungen. Seine kluge Vorsicht ging noch weiter. Wenn er von ihnen Ärgernis oder Gespött befürchten musste, konnte er ihnen sogar den Zutritt verweigern.

«Befreien Sie mich von dieser Person», sagte er mit ruhiger Stimme zu einer Ordnerin; «man heiße sie zurücktreten: Sie verdient Mitleid.»

Wie schmerzlich war die Überraschung des heiligen Seelenführers, als der Widerhall der Klagen und des Getuschels bis an sein Ohr schlug. «Armer, kleiner Pfarrer von Ars!» seufzte er. «Was muss er doch alles gesagt und getan haben! Nun predigt man über ihn und nicht mehr über das Evangelium!»

Nach und nach trafen Briefe ein, meistens ohne Namensangabe, «die ihn des Übereifers beschuldigten und ihm vorwarfen, er würde kopflose Frauen, die besser in ihren Pfarreien geblieben wären, in seine Kirche locken».

Das war auch Vianneys Ansicht. «Gut», gab er zurück, «ich habe sie ja nicht kommen heißen!»

«Sie werden als Heiliger herumgeredet», schrieb ihm im Namen mehrerer Amtsbrüder ein Priester, der wohlweislich seinen Namen nicht unter den Brief setzte, «und doch kommen nicht alle Leute, die Sie aufsuchen, bekehrt zurück. Sie täten gut daran, Ihren übelberatenen Eifer etwas zu mäßigen. Andernfalls sehen wir uns, wenn auch mit Bedauern, gezwungen, uns in dieser Angelegenheit an den Bischof zu wenden.»

Der Beschuldigte gab dem Absender, der sich durch seine Schrift verraten hatte, folgende Antwort: «Sehr geehrter Herr Pfarrer! Ich danke Ihnen aufrichtig für die gütigen Ratschläge, die Sie mir zuteil werden ließen. Ich gebe meine Dummheit und mein Unvermögen zu. Dass Personen aus den Nachbarpfarreien, die bei mir die Sakramente empfangen haben, nicht umgewandelt heimgekehrt sind, tut mir natürlich sehr leid. Falls Sie es für angebracht halten, mögen Sie sich ruhig an den Herrn Bischof wenden, der, wie ich hoffe, die Güte haben und mich von hier weg versetzen wird. ...

Sehr geehrter Herr Pfarrer, beten Sie bitte zu Gott, dass ich weniger Böses und mehr Gutes wirke ...»

Dieser Brief hatte Erfolg. «Der anonyme Briefschreiber sandte sofort ein Entschuldigungsschreiben an Vianney, diesmal mit seinem Namen.»

So fielen langsam alle Voreingenommenheiten gegen den Pfarrer von Ars. Man brauchte ihn nur zu sehen oder ihn besser kennen zu lernen, und ohne weiteres streckte man die Waffen.

«Ein Ordensmann war ins Dorf gekommen, um den *Fanatiker* zu sehen, den andere bereits einen *Heiligen* nannten. Er schied voller Bewunderung über die Weisheit und Tugend des Mannes.»

«Ich kannte den Priester Tournier ... », erzählt die Baronin von Belvey. «Er witzelte oft über den Diener Gottes, ohne ihn je gesehen zu haben. Dann kam er nach Ars. Und kaum hatte er den heiligen Prediger vernommen, als er auch schon in Tränen ausbrach.

Von diesem Augenblick an erlaubte er sich selber und auch keinem andern Menschen mehr, ein Wort gegen Vianney in seiner Gegenwart auszusprechen. Einmal habe ich einen Widersacher des Heiligen, der sechzehn Jahre lang stark gegen ihn eingenommen war, dazu gebracht, hinzugehen und nach eigenem Augenschein zu urteilen.

Bei einer Durchreise durch Ars wohnte er der Christenlehre bei. Er wurde derart ergriffen, dass er nicht wusste, wie er seiner Bewunderung Ausdruck geben sollte, und dass für ihn der Zustrom ins Dorf gar nichts Ungewöhnliches mehr hatte.»

«Eine Vermieterin von Ars hat mir erzählt», berichtet Katharina Lassagne, «dass ein Priester, der in ihrem Haus abgestiegen war, ihr gestand, er sei gekommen, um Vianney auf die Probe zu stellen; er habe ihn in der Sakristei aufgesucht, um ihn dort mit seinen Fragen in die Enge zu treiben; die Gegenwart des Pfarrers von Ars habe ihn aber so verwirrt, dass er nichts mehr zu sagen wusste.

«Ich habe vor Bischöfen gepredigt», gestand dieser Geistliche, «aber nie habe ich eine solche Beklemmung verspürt.»

Die verletzenden direkten Angriffe gegen Vianney, kamen aber nur vereinzelt vor und wurden von 1827 bis 1840 immer seltener. Auch der letzte, den wir kennen, hat einen glücklichen Ausgang genommen. Der Schuldige bereute seine Tat aufrichtig, erhielt Verzeihung und Freundschaft des Heiligen und wurde einer seiner glühendsten Verehrer.

Johannes Ludwig Borjon, der Vianney dreiundzwanzig Jahre beobachtete, war am 17. Mai 1837 zum Pfarrer von Ambérieux-en-Dombes ernannt worden. Zur Zeit seines Amtsantritts stand in seiner Pfarrei die Wallfahrt nach Ars in voller Blüte. Ars ist kaum acht Kilometer von Ambérieux entfernt.

Dieser ständige Exodus zu einem Heiligen, den er nicht kannte, wollte dem jungen Pfarrherrn gar nicht gefallen. Borjon überging das eine und andere Mal das Evangelium und predigte über den Pfarrer von Ars. Ein neuer Zwischenfall sollte das Pulverfass entzünden.

Nach den Aussagen des Priesters Nicolas von Saint-Trivier, «hatten sich einige fromme Seelen von Ambérieux mit Vianneys Gutheißung zu einem frommen Verein zusammengeschlossen und hatten ohne die Erlaubnis ihres Pfarrers Beiträge dafür gesammelt. Borjon war schon aufgebracht gegen seine ‹Frommen›, weil sie bei ihm eine Messe hatten lesen lassen, um seine Versetzung von Ambérieux und seine Ersetzung durch den Pfarrer von Ars zu erwirken. So donnerte er eines schönen Sonntags gegen sie los. Die Vorwürfe waren bitter. Persönliche Anschuldigungen mischten sich in die Klagen ...» Natürlich verstand jedes Kind, gegen wen die Strafpredigt gezielt war.

Borjon, der alles übertrieben sah, nahm nun den heiligen Pfarrer persönlich vor und schrieb ihm einen ebenso bösen wie ungerechten Brief, in dem folgende Worte standen: «Wenn man nur so wenig Theologie im Kopf hat, sollte man keinen Beichtstuhl betreten.»

Der Brief geriet nicht unter unempfindliche Augen. Der arme, heiligmäßige Priester vertraute seinen Kummer, wahrscheinlich um leichter vergessen zu können, einem besonders lieben Pfarrkind, dem alten Vater Mandy an. «Dieser Brief», sagte ihm der frühere Bürgermeister von Ars, «stammt zweifellos von einer ungezogenen Person. Weshalb ihm also weitere Beachtung schenken?»

«Nein, er kommt von einem gebildeten Mann.»

Und schließlich gestand er, dass er von der Hand eines Amtsbruders geschrieben war. «Aber», fügte er bei, «es würde mir weiter nicht weh tun, wenn ich nicht glauben müsste, Gott werde dadurch beleidigt.»

Dann ging er in sein Zimmer, griff zur Feder, er, der kaum noch ein Wort schrieb, und fand aus heiligem Priesterherzen eine schlichte, erhabene Antwort für den jungen Pfarrer: «Mein innig geliebter und sehr verehrter Mitbruder! Wieviel Grund habe ich, Sie zu lieben! Sie sind der einzige, der mich wirklich kennt. Da Sie so gut und lieb sind, dass Sie sich sogar meiner armen Seele annehmen, so helfen Sie mir doch, eine schon längst erflehte Gnade zu erwirken: Ich möchte nämlich von einem Posten, dessen ich infolge meiner Unwissenheit nicht würdig bin, versetzt werden und mich in einen stillen Winkel zurückziehen, um dort mein armes Leben zu beweinen. Wieviel Buße habe ich zu tun, wieviel Sühne zu leisten, wieviel Tränen zu vergießen! ...»

Falsche Demut spricht sich nicht in solchen Worten aus. Eine brüchige Heiligkeit, nicht einmal Tugend von gewöhnlichem Ausmaß hätte den Ton dieser Sätze getroffen. Solchc Worte brechen aus dem lebenslangen, opferfrohen Kuss des Kreuzes hervor.

Die schmerzhaften Geheimnisse des Heilandslebens waren Vianneys tägliche Geistesnahrung geworden. Man spürt es aus dem Klang seines Briefes. Borjon wurde von dem Brief so tief gerührt, dass er so schnell wie nur möglich nach Ars eilte und sich dem Angegriffenen zu Füßen warf. Der Pfarrer von Ars hatte bereits alles vergessen, breitete ihm mit einem göttlichen Lächeln die Arme entgegen und presste ihn an sein Herz.

In der Folge erwies sich der Pfarrer von Ambérieux eines so edlen Verzeihens würdig. Oft kehrte er wieder und holte sich Rat bei Vianney und Erbauung an seinem Beispiel. «Ich habe ihn seither am Werk gesehen», erklärte Borjon vor Bischof Mermod, «und ich habe meine Meinung gründlich geändert.» Von nun an führte er jedes Jahr seine Erstkommunikanten zum Heiligen von Ars, auf dass er sie segne. Pfarrer Borjon hatte die große Ehre, im Seligsprechungsprozess Zeugnis für den Diener Gottes ablegen zu dürfen, und mit einem feierlichen Eid beteuerte er, «für ihn eine große Freundschaft, eine große Hochachtung und eine große Verehrung gehegt zu haben».

Vianney waren die Anklagen, die gegen ihn beim Bischof vorgebracht wurden, nicht unbekannt geblieben. Mehr als einmal baten ihn befreundete Mitbrüder, er möge doch reden, er möge sich verteidigen. Aber er wollte schweigen; und er wollte ihnen sein Schweigen verständlich machen mit einer Legende, die er seinem Lieblingsbuch, der «Heiligenlegende», entnahm: «Ein Heiliger trug eines Tages einem seiner Mönche auf: ‹Gehe zum Friedhof und schimpfe dort möglichst fest gegen die Toten!› Der Ordensmann gehorchte.

Bei seiner Rückkehr fragte ihn der Heilige: ‹Was haben sie dir geantwortet?› ‹Nichts!› ‹Gut, gehe jetzt zurück und lobe sie über alle Maßen!› Erneut gehorchte der Mönch und kehrte dann wieder. ‹Haben sie dir diesmal geantwortet?› ‹Auch diesmal nicht!› ‹Gut›, unterwies ihn der Heilige, ‹ob man dich schmäht oder ob man dich lobt, mache es wie die Toten!›»

«Heute habe ich zwei Briefe erhalten», erzählte Vianney in einer Katechismusstunde. «In einem nennt man mich einen Heiligen, im andern einen Scharlatan. Der erste hat mir nichts gegeben, der zweite hat mir nichts genommen.» Und ein andermal sagte er nach dem Empfang eines ähnlichen Schreibens: «Der wenigstens kennt mich! Gegen Versuchungen zum Stolz habe ich hier ein Heilmittel.»

Der Pfarrer von Ars tat aber mehr, als nur die Schmähung mit dieser übernatürlichen Gesinnung hinzunehmen. Die Anfeindungen, denen er von Seiten gewisser Amtsbrüder ausgesetzt war, halfen ihm, eine neue Stufe der Demut zu ersteigen. Selber unterschrieb er einen Anklagebrief, der ihm durch Zufall in die Hände gefallen war, und sandte ihn an den Bischof weiter. «Nun haben sie meine Unterschrift», sagte er. «Jetzt fehlen ihnen doch die Beweisstücke nicht mehr.»

Devie war wahrhaft «ein großer und heiliger Bischof» und dabei «keineswegs der Mann, der sich durch falsche Hinterträgereien einnehmen ließ». Da er sein Urteil auf genaue Kenntnis stützen wollte, sandte er seinen Generalvikar, den Kanonikus Ruivet, an Ort und Stelle.

Dieser «starre Eiferer für Disziplin, dessen Festigkeit sich zuweilen wie Härte ausnahm, verbarg hinter strenger Rede und Äußerem ein gütiges, mitfühlendes Herz und schaute stets nach einem Vorwand zur Milde aus». Vianney legte ihm dar, man komme aus freien Stücken zu ihm, er würde selber niemanden herbeiholen; habe er aber einmal ein Beichtkind vor sich, dann würde er es nach bestem Wissen und Gewissen behandeln; in Anbetracht seiner Unwissenheit und seiner Armseligkeit bedeute allerdings die Seelsorge eine schwere Bürde für seine Schultern und er habe den Bischof bereits gebeten, ihm diese Last doch abzunehmen ...

Nur ein Heiliger kann derartige Hoffnungen hegen: Der Pfarrer von Ars glaubte aufrichtig, die neue Untersuchung werde den Bischof endgültig umstimmen und er werde sich von seinem Amt zurückziehen dürfen. «Um so größer war seine Enttäuschung, als er Ruivet, der seine Anwesenheit übersehen hatte, zu jemandem sagen hörte: ‹Wären die Anklagen wahr, würde man hier nicht so viele Pilger sehen, und unter ihnen auch Ordensleute und Priester.›»

Daraufhin konnte der Generalvikar «nicht anders, als Bischof Devie einen günstigen Bericht übermitteln».

Später wollte sich der Bischof noch weitere Unterlagen verschaffen und «verpflichtete deshalb den Pfarrer von Ars, dem bischöflichen Rat die schwierigen Fälle vorzulegen, auf die er in seiner priesterlichen Tätigkeit gestoßen war, und auch seine, nach bestem Gewissen gefällte, Lösung beizufügen.

Der Pfarrer von Ars unterzog sich willig dieser Prüfung und sandte in einigen Jahren über zweihundert Gewissensfälle ein. Nach genauer Untersuchung der Fälle kam Bischof Devie zu dem Schluss, dass Vianneys Entscheide immer richtig und sein Vorgehen über jeden Tadel erhaben waren». «Eines Tages», berichtet Frau des Garets, «erlaubte ich mir die Bemerkung vor dem Bischof von Belley: ‹Allgemein sieht man im Pfarrer von Ars einen mindergebildeten Mann.› ‹Ob er gebildet ist, weiß ich nicht›, erwiderte der Bischof, ‹aber eines weiß ich: Der Heilige Geist selber hat es übernommen, ihn zu erleuchten.›»

Mehrere Geistliche hatten die außergewöhnliche Lebensweise Vianneys ins Lächerliche gezogen, hatten sogar das Wort Narrheit gegen ihn gezüngelt. Bischof Devie hörte hiervon mit tiefem Schmerz und bei den nächsten Jahresexerzitien richtete er an die versammelten Priester die Worte: «Ich wünschte meinem ganzen Klerus ein Körnchen von dieser Narrheit.»

Die Haltung des Oberhirten gegenüber dem Pfarrer von Ars wurde für viele seiner Widersacher eine Offenbarung und Lehre.

Es kam der Augenblick, wo, von einigen Klagen über einzelne Dinge abgesehen, die Nennung des Heiligen bei sämtlichen Mitbrüdern einstimmiges Lob hervorrief. Alle, die sich von falschen Berichten hatten beeinflussen lassen, sahen ihre Vorurteile schwinden, sobald sie mit dem Dorf Ars in Berührung kamen. «Der Klerus der Nachbarschaft, der Vianney genau kannte», sagt Graf des Garets, «brachte ihm Anhänglichkeit und Hochachtung entgegen. Die Seelsorger der entfernter gelegenen Pfarreien, die an seiner Weisheit gezweifelt hatten, schlugen schließlich in ihrer Stimmung um und gewannen großes Vertrauen in sein gotterleuchtetes Urteil.»

Eine einzige Tatsache von großer Tragweite beweist zur Genüge, dass die Gegner des Heiligen bald auf eine unbedeutende Minderheit zusammenschrumpften:

Als er im Jahr 1834 im Großen Seminar von Bourg zum letzten Mal Priesterexerzitien mitmachte, setzte ihn Bischof Devie auf die offizielle Liste der Beichtväter. Daraufhin wandten sich so viele Priester an ihn, dass er kaum einen freien Augenblick fand für seine Gebete, seine persönlichen Betrachtungen und die Vorträge des Predigers, «was beweist», schloss Katharina Lassagne, «dass man ihn bereits als guten Diener Gottes erkannte».

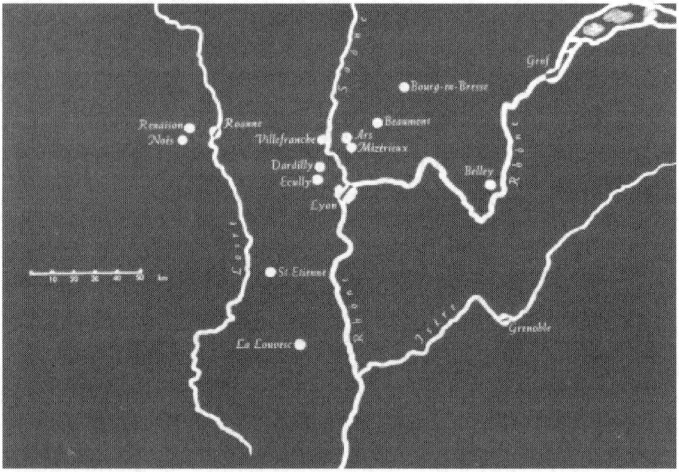

Situationsplan der Lyoner Gegend. In der Mitte die große Stadt Lyon. Westlich der Saône Dardilly und Ecully, östlich davon Ars. Südlich (Mitte) La Louvesc, ein Wallfahrtsort.

Der Beichtvater

Dreißig Jahre hindurch hat sich ein ununterbrochener Pilgerstrom in immer neuen Wellen zur alten Kirche von Ars bewegt, deren Steinfliesen von den Füßen der Besucher ausgetreten und geglättet sind wie die Felsen, über die das Meer hin und her flutet.

Nicht einmal im Winter, wenn auf der Dombes-Hochebene bittere Kälte herrschte, nahmen die Fremden im Dorf bedeutend gegenüber der schönen Jahreszeit ab. Von November bis März brachte Pfarrer Vianney jeden Tag nicht weniger als elf bis zwölf Stunden im Beichtstuhl zu.

«Selbst wenn er seine Kirche nie verlassen würde», schrieb Katharina Lassagne, «könnte er kaum alle anhören; auch behält er beim Hinausgehen stets sein Chorhemd an; denn ginge er in die Sakristei, um es abzulegen, würden ihn die andrängenden Beichtkinder dort festhalten.»

Auf Katharinas Manuskript hat der Priester Renard notiert: «Der Bericht der Leiterin entspricht ganz der Wahrheit; oft bin ich nach Ars gekommen, im Frühling, Sommer, Herbst, selbst im Winter, und habe alles miterlebt.»

«Als ich zum ersten Mal – es war im Jahr 1851 – die Kirche von Ars betrat», lautet der Bericht des Missionars Dufour von Pont-d'Ain, «stauten sich zwei Reihen Pönitenten von der Muttergotteskapelle zur Täuferkapelle. Und ich habe die Reihen nie gelichtet gesehen.» «Der Zustrom der Pilger», sagt Johannes Felix des Garets, der Bruder des Bürgermeisters von Ars, «hat von 1830 bis 1845 ständig zugenommen; um diese Zeit erreichte die Pilgerzahl ihren Höhepunkt. Der Zustrom belief sich auf drei- bis vierhundert Personen am Tag. Auf dem größten Lyoner Bahnhof Perrache war ein eigenes Büro für die Fahrkartenausgabe in Richtung Ars eingerichtet, und zwar wurden die Fahrkarten mit einer besonderen Klausel auf acht Tage Gültigkeit ausgestellt.

Es war nämlich öffentlich bekannt, dass es dieses Zeitraums bedurfte, um an Johannes-Maria Vianney heranzukommen und von ihm ein Wort oder die Lossprechung zu erhalten.»

Der Ungläubige, der nicht begreift, «dass die wahre Weltgeschichte die Gottes-Gnaden-Geschichte in dieser Welt ist», verstand von diesem Massenandrang rein gar nichts, von diesen Seelen, die der Lossprechung, einem erleuchteteren Glauben, einer tieferen Askese entgegeneilten.

«Die überwältigende Mehrzahl der Besucher», sagt wiederum Johannes Felix des Garets, «kam von Glaube, Frömmigkeit, Reue getrieben; und wenn sich einige neugierige Gaffer unter die Menge mischten, wurden oft – auch die Abtrünnigen – durch eine Geste, einen Blick, eine Träne des ehrwürdigen Pfarrers Vianney für Gott gewonnen.

Aus Personen jeden Alters und jeden Ranges setzte sich diese Volksmenge zusammen, aus Bischöfen, Priestern, Ordensleuten – darunter Jesuiten, Maristen in großer Zahl, Kapuziner, Rekollekten (Franziskanerobservanten, Exerzitienmeister), Dominikaner, Adelige und Proletarier, gelehrte Köpfe, die sich mit den ernstesten Fragen trugen, und einfältiges, einzig von schlichter Gläubigkeit getriebenes Volk. Unter letzterem habe ich ganze Bauernfamilien aus fernen Provinzen bis von den Auvergner Bergen auf Wagen anfahren sehen; sie wollten den Diener Gottes sehen und in der Kirche von Ars die Sakramente empfangen. Aus der näheren Umgegend zog alles hin – zu Fuß und mit Wagen, zu Wasser und zu Land.»

Nach der Aussage eines Mannes vom Fach, des Arser Gastwirts und Fuhrhalters Franz Pertinand, musste im Jahr 1836 dreimal wöchentlich ein eigener Wagendienst zwischen Ars und Trévoux eingesetzt werden, seit 1840 zwischen Ars und Lyon täglich.

Schließlich geht aus einem Bericht des Unterpräfekten von Trévoux vom 28. Juni des Jahres 1855 hervor, dass in jenem Jahr «zwei Postwagen täglich zwischen Lyon und Ars verkehrten; zwei andere hatten auf der Haltestelle Villefranche zweimal täglich Anschluss an die Linie Paris – Lyon; ein fünfter Wagen, der den Dienst Villars – Villefranche besorgte, führte durch Ars und hielt im Wallfahrtsort».

Im letzten Lebensjahr des Heiligen (1858 bis 1859) «erreichte die Zahl der Pilger – nach dem Bericht von Franz Pertinand – achtzigtausend, und darin sind nur die einbegriffen, welche die öffentlichen Wagen benutzten. Die Gesamtzahl der Wallfahrer schätze ich auf hundert- bis hundertzwanzigtausend im Jahr».

Natürlich hatte die Entwicklung des Dörfchens Ars nicht mit seinem Ruf gleichen Schritt gehalten und die Massen mussten sich Unterkunft verschaffen, so gut es eben ging. Wohl bezeichneten sich fünf Häuser mit dem Titel «Hotel», vermochten aber zusammen höchstens hundertfünfzig Leute zu beherbergen. Der Rest musste bei den Einwohnern von Ars Unterkunft suchen. «Bei unserer Ankunft am 8. Mai 1845 waren alle Hotels besetzt», erzählt Kanonikus Kamillus Lenfant. «Jeder behalf sich, so gut er konnte. Mich führte die Vorsehung zu Fräulein Ricotier, einer fromm gläubigen, schlichten Seele. Zum Tagespreis von 2.50 Franken stellte sie mir Kost und Logis. Und ich war für mein Geld gut bedient.»

Im Mai des Jahres 1854 hörte der Bischof von Birmingham, dass Pönitenten, fünfzig an der Zahl, die ganze Nacht auf den Wiesen draußen zubrachten, weil sie schneller an den Beichtstuhl kommen wollten oder in den Herbergen keinen Platz mehr gefunden hatten.

Nie gerieten die Massen von Ars in einen Jahrmarktstrubel. Man war gekommen, um einen Heiligen zu sehen, bei ihm die Beichte abzulegen, bei der hl. Philomena ein Gelübde zu erfüllen. Eine Sammlung aus Erwarten und Hoffen schwebte über diesem einzigartigen Dorf.

Manche betraten den unansehnlichen Weiler ehrfürchtig, wie man ein Gotteshaus betritt. Sobald sie des Backsteinturmes ansichtig wurden, nahmen viele Pilger ihre Kopfbedeckung ab und bekreuzigten sich. Obschon die Kirche nur von neun Uhr abends bis Mitternacht geschlossen war, konnte man sich doch nur schwer Zutritt verschaffen.

Im März des Jahres 1859 musste sich Gregor Seigneux, Leiter des «Croisé», langsam Schritt für Schritt den Zugang zum Eingangsportal vorankämpfen. Fremde standen in großer Zahl auf dem alten Friedhof und bis in die angrenzenden Gässchen hinein, wo sie abwarteten, bis sie an der Reihe waren. ...

Sie kauften Medaillen und Rosenkränze zum Weihenlassen, Kerzen, die sie vor dem Altar der hl. Philomena abbrannten. Um sich über das endlose Warten hinwegzutrösten, betrachteten sie das Bildnis des heiligen Priesters und ohne ihn noch gesehen zu haben, unterhielten sie sich über ihn wie Kinder über ihren Vater.

Bilder des Pfarrers von Ars lagen und hingen überall, in den Läden, an den Friedhofmauern, in den Auslagen der Hausierer, die zwischen den Pilgern umhergingen. Von jeder Größe waren sie, vom Andachtsbildchen fürs Gebetbuch bis zum schreiend-bunten Heiligenbild, auf denen die verschiedenen Szenen aus dem Leben des Heiligen mit mehr oder weniger viel Phantasie dargestellt waren. Die Ähnlichkeit war selbstverständlich nur annähernd getroffen, da Vianney sich stets geweigert hatte, für ein Bild zu sitzen. Was machte das dem Pilger aus, der von seiner Wallfahrt «das Porträt des Heiligen» als kostbares Andenken heimbringen wollte!

Mochten sie auch noch so lange auf ein Plätzchen in der Kirche warten müssen, die Fremden ließen es sich – mit ganz wenigen Ausnahmen – nicht verdrießen. Sie wollten um jeden Preis den Heiligen hören; und das erste, wenn nicht sogar das einzige Ziel der meisten war eine Zwiesprache mit ihm unter vier Augen: im Beichtstuhl.

Hier hob ein neues Warten an. Obgleich Johannes-Maria Vianney «nur die allernotwendigste Zeit auf jede Beichte verwandte», obgleich er die endlosen Tage hindurch sechzehn bis achtzehn Stunden Beichte hörte, mussten die Pilger dennoch während seiner letzten Lebensjahre dreißig, fünfzig und siebzig Stunden ausharren, bis sie an den gesegneten Beichtstuhl herankommen konnten. «Oft haben Leute durch Arme ihren Platz um Geld hüten lassen.» Das konnten sich nicht alle leisten. So verblieb man in der Kirche, die im Sommer ein Treibhaus, im Winter ein Eiskeller war. Leute, die, ohne ihren Platz zu verlieren, die Kirche verlassen wollten, verständigten sich mit ihren Nachbarn oder mit den Kirchenwärtern.

Mit einbrechender Nacht musste man wohl oder übel gehen, weil die Tür geschlossen wurde. Um dadurch die Reihenfolge nicht zu stören, teilte man Nummern aus und verbrachte die Stunden zwischen Schlafengehen und Aufstehen des Heiligen draußen oder in der Vorhalle neben dem Glockenturm.

Fräulein Sophie Gros von Besançon konnte sich noch im hohen Alter erinnern, dass ihr Dienstmädchen Klementine Viney im Juli 1853 zwei Tage, das Esskörbchen am Arm, hatte warten müssen, ehe sie sich in den Beichtstuhl knien konnte. Im Jahre 1855 war ein Fräulein Louise Dortan aus Hôpital (Puy-de-Dôme), später Schwester Maria von Jesus, nach Ars gekommen, um sich mit dem Heiligen über ihren Beruf zu besprechen. Sie musste volle drei Tage warten, bis sie an die Reihe kam. Schon wollte sie die Hoffnung, je an den Beichtstuhl zu gelangen, aufgeben und schickte sich weinend an hinauszugehen, als Johannes-Maria Vianney aus der Täuferkapelle heraustrat und sie anrief:

«Du hast keine Geduld, Kind, du bist erst drei Tage hier und willst schon wieder heimgehen. Du – zwei Wochen musst du bleiben. Geh und bete zur hl. Philomena, dass sie dir deinen Beruf zeigt, und dann kommst du zu mir.» Das Mädchen befolgte den Rat und wurde glücklich.

Morgens gegen neun Uhr machte sich der Heilige einige Zeit für die Ordensleute und Priester frei. Gewöhnlich nahm er ihre Beichte hinter dem Hochaltar ab. «Man hat einen Bischof warten sehen, bis die Reihe an ihm war. Es war – der Diözesanbischof.»

Manchmal machte es den Eindruck, als ob der Pfarrer von Ars an ein Ende komme und sich endlich – wenn auch nur für einen Tag ausruhen könne. Vergebliche Hoffnung! ... An einem Maiabend des Jahres 1853 stiegen drei Ordensschwestern und eine seit kurzem verwitwete Dame aus Franz Pertinands Postkutsche und schritten eilig die Stufen zur Kirche hinauf.

Vianney verließ gerade seinen Beichtstuhl, wo er dem letzten Beichtkind die Lossprechung erteilt hatte. Das Kirchenschiff leerte sich. Die Dame in Trauer ging auf den Heiligen zu, der sogleich bereit war, ihre Beichte abzunehmen. «Wollt ihr auch mit dem Pfarrer sprechen, solange er frei ist?», fragte jemand die drei Schwestern.

«Nein, morgen», antworteten sie, «wir müssen noch eine Unterkunft suchen.»

«Oh, morgen», erhielten sie zur Antwort, «morgen mag es nicht wie heute sein.»

«Und in der Tat», erzählt eine der Ordensfrauen, Schwester Dosithea von der Vorsehung aus Vitteaux, «der nächste Tag brachte einen solchen Pilgerandrang, dass ich mehr getragen als gegangen gegen den Beichtstuhl vorrückte. Endlich konnte ich mit dem Pfarrer sprechen; denn da er von meiner Krankheit wusste – sie ‹war lungenkrank und spuckte Blut›, ließ er mich eintreten, bevor ich an der Reihe war.»

Einmal im Richterstuhl des Erbarmens, «zeigte Vianney keine Bevorzugung; eine Ausnahme machte er nur für seine Pfarrkinder, die Kranken, die Gebrechlichen oder für Beichtkinder, die unmöglich warten konnten». Hier leitete die von Gott verliehene Gnade des Hellsehens seinen Blick. Claudius Rougemont, der im Jahre 1871 in der Pfarrei Vikar war, berichtet: «Ich weiß es aus dem Mund vieler ehemaliger Arspilger, dass der Pfarrer von Ars sie in der Menge erspähte und sie in den Beichtstuhl oder in die Sakristei rief; jede anderweitige Kenntnis ihrer Person war ausgeschlossen; er hatte nur durch inneres Hellsehen erkannt, dass diese Leute ihn sofort sprechen müssten.»

Und so stark war die Macht des Heiligen über das Volk, dass solche Bevorzugung nur in äußerst seltenen Fällen ein widersprechendes Murmeln hervorrief. «Mag sein», bemerkte Vianney gegenüber Bruder Athanasius, der ihm jedenfalls einige Klagen hinterbrachte, «man klagt mich eines allzugroßen Entgegenkommens für gewisse Pilger an. Aber ich muss nun einmal die Mühen und Ausgaben in Rechnung stellen, unter denen sie hierher gekommen sind. Auch kommen Leute im Geheimen und wollen nicht erkannt werden. Die müssen in aller Eile wieder zurückkehren.»

Eine Mutter von sechzehn Kindern hatte in der Mitte des Schiffes Platz gefunden. Plötzlich erscheint der Heilige außerhalb des Beichtstuhls, bezeichnet mit dem Finger die Frau und ruft ihr zu: «Sie, Frau, Sie haben es eilig. Kommen Sie schnell.»

Um 1833 kam Margaret Humbert, nunmehr Frau Fayolle, aus Ecully, die ihren Vetter Vianney fünfzehn Jahre nicht mehr gesehen hatte, auf Besuch herüber. Er selbst «hatte die Schwestern der *Vorsehung* gebeten, seine Cousine liebevoll aufzunehmen, weil sie ihn während seiner Studien so gut betreut habe».

«Vor meiner Abreise», erzählt nun Margaret, «ging ich in die Kirche, unschlüssig, ob ich bei meinem Vetter beichten sollte oder nicht. In diesem Augenblick teilte mir jemand in seinem Auftrag mit, er erwarte mich. Ich war ganz überrascht, konnte er mich doch an meinem Platz überhaupt nicht wahrnehmen. ... Ich ging von tiefer innerer Freude erfüllt von Ars fort.»

«Eines Tages», berichtet Oriol, «hörte der Diener Gottes in der Sakristei Beichte. Plötzlich tauchte er auf der Schwelle auf und sprach mich an: ‹Mein Freund, rufen Sie bitte eine Frau, die ganz hinten in der Kirche steht.› Und er gab mir Erkennungszeichen an. Ich fand die Frau nicht an der bezeichneten Stelle, ging zurück und teilte es Vianney mit. ‹Laufen Sie schnell›, antwortete er mir, ‹sie steht jetzt vor diesem und diesem Haus. ...› Ich lief und holte die Frau tatsächlich ein, die sich trostlos, nicht mehr länger warten zu können, auf den Weg gemacht hatte.»

Eine arme Frau hatte, wahrscheinlich aus Ängstlichkeit, zwei-, dreimal ihre Reihe verstreichen lassen und bereits acht Tage in Ars verbringen müssen, ohne Vianney gesprochen zu haben.

Schließlich rief der Heilige sie; ja, er holte sie selber und führte sie mitten durch die Menge in die Täuferkapelle. «Überglücklich hielt sie sich an der Soutane fest und schlüpfte so durch die sich öffnende Gasse.»

Der Heilige wusste aus Erfahrung, dass die Gnade ihre Stunde hat, die vorübergehen und nie wiederkehren mag. Deshalb fing er die Sünder gelegentlich «im Flug».

Im Jahr 1853 brach eine fröhliche Lyoner Gesellschaft nach Ars auf. Sie waren alle gute Christen bis auf einen Greis, der nur mitgegangen war, «um den jungen Leuten Freude zu machen». Gegen drei Uhr nachmittags kamen sie im Dorf an. «Geht ihr in die Kirche, wenn ihr wollt», rief der Ungläubige beim Verlassen des Wagens, «ich bestelle das Essen.» Er machte einige Schritte, blieb stehen. «Zum Donnerwetter, ich bedenk mich anders», fuhr er fort, «und geh mit euch. Es wird ja keine Ewigkeit dauern!» So betrat die ganze Gesellschaft die Kirche.

Im selben Augenblick verließ Vianney die Sakristei und ging in den Chor. Er kniete hin, stand auf, wandte sich um. Sein Blick suchte jemanden in der Richtung des Weihwasserbeckens. Dann winkte er. «Er ruft Sie», sagte man dem verdutzten Ungläubigen. «Ganz verlegen schritt er vor», erzählte die Schwester, der wir diesen Bericht verdanken; «wir lachten innerlich, denn es war uns klar, dass ihm der Vogel ins Netz gegangen war. Der Pfarrer schüttelte ihm die Hand:

‹Es ist schon lange her, dass Sie nicht mehr gebeichtet haben?›

‹Mein guter Herr Pfarrer, so etwas wie dreißig Jahre, denke ich.›

‹Dreißig, lieber Freund? Besinnen Sie sich genau! Es sind dreiunddreißig. Sie waren damals da und da ...›

‹Sie haben Recht, Herr Pfarrer.›

‹Dann beichten Sie heute, nicht wahr?›

Unser alter Freund gestand uns, dass er sich bei dieser Aufforderung so betroffen fühlte, dass er sich nicht zu weigern getraute.

‹Aber›, fügte er bei, ‹ich empfand sofort ein unbeschreibliches Wohlbehagen.› Die Beichte dauerte zwanzig Minuten und wandelte den Mann völlig um.»

Die Art und Weise, wie der Pfarrer einen anderen Sünder im Sturm nahm, ist typisch: Um 1840 kam ein Papa Rochette mit seinem kranken Knaben zum Wundertäter von Ars. Rochette hatte nur eine Sorge: die Heilung seines Knaben. Wohl betrat er einige Male die Kirche, kam aber nie über das Weihwasserbecken hinaus.

Dort stand er auch, als der Heilige hinter dem Altar, wo er gerade Priestern die Beichte hörte, hervortrat und ihn vorkommen hieß. Rochette regte sich nicht von der Stelle. Seine Frau stand mit dem Knaben weiter vorn an der Kommunionbank. «Ist er denn so verstockt ungläubig?», fragte Vianney die Mutter. Endlich auf den dritten Wink hin entschloss sich der Mann vorzugehen.

«Schließlich», denkt er sich, «wird mich der Pfarrer von Ars auch nicht auffressen!» Sofort verschwinden beide hinter dem Altar. Vianney hat keine Zeit zu vertun.

«Jetzt ist es an uns beiden, Papa Rochette», – sagts und deutet auf den Beichtstuhl. – «Knien Sie hierher!»

«Oh», meint der andere, «ich habe keine besondere Lust.»

«Lasst mal sehen!»

Diesem unvorhergesehenen Angriff kann Papa Rochette nicht widerstehen; er sinkt in die Knie.

«Hochwürden», stottert er, «es ist schon eine geraume Zeit her. ... Zehn Jahre ...»

«Geben Sie noch etwas drein.»

«Zwölf ...»

«Noch etwas.»

«Ja, seit dem großen Jubiläum von 1826.»

«Richtig! Wer sucht, der findet.»

Und Papa Rochette beichtete wie ein Kind. Anderntags empfing er die heilige Kommunion an der Seite seiner Frau. Und ihr Sohn, fügt der Bericht treuherzig bei, ließ in der Kirche von Ars zwei überflüssig gewordene Krücken zurück.

Für wie viele Seelen ist nicht auf diese Weise der Pilgergang nach Ars zum Damaskusweg geworden! Nicht dass der Heilige außer seinen Gebeten und Kasteiungen auffallende Mittel zu deren Bekehrung angewandt hätte. Zuerst packte er sie durch seine glutvolle Predigt, dann kam die Zwiesprache von Herz zu Herz im Beichtstuhl; und hier führte er mit wenigen Worten den Schlag, der zugleich niederschmettert und aufrichtet. Abgesehen von außerordentlichen Fällen – wie Lebensbeichten – fertigte er die Leute schnell ab und verlangte auch von den Beichtkindern Promptheit. «In fünf Minuten habe ich meine Seele der seinen anvertraut», sagte Pater Combalot, nachdem er bei Pfarrer Vianney gebeichtet hatte. Vianney ging nicht gerade zimperlich mit den Sündern um.

In tiefem Glauben stand er so hoch über jeder Menschenfurcht, erwartete so rückhaltlos alles einzig von Gott, dass er notfalls jedem, wer immer es sein mochte, das Schriftwort entgegenschleuderte: «Das ist dir nicht erlaubt!» Wie viele vom Schwert seines Wortes getroffene Gewissen haben das geheime Gift ihres Herzens vor ihm ausgeschüttet! ... «Er wusste, wo er ansetzen musste. Und selten hat er sein Ziel verfehlt.»

«Ja, wenn unser Herrgott nicht so gut wäre!», seufzte er. «Aber er ist ja so gut!» Und wieder: «Retten Sie doch Ihre Seele! ... Wie schade, eine Seele verlieren, die unseren Heiland so viel gekostet hat! ... Was hat er Ihnen denn Böses getan, dass Sie ihn so behandeln?»

«Sie», sagte der heilige Beichtvater zu Valpinson, einem Kaufmann aus Ferté-Macé, «Sie haben ein Laster, das Sie in die Hölle zieht, den Stolz.» Der Pönitent gestand ein, bedachte sich ... Das Wort wandelte ihn um, er wurde ein demütiger, sanfter Christ. Nur mit Tränen in den Augen rief er seine Erinnerungen an Ars wach.

Um die schweren Sünder zu erschüttern, warf ihnen Vianney als Mahnung nur dies eine Wort hin, das auf den Lippen eines Priesters, der die Zukunft hellsichtig durchschaute, einen entsetzlichen Klang hatte: «Mein Freund, Sie sind verdammt.»

So kurz das Wort war, so Vieles sagte es. Selbstverständlich sprach der Heilige nur einen Bedingungssatz aus: «Wenn Sie diese und diese Gelegenheit nicht meiden, wenn Sie weiter an jener Gewohnheit festhalten, wenn Sie den und den Rat nicht befolgen, werden Sie in die Hölle kommen.» Aber trotzdem! ... «Ich verdammt! ... Ich gottverflucht! ... Auf immer!»

Mit diesem Wort in den Ohren verließ Franz Bourdin aus Villebois den Beichtstuhl. Im Jahre 1856 hatte sich dieser Mann infolge missglückter Geschäfte noch jung – fünfunddreißigjährig – verzweifelt zu seinem Schwiegervater nach Ambutrix zurückgezogen. Es war gerade Missionszeit. Trotz des Drängens seiner Familie hatte Bourdin an den heiligen Übungen nicht teilgenommen. Sein Glaube war jedoch keineswegs erstickt, nur seine verzweifelten Gedanken hatten ihn von Gott losgerissen. ... Endlich rührte ihn die Gnade an. «Ich will beichten», erklärte er, «aber beim großen Beichtvater, beim Pfarrer von Ars.» Und dann hatte er als ganzen Zuspruch nach dem Geständnis seiner Armseligkeiten und Fehler diese entsetzliche Antwort erhalten! «Junger Mann, Sie sind verdammt!» Aber gerade diese Drohung flammte blitzartig durch seine Seele. Franz Bourdin war bekehrt und blieb bis auf sein Sterbebett ein eifriger Christ.

Nicht mehr Worte kostete den Heiligen im Allgemeinen die Leitung frommer Seelen. Aber auch hier waren es Brandpfeile, die für immer im Herzen haften blieben. «Lieben Sie innig Ihre Priester!», war der ganze Zuspruch, den er seinem eigenen Bischof von Langalerie, der vor ihm kniete, gab.

«Ich habe das und das nur mit einiger Nachlässigkeit getan», beichtete ihm Bruder Athanasius, «aber im Ganzen habe ich guten Willen.» «Oh, mein lieber Freund, der gute Wille ... damit ist die Hölle gepflastert.» Das war alles.

Bruder Amadeus, der spätere Generalobere der Brüder von der hl. Familie, hatte seine Anklage beendet. «Oh, habt doch Gott lieb!», rief Vianney aus, faltete seine Hände und gab ihm, ohne ein weiteres Wort hinzuzufügen, die Lossprechung.

«Zweimal hat er mir meine Beichte abgenommen», berichtet Monnin. «Jede meiner Anklagen entlockte ihm auch bei den kleinsten Fehlern den Ruf voll Trauer, Bedauern und Abscheu: ‹Wie schade!› Bewegt hat mich vor allem die ergreifende Betonung dieses Wortes. Der einfache Satz: ‹Wie schade› hat mir in seiner Kürze das ganze Unrecht enthüllt, das ich meiner Seele angetan habe.»

Der in Neuville-sur-Saône zurückgezogen lebende Priester Denis hatte sich oft an den heiligmäßigen Beichtvater gewandt. «Er war kurz, sehr kurz», erzählt er, «ein Wort der Ermahnung, und fertig wars.»

Seine persönliche Heiligkeit gab den Worten des Pfarrers von Ars ihre durchschlagende Kraft. Von andern Lippen mochten sie banal klingen, aber mit welcher Betonung kamen sie aus seinem Mund! Zudem verfügte Vianney über etwas, das noch unwiderstehlicher wirkte als sein Wort: seine Tränen. Verschiedentlich deutete er nur unter Tränen auf das Kreuz an der Wand, um ein verstocktes Herz zu erweichen. «Man vernahm aus seinem Beichtstuhl Seufzer, die sich unwillkürlich seiner Brust entrangen und die Sünder zu Reue und Liebe rührten.» Nach dem Bericht des Pfarrers Dubouis von Fareins kritisierten eines Tages Geistliche einer Nachbardiözese verschiedene Weisungen des Dieners Gottes. Ein Friedensrichter, ein ehemaliges Beichtkind Vianneys, hörte dem Gespräch zu. «Eines kann ich euch versichern, meine Herren: Der Pfarrer von Ars weint und man weint mit ihm, das findet man nicht überall.»

«Warum weinen Sie denn so sehr, Vater?», fragte den Heiligen ein Sünder, der vor ihm auf den Knien lag.

«Mein Freund, ich weine, weil Sie nicht weinen.»

Pater Cyrill Faivre, selbst ein großer Seelenführer, erzählt: «Menschen, die sich beim Pfarrer von Ars bekehrt hatten, haben mir gestanden: den Mann Gottes über ihre Sünden weinen sehen habe sie am Tiefsten ergriffen.» Was Wunder, wenn «Beichtkinder, Männer und Frauen, in Tränen aufgelöst das heilige Bußgericht verließen, schluchzten und laut aufweinten»!

In einem Winkel der Sakristei verehrt man heute noch den klobigen Sitz mit den hohen Armlehnen, wo der Heilige die Anklagen der Männer anhörte. Dieser dunkle Winkel war der Schauplatz erschütternder Szenen. Hier sind vielleicht die meisten seiner Bekehrungen erfolgt, «hatte doch der gute Pfarrer», nach dem Wort von Bischof Devie, «die besondere Gabe, Männer zu bekehren».

Um beim Heiligen anzukommen, stellten sich diese möglichst nahe an die Sakristei heran, stauten sich bis in den Chor vor, wo ihnen Plätze reserviert waren. Sie fanden sich nie in so großer Zahl wie die Frauen zusammen, brauchten deshalb auch nicht so lange wie jene zu warten; doch mussten auch sie viele Stunden in der Kirche zubringen.

Bruder Athanasius berichtet: «Der Sakristan, Bruder Hieronymus hat zweiundsiebzig nacheinander gezählt und ich habe einen von morgens fünf bis abends fünf Uhr warten sehen.»

Mehrere «Wächterinnen» hielten sich in den Reihen der Frauen auf. Desgleichen war für die Männer ein Ordnungsdienst eingerichtet. Gute, bereitwillige Christen – Thèbre, Oriol, Pagès, Viret und andere –, die frei über ihre Zeit verfügen konnten, lösten sich von sieben Uhr morgens bis abends ab. Ein Eisenstab sperrte den Durchgang. Sooft ein Pönitent den Beichtstuhl verließ, ließ der Ordner einen neuen vortreten.

Unter dem Gewölbe der heutigen Basilika ruft ein gewaltiges Fresko jene längst vergangenen Tage wach, da in diesem düsteren Winkel die Gnade ungezählte Wunder wirkte. Männer aus allen Ständen, aus allen Teilen des Landes, staubig von weiten Wegen, haben sich hier eingefunden. Die einen sind, von der Gnade bereits erfasst, zu jedem Bekenntnis, zu jeder Sühne bereit; andere hat die Gewissensqual hierhergetrieben, das Gebet einer Gattin, eines lieben Kindes; noch zögern sie, weichen vielleicht der Gnadenstunde aus und kehren auf den Schandweg der Sünde zurück. ...

Und ist nicht unter dieser Schar der Freigeist und Lebemann wiederzuerkennen, den es wider Willen hierher gedrängt hat, und der, in die Kirche eintretend, wünscht, der Pfarrer von Ars wäre tot. ... Endlich hebt sich aus dem Rahmen der scheu betrachteten Tür eine weiße Gestalt ab. Ein ausgemergelter Greis, von Kasteiung aufgezehrt, lässt über die Harrenden einen Blick schweifen, in dem sich sein ganzes Leben spiegelt. Er hat die Seele erblickt, auf welche die Gnade wie der Adler auf seine Beute niederfahren soll.

Der Mann erhebt sich. Hinter ihm und hinter dem Priestergreis schließt sich die Tür. ... Ist es der gleiche Sünder, der nach einigen Augenblicken wieder aus dem Dunkel tritt? Nein, Seufzer erschüttern die Brust eines Bekehrten, eines Mannes, der heimgekehrt ist zu Gott und der sich nun vor Unserer Lieben Frau von Ars niederwirft, die ihm mütterlich die Arme entgegenbreitet.

«Die große Wundertat des hl. Pfarrers von Ars ist sein Tag und Nacht belagerter Beichtstuhl.» So lautet ein Urteil. Mit gleichem Recht hätte man sagen können: Sein größtes Wunder sei die Bekehrung der Sünder. «Ich habe zahlreiche und auffallende Bekehrungen gesehen», versicherte Vikar Raymond, «das ist das schönste Kapitel im Leben des Pfarrers von Ars.

‹Mein Freund›, sagte er oft zu mir, erst beim letzten Gericht wird man erfahren, wie viele Seelen hier ihr Heil gefunden haben.›» «Im Grunde», berichtet Johanna Maria Chanay, «gab er nicht viel auf Heilungswunder. ‹Der Leib bedeutet so wenig›, war sein Wort. Was ihn wirklich mit Freude erfüllte, war die Rückkehr der Seelen zu Gott.» Und wie oft hat der Gottesmann dieses Glück erlebt!

«Eines Tages», erzählt Prosper des Garets, «habe ich ihm die Frage gestellt, wie viele große Sünder er im Laufe des Jahres bekehrt habe. ‹Mehr als siebenhundert› war seine Antwort.» So versteht man den frommen Wunsch eines Pfarrers, der als Pilger hergekommen war: «Wer von meinen Pfarrkindern sich an Vianney wendet, wird ein Musterchrist. Ich möchte am liebsten meine ganze Pfarrei hierherführen.»

«Der Pfarrer von Ars hatte», nach einem Wort Toccaniers, «einen besonderen Hang für die Bekehrung der Sünder.» Man könnte sagen: Er liebte sie mit dem ganzen Hass, den er gegen die Sünde trug. Er verabscheute das Böse und «sprach mit Ekel und Widerwillen davon», empfand aber für die Schuldbeladenen unendliches Mitleid. Sein Seufzen über den Verlust der Seelen zerriss das Herz.

«Mein Gott», rief er an einem Fastentag des Jahres 1841 auf seinem Zimmer aus, «mein Gott, ist es möglich, dass du so entsetzliche Qualen für die Erlösung unserer Seelen erduldet hast und sie schließlich doch verloren sind! ...»

Und in einer Christenlehre war seine Klage: «Welch herbes Weh, denken zu müssen, dass Menschen sterben, ohne Gott zu lieben ...» Abend für Abend kam er beim Nachtgebet vor Weinen kaum über den Satz hinaus: «Mein Gott, du willst nicht den Tod des Sünders ...» «Ach, die *armen Sünder*!», man musste den Klang dieses Wortes schon aus seinem eigenen Mund vernehmen – «wenn ich nur für sie beichten könnte!» Frau des Garets hat eines Tages mit innerem Erschauern gehört, wie er von der Kanzel herab «jene seiner Zuhörer, die in die Hölle gehen wollen, beschwor: sie möchten doch möglichst wenig Todsünden begehen, um ihre ewigen Peinen nicht zu noch mehren! ...»

«Bis an mein Lebensende», fügt die fromme Gräfin bei, «werde ich seine Mahnung über das letzte Gericht nicht mehr vergessen, in der er immer wieder das Wort wiederholte: ‹Von Gott verflucht! ... Von Gott verflucht! ... Welch ein Unglück, welch ein Unglück! ...› Nicht Worte waren es mehr, sondern Schluchzen, das bei allen Anwesenden Tränen hervorrief.»

Die *armen Sünder!* Wenn einer in seinem Widerstand verstockte, verdoppelte der Heilige seine Gebete und Kasteiungen. «Ich fühle mich nie wohler», war eines seiner kostbaren Geständnisse, «als wenn ich für die Sünder bete.» Zu den großen Festen, besonders zur Osterzeit, legte er sich außergewöhnliche Fasten auf. Nur der Eifer für das Heil so vieler schuldbeladener Seelen «hat ihm dieses aufreibende Amt aufgebürdet, sein ganzes Leben lang, ohne Unterbrechung, ohne Schonung, ohne Milderung irgendwelcher Art, hat ihn um Mitternacht, um ein Uhr morgens vom Lager getrieben, hat ihn erst in später Abendstunde aus der Kirche entlassen, hat ihn zu fast völligem Verzicht auf Schlaf verdammt, hat ihn in unerschütterlicher Geduld aufrecht gehalten gegen alle nervenzerrüttenden Widerwärtigkeiten». So lautet das Urteil des Bürgermeisters von Ars.

Trotz allem schlug die gütige Milde, mit der Vianney die Sünder aufnahm, nie in weichliche Schwäche um. Die Lossprechung erteilte er ihnen erst, wenn er von der Aufrichtigkeit ihrer Reue überzeugt war. Gewiss war er bis 1840 sehr streng, wie es damals in den meisten Beichtstühlen Frankreichs die Regel war. Er befolgte hierbei die Grundsätze, die man um 1815 im Priesterseminar von Lyon lehrte. Aber von 1840 ab milderte sich die strenge Einstellung des Pfarrers von Ars zusehends.

Diese Umstellung geht zurück auf die Besprechungen mit dem frommen, milden Priester Tailhades, auf die Ratschläge des Obern der Diözesanmissionare, Camelet, der in der Gegend missionierte und sich eine tiefe Seelenkenntnis erworben hatte; hauptsächlich auf das Studium des hl. Alphons, dessen Werk eben von Kardinal Gousset in französischer Übersetzung herausgekommen war. Abgesehen von ganz seltenen Einzelfällen kam es nie mehr vor, dass er den gleichen Sünder fünf-, sechs- und siebenmal in den Beichtstuhl kommen ließ. Auch hatten ihm so mannigfache Geständnisse und Aussprachen «die Armseligkeit des Menschenherzens» aufgedeckt, hatten ihn mit tiefem Mitleid erfüllt, hatten ihn zur Überzeugung gebracht, dass man der Not der Seelen vor allem mit Güte begegnen müsse.

«Wenn man älter wird», sagte der heiligmäßige Kardinal Richard, «hat man nicht mehr dieselbe Vorstellung von Tugend wie in jungen Jahren.»

Bei all dem verlangte Vianney bis ans Ende Zeichen aufrichtiger Sinnesänderung, bevor er einen Gewohnheitssünder lossprach. «Gegen Menschen, dic sich von dem Zustand des Verdammtseins nicht lösen wollten, war er – nach der Aussage eines Priesters – unnachgiebig. Streng drang er auf die notwendigen Opfer.

So zwang er eine Pariser Dame, zuerst die schlechten Bücher aus ihrer Bibliothek zu verbrennen, und erteilte ihr erst dann die Lossprechung.»

Eine andere Pariserin kam auf ihrer Heimreise aus dem Süden auch durch Ars. Ein Priester, der von ihrem sittenlosen Leben wusste, hatte ihr diese Reiseunterbrechung angeraten.

«Sie werden dort etwas Außerordentliches sehen: einen Landpfarrer, der die Welt mit seinem Namen erfüllt. ... Sie werden diesen kleinen Abstecher auf Ihrem Reiseweg nicht bereuen.»

Die Vorhersage sollte unter sonderbaren Umständen in Erfüllung gehen. Am Nachmittag ging sie mit einer Dame, die sie zufällig getroffen hatte, auf dem Dorfplatz spazieren. Vianney kam auf dem Rückweg von einem Krankenbesuch an ihnen vorüber. «Sie, meine Dame», redete er die Pariserin an, «folgen Sie mir!» Zur andern: «Sie können gehen, Sie brauchen meine priesterliche Hilfe nicht.» Und Aug' in Aug' mit der Sünderin enthüllte er der neuen Samariterin all ihre Schandtaten. Niedergeschmettert durch diese Enthüllungen schwieg sie. Schließlich fragte sie:

«Hochwürden, würden Sie meine Beichte entgegennehmen?»

«Ihre Beichte», entgegnete der Heilige, «wäre zwecklos. Ich lese in Ihrer Seele und ich sehe darin zwei Dämonen, die sie umkrallen: Stolz und Sinnlichkeit. Ich kann Sie nur lossprechen, wenn Sie nicht mehr nach Paris zurückkehren. Aber da ich Ihr Innerstes kenne, weiß ich, Sie kehren zurück.»

Dann zeigte ihr der Gottesmann in einer prophetischen Schau, bis auf welche tiefe Stufe der Gemeinheit sie noch hinabsteigen werde.

«Aber, Herr Pfarrer, ich bin einfach unfähig, derartige Gemeinheiten zu begehen! Dann bin ich ja verdammt!»

«Das behaupte ich nicht. Wie schwer wird es Ihnen werden, sich zu retten!»

«Was muss ich also tun?»

«Sie kommen morgen wieder. Dann werde ich es Ihnen sagen.»

In der folgenden Nacht lag der Pfarrer von Ars lange im Gebet auf den Knien und geißelte sich bis aufs Blut. Er wollte den Verlust einer Seele verhindern, die Gott für die Höhen des inneren Lebens geschaffen hatte, und die sich nun im Schmutz verlor. Am andern Morgen lautete die Antwort:

«Sie werden gegen Ihren Willen Paris verlassen und in das Haus, aus dem Sie kommen, zurückkehren. Wenn Sie dort Ihre Seele retten wollen, müssen Sie die und die ... Abtötungen auf sich nehmen.»

Die Dame verließ Ars ohne Lossprechung. Paris nahm sie für kurze Zeit von neuem gefangen. Mit Entsetzen schaute sie den Abgrund der Sünde wieder unter ihren Füßen starren. Ein Ekel packte sie. Sie schrie zu Gott. Sie floh. ... Und drunten in der Verborgenheit ihrer Wohnung am Mittelmeer raffte sie sich trotz der Auflehnung ihrer verderbten Natur auf, stemmte sich gegen die allzu lang gefrönten Leidenschaften und zwang sich auf den Weg der Pflicht. Sie rief sich die Weisungen des Pfarrers von Ars ins Gedächtnis zurück. Eine innere Gnade drängte sie mächtig und half ihr, jene Mahnungen treu zu befolgen.

«Es kostet nur den ersten Schritt auf dem Weg der Entsagung», sagt Vianney; «hat man einmal angesetzt, dann läuft es von selbst.» Diese reuige Sünderin sollte dieses Wort beglückt erfahren. «Nach Verlauf von drei Monaten», schreibt Kanonikus Beau, der die Einzelheiten dieser Geschichte kennt, «war ihre Bekehrung so vollständig, war sie geistig und seelisch so umgewandelt, dass sie nur noch mit Entsetzen daran dachte und es selber nicht mehr fassen konnte, wie sie einmal gelebt hatte.»

Hatte der Pfarrer von Ars bei einem Beichtkind nur einmal die unerlässlichen Zeichen von Besserung festgestellt, dann war er in der Erteilung der sakramentalen Buße sehr weitherzig. «Man macht mir deswegen Vorwürfe», sagte er zu Bruder Athanasius.

«Wie könnte ich aber streng sein mit Leuten, die von so weit her gekommen sind und sich so viele Opfer auferlegt haben.» «Ich würde ihnen mit härteren Bußen den Mut nehmen», sagte er ein andermal. «Wie soll man aber in dieser Frage die rechte Mitte treffen?», fragte ihn ein Mitbruder.

«Mein Freund», antwortete ihm der Heilige, «hier mein Mittel: Ich gebe ihnen eine kleine Buße auf, den Rest leiste ich selber für sie.» Man ahnt, was dieses Geständnis bedeutet.

Immerhin ließ Vianney nicht außer Acht, dass die sakramentale Buße auf die Heilung der Seele bedacht sein soll. Hier war es die große Intuition des Heiligen, gerade die empfindliche Stelle zu treffen. Man sollte *dieses* Vergehen sühnen, *jenen* Fehler ablegen – gut, dazu musste man die entsprechende Sühne leisten.

Für junge Menschen, die zu höchster Tugend fähig sind, bedeuten oft Eitelkeit und unbewusster Stolz das Hindernis auf dem Höhenweg zur Vollkommenheit.

Deshalb arbeitete der heilige Seelenführer darauf hin, bei solchen Menschen auch die letzten Anhänglichkeiten an die Eigenliebe auszureißen. Eine auserlesene Seele, die aber an übertriebener Empfindlichkeit litt, Fräulein Karoline Lioger aus Lyon, die später unter dem Namen Maria-Veronika den Orden der «Opferseelen vom heiligen Herzen» gründete, brachte mehrere Jahre hintereinander einige Zeit mit ihrer Mutter in Ars zu.

Vianney wollte diese Seele für die Verwirklichung höchster Gottespläne heranbilden und stellte deshalb ihre Demut rücksichtslos auf die Probe. Besonders gern trug er ihr auf, mit ausgespannten Armen auf der Schwelle des Portals zu knien, wenn die Leute nach der Heiligen Messe aus der Kirche strömten.

Da Männer meistens durch Menschenfurcht sündigen, hieß der Heilige sie nach der Beichte öffentlich in der Kirche beten.

«Wohnen Sie in Ihrer Heimatgemeinde?», fragte der Pfarrer von Ars Georg L., einen jungen, sechsundzwanzigjährigen Weltmenschen, nach abgeschlossener Beichte.

«Ja, Hochwürden.»

«Wie viele Einwohner hat der Ort?»

«Fünfundzwanzigtausend.»

«Sind Sie dort bekannt?»

«Sehr gut, fast bei allen Leuten.»

«Gut, mein Kind, zur Buße beten Sie, noch bevor Sie die Kirche verlassen, einen Akt des Glaubens, der Hoffnung und der Liebe. Damit ists nicht genug. An einem der beiden Fronleichnams-Sonntage nehmen Sie in Ihrer Heimatstadt an der Sakramentsprozession teil und zwar gehen Sie unmittelbar hinter dem Baldachin her. Nun gehen Sie, mein Kind.»

Der junge Mann wagte keinen Einspruch zu erheben. Überraschung und Erregung schlossen ihm den Mund. ... Menschenfurcht nagte an ihm. Aber er war gläubig. ... Und das sollte seine Buße sein! Vom ersten Sonntag verschob er den Gang auf den zweiten. Für den zweiten hatte er auf Regen gehofft, der aber nicht fiel. So musste er den Schritt tun.

«Und wenn ich hundert Jahre alt würde», erzählte er selbst, «würde ich die zwei Stunden hinter dem Traghimmel nicht mehr vergessen. Meine Stirn war schweißgebadet; meine Beine wankten unter mir; von Zeit zu Zeit rief ich meinen Glauben zu Hilfe und versuchte es mit Beten. Aber nur die Lippen sprachen die Worte ...» Durch dieses mutige Bekenntnis waren seine katholischen Mitbürger auf ihn aufmerksam geworden. Zwei Jahre später – er war unterdessen zu einem Katholiken ohne Furcht und Tadel herangereift – stand er an der Spitze von dreißig jungen Leuten, die er durch sein Beispiel mitgerissen und in einer Vinzenzkonferenz zusammengeschlossen hatte.

Es wäre zu schön, wenn alle Pönitenten Vianneys wie dieses Weltkind trotz der menschlichen Armseligkeit standhaft geblieben wären! Doch wird bei den Meisten der Eindruck so lebendig, die Macht der Gnade so gewaltig gewesen sein, dass sie fortan treu ihrer Pflicht nachgekommen sind. Sicher hat der Heilige in sehr vielen Fällen, wo gewöhnlich jeder Halt fehlte, Menschen dauernd umgewandelt.

«Der Leiter des Priesterseminars von Brou, Niermont, ersuchte mich eines Tages», erzählt Toccanier, «ich möge den Pfarrer von Ars doch fragen, ob er je einen Trunkenbold bekehrt habe. Ich richtete den Auftrag in der Sakristei vor mehreren Zeugen aus. Hier gebe ich die Antwort: ‹Ja, mein Freund, kürzlich hat mich noch eine Frau aufgesucht und hat mir gedankt mit den Worten: Bis vor kurzem war ich todunglücklich mit meinem Mann. Es gab mehr Schläge als Brot. Aber seit er mit Ihnen gesprochen hat, ist er lammfromm geworden.›

Ein Vikar, der zugegen war, erzählte dann seinerseits ein ähnliches Beispiel: Ein Mann seiner Pfarrei, welcher der Trunksucht völlig verfallen war, hatte seit seiner Wallfahrt nach Ars ein heroisches Mittel angewendet. Nur auf einem weiten Umweg ging er in die Kirche, um so der Wirtschaft auszuweichen, deren Nähe immer noch auf ihn wie eine Versuchung wirkte.»

«Ein unverbesserlicher Säufer von Chaleins, meiner früheren Pfarrei», berichtete Bischof Mermod, «wurde durch Vianney bekehrt. Während der drei ihm verbliebenen Lebensjahre trank er keinen Tropfen Alkohol mehr und führte ein musterhaftes Leben. Und seltsam: Dieser Musterchrist suchte mich eines Tages im Pfarrhaus auf, kam bei bester Gesundheit an und wollte beichten, weil er, wie er behauptete, sterben müsse. Auf sein Drängen hin hörte ich ihm die Beichte und reichte ihm die hl. Kommunion. Eine Stunde später war er tot.»

Hier vor dem schlichten Priester von Ars fanden entzweite Familien die Eintracht wieder, hochmütige Zweifler demutsvollen Glauben, Lebemenschen den Weg zu gottesfürchtigem Wandel und in die reine Einsamkeit des Klosters.

Ein Lyoner Architekt hatte von seiner Frau nur allzu gerechte Vorwürfe hinnehmen müssen. Da schreit er eines Morgens nach einer heftigen Auseinandersetzung seiner Gattin ins Gesicht: «Du hast mich zum letzten Mal gesehen!», wirft die Tür hinter sich zu, tritt auf den Platz hinaus und stößt dort auf den Postwagen mit der Aufschrift «Nach Ars».

«Was ist das für eine Gegend?», fragt er einen Vorüberkommenden. «Ars», erklärt ihm dieser, «ist ein Dorf in der Ain, wo es einen Wunderpfarrer gibt.» ... Um sich mal eine Abwechslung zu verschaffen, seine Nerven zu beruhigen, am meisten aber aus Neugierde nimmt der Lyoner Bürger im Wagen Platz, der sofort abfährt. Die Abfahrtszeit war so berechnet, dass man im Dorf kurz vor der Elf-Uhr-Christenlehre eintraf.

Der Architekt findet noch Platz in der Kirche; er sieht den Pfarrer von Ars, lauscht, geht hinaus, ganz erschüttert vom Gehörten und Geschauten. «Mein Herr», redet er den Geistlichen Toccanier an, den er draußen trifft, «dieser Priester ist so von der Liebe Gottes durchdrungen, seine Worte haben eine solche Glut, dass ich nun auch den Kopfsprung mache wie die andern.» «Warum auch nicht», ermunterte ihn der Missionar, «recht so!» ... Am Nachmittag stand der Mann in Reih und Glied in der Beichtschar des Heiligen. ...

«Er verließ die Sakristei wie verwandelt, der Glücklichste unter den Sterblichen», kehrte nach Lyon heim, warf sich wie der verlorene Sohn seiner Gattin in die Arme, «die ihn nie mehr wiedersehen sollte». Er war auch tatsächlich nicht mehr der gleiche Mann.

Etwa zwölf bis sechzehn Jahre vorher hatte eine andere Bekehrung in der Stadt Lyon viel von sich reden gemacht. Maissiat, Zeichenlehrer an der Kunst- und Gewerbeschule, der nebenbei den Ruf eines gelehrten Geologen hatte, zierte sich mit dem Titel Philosoph, um anzudeuten, dass er nur an den Verstand glaube. Nach seiner ersten heiligen Kommunion, die er in der Schreckenszeit empfangen hatte, war er nacheinander Jude, Protestant, Spiritist und schließlich Kommunist geworden. Sein Leben war ein Roman.

An einem Julitag 1841 traf er im Wagen nach Villefranche-sur-Saône einen alten Freund, der von dort aus nach Ars weiter wollte.

«Komm mit mir», sagte ihm der Freund, «du wirst einen Priester sehen, der Wunder wirkt.»

«Wunder?», spöttelte der Philosoph, «ich glaube nicht daran.»

«Komm, sage ich dir, du wirst sehen und glauben.»

«Gut, lassen wir es auf einen Ausflug nach Ars ankommen!» Und mit einem Wortspiel fügte er bei: «Ars gefällt mir, bin ich doch Artist.»

Am folgenden Morgen wohnte Maissiat aus Neugier der Heilige Messe Vianneys bei. Als der Heilige aus der Sakristei zum Altar schritt, durchbohrte er mit seinem Blick den Zweifler. Nach vollendetem Opfer schritt der Pfarrer geradewegs auf den Fremden zu, legte ihm seine hagere Hand auf die Schulter und bedeutete ihm mitzukommen. Der Philosoph nahm beim Eintritt in die Sakristei den Beichtstuhl wahr. Gegen den Wink hinzuknien trotzte er auf: «Das – nein!» Aber der Mann Gottes lässt ihn mit seinem Blick nicht mehr los. Maissiat kniet sich hin. ... Warum auch nicht, denkt er spöttisch. Er ist hier allein mit dem Priester. Er will ihm kalt wie ein Berichterstatter die armselige Geschichte seiner Seele hinwerfen. Der heilige Priester hört ihn an, ohne sich über die wahre Gesinnung des Beichtkindes einer Täuschung hinzugeben. «Mein Freund, kommen Sie morgen wieder. Gehen Sie indessen vor den Altar der hl. Philomena und flehen Sie zu ihr, Sie möge Ihnen Ihre Bekehrung vom Heiland erbitten.»

Maissiat wehrt sich nicht, er pflanzt sich aufrecht an der bezeichneten Stelle auf. Und hier packt ihn geheimnisvollerweise das Weinen. Er weiß selber nicht warum. Weinend drängt er sich durch die Menge aus der Kirche hinaus. «Welch ein Glück liegt in solchen Tränen!», musste er später gestehen.

Anderntags fand sich der Geologe zu Füßen des Pfarrers von Ars ein. «Hochwürden», begann er, bereits von der Gnade übermannt, «ich glaube an nichts. ... Helfen Sie mir!» Und der Heilige half ihm so gut, dass Maissiat neun Tage bei ihm verbrachte und dann als gläubiger Christ nach Lyon heimkehrte. «Unter den Kollegen, die seine gläubige Überzeugung nicht teilten, trotzte er jeder Menschenfurcht», erzählt der Geistliche Raymond, ein guter Bekannter von Maissiat, «und wurde einer der treuesten und eifrigsten Katholiken der Stadt.» «Er verstarb», bezeugt einer seiner

Freunde, Pfarrer Gailard von Montagnat, «beseelt vom Geist schönster christlicher Frömmigkeit.»

Mitte November 1855 stiegen im Hotel Pertinand ein junger Mann aus Clermont-l'Hérault, Sylvain Dutheil, und seine Mutter ab. «Schon mit sechzehn Jahren als Freiwilliger in die Armee eingetreten, hatte er sich durch seine Ausschweifungen eine Lungenkrankheit zugezogen, die ihn in die Familie heimgetrieben hatte.» Seltsame Begebnisse hatten ihn nun veranlasst, diese weite beschwerliche Reise zum Diener Gottes zu wagen.

«Eines Tages hatte er bei einem Gang durch Montpellier», erzählt Bruder Athanasius, «in einer Gasse ein Bild des Pfarrers von Ars ausgestellt gesehen und hatte sich darüber lustig gemacht. Seine Schwester neben ihm hatte ihn darob zurechtgewiesen. ‹Könntest du nicht von diesem heiligen Mann geheilt werden, wenn du nur Vertrauen zu ihm hättest?›, fragte sie ihn. Worauf der junge Mann nur um so höhnischer spottete. ...

In der folgenden Nacht erschien ihm der Pfarrer von Ars; er hielt in der Hand einen halbverfaulten Apfel. Betroffen von diesem Traum verlangte Sylvain, nach Ars aufzubrechen.

Seine Mutter begleitete ihn. Jeden Tag besuchte ihn Vianney im Hotel. Am Sonntagmorgen, dem 8. Dezember, am Fest der Unbefleckten Empfängnis, trug man den bekehrten und von seinen Sünden losgesprochenen Sylvain an die Stufen des Altares. Es herrschte eine eisige Kälte. Nach der hl. Kommunion brachte man den Erschöpften in die Sakristei neben den Ofen. ‹Oh, wie bin ich glücklich›, rief er aus, ‹nie in meinem Leben habe ich ein solches Glücksgefühl empfunden.›

Ins Hotel zurückgebracht, warf er sich seiner Mutter in die Arme und gestand ihr unter Tränen: ‹Die Freude dieser hl. Kommunion lässt mich alle Schmerzen vergessen. ... Ich will von diesem heiligen Mann nicht mehr fort. Ich will hier sterben.› Er starb tatsächlich in der darauffolgenden Nacht.»

Im Jahr 1859 war ein alter Saôneschiffer, ein verhärteter Sünder, durch eine List nach Ars gelockt worden. Er sah die von Pilgern gefüllte Kirche, den umlagerten Beichtstuhl. Er witterte die List, erging sich in Fluchen und Lästern und wollte auf der Stelle wieder abreisen. Man bedeutete ihm, es sei zu spät; er müsse, ob er wolle oder nicht, wenigstens die Nacht in dem «verfluchten Nest» verbringen. Jemand konnte Vianney vom Eintreffen dieses «starken Hechtes» benachrichtigen.

Bei einbrechender Nacht erschien der Pfarrer von Ars im Zimmer des Schiffers. «Ich bin nicht hierher gekommen, um die Betschwester zu spielen», schrie der Sünder rasend vor Wut.

«Lassen Sie mich in Ruhe! Ich kann den Augenblick der Abfahrt nicht erwarten ...»

«Mein Freund», erwiderte Vianney und nahm ihn bei der Hand, «wollen Sie sich denn Ihrer Seele wirklich nicht erbarmen?», und ließ ihn mit diesen einfachen Worten stehen.

Was ging während der Nacht vor? Man weiß es nicht. Am nächsten Morgen fand der Heilige seinen Sünder tränenüberströmt, ein Kruzifix in der Hand. «Seine Bekehrung war vollkommen, durchgreifend.» Vianney hatte ihm vorausgesagt – wenigstens ging das Gerücht so –, dass Beichtvater und Beichtkind sich im Tod nah aufeinander folgen werden. Wie dem auch sei, «kurz nach dem Tod des Dieners Gottes fand man den alten Schiffer entseelt auf seinem Lager knien».

An einem Herbsttag des Jahres 1852 befand sich Franz Dorel, ein Gipser aus Villefranche-sur-Saône, mit einem seiner Freunde auf dem Weg nach Ars. Dorel zählte zweiunddreißig Jahre und war ein lustiger Bruder. Niemand hätte ihm in seiner Aufmachung den Pilger angesehen. In Gamaschen schritt er einher, das Gewehr geschultert; von Zeit zu Zeit pfiff er seinem Jagdhund. Er wollte um keinen Preis für einen Frömmler auf der Suche nach einem Beichtvater gehalten werden.

Am Abend vorher hatte ihm sein Freund so leichthin die Bemerkung hingeworfen: «Gehst du morgen mit nach Ars? Dort wirkt ein Pfarrer Wunder und hört Tag und Nacht Beichte. Das muss man gesehen haben!»

«Dann hättest du die Absicht ...?»

«Warum nicht?»

«Wic du willst. ... Hör, ich hätte Lust mitzugehen. Ich nehme aber Gewehr und Hund mit. Und wenn ich den Wunderpfarrer gesehen habe, will ich auf der Doubs ein paar Enten schießen. Und du – nun, wenns dir gefällt, magst du beichten gehen.»

Die beiden Pilger kamen gerade zeitig genug, um den Pfarrer von Ars zwischen zwei Reihen Wallfahrern über den Platz schreiten zu sehen. Er bewegte sich langsam vorwärts mit seiner üblichen Segensgeste. Franz Dorel hatte sich neugierig unter die Menge gestellt. Und hier sollte ihm die große Überraschung seines Lebens zuteil werden. Vor ihm angekommen, bleibt der Greis stehen, schaut Jäger und Hund an. «Mein Herr», sagt er ernst zu dem Unbekannten, «es wäre zu wünschen, Ihre Seele wäre so schön wie dieser Hund!»

Der Mann errötete und senkte den Kopf. ... Er überlegte lange, erschüttert durch diese unerwartete Eröffnung. Endlich vertraute er Dorfleuten Flinte und Hund an, ging in die Kirche und beichtete bei Vianney. «Er war so zerknirscht, dass er in Tränen ausbrach. Nun war ihm der Wert seiner Seele aufgegangen und die Eitelkeit der Welt und der Ernst des Lebens. Er wollte Ordensmann werden.»

«Werden Sie Trappist», entschied der Pfarrer von Ars.

«Franz Dorel bat tatsächlich am 18. Dezember 1852 in der Abtei Unserer lieben Frau von Aiguebelle um Aufnahme und empfing im folgenden Jahr das heilige Kleid. Sechzehn Jahre später legte er unter dem Namen Arsenius die feierlichen Gelübde ab. ... Er starb am 18. Dezember 1888 fromm in seinem Ordensgewand .»

Reliquiar mit dem Herzen des Pfarrers von Ars

Der Seelenführer

Prächtige Seiten könnte man schreiben über die Art und Weise, wie Vianney schlicht-fromme und auf den Wegen Gottes fortgeschrittene Seelen geleitet hat.

Es ist nur der eine und andere Fall bekannt, wo der Heilige Personen, die er in der Gnade Gottes wusste, nicht anhören wollte.

«Eine meiner Tanten, die Maristenschwester war», berichtet der Geistliche Rougemont, «kam mit ihrer Oberin, um sich bei ihm über Angelegenheiten ihrer Kongregation Rat zu holen. Noch bevor sie ein Wort gesprochen hatte, gab er ihnen die nötigen Weisungen. Und als sie dann bei ihm beichten wollten, sagte der heilige Pfarrer: ‹Sie haben es nicht nötig. Lassen Sie andern die Zeit.› – Und getröstet zogen sich beide zurück.»

Klara Dechamps, die im Januar 1853 mit ihrem Onkel, dem Kardinalerzbischof von Mecheln, nach Ars gekommen war und Vianney um einen Rat angehen wollte, hieß der Heilige einfach ein Kreuzzeichen machen. «Ja, mein Kind», sagte er ohne weiteres, «Sie sind geschaffen für die Herz-Jesu-Genossenschaft. Gehen Sie ruhig ohne Beichte kommunizieren.» Sie folgte ihm tief beglückt.

Derartige Tatsachen bildeten die Ausnahme; der Pfarrer von Ars hatte für dieses Vorgehen seine Gründe. Allen andern Pönitenten hat er die notwendigen Minuten geopfert, selbst den Kindern, denen er mit väterlicher Herzlichkeit begegnete.

Die beiden Geistlichen Léman, die vom Judentum zur katholischen Kirche gekommen waren, beichteten in ihrer Jugend bei ihm. Von diesem Erlebnis berichten sie: «Während der Beichte ließ er uns unsern Kopf in seine langen weißen Haare bergen und wir erlebten das Glück, von einem Heiligen durchseelt zu werden.» So abgehetzt er auch war, «nie hat er einen Unwissenden getroffen, den er nicht unterwiesen, keine aufrechte Seele, die er nicht ermutigt und auf dem Weg der Vollkommenheit vorangedrängt hätte».

Die Heiligkeit seines Lebens und die übernatürliche Weisheit seiner Entscheidungen flößten den frommen Seelen ein rückhaltloses Vertrauen ein. «Ich bin während meiner Amtstätigkeit als Vikar von Ars vielen Personen begegnet», erklärt der Priester Claudius Rougemont, «die in Vianney einen unvergleichlichen und gotterleuchteten Seelenführer sahen.» «Im Beichtstuhl und auf der

Die Monstranz. Diese kostbare Monstranz ist ein Denkmal seiner eucharistischen und marianischen Frömmigkeit.

Der Backtrog im «Haus der Vorsehung» in Ars.
Hier geschahen Wunder der Brotvermehrung.

Kanzel», beteuert Christine von Cibeins, «bedeutete er für mich das Gesetz und die Propheten.» Im Allgemeinen gab er seine Antworten schnell und klar.

«Er hob seine Augen zum Himmel, entschied dann ohne Zögern und mit großer Bestimmtheit.» Man befragte ihn aber über so viele Dinge, dass er sich manchmal die Zeit zum Überlegen oder zum Befragen eines Mitbruders ausbat. «Obgleich ich damals noch ein ganz junger Priester war», berichtet Dufour, Missionar von Pont-d'Ain, «kam er doch eines Tages demütig zu mir und fragte mich um Rat in einem Restitutionsfall (Wiedergutmachung eines Unrechts), den er zu lösen hatte.»

Mehr als ein Pönitent des Pfarrers von Ars fühlte sich enttäuscht, weil er aus seinem Mund orakelhafte Worte erwartet hatte. Seine Entscheide waren niemals überspannt und seltsam, sondern behutsam und weise.

Er deckte die geheimsten, bewussten und unbewussten Beweggründe mancher Wünsche und Stimmungen auf und wies den Seelen ihren rechten Platz an. So seufzte ein junges Mädchen einzig nach dem Kloster – er ersuchte sie, sich eine Stellung in der Welt zu schaffen. Einer andern, die sich zur Ehe berufen fühlte, zeigte er höhere und reinere Lebenshorizonte auf. Je nachdem der Fall lag, drängte oder hemmte er.

«Hatte er den Eindruck, andere könnten besser und mit mehr Autorität raten als er, so hielt er mit seiner Ansicht zurück. So wies er eine Frau, die ihn gefragt hatte, ob sie für den Unterhalt ihrer Kinder ein Café eröffnen dürfe, an ihren Pfarrer.»

Louise Martin von Saint-Rambert, ein zu allen Streichen aufgelegter Wildfang, dabei aber ein edles und großherziges Kind, hatte plötzlich im Alter von achtzehn Jahren Klostergedanken. Ihre Eltern hatten sie daraufhin als kleine Närrin behandelt. Eines Tages besucht sie ihre Cousinen im Pensionat der Visitandinnen von Monluel. Beim Eintritt ins Sprechzimmer fällt ihr das Klostergitter ins Auge. «Oh», ruft sie aus, «dahinter möchte ich nicht leben!» Kurze Zeit nach dieser Reise kommt eine leise Unruhe über sie, ein Fragen setzt in ihrem Herzen ein; wenn Gott sie am Ende doch in ein beschauliches Kloster rufen würde ... !?

Mit ihrer Großmutter, die sie in ihre Probleme eingeweiht hatte, geht sie ohne Wissen ihrer Eltern nach Ars. Lange muss sie in der

Kirche warten, bis die Reihe an sie kommt. Und gerade in diesem Augenblick verlässt Vianney den Beichtstuhl und begibt sich in die Sakristei, um eine Prozession abzuhalten. Es war am Morgen des Sankt-Markus-Tages, am 25. April des Jahres 1843. Louise Martin folgt ihm auf dem Fuß. «Aber Herr Pfarrer, ich möchte in Ihrer Messe kommunizieren und ich habe noch nicht gebeichtet.»

In diesem Augenblick drängt die Menge, welche die Kirche füllte, bis in die Sakristei hinein.

«Leiden Sie an Eigenliebe?», fragt lächelnd der heilige Pfarrer das Mädchen. «O nein, Hochwürden!»

«Gut, dann knien Sie hin und beichten Sie!»

Sie beichtet, erzählt ihre inneren Nöte ... «Ihr Beruf kommt vom Himmel, mein Kind. Treten Sie sofort bei den Visitandinnen ein.»

Louises Eltern setzten ihrem Vorhaben keinen weiteren Widerstand entgegen und Schwester Maria Anastasia schenkte sich mit ihrem Feuerherzen dem Herrn.

Um das Jahr 1836 entschlossen sich Herr und Frau Millet, einige Tage in Ars zu verbringen und sich dort in aller Muße mit dem Pfarrer von Ars zu beraten. Sie konnten tatsächlich mit ihm sprechen. Aber ihre Tochter, Louise Colomba, die sie mitgenommen hatten, wollte sich um keinen Preis an den Diener Gottes wenden, dabei war sie ein frommes Mädchen.

Nach einem Aufenthalt von acht Tagen schickten sich die Pilger an, das Dorf wieder zu verlassen. Ein letztes Mal betraten sie die Kirche. In diesem Augenblick ging Vianney in die Sakristei hinüber. Von einer übernatürlichen Erleuchtung getrieben, warf er einen durchdringenden Blick in die Menge und wies mit seinem Brevier in die Richtung von Louise Millet. Sie hatte verstanden.

Die Menge machte ihr Platz. Mit einer Handbewegung wies sie der Heilige zum Beichtstuhl. Das Mädchen kniete nieder und nach einer kurzen Zwiesprache vernahm sie das Wort, das ihrem ganzen Leben Richtung und Weisung geben sollte: «Mein Kind, Sie werden daheim in die Visitation eintreten ... der liebe Gott will es ... der liebe Gott will es!» Vergebens wehrte sich das Beichtkind. Zum dritten Mal wiederholte der Pfarrer von Ars: «Mein Kind, der liebe Gott will es!»

Die Schwierigkeiten, die sich ihr entgegenstellten, schienen unüberwindlich. Aber von selbst ebnete sich der Weg und Louise

Colomba nahm, endlich aller Bande ledig, den Flug in die heilige Arche Gottes.

Ein Mädchen, das später als Schwester Maria-Mechthilde bei den Ursulinen von Avignon eintreten sollte, war Pensionärin in Troyes und wurde im Juli des Jahres 1856 von einer Verwandten nach Ars mitgenommen.

«Im Augenblick meiner Abreise», erzählte sie im Jahre 1916 selber, «begegnete ich einer Freundin, die mir Folgendes anvertraute: Ich bin froh, dass du dorthin gehst; der heilige Pfarrer von Ars wird dir deinen Beruf weisen. Er hat auch mir meinen Weg gezeigt.

‹Hochwürden, ich bringe Ihnen eine kleine Gelehrte.› Mit diesen Worten wurde ich Vianney vorgestellt, worauf er erwiderte: ‹Um so schlimmer! Das alles wiegt keinen Akt der Gottesliebe auf.›

‹Aber Hochwürden›, fuhr meine Verwandte fort, ‹was wird aus diesem Kind werden?› Da heftete der Heilige seinen Blick lange auf mich. Er schien meine Seele aus meinen Augen zu lesen. ‹Eine Ordensfrau›, sagte er schließlich.

Da mir sofort der Gedanke durch den Kopf schoss, ich müsse Mutter, Bruder und meine lieben Studien aufgeben, rief ich lebhaft: ‹Nein, niemals! ... Nein, nein, nein!›

Er lächelte aus gütigem Herzen zu meinen Neinrufen und betonte seinerseits: ‹Doch, doch, doch ...!› Dann erst folgte ich ihm in den Beichtstuhl ... Ich hatte nur die Sorge um die Diplome im Kopf. Er aber stülpte mir Geist und Herz völlig um.

Drei Jahre später, 1859, im Jahre seines seligen Todes, legte ich die Gelübde ab. Und nun bin ich seit achtundfünfzig Jahren im Kloster ...»

So leitete der Pfarrer von Ars fromme Seelen zu den Höhen, die in ihrer Schwäche und Verwirrung nie den Weg völliger Gotteshingabe ohne seine Weisung gefunden hätten. Gleichzeitig zerstreute er, dem der Blick für die tiefsten Absichten der Göttlichen Vorsehung geschenkt war, in manchen hochgemuten Seelen den Traum einer unmöglichen Vollkommenheit.

«Ich sah einen Offizier in Uniform ihm die Heilige Messe dienen und ihm mit einer Kerze zum Kommunionausteilen leuchten», erzählte Dufour, Missionar von Pont-d'Ain.

Dieser höhere Offizier fragte ihn später, ob er nicht, der ehelichen Bande ledig, in ein Kloster eintreten solle. ‹Lassen Sie das›, antwortete ihm der Diener Gottes, ‹die Armee braucht nur allzusehr das Beispiel wie Sie es geben.›»

«Hochwürden», flehte ihn ein Priester an, der sich ihm zu Füßen geworfen hatte, «soll ich den Wunsch nach dem Ordensleben weiter in mir hegen, den ich lebhaft seit meinem zweiten Seminarjahr, also bald zwanzig Jahre, mit mir trage?» Ohne Umschweife antwortete er: «Ja, mein Freund, dieser Gedanke kommt von Gott und Sie müssen ihn in Ihrem Herzen weiterpflegen.»

«In diesem Fall erlauben Sie mir, Hochwürden, meine Stellung (der Priester war Professor an einem Kleinen Seminar) aufzugeben und in einen Orden einzutreten ... und in welchen, bitte?»

«Nicht so eilig, mein Freund! Bleiben Sie, wo Sie sind. Schauen Sie, der liebe Gott gibt uns manchmal ein Verlangen in unser Herz, dessen Ausführung er nie in dieser Welt von uns verlangt.»

Und er gab dem Priester-Erzieher zu verstehen, dass seine Sehnsucht nach dem klösterlichen Leben genannter Art sei, dass er sie aber sorgfältig in seinem Herzen pflegen müsse und dass sie ihm so ein Schutz gegen die Gefahren der Welt und ein Ansporn zu priesterlicher Tugend würde.

Drei Jahre später versuchte es der Priester, der seine Klostergedanken trotz allem nicht losgeworden war, mit einem neuen Ansturm. Er war vom Kleinen Seminar an ein katholisches Kollegium versetzt worden. «Da ich nun auf diesem Posten bin, was raten Sie mir jetzt?» Lächelnd antwortete der Heilige: «Ganz genau das Gleiche!» Und ernster fügte er bei: «Für Sie, werden Sie niemals Pfarrer! Das schönste Wirken, dem man sich in unserem Jahrhundert widmen kann, ist die christliche Erziehung der Jugend.»

Viele Personen ersuchten Vianney, er möge sie in der Wahl ihrer Andachtsübungen leiten. Er war ein Feind aller Frömmeleinen, die so manche Seelen in ihrem Wachstum hemmen und schließlich ersticken; er sah darin versteckte Selbstsucht. Der Rosenkranz, der Angelus, die Stoßgebete, vor allem die Heilige Messe und gottesdienstlichen Feiern – auf diese von der Kirche bestätigten und empfohlenen Übungen drang er. Gemeinschaftliches Gebet zog er den Privatandachten vor.

«Das Privatgebet», sagte er, «gleicht dem Stroh, das da und dort auf dem Felde zerstreut umherliegt. Legt man Feuer daran, so kommt die Flamme nicht recht in Glut. Liegen aber diese zerstreuten

Halme auf einem Haufen, dann brennt die Flamme mächtig und hoch empor: So ist es mit dem gemeinsamen Gebet.» Auch bot Vianney alles auf, um die nach Fortschritt verlangenden Seelen an das tägliche beschauliche Gebet zu gewöhnen. Er legte ihnen Art und Weise dar. Denen, die sich nicht an methodische Betrachtungen zu halten vermochten, empfahl er das öftere Denken an Gott.

«Er bemerkte zu mir», sagte die kleine Devotionalienhändlerin Martha Miard, «ich hätte so viele Statuen der Gottesmutter, so viele fromme Gegenstände, dass ich sie nur anzuschauen brauche, um Worte für meine Gebete zu finden.» «Fragte man ihn nach guter Lektüre, um Fortschritte in der Tugend zu machen, so empfahl er das Evangelium, die Nachfolge Christi und die Heiligenlegende.»

Es ist auffallend, dass er, der ruhige, kluge Seelenführer, alle Seelen, wer sie auch sein mochten, immer und an erster Stelle ihre Pflicht erfüllen hieß. Fräulein von Belvey berichtet: «Es ist einfach nicht zu sagen, mit welch wundervollem Takt er für jeden unterschied, was für ihn Gebot, was Pflicht und was einfacher Rat war; er verwarf alles, was nur Eigenliebe oder Eingebung eines unüberlegten Eifers war.» Was er im Katechismusunterricht lehrte, wiederholte er im Beichtstuhl.

«Man versteht das religiöse Leben falsch. Schaut, meine Kinder, da ist z.B. eine Person, die am Morgen an ihre Arbeit gehen muss. Sie aber setzt sich in den Kopf, sie müsse gewaltige Bußwerke auf sich nehmen und die halbe Nacht im Gebet verbringen. Wenn sie nun vernünftig ist, wird sie sich sagen: Nein, das muss ich lassen, denn sonst kann ich morgen meine Pflicht nicht erfüllen; ich werde morgen schläfrig sein; die geringste Kleinigkeit wird mir auf die Nerven gehen; ich werde den ganzen Tag unerträglich sein; ich werde nicht die halbe Arbeit wie sonst nach einer guten Nachtruhe leisten. ... Eine Person, die ihre Religion kennt, hat immer zwei Führer: Einsicht und Gehorsam.»

«Der Pfarrer von Ars», sagte Katharina Lassagne, «war gegen jede Familienmutter, die ihren Haushalt vernachlässigen würde, um ohne dass es Pflicht war, in die Kirche zu gehen ... Einmal untersagte er mir zu Beginn der Fastenzeit jeglichen Abbruch.

‹Aber Herr Pfarrer›, wendete ich ein, ‹Sie fasten doch sehr, gerade Sie!› ‹Das stimmt›, antwortete er, ‹aber ich kann trotz des Fastens meine Arbeit leisten, was Sie nicht könnten›.»

Personen, die das Sakrament der Ehe eingegangen waren, zeigte er die Erhabenheit ihres Berufes und ermahnte sie, ihre Pflicht heilig zu erfüllen. Eine Frau Ruet, die bereits eine große Familie hatte, sah der Ankunft eines neuen Kindleins entgegen: Sie kam zum Heiligen von Ars, um sich bei ihm Mut zu holen. Sie brauchte nicht lange zu warten, denn Vianney rief sie aus der Menge heraus. «Sie sind traurig, mein Kind», redete er sie an, als sie sich im Beichtstuhl hingekniet hatte. «Oh, ich bin schon alt, Hochwürden!» «Trösten Sie sich, mein Kind ... Wenn Sie wüssten, wie viele in der Hölle schmachten, weil sie den Kindern nicht das Leben geschenkt haben, die sie der Welt hätten geben sollen!»

«Meine Kleine», bemerkte er mit väterlicher Güte zu einer Frau, die ihm ihre Sorge über eine allzu zahlreiche Familie anvertraute, «seien Sie doch nicht bang ob Ihrer Bürde. Unser Heiland trägt die Last mit Ihnen zusammen. Was der liebe Gott tut, ist wohlgetan. Schenkt er einer jungen Mutter viele Kinder, so hält er sie eben für würdig, ihnen Erzieherin zu werden. Das ist ein Zeichen seines Vertrauens.»

Seine Mitbrüder im Priestertum beschwor Vianney, der Vollkommenheit der evangelischen Räte ohne jeglichen Vorbehalt nachzustreben. Von manchen aus ihnen, die er dessen fähig erachtete, verlangte er gewisse, anscheinend kleine, aber vor Gott und seinem Diener große Opfer. Ein Priester, der später bei der Herz-Jesu-Kongregation von Issoudun eintrat, machte unter Leitung des Pfarrers von Ars Exerzitien. Nach beendigter Beichte dachte er an die Mußestunden, die er mit seinen Mitbrüdern beim Kartenspiel verbrachte, und er fragte sich: Soll ich mich dessen auch anklagen? Zu seiner Beruhigung legte er einfach die Sache dar. «Lassen Sie das!», antwortete ihm der heilige Beichtvater. «Aber Hochwürden, das Spiel ist noch das geringere Übel: Bei Zusammenkünften ...»

«Oh, dann brauchen Sie gar nicht zusammenzukommen.»

«Hochwürden, manchmal wird man von einem Mitbruder um eine Aushilfe angegangen und nachher ...»

«Nach getaner Arbeit geht man wieder.»

Die Gegenantworten des Heiligen kamen kurz, unumwunden, ohne weitere Begründung aus seinem Mund. Auf der anderen Seite des Gitters zögerte der Pönitent mit seiner Zustimmung. Er fand, dass eine solche Strenge gegen allen Brauch und über alle Kräfte gehe. In diesem Augenblick hob er den Kopf und traf mit seinem Blick das Kruzifix. Er begriff.

«Gut, Hochwürden, ich verspreche Ihnen, nie mehr spielen zu wollen, aber Sie müssen mir mit Ihrem Gebet helfen.»

«Das genügt!», entgegnete Vianney und sprach ihn von seinen Sünden los. Aus dem Beichtstuhl begab sich der Pönitent in die Philomenakapelle, stützte dort sein Notizbuch auf den Altar und schrieb seinen Entschluss nieder ... Als ihn kurz hernach seine Freunde zu einem Spielchen einluden, erklärte er ihnen: «Ich werde einige Augenblicke eurem Spiel zuschauen, aber nicht selber mitspielen. Ich komme von Ars und habe dort dem Pfarrer versprochen, nie mehr spielen zu wollen.» Niemand widersprach.

Selbstverständlich hat unter veränderten Umständen der Heilige von Priestern auch heroische Opfer gefordert. Einem Seelsorger, der vor ihm eines Tages über seine gleichgültigen Pfarrkinder und seinen eigenen nachlassenden Eifer klagte, erwiderte Vianney mit folgenden Worten, die hart klingen, aber jedenfalls auf einen starken Charakter abgestimmt waren: «Sie haben gepredigt? Haben Sie auch gebetet? ... Haben Sie auch gefastet? Haben Sie sich gegeißelt? Haben Sie auf einem harten Brett geschlafen? Solange Sie das nicht getan haben, dürfen Sie sich nicht beklagen.»

Skrupulöse Seelen lehrte der Heilige Vertrauen zu Gott und Gehorsam gegenüber dem Beichtvater zu haben. «Allerdings genügte schon ein Wort aus seinem Mund, um verstörte und verwirrte Gemüter zu beruhigen.» Scheue, verängstigte Seelen spornte er zur Tat, zur opferfrohen Hingabe an.

Einem Fräulein Adele Concil hatte man die Patenschaft eines Kindes angetragen. Sie schreckte aber vor der Verantwortung eines Amtes zurück, das man in jenen Zeiten, und zwar mit Recht, ernster als heutzutage nahm. So schlug sie es ab.

Bald nachher machte sie die Wallfahrt nach Ars und beichtete beim heiligen Pfarrer. «Sie haben nicht recht gehandelt, dass Sie die Patenschaft ausgeschlagen haben», sagte ihr Vianney, ohne dass vorher auch nur von Taufe die Rede gewesen war, «man darf sich nicht vor dem Gutes Tun fürchten, auch wenn es uns etwas kosten sollte. Seien Sie ein andermal mutiger.»

Vor allem spornte Vianney die frommen Seelen zum öfteren Sakramentenempfang an. Einer seiner Aussprüche lautet: «Nicht alle, die sich den Sakramenten nahen, sind Heilige; man findet die Heiligen aber stets unter denen, die sie öfters empfangen.» Bereits zur Zeit, da die öftere heilige Kommunion in Frankreich noch ungewohnt war, trat er als einer der ersten Bahnbrecher für diese heilige Übung auf. Auch in diesem Punkt war sein Handeln stets von Weisheit geprägt.

Er drang auf eine ernste Vorbereitung und Erkenntnis des Nutzens und «weil keine Lossprechung und keine Kommunion uns von dem Aufraffen gegen unsere Bequemlichkeit befreien kann», so zeigte er sich stets «ziemlich streng gegen die *Gewohnheitssünder*».

Die Merkmale der Lauheit in einer christlichen Seele waren ihm unerträglich. Einer Dame aus Lyon sagte er: «Sie wollen sich also nicht bekehren, mein armes Kind? Sie empfangen die hl. Kommunion und ändern nichts in Ihrem Verhalten! Sie sind immer gleich heftig, aufbrausend! ...»

«Meine arme Mutter», fügte die Tochter dieser Frau ihrem Bericht bei, «zitterte an allen Gliedern, da sie sah, dass der Pfarrer von Ars so genau in ihrer Seele las; als sie endlich ihre tränenfeuchten Augen zu ihm aufzuschlagen wagte, schaute sie Vianneys Antlitz wie von Feuer leuchten.»

Im Jahre 1845 hatte Fräulein Stephanie Poignard aus Marcy eines Morgens mit mehreren Gefährtinnen in einem Wagen Platz genommen, der nach Ars fuhr. Man plauderte auf dem ganzen Weg. Stephanie, ein frommes Mädchen, ging sofort in die Kirche, wo Vianney gerade seine Messe begann.

Im Augenblick der heiligen Kommunion kniete sie sich am Tisch des Herrn nieder. Der Zelebrant reichte allen Knienden den Leib des Herrn. Als er aber zu der jungen Reisenden kam, nahm er die heilige Hostie, hob sie über den Speisekelch und begann mit den Worten: Corpus Domini nostri ..., hielt inne und blieb unbeweglich stehen.

Unbeschreiblich war das innere Bangen des Mädchens, dem der Diener Gottes eine Lehre für sein ganzes Leben mitgeben wollte. Da sie sich nicht zu helfen wusste, erweckte sie innerlich Akte des Glaubens, der Hoffnung und der Liebe.

Kaum hatte sie diese Gebete verrichtet, legte der Pfarrer von Ars auch schon die heilige Hostie auf ihre Lippen und schritt weiter. «Mein Kind», sagte er, als er ihr nachher begegnete, «wenn man sein Morgengebet nicht verrichtet hat und auf dem ganzen Weg zerstreut war, ist man zum Empfang der heiligen Kommunion nicht gut genug vorbereitet.»

Zum öfteren Empfang der heiligen Kommunion verlangte Vianney neben einem gewissen frommen Sinn auch das nötige Verständnis. Eine fromme, in religiösen Dingen aber ziemlich unwissende Person, Frau Maduel aus Lurcy, bat ihn eines Tages nach erhaltener Lossprechung um die Erlaubnis, mehrere Male in der Woche kommunizieren zu dürfen.

«Ja, meine gute Frau», antwortete ihr der Heilige, «aber zur Buße werden Sie Ihren Pfarrer aufsuchen – er betonte diese Worte – und ihn bitten, er möge Sie unterrichten über das, was der Katechismus von den zur heiligen Kommunion erforderlichen Bedingungen lehrt.»

Um sich diesen Katechismusunterricht zu ersparen, hätte die Frau gerne auf die öftere heilige Kommunion verzichtet. Das war aber die ihr aufgegebene Buße! Wohl oder übel musste sie sich beim Pfarrer von Lurcy melden.

Aus Schonung der Eigenliebe der Frau begnügte sich Pfarrer Bernard damit, ihr zwei Werke über das innere Leben zu leihen und ihr die entsprechenden Kapitel anzugeben. Sie las sie durch, vertiefte sich hinein und brachte die Bücher mit den Worten zurück: «Wie bin ich froh, diese Buße erhalten zu haben! So habe ich Dinge gelernt, von denen ich keine Ahnung hatte, und die mir von größtem Nutzen sein werden.»

Pfarrer Bernard erzählte später seinen Mitbrüdern diese Begebenheit als Erwiderung für jene, die dem Pfarrer von Ars vorwarfen, er verstehe nichts von Seelenführung und bestärke nur die Frömmlerinnen in allen möglichen Einfällen.

Dagegen kam Vianney jeder echten Frömmigkeit mit herzlicher Ermutigung entgegen. Es war ihm eine Freude, bei berufenen Seelen den übernatürlichen Hunger zu wecken und zu steigern.

Seine «Unterweisungen über die öftere heilige Kommunion» sind erfüllt von feurigem Rufen und Einladen: «Meine Kinder, alle geschaffenen Wesen müssen sich ernähren, um leben zu können. Zu diesem Zweck hat der liebe Gott Bäume und Kräuter wachsen lassen. Das ist der wohlgedeckte Tisch, an dem alle Lebewesen ihre bekömmliche Nahrung finden. Aber auch die Seele muss sich ernähren: Wo ist *ihre* Nahrung? ...

Meine Kinder, als Gott an eine Speise für unsere Seele dachte, die uns auf dem Pilgerweg unseres Lebens stärken sollte, ließ er seine Blicke über die Schöpfung hinschweifen, entdeckte aber nichts, was dieser Seele würdig gewesen wäre. Da besann er sich auf sich selbst und beschloss, sich persönlich als Speise darzubieten.

O meine Seele, wie groß bist du doch! Nur Gott kann deinen Hunger stillen! ... Die Speise der Seele ist Leib und Blut Gottes! ...

O Wunderspeise! Nur an Gott kann sich die Seele sättigen! Nur Gott kann ihr genügen! Nur Gott kann sie ausfüllen! Nur Gott kann ihren Hunger stillen! Gott muss sie unbedingt haben! ... Selig die reinen Seelen, die sich unserm Heiland in heiliger Kommunion einen! Im Himmel glänzen sie wie schöne Diamanten, weil Gott in ihnen leuchtet! ...

O seliges Leben! Sich an Gott satt essen dürfen! ... Oh Mensch, wie bist du doch groß! Genährt und getränkt mit dem Fleisch und Blut Gottes! ... Geht doch zur heiligen Kommunion, meine Kinder!»

Bei seinen Anweisungen im Beichtstuhl sprach der Pfarrer von Ars nicht anders. An einem Morgen des Jahres 1846 rief er aus der Menge der Pönitenten die ehrwürdige Mutter Elisabeth Giraud, die Gründerin der Schwestern vom Heiligen-Rosenkranz in Pont-de-Beauvoisin.

Er streifte zuerst die schwere Bürde, die sie sich aufgeladen hatte, und fügte dann bei: «Sie kommunizieren nicht oft genug. Gehen Sie doch öfters! Ich lese jetzt meine Heilige Messe und ich will, dass Sie die Freude erleben und heute unsern Heiland empfangen.» «Ich habe mich nie getraut», sagte die demütige Mutter Elisabeth zu ihren Freundinnen, «ich ging damals nur alle acht Tage zur hl. Kommunion und fand auch das noch zu oft.»

Eine fromme Person aus einer Pfarrei des Beaujolais kommunizierte nur selten. «Nach langem Hin-und-her-Reden» bewog Vianney sie, die heilige Eucharistie alle vierzehn Tage zu empfangen.

Sie wallfahrtete mehrere Male nach Ars und erhielt jedesmal den gleichen Befehl, öfters zu kommunizieren. Sie gehorchte, wandte aber ein, diese Andachtsübungen seien in ihrer Pfarrei nicht üblich und es sei ihr peinlich, allein vorgehen zu sollen.

«Sie haben doch viele Freundinnen», erwiderte schließlich der Heilige. «Wählen und bringen Sie die Frömmsten zu mir. Dann werden Sie nicht mehr allein sein.»

Sie kehrte mit zwei Gefährtinnen zurück. «Sie kommen in sechs Monaten wieder», sagte der Diener Gottes einer jeden; «aber in Begleitung, Sie müssen zwei oder drei andere werben.»

Nach Verlauf von sechs Monaten brachen zwölf Frauen aus Beaujolais nach Ars auf. Alle führte der Heilige in das Geheimnis der öfteren heiligen Kommunion ein. ...

Ihr eigener Seelsorger war erstaunt ob der glücklichen Umwandlung seiner Pfarrei und wollte den Grund kennen lernen. So vernahm er die Geschichte und machte sich eilends auf den Pilgerweg nach Ars, um seinem seeleneifrigen und klugen Mitbruder zu danken.

Wie viele andere Seelen, wie viele andere Pfarreien verdanken dem Pfarrer von Ars ihre Besserung! Was man von seinem Einfluss als Beichtvater und Seelenführer weiß, beschränkt sich im Grunde auf Weniges. Das Übrige ist uns verhüllt und wird erst später einmal von Gott geoffenbart werden.

Die Gräfin des Garets sagt: «Vianney hat selber gestehen müssen, erst das letzte Gericht werde all das Gute offenbar machen, das er durch seine priesterliche Tätigkeit gewirkt hat.» Und man begreift, dass der Teufel in der Wut über die ihm entrissenen Seelen durch den Mund einer Besessenen schreien konnte: «Wie machst du mich doch leiden! ... Wären drei von deinesgleichen auf der Welt, mein Reich wäre erledigt.»

Die Schuhe des Pfarrers von Ars

Das Tagewerk des Pfarrer von Ars und sein Innenleben

Abgesehen von fünf Exerzitientagen, die er bis 1835 jedes Jahr in Meximieux oder in Bourg-en-Bresse verbrachte, abgesehen von einer Woche sehr beschränkter Ruhe, die er sich im Jahr 1843 in seiner Familie gönnte, hat der Pfarrer von Ars von 1830 an sein Adoptivdorf überhaupt nicht mehr verlassen.

Außer einigen sich aus dem Gleichmaß abhebenden Einzelheiten, die in treuem Erinnern auf uns gekommen sind, ist sein Leben in erhabener Eintönigkeit dahingeflossen. Tag um Tag, jahraus, jahrein bleibt er zwanzig Stunden auf, opfert sommers fünfzehn bis sechzehn Stunden und auch während der härtesten Wintermonate elf bis dreizehn Stunden im Beichtstuhl.

Seit seiner Vikarszeit in Ecully hatte es sich Vianney zur Gewohnheit gemacht, bereits morgens um vier Uhr die Kirche zu betreten. Einmal Pfarrer von Ars, erschien er sogar noch früher, einzig aus frommem Drang, so unwiderstehlich zog der Tabernakel ihn an. Als dann in der Pfarrei langsam eine Wendung zum Besseren eingetreten war, wandte man sich unbedenklich schon vor Sonnenaufgang an ihn, um in aller Frühe bei ihm zu beichten.

Der Brauch der langen Spinnstubenabende von Haus zu Haus war noch nicht verschwunden; nur verliefen jetzt die Stunden in edler Geselligkeit. Gebet leitete sie ein und schloss sie ab. «Wenn dann um Mitternacht, um ein Uhr morgens die Frauen in ihre Wohnungen zurückkehrten, gingen sie vorher zu ihrem Pfarrer beichten. Sie hingen an diesen nächtlichen Beichten. Noch war ihr Pfarrer nicht übermüdet und abgehetzt von den Massen. Er nahm sie mit rührender Güte auf, opferte ihnen alle nur erdenkliche Zeit und entließ sie dann mit Worten, die von der innigsten väterlichen Liebe durchseelt waren: ‹So, meine Kleine, ruhen Sie sich jetzt aus, Sie sind zu müde.› ... Diese guten Frauen haben von den nächtlichen Beichten ein dankbares und herzliches Andenken mit ins Leben genommen und noch zwanzig Jahre nach dem Tod des Heiligen riefen sie aus: ‹O wie schön konnte man damals beichten!›»

Dann setzte der Zustrom der Pilger ein. Von nun an läutete Vianney selber gegen ein Uhr morgens zum Angelus, um anzukünden: die

Kirche stehe offen und der Priester zur Verfügung der Pönitenten. Er wartete auf den Knien vor dem Altar, betrachtete und verrichtete sein Stundengebet. Katharina Lassagne schrieb: «Wie schön und erbaulich war im Licht der Kerze dieses von Buße abgezehrte Antlitz anzusehen. Er betete mit so inniger Sammlung, heftete von Zeit zu Zeit seinen Blick auf den Tabernakel mit einem so beglückten Lächeln, als ob er den Herrn sähe.»

Als der Zustrom der Pilger solche Ausmaße annahm, dass Vianney die Arbeit nicht hätte bewältigen können, auch wenn er Tag und Nacht im Beichtstuhl geblieben wäre, stand er manchmal – und das in der heißesten Sommerzeit – schon vor Mitternacht vom Lager auf. Eine der Leiterinnen der *Vorsehung*, Johanna Maria Chanay, sagte eines Tages lachend zu ihm: «Herr Pfarrer, heute haben Sie Ihr Morgengebet nicht verrichtet!»

Dieselbe Person berichtet, wie er unter ähnlichen Umständen «seinen Leib aufmunterte, indem er ihm im Laufe des Tages einige Augenblicke Ruhe in Aussicht stellte». Aber nachher wurde nichts daraus. Der arme *Kadaver* musste die folgende Nacht abwarten, um sich ein bisschen ausstrecken zu können. «Ich werde ihn schon kriegen!», sagte der unverbesserliche Asket, der diese magere sterbliche Hülle nicht nur wie einen Fremden, sondern wie einen Feind behandelte.

So früh Vianney auch erscheinen mochte, seine Klienten waren vor ihm da. Lange gab es überhaupt keinen Unterstand für die Pilger und sie mussten auf dem kleinen Friedhof oder auf dem Kirchplatz warten, was keine geringe Buße bedeutete. Schließlich wurde im Jahr 1845 eine Art Vorhalle auf der linken Seite neben dem Turm gebaut. Hier konnten die Frauen unterstehen, die fast von Anfang an allein bei dieser nachtschlafenden Zeit zur Beichte zugelassen wurden. Vianney erschien im Schein seiner rußigen Laterne. In Chorhemd und Stola durchschritt er die Vorhalle und öffnete die Kirchenpforte. Sofort drängten die Pönitenten auf seinen Beichtstuhl zu und für einige Minuten erfüllte eine summende Geschäftigkeit das Gotteshaus. Einige Frauen hatten sich freiwillig anerboten zu helfen und lösten sich, zehn an der Zahl, von Nacht zu Nacht im Ordnungsdienst ab. Sie zündeten die Kerzen an, läuteten den Angelus – Vianney hatte diese Arbeiten abgetreten – und wiesen den Neuangekommenen ihre Plätze zu.

Indessen hatte sich der Pfarrer von Ars auf den Stufen des Altares hingekniet, hatte seine Seele in schnellem Aufschwung emporgerissen zu Gott, hatte ihm alle Mühen des langen Tages aufgeopfert, dessen Morgengrauen noch fern war. Zu ihm flehte er empor um Erbarmen für die armen Sünder. Dann trat er in den Beichtstuhl.

Sommers verließ er ihn gegen sechs, winters gegen sieben Uhr, um seine Heilige Messe zu lesen. Er, der für Essen und Schlafen die Unregelmäßigkeit selber war, wollte sich für diesen Augenblick, den heiligsten seines Tagewerkes, nicht aufhalten lassen. «Eine der höchstgestellten Personen der Pfarrei» liess ihn eines Abends bitten, er möge am Morgen ihretwegen etwas warten. «Bringen Sie ihr meine Antwort», sagte der Heilige, «das ist unmöglich. Sie möge aufstehen! Ich will nicht ihretwegen schuld sein, dass eines meiner Pfarrkinder um die Heilige Messe kommt.»

In diesem Augenblick schien die Erde für ihn versunken. Auch nicht ein Schatten von Traurigkeit war auf seinem Antlitz zu erkennen. Er hat den Ausspruch getan: «Ich möchte nicht nur Seelsorger in einer Pfarrei sein; es ist mir aber eine selige Freude, Priester zu sein und das heilige Opfer darbringen zu können!» Nach einer Bemerkung seines Beichtvaters «bildete all sein Tun vom Augenblick seines Aufstehens an eine ausgezeichnete Vorbereitung».

Trotzdem wollte er sich für einige Minuten vor der Heilige Messe sammeln. «Auf den Steinfliesen des Chores kniete er unbeweglich mit gefalteten Händen, die Augen auf den Tabernakel geheftet. Nichts vermochte ihn in diesem Augenblick zu zerstreuen.» Erst in der Sakristei ließ er über das dringend Notwendige mit sich reden. Die Pilger, die sich in sein Gebet empfehlen wollten, trachteten, ihn beim Anlegen der heiligen Gewänder zu sprechen; er antwortete nur mit einem Kopfnicken und wusste gelegentlich mit einer Handbewegung die Zudringlichen fern zu halten. Ständig hielt sich ein Bruder in seiner Nähe und wehrte dem Gedränge. Trotzdem stritten sich öfters fromme Laien und Priester um ihn her, wer von ihnen dem Diener Gottes bei der Heiligen Messe dienen dürfe.

Nie waren ihm die Gewänder schön genug. Gern hätte er einen Kelch aus massiven Gold besessen, denn «das Schönste, was er besaß, war ihm nicht würdig genug, das Blut Jesu Christi zu umschließen». Er liebte den Hochaltar mit seinem Unterbau aus Marmor und Skulpturen des Lammes, des hl. Johannes des Täufers und des hl. Sixtus, des Pfarrpatrons, mit seinem Tabernakel in fein vergoldetem, getriebenem Kupfer und seinem hohen, mit weißen Federbüschen gezierten Baldachin. ... Aber die größte Schönheit seiner Kirche sah er in den andächtig versammelten Gläubigen.

Im Allgemeinen brauchte der Pfarrer von Ars am Altar nicht mehr Zeit als andere Priester. Eine halbe Stunde genügte ihm. Sein ganzes Leben hindurch hielt er sich an den besonderen Lyoner Ritus.

Nach diesem Ritus hält der Zelebrant nach der Wandlung einige Augenblicke mit ausgespannten Armen inne. Vianney verweilte etwas länger in solcher Haltung. Dieser Augenblick drang in die Tiefe der Seele. Im Jahre 1827 wohnte ein junger Student, der später selber Priester werden sollte, als Messdiener seinem Opfer bei. «Ich war betroffen», gesteht er, «als ich ihn nach der heiligen Wandlung Augen und Hände zum Himmel erheben und etwa fünf Minuten lang in einer Art Ekstase verharren sah.»

Vor der hl. Kommunion «hielt er wieder einen Augenblick inne, schien mit unserem Heiland Zwiesprache zu halten und genoss dann die heilige Speise». «Wie schön stand er da, wenn er zelebrierte!», ruft Bruder Athanasius aus. «Ich glaubte, einen zweiten Franz von Sales zu sehen.» «Ich habe den Diener Gottes die Heilige Messe feiern sehen», berichtet Ludwig Beau, sein Beichtvater; «und jedesmal ist er mir als Engel am Altar erschienen.»

Man kam eigens in die Kirche, nur um ihn zu sehen und sich an ihm zu erbauen. Gäste vom Arser Schloss gingen gegen ihren anfänglichen Plan schließlich doch ins Hochamt, «nur um ihn betrachten zu können». «Eine Person aus der Pfarrei», erzählt die Baronin von Belvey, «hat mich eines Tages darauf aufmerksam gemacht: Wenn Sie lernen wollen, wie man der Heilige Messe gut beiwohnt, dann wählen Sie sich einen Platz, von dem aus Sie unsern Pfarrer am Altar sehen. Ich stellte mich in einen Winkel, von wo aus ich ihn beobachten konnte. In seinen Zügen bemerkte ich etwas Himmlisches; fast während der ganzen Dauer des hl. Opfers sah ich ihn Tränen vergießen. Und so oft ich nach Ars kam, hat sich das Gleiche zugetragen.» Ein Künstler nannte den Ausdruck seines Gesichtes unbeschreiblich.

Auch nicht ein Schein von Zerstreuung machte sich bemerkbar. In seinem Äußeren spiegelte sich das innigste Geschehen und Sinnen seiner Seele. «Feind jeglichen Getues», vermied er alles

Übertriebene und alles Zuviel in seinen Bewegungen. Seine Augen beteten und betrachteten, hoben und senkten sich: Seine Hände falteten und breiteten sich und waren für sich allein ein Flehgebet. Diese halbe Stunde war eine stumme Predigt von seelenüberwältigender Beredsamkeit.

«Ein Blick auf den Pfarrer von Ars am Altar während der Feier der heiligen Geheimnisse hat mehr als einen Sünder bekehrt.» Ein Freimaurer, den man in die Kirche gelockt hatte, «sah ihn nur vorn am Altar und schon war sein Herz umgewandelt». Alles an ihm atmete Anbetung. Sichtlich überkam einen das Empfinden, er sei nicht allein am Altar; Jesus Christus sei da zugegen und bei seinem Priester. Seine Bewegungen, seine Blicke, seine Haltung drückten im Wechselspiel bald Selbstentäußerung und Sehnsucht, bald Hoffnung und Liebe aus. Während er die heiligsten Geheimnisse feierte, drängten sich die verschiedenartigsten Stimmungen in seiner Seele. Und sonderbar: Auch Bangen und Versuchungen zur Verzweiflung mischten sich in dieses Geschehen. Eines Morgens zerquälte ihn der Gedanke an die Hölle und die Furcht, Gott für immer zu verlieren, derart, dass er innerlich seufzte: «Lass mir doch wenigstens die liebe Gottesmutter!»

Zu Weihnachten wurde während einer Mitternachtsmesse eine ziemlich lange Einlage gesungen. Nach dem Lyoner Ritus musste der Pfarrer von einem gewissen Zeitpunkt ab die heilige Hostie bis zum Paternoster über den Kelch halten. Hierüber berichtet Bruder Athanasius: «Ich habe ihn die Hostie bald unter Tränen, bald mit einem Lächeln betrachten sehen. Er schien mit ihm Zwiesprache zu halten, wobei sich Tränen und Lächeln ablösten. Nach der Heiligen Messe baten wir ihn um Entschuldigung, weil wir ihn so lange hatten warten lassen: ‹Oh›, antwortete er, ‹die Zeit ist mir nicht lang vorgekommen!›»

«Aber, Herr Pfarrer, was haben Sie denn getan, während Sie die heilige Hostie in den Händen hielten? Ihr Antlitz war innig bewegt.»

«Ihr habt Recht. Ich hatte einen sonderbaren Einfall. Ich sagte zu unserem lieben Heiland: ‹Wüsste ich, dass ich das Unglück haben sollte, dich für die ganze Ewigkeit nicht mehr zu sehen, ich würde dich, jetzt da ich dich in meinen Händen halte, nicht mehr loslassen!›» Nach der Heilige Messe legte Vianney wieder Chorhemd und Stola an, kniete vor dem Altar hin und verrichtete seine Danksagung. Des

Öfteren wagten sich die Pilger bis ganz nahe zu ihm heran, begafften ihn neugierig, tauschten sogar Bemerkungen über ihn aus. Er aber schien nichts mehr zu sehen, nichts mehr zu vernehmen, schien ganz in die Gegenwart seines Gottes enthoben zu sein. «Wenn man seinen Heiland empfangen hat», rief er in einer Christenlehre aus, «dann ergeht sich die Seele im Balsam der Liebe wie die Biene in den Blumen.»

Nach erfolgter Danksagung – wenn sie für dieses Flammenherz überhaupt einmal abgeschlossen war –, kehrte Vianney in die Sakristei zurück. Der Bruder Sakristan hatte in der Zwischenzeit die frommen Andenken und die Bilder, die er segnen und mit seinem Namenszug versehen sollte, auf dem Ankleidetisch ausgebreitet.

Die Anfangsbuchstaben J. M. B. V. waren schnell hingekritzelt und die Segensworte mit dem Kreuzzeichen bald gesprochen. Nur Trostbedürftige, die seiner harrten, hielten ihn länger auf. Der Heilige ließ sie vortreten, musste aber ihren Kummer in wenigen kurzen Worten mildern oder heilen. Denn nun waren die Männer an der Reihe, die sich bereits in immer größerer Zahl draußen im Schiff und im Chorumgang drängten.

Vom Jahr 1827 ab musste Vianney auf Anordnung von Arzt und Bischof gegen acht Uhr etwas Milch zu sich nehmen. Aber auch darauf verzichtete er an Festtagen. Schnell war er von der *Vorsehung* zurück und gleich wieder im Beichtstuhl; diesmal in der Sakristei.

Gegen zehn Uhr erspähte der Pfarrer von Ars den günstigen Augenblick, um den Morgenteil des Stundengebetes, die kleinen Horen, zu verrichten. Trat ein neuer Pönitent ein, so wies er ihm den Betstuhl an und bat ihn, seine Vorbereitung fortzusetzen. Dann kniete er sich selber auf den Sakristeifliesen nieder und betete sein Offizium (Brevier, tägliches kirchliches Stundengebet aus Psalmen, Lesungen und Hymnen, verpflichtend für Kleriker).

«Wie wohl tut das», rief er aus, «sich auf diese Weise ein wenig entspannen zu können!» Er kostete die Schönheit der Psalmen und trotz seiner nur oberflächlichen Beherrschung des Lateins drang er durch eine besondere Gnadengabe in ihren tiefen Sinn ein. Eines seiner vertraulichsten Geständnisse lautet: «Denke ich an diese schönen Gebete, bin ich versucht auszurufen: ‹O glückliche Schuld! Denn hätte David nicht seine Sünden beweinen müssen, müssten wir diese Psalmen entbehren!›» Von den Psalmen ging seine anhängliche Freude auf das sie bewahrende Buch über. «So innig hing er am Brevier», berichtet der Priester Tailhades, «dass er es, wo er ging und stand, unter seinem Arm trug. Auf meine Frage, warum er das tue, antwortete er mir: ‹Das Brevier ist *meine treue Gefährtin*; ich möchte sie auf keinem meiner Wege missen.›»

Eines Tages beobachtete ihn ein Rechtsanwalt aus Lyon ziemlich lange bei seinem Stundengebet. «Sein Gesichtsausdruck spiegelte seine hehre Gemütsergriffenheit wider», schrieb der Mann hierüber. Mit dem Mund schien er zu verkosten, was er mit seinem Geist aufnahm. Seine Augen waren voll Glanz. Wie das Atmen reinerer unirdischer Luft war es, als ob er, der Unruhe dieser Welt enthoben, nur noch das Wort des Heiligen Geistes erlausche.»

«Unbeweglich wie ein Statue», ohne jegliche äußere Ablenkung verharrte er im Gebet. Jedenfalls störte die Tiefen seiner Seele keine Zerstreuung. Als er in einer seiner Katechismusstunden auf die Zerstreuungen beim Gebet zu sprechen kam, sagte er: «Die Mücken halten sich nicht in kochendem Wasser auf, sie fallen nur in kaltes oder laues.»

Nach erfolgtem Breviergebet ging er wieder zum Beichthören bis elf Uhr. Dann verließ er die Sakristei und ging an das «Katechismuspult». So nannte man eine kleine Kanzel mit einem Brettersitz, einer Armlehne, einer Fußbank und einer durchbrochenen Rampe. Hier hat der Pfarrer von Ars fünfzehn Jahre lang von 1845 bis 1859 an jedem Wochentag um elf Uhr Platz genommen und hat den Pilgern nicht mehr und nicht weniger als eben Katechismusunterricht erteilt.

Seine aufreibenden Arbeiten machten es ihm selbstverständlich unmöglich, sich für diese «Elf-Uhr-Unterweisung» oder auch für seine Sonntagshomilien vorzubereiten.

«An dem Tag», sagt der Lehrer Pertinand, «da ihm durch den Zustrom der Pilger auch der letzte freie Augenblick genommen war, hat er eine Novene zum Heiligen Geist angefangen und sich die Gnade erfleht, ohne vorbereitendes Studium sprechen zu können. Am Ende dieser Novene bestieg er ohne weiteres die Kanzel, überließ sich seiner Gotteserleuchtung und hielt es auch in der Folge so.» Alle möglichen Menschen drängten sich in seiner Kirche, gute, eifrige Christen, aber auch schöngeistige, eingebildete Alleswisser, die von allem, nur nicht von ihrer Religion eine Ahnung hatten. Unter die Schar der Gläubigen mischten sich auch Priester, zuweilen selbst

Bischöfe. Vianney sah nur die Seelen. Hätten sich Papst und Kardinäle zu seinen Füßen eingefunden, er hätte seine Art, diese bezaubernde, schlichte Kindlichkeit, nicht geändert. Die Menschen kamen auch nicht, einen gewöhnlichen Prediger zu hören, sie lauschten dem Gottesgesandten, dem neuen Johannes dem Täufer, dem Seher jenseitiger Geheimnisse.

Zuerst las er im Katechismus ein, zwei Fragen mit den entsprechenden Antworten vor; dann legte er das Buch auf das Brett neben sich. Wie oft ist das Bändchen vom Brett herunter verschwunden und von einer dreisten Hand als Reliquie mitgenommen worden! Dann setzte die Erklärung ein. Aber der Gegenstand des Textes war bald vergessen.

Mit einem Sprung stand der Pfarrer von Ars mitten in seinen – so hat sie ein Priester getauft – «Muttergedanken», von denen seine Seele lebte und die er so lange vor Gott durchbetrachtet hatte. Sein Wort war durchdrungen von Ewigkeit. Sein Feuerblick fasste bald den einen bald den andern seiner Zuhörer ins Auge und als wollte er das Schwert seiner Worte bis in ihre Herzen stoßen, geißelte er das Laster, verteufelte die Sünde oder pries noch öfters die Schönheit und Freude der Gottesliebe.

Seine grelle Stimme erreichte nicht alle, aber sein Herzensschrei, sein Seufzen vermochte die Seelen bis in ihre Tiefen zu erschüttern. Im September des Jahres 1845 war Schwester Maria Gonzaga aus der Genossenschaft vom Heiligen Joseph halb gegen ihren Willen nach Ars gekommen, denn «sie empfand ein gewisses Befremden gegen Vianney und war weit davon entfernt, an alle Wunderberichte über ihn zu glauben».

«Im Augenblick, da wir aus dem Wagen stiegen», so lautet ihr eigener Bericht, «wurde für die Katechismusstunde geläutet. Meine Oberin ging hinein. Ich folgte ihr. Beim Betreten der Kirche sah ich den Pfarrer auf eine kleine Kanzel steigen. Meine Augen begegneten den seinen. Wie von einem Schwindel erfasst, sank ich ganz verwirrt in die Knie. Einen Augenblick später fühlte ich mich von einer Frau, in der ich Katharina Lassagne vermutete, vorwärts gezogen. Sie nahm mich bei der Hand und bat mich näher zu treten, weil ich von meinem Platz aus nicht verstehen könnte. Sie ließ mich bis an die kleine Kanzel herantreten. Ich konnte einige Worte über die Übereinstimmung mit dem Willen Gottes und den Wert des Leidens erhaschen. Ich weinte ununterbrochen. Meine Einstellung dem Heiligen gegenüber hatte umgeschlagen.»

Um dieselbe Zeit kam ein Arzt aus Lyon mit einer ganzen Karawane von Verwandten und Bekannten nach Ars. «Er war nicht ungläubig, hatte gute Weisungen mit ins Leben erhalten, hatte aber nicht die leiseste Idee von einem Heiligen und von dem Schauspiel, das seiner wartete. Die Christenlehre begann und gleich bei den ersten Worten wurde der soeben Angekommene von einem tollen Lachen geschüttelt. Was tun? Man beobachtete ihn, man ärgerte sich an seinem Benehmen. Er verbarg das Gesicht in seinen Händen. Ruhig redete der Pfarrer von Ars weiter.

Bald stockte das Lachen, und nach Verlauf von fünf Minuten entströmten Tränen den Augen dieses Mannes, die er ebensowenig wie sein Lachen zu verbergen suchte.

Peter Oriol, ein wohlhabender Gutsbesitzer aus Pélussin, der sich später in Ars niederließ und einer von den «Wächtern» Vianneys wurde, sah ihn auch zum ersten Mal während einer Katechismusstunde. «Das erste Wort, das ich vernahm», erzählte später dieser gut christliche Mann, «traf mich mitten ins Herz und stellte mein ganzes vergangenes Leben wie einen Vorwurf vor meine Augen.» Die Versammelten fühlten sich ergriffen, weinten, am meisten aber der Redner selber. «Eines Tages seufzte er über das Elend der Sünder und fing nach seiner Gewohnheit an zu weinen. Da stieß eine Frau aus der Menge unwillkürlich den Ruf aus: ‹Oh, mein Gott, schenke mir doch solche Tränen!›»

Nicht alle wurden so bis ins Innerste gepackt. Die Eindrücke wechselten je nach Veranlagung und Stimmung des Einzelnen. «Diese Katechismusstunde, die ich mir seit langem mit Genuss ausgemalt hatte, ich muss gestehen, ich habe nicht viel davon verstanden. ... Jeden zweiten Augenblick stieß mir die Frage auf: Was will er mir damit sagen? ...»

Das sind die Worte des Priesters Theodor Wibaux aus Roubaix, der später zum Oberen am Großen Seminar von Saigon ernannt und apostolischer Protonotar wurde. Seine Geisteshaltung wird aber verständlich, wenn man weiß, dass Wibaux sich Sorgen über seine Zukunft machte und während des Vortrags des Heiligen nur die eine Frage im Herzen trug: was dieser ihm wohl nachher bei ihrer Begegnung, die sofort nach der Christenlehre stattfinden sollte, raten werde. Dagegen konnten andere Pilger, und darunter nicht die Unbedeutendsten, sich an seinen familiären Unterweisungen nicht satt hören. Allou, Bischof von Meaux, der acht Tage auf dem Arser Schloss zubrachte, ließ sich nicht eine einzige Katechismusstunde entgehen und «verließ sie, innerlich entzückt».

Wenn es ihnen nicht einfach unmöglich gemacht war, mischten sich die Missionare, die beim stärksten Pilgerandrang dem Pfarrer von Ars aushalfen, unter die Scharen der Zuhörer. Und mochte sich Vianney auch noch so oft wiederholen, für sie war sein Wort immer wieder neu. Der Augenblick, da der Pfarrer von Ars die Kirche verließ, um seine Mahlzeit einzunehmen, war vielleicht der außerordentlichste des ganzen Tages. Zuerst hatte er sich vor dem Altar in die Knie geworfen und den Angelus gebetet.

Nun musste er ins Pfarrhaus hinüber, d.h. höchstens einen Raum von zehn Metern durchqueren. Aber für diese paar Schritte brauchte er jeden Tag mindestens eine Viertelstunde. Die Pilger reihten sich dicht geschart vom Glockenhaus durch den engen Gang bis hinüber zur Tür des Pfarrhauses. Die Leute, die nicht zum Beichten gekommen waren, die nur kurz mit ihm reden, ihm nur eine Bitte vortragen wollten, drängten sich hier aufeinander, in der Hoffnung, ihn zuerst zu sehen.

Kranke und Gebrechliche, die man nicht in das enge Kirchenschiff hatte hineintragen können, warteten draußen auf Krücken, auf Tragbahren, in den Armen von Verwandten und Freunden. Hier ließ man auch die Kinder Aufstellung nehmen, die nicht so lange in der Kirche bleiben konnten.

Der Heilige erschien; mit einem milden Blick umfing er all diese Fremden, von denen ihn die meisten noch nie gesehen hatten und die nun unwillkürlich in die Knie sanken. Nach einigen Augenblicken lautloser Ergriffenheit brach sich ein unwiderstehliches Rufen Bahn: «Guter Vater! ... Heiliger Vater! ... Segne mich! ... Bekehre meinen Vater ... meinen Gatten! ...»

Auf viele Anrufe konnte er nur mit einem Blick antworten, mit einem Lächeln oder mit Tränen. Im Weiterschreiten warf er ihnen ein Wort zu oder deutete zum Himmel hinauf. Er liebkoste die Kinder, legte ihren Blondköpfchen seine ehrwürdigen Hände auf. Noch im Alter von fünfundsechzig Jahren erinnerte sich Monnet, der sich nach Ars zurückgezogen hatte, mit innerer Beglücktheit an die zitternden Hände des heiligen Greises, die auf seinen Kinderlocken lagen und an diesen Segen, dem er seinen priesterlichen Beruf zu verdanken glaubte.

Um sich die Tür zum Pfarrhaus freizumachen und allein eintreten zu können – denn für diesen Augenblick seines Tages ließ er sich von niemandem begleiten –, griff er mehrmals zu einer unschuldigen List, an der die Pilger ihre herzliche Freude hatten. Er suchte eine Handvoll Medaillen aus seiner Tasche und warf sie unter die Menge. Und während sich die Leute darauf stürzten, huschte er in den Hof und schloss das Tor ab.

In seinem Zimmer fand er das Mahl, das man ihm aus der *Vorsehung* herübergebracht hatte. Der Pfarrer von Ars aß stehend, las dabei die eingelaufene Post durch, die man neben der Porzellanschüssel mit dem bisschen Suppe und Gemüse hingelegt hatte.

Bruder Athanasius berichtet: «Dieses Mahl war so schnell vorüber, dass der Pfarrer uns eines Tages erzählte: ‹Ich habe es fertig gebracht, zwischen zwölf und ein Uhr zu Mittag zu speisen, das Zimmer zu fegen, mich zu rasieren, zu schlafen und die Kranken zu besuchen.›»

Die Krankenbesuche lagen Vianney besonders am Herzen. Seit dem Jahr 1845 hatte er außer dieser Tätigkeit alle äußerliche Pfarrarbeit seinem Hilfspriester überlassen. Zu seinen Kranken rechnete er nicht nur die Einwohner von Ars, sondern auch die Fremden, die in den Hotels oder Privathäusern darniederlagen und sehnlichst auf einen Blick und ein Wort des Heiligen harrten. Unter ihnen waren zuweilen Schwerkranke, «die sich hatten hierherbringen lassen, um unter seinem Beistand und mit seinem Trost zu sterben». Wenn dann Vianney gegen halb ein Uhr wieder aus dem Pfarrhaus trat, um sich zu irgendeinem Kranken zu begeben, sah er sich von neuem von der harrenden Menge umringt. Den Weg zur Kirche über den Platz hin oder durch irgendeine Straße konnte er sich nur langsam und nur unter dem Schutz von zwei, drei Männern seiner «Leibgarde» bahnen. Diese «schritten vor ihm her und schützten den Heiligen mit ausgebreiteten Armen vor allzu zudringlicher Verehrung».

Trotz allem drängten sich die Leute heran, um seine Kleider zu küssen und zerschnitten ihm dabei Soutane und Chorhemd. Man schnitt ihm Locken aus seinen Haaren; man trieb die Kühnheit sogar so weit, ihm das Brevier zu entreißen, um es ihm nach Entnahme einiger Bildchen sofort wieder zurückzureichen oder es einfach – was auch vorgekommen ist – zu behalten.

Vianney nahm diese frommen Diebereien ohne Klage hin. Er hatte sich an die Zudringlichkeiten der Menge gewöhnt. Dabei kamen zuweilen Verwechslungen vor.

Der Geistliche Dufour, der öfters den Ordnungsdienst übernommen hatte, erzählt: «Die Sucht der Gläubigen, sich irgendeines Gegenstandes, der dem Diener Gottes gehörte, zu bemächtigen, hat mindestens zweimal dazu geführt, dass man den Pfarrer von Ars vor sich zu haben glaubte und mich an seiner Statt beraubte. Eines schönen Tages nahm man mir mein Brevier ab und sandte es mir nachher von Saint-Etienne aus wieder durch die Post zu. Ich beklagte mich hierüber bei Vianney, der mir lachend erwiderte: ‹Das ist mir schon mehrmals passiert.› Ein anderes Mal schnitt man ein Stück aus meiner Soutane; es war in den Abendstunden und die Dunkelheit begünstigte die ehrenvolle Verwechslung.»

Der Pfarrer von Ars konnte sich überhaupt nicht zeigen, ohne sogleich von der Menge umringt und umdrängt zu werden. «Man verließ die Kirche oder die Umgebung des heiligen Ortes nur, um sich an seine Fersen zu heften», erzählt Bruder Athanasius, «und ihm bis zu den Kranken zu folgen.» Priester erbaten es sich als Gunst aus, ihn bis ans Krankenlager begleiten zu dürfen, weil sie bei ihm Erbauung und Belehrung für ihr eigenes Wirken suchten.

«Zweimal war ich so glücklich», berichtet der Geistliche Tailhades, «ihn die Sterbesakramente spenden zu sehen. Nie habe ich vom jenseitigen Leben mit einem solchen Glauben und solcher Überzeugung sprechen hören. Es war, als schaue er mit seinen Augen die Dinge, die sein Mund kündete. Vianney tröstete die armen Kranken und belebte ihr Vertrauen. Am liebsten hätten sie in seinen Armen sterben wollen.»

Wenn er dann von ihrem Lager weg hinaustrat, wartete die Menge immer noch auf ihn. Wusste man doch, dass er seine Taschen mit Rosenkränzen, Kreuzchen und Medaillen gefüllt hatte. Welches Glück, aus seiner Hand ein Andenken zu erhaschen!

Die Schlauesten sah man mehrere Male bei seinem Vorübergang niederknien, zweifellos um mehrmals seinen Segen, sicher aber auch um öfters scine Gabe zu erhalten. Durch diese Schliche, die dem Heiligen keineswegs entgingen, konnte sich ein Mädchen aus Lyon einen ganzen Schatz zusammenraffen. Sie war gekommen, um drei Tage im Dorf zu verbringen und hatte bei jeder Gelegenheit dem guten Pfarrer beim Vorüberschreiten die Hand entgegengehalten.

«Am dritten Tag», erzählte das Mädchen später als Ordensfrau selber, «reichte er mir ein Kreuzlein, dann eine Medaille mit den Worten: ‹Kleine, das macht siebzehn!› Ich zählte nach und hatte tatsächlich in diesen drei Tagen siebzehn Medaillen erhalten.»

Der Vorrat des Heiligen erschöpfte sich stets schnell. Er machte sich darüber keine Sorgen. Edelmütige Pilger sorgten schon für Ersatz. Die beiden Brüder Léman, die zwei jungen jüdischen Konvertiten, die Vianney so herzlich aufgenommen hatte, waren auf dem Rückweg von Ars. «Beim Verlassen des Dorfes», erzählten sie, «stießen wir auf eine Gruppe, die uns entgegenkam: Es war der Pfarrer, der von einem Krankenbesuch heimkehrte. Und wie zur Zeit unseres Heilandes scharten sich Menschen um ihn und drängten sich an ihn heran. Im Vorübergehen erkannte er uns. Jugend schreckt vor nichts zurück. ‹Lieber Herr Pfarrer›, redeten wir ihn an, ‹Sie haben uns schon Medaillen gegeben, aber wir hätten gern noch mehr.› Er lächelte und wies eine Verkäuferin vor ihrem kleinen Stand an: ‹Bringen Sie mir, bitte, ein Gros (zwölf Dutzend) Medaillen.›

Sie bringt das Gewünschte, er segnet sie, reicht uns eine Handvoll und wendet sich an die Verkäuferin: ‹Das Geld dafür können Sie einziehen von wem Sie wollen.› Glücklich, die ‹Kundschaft› ihres Seelsorgers bedienen zu dürfen, nickt sie dazu; man sieht ihr die Gewissheit an, dass sie keine Verluste haben wird und dass sie bereits ähnliche Verkäufe getätigt hat.»

Außer in sehr dringenden Fällen machte Vianney oft vor seinem Gang zu den Kranken einen anderen Besuch, der ihm besonders am Herzen lag: Auch seine *Vorsehungs*-Kinder warteten sehnsüchtig auf sein Kommen. Und als vom September des Jahres 1853 ab der an die Kapelle anstoßende Teil des Hauses den Hilfspriester Toccanier und seine durchreisenden Mitbrüder beherbergte, unterließ es der Pfarrer von Ars nie, seine «lieben Missionare» aufzusuchen, seine «Kameraden», wie er sie vertraulich nannte. Er traf gegen Ende ihres Mittagessens ein, schaute ihnen zu, wie sie sich die saftigen Früchte schmecken ließen, die er selber so geliebt hatte und jetzt aus Bußgeist darauf verzichtete, blieb gegen die Tür gelehnt stehen und führte die ganze Unterhaltung fast allein, nur um jedem schmeichlerischen Wort von Seiten der andern zuvorzukommen. Er war dabei liebenswürdig, zu gemütlichem Scherzen und Necken aufgelegt. Das einzige, was er von Zeit zu Zeit annahm, war ein bisschen Kaffee. Er trank ihn immer ohne Zucker.

Sobald wie möglich kehrte er am Nachmittag in die Kirche zurück. Auf den Fliesen vor dem Hochaltar kniend, verrichtete er mit engelgleicher Andacht die Vesper und die Komplet. Dann gehörte er seinen «armen Sündern». «Er hörte die Frauen bis gegen fünf Uhr und ging für etwa fünf Minuten ins Pfarrhaus hinüber», berichtete Oriol; «dann schloss er sich in der Sakristei ein, wo er bis gegen halb sieben oder acht Uhr die Beichte der Männer hörte.

Nachher stieg er auf die Kanzel und betete den Rosenkranz von der Unbefleckten Empfängnis und das Abendgebet vor. Von hier kehrte er ins Pfarrhaus zurück, wo er noch einige Personen empfing, Missionare, Brüder, Priester oder Laien aus fremden Pfarreien. Mit ihnen plauderte er gemütlich und schloss sich hierauf allein in sein Zimmer ein.

Was er dort während der Nacht tat, weiß ich nicht, aber ich denke, er wird auch dort den größten Teil im Gebet zugebracht haben ...»

In diesen Worten hat ein Vertrauter unseres Heiligen, der oft zu diesem abendlichen Plauderstündchen zugelassen wurde, den zweiten Teil seines Tagewerkes beschrieben. Ein weiterer Zeuge gibt uns Einzelheiten darüber, wie der Heilige die Nächte verbrachte: «Ich sah ihn nicht und konnte ihn kaum vernehmen», schreibt Brac de la Berrière.

«Das Kirchenschiff war nur schwach erhellt. Die leise Stimme des heiligen Priesters reichte kaum bis zu den entfernter stehenden Gläubigen. Aber wie sich der Blick an das mystische Halbdunkel des Heiligtums, so hatte sich auch das Ohr in wenigen Augenblicken an dieses halblaute Beten der Gläubigen gewöhnt; man vernahm ein wohliges, bald unterbrochenes, bald gleichmäßig anhaltendes Gemurmel; gar schnell stand man im Bann dieser unaussprechlichen Zwiesprache, die unvermerkt in eine tiefe Sammlung führte, die Seele weitete und sie in das Gebet der vielen hineinzog.»

So erschöpft er auch in sein armseliges Zimmerchen zurückkehren mochte, er betete trotzdem Matutin und Laudes des folgenden Tages und las dann noch einige Seiten aus der «Heiligenlegende», seinem Lieblingsbuch. Welchen Heroismus hat dieser Mann jeden Abend aufbringen müssen, um seine Lesung zu Ende führen zu können. «Oft traf er so ermüdet im Pfarrhaus ein», berichtet Bruder Athanasius, «dass er nur mit größter Mühe die Treppe hinaufsteigen konnte. Ich habe ihn gegen die Mauer sinken sehen. Dabei spaßte er noch über seine Schwäche und in Anspielung auf eine gemeine Bemerkung, die gegen ihn gefallen war, sagte er zuweilen: «Hopp, hopp, der alte Zauberer hat heute sein Geschäft gut in Gang gebracht!»

Alles deutet darauf hin, dass er nicht mehr als drei Stunden im Bett zugebracht hat. «Wann schlief er denn eigentlich?», fragte ein braver Mann aus Ars. Man sah ihn immer auf den Beinen. «Man bemerkte fast immer Licht an seinem Fenster», bezeugt ein anderer. Das kam daher, dass er während der entsetzlichen Geißelungen und nachher im Bett, wenn ihm der Schlaf nicht kommen wollte, die Kerze brennen ließ und in ihrem Schein die Heiligenbilder an einer seiner Zimmerwände betrachtete. «Wenn ich nicht schlafen kann», sagte er, «ist es meine Freude, meine Bilder anzuschauen.» Und öffnete er die Augen nach kurzem Einschlummern, so wandte er sich sofort nach dieser Seite.

«Ich lebe in der Gesellschaft der Heiligen», erklärte er eines Tages Frau des Garets. «Wenn ich nachts aufwache, habe ich den Eindruck, als ob sie mich anschauen und mich mahnen: Was ist mit dir los, du Faulenzer, du schläfst, und wir, wir wachen und beten unterdessen vor Gott!»

Was er nicht erwähnte, waren seine allmählich auftretenden Leiden, seine von der erschöpfenden Tagesarbeit überreizten Nerven, «die Fieberhitze, die ihn auf seinem armseligen Strohsack unruhig hin und her warf, der Husten, der ihn mehrere Male in einer einzigen Stunde aus dem Bett trieb». War aber dann der bestimmte Augenblick gekommen, da er in die Kirche hinuntergehen wollte, verließ er trotz allem sein hartes Lager und nahm seine endlose und heilige Arbeit an der Stelle wieder auf, wo er sie unterbrochen hatte.

Ein Wunder dieses ganz dem Dienst am Mitmenschen geopferten Lebens ist die Tatsache, dass es inmitten solch ununterbrochenen Wogens der Massen in tiefster Sammlung verlief. «Man belästigte den heiligen Pfarrer auf jede nur erdenkliche Weise und doch schien nichts sein inneres Leben zu stören.» Woher nahm er nur diese Ruhe und völlige Selbstbeherrschung? Ein zuverlässiger Zeuge, der fromme Kanonikus Gardette, Spiritual des Karmels von Chalon-sur-Saône, erklärt uns dieses Geheimnis: «Vianney hat vor mir den Ausspruch getan: ‹Wie verlangt es mich doch, mich ganz zu verlieren und mich nie mehr wiederfinden zu können als nur in Gott!›

Wahrhaftig, wenn man ihn am Werk sah, gewann man die Überzeugung, dass sein Wunsch erfüllt sei.

Er verstand es tatsächlich, sich so rückhaltlos dem Wohlgefallen Gottes anheim zu geben, dass er auch in seiner so mannigfaltigen und aufreibenden Seelsorgetätigkeit genau wie bei seinen religiösen Übungen gesammelt blieb. Man gewann den Eindruck, er habe bei allem nur ein Einziges, das im Augenblick Vorliegende zu tun. Es war unablässig drängender Eifer und niemals bloßes Getue. Ob man ihn am Morgen, Mittag oder Abend beobachtete, seine Person atmete immer gleichen Geistesfrieden, dieselbe Charaktermilde, den gleichen Widerschein inneren Friedens. Und hierin besteht nach meinem Empfinden die ideale Labung der Vereinigung mit Gott, das vollendete Aufsprossen höchster Liebe.»

Eine Seele, die nicht ganz mit Gott als ihrem Mittelpunkt vereint ist, kann sich in einem Kreis von heiligmäßigen Werken bewegen, ohne selber deshalb heilig zu sein. Um dieser Gefahr zu entgehen, erhob der Pfarrer von Ars unablässig sein Herz zu Gott, auf der Kanzel, im Beichtstuhl, inmitten der Unterhaltungen und mannigfaltigen Beschäftigungen. «Er hatte sich jene Gewohnheit der Heiligen zu eigen gemacht, die, wenn es die Pflicht erheischte, tätig aus Gott heraustreten und die in Gott wieder einkehren, sobald sie frei sind.»

Das Gebet war tatsächlich sein großer Seelentrost und seine immerwährende Zuflucht. «Das Gebet ist ein duftender Tau», sagte er ... «Je mehr man betet, um so größer wird das Verlangen nach dem Gebet ... Zeit existiert nicht mehr während des Gebetes.» Gerade «weil er sich gänzlicher dem Gebet und der Beschauung göttlicher Dinge hingeben wollte, wurde er sein Leben lang die innige Sehnsucht nach der Einsamkeit nicht los». Statt dessen fand er nicht einmal mehr die Muße, um wie alle seine Mitbrüder im Priestertum die tröstliche Übung der jährlichen Exerzitien zu erleben. Als er im Jahre 1835 das letzte Mal erschien, um im Seminar von Brou neue Kraft für seine Seele zu holen, sandte ihn Bischof Devie noch vor

Beginn der ersten Übung in seine Pfarrei heim: «Sie brauchen keine Exerzitien», erklärte ihm der Prälat, «aber dort unten brauchen die Sünder Sie.» Und der gute Pfarrer trat den Heimweg an, ohne auch nur eine Gegenäußerung zu tun.

Zuweilen hörte man ihn seufzen in Erinnerung an die weit zurückliegende Zeit, da er sich auf einsamer Trift ergehen konnte. «Oh, wie glücklich war ich doch! Mein armer Kopf war nicht so zerschlagen wie heute und nach meinem Belieben konnte ich vor Gott beten ...» Und lächelnd fügte er hinzu: «Ich glaube, es wäre mein Beruf gewesen, mein Leben lang Hirte zu bleiben.»

In der ersten Zeit seines Amtes als Seelenhirte hatte er seiner heiligen Gebetsleidenschaft frönen können. In jener Zeit war er sicher zum sogenannten Gebet der Einfachheit vorgeschritten, bei dem die Schauung zum großen Teil an die Stelle des gedanklichen Erfassens tritt, wo die Gemütsbewegungen und Vorsätze weniger zahlreich werden und sich nur in wenigen Worten kundgeben.

«Bevor die große Wallfahrtsarbeit eingesetzt hatte», berichtet Claudius Rougemont, Vikar von Ars, nach der Aussage der Dorfältesten, «sah man Vianney beständig in der Kirche auf den Knien ohne ein Buch in der Hand beten.»

Tatsächlich bestand sein Gebet, nach einer Bemerkung der Baronin von Belvey, mehr aus Gemütsinnigkeit als aus Erwägen und Definieren. Er hing mit seinem Blick am Tabernakel und beteuerte in einem fort seinem Erlöser seine Liebe. Er befolgte keine andere Methode als die des alten Papa Chaffangeon: «Ich schaue den lieben Gott an – und er schaut mich an.»

«Nachdem ihm einmal der Pilgerandrang nicht länger gestattete, stundenlang sich dem innern Gebet zu widmen», sagt Bruder Hieronymus, «machte es sich der Pfarrer zur Gewohnheit, am Morgen einen Betrachtungsgegenstand auszuwählen und alles Tun des Tages darum kreisen zu lassen.»

«Ich bat ihn einmal um Rat», erzählt der Geistliche Dufour, «wie ich mein inneres Gebetsleben gestalten sollte. ‹Ich habe keine Zeit mehr, eine regelrechte Betrachtung zu halten›, gab er mir zur Antwort, ‹aber gleich bei Tagesbeginn trachte ich mich kräftig mit unserm Heiland zu vereinen und nachher arbeite ich im Bewusstsein dieser Vereinigung.› Woraus ich schließe», fügt Dufour bei, «dass Vianneys Leben ein ununterbrochenes inneres betrachtendes Beten war.» Seinen ganzen Arbeitstag hindurch verfolgte er so mit den Augen seines Herzens irgendeinen Zug aus dem Leben unseres Heilandes, Unserer Lieben Frau oder eines Lieblingsheiligen.

Sein Herz neigte sich besonders zu den schmerzhaften Geheimnissen. Meistens begleitete er Jesus auf den verschiedenen Stationen seines Leidensweges. Um sich leichter daran erinnern zu können, hatte er Katharina Lassagne gebeten, sie ihm auf den Rand seines Breviers aufzuzeichnen; und während er seine Horen betete, zogen die Szenen des Geheimnisses unserer Erlösung an seinem von Mitleid tränenfeuchten Auge vorüber.

Oft schritt er durch die Menge, «als ob er allein wäre, so ganz versunken war er in seine frommen Betrachtungen». Auf diese Weise war er auch in seiner ununterbrochenen Seelsorgetätigkeit der beschauliche Priester geblieben, wie es immer sein Herzenswunsch gewesen war. «Das ist Glaube», sagte er, «wenn man mit Gott spricht wie man mit einem Menschen sprechen würde.» Diesen tiefen Gedanken setzte er voll und ganz in die Tat um.

Nach und nach beugten die Jahre und mehr noch die heroische Überarbeitung seine Schultern, zerfurchten seine Wangen. Sein Herz aber alterte nicht. Dieses Herz scheint nur eine einzige Jahreszeit gekannt zu haben: den immerwährenden Neubeginn ohne Ende. Hat nicht der Pfarrer von Ars selber einmal den Satz gesagt, der voller Poesie wie ein schöner Vers an unser Ohr klingt: «In der gottgeeinten Seele herrscht ewiger Frühling.»

Das Gefühl von Gottes Gegenwart erzeugte in ihm zuweilen einen wahren Freudenüberschwang. «Wenn ich auf seinem Gesicht diese außergewöhnliche Freude erblickte», erzählt kindlich Katharina Lassagne, «sagte ich zu Bruder Hieronymus: ‹Heute hat den Pfarrer wieder sehr die Gottesliebe gepackt!›»

Diese inneren Glücksstunden ersehnte er sicher nicht um ihrer selbst willen. «Hat man keinen Trost», sagte er, «so dient man eben Gott um Gottes willen. Fühlt man ihn aber, dann läuft man Gefahr, sich selber bei diesem Dienst zu suchen.» Immerhin half ihm diese innere Beglücktheit, sein Leben tapfer zu tragen. Sie war ihm Unterpfand von der Freundschaft und anbetungswürdigen Herablassung Gottes. Sie gab ihm das Gefühl, dass er, einmal in die Vertrautheit seines Meisters zugelassen, immer größerer Gnaden teilhaft werden könne. «Gott war mit seinen Heiligen so innig vereint», lautete eines seiner Worte, «dass er viel mehr ihren als seinen eigenen Willen zu tun schien.»

Und als man ihm gegenüber bemerkte, die hl. Philomena verweigere ihm aber auch gar nichts und scheine ihm blindlings zu gehorchen, erwiderte er: «Was ist da Besonderes daran? Selbst Gott gehorcht mir während der Heilige Messe!»

Man darf ja nicht glauben, Vianney habe in den Stunden dieses heiligen Herzensjubels auch nur das Geringste seiner köstlichen Kinderschlichtheit eingebüßt. Auch in diesen Zuständen gab es bei ihm «keine affektierte Pose, kein Oh und kein Ah, keine Süchtelei und keine Stoßseufzer». Über seine Lippen breitete sich nur ein unaussprechliches, überirdisches Lächeln, das keiner vergessen konnte, der es einmal gesehen hatte.

«Zweimal war ich dabei, wenn Vianney die letzte Ölung spendete. Es war, als sähe er mit seinen leiblichen Augen die himmlischen Gestalten, von denen er sprach. Jeder, der das miterlebte, hatte den Wunsch, in seinen Armen zu sterben» (M. Tailhades).

Das Verlangen nach Einsamkeit

Schwere Erkrankung und Flucht

Wenn man den Pfarrer von Ars so lächelnd und geschäftig durch die Menge der Pilger schreiten sah, wäre außer seinen intimsten Vertrauten niemand auf die Vermutung verfallen, dass er «ohne Unterlass von der Sehnsucht nach Einsamkeit verfolgt» war.

Und auf den ersten Blick scheint die Bemerkung Katharina Lassagnes unwahrscheinlich: «Er ist einundvierzig Jahre lang *stets gegen seinen Willen* in der Pfarrei Ars geblieben.» «Seit dem elften Lebensjahr», vertraute er selber einmal im Jahre 1843 dem Grafen des Garets an, «bitte ich Gott, doch in der Einsamkeit leben zu dürfen. Mein Flehen ist nie erhört worden!»

Sein Sinn und seine Neigung für das Gebet hatte ihm diesen Wunsch von Kindheit auf in die Seele gelegt. Schon in jenen jungen Jahren war es ihm froh zum Bewusstsein gekommen, dass Schweigen und Sammlung die Seele leichter zu Gott emporheben.

Nachdem er Pfarrer geworden war, kam zu dem alten ein neuer Beweggrund hinzu. Hatte er nicht mit der Übernahme der Seelsorge den Himmel versucht, «er, der törichte und unfähige Mensch», für den er sich hielt? «Nein», seufzte er, «nicht die Mühe fällt mir schwer; was mich schreckt, ist die Rechenschaft, die man über sein Priesterleben ablegen muss.»

Und tatsächlich beunruhigte ihn dieser Gedanke bis in seine letzten Lebensjahre. Im Jahre 1858 – er war damals zweiundsiebzig Jahre alt – trat er während einer Mission, die der Geistliche Descôtes abhielt, mit aufgeräumter Miene in dem Augenblick an den Prediger heran, als dieser sich anschickte, die Sakristei zu verlassen und auf die Kanzel zu steigen.

«Oh, diesmal», redete er ihn an, «diesmal werden Sie uns bekehren.» «Sie, Herr Pfarrer», gab ihm der Missionar zurück, «Sie haben nichts zu fürchten. Ich übernehme die Verantwortung für Sie!» «Oh, mein Freund», seufzte der Heilige und nahm plötzlich einen ernsten, fast ängstlichen Ausdruck an, «Sie wissen nicht, was es heißt, als Pfarrer vor das Angesicht Gottes zu treten.»

Dieser Hang nach Zurückgezogenheit, nach «einem kleinen Winkel, wo er sein armes Leben beweinen könne», quälte ihn von seinen ersten Seelsorgejahren an. Katharina Lassagne konnte sich daran erinnern, wie er «kaum zwei Jahre nach seiner Ankunft in der Pfarrei» davon gesprochen hatte. Wie wir gesehen haben, hatte er sich im Jahre 1827 persönlich an seinen Bischof gewandt, um seine Versetzung zu erwirken.

Gewiss hatte er seine Probleme und litt unter den gegen ihn ausgestreuten Verleumdungen. Aber im Grunde setzte ihm ein anderer Gedanke zu. Vielleicht ist es ihm möglich, hofft er, sich darüber zu äußern. Wenn ja, wird er seiner bischöflichen Gnaden ein Geheimnis mitteilen, das ihn erstickt. Der Bischof bietet ihm die Pfarrei Fareins an. Er zögert; sein geheimer Wunsch ist nicht erfüllt; und des Kampfes müde, bleibt er auf seinem Dörfchen. Auf diesem Posten kann er schließlich – wer weiß – doch leichter die Erlaubnis erkämpfen, sich in ein Trappistenkloster oder in die Kartause zurückzuziehen.

Während ihn im Jahre 1830 bereits die Massen umlagerten, waren seine Gefühle hierüber die gleichen geblieben, nur war seine Sehnsucht noch stärker geworden. Sein Nachbarpfarrer von Chaleins, Mermod, suchte bei ihm Rat für den Weg eines vollkommeneren Lebens.

«Man soll nicht bis zum Ende seines Lebens Pfarrer bleiben», sagte ihm Vianney, man sollte sich einige Zeit zur Vorbereitung aufs Sterben vorbehalten.» Zwanzig Jahre später wurde dem Kanonikus Camelet ein ähnlicher Rat zuteil: «Ich möchte nicht als Pfarrer sterben, weil ich keinen einzigen Heiligen kenne, der auf diesem Posten gestorben ist. Ich möchte zwei Jahre vor mir haben, mein armes Leben zu beweinen ... Oh, dann würde ich, wie mir scheint, Gott innig lieben!»

Von diesem Sehnen und Seufzen drang des öfteren das Echo bis zur bischöflichen Kanzlei von Belley. Bischof Devie stellte sich taub. Aber die Zähigkeit, mit der Vianney immer wieder auf seine Entlassung aus dem Dienst zurückkam, beweist, dass er die Hoffnung nie aufgab, endlich doch noch Erhörung zu finden.

«Diese Hoffnung war für ihn ein Bedürfnis», sagt Frau des Garets. Selten hat er sich mit einem Gewissensfall an den Bischof gewandt, ohne mit irgendeinem Wort die große Angelegenheit zu erwähnen. Folgende Zeilen aus einem Brief vom Jahr 1851 sind charakteristisch. Um diese Zeit trug sich Bischof Devie, dem Rom in der Person von Chalandon einen Koadjutor gegeben hatte, selber

Die Kirche von Ars. Zehn Jahre nach der Ankunft von Vianney hatte er die Kirche bereits ganz renoviert.

La Providence – das Haus der Vorsehung. Bis in unsere Tage werden in der Providence zahlreiche Pilger empfangen.

mit der Absicht, seinen Rücktritt zu nehmen. «... Bischöfliche Gnaden, da Sie so glücklich sind und auf Ihren Rücktritt hinwirken können, um nur mehr an den Himmel zu denken, bitte ich Sie, mir doch auch in Gnaden das gleiche Glück verschaffen zu wollen. ... Falls Sie weggehen, ohne es mir zu gewähren, sterbe ich vor Kummer. Möge mir doch Ihr gutes Herz, bischöfliche Gnaden, jeglichen Kummer verzeihen, den ich Ihnen bereitet habe. ... Ich habe das große Vertrauen, dass mir Eure Gnaden die Gunst, um die ich anhalte, gewähren werden. Sie wissen, dass ich nur ein armseliger Ignorant bin. So denkt alle Welt ...»

Und er unterzeichnete demütig: *Johannes-Maria Vianney, armer Pfarrer von Ars*. Der Brief hatte keinen Erfolg. Chalandon, der Bischof von Belley geworden war, erhielt einige Jahre später folgendes Gesuch: «Bischöfliche Gnaden, ich werde immer gebrechlicher. Ich muss einen Teil der Nacht auf einem Stuhl zubringen und drei, vier Mal in einer einzigen Stunde aufstehen. Ich habe Schwindelanfälle in meinem Beichtstuhl, dass ich auf zwei bis drei Minuten bewusstlos bin ...

In Anbetracht meiner Krankheiten und meines Alters will ich Ars auf immer Ade sagen ...»

Diesmal folgt die Unterschrift: *Vianney, armer unglücklicher Priester.*

Dieselben Bitten wiederholten sich mündlich bei jedem bischöflichen Besuch. An den der Visitation vorausgehenden Tagen «verdoppelte er seine Kasteiungen», er betete, «weinte, seufzte und fastete, ehe er seine Bitte vorbrachte».

Und beim Eintreffen des Prälaten fühlte er eine allzu oft enttäuschte Hoffnung von neuem aufleben. Eines Tages sieht ihn Oriol in die Sakristei treten, beglückt, strahlend. «Der Bischof kommt», flüstert Vianney ihm ins Ohr, «der Bischof kommt. Und ich werde ihn ersuchen, Sie wissen ja worum ...»

Der Bischof kam tatsächlich und er besuchte seinen heiligen Freund sogar ziemlich oft. Aber Vianney blieb Pfarrer von Ars. Devie wie sein Nachfolger Chalandon «widersetzten sich stets energisch seinem Rücktritt». Auch Bischof von Langalerie, der im Jahre 1857 den bischöflichen Stuhl von Belley bestieg, erhielt noch ähnliche Gesuche. Überraschende Tatsache: Nie hat sich der Pfarrer von Ars völlig damit abgefunden, in den Sielen, also in Ausübung seines

Amtes, sterben zu sollen. Noch im letzten Monat seines Lebens spricht er vom Sich-Zurückziehen. Hören wir, was Bischof von Langalerie hierüber in seiner Leichenrede sagt:

«‹Ach, bischöfliche Gnaden›, sagte er uns vor kaum zwei Wochen, ‹ich werde Sie in kurzer Zeit bitten, mich doch ziehen und die Sünden meines Lebens beweinen zu lassen.› ‹Aber mein guter Pfarrer›, antworteten wir ihm, ‹die Tränen der Sünder, die Gott zu Ihnen weist, wiegen doch wohl die Ihren auf. Sprechen Sie mir nicht so, sonst werde ich Sie nicht mehr besuchen.› Aber alle unsere herzlichen und aufmunternden Worte schienen ihn nicht zu überzeugen.» Eine so lebhafte Sehnsucht nach Einsamkeit kann nicht überraschen bei einem Menschen wie Vianney, der gern sein ganzes Leben auf den Knien vor dem Tabernakel zugebracht hätte. Trotzdem barg sich hier bei näherem Zusehen eine feine Versuchung unter diesem scheinbar ganz berechtigten Drang. Vianney ist sich dessen schließlich selber bewusst geworden. Mehrere und nicht die geringsten seiner Vertrauten sind Zeugen dafür.

«Der Pfarrer von Ars», erklärte Monnin, «erkannte selbst, dass in diesem Verlangen Eigenliebe steckte und dass sich der Teufel ihrer bediente, um ihn zu versuchen. Er tötete sich ab, hatte aber sein ganzes Leben lang gegen den gleichen Hang anzukämpfen ...»

Das Zeugnis des Herrn des Garets, des Bürgermeisters von Ars, ist noch klarer und bestimmter. «Soweit ich mich erinnern kann, hat Vianney stets den Wunsch gehegt, sich in die Einsamkeit zurückzuziehen. Ich sehe in dieser Absicht drei Motive: Er wollte erstens die Verantwortung für eine Pfarrei abschütteln; zweitens es sich ermöglichen, sein armes Leben, wie er es nannte, zu beweinen; drittens sich der ununterbrochenen Arbeitsüberfülle entziehen und sich etwas Muße verschaffen, um nach Herzenslust dem Gebet und der Beschauung zu leben. Das sind die Gründe, die sich der gute Pfarrer selber eingestand.

Darüber hinaus ist es meine Überzeugung, dass eine Versuchung des Teufels dahinter stand, deren er sich nicht bewusst wurde, so bewandert er auch sonst in Gottes Wegen war. Der Teufel kannte all das Gute, das Vianney durch die Arser Wallfahrt wirkte und das in der Zukunft noch viel reicher daraus hervorwachsen werde. Er hatte somit alles Interesse daran, den Diener Gottes unter plausiblen Gründen dem Dorf abspenstig zu machen.»

«Vianney», erklärt auch Bruder Athanasius, einer der großen Vertrauten unseres Heiligen, «musste große innere Nöte durchmachen. Insbesondere war er von dem Wunsch nach Einsamkeit zerquält. Er sprach oft davon. Es war wie eine Versuchung, die ihn bei Tag und mehr noch bei Nacht verfolgte. ‹Wenn ich nicht schlafe›, sagte er mir, ‹wandert mein Geist: ich bin im Trappistenkloster, in der Kartause; ich suche nach einem Winkel, wo ich mein elendes Leben beweinen und Buße tun kann für meine Sünden.›»

So hatte auch einstens die Wundertäterin von Siena, der die Massen zujubelten, Katharina von Siena, geseufzt. «Warum, Herr», stöhnte sie, «machst du mich so zum Spielball aller Welt? Alle deine Diener können im Frieden unter den Menschen leben, nur *ich* nicht.»

Auch ihn, den Pfarrer, wollte der liebe Gott in diesem Punkt nicht erhören; und Vianney gab sich selber darüber keiner Täuschung hin. «Ich habe ihn sagen hören», berichtet Katharina Lassagne: ‹Der liebe Gott gewährt mir ungefähr alles, um was ich ihn bitte, ausgenommen wenn ich für mich selber bete.› ‹Weil Sie eben vom lieben Gott erflehen, er möge Sie von Ars fortnehmen›, antwortete ich ihm, ‹und das will der liebe Gott nicht.› Darauf erwiderte er nichts.»

Es war sicher nicht bloß eine Versuchung des Bösen, dieser nie gestillte Hunger nach Sammlung und Einsamkeit; es war auch eine Prüfung von oben. Der Priester Monnin hat das eingesehen: «Mir scheint es auch, es läge hier eine verborgene Anordnung der göttlichen Vorsehung vor; Vianney musste seine Neigung dem Gehorsam, seine Freude der Pflicht zum Opfer bringen und hatte so Gelegenheit, sich zu jeder Stunde selbst zu überwinden und seinen eigenen Willen mit Füßen zu treten.»

Seinem Hang nach Einsamkeit wurde stark entgegengewirkt durch seinen Willen zum Apostolat. Durch eine verborgene Zulassung Gottes wurde sein Herz zwischen diesen beiden Neigungen unablässig hin und her gerissen. Gewiss, die Verantwortlichkeit, die Sorge für die Seelen schreckte ihn. Eines Tages fragte er einen Lyoner Seminaristen, der bei ihm beichtete, ob er bereits die heiligen Weihen empfangen habe. «Ja, ich bin Diakon und habe nur noch drei Monate zu warten, bis ich zum Priester geweiht werde.» «Oh, mein Kind», rief der Heilige aus, «sprechen Sie nicht so: Priester wird man immer zu früh!» Andererseits war er nur zu tief von der Notwendigkeit des Priestertums für die Seelen durchdrungen und wusste, dass «das Weiden der Herde Christi das Amt der Liebe ist», höher als jeder andere Dienst.

Er sehnte sich nach stiller Einsamkeit und war doch nie zufriedener als an den Tagen, wo sich die Massen von allen Seiten herandrängten. «Ein für allemal hätte er sich überzeugen können, dass er für die Seelsorge geschaffen war», meint Frau des Garets, «denn sobald der Zustrom etwas nachließ, schaute er traurig drein und hielt Novenen, um die Menge herbeizuziehen.»

Und wenn man ihn dann bei einer erneuten Flut anflehte, er möge sich doch etwas Ruhe gönnen, erwiderte er: «Wie schlecht wäre es gehandelt, diese armen Leute warten zu lassen, die von so weit her pilgern, die ganze Nächte lang ausharren, bis sie an die Reihe kommen. Wie er es manchen Heiligen getan, müsste mir Gott die Gabe verleihen, an mehreren Orten zugleich zu sein ...

Wenn ich bereits einen Fuß in den Himmel gesetzt hätte und man mich anrufen würde, gern würde ich auf die Erde zurückkehren, um an der Bekehrung eines einzigen Sünders zu arbeiten. Und müsste ich zu diesem Zweck auf der Welt bleiben bis ans Ende der Zeiten und müsste ich um Mitternacht aufstehen und dulden, was ich jetzt leide, aus ganzem Herzen würde ich ‹ja› sagen.»

Als er eines Tages in der Kirche den Katechismus erklärte, rief er aus: «Oh, wenn ich gewusst hätte, was es heißt, Priester sein, ich hätte mich unverzüglich ohne Bedenken in ein Trappistenkloster geflüchtet.» Worauf ihm eine Stimme aus der Menge antwortete: «Mein Gott, wie schade wäre das gewesen!» Dieser Herzensschrei war für unseren Heiligen eine Ermunterung und eine Lehre.

Nichtsdestoweniger hat der Pfarrer von Ars dreimal den Versuch unternommen, seine Pfarrei zu verlassen. Das beweist, wie tief ihm der Hunger nach Einsamkeit im Gemüt bohrte.

Er glaubte darin, wenn auch nur verhalten, einen Ausdruck des Willens Gottes zu sehen, der in diesem Falle dem Auftrag seines Bischofs entgegenstand.

Auch hoffte er – trotz allem – die Zustimmung seiner kirchlichen Obern durchzusetzen.

Um das Jahr 1840 muss man einen ersten Fluchtversuch ansetzen, der unbemerkt blieb und von Vianney erst viel später in vertraulichem Gespräch eingestanden wurde. Er verließ sein

Pfarrhaus in einer stockdunklen Nacht – es mochte zwei Uhr morgens sein – und schlug einsam den Weg nach Villefranche ein. Wohin ging er und was hatte er eigentlich vor? Er hat dieses sein Geheimnis nie preisgegeben. Er wanderte nur kurze Zeit. Am Combeskreuz, das nicht weit vom Dorf Ars steht, angelangt, hielt er inne und machte sich ans Überlegen: «Ist es wirklich der Wille Gottes, was ich in diesem Augenblick tue? ... Wiegt die Bekehrung einer einzigen Seele nicht mehr als alle Gebete, die ich in der Einsamkeit verrichten könnte?» Und er kehrte um.

Die Seelen, die seiner harrten, belegten ihn sofort mit Beschlag. «Die Versuchung zur Flucht», sagt der Priester Toccanier, dem wir den Bericht verdanken, «war damals plötzlich über ihn gekommen.»

Der Versucher, dessen Gestalt hinter dieser Geschichte schattet, gab sich nicht geschlagen, Unwohlsein und Krankheit des heiligen Mannes schienen ihm kostbare Handhaben zu bieten, um sich zu rächen.

Noch im Jahr 1835 musste Vianney die Nachwirkungen seiner «Jugendtorheiten» verspüren. Gesichtsneuralgien, grimmige Zahnschmerzen, entsetzliche Peinen in den Eingeweiden brachten es ihm erneut zum Bewusstsein, dass man nicht ungestraft die Nächte in einem tiefgelegenen kalten Zimmer auf feuchten Steinplatten verbringen darf.

Die Briefe des Pfarrers von Ars an seinen Arzt sprechen eine deutliche Sprache. Sicherlich hätte er einen Gehilfen gebraucht. So hätte er sich von Zeit zu Zeit ausruhen können. Statt dessen wurde ihm außer Alexis Tailhades von Montpellier, der als Gast und Schüler den Winter 1839 bei ihm verbrachte, bis zum Jahre 1843 kein einziger Hilfspriester beigegeben. Bischof Devie, der über keine freien Kräfte verfügte, konnte nichts weiteres tun, als die Nachbarpfarrer von Ars auffordern, dem überlasteten Mitbruder nach besten Kräften auszuhelfen.

Infolge dieser Überarbeitung glaubte Vianney im Jahr 1843 sein Ende nahe. In einem Zustand von Überanstrengung hatte er bereits zwei Jahre vorher ein erstes Testament geschrieben, in dem er «seinen sündigen Leib der Erde übergab, seine arme Seele den drei Personen der hochheiligen Dreifaltigkeit». Man stand im Anfang des Marienmonats. Seit sechzehn Jahren hatte der Heilige allein die Andachten gehalten. Gewöhnlich begann er mit einer Lesung, die er dann erklärte, «und einmal im Zug», wie Katharina Lassagne sagt, «sprach er ziemlich lange».

Am Abend des 3. Mai beginnt er die Lesung. Ein Erstickungsanfall nimmt ihm die Sprache ... Er kniet nieder und fängt die Gebete an, kann aber kaum die ersten Worte aussprechen. Ein heftiges Fieber hat ihn ergriffen. Man eilt ihm zu Hilfe. Man trägt ihn in das Zimmer neben seinem eigenen, wo man ihn besser pflegen kann. Das hölzerne Bettgestell, in dem Balley gestorben war, hatte man schon früher dort aufgestellt und wie eine Reliquie gehütet. Nun warf man aufs Geratewohl Vianneys Strohsack hinein und legte den ohnmächtig Gewordenen darauf nieder.

Der in Eile herbeigerufene Arzt Saunier stellte eine Lungenentzündung mit Brustfellreizung fest. Graf des Garets eilte ins Pfarrhaus und bot seinem armen Pfarrer statt des harten Strohsacks eine gute Matratze an. Nach langem Zureden ließ es der Heilige mit sich geschehen. Vom 6. Mai ab – an diesem Tag trat Vianney in sein achtundfünfzigstes Lebensjahr – hielt der Arzt seinen Zustand für hoffnungslos.

Eine solche Sympathie hatte sich der Pfarrer von Ars bereits erworben, dass auf den Ruf von Dr. Saunier drei weitere Ärzte herbeieilten. Eine Untersuchung fand statt. Der Kranke sollte dabei überhaupt nicht reden. Jede Aufregung sollte ihm erspart werden. Denn sein Herz schlug nur noch unter größter Schwierigkeit.

Noch hatte Vianney seine Geistesgegenwart nicht verloren. «Wie er der ganzen Fakultät um sein Bett herum ansichtig wurde, sagte er lachend: ‹Ich habe in diesem Augenblick einen schweren Kampf zu bestehen.› ‹Gegen wen denn, Herr Pfarrer?›

‹Gegen vier Ärzte. Kommt noch ein fünfter dazu, bin ich geliefert!›»

Solches Spaßen darf uns nicht vergessen lassen, dass der Pfarrer von Ars auch während dieser schweren Erkrankung beim Gedanken an Gottes Gericht erzitterte. «Ich möchte noch etwas länger leben», vertraute er Herrn des Garets an, der im Pfarrhaus verblieb und während der gefahrvollen Tage sogar dort schlief, «ich möchte noch etwas länger leben, um meine Sünden zu beweinen und ein bisschen Gutes zu tun.»

Seine Nächte waren sehr unruhig, von entsetzlichen Schreckbildern gequält. «Ich glaubte», sagte er eines Morgens, «heute

Nacht das Triumphgeheul der Dämonen zu vernehmen: Wir haben ihn, wir haben ihn, schrien sie, er gehört uns!» – Freilich überkam ihn die Versuchung nie mit solcher Gewalt, dass er darob die Geduld und das Vertrauen in Gott verloren hätte. «Er beklagt sich nie», erzählte der Lehrer Johannes Pertinand, der als Krankenpfleger bei ihm verblieb. «Aus Gehorsam nahm er alle Arzneien ein und trug seine Schmerzen mit der vollkommensten Ergebung in den Willen Gottes, den er in allem sah.»

In jenen Tagen «hätte man glauben können, es würde in jedem Haus von Ars ein Toter liegen». Die Pilger irrten um die Kirche wie eine Herde ohne Hirten. Es waren zwei- bis dreihundert, die ihre Beichte noch nicht abgelegt hatten und sich auch nicht an den guten Pfarrer Lacôte von Saint-Jean-le-Vieux, Vianneys einstweiligen Stellvertreter, wenden wollten.

«Ihr müsst bei dem Priester beichten», erklärte Lacôte, «den der Pfarrer zur Aushilfe berufen hat.» «Ich habe nicht den Mut, noch einmal anzufangen», antwortete eine Dame, welcher der Priester Renard diesen Rat erteilte. «Erlauben Sie mir, mich auf der Schwelle seines Zimmers hinzuknien, damit er mich sieht und mir seinen Segen gibt; das wird meiner Seele wieder etwas Frieden geben!»

An das Lager des Sterbenden – alle waren von seinem baldigen Tod überzeugt – schleppte man Körbe voll Medaillen, Rosenkränze und Bilder. Vianney hob seine Hand zum Segen über all diese teuren Andenken. «Ich weiß nicht», schrieb die Gräfin des Garets, «ob alle Bischöfe von Frankreich zusammengenommen je so viele weihen.»

Hoffnung setzte man einzig auf ein außerordentliches Eingreifen von oben. Um das zu erwirken, drängte sich die Menge vom Beichtstuhl weg vor den Altar der hl. Philomena, wo zahlreiche Kerzen brannten. Priester hatten dort eine Messnovene angefangen. ... Trotz allem «schien die Kirche verödet ohne ihn»!

In den Abendstunden des 11. Mai schien der Todeskampf einzusetzen. Sieben Priester hatten sich im Zimmer des Kranken eingefunden. Man durfte nicht mehr länger zögern und beschloss, dem Pfarrer Vianney die Sterbesakramente zu spenden. Nur hielt es sein Beichtvater, Pfarrer Valentin von Jassans, für besser, die heilige Handlung vor seinen Pfarrkindern und den Pilgern geheim zu halten.

«Nein, lasst doch läuten», sagte der Sterbende, «es gibt genug Gründe für einen Pfarrer, dass man für ihn betet!» Die Glocke schlug an und sofort füllten sich der Zugang zum Pfarrhaus und der kleine Hof mit Menschen.

«Glauben Sie alle Wahrheiten, welche die heilige Kirche Ihnen zu glauben vorstellt?», fragte der Pfarrer von Jassans seinen Mitbruder mit bebender Stimme. «Ich habe nie daran gezweifelt», gab der Heilige zur Antwort. Er empfing die Sterbesakramente mit einem solchen Ausdruck des Glaubens, dass alle tief ergriffen wurden. Nachdem sich die Umstehenden alle zurückgezogen und nur noch Pfarrer Dubouis von Fareins an seinem Bett zurückgeblieben war, weihte sich der Sterbende «der hl. Philomena, versprach, ihr zu Ehren hundert Heilige Messen lesen zu lassen, und gab den Auftrag, eine große Kerze vor ihrem Bild anzustecken».

Unmittelbar danach schien er das Bewusstsein zu verlieren. Die Anwesenden hatten sich am Sterbebett niedergekniet. Der Arzt Saunier stand neben ihm. Er zweifelte nicht, dass das Ende gekommen sei. Vianney lag da, die Augen geschlossen, und musste das Todesurteil des Mannes vom Fach mit eigenen Ohren anhören.

«Meine arme Base» – erzählte er einige Monate später selber Margaret Humbert von Dardilly – «meine arme Base, als ich in den letzten Zügen lag und man mir die Sterbesakramente gespendet hatte, fühlte mir der Arzt den Puls und erklärte: ‹Er hat höchstens noch dreißig bis vierzig Minuten zu leben.›

Und ich dachte dabei: Mein Gott, ich muss also vor dir mit leeren Händen erscheinen! Ich wandte mich an die liebe Gottesmutter und an die hl. Philomena und rief zu ihnen mit den Worten: Ach, wenn ich noch für das Heil von einigen Seelen dienlich sein könnte! ... Meine gute, liebe Base», fügte er bei, «wenn du bei einem Sterbenden bist, lies laut, denn der Kranke hört, auch wenn er bewusstlos zu sein scheint.»

Kaum hatte Vianney in seinem Herzen die Anrufungen an Maria und an seine «liebe kleine Heilige» ausgesprochen, als er auch schon die Todesnot weniger fühlte. Er schlug die Augen wieder auf und vermochte zu reden. «Dann kostete er drei Stunden der Stille: Unbeweglich, mit gefalteten Händen lag er da und betete mit einer engelgleichen Innigkeit. Unglücklicherweise übefiel ihn das Fieber mit neuer Gewalt.»

Der Arzt wagte es nicht, sich weiter auszusprechen und glaubte nur an ein Hinausschieben von einigen Stunden. Immerhin entschied man: Sollte der Sterbende den Morgen erleben, würde Pfarrer Dubouis am Altar der hl. Philomena die erste der hundert Heiligen Messen zelebrieren, die der Pfarrer von Ars gelobt hatte.

Bei Anbruch des 12. Mai atmete der Kranke noch. Auf diese Kunde hin füllte sich die Kirche bis auf den letzten Platz und die gelobte Messe nahm ihren Anfang. Nie stiegen aus Ars innigere Gebete in den Himmel hinauf. Unterdessen wachte der Lehrer am Sterbebett des großen Seelenhirten. Von entsetzlichem Fieber geschüttelt, schien Vianney unter einer schweren Beängstigung zu leiden. Pertinand war auf seinen letzten Seufzer gefasst, als der Heilige plötzlich ruhig wurde, wie gebannt von einer Erscheinung, auf die er seine Blicke heftete und die ihn wundersam beglückte.

Kaum war die Heilige Messe zu Ende, als er ausrief: «Mein Freund, eine große Veränderung ist mit mir vorgegangen. ... Ich bin geheilt!» In den letzten Augenblicken, während er in Ekstase verzückt schien, hatte er mehrere Male den Namen Philomena ausgesprochen. «Die allgemeine Ansicht ging dahin, dass ‹seine liebe kleine Heilige› ihm erschienen war.» Auch er schrieb ihr seine so unerwartete Genesung zu. Wirklich kehrten die Kräfte «mit einer Schnelligkeit wieder, die seine Ärzte *wundersam* nannten. ‹Sagt *wunderbar*›, bemerkte er zu ihnen».

Endlich sah er nach sechzehn für sein Herz endlosen Tagen seine Kirche wieder, sah den Tabernakel. Auf den Arm seines treuen Pertinand gestützt durfte er es wagen, vom 20. Mai an wieder die Heilige Messe zu lesen. Er musste bereits gegen zwei Uhr zelebrieren, weil er nicht länger nüchtern bleiben konnte. «Trotz der frühen Morgenstunde», erzählt Frau des Garets, «fand sich die ganze Pfarrei in der Kirche ein. Am Muttergottesaltar wollte er die Messe lesen, wie er es sonst an allen Samstagen tat. Ich hätte in dieser Kapelle gern all jene versammelt gewusst, die meinem Herzen teuer sind, war doch ein so außerordentlicher Ausdruck über das Antlitz des Heiligen gebreitet ... Welch unvergessliche Erinnerungen! Man glaubte, einer Katakombenmesse beizuwohnen.»

Vianney hatte das Gefühl, sich wieder sehr gut erholt zu haben. «Trotzdem verbot ihm der Arzt die Aufnahme seiner Arbeit vor seiner vollkommenen Genesung. Er gehorchte, aber unter welchen

Opfern!» «Sooft er in die Kirche trat, warf er auf seinen Beichtstuhl einen begierigen Blick ... Nun schien es sein innigster Wunsch zu sein, baldmöglichst wieder zu Kräften zu kommen.»

Da ging eine neue Sorge in den Häusern von Ars um. Bereits am 17. Mai schrieb die Gräfin des Garets an ihre Mutter: «... Nun fürchten wir durch seine Versetzung *den* zu verlieren, den der Himmel der Erde erhalten hat, und die Freude über die Genesung ist stark getrübt durch so wehe Befürchtungen.» Zehn Tage später schien jeder Zweifel über diesen Punkt ausgeschlossen. Herr des Garets hatte den genesenden Heiligen aufgesucht. Er traf ihn in seinem Zimmer, auf seinem Bett sitzend, tränengebadet. «Aber was haben Sie denn?», rief ihm der Bürgermeister zu. «Oh», antwortete Vianney, «man hat keine Ahnung von den vielen Tränen, die ich auf diesem Sack vergossen habe, ich, der ich seit meinem elften Lebensjahr die Einsamkeit suche! ...» Und mit einem Seufzer schloss er: «Es wurde mir immer abgeschlagen! ...»

«Wir fürchten sehr», schrieb die Schlossherrin nach der Schilderung dieses Besuches, «dass unser heiliger Pfarrer uns verloren geht, und dass wir ihn zu seinen Lebzeiten beweinen müssen, nachdem wir mit solcher Beglücktheit die Freude seiner Auferstehung begrüßt hatten.

Wir können es uns nicht weiter verhehlen: Der heilige Mann hält seinen Arbeitstag für abgeschlossen. Er hatte sich gesagt: Ich gehe voran, bis ich zusammenbreche. Nun ist er zusammengebrochen. ... Wenn er um das Weiterleben gebetet hat, so wollte er sich nur in Schweigen und Einsamkeit auf den Tod vorbereiten. Er wurde dem Leben wiedergegeben; und ihn dünkt nun, der Himmel habe ihm mit der Genesung die Freiheit geschenkt: Das ist sein Sinnen, das sein Sehnen. ... Man hat uns vorgeworfen, wir seien zu stolz auf unseren Pfarrer und Gott werde uns ob dieser Überheblichkeit strafen. Man hatte wirklich Recht. ...»

Die Wochen flossen dahin. Die Drohung hing über dem Dorf. Aber Vianney traf keine Anstalten zur Abreise. Entschlossen, eines Tages auf und davon zu gehen, nahm er sich zusammen und suchte wieder zu Kräften zu kommen. Selbstverständlich hatte er die Matratze, die er nunmehr für überflüssig hielt, von seinem Bett heruntergeworfen. Auf das erste Jawort des Arztes hin war er sofort in seinen Beichtstuhl zurückgekehrt, schon um ein Uhr morgens.

Der gute Pertinand mochte sich ihm noch so tapfer entgegenstellen. «Mein lieber Johannes», hatte ihm der Heilige erwidert, «als ich krank war, tat ich den Willen Gottes und gehorchte; jetzt ist das Gehorchen an Ihnen, gehen Sie schön schlafen!» Der Arzt glaubte vor solchen Unklugheiten die Augen schließen zu müssen, wofür ihm die Pönitenten des Heiligen unendlich dankbar waren. Nur in einem Punkt blieb Dr. Saunier unerbittlich: hinsichtlich des Speisezettels. Bis zu seiner vollen Wiederherstellung sollte Vianney täglich zwei Mahlzeiten einnehmen; zu Mittag sollte er Fleisch essen und «alten Bordeaux, jedesmal ein Viertel» trinken.

Der gute Heilige empfand darüber Gewissensbisse. Als aber Bischof Devie die Weisung des Arztes unterstrich, musste er sich wohl oder übel hineinfinden. Darüber ein Seufzen, dass man sich in seiner Umgebung eines Lächelns wirklich nicht erwehren konnte: «Ich bin ein Genießer geworden! ... Wir erhalten weniger Gnaden. ... Ich fühle mich nicht ganz behaglich, wenn ich beichte. ...»

Trotz allem schaute der arme Heilige nicht weniger blass und abgezehrt drein als in der Vergangenheit. Er zählte erst siebenundfünfzig Jahre und hatte bereits das Aussehen eines Greises.

Am 27. August dieses selben Jahres nahm der Geistliche Faivre aus der Diözese Saint-Claude die Gelegenheit wahr, den Heiligen zu besuchen.

«Menschlich gesprochen», erzählt er, «gab ich ihm höchstens noch drei Monate zu leben, so abgetötet und kasteit kam er mir vor; zumal ich als Missionar wusste, was es heißt, ganze Tage im Beichtstuhl zuzubringen, zu predigen, Katechismus zu halten.»

Die Ärzte waren nicht weniger pessimistisch. Sie erachteten es als dringliche Notwendigkeit, dass Vianney einen Luftwechsel vornehme und das Beichthören – was sie ihm aber nicht zu sagen getrauten – völlig aufgebe. Bischof Devie seinerseits hatte ihm mitgeteilt, er erlaube ihm, sich etwas Ruhe zu gönnen; zudem hatte er auch ohne besondere Erlaubnis seines Bischofs Anspruch auf vierzehntägige Ferien außerhalb der Pfarrei, vorausgesetzt, dass er für einen Stellvertreter sorgte.

Nun hielt sich gerade jetzt sein Amtsbruder aus Savigneux öfter in Ars als in seiner eigenen Pfarrei auf und war somit der gegebene Vertreter. ... Der Pfarrer von Ars, sonst so sicher und bestimmt, kam aber diesmal aus dem Schwanken und der Unentschlossenheit nicht heraus und wünschte doch lebhaft, sich auf einige Wochen der Menge der ihn umlagernden Pilger entziehen zu können; nur klammerte sich sofort die Versuchung an diesen Wunsch, diesmal fortzugehen, sich dann in eine Einöde zu flüchten und nie mehr wiederzukehren. Für alle Fälle hatte Pfarrer Vianney an seinen Bruder Franz geschrieben und ihn gebeten, ihm ein Zimmer im lieben Vaterhaus zu Dardilly bereitzuhalten.

Endlich vertraute er seinen Plan am 11. September dem Priester Raymond an. Der Pfarrer von Savigneux machte ihm keine langen Einwendungen, trug er sich doch im Geheimen mit dem Gedanken, selber Pfarrer von Ars zu werden. Er versprach, einen Brief, den ihm Vianney übergab, möglichst bald dem Bischof zu übermitteln. Es war die Bitte an Seine bischöfliche Gnaden, «dem armen Pfarrer von Ars» einen Posten anzuvertrauen, der für ihn «sehr gut wäre»: den Dienst an der Kapelle der Minimen von Montmerle, wo er nur die Heilige Messe zu lesen hätte.

Und in der Nacht vom 11. zum 12. September entfloh Vianney.

Nur hatte er es nicht über sich gebracht, fortzugehen, ohne von seiner innig und nun unter Schmerzen geliebten *Vorsehung* Abschied genommen zu haben. Das hätte beinahe alles zunichte gemacht. Vor zehn Uhr nachts – selbstverständlich hatten sich Katharina und die andern alle aufs Geheimhalten verpflichtet – stand die ganze Pfarrei, die Wind bekommen hatte, auf Posten und einige Leute warteten in der Nähe des Pfarrhauses ...

Kurz nach ein Uhr hört man einen Menschen sich durch die Gartenhecke zwängen. Es ist der Pfarrer! Unter dem Arm trägt er sein Brevier und in der Hand ein kleines Paket. Einige Leute suchen ihn aufzuhalten, reichen ihm sogar Gegenstände zum Weihen hin. Sie erreichen nichts. Er holt schneller aus. Er steigt zum Fußweg hinunter, der über den Fontblin führt. Er verschwindet in der Nacht. Man ruft Johannes Pertinand, den Lehrer; er möge ihm nacheilen.

Tatsächlich gelingt es dem jungen Mann, ihn in einiger Entfernung vom Dorf, «wo er sich zwischen den Feldern verirrt hatte», einzuholen. «Herr Pfarrer», ruft er ihn an, «warum wollen Sie uns so verlassen?»

«Vorwärts, verlieren wir keine Zeit», gibt der Ausreißer zurück. «Ich habe an den Bischof geschrieben und ihn um die Erlaubnis gebeten, mich zurückziehen zu dürfen; ich werde seine Antwort in

Dardilly abwarten. ... Ich werde im Heiligtum von Fourvière die Heilige Messe lesen, um besser den Willen Gottes zu erkennen. ... Wenn der Bischof ja sagt, ist mein Wunsch erfüllt; will er, dass ich zurückkehre, werde ich wiederkommen. ... Im übrigen wird die Pfarrei nicht unversorgt bleiben, ich habe alle Vorkehrungen getroffen.» So schritten Vianney und Johannes Pertinand in Richtung nach Dardilly weiter. Plötzlich blieb der Flüchtling stehen.

Während seines langen Eingeschlossenseins im Beichtstuhl waren die Wege umgeleitet worden, so dass er sich nicht mehr zurechtfand. «Mein lieber Johannes», murmelte er mit einer gewissen Heftigkeit, «Sie verraten mich!» Der junge Mann hatte ihn bald von seinem Irrtum überzeugt. So setzten die zwei Wanderer ihren Marsch fort, unter Beten und Gesprächen.

«Wir haben während der sieben Stunden, die wir für den Marsch brauchten, wohl zehnmal den Rosenkranz gebetet», erzählt der tapfere Pertinand.

Als sie in früher Morgenstunde nach Trévoux kamen, wollte Vianney aus gütiger Rücksicht den Brückenwächter, der eingeschlafen war, nicht belästigen. In Neuville, wo unsere zwei Flüchtlinge die Saône überquerten, bot der Heilige, der ohne Geld aufgebrochen war, seinem Gefährten, der genau so reich war wie er selber, ein Frühstück an. Er wollte seine Uhr dafür versetzen. Der Lehrer schlug entschieden ab. ... Der gleiche Handel wurde dem Brückenzöllner von Neuville vorgeschlagen, der zur Antwort gab: «Ihr bezahlt ein andermal.»

Endlich überschritt der Pfarrer von Ars die Schwelle seines Vaterhauses. Er war so erschöpft, dass er sich fast unmittelbar nach seiner Ankunft aufs Bett legen musste. Nachdem sich Johannes Pertinand genügend ausgeruht hatte, erklärte ihm Vianney: «Gehen Sie jetzt heim und holen Sie mich am Freitag der nächsten Woche hier ab; am Samstag gehen wir miteinander nach Fourvière. ... und dann wollen wir sehen!»

Am Morgen des 12. September zeigten alle Gesichter in Ars große Bestürzung. Der Herr Pfarrer, dessen war man sicher, war in die Kartause eingetreten, und dies für immer! Mit ihm schien alles Leben, alle Freude, aller Mut aus dem Dorf geschwunden zu sein. Zwei Tage nach seinem Weggang konnte Frau des Garets schreiben: «Die Mädchenschule – die *Vorsehung* – widerhallt von Seufzen und

Schluchzen. Bereits hat sich die Hälfte der Kinder trostlos zerstreut. Die Masse der Pilger hat sich verlaufen. Die Kirche ist fast verlassen. Von Zeit zu Zeit beten einige arme Mädchen vor einer brennenden Kerze. Ich kann Ihnen die Traurigkeit nicht beschreiben, die das Herz angesichts einer derartig vollständigen Veränderung überkommt. Das ist ein wirklicher Umschwung vom Leben zum Tod. «Wir sahen ein Kapitel aus dem Leben der Heiligen sich jeden Tag vor unsern Augen abspielen. Nun ist die Seite umgeschlagen. ...»

Der Priester Raymond behielt zwar den Pfarrtitel von Savigneux bei, hielt sich aber beständig in Ars auf.

Er, der sich in die Rolle eines Wallfahrtsleiters hineingeträumt hatte, musste nunmehr einsehen: Vianneys Anwesenheit war der einzige Grund für diese Bewegung gewesen. Und vom Tag an, an dem man den Ort kannte, wohin sich der Heilige zurückgezogen hatte, «war Ars nicht mehr Ars».

Auf den Bericht des zurückgekehrten Johannes Pertinand hin war schon am Donnerstag, dem 14., der Graf des Garets eilig nach Dardilly aufgebrochen. Franz Vianney suchte sich mit Ausreden zu behelfen und erklärte, sein Bruder sei wieder abgereist, wohin wisse er nicht. Der Bürgermeister von Ars konnte nichts weiteres tun, als ein Wort an seinen heiligen Pfarrer zu schreiben:

«Entscheiden Sie einstweilen noch nichts», sagte er ihm. «Sie haben Ruhe nötig, ich weiß es besser als irgendein anderer Mensch. Bleiben Sie bei Ihrem Bruder, solange Sie es nötig haben. Vergessen Sie aber nicht Ihre arme Pfarrei Ars ...

Denken Sie doch an all die heiligen Seelen, denen Sie den Weg zum Himmel gezeigt haben, an all jene, die sich davon entfernt und die Sie zurückführen werden. Denken Sie doch an Ihre *Vorsehung*, deren Seele Sie sind und Stütze, die nur weiterbestehen kann durch Sie. Denken Sie endlich an die Sache der Religion: Gott hat Sie berufen, den Glauben zu erhalten und ... zu verherrlichen.»

Während Graf des Garets diese ergreifenden Zeilen hinwarf, betete Vianney droben in einem Zimmer oberhalb der Familienwohnung, wo der Bürgermeister schrieb.

Der Heilige hatte nichts von dessen Anwesenheit gewusst. Erst nach der Abreise des Grafen benachrichtigt, las er immer wieder aufs neue den Brief, der ihm tief zu Herzen ging. Andere Schreiben folgten; eines von Katharina Lassagne mit der Hiobsbotschaft, in der *Vorsehung* verblieben nur noch fünfzehn Kleine. Raymond hatte den Bischof gesprochen und dieser hatte unumwunden erklärt, er würde nie seine Zustimmung dazu geben, dass der Pfarrer von Ars aus seiner Diözese ausscheide. Ein weiterer Brief stammte von einem Wirt, der sich gegen Vianneys Einspruch im Dorf niedergelassen hatte. «Mein Herr», schrieb dieser Mann, der an seinem empfindlichen Punkt getroffen war, denn seine Geschäfte stockten, «ich bitte Sie inständig, uns doch nicht zu verlassen. Sie wissen, dass ich es Ihnen stets erklärt habe, und ich wiederhole es in diesem Augenblick aus dem Grunde meines Herzens: Falls sich in meinem Haus irgendetwas Unpassendes findet, unterwerfe ich mich völlig Ihrer Verfügung.»

Wie groß war aber erst Vianneys Entsetzen und Verlegenheit, als er im Verlauf des Freitags in Dardilly eintreffen sah ... die Pilger von Ars! Die «Ameisenlinie» hatte seine Spur wieder ausfindig gemacht. Was tun? Sie zurücksenden? Er dachte nicht einmal daran. Er holte beim Erzbischof von Lyon die Vollmachten ein und begab sich in den Beichtstuhl seiner Heimatkirche. Seine Suppe musste endlos in der Herdecke auf ihn warten. Jeden Augenblick klopften die Fremden an die Tür seines Bruders. «Wenn er hier bleibt», protestierte Franz, «muss ich Hilfe herbeirufen. Ich bin nicht mehr Herr in meinem eigenen Haus!»

Am Samstagabend, dem 16. September, führte Franz Pertinand, der Hotelbesitzer von Ars, dreiundzwanzig junge Leute mit sich nach Dardilly. Sie trafen bei Morgengrauen auf dem Hof der Vianney ein. Die Verwandten des Heiligen weigerten sich, ihnen zu öffnen.

Plötzlich erklang eine milde Stimme, die sie so gut kannten. Ihr Seelenhirte war am Fenster erschienen und rief sie an. Er ließ sie in sein Zimmer treten, betete mit ihnen den Rosenkranz und führte sie dann in die Kirche, wo sie einer Heiligen Messe beiwohnten.

Vianney wollte sie durchaus zum Frühstück zurückbehalten. Sie sagten aus zarter Rücksichtnahme ab. In der Nacht vom Sonntag auf Montag traten sie den Rückweg an. «Ihr müsst alle am Dienstag daheim bei der Heiligen Messe sein», legte ihnen Vianney ans Herz, «ich werde meine an dem gleichen Morgen auf Fourvière lesen, um endlich den Willen Gottes zu erfahren; ihr müsst für mich beten.»

Doch Gottes Wille gab sich auf andere Weise kund. Am 16. war in den Abendstunden ein Reisender mit einer offiziellen Mission des

Bischofs von Belley in Dardilly eingetroffen. Um keinen Verdacht zu erregen, hatte sich Raymond gegen acht Uhr beim Pfarrer des Dorfes vorgestellt. Er wurde kühl aufgenommen. Zweifellos war dieser Priester, der sich als Gesandter seines Bischofs ausgab, gekommen, um Vianney zu entführen.

In der Hoffnung, den Pfarrherrn des Ortes beschwichtigen zu können, bot er sich an, für ihn am nächsten Morgen das Hochamt zu singen. Der Pfarrer von Dardilly war damit zufrieden und man kam überein, dass der bischöfliche Bote nach dem Hochamt mit Vianney sprechen solle.

So liefen die Dinge auch programmgemäß ab. Der Heilige wohnte dem Hochamt bei und nahm dann den Pfarrer von Savigneux zum Haus seines Bruders Franz mit, das nicht weit von der Kirche gelegen ist. Die Antwort von Bischof Devie! ... Mit Ungeduld harrte er darauf. Er las den Brief, den Raymond überbracht hatte; die Enttäuschung spiegelte sich für einen Augenblick auf seinen Zügen; er machte aber keine Bemerkung, nicht dafür und nicht dawider. Nachdem sich Raymond verabschiedet hatte, ging Vianney zu Franz hinunter, um ihn zu beruhigen: Dieser war von Arser Pfarrkindern umringt, die unaufhörlich herbeiströmten, und «beklagte sich bitter über ihre Zudringlichkeit gegen ihren Pfarrer».

Raymond aß zu Mittag im Pfarrhaus. «Ich bitte Sie», erklärte ihm der Ortspfarrer, «verlassen Sie Dardilly so bald wie möglich: Man weiß, warum Sie gekommen sind. Lassen Sie Vianney in Ruhe, andernfalls wird man Ihnen bös mitspielen!»

Aber der Abgesandte des Bischofs hielt sich tapfer. Es lag ihm nunmehr wirklich daran, den Pfarrer von Aus zu seinen Schäflein heimzugeleiten; Graf des Garets hatte ihm nämlich vor der Reise in einer Unterredung genugsam bedeutet, dass er vergeblich auf die Nachfolge Vianneys spanne.

Nach dem Segen mit dem Allerheiligsten ging der Pfarrer von Dardilly erneut gegen den armen Pfarrer von Savigneux zum Angriff vor: «Viele Leute in Dardilly», bemerkte er zu Vianney, «sehen ihn nur ungern.» Worauf der Heilige antwortete: «Machen Sie sich keine Sorge wegen Herrn Raymond. Er lässt sich durch nichts erschrecken, er fürchtet das Getümmel nicht!»

Indessen hatte der Pfarrer von Ars seinen Entschluss bereits gefasst. Der Bischof hatte ihm die Kaplanei Unserer Lieben Frau von Beaumont angeboten, allerdings mit dem Ersuchen, er möge sich noch besinnen. ...

Gut, er werde nach Beaumont pilgern und die liebe Gottesmutter werde ihm dort an ihrer Gnadenstätte sicherlich ihren höchsten Entscheid ins Herz geben. Wie sollte er aber die Wachsamkeit der Einwohner von Dardilly überlisten, die bereits um den Hof der Vianneys auf der Lauer lagen?

Gerade an jenem Sonntagabend, als Vianney sich anschickte, zum letzten Mal unter seinem väterlichen Dach zu rasten, erschien eine Abordnung von Dorfmagnaten im Hof drunten. Der Heilige musste hinuntergehen und ihre Bitte anhören.

«Ziehen Sie sich hierher zurück», erklärten ihm die guten Leute, «wir übernehmen es, für Sie die notwendigen Vollmachten zu erwirken.» Ihr großer Landsmann begnügte sich mit der freundlichen Antwort: «Oh, meine lieben Freunde, wenn Ihr das fertig brächtet! Das wäre mir recht!»

Und ruhig zogen sie wieder ab. Gute Pfarrkinder von Dardilly! Sicher wären sie bis zum Morgengrauen verblieben, hätten sie gewusst, was sich in dieser Nacht abspielten sollte.

Der Pfarrer von Ars hatte mit Raymond zusammen seine Flucht geplant. Noch vor einbrechender Nacht hatte Raymond wie abgemacht das Pfarrhaus von Dardilly verlassen, unter dem Vorwand, er wolle dem Bischof Vianneys Antwort überbringen.

In Wirklichkeit wollte er bei der Pfarrei Albigny, deren Pfarrer Martin mit ihm eng befreundet war, anhalten. Dort sollte ihn der Pfarrer von Ars treffen. Franz war in das Geheimnis eingeweiht worden. So viele Besucher umlagerten sein Haus seit zwei, drei Tagen, dass er diesen Fluchtplan gern unterstützte.

Am Montag, dem 18. September, waren die beiden Brüder in aller Frühe aufgestanden und hatten in dichter Finsternis den Weg nach Albigny eingeschlagen. Der Heilige hatte sich rittlings auf das Ackerpferd gesetzt, das Franz am Zügel führte. Als sie aber Albignys ansichtig wurden, bemerkte Johannes-Maria: «Ich werde meinen Weg zu Fuß fortsetzen.» Er stieg von seinem Pferd herunter, sagte seinem Bruder Lebewohl und ging allein in den Weiler. Beim Betreten des Dorfes hatte er einen schmerzlichen peinlichen Eindruck. Am Tag vorher hatte man hier die Kirmes gefeiert und tanzte noch in den Montagmorgen hinein ...

Vianney traf Raymond, las seine Heilige Messe und setzte dann in großer Eile die Reise fort.

Das zwischen den Dombes-Seen ungefähr fünfzig Kilometer von Dardilly gelegene Beaumont war nicht leicht zu erreichen. Die beiden Wanderer legten fünf Stunden zu Fuß zurück, bis in Saint-Marcel der Bürgermeister den Pfarrer von Ars erkannte. Wohl oder übel mussten sie sich etwas Ruhe gönnen.

Nun war aber auch schon die Kunde vom Eintreffen des Heiligen durch das Dorf geeilt und im Handumdrehen hatte sich das Kirchlein von Saint-Marcel mit Gläubigen gefüllt. Vianney musste die Kanzel besteigen. «Er predigte über die Loslösung von den Dingen dieser Welt, über die Hinfälligkeit des Lebens und über das Glück des Himmels. ...» Endlich lud sie ein Fuhrmann auf und brachte sie bei anbrechender Nacht nach Marlieux, der Pfarrei, zu der die Kapelle von Beaumont gehörte.

Unsere Liebe Frau von Beaumont, ein ländliches Heiligtum, das auf endloses Sumpfgelände hinausschaut, lockte in schöner Jahreszeit viele Pilger an. Am Dienstagmorgen führte der Pfarrer von Marlieux seine nächtlichen Gäste zur alten Kapelle hinaus.

«Vianney las zuerst die Heilige Messe», erzählt Raymond, um – wie er sagte – die Erleuchtung des Heiligen Geistes zu erflehen. Als er geendet hatte, fragte ich ihn: ‹Nun, was haben Sie beschlossen?› ‹Noch nichts; ich werde weiter beten, während ich Ihnen am Altar diene.› Als ich dann in die Sakristei zurückkam, erklärte er mir, noch bevor ich die Gewänder abgelegt hatte: ‹Der liebe Gott will mich nicht hier haben.› ‹Wohin wollen Sie also gehen?› ‹Kehren wir nach Ars zurück!›» Die Entscheidung war gefallen.

Ohne Verzug richtete Raymond alles für die Rückkehr. Ein Wagen brachte die Reisenden durch das melancholische Seengebiet bis nach Ambérieux-en-Dombes.

Vianney weinte und betete unablässig. In Ambérieux sagte er: «Der Wagen ermüdet mich allzusehr. Ich lege den Rest des Weges zu Fuß zurück.» Nur noch sieben Kilometer trennten ihn von dem kleinen Dorf, das er immer noch so innig liebte, aus dem er geflohen war, um Gott besser zu finden, und wohin ihn Gott unwiderstehlich zurücktrieb.

In Savigneux trat er auf den Rat seines Weggenossen in die Kirche, um das Allerheiligste anzubeten und sich ein wenig auszuruhen. Sogleich wurde ein Laufbote nach Ars entsandt, der Raymonds Botschaft ins Dorf bringen sollte: «Der Herr Pfarrer kehrt zurück. In einer Stunde wird er bei euch sein!»

Kaum war die frohe Kunde im Dorf eingetroffen, als man auch schon die Festglocken läuten ließ. «Der Jubel war allgemein», erzählt Katharina Lassagne. «Alle drängten herbei, um denjenigen zu sehen, den man seit acht Tagen so sehr vermisst hatte. Selbst die Drescher eilten in ihren Arbeitskitteln herzu.»

Endlich erschien gegen fünf Uhr unter frohem Glockenklang der Pfarrer von Ars. Auf einen Stock gestützt, stieg er zum Platz hinauf, wo sämtliche Schäflein seiner harrten.

«So war also alles verloren?», rief er aus, «nun gut, alles ist wiedergefunden! Ich werde euch nicht mehr verlassen, meine Kinder. ... Ich werde euch nicht mehr verlassen!» Er konnte kein weiteres Wort hervorbringen, so schnürte ihm die Ergriffenheit die Kehle zu. Aber seine zum Himmel erhobenen Augen, seine zitternden Arme kündeten zur Genüge seine Beglückung. «Auf Raymond gestützt, umschritt er mehrmals den Platz und segnete seine Pfarrkinder. Sie alle konnten nichts anderes tun als weinen, einige Worte stammeln und sich ihm zu Füßen werfen.»

Für einen Augenblick trat der Heilige in die *Vorsehung* ein, wo ein ungeheurer Jubel losbrach: Endlich war der Vater wiedergekehrt! ... Er sank vor Übermüdung zusammen. Man setzte das Abendgebet etwas früher an. Vianney hielt daran fest, es selber inmitten seiner versammelten Gemeinde vorzubeten. ...

«So war», schreibt Katharina Lassagne in ihrer «Kleinen Denkschrift», «so war unser heiliger Pfarrer unserer Sehnsucht wiedergeschenkt. Nachher hatte er einige Tage Ruhe, denn die Menge der Pilger hatte sich in seiner Abwesenheit verlaufen. Er nahm in unserer Mitte seine gewöhnlichen Verrichtungen wieder auf. Bei dieser Nachricht eilten die Pilger von allen Seiten herbei und er begann sein altes Tagewerk.»

«Was wäre aus so vielen armen Sündern geworden?», sagte er selber ungeniert; «und», schloss Graf des Garets, «er wusste nunmehr besser, dass Gott ihn bei uns haben wollte».

Die Aufhebung des Waisenhauses

Gründung der Knabenschule und des Brüderpensionats Die Zehnjahr-Missionen

Die Hoffnungen, die der Pfarrer von Ars auf das «Haus der *Vorsehung»* gegründet hatte, sollten teilweise zunichte werden. Hier nahm er seit dem Jahr 1827 seine Mahlzeiten ein und hierher gedachte er sich endgültig zurückzuziehen, um andern die Sorge für die Pfarrei zu überlassen. ...

Aber der Mensch denkt und Gott lenkt; und das manchmal gegen des Menschen Planen und Wollen, auch wenn er ein Heiliger ist. Unvorhergesehene Ereignisse machten es dem Heiligen unmöglich, seinen geliebten Traum zu verwirklichen. Nicht einmal der Trost sollte ihm verbleiben, sein Werk der Rettung und des Erbarmens, so wie er es geplant, weiterbestehen zu sehen. Die *Vorsehung* war Pfarrschule und Waisenhaus zugleich. Die Waisenanstalt sollte aufgehoben werden.

Die *Vorsehung*, wie sie Vianney geplant und verwirklicht hatte, war ein Werk so eigener Art, dass ihr Bestehen mit seinem Leben auf Gedeih und Verderb verbunden schien. So fragte sich seine Umgebung nach dem doppelten Warnruf vom Jahre 1843, nach der Krankheit und Flucht des Pfarrers, ob Ars ihn noch lange behalten und ob man mit ihm ein Werk dem Verfall preisgeben müsste, das für die Gegend unermesslichen Segen bedeutet hatte.

Wohl hatte Vianney daran gedacht, dass weder Katharina Lassagne noch Maria Filliat noch Johanna Maria Chanay, die treuen Leiterinnen, unsterblich seien und hatte ihnen drei junge Personen aus Ars beigegeben, die ihnen zuerst zur Hand gehen und später an ihre Stelle treten sollten. Aber dem Heiligen war es bei seiner Demut nicht in den Sinn gekommen, dass es vergebliche Liebesmühe sei, neue Leiterinnen heranzuziehen, wenn ihn nicht ein Priester mit einem solchen Charisma ersetze, der nach ihm die *Vorsehung* lebensfähig erhalte.

Allem Anschein nach wäre es das klügste und einfachste gewesen, die Stiftung einer Schwesterngenossenschaft anzuvertrauen und so deren Fortdauer zu sichern. Das war wenigstens die

Ansicht verschiedener Leute in Vianneys Umgebung. «Ich gehörte zu jenen», sagt sein erster Hilfspriester Raymond, die ihn drängten, sich doch an Schwestern zu wenden.» Andererseits verhehlten es sich einige Familienmütter durchaus nicht, dass Schwestern das Haus reinlicher halten und die Kinder besser unterrichten würden.

Sie stellten das fest, ohne die Verdienste von Katharina Lassagne und ihrer Mitarbeiterinnen zu verkennen. Einige von ihnen gingen jedoch noch weiter und beklagten sich, dass ihre Kinder zusammen mit diesen von überall her aufgelesenen und verwahrlosten Geschöpfen unterrichtet würden.

Die Klagen kamen Vianney zu Ohren und trafen eine empfindliche Stelle in seinem Gemüt. Er litt darunter. Da seine Stiftung nun einmal den bei der Gründung vorgesehenen Zweck erfüllte, konnte er es nicht verstehen, dass man etwas anderes verlangte.

Wenn die Akademie für ihre Schulen diplomierte Lehrerinnen verlangte, so war das ihre Sache. Brauchten aber die guten Arser Bauern so gelehrte Töchterchen, um sie dann im Alter von zwölf Jahren für die Arbeiten in Hof und Feld anzustellen? ... Und wenn man nun einmal Nonnen vorzog, so waren Katharina, Maria und Johanna-Maria da. «Man braucht ihnen nur schwarze Gewänder anzulegen.»

Die Diözesanverwaltung, die für Vianney eine tiefe Verehrung hegte, hatte die Angelegenheiten in Ars nicht aus dem Auge verloren. Bischof Devie sorgte sich persönlich um die Zukunft der *Vorsehung*. Er beauftragte den Obern seines Priesterseminars, Kanonikus Perrodin, die Absichten des heiligen Pfarrers zu erkunden. «Perrodin hatte selber in Bourg unter dem Beistand der Josephsschwestern eine *Vorsehung* gegründet, die sich glücklich entwickelt hatte. Bei wiederholten Besuchen setzte er dem Diener Gottes auseinander, dass es vorteilhaft wäre, die Schwestern in seine Stiftung zu berufen. Vianney gab schließlich nach, aber erst nach langem Zureden.»

Welch einen Kummer bedeutete diese Nachricht für Katharina Lassagne und ihre Mitarbeiterinnen! Sie sollten also ihre Tage nicht unter ihren Pflegekindern beschließen dürfen, in einem Haus, das ihnen so teuer geworden war!

Was sollte aus ihnen werden außerhalb der Stiftung, die ihr Leben war, der sie alles geopfert hatten, ihre Mühen, ihre Sorgen, ihre Gesundheit, ihre Zukunft? Der arme Gründer sah ihre Tränen, hörte ihre Klagen, und von ihrem Kummer gerührt, suchte er diese tapferen Töchter wie immer auf übernatürliche Weise durch Worte des Glaubens zu trösten.

Am 5. November 1847 kam der Vertrag zustande. Vianney schenkte der Genossenschaft vom heiligen Joseph eine Summe von 53’000 Franken; und als Gegenleistung verpflichteten sich die Schwestern zur Weiterführung der Gesamtstiftung *Vorsehung*, das heißt der Pfarrschule und der Waisenanstalt, und zwar sollten beide Einrichtungen völlig unentgeltlich sein. Am 5. November, auf den Tag ein Jahr nach der Unterzeichnung des Abtretungsvertrags, nahmen die Schwestern die Stiftung in Ars in Besitz.

Als sie eintrafen, war das Waisenhaus nur noch ein Schatten seiner selbst. Es waren nur noch zwei Kinder verblieben, die ebenfalls bald verschwanden. Was war geschehen? Hier berühren wir einen dunklen ungeklärten Punkt in dieser Lebensgeschichte und es gibt keine Unterlagen darüber, wie und warum die Schwestern das Waisenhaus aufgegeben haben.

Wahrscheinlich haben sie Vianney mündlich auseinandergesetzt, es sei gut, das eigentliche Werk der *Vorsehung* auf einige Zeit ruhen zu lassen, um es später auf neuer Grundlage und unter besseren Bedingungen wieder aufzunehmen. Zweifellos wurde ihm noch zu verstehen gegeben, dass dies auch die Ansicht des Bischofs von Belley wäre.

Im Vertrag vom 5. November 1847 war ausbedungen worden, dass Katharina Lassagne und die andern auf Lebenszeit bei den Schwestern wohnen und ihnen in Treue aushelfen sollten. Wie aber nicht anders zu erwarten war, trennten sich die ehemaligen Leiterinnen von den Schwestern, freilich in guter Freundschaft.

Während sich Johanna-Maria Chanay zu einer ihrer Schwestern ins Dorf zurückzog, richteten sich Katharina Lassagne und Maria Filliat in zwei kleinen Zimmerchen ein, die an das Pfarrhaus stießen. Von nun an besorgten sie die Messgewänder und die Kirchenwäsche, schmückten die Altäre und bereiteten ihrem Pfarrer die Mahlzeiten. In der übrigen Zeit webten sie oder besuchten die Kranken.

Weit davon entfernt, den Josephsschwestern gram zu sein, kehrte Katharina vielmehr des öfteren bei ihnen ein. Jeden Monat stand sie in ihrer Kapelle dem frommen Verein vom *lebendigen Rosenkranz* vor.

Während der ersten zwei Wochen, die auf den Einzug der Schwestern folgten, nahm Vianney eine zurückhaltende, mehr abwartende Haltung ein. Mit dem Brauch, seine Mahlzeiten in der *Vorsehung* einzunehmen, hatte er gebrochen. In Zukunft ließ er sich bis zu seinem Tod in seinem Zimmer bedienen. Er zählte zweiundsechzig Jahre. Es ist hart für alle, selbst für einen in der Tugend erprobten Mann, seine alten Gewohnheiten umstellen zu müssen.

Zwar beklagte er sich nicht darüber; man sah aber trotzdem, dass er darunter litt. Nur *ein* Bedauern drückte er aus: seine lieben Waisenkinder nicht mehr in seiner Nähe zu haben. Ihrem Gebet hatte er alle seine guten Werke zugeschrieben, hatte eine Fülle von Gnaden auf ihre Fürsprache zurückgeführt. Nun ging ihm dieser Beistand ab. «Man hat gegen die *Vorsehung* alles mögliche einzuwenden gehabt», vertraute er eines Tages dem Grafen des Garets an, «die Kinder waren dort, wie man behauptet, nicht gut gehalten – und doch hat Gott zugunsten des Hauses Wunder gewirkt.»

Nach Ablauf von vierzehn Tagen erschien er wieder bei der Ein-Uhr-Erholung inmitten seiner Kinder. Er sprach zu ihnen mit gewohnter Heiterkeit; und ihn wiederzusehen bedeutete für die Mädchen und für ihre neuen Lehrerinnen helle Freude.

Von Zeit zu Zeit machte er wieder Besuche in der Schule; er trug aber nicht mehr die Sorge für das Fortbestehen des Hauses, da die Schwestern die ganze Verantwortung und Last übernommen hatten. Andere Werke, die nicht weniger wichtig waren, zogen seine Aufmerksamkeit auf sich und erfreuten sich seiner großherzigen Freigebigkeit.

So ließ denn Vianney den Schwestern volle Handlungsfreiheit. Sie hatten ihre Obern, ihre Satzungen, hatten ihre eigenen Bräuche. Das sollte ihnen genügen. Nur die geistliche Leitung der Schülerinnen behielt er sich vor.

Erst später, als die Missionare in den Räumlichkeiten neben der Schule Wohnung bezogen, nahm der Pfarrer von Ars die Gewohnheit wieder auf, die Schülerinnen und die Schwestern täglich zu besuchen. Wenn sie gegen halb ein Uhr in die Schule zurückkehrten, war es ihm eine Freude, sie zu segnen und bald der einen und andern ein Kreuzchen auf die Stirn zu zeichnen.

Um den neuen Lehrerinnen, die bald Interne aufnahmen, seine ehrfurchtsvolle Sympathie zu bezeigen, hatte er ihnen eine seiner

Großnichten aus Dardilly anvertrauen lassen. Das Kind war ein rechter Wildfang. Man beklagte sich eines Tages beim Großonkel über ihre ewigen Streiche. «Was soll man machen», antwortete er lächelnd, «wir taugen in unserer Familie alle nichts.» Diesem Tunichtgut von Schülerin fiel einmal die Ehre zu, ihm zum Sankt-Johannes-Tag den Blumenstrauß überreichen zu dürfen. «Oh, mein liebes Kind», sagte der Heilige, während er die Blumen entgegennahm, «ein Ave hat mehr Wert als all das.»

Noch eine andere Tatsache beweist, eine wie hohe Achtung er der Genossenschaft der Josephsschwestern entgegenbrachte. Im Jahre 1857 trat eine seiner Nichten, dank seiner persönlichen Schritte, bei ihnen als Postulantin ein.

Jedes Jahr nahm er am Fest Mariä Heimsuchung mit Freuden in der Kapelle der *Vorsehung* die Gelübdeerneuerung entgegen. «Das heutige Fest», schrieb Toccanier am Abend des 2. Juli 1855, «verdient eine ganz besondere Erwähnung.

Die Heilige Messe wurde vom Herrn Pfarrer im prächtigen Messgewand von der Unbefleckten Empfängnis zelebriert. Zweiundzwanzig Sankt-Josephs-Schwestern erneuerten ihre Gelübde in die Hände dieses Mannes Gottes.

Eine derartige Zahl von Pfarrkindern und Pilgern hat bei der Heiligen Messe kommuniziert, dass er ein volles Ziborium leeren musste.» An jenem Morgen konnte der Heilige beim Verlassen der Kapelle seinem Herzensjubel nicht mehr Einhalt tun.

«Oh, wie ist doch die Religion schön!», rief er aus. «Ich dachte soeben, es sei zwischen unserm Heiland und den guten Nonnen, seinen mystischen Bräuten, wie ein Wettkampf an Großmut.

Aber was sie auch tun mögen, immer trägt der Heiland den Sieg davon. ... Die Schwestern sagten: ‹Ich erneuere meine Gelübde der Armut, der Keuschheit und des Gehorsams.› Trotzdem haben *sie* viel mehr empfangen, denn ich meinerseits sagte: ‹Der Leib unseres Herrn Jesus Christus möge deine Seele bewahren zum ewigen Leben›.»

Während seiner langen Seelsorgetätigkeit interessierte sich der Pfarrer von Ars nicht weniger für die Erziehung der Knaben als für die der Mädchen. Um das Jahr 1835 hatte er sich beim Bürgermeister dafür eingesetzt, man solle als Lehrer einen jungen Mann aus Ars, Johannes Pertinand, wählen. Im Jahr 1838 wurde dieser gute

Jüngling, der damals zwanzig Jahre zählte und das Lehrerpatent besaß, Schulmeister in seinem Heimatdorf. Er sollte elf Jahre dort verbleiben. «Der Herr Pfarrer besuchte des öfteren meine Klasse», erzählte er, «und jeder seiner Besuche wirkte wunderbar auf die Kinder; ein Wort aus seinem Mund machte sie für mehrere Tage folgsam und lernwillig. Er bezahlte für die Knaben, die ihm als bedürftig genannt wurden.»

Aber sein Traum ging dahin, diese Schule von Ordensleuten und zudem vollständig unentgeltlich geleitet zu wissen. Am 10. März sollte sein Herzenswunsch in Erfüllung gehen. Vianney hatte persönlich den Unterhalt für die Lehrer übernommen.

Es erschienen drei Brüder aus dem Orden der Heiligen Familie aus Belley und nahmen die Stelle von Johannes Pertinand ein. Der Leiter war ein Ordensmann von vierundzwanzig Jahren, namens Bruder Athanasius. Er sollte in der Lebensgeschichte des Heiligen eine große Rolle spielen. Mit seiner kleinen Schule, die nur die Kinder der Pfarrei aufnahm, gedachte der eifrige Vorsteher bald ein Pensionat zu verbinden, dessen Segen den wohlhabenderen Familien der Umgegend zugute kommen sollte.

Scheu eröffnete er dieses Vorhaben seinem heiligen Pfarrer. «Ja, mein Freund», antwortete ihm Vianney ohne Zögern, «gründen Sie ein Pensionat, und Sie werden Erfolg haben. Sie werden sehen, wie viele junge Seelen dem *Grappin* entrissen werden.»

Vianney war selber Schulmeister gewesen in jener Zeit, da er sich im fernen Les Robins versteckt hielt, und hätte gern die Wohltat der Bildung überall verbreitet. Es kann wahrhaftig niemand diesen Ignoranten in den menschlichen Wissenschaften als rückständig beschimpfen. Mit den beträchtlichen Hilfsquellen, die ihm täglich für seine Werke aus Almosen zuflossen, «half er bei der Gründung mehrerer Schulen in andern Pfarreien mit».

Er ermutigte und unterstützte die Gründung von Saint-Sorlin für verlassene Kinder. Er spendete zweitausend Franken für die Schulen seines Heimatdorfes Dardilly. «Diese Schulen werden gedeihen und viel Gutes stiften», hatte er dem Pfarrer der Gemeinde, der sich um die Zukunft Sorgen machte, versichert. ...

«Und diese Voraussage», sagt Vignon, Pfarrer von Dardilly, «hat sich tatsächlich auf ganz providentielle Weise bewahrheitet, als man im Jahr 1880 auf dem Sprung war, Schule und Pensionat in eine

Strafanstalt umzuwandeln.» Überhaupt war der Pfarrer von Ars der Meinung, eine gute Erziehung sei jedes Opfer wert. Eine Familienmutter sagte ihm: «Ich habe bereits mein Vermögen verbraucht, um meinen Kindern eine gute Erziehung angedeihen zu lassen, und ich habe jetzt nur noch mein Haus.» «Verkaufen Sie es», erwiderte ihr der Diener Gottes, «und vollenden Sie Ihr Werk.»

Das Haus kam wirklich unter den Hammer. Aber durch einen unerwarteten Glücksfall machte der Käufer sein Testament zugunsten der Familienmutter und als er bald darauf starb, beließ er sie als Erbin des Hauses, das sie so großherzig geopfert hatte.

Außer der Knabenschule brachte Vianney vom Jahr 1849 ab einem anderen Werk von größerer Tragweite und reicherer Segenswirkung sein Interesse entgegen. Er wusste aus eigener Erfahrung, welch tiefe Wirkung eine Mission auch auf die lauesten Pfarreien hat. War er nicht selber schon 1819, im Jahr nach seiner Ankunft, darauf bedacht gewesen, bei seinen Schäflein diese heiligen Übungen durch zwei Kartäuserpriester aus Lyon halten zu lassen?

Nun hatte die Diözese Belley in Bourg ihre eigene kleine Genossenschaft von Missionspredigern. Nachdem jetzt Vianney seine *Vorsehung* an die Josephsschwestern abgetreten und nicht mehr für den Unterhalt dieses Hauses zu sorgen hatte, bat ihn Bischof Devie, an seine Missionare zu denken.

«Ich werde den lieben Gott fragen», ließ ihm der Heilige ausrichten; und einige Tage später überreichte er dem Priester Raymond sechstausend Franken, aus deren Zinsen in zwei verschiedenen Pfarreien alle zehn Jahre die Kosten für eine Mission bestritten werden sollten. Das regte seinen Eifer an. Ging es nicht um die Bekehrung von Sündern?

Bei seinem Tod rechnete man aus, dass er fast hundert Zehnjahr-Missionen gestiftet hatte. Und so «führte er auch nach seinem Tod die Seelen weiter zu Gott».

«Oh, wie bedaure ich», sagte er zuweilen, «erst so spät an ein so schönes Werk gedacht zu haben!» Er war leidenschaftlich dafür eingenommen. «Im Gespräch kam er unablässig darauf zurück; er sparte Heller um Heller, nur um eine weitere Mission stiften zu können.» «Ich werde geizig für den lieben Gott!», sagte er oft lächelnd. Und «wenn er genug Geld für die Stiftung einer neuen Mission zusammengehäuft hatte, genoss er das Wohlbehagen eines

Besitzers, der sein Gut abrunden konnte. ...» «Ich hänge so innig an den Missionen», rief er auf der Kanzel; «wenn ich, um eine neue zu stiften, meinen Leib verkaufen könnte, ich würde es tun!»

An einem schönen Julimittag des Jahres 1855 trat er ganz beglückt in das Zimmer, in dem die Missionare von Pont-d'Ain ihr Mahl einnahmen. «Herr Pfarrer», redete ihn Monnin an, «wie strahlend schauen Sie drein!»

«Ich glaub schon! Heute Morgen habe ich entdeckt, dass ich zweihunderttausend Franken mein eigen nenne. ... Und das Kapital ist auf der sichersten Bank der Welt angelegt: Ich habe es den drei reichsten Personen ausgeliehen, die man finden kann. ...»

«Und wer sind diese drei Personen?»

«Die Personen der allerheiligsten Dreifaltigkeit.»

Seit dem Jahr 1849 hatte Vianney tatsächlich dem Werk der Zehnjahr-Missionen zweihunderttausend Franken zugeführt. Woher nahm er nur diese gewaltigen Summen? An erster Stelle aus der Mildtätigkeit der Menschen.

«Eines Morgens», erzählt Bruder Athanasius, «sagte er zu mir in der Sakristei: ‹Mein Freund, sind Sie heute Morgen sehr früh aufgestanden?›

‹Wie gewöhnlich›, gab ich zurück.

‹Um so schlimmer!›, erwiderte er lebhaft, ‹wenn Sie es wie ich gemacht hätten, dann hätten auch Sie einen Prachtstag gehabt: Man hat mir ein Geschenk gemacht für die Stiftung einer Mission und es ist sogar noch ein Überschuss verblieben. ...

Beim Verlassen des Pfarrhauses bin ich heute Nacht auf einen jungen Menschen gestoßen, der auf mich wartete und mir tausend Franken für dieses Werk überreichte; dann hat mir eine andere Person in der Täuferkapelle denselben Betrag geschenkt; eine dritte kam, welche die Summe auffüllte und noch darüber hinaus gab.› Es war erst sieben Uhr morgens, als mir der Pfarrer diese Geschichte erzählte!»

«Eines Tages stellt sich ihm in der Sakristei eine fromme Dame vor», schreibt der Geistliche Raymond. «‹Mein Vater›, redete sie ihn an, ‹haben Sie den Brief erhalten mit der Nachricht, dass ich Ihnen fünfzig Franken senden werde für Ihre guten Werke?›

‹Ja, meine gute Frau, ich habe ihn erhalten; dann bin ich aber einem mildtätigen Herrn begegnet, der mir fünftausend Franken geschenkt hat für ein Werk, das mir sehr am Herzen liegt, weil es viel beitragen kann für das Heil der Seelen. Diese große Summe hat mich Ihre Gabe etwas vergessen lassen. Das ist der Grund, weshalb ich Ihnen noch nicht geantwortet habe.›

‹Aber Vater, welches ist denn das für ein gutes Werk, dem Sie einen so hohen Wert beizumessen scheinen?›

‹Oh, meine gute Frau, es ist das Werk der Missionen.›

‹Könnte ich mich nicht auch irgendwie daran beteiligen, Vater? Wieviel braucht es für eine Mission?› ‹Dreitausend Franken, meine gute Frau.› Und der Pfarrer von Ars erreichte bei dieser Person, einer Witwe aus Lyon, die über eine Jahresrente von zehntausend Franken verfügte, dass sie nicht nur für *eine* Mission spendete, sondern für *zwei*.»

Ja, sein Lieblingswerk machte Vianney von nun an «geizig». Ehedem hatte er seine Freude daran gehabt, mehrere ärmere Pfarreien mit priesterlichen Gewändern, heiligen Gefäßen, Statuen und Fahnen auszustatten. Aus seinen Händen hatte der Pfarrer seines Heimatdorfes Dardilly ein Ziborium und einen wertvollen Kelch erhalten. Vom Jahr 1849 ab knauserte der Heilige.

«Der Pfarrer einer armen Gemeinde», erzählt der Geistliche Stephan Dubouis, «hatte mich gebeten, ich möge Vianney um eine Summe von ungefähr 80 Franken zur Anschaffung einer Statue oder einer Fahne bitten. ‹O nein›, gab er mir zur Antwort, ‹ich kann es mir nicht leisten. Meine sämtlichen Gelder sind für das Werk der Missionen bestimmt›.»

Am 14. Juni 1855 sandte er Toccanier mit drei frommen Stiftungen nach Bourg. Um die dritte vollständig zu machen, hatte er Geld leihen müssen. «Ich bin gezwungen gewesen, Geld aufzunehmen», sagte er am Abend zu Bruder Athanasius und Hieronymus, «denn ich wollte diese Stiftung nicht unvollendet lassen. Wenn mir niemand hilft, es zurückzuerstatten, werde ich eben meine Lumpen verkaufen; und wenn das nicht reicht, soll man mich zur Zwangsarbeit nach Toulon abschieben.»

«Eines schönen Tages», erzählt Maria Ricotier, «trat der Herr Pfarrer bei mir ein mit einem Paket in der Hand und sagte: ‹Ich muss Geld für eine Stiftung fortschicken und es fehlen mir noch zweihundert Franken. Würden Sie mir die Summe für diese Albe, die mir persönlich gehört, geben?›

Wir wurden handelseinig. So habe ich eine Menge von Gegenständen in meinem Besitz, die ich ihm abkaufte, um zu seinen guten Werken beizusteuern.» Neben den Missionen stiftete Vianney eine große Zahl ewiger Messen. Im Jahr 1855 hatte er bereits vierzigtausend Franken zu diesem Zweck angelegt; allein die Kirche von Ars war mit zweihundertachtzig Jahresmessen bedacht.

Da ihm das Werk der Glaubensverbreitung besonders innig am Herzen lag – seine kleine Pfarrei zählte an Mitgliedern zehn Zehnergruppen –, sollten siebzig dieser Heiligen Messen zu Ehren der lieben Gottesmutter gelesen werden, auf dass sie die Missionare unter ihren mütterlichen Schutz nehme. Die meisten anderen sollten für die Bekehrung der Sünder gelesen werden.

Johannes-Maria Vianney hatte eine Zeitlang Zweifel, ob die Erscheinungen in La Salette echt seien. Ab 1858 aber war sein Bekenntnis bestimmt: «Man kann und soll an La Salette glauben. Ich glaube aus ganzem Herzen daran.»

La Salette

Am Dienstag des 24. Septembers 1850 brachte der Arser Wagenhalter Franz Pertinand in den Abendstunden eine Ladung Reisender zur Kirche von Ars. Der Postkutsche entstiegen fünf Personen – drei Männer: von Brayer, Verrier und Thibaut; dazu ein junges Mädchen, Angelika Giraud, und ein Knabe von fünfzehn Jahren, Maximin, Angelikas Bruder. Die Fremden – außer Thibaut – suchten sofort in das enge Kircheschiff vorzudringen und verlangten nach dem Pfarrer.

«Schmächtig, zart, mit seinem vollen Gesicht und der gesunden Hautfarbe, mit seinen großen, schönen, ausdrucksvollen Augen», schaute Maximin Giraud jünger aus, als er wirklich war.

Dieses Kind war eines der *Seher* von La Salette. Vier Jahre zuvor, am 19. September 1846, hütete er zusammen mit Melanie Mathieu, der kleinen vierzehnjährigen Hirtin, die Kühe eines Bauern, bei dem er erst am Abend vorher eingestellt worden war. Gegen drei Uhr nachmittags war ihnen, wie die Hirtenkinder erzählten, eine «schöne Dame» in einer Fülle wundersamen Lichtes erschienen. Sie saß auf einem Felsen in der Nähe des Baches la Sézia, hielt ihr Gesicht in den Händen geborgen und weinte.

Die Kinder hörten eine liebreiche Stimme, die sie aufforderte, furchtlos näher zu treten. Dann richtete sich die Erscheinung auf und redete zu ihnen: vom Zorn Gottes gegen die Flucher und Sonntagsschänder, von bevorstehenden Volksgeißeln, von der Notwendigkeit des Betens und Büßens. Schließlich war die «schöne Frau» nach Verlauf von einer halben Stunde wieder in die Höhe entschwebt und war im Himmelsblau verschwunden.

Seit vier Jahren hatten kluge und auch zudringliche Leute die beiden Kinder tausende Male mit Fragen bestürmt; aber weder Melanie Mathieu noch Maximin Giraud waren auch nur ein einziges Mal von ihren Aussagen abgewichen; nie hatten sie sich widersprochen. Beide besaßen den guten Glauben derer, die schlichten Herzens sind. So stieß ihr Zeugnis in ihrer Umgebung auf wenige Zweifler.

Bereits mit der Schneeschmelze im Frühling 1847 pilgerten Menschen nach La Salette hinauf. Und seither hatten viele von ihnen ihren Heimweg über Ars genommen. Durch sie hatte Vianney schon bald von den Wunderdingen vernommen.

«Von Anfang an», versichert Graf des Garets, «hatte er an die Erscheinung geglaubt, allerdings mit einer gewissen Zurückhaltung, denn er verwies bei derartigen Dingen stets auf die Autorität der Bischöfe.»

Nun war sein eigener Bischof Devie, den er in einer so wichtigen Sache sicher um Rat gefragt hätte, bis 1851 «eher für ein gewisses Abwarten». So hatte der Pfarrer von Ars seine eigene Haltung auf die seines kirchlichen Obern abgestimmt.

Personen, die nach La Salette zu gehen wünschten, riet er nicht von der Wallfahrt ab. Er sprach von der Erscheinung in seinen Christenlehren. Er signierte Bilder von La Salette und weihte die Wallfahrtsmedaillen. Selber hatte er an der Wand seines Zimmers einen Stich aufgehängt. Er besaß Wasser aus der Wunderquelle und verteilte davon an seine Freunde. Und das alles trotz der Einwendungen seines Hilfsgeistlichen Raymond.

Dieser glaubte nicht an La Salette. Er hatte den Berg an einem Tage bestiegen, an dem auch Maximin Giraud oben war. Und Maximin hatte sich geweigert, die Fragen des Arser Vikars zu beantworten. Raymond, mit seinem galligen Temperament, hatte das dem Kind nicht vergessen und diese Kleinigkeit schien ihn gegen die ganze Geschichte eingenommen zu haben.

Herr von Brayer und seine Freunde kamen «eher aus politischen Gründen als mit religiösen Absichten» nach Ars. Sie verlangten gleich bei ihrer Ankunft Vianney zu sprechen. Da dieser im Beichtstuhl beschäftigt war, erschien sein weniger in Anspruch genommener Vikar. Die Besucher nannten ihre Namen. ... Vianneys Vikar, Raymond, stellte sich vor den kleinen Maximin und sagte zu ihm: «Du siehst, ich nehme dich auf und daheim hast du dich geweigert, mit mir zu sprechen. ... Aber hier wirst du es mit einem Heiligen zu tun haben und Heilige kann man nicht täuschen.»

Maximin, bereits von der Reise ermüdet und von dem Gerede dieses Fremden aufgebracht, gab darauf Raymond «die Antwort, die er gewöhnlich gab, wenn man seine Glaubwürdigkeit in Zweifel zu ziehen schien».

«Ah», erzählte er im folgenden Jahr einer Person aus Nantes, dem Fräulein Brulais, «der Herr Vikar aus Ars sagte, ich habe nur eine Geschichte erfunden und habe die seligste Jungfrau überhaupt nicht gesehen; darauf habe ich – ich war sowieso nicht in bester

Stimmung – erwidert: ‹Meinetwegen nehmen Sie doch an, ich lüge und habe nichts gesehen!› ... Und dann bin ich gegangen.»

«Ich meinerseits», sagte Raymond, «setzte Vianney von dem Vorgefallenen in Kenntnis. Er dankte mir mit Wohlwollen.

Am nächsten Morgen gegen acht Uhr sah er dann Maximin allein in der Sakristei. Was ging bei dieser Unterredung vor? Der Herr Pfarrer hat nie ein Wort darüber verlauten lassen. Uns, dem Bruder Hieronymus und mir, fiel es nur am nächsten Tag auf, dass er das Bild von La Salette nicht mehr mit seinem Namen versehen und auch die Medaillen nicht mehr weihen wollte.»

Woher kam diese Meinungsänderung des Heiligen?

Das Einfachste ist, hierüber Maximin selber zu hören. Seine Worte widersprechen den Aussagen anderer Zeugen nicht und klingen ganz aufrichtig.

Am 27. September 1851 traf die Person aus Nantes, von der wir schon gesprochen haben, in La Salette mit dem Knaben zusammen. Von der zweiten Begegnung mit dem heiligen Pfarrer – das erste Mal hatten sie sich hinter dem Altar ganz kurz gesprochen – erzählte Maximin der Fremden:

«Diesmal ging ich in seinen Beichtstuhl in der Sakristei. Man versteht den Pfarrer von Ars nicht allzugut, weil ihm viele Zähne fehlen. Er fragte mich, *ob ich die allerseligste Jungfrau gesehen habe.* Ich antwortete ihm: ‹Ich weiß nicht, ob es die *allerseligste Jungfrau* ist; ich habe etwas gesehen ... *eine Dame*. Aber Sie, Herr Pfarrer, wenn Sie wissen, dass es die allerseligste Jungfrau ist, müssen Sie es allen Pilgern sagen, damit sie an La Salette glauben.›

Frage: ‹Man behauptet, mein liebes Kind, du hättest dich beim Pfarrer von Ars angeklagt, gelogen zu haben. Ist das wahr?›

Antwort: ‹Ja, ich habe gesagt, den Pfarrer von Corps einige Male angelogen zu haben.› ‹Das musst du zurücknehmen›, erklärte mir Vianney. ‹Aber nein, ich kann das nicht widerrufen, es ist nicht der Mühe wert.› Er bestand darauf, ich müsse es tun. Worauf ich bemerkte: ‹Es ist doch schon so lange her, ich kann es nicht zurücknehmen, es ist eine zu alte Geschichte!›

Frage: ‹Aber was hast du denn damit sagen wollen?›

Antwort: ‹Ich meinte damit meine kleinen Lügen gegenüber dem Pfarrer von Corps, wenn ich ihm nicht sagen wollte, wohin ich ging, oder wenn ich meine Aufgaben nicht lernen wollte.›

Kapelle der Providence. In Notfällen schickte Vianney seine Waisenkinder zum Gebet in diese Kapelle.

Das Schloss von Ars. Hier residierten Fräulein Marie-Anne-Colombe Garnier und ihr Bruder, Herzog François.

Frage: ‹So hat also, wie ich sehe, der Pfarrer von Ars die Lügen, von denen du zu ihm gesprochen hast, auf die Erscheinung bezogen.›

Antwort: ‹Ja, so hat er es verstanden, wenigstens hat man es so in den Zeitungen geschrieben.›

Frage: ‹Aber du hast doch nicht gebeichtet?›

Antwort: ‹Nein! Ich war zwar im Beichtstuhl; aber ich hatte mein Confiteor nicht gebetet und ich war nicht zum Beichten nach Ars gekommen.›»

Die Unterhaltung mit dem Pfarrer von Ars hatte ungefähr zwanzig Minuten gedauert. Die fünf Reisenden verließen noch am gleichen Tag Ars, geräuschlos. Ihr Kommen und Gehen scheint den Pilgern nicht besonders aufgefallen zu sein. Hätte Raymond danach die gleiche Zurückhaltung geübt wie sein heiliger Pfarrer, so wäre es jedenfalls nie zu dem sogenannten *Zwischenfall von La Salette* gekommen.

Erst im Augenblick, als der Generalvikar Rousselot und der Pfarrer von Corps im Auftrag des Bischofs von Grenoble und mit einem Brief Maximins, der ihn frei zu reden ermächtigte, bei ihm erschienen, war der Pfarrer von Ars bereit, über den *Zwischenfall von La Salette* zu sprechen. Alles, was er bei dieser Gelegenheit äußerte, lässt sich in folgende Worte zusammenfassen, die durch die zweideutige Haltung Maximins bedingt waren: «Wenn das, was dieses Kind mir gesagt hat, wahr ist, dann hat es die allerseligste Jungfrau nicht gesehen.»

Man kennt Maximins Antwort an Raymond: «Nehmen Sie an, ich lüge und habe nichts gesehen.» Ist der Gedanke, diese Worte seien in ihrer ungünstigsten Deutung dem Pfarrer von Ars hinterbracht worden, unangemessen? Andererseits erinnerte sich Vianney, dass der Knabe unmittelbar auf den Bericht von einer schönen Dame, in dem er die allerseligste Jungfrau nicht ausdrücklich genannt hatte, das Wort *Lügen* erwähnt hatte. Dem Pfarrer von Ars, dem die Gabe der Hezensschau nicht bei jeder Gelegenheit zur Verfügung stand, kam der Gedanke, das Kind habe mit dieser Anklage seine vorausgegangenen Aussagen über die Erscheinung widerrufen wollen. Und ein banger Zweifel beschlich ihn. ...

Acht Jahre lang litt er darunter und die Prüfung wurde ihm zur doppelten Qual: Er zweifelte, und die Masse der Pilger, die nichts davon hätte wissen sollen, wusste, dass er zweifelte. «Die Erregung um ihn her war groß; die Dinge wurden aufgebauscht, entstellt, wie es fast immer bei solchen Gelegenheiten zu geschehen pflegt.»

Die Gegner von La Salette «schlachteten den Namen und die Autorität des Pfarrers von Ars aus». Und auch die frommen Seelen wussten nicht mehr ein und aus, als sie erfuhren, die allerseligste Jungfrau sei überhaupt nicht erschienen, da Vianney nicht mehr länger daran glaubte.

Vianney «litt sehr darunter, dass diese Geschichte infolge der Indiskretion Raymonds öffentlich herumgereicht wurde».

Zweifellos hatte er wie jedermann das Recht, seine eigene Meinung zu haben über eine kürzlich vorgefallene, dazu viel und laut umstrittene Angelegenheit.

Aus den Berichten der beiden Kinder über ihre Vision machte die Kirche keine Glaubenspflicht ... Aber dem Pfarrer von Ars, den selbst die Bischöfe um Rat fragen kamen, konnte es nicht völlig entgehen, über welche moralische Autorität und welch gewaltigen Einfluss er bei den Seelen verfügte. Und wenn nun tatsächlich, wie viele behaupteten, nur ein Missverständnis vorlag!? ...

«Ich habe Gewissensbisse», vertraute Vianney den ehemaligen Leiterinnen der *Vorsehung* an; «ich habe Angst, etwas gegen die allerseligste Jungfrau getan zu haben. Ich möchte, der liebe Gott würde mich über diesen Punkt erleuchten. Ich will viel beten. Wenn die Sache wahr ist, oh, dann werde ich davon sprechen; ist sie nicht wahr, dann Schluss damit!»

Solange sich der Bischof von Grenoble nicht für die Hirtenkinder ausgesprochen hatte, konnte Vianney den Fragen über La Salette leicht ausweichen, indem er die Neugierigen auf die Entscheidung der kirchlichen Obern verwies. Nachdem aber im September 1851 das Schreiben des Bischofs von Bruillard erschienen war, fühlte der Pfarrer von Ars seine entsetzliche Unruhe sich steigern. Der Kirchenfürst, dem La Salette unterstand und der sich über die Erscheinung auszusprechen hatte, war für die Anerkennung der Erscheinung eingetreten: Die beiden Hirtenkinder sind nicht getäuscht worden und haben sich nicht geirrt.

Vianney hätte sich nur allzu gern ohne Einschränkung vor diesem Urteil beugen mögen. ... Aber in seiner Erinnerung klangen gewisse Worte Maximins nach. Der Pfarrer von Ars sprach nicht dagegen.

Aber er konnte auch nicht zu seinem anfänglichen Glauben zurückfinden. Seitdem der Bischof gesprochen hatte, kam es nun immer öfter vor, dass ihn Herren und Damen von Welt und selbst Priester aus der Menge, durch die er schritt, anriefen und fragten: «Vater, muss man an La Salette glauben?»

Solche Fragen verfolgten ihn. Er suchte sich mit einer ausweichenden Antwort aus der Schwierigkeit zu ziehen, «solange er sich nicht durch die fragende Persönlichkeit verpflichtet fühlte, seine Meinung klar zu äußern. Sonst beließ er die Leute bei ihrem Glauben und gab nichts von seiner eigenen Ansicht preis».

«Eines Tages», erzählt der Pfarrer von Fareins, Dubouis, «wollte der erste Vikar von Saint-Sulpice in Paris seine Meinung über La Salette erfahren. Vianney sagte ihm nur, man müsse die allerseligste Jungfrau sehr lieben. Dreimal stellte der Vikar die gleiche Frage und dreimal gab ihm der Pfarrer von Ars die gleiche Antwort.»

Endlich nahm die Prüfung ein Ende. Im Oktober 1858, d.h. zehn Monate vor seinem Heimgang, kehrte Vianney zu seiner anfänglichen Meinung über La Salette zurück. Hier folgt sein eigener Bericht über die Umstellung, wie er uns von Toccanier übermittelt wird:

«Seit ungefähr vierzehn Tagen fühlte ich mich innerlich sehr bedrückt und meine Seele schleppte sich wie über Sand hin. Da erweckte ich einen Akt des Glaubens an die Erscheinung und sofort stellte sich die Ruhe wieder ein ... Hernach wünschte ich einen Priester aus Grenoble zu sprechen, um ihm, was in mir vorgegangen war, anzuvertrauen. Am folgenden Tag traf ein hochgestellter Geistlicher aus dieser Stadt bei mir ein. Er trat in die Sakristei und fragte mich, was von La Salette zu halten sei. Ich antwortete ihm: ‹Man kann daran glauben.›»

«Mir fehlte eine Summe, mit der ich eine Missionsstiftung hätte ergänzen sollen», fuhr der Pfarrer fort. «Ich flehte Unsere Liebe Frau von La Salette an, sie möge mir diese Summe zukommen lassen. Ich fand genau das Geld, das ich benötigte. Ich habe das als Wunder angesehen.»

Von nun an trat Vianney für die Wallfahrt nach La Salette ein, «wahrte allerdings auch fernerhin eine große Zurückhaltung» bei allen Auseinandersetzungen über diese Frage. Er ermunterte jene seiner Beichtkinder, die den Wunsch äußerten, den heiligen Berg besuchen zu wollen, die Wallfahrt zu machen.

Wieder segnete und verteilte er Medaillen und Bilder von der *weinenden Muttergottes*. Es ist nicht bekannt, ob er auch wieder in seinen Christenlehren darauf zu sprechen kam; in den letzten Monaten seines Lebens konnte sich der Pfarrer von Ars nur schwer verständlich machen und zudem war sein Wort nur noch ein einziger Lobeshymnus auf die Liebe Gottes und auf die reale Gegenwart im Sakrament. Wo es sich sonst traf, ist er für die Erscheinung eingetreten.

«Ich nahm eines Tages an einer Versammlung teil, zu der auch der Pfarrer von Ars erschienen war», erzählt Kanonikus Oronte Seignemartin, Pfarrer der Kathedrale von Belley. «Das Gespräch kam auf La Salette. Ich fragte Vianney, was er von der Erscheinung halte. Er antwortete mir und dabei nahm sein Gesicht einen ernsten Ausdruck an: ‹Ich glaube fest daran›.»

«Ende 1858 wurde meine Mutter krank», berichtet Magdalena Mandy-Scipiot, «und ich erbat vom Pfarrer die Erlaubnis, sie Unserer Lieben Frau von La Salette weihen zu dürfen. Er gab mir zur Antwort, es sei nicht nötig, man solle sie Unserer Lieben Frau von Fourvière weihen. ‹Aber hinsichtlich La Salette›, fügte er bei, ‹können Sie ruhig daran glauben; ich persönlich glaube fest und aus ganzem Herzen daran›.»

Katharina Lassagne mit Waisenkindern des von ihr geleiteten «Hauses der Vorsehung»

Ehrenkanonikus, Ritter der Ehrenlegion, das Fest vom 8. Dezember 1854

Ohne Angst vor einem Irrtum kann man behaupten, dass Pfarrer Johannes-Maria Vianney um 1850 der berühmteste und meist aufgesuchte Priester von ganz Frankreich war. Etwa zehn Jahre zuvor hatte sich die feinste Pariser Gesellschaft um die Kanzel von Notre-Dame gedrängt. Aber schon war der schlichte Pfarrer, dessen Kirche nicht mehr leer wurde, bekannter als der redegewandte Lacordaire. Und doch hatte seine so unbestrittene Berühmtheit noch keine ehrenvolle Auszeichnung erhalten. «Seht den Heiligen!», hatte die Menge bei seinem Vorüberschreiten gerufen. Jede andere Ehrung schien hinter dieser Anerkennung bedeutungslos zu werden.

Da erschienen am Montag, dem 25. Oktober 1852, Bischof Chalandon, der neu erwählte Oberhirte von Belley, in Begleitung seines Generalvikars Poncet und des Grafen Prosper des Garets auf der Schwelle der Arser Kirche. Raymond, der von dem Besuch in Kenntnis gesetzt worden war, erwartete die Gäste. Vianney hörte in der Sakristei Beichte.

Man meldet ihm die Ankunft Seiner bischöflichen Gnaden. In seinem engärmeligen Chorrock drängt sich Vianney durch die Menge der Beichtkinder und reicht dem Prälaten nach liturgischem Brauch das Weihwasser. Und da er ihn heute zum ersten Mal als Bischof in seine Kirche führt, glaubt er ihn mit einer kurzen Ansprache willkommen heißen zu sollen. ... Aber was mag nur der Bischof unter seinem Mäntelchen verbergen?, denkt er bei seinen Worten. Mit einem raschen Ruck zieht der Prälat den geheimnisvollen Gegenstand hervor: Falten schillern von schwarzer und roter, mit weißem Hermelin verzierter Seide.

Der Pfarrer von Ars hatte begriffen. «Nein, bischöfliche Gnaden», protestiert er, «geben Sie das meinem Vikar. Es steht ihm besser als mir!» Zweckloses Einwenden! Von Poncet und Raymond unterstützt, legt der Bischof dem Pfarrer von Ars das rote Mäntelchen eines Ehrenkanonikus um. Das Mäntelchen kommt schief zu sitzen und da der Geehrte es immer noch loszuwerden sucht, gelingt es dem Prälaten mit knapper Mühe, es in Schulterhöhe zuzuknöpfen. Inzwischen hat er das *Veni Creator* angestimmt.

Ein letzter Widerspruch des Kanonikus Vianney wird überdeckt von den Worten des Hymnus, unter dessen Gesang der Bischof in die Kirche einzieht.

«Unser armer Pfarrer», berichtet die Schlossherrin, «glich einem Verurteilten, den man mit dem Strick um den Hals zum Galgen führt. Er flüchtete sich in die Sakristei. Herr des Garets folgte ihm und fand ihn damit beschäftigt, sich dieses unglückliche Mäntelchen vom Rücken zu zerrren. Nur mit dem Hinweis, dass ein Ablegen für den Bischof eine Beleidigung bedeuten müsse, vermochte ihn der Bürgermeister zu bestimmen, dass er es anbehielt.»

«Statt sich dann an seinen gewöhnlichen Platz zu begeben», sagt Bruder Athanasius, «zog er sich in die Tür der Sakristei zurück, ganz verschämt, als ob er sich verstecken wolle. Ich ging hin und flüsterte ihm ins Ohr: ‹Ich bitte Sie, Herr Pfarrer, bleiben Sie doch nicht hier: Sie stehen im Durchzug.› ‹Ich stehe gut hier; lassen Sie mich›, gab er zurück.»

In der Kirche fand eine kurze Feier statt. Natürlich verkündete der neue Bischof in seiner Ansprache den Versammelten die Erhebung des Pfarrers von Ars zum Ehrenkanonikus. Das brachte den neuen Würdenträger derart aus der Fassung, dass er überhaupt nicht mehr daran dachte, sein Mäntelchen zurechtzurücken, das schiefer und schiefer rutschte.

«Man hatte den Eindruck», sagt Johannes-Baptist Mandy, der Sohn des Altbürgermeisters, «der Pfarrer von Ars trage Dornen auf dem Rücken.» Als er in dieser Aufmachung an der Seite des Bischofs ins Pfarrhaus zurückkehren musste, erkannte ihn eines seiner Beichtkinder nicht, Magdalena Mandy Scipiot, die jedenfalls nicht auf dem Laufenden war. Nach ihrer Schilderung «schaute er wie ein zum Tod Verurteilter drein». «Es war», wie Frau des Garets sagt, «die lustigste Szene, die man sich denken kann.»

Als der Prälat abgereist und die Aufregung vorüber war, kam dem Kanonikus Vianney der glückliche Einfall: Seine bischöflichen Gnaden hätten eigentlich ein hübsches Geschenk überbracht! Sofort suchte er es für seine Werke flüssig zu machen und fahndete nach – einem Käufer.

«Ich kehrte von Villefranche zurück», erzählte Marie Ricotier, «und berichtete dem Herrn Pfarrer über einen Auftrag, den er mir gegeben hatte. ‹Sie kommen gerade recht›, sagte er zu mir, ‹ich will Ihnen mein Mäntelchen verkaufen. Ich habe es bereits dem Pfarrer von Ambérieux angeboten, der keine zwölf Franken dafür ausgeben wollte; Sie werden mir sicher 15 dafür bieten. ...› ‹Es ist aber mehr wert.› ‹Also 20?›

Ich zahlte ihm 25 Franken in die Hand mit den Worten: ‹Das ist noch nicht der wahre Wert. Ich werde mich aber erkundigen.› Ich brachte in Erfahrung, dass das Mäntelchen – 50 Franken gekostet hatte. So legte ich noch 25 drauf und fügte bei: ‹Für Ihr Kanonikusmäntelchen; es gehört zwar mir, ich überlasse Ihnen aber das Gebrauchsrecht.› Darüber war der Pfarrer so froh, dass er ausrief: ‹Oh, der Bischof möge mir ein zweites schenken; ich werde es in Geld umsetzen!›

Er bestand darauf, dass ich meinen Kauf mitnehme. ‹Falls Seine bischöflichen Gnaden wünschen›, erklärte er mir, ‹dass ich mein Mäntelchen trage, werde ich es ja bei Ihnen finden.›»

Mit ruhigem Gewissen schrieb er zehn Tage später an den Bischof und machte ihm von seinem Glück Mitteilung: «Bischöfliche Gnaden! Das Mäntelchen, das Sie mir in Ihrer großen Güte schenken wollten, hat mir große Freude gemacht. Da ich mich gerade vor der Unmöglichkeit sah, eine Stiftung zu ergänzen, habe ich es um 50 Franken verkauft. Mit diesem Preis war ich sehr zufrieden.»

Trotz der dringlichsten Vorstellungen wollte Vianney in der Folge nie mehr als Kanonikus auftreten, auch nicht in Gegenwart seines Bischofs.

Toccanier fragte ihn eines Tages: «Aber, Herr Pfarrer, warum tragen Sie Ihr Mäntelchen nicht?» «Oh, mein Freund», antwortete er lächelnd, «ich bin schlauer, als man meint. Man hätte sich gern über mich lustig gemacht, es so auf meinen Schultern zu sehen. Ich habe sie aber alle angeführt.»

«Sie müssten es immerhin tragen aus Achtung vor dem Bischof. Sie sind der Einzige, den unser neuer Bischof hat ehren wollen; seither hat er keinen andern Kanonikus mehr ernannt.»

«Oh!», gab der demütige Priester zurück, «beim ersten Mal hat der Bischof einen falschen Griff getan und hat es deshalb ein zweites Mal bleiben lassen.»

Der Strom, der in unablässigem Wogenschlag die Massen nach Ars führte, zog sogar das Interesse der staatlichen Behörden auf sich. Am 15. August 1855 brachten die Zeitungen die Nachricht, dass der Pfarrer von Ars zum Ritter der Ehrenlegion ernannt sei. Es war der Bürgermeister, der ihm die Kunde überbrachte. «Ist mit dem Kreuz eine Rente verbunden. ... Bedeutet es Geld für meine Armen?», fragte der Heilige, ohne irgendwelche Genugtuung oder Überraschung an den Tag zu legen.

- «Nein! Es ist nur eine ehrenvolle Auszeichnung.»

«Schön, da nichts für die Armen dabei herausschaut, sagt dem Kaiser, dass ich nichts davon wissen will.» Natürlich richtete Herr des Garets diese wunderliche Botschaft nicht aus. Unterdessen war bereits ein Maler auf der Bildfläche erschienen, der dem «Herrn Kanonikus Vianney, Ritter der Ehrenlegion» seine Dienste anbot. «Man will den Pfarrer unbedingt malen», schrieb am 28. August die Frau Gräfin. «Nur will er nicht, indem er lachend bemerkt: ‹Ich rate euch, mich mit dem Mäntelchen und dem Kreuz der Ehrenlegion zu malen und darunter zu schreiben: Nichtigkeit, Eitelkeit!›»

Etwas später spielte ein Priester im Spaß auf Mäntelchen und Kreuz an: «Herr Pfarrer, alle Herrschaften der Welt dekorieren Sie. Gott wird sicher nicht verfehlen, Sie im Himmel auszuzeichnen.»

«Gerade das macht mir Furcht», erwiderte der Heilige mit ernster Miene, «kommt der Tod, und stelle ich mich mit diesen Nichtigkeiten vor, was dann, wenn Gott mir sagt: Scher dich fort! Du hast deinen Lohn schon empfangen!?»

Von der Staatskanzlei erhielt Vianney die Forderung über zwölf Franken für die Übersendung von Ernennungsdekret und Kreuz zugestellt – zwölf Franken! ... Er schnellte empor. «Aber», rief er aus, «ich habe abgelehnt! ... Nein, sicher nicht! Lieber will ich dieses Geld heute gleich zur Speisung von zwölf Armen verwenden.»

Die Rechnung wurde an Toccanier weitergegeben, der sie hinter dem Rücken des Heiligen beglich. «Ich habe kein Geld geschickt», konnte Vianney später erklären, «und sie haben mir das Kreuz doch zugesandt.»

Im Oktober erschien der Präfekt, ein praktizierender Katholik, persönlich, um dem neuen Ritter seine Glückwünsche zu überbringen. Die Begegnung fand auf dem Dorfplatz statt. Nach den ersten Komplimenten bemerkte der Heilige: «Oh, ich bitte Sie, Herr Präfekt, bringen Sie Ihr Kreuz zu würdigeren Leuten. Ich hätte lieber etwas für meine Armen.»

«Aber», erwiderte Herr von Coëtlogon, «mit der Verleihung des Kreuzes wollte der Kaiser weniger Sie als die Ehrenlegion ehren ...»

In diesem Stil ging es weiter, bis Vianney das Komplimentieren kurz abschnitt mit dem Satz, den er mit einem freundlichen Lächeln unterstrich: «Herr Präfekt, ich werde den lieben Gott bitten, er möge Sie dem Département Ain noch lange erhalten, damit Sie hier Gutes wirken können durch Ihren guten Rat, vor allem aber durch Ihr gutes Beispiel!» Mit diesen Worten überreichte er dem Grafen eine Medaille der seligsten Jungfrau, grüßte ihn und begab sich in den Beichtstuhl.

Der November kam. Bischof Chalandon, der das Ehrenkreuz offiziell überreichen sollte, hatte es als klüger erachtet, Toccanier mit der Mission zu beauftragen.

So nahm Toccanier auf der bischöflichen Kanzlei von Belley die kleine, mit einem roten Siegel verschlossene Schachtel in Empfang.

Und eines schönen Mittags machte er sich Vianneys Alleinsein in dessen Zimmer zunutze, um ihm das mit dem kaiserlichen Siegel versehene Kästchen zu überreichen. Der Bruder Sakristan, die Lehrbrüder, Katharina Lassagne und Johanna-Maria Chanay warteten auf dem Flur. Sobald Toccanier zu sprechen anfing, traten die Neugierigen ein.

«Herr Pfarrer, es sind vielleicht Reliquien, die man Ihnen sendet.» Der Diener Gottes spürte die Neckerei aus den Worten nicht heraus. Im Eifer, die Überreste der Heiligen zu ehren, zerbrach er das Siegel. «Nur das!», rief er aus, als er das Ehrenzeichens sah.

«Schauen Sie, Herr Pfarrer, diese Auszeichnung ist mit einem richtigen Kreuz gekrönt. Segnen Sie es, bitte.»

Nachdem Vianney das Segenszeichen darüber gemacht hatte, fuhr Toccanier fort: «Nun gestatten Sie mir, es für einen Augenblick auf Ihre Brust zu heften.»

«Oh, mein Freund, ich werde mich wohl davor hüten! Man würde mir entgegenhalten, was der hl. Benedikt jenem Schildträger des Königs Totila zurief, als dieser im Purpur seines Herrn vor ihn trat: ‹Lege ab diese Zeichen einer Würde, auf die du kein Recht hast!›»

Hiermit legte er sein Ehrenkreuz in die Hand des bischöflichen «Subdelegierten»: «Hier, mein Freund, mögen Sie es mit der gleichen Freude entgegennehmen, mit der ich es Ihnen schenke.»

So wurde «der arme Pfarrer von Ars» ausgezeichnet. Nachdem er sich geweigert hatte, es auf seine Soutane heften zu lassen, sollte er sein Kreuz der Ehrenlegion nur ein einziges Mal tragen: an seiner Beerdigung auf seinem Sarg!

Wie kann man sich bei unserem Heiligen eine derartige Verachtung aller weltlichen Ehren und aller irdischen Interessen erklären? Ein Wort spricht den Grund dafür aus: «Für alles, was ihn an die übernatürliche Ordnung band, für alles, was das Reich Gottes ausbreitete, ereiferte er sich leidenschaftlich.» Nur im religiösen Sinn und in Dingen des Glaubens konnte er Beglückung und Genügen finden. Einzig die Feste der Kirche liebte er.

Bis in ihre letzten Lebenstage hinein haben Arser Greise in Treue das Andenken an ein einzigartiges Fest bewahrt, bei dem Vianney eine auffallende Fröhlichkeit, eine übersprudelnde Begeisterung zeigte. Während sich Rom im November 1854 rüstete, die Definition des Dogmas der Unbefleckten Empfängnis prachtvoll zu begehen, bereitete auch der Pfarrer von Ars seine schlichte Pfarrei auf die Feier dieses großen Ereignisses vor.

«Einige Tage vor der Verkündigung des Dogmas», erzählt Baronin von Belvey, «habe ich den Diener Gottes in einer Gelegenheitsansprache mit überströmender Freude alles in Erinnerung rufen hören, was er für die Unbefleckte Empfängnis getan hat. ... Es ging wie ein Erbeben durch die Zuhörer, als er mit dem Ruf schloss: ‹Könnte ich, um der Muttergottes etwas zu schenken, mich verkaufen, ich würde mich verkaufen!›»

Bot nicht dieses kommende Fest unserem Heiligen eine außerordentliche Gelegenheit, Unserer Lieben Frau eine Anhänglichkeit zu bezeigen, die bereits über sechzig Jahre andauerte? Er hatte die Muttergottes von der Wiege an geliebt. Priester geworden, hatte er aus allen Kräften an der Ausbreitung ihrer Verehrung gearbeitet. Um sich davon zu überzeugen, brauchten die Pilger nur die vielen Statuen der allerseligsten Jungfrau an sämtlichen Häuserfassaden des Dorfes zu betrachten. Unter jedem Dach fand man ein farbiges Bild der Gottesmutter, das der Pfarrer selbst den Familien geschenkt und mit seiner Unterschrift versehen hatte.

Im Jahr 1844 hatte Vianney eine große Muttergottesstatue am Kirchengiebel anbringen lassen. Acht Jahre zuvor, am 1. Mai 1836, «hatte er seine Pfarrei Maria, der ohne Sünde Empfangenen, geweiht. Das Bild, das diese Weihe verewigt», sagt Katharina Lassagne, «ist am Eingang der Muttergotteskapelle angebracht. Kurze Zeit später ließ er ein Herz in vergoldetem Silber anfertigen, das heute noch am Hals des Gnadenbildes hängt. Die Namen sämtlicher Arser Pfarrkinder sind, auf einem weißen Seidenband aufgeschrieben, in dem Herzen eingeschlossen».

An den Tagen, auf die ein Muttergottesfest fiel, «waren die hl. Kommunionen immer sehr zahlreich, und die Kirche leerte sich nicht». Am Abend dieser Festtage konnten Schiff und Seitenkapellen die Leute kaum fassen. Niemand mochte Vianneys Homilie zu Ehren der seligsten Jungfrau verfehlen, «so packend war die Begeisterung, mit der er von ihrer Heiligkeit, ihrer Macht und ihrer Liebe sprach».

Er überbot sich am 8. Dezember 1854, an dem Pius IX. «in Kraft der Autorität der hl. Apostel Petrus und Paulus und seiner eigenen» feierlich erklärte, dass «die allerseligste Jungfrau Maria vom ersten Augenblick ihrer Empfängnis an von jedem Makel der Erbsünde bewahrt worden» sei.

Trotz seiner Müdigkeit bestand Vianney darauf, an diesem Tag selber das Hochamt zu singen; zum erstenmal trug er mit kindlichem Herzensjubel das prachtvolle Messgewand, für das der Architekt Bossan die Figuren und feinen Arabesken gezeichnet hatte. Chor und Schiff prangten in ihrem schönsten Schmuck.

Nach der Vesper «begab sich die ganze Pfarrei zur Brüderschule, wo der Pfarrer eine Statue der Unbefleckten Empfängnis einweihte, die im Garten aufgestellt und von ihm selber gestiftet war».

Am Abend wurden der Turm, die Kirchenmauern und die Häuserfronten beleuchtet. Beim abendlichen Schlussgottesdienst ergriff Vianney noch einmal das Wort. «Welch ein Glück, welch ein Glück!» Mit diesem Ruf leitete er seine Homilie ein. «Ich habe immer gedacht, dieser Strahl fehle im Lichtkranz der katholischen Glaubenswahrheiten. Das war eine Leere, die in unserem heiligen Glauben nicht fortbestehen konnte.»

Eine Beleuchtung! Das war etwas Neues für die Pfarrkinder und ihren Hirten. Bevor er ins Dorf ging, um das Schauspiel zu betrachten, zog er selber die Glocken. Lange läuteten sie weiter, «so lange», hat Katharina erzählt, «dass man von den Nachbarpfarreien herbeilief in der Meinung, es sei eine Feuersbrunst ausgebrochen».

Und während so die Glocken über das Land hin feierten, «erging sich der Pfarrer frohgemut zwischen den Priestern und Brüdern im Fackelschein».

Dieses Fest war wahrhaft einer der schönsten Tage in seinem Leben. Fast siebzigjährig, schien er um zwanzig Jahre jünger geworden zu sein. Nie hat ein Kind mit größerer Beglückung den Triumph seiner Mutter gefeiert.

Diese «ungeheure Freudenkundgebung» hatte der Heilige persönlich angeregt und durchgeführt.

Beichtstuhl des hl. Pfarrers von Ars

Auf dem Weg zum «Trappistenkloster» La Neylière

Trotz des Versprechens ihres Pfarrers, dass er sie nie mehr verlassen wolle, vergaßen die Einwohner von Ars keineswegs die Ängste, in die er sie im September 1843 gestürzt hatte. Als fünf Jahre später ein ehrwürdiger Kapuziner, Pater Leonard aus der Lyoner Niederlassung, Vianney in den Dritten Orden des hl. Franziskus aufgenommen hatte, bekundeten seine Pfarrkinder sehr lebhafte Befürchtungen. «Man glaubte», versichert Frau des Garets, «er wolle Kapuziner werden.»

Das Gerücht war nicht aus der Luft gegriffen. Vianney hatte gemäß Pater Leonard, der ihn mehrmals Beichte hörte, klar und bestimmt den Wunsch ausgesprochen, in seinen Orden einzutreten. Aber der gute Ordensmann, den der Traum von einer so wundersamen Eroberung nicht blendete, «legte ihm dar, dass er hier in seiner Pfarrei mehr Gutes wirken könne als durch den Eintritt in ein Kloster. Als unser Pfarrer doch auf seiner Idee bestand, erklärte ihm Pater Leonard den Sinn des Dritten Ordens und gab ihm die Terziarenregel in die Hand. Kurz hernach verlangte Vianney das Bußkleid. Die Besten seiner Pfarrkinder beeilten sich, ihm auf diesem Weg zu folgen».

Zwei Jahre zuvor, am 8. Dezember 1846, hatte Pater Eymard, der Marist und spätere Gründer der Eucharistiner, Vianney in den Dritten Orden Mariens aufgenommen. Dieser Dritte Orden war eine junge Gründung von Pater Johannes Claudius Colin, dem ehemaligen Mitschüler des Pfarrers von Ars.

Jene, die vor einem neuen Fluchtversuch des Heiligen bangten, hatten keine Ahnung, dass die Gefahr von dieser Seite drohte. Colin, der von Gott dazu bestimmt war, die Genossenschaft Mariens zu gründen, war Johannes-Maria Vianney in treuer Anhänglichkeit verbunden geblieben. Beide hatten den angeborenen Sinn für selbstvergessene Schlichtheit und eine zarte Verehrung für die liebe Gottesmutter. Treu hatten sie an ihrer gegenseitigen Freundschaft festgehalten. Oft schickte Colin seine Ordensleute um Rat zu seinem Freund nach Ars. Aus ganzem Herzen ermutigte der Pfarrer von Ars den Stifter der Maristen zu seinen Gründungen.

Als die ersten Missionare nach Ozeanien abreisten, begleitete sie Vianney mit seinem Gebet und suchte ihnen Hilfsquellen zu erschließen.

Immer noch verfolgte den Heiligen inmitten seiner apostolischen Arbeiten der Gedanke nach Einsamkeit, die Sehnsucht nach der Einöde, wo er nach Herzenslust zu Gott beten könnte. Wie ein dauerndes Weh haftete der Wunsch in seiner Seele. Wohin sollte er sich aber wenden, wo diese Einöde finden? Hatte Bischof Devie nicht erklärt, zu seinen Lebzeiten würde Vianney niemals seine Diözese verlassen dürfen?

Da war am Horizont ein Hoffnungsstrahl aufgeleuchtet. Seit dem Jahr 1842 hatte sich Colin mit dem Plan einer neuen Gründung getragen. Ein Anbetungsheim sollte es werden, in dem die Weltabgeschiedenen einzig dem Gebet und der Buße leben würden. Am Sonntag, dem 16. Mai 1852, schlossen sieben Patres und fünf Brüder im Haus Unserer Lieben Frau von La Neylière hinter sich die Tore zur Welt und begannen daselbst ihr ewiges Stillschweigen.

Als Vianney von all diesen Vorgängen erzählen hörte, wurde er nachdenklich. Am 25. Juli 1852, zwei Monate nach Errichtung dieses «Trappistenklosters» milderer Observanz, wurde Bischof Devie zu Gott heimgerufen, und Chalandon bestieg den Bischofsstuhl von Belley.

Nun glaubte der Pfarrer von Ars alle Hindernisse behoben und dachte sofort an eine neue «Flucht»: Er würde sich in das Haus von La Neylière zurückziehen, um dort sein *armes Leben* zu beweinen und seine Tage in Anbetung und Buße zu beschließen. Pater Colin, dem der Plan unterbreitet worden war, riet ihm, nichts zu übereilen. Von beiden Seiten wartete man auf die günstige Gelegenheit.

Sie schien sich im September 1853 zu bieten. Seit mehreren Monaten hatte Vianney das Vorgefühl, dass ihm sein Hilfspriester nicht mehr allzulange belassen würde. Die Einwohner von Ars wünschten die Versetzung dieses etwas unangenehmen Vikars.

Und Raymond, der nun endlich selbst begriffen hatte, dass ihm die Pfarrei Ars nie anvertraut würde, hatte um eine neue Stelle nachgesucht. Um ihn zu ersetzen, dachte Bischof Chalandon an die junge Missionsgenossenschaft, die sich unter dem Obern Camelet in Pont-d'Ain niedergelassen hatte. Kanonikus Camelet stand bei Vianney, der während der Jubiläumsfeierlichkeiten des Jahres 1847 sein Können und seinen Eifer gewürdigt hatte, in gutem Ansehen. Klug berechnete der Bischof von Belley: Der Pfarrer von Ars, zu dem das Volk in immer größeren Massen drängte, brauche einen Hilfspriester, der sich der Art seiner Seelsorgearbeit anpassen und beim Hochbetrieb der Wallfahrt seine hilfsbereiten Mitbrüder herbeirufen könne.

Bischof Chalandon wählte den Priester Joseph Toccanier, den ihm Camelet als den Bestgeeigneten für diesen schwierigen Posten vorgeschlagen hatte. Toccanier hatte ein robustes Aussehen und sein gesundes Gesicht stach zweifellos gegen die eingefallenen Mienen seines heiligen Pfarrers ab. Aber seine lebhafte, direkte, persönliche Redeweise, die äußerst greifbar und schlicht war, erinnerte an Vianneys Art. Dabei war er fromm, überaus gütig und ungemein zugänglich und war so der gegebene Mann für diese Stelle an der Seite unseres liebenswürdigen Heiligen.

Die Priesterexerzitien jenes Jahres begannen im Großen Seminar zu Brou am Montag, dem 29. August. Hier trafen sich Toccanier und Raymond. Generalvikar Poncet unterrichtete bei dieser Gelegenheit Raymond von seiner Ernennung zum Pfarrer von Polliat, während Camelet seinem Untergebenen Toccanier mitteilte, dass er als Hilfspriester zum Pfarrer von Ars versetzt werde.

Nach den Angaben von Katharina Lassagne wusste Vianney noch nichts von «diesen Kombinationen», als er ihr am Donnerstag, dem 1. September, beim Auftragen des kargen Mittagmahles erklärte: «Ich habe gedacht, diesmal *muss* ich gehen. Mein Schwager Melin, der in der Irenäus-Pfarrei in Lyon wohnt, erwartet mich. Ich werde Montagnacht verschwinden. Sie behalten das für sich.»

«O Herr Pfarrer, Sie dürfen nicht fortgehen», erwiderte die arme Katharina und erinnerte ihn an die Geschichte, die kaum zehn Jahre zurücklag: an seinen Aufenthalt in Dardilly, an die Massen, die ihm nachzogen, an seine rührende Heimkehr nach Ars. ... Es half nichts. Beschlossen blieb beschlossen: «Der Bischof kommt meinetwegen nicht in Verlegenheit, er hat Priester genug. ...»

Im Lauf des Samstagnachmittags traf der Generalvikar Poncet in Begleitung von Raymond und Toccanier ein. «Der gute Pfarrer», erzählt der letztere, «nahm uns herzlich auf; er schaute aber sorgenvoll drein.» Am Abend setzte ihm Poncet Anordnungen und

Wünsche des Bischofs auseinander: In Zukunft würde der Pfarrer von Ars alle nur mögliche Hilfe zur Verfügung haben. Dann sprach Raymond bei ihm vor und legte ihm dar, mit welchen Worten er morgen im Hochamt seinen Stellvertreter Toccanier einführen wolle.

Am Sonntagmorgen hielt Toccanier das Hochamt und Raymond, wie ausgemacht, die Ansprache.

Am Nachmittag ging der Generalvikar Poncet nach Trévoux, wo er bei Schwestern der Schlussfeier von Exerzitien vorstehen sollte, während der alte Hilfspriester des Heiligen in sein Heimatdorf, Beauregard, ziemlich nahe bei Ars, abreiste.

«An diesem Tag», schreibt Katharina Lassagne in ihrer «Kleinen Denkschrift», «war die ganze Pfarrei glücklich im Bewusstsein, dass ein Missionar zur Unterstützung unseres heiligen Pfarrers eingetroffen sei; aber ich, wie traurig war ich!»

Wie vor zehn Jahren lastete dieses Geheimnis schwer auf der guten Seele. Gegen acht Uhr abends bat sie Vianney um die Erlaubnis, alles der verschwiegenen Maria Filliat anvertrauen zu dürfen. «Wie Sie wollen», gab er zur Antwort. Und bald sah er die beiden Gefährtinnen in Tränen aufgelöst vor ihn hintreten. «Gehen Sie doch nicht fort», flehten sie ihn an, «gehen Sie doch nicht fort!»

Er konnte nur erwidern, sein Entschluss sei unwiderruflich. Katharina überreichte er einen Brief an Bischof Chalandon. Selbst bei seinem neuen Bischof vermeinte der Pfarrer von Ars die Dinge erzwingen zu müssen.

Seine ersten Illusionen waren zunichte geworden: Auch Msgr. Chalandon werde genauso unnachgiebig sein wie Bischof Devie; hatte doch der junge Würdenträger kürzlich ein Ersuchen des Heiligen im Pfarrhaus von Ars mit den Worten abgetan: «Ich, Sie ziehen lassen, Herr Pfarrer!? ... Dies wäre eine derart große Sünde, dass mir niemand die Lossprechung geben würde!»

Nach ihren ergebnislosen Versuchen waren Maria und Katharina im Gespräch an der Gartentür, des Pfarrhauses stehen geblieben. «Was tun», sagte die eine, «so schwach wie er ist und in diesem Alter – Vianney hatte bereits die 67 überschritten – er kann nicht zu Fuß bis nach Lyon gehen! Sie, Maria, Sie müssen den Esskorb tragen. Wenn es ihm aber schlecht wird unterwegs? Es müsste ein Kutscher kommen und ihn fahren.» «Es ist aber kein Mensch hier, der uns in dieser Stunde helfen könnte.»

Da ging der Sakristan, Bruder Hieronymus, vorüber. Er schien erstaunt, Katharina und Maria vor dem Haus stehen zu sehen. Eine Minute später wusste er alles. Eilig hinterbrachte er die Kunde Bruder Athanasius und beide klopften an die Tür Toccaniers, der in einem Anbau der *Vorsehung* wohnte. Der junge Vikar glaubte, es handle sich um den Ruf zu einem Kranken.

«Ihr könnt euch meine Überraschung denken», erzählt er, «als ich den Bericht der guten Brüder vernahm. Ich wollte ihnen gar nicht glauben. ‹Stellt euch vor das Pfarrhaus›, mahnte ich sie, ‹und sollte der Pfarrer wirklich versuchen zu fliehen, dann ruft mich.›

Um Mitternacht erzitterte meine Tür von drei eiligen Schlägen. Ich lag ganz angekleidet auf meinem Bett. Gleich war ich mit den beiden Brüdern an Ort und Stelle; zusammen spähten wir die Bewegungen unseres heiligen Pfarrers aus, den man dank des Lampenlichts in seinem Zimmer beobachten konnte, wie er den Hut nahm, sein Brevier und seinen Regenschirm. Ich sagte zu den Brüdern: ‹Wir wollen ihn herunterkommen lassen.› Tatsächlich ging er hinunter und begab sich zu Maria Filliat und Katharina Lassagne, die ihn begleiten sollten. Wir spitzten unsere Ohren.

‹Seid ihr fertig?›, fragte er sie beim Eintreten ... ‹Also gut, ziehen wir ab!›

So tritt er heraus, gefolgt von Maria mit dem Esskorb und Katharina mit der Laterne in der Hand. Plötzlich treten wir vor ihn hin. Betroffen schaut er Katharina an, die in Tränen ausbricht. ‹Sie haben mich verraten!›, sagt er streng zu ihr. Bruder Athanasius nimmt sofort das Wort: ‹Wo gehen Sie hin, Herr Pfarrer? ... Sie wollen uns verlassen! Gut, wir werden Sturm läuten.›

‹Und wir werden Ihnen in Prozession folgen›, fährt Bruder Hieronymus fort.

‹Tut es›, antwortet Vianney in einem kurzen, bestimmten Ton, ‹und lasst mich durch!›»

«Machen wir Platz und folgen wir ihm», flüsterte Toccanier seinen beiden Helfershelfern zu. Indessen hatte Bruder Hieronymus der guten Katharina die Laterne aus der Hand genommen; er stellte sich, als ob er Vianney durch die Dunkelheit leuchten wolle, führte ihn aber statt an den Fontblinsteg auf den Weg nach Villeneuve.

Toccanier hatte damit gerechnet, dass der Heilige bei diesem Gang um das Dorf herum zu seiner Ausgangsstelle zurückkehren werde. Aber trotz der tiefen Finsternis hatte der Pfarrer von Ars schnell gemerkt, dass man ihn in die Irre führte. Und nun kam hinter ihm bereits ein Zug getrippelt: voran die Pilgerinnen, die, wie gewohnt, die Nacht in der Halle des Glockenturmes zugebracht hatten, dann folgten die Pfarrkinder, die vom Rufen aufgewacht waren, alle strömten zusammen und riefen, die einen nach ihrem Beichtvater, die andern nach ihrem Pfarrer. Inmitten eines wahren Aufruhrs versuchte Toccanier den Flüchtling zur Vernunft zu bringen. Immer hinter ihm her, gelangte man bis zu dem schwankenden Holzsteg, der über den Bach führte.

Toccanier dachte: Wäre Vianney einmal jenseits des Fontblin und auf dem Weg nach Lyon, werde er sich schwerer aufhalten lassen. Entschlossen reckte sich der Missionar, im Augenblick da Vianney das Brücklein überschreiten wollte, vor ihm auf.

«Lassen Sie mich hinüber! Lassen Sie mich hinüber!», flehte der Heilige, mit Angst und Weh in der Stimme. Unter seinem Arm trug er das Brevier. Dieses entriss ihm Toccanier mit einem unerwarteten Ruck, reichte es der nächststehenden Person hin, die niemand anders als Katharina Lassagne war. «Gehen Sie und kommen Sie nicht mehr zurück», sagte der Missionar zu ihr.

«Geben Sie mir mein Brevier zurück!», rief der Pfarrer von Ars; besann sich und gab Maria Filliat ein Zeichen weiterzugehen: «Nur immer vorwärts! ... Ich werde es in Lyon beten.»

«Was, Herr Pfarrer, Sie wollen all die Stunden des Tages hinbringen, ohne Ihr Brevier zu beten? ... Ein schönes Beispiel!»

Ängstlichkeit sprang in der Seele des Heiligen auf. Es trat ein Augenblick des Schweigens ein. «Ich habe ein anderes Brevier in meinem Zimmer, das von Bischof Devie», sagte er schließlich. «Holen Sie es», flüsterte ihm Toccanier zu, der, ohne es zu ahnen, bereits am Gewinnen war. Vianney kehrte um und schlug, von einer immer zahlreicheren Menge gefolgt, den Weg zum Pfarrhaus ein.

Noch hatte er keine dreißig Meter zurückgelegt, als in der Kirche die Glocke anschlug. Sturm! Es klang schaurig durch die Nacht. «Herr Pfarrer, bereits Angelus!» Der arme Heilige, immer noch arglos und vertrauensselig, warf sich in die Knie und betete die drei Ave mit engelgleicher Innigkeit. «Herr Pfarrer», fügte der schlaue Vikar bei, «wenn wir ein Gesetz des Rosenkranzes für Ihre glückliche Reise beten würden?» Er hoffte Zeit zu gewinnen.

Aber diesmal witterte Vianney die Falle. «Nein», erwiderte er, «ich werde meinen Rosenkranz unterwegs beten.»

«Der Pfarrer von Ars erhob sich», erzählt Toccanier weiter, «holte mit großen Schritten aus, eilte in den Hof und stieg in sein Zimmer hinauf, das ich allein mit ihm betrat. Unterwegs hatte mir Bruder Athanasius kurz mitgeteilt, der Bürgermeister sei benachrichtigt und werde gleich eintreffen.

Um bis zur Ankunft von Graf des Garets Zeit zu gewinnen, stellte ich im Bücherschrank die acht Bände des großen Breviers, ein kostbares Andenken des kürzlich verstorbenen greisen Bischofs, durcheinander. Und im Augenblick, da Vianney seine Hand auf den richtigen Band legte, blieben meine Augen an der Wand auf einem Bildnis von Bischof Devie haften. Ich erinnerte mich, dass der Prälat schon andere Fluchtversuche vereitelt hatte.

Ein Gedanke schoss mir durch den Kopf: ‹Herr Pfarrer›, rief ich in bestimmtem Ton aus, ‹sehen Sie hier Bischof Devie, der Sie vom Himmel herunter streng anschaut! Man muss den Willen seines Oberhirten im Leben achten, um so mehr nach dessen Tod. ... Erinnern Sie sich an das, was er Ihnen vor zehn Jahren gesagt hat!›

Dieser Verweis nahm ihm den Atem; aber mit der Arglosigkeit eines Kindes, dem man mit den Vorwürfen seines Vaters droht, antwortete mir Vianney: ‹Er wird mir nicht grollen, der Herr Bischof, er weiß wohl, dass ich fort muss, mein *armes Leben* zu beweinen.›

Ohne sich noch länger hinhalten zu lassen, griff er nach dem großen Brevier und trat auf die Treppe. Auf dem Treppenabsatz wäre er fast mit Herrn des Garets zusammengestoßen. ‹Als ich ihm begegnete›, erklärte der Bürgermeister, ‹fand ich sein Gesicht verzerrt, traurig, fast düster.› Diesmal hörte ihn unser guter Pfarrer, der sonst mit seinem alten treuen Freund so gesprächig war, kaum an. Das ging dem Grafen derart nahe, dass er auf mich zukam mit den Worten: ‹Er fühlt sicher sein Ende nahe!›»

Während nun die Frauen in der Kirche beteten, «und zu Gott flehten, dass er», wie Katharina Lassagne sich ausdrückt, «die Absichten seines Dieners vereitle», hatten die Männer das enge Pfarrhöflein besetzt. Vom Sturmläuten aufgeschreckt, hatten manche zuerst an einen Brand gedacht oder an einen Angriff von Dieben und waren mit Eimern, Gabeln und Stöcken herangestürmt und schoben und drängten sich nun im fahlen Laternenlicht.

Als Vianney erschien, versperrten sie ihm den Weg, flehten ihn an, doch nicht fortzugehen. In dem starren Gedanken, er könne doch einen Ausgang finden, schritt er von Tür zu Tür und bat: «Lasst mich durch! Lasst mich durch! ...»

«Was war das doch für eine ergreifende Szene, sie vergegenwärtigte so gut die Gefangennahme unseres Heilandes am Ölberg!», bemerkt die fromme Katharina.

«Ich war an einem der Ausgänge aufgestellt», erzählt Michael Tournassoud, der Dorfschuster. «Der Herr Pfarrer nahm mich am Arm, halb lächelnd, halb weinend, und schob mich zur Seite. Er konnte die Tür nicht öffnen.»

Durch sein Bitten und Flehen erreichte er schließlich doch, dass man ihn über die Schwelle treten ließ. Zwischen Pfarrhaus und Kirche angekommen, schien er den Weg mit seinem Blick abzuschätzen. «Er war sicherlich immer noch entschlossen, eine endgültige Flucht zu versuchen», bemerkte Toccanier. Da trat aber etwas Neues ein, das den Dingen eine ganz andere Wendung gab.

Die Frauen strömten aus der Kirche, mischten sich unter die Männer und warfen sich dem Heiligen zu Füßen. Es waren zumeist Fremde, die von fernher zum Beichten gekommen waren. Sie brachen in Tränen aus und schrien: «Mein Vater, lassen Sie mich dran, bevor Sie gehen! ... Hören Sie doch mich zu Ende! ... O nein, guter Vater, verlassen Sie uns doch nicht!»

«In diesem Augenblick», schreibt Toccanier, «versuchte ich eine höchste Kraftanstrengung und richtete an ihn folgende Worte, die mir bei ruhiger Überlegung nie eingefallen wären: ‹Wie?! Sie, Herr Pfarrer, der Sie das Leben der Heiligen auswendig kennen, Sie vergessen den Eifer des hl. Martinus, der, die Hand auf seiner Krone, ausruft: ‹Ich weise die Mühe nicht ab›. ... Und Sie wollen das Kampffeld verlassen! ... Und das Beispiel des hl. Philipp Neri? ...

Er sagte: stände er auf der Schwelle des Paradieses und verlangte ein Sünder nach seiner priesterlichen Hilfe, er würde gern den himmlischen Hof verlassen und diesen Menschen anhören. ...

Und Sie, Herr Pfarrer, Sie fänden den Mut, die Beichten dieser Männer und Frauen, die von so weit hergekommen sind, nicht anzuhören!› Auf diese Worte hin setzte das Flehen der Pilger mit doppelter Gewalt ein.» Vianney begriff, dass Gottes Wille aus diesen heißen Gebeten zu ihm sprach.

«Kommen Sie in die Sakristei», flüsterte ihm Graf des Garets ins Ohr, «ich habe Ihnen etwas mitzuteilen.» «Es ist mir recht», antwortete der Pfarrer von Ars, und der Menge rief er zu: «Wir wollen in die Kirche gehen!»

Er trat zuerst ein, verharrte lange in Anbetung und schritt dann in die Sakristei. Hier wollte Herr des Garets Toccaniers Gedanken noch einmal aufgreifen. Er fand nicht die nötige Zeit. «Ohne eine Antwort», berichtete der Graf, «kehrte mir Vianney schroff den Rücken, nahm sein Chorhemd und ging auf den Beichtstuhl zu.» «Man trug ihn mehr, als dass er ging», sagt Toccanier. Wie er es jeden Morgen beim Betreten der Kirche tat, kniete er sich auf der Altarstufe nieder, betete mit dem Volk fünf Vaterunser und Gegrüßet-seist-du-Maria und begann mit dem Beichthören.

Am Montagmorgen las er seine Heilige Messe gegen sieben Uhr. «Nicht wahr, Poncet ist da?», fragte er Toccanier, als er in die Sakristei zurückkam. «Ja, er hat Sie sprechen wollen.» «Ah, das ist gut.» Und nach seiner Danksagung ging der Heilige ruhig, als ob gar nichts Besonderes vorgefallen wäre, auf den Generalvikar zu und begrüßte ihn.

Poncet, den ein Wagen während der Nacht im Pfarrhaus von Trévoux abgeholt hatte, ließ ihn nochmals wissen, es sei der feste Wille des Bischofs, ihn in der Diözese zu behalten. Hierauf trafen noch der Pfarrer Beau von Jassans, Vianneys Beichtvater, und Raymond ein, die man ebenfalls herbeigerufen hatte. Beide sprachen zusammen mit dem Diener Gottes.

«Man hatte uns bereits von den nächtlichen Vorkommnissen in Kenntnis gesetzt», schreibt Raymond. «Als er sich in seinem Hof umstellt sah, hatte er etwas Ungeduld gezeigt, aber die Überreizung war derart stark, dass man ihn von jedem Fehler freisprechen konnte; er war in jenem Augenblick sicher seiner selbst nicht mehr mächtig. Diese Nacht bedeutete eine der härtesten Prüfungen seines Lebens: Die Vorsehung hatte ihm diese Stunde zugedacht, um ihn in seiner Tugend noch zu vervollkommnen.

Als wir in der Morgenstunde jenes 5. Septembers vor ihn traten, hatte er seine ganze Ruhe wiedergefunden, seine volle Ergebung in den Willen Gottes, den er im Wunsch seines Bischofs erkannte. Wir erinnerten ihn an die Vorfälle der letzten Nacht, worauf er einzig mit der Bemerkung antwortete: ‹Ich habe Kind gespielt.›»

Das Auffallende an der ganzen Geschichte ist die Unentschlossenheit und Unvorsichtigkeit des Pfarrers von Ars. Während dieser tragischen Nacht vom 4. zum 5. September 1853 zögert er, tastet er; er hat zwei Personen in sein Geheimnis eingeweiht, die ihn bereits einmal vor zehn Jahren verraten hatten und ihn ein zweites Mal verraten müssen. Es wäre ihm so leicht gewesen, Franz Pertinand zu ersuchen, er möge ihn im Wagen nach Lyon fahren. Er scheint aber überhaupt nicht auf den Gedanken gekommen zu sein.

Was wäre aus ihm an jenem Montag, dem 5. September, geworden, falls ihm der Fluchtversuch geglückt wäre? Nach den Unterlagen, die wir besitzen, hätte der Plan folgendermaßen durchgeführt werden sollen: Vianney, der mehr auf seinen festen Willen als auf seine Kräfte zählte, wäre gegen neun oder zehn Uhr morgens in Lyon eingetroffen; kurz darauf hätte ihn ein Wagen bei seinem Schwager Melin abgeholt und ihn zu Unserer Lieben Frau von La Neylière gebracht.

Es scheint festzustehen, dass dort Colin dem Pfarrer von Ars ein Zimmer bereit hielt und persönlich auf ihn wartete. Zur abgemachten Stunde stand der ehrwürdige Gründer lange auf der Schwelle des Hauses und teilte einem seiner Mitbrüder, dem Pater Jobert, seine Verwunderung mit, dass er immer noch nichts sehe.

Wir aber wissen, weshalb Vianney nicht bis La Neylière gekommen ist. Nach glaubhaften Zeugnissen «hatte der weise und kluge Colin früher Vianney den Rat gegeben, auf seinem Posten zu bleiben, weil er dort mehr Gutes wirken könne».

Pater Leonard hatte ihm aus dem gleichen Grund vom Eintritt in den Kapuzinerorden abgeraten. Auch dieser dritte Fluchtversuch des Pfarrers von Ars bleibt eine schmerzliche, geheimnisvolle, unerklärliche Tatsache. Katharina Lassagne schreibt: «Mit seinem Fortgehen glaubte er den Willen Gottes zu erfüllen.»

Als er aber kurz hernach von einem Geistlichen einen Brief erhielt, der dies Verlangen nach Einsamkeit als eine Versuchung des Teufels auslegte, machte diese Beurteilung einen tiefen Eindruck auf ihn.

«Sein letzter Fluchtversuch», sagt Graf des Garets, «wurde für ihn zu einer wahren Erleuchtung. Von da an hat er sich jeden derartigen Gedanken versagt, wenigstens sprach er nicht mehr davon. Er gab sich ganz und rückhaltlos seinem seelsorglichen Wirken hin: Er ging noch früher in die Kirche und blieb noch länger im Beichtstuhl.» Von da an hat er keinen Versuch mehr gemacht, seine Pfarrei zu verlassen. Aber Fremde suchten ihn seinem Dorf zu entführen. In einer Nacht des Jahres 1854 hielt gegen halb zwölf Uhr ein Zweispänner am Kirchenchor, es stiegen Männer aus und stellten sich am Eingang zum Pfarrhaus auf. Als Vianney erschien, fasste ihn einer am Arm. «Wenn Sie fort wollen», sagte er zu ihm, «hier steht ein Wagen bereit.» «Ich habe keine Erlaubnis von meinem Bischof», antwortete der Heilige, machte sich los und verschwand eiligst in der Kirchenvorhalle.

Zu Weihnachten desselben Jahres gingen ihm alarmierende Nachrichten aus Dardilly zu. Franz, sein älterer Bruder, war schwer krank. Der Heilige hatte seinen ehemaligen Arbeitskameraden immer zärtlich geliebt, diesen großen Bruder, der seit dem Tod des Vaters im Jahre 1819 das Familiengut inne hatte und bewirtschaftete. Zudem war Franz ein sehr braver Christ geblieben und hatte nie, auch nicht in der Erntezeit, sonntags gearbeitet. «Der die Erde vom Regen nass werden lässt», lautete sein Spruch, «wird sie auch wieder zu trocknen wissen.»

Vielleicht hat er dieses Wort von den Lippen seines Bruders Johannes-Maria aufgefangen. Es ging dem Pfarrer von Ars zu Herzen, seinen Bruder krank zu wissen, und er schrieb an ihn: «Ich habe Nachrichten über dich erhalten. Man hat mir das verheimlicht und ich war sehr betrübt darüber. Ich bitte dich, mir genau mitzuteilen, wie es dir geht. Ich wäre bereits abgereist, wenn es nicht die Oktav (von Weihnachten) wäre.

Ich bitte dich, gib mir sofort Nachricht, um mir dieses Weh abzunehmen. ... Lebwohl, mein lieber Bruder, ich hoffe dich bald besuchen zu können. Herzliche Grüße an meine Schwester, die sich, wie ich denke, schweren Kummer macht.»

Aber die Tage vergingen und Franz wartete immer noch auf seinen Bruder. Am 25. Januar bat er seinen Sohn Anton, nach Ars aufzubrechen und den so innig ersehnten Bruder zu holen. So erfuhr man unter den Einwohnern von Dardilly, dass Vianney komme. «Wenn man ihn dieses Mal zurückbehalten würde?», tuschelten sie untereinander.

Von dem Erlebnis berichtet ein Brief Toccaniers, den er drei Tage nach der Fahrt, am 29. Januar, von Ars aus an den Bischof von Belley richtete: «Bischöfliche Gnaden!

Ich kann Ihnen mitteilen, dass mir die Obhut meines heiligmäßigen Pfarrers von nun ab keine Sorge mehr bereitet: Die Vorsehung wacht sichtlich über ihn, um ihn uns zu erhalten.

Hier die Tatsachen: Am 26. dieses Monats gab Vianney dem Drängen seines Neffen nach und wollte sich mit ihm nach Dardilly zu seinem kranken Bruder begeben. Er kam selber, mich davon in Kenntnis zu setzen, und fügte bei: ‹Schade, dass ich mich nicht vorbereitet habe; ich wäre nicht mehr zurückgekommen.›

Da ich mich diesem brüderlichen Liebesdienst nicht widersetzen konnte, bot ich mich als Reisebegleiter an. Wir besteigen das Gefährt, mit uns sein Neffe, der Fuhrmann und der Bruder Sakristan Hieronymus, den Vianney anfänglich daheim lassen wollte.

Einige Leute aus Ars und die Pilger knien nieder und drängen sich um den Segen unseres heiligen Pfarrers, gehen dann in die Kirche, ihm glückliche Reise und baldige Heimkehr zu erbitten. Ihre Gebete sollten in diesem letzten Punkt über alles Erwarten erhört werden. Kaum ans Fahren gewohnt und geschwächt durch die Krankheit, die Sie kennen, konnte er das Schütteln des Wagens nicht lange ertragen. In Parcieux angelangt, noch ein gutes Stück vor der Saônebrücke, sagte er: ‹Ich kann nicht weiter, es wird mir schwindelig.› Die Wege waren von Schnee und Eis bedeckt. Schon die *Grandes Balmes* hinauf hatte er sich unwohl gefühlt, war vom Wagen gestiegen und hatte die Steigung zu Fuß zurückgelegt. Dann hatte ihn ein Zittern befallen. Man wollte im Gebüsch einen Stock für ihn schneiden. Er widersetzte sich, weil ‹das ein Diebstahl gewesen wäre›. Einem Mann, der mit Rebpfählen vorbeikam, kaufte er einen für zwei Franken ab. So legte er langsam unter Auf- und Absteigen vom Wagen drei bis vier Kilometer zurück.

Endlich kehrte er in Parcieux mit dem Fuhrmann und dem guten Sakristan nach Ars um. Da ich seinen Herzenswunsch erriet, begleitete ich seinen Neffen bis Neuville, wo wir einen andern Wagen auftrieben. Die Wege waren so glatt, dass wir erst bei einbrechender Nacht in Dardilly eintrafen. Welch eine Enttäuschung war das für den armen Bruder, den Einzigen, den er erwartet hatte, nicht eintreffen zu sehen! Immerhin freute er sich über mein Kommen. Gegen zehn Uhr abends hielt es der Pfarrer von Dardilly, der Franz bereits die hl. Wegzehrung gereicht hatte, für angezeigt, ihm die letzte Ölung zu spenden.

Es drängte mich, meinen heiligen Pfarrer wiederzusehen und deshalb kehrte ich bereits am nächsten Morgen nach Ars zurück. Ich fragte Bruder Hieronymus, ob die Heimfahrt ohne Zwischenfall verlaufen sei. «Wunderbar! Sie wissen, wie geschwächt Vianney ist. Aber siehe da, auf dem Rückweg nach Ars war er nicht mehr der gleiche Mensch: Er hatte sich wieder erholt und war erst an der Pfarrhauspforte vom Gefährt gestiegen. Sofort nach seiner Ankunft begab er sich in den Beichtstuhl und am Abend betete er wie immer die Nachtgebete vor.»

Hier ein weiterer interessanter Zug von dieser Fahrt. Bei der Steigung von Trévoux kreuzte der Wagen, der Vianney zurückbrachte, die Postkutsche Ars-Lyon. Sie war mit Pilgern voll besetzt, die enttäuscht den Rückweg angetreten hatten, weil sie den, den sie suchten, nicht gefunden hatten.

Glücklicherweise erkannten sie den heiligen Priester, stiegen sofort ab, ließen ihren Wagen leer weiterfahren, begleiteten Vianney bis ins Dorf und folgten ihm in die Kirche. ‹Unter diesen Pilgern gab es doch sicher alte Sünder?›, fragten wir ihn.

‹O ja, mein Freund, es waren Leute darunter, die seit vierzig Jahren nicht mehr gebeichtet hatten.› ‹Sie sehen, Herr Pfarrer, unser Herrgott hat Sie selber angehalten und hat Sie zurückgeführt zu dem Werk, das ihm über alles lieb ist: das Heil der Seelen.› Darauf erwiderte er nichts.

In der Voraussicht, dass die Einwohner von Dardilly die Krankheit seines Bruders ausnutzen und mit neuen Bitten an Vianney herantreten würden, hatte ich klugerweise an den Kranken die Frage gestellt, ob er seinem Bruder etwas Besonderes mitzuteilen habe. ‹Nein›, hatte Franz Vianney geantwortet, ‹ich wünschte einzig ihn zu sehen.› Bei meiner Rückkehr überbrachte ich diese Worte meinem heiligen Pfarrer. Ich hatte gut daran getan, denn zwei Stunden später trifft der Vikar von Dardilly ein. ‹Ihr Bruder wünscht Sie unbedingt zu sehen. ... Wenn Sie nicht mit dem Wagen kommen können, nehmen Sie die Bahn.›

‹Ich kann nicht nach Dardilly kommen, ich bin so schon fast auf der Strecke geblieben.› ‹Aber, Herr Pfarrer, Ihr Bruder muss Ihnen etwas Wichtiges mitzuteilen haben. Sonst wäre ich nicht gekommen. ...› ‹Nein, mein Freund, ich weiß, um was es geht; der Missionar hat mir die Worte meines Bruders überbracht.›»

Die Krankheit von Franz führte zum Tod. Sie zog sich aber noch lange Tage hin und doch sollte er nicht mehr den so berechtigten Trost erfahren, in den letzten Augenblicken seinen treu geliebten Bruder Johannes-Maria an seiner Seite zu haben.

Acht Tage vor seinem Hinscheiden sagte er zu seiner Tochter, die an seinem Bett weinte: «Tröste dich; es wird bis zum Karfreitag gehen.» Tatsächlich ging Franz Vianney erst am Karfreitag, dem 6. April 1855, zu Gott hinüber.

Am Karsamstag konnte der Pfarrer von Ars auch nicht einmal daran denken, zur Beerdigung seines Bruders zu gehen. Still weinte er in sich hinein im Beichtstuhlverschlag, wo er wegen der Osterbeichten achtzehn Stunden eingesperrt sitzen musste.

«Auch in das hatte er sich hineingefunden», schreibt Katharina Lassagne feierlich in ihrer so kostbaren Denkschrift. «Er hatte erkannt, dass die Bewohner von Dardilly auch dieses Mal einen neuen Versuch unternehmen würden, ihn zurückzuholen. ...

Es drängt sich einem der Gedanke auf, dass Gott ihm die auffallende Müdigkeit sandte, um ihn vor dieser Falle zu bewahren. So tut Gott doch, was ihm gefällt, trotz aller Berechnungen der Menschen.»

Hinweistafel über dem Eingang zum Pfarrhaus

Das Charakterbild des Heiligen

Wie ein Augenzeuge berichtet, fiel am Pfarrer von Ars, wenn er nicht am Altar, im Beichtstuhl oder auf der Kanzel wirkte, äußerlich weiter nichts auf. Er wollte so gern zurücktreten, verschwinden. Menschen, die ihm zufällig begegneten, besonders wenn er wie ein Armer, der sein Essen abholt, mit seinem Milchkrüglein in der Hand vom Waisenhaus her über den Dorfplatz kam, empfanden es wie eine Enttäuschung.

«Das soll der Pfarrer von Ars sein!», rief eine Pariserin aus, die sich von ihm ein ganz anderes Bild zusammengeträumt hatte.

«Ei ja», erwiderte der demütige Priester mit seinem gütigsten Lächeln. «Ihnen geht es nicht wie der Königin von Saba, die Salomon zu sehen kam: sie war *über*erstaunt, und Sie *unter*.»

Aber die Fremden, die von Glaube und Sehnsucht nach einem Heiligen hierhergedrängt kamen, die echten Pilger, ließen sich von dem äußeren Schein nicht täuschen. Sie waren von Bewunderung ergriffen. Sie sahen die Schönheit seiner Seele aufleuchten und seine äußeren Züge verklären, die ohne diesen inneren Glanz ziemlich gewöhnlich gewesen wären.

Vianney war etwas weniger als mittelgroß. Gegen Ende seines Lebens trug er das Haupt auf die Brust gesenkt und die Schultern waren vorgebeugt, was ihn noch kleiner erscheinen ließ.

«Sein Gesicht war abgemagert, sozusagen eingefallen.» «Schmal fiel es von den Wangen zum Kinn ab», wie ihn ein zeitgenössischer Journalist kennzeichnet, «und hatte so die Form eines Herzens.»

In der Jugend von leicht gebräunter Gesichtsfarbe, hatten ihn Sonne und frische Luft dunkler gefärbt, bis er von dem endlosen Sitzen im Beichtstuhl ganz blass geworden war. Frühzeitig war sein Gesicht von tiefen Runzeln zerfurcht, heilige Narben seiner Nachtwachen, seiner heroischen Überanstrengungen. Sein dichtes, festes Haar, das er auf dem Vorderkopf glatt geschoren und nur hinten länger trug, wurde nie ganz weiß.

Die Stirn war hoch, breit und klar. Die Bögen der Brauen sprangen scharf hervor. Aus zwei dunklen Höhlen leuchteten zwei blaue Augen mit einer seltsamen übernatürlichen Helle, blitzte ein Blick, kindlich und tief, scharf und durchdringend zugleich. «Er schien mein Inneres zu durchschauen», sagt der Geistliche Dionysius Chaland;

«wenn seine Blicke den meinigen begegneten, durchbohrten sie meine Seele bis auf den Grund. Ich kannte eine Person, die sich davor fürchtete.» Zuweilen «strahlten seine Augen wie Diamanten».

«Bei der Unterhaltung war man von seinem Blick gebannt, der die Dinge von jenseits der Welt zu schauen schien.» Gewöhnlich aber lag in stillen Stunden der Schleier einer milden, ergebenen Melancholie über seinen Augen; dann mochten wohl seine Gedanken von Gott zu den Menschen gehen, die Gott beleidigten.

Daher vielleicht sein außerordentlich bewegliches Mienenspiel. Nicht dass er an einem Zucken oder an krankhaften, unschönen Verzerrungen gelitten hätte. Aber seine Züge bekundeten in ein und derselben Minute Freude und Trauer, je nachdem er an die Liebe und Güte Gottes oder an das Elend der «armen Sünder» dachte.

Wiederholt hat man versucht, seine Züge festzuhalten, wozu er sich aber nie herbeilassen wollte. «Ich weiß, dass einer meinen armen *Karneval* erhaschen wollte», spaßte er eines Tages, «aber ich habe mich gut gedreht und ihm die Geschichte verdorben.» Um von ihm ein treffendes Bild zu schaffen, bedurfte es des schnellen Blickes, des Talentes und auch der Ausdauer eines Emilien Cabuchet (er schuf die Statue des hl. Pfarrers von Ars).

In seiner Jugend sah Vianney kräftig aus. Aber sein Fasten hatten ihn schließlich derartig ausgemergelt, dass er sich gegen Ende seines Lebens nur noch durch Willensenergie auf den Beinen zu halten schien. Seine fleischlosen, ganz von Äderchen durchzogenen Hände spiegelten deutlich die entsetzliche Magerkeit des armen, von Entbehrung und Arbeit entkräfteten Körpers.

Trotzdem «hatten bei seiner äußerst nervösen Konstitution weder Alter noch Arbeit seinen Gliedern auch nur das Geringste von ihrer Geschmeidigkeit und Beweglichkeit genommen. Ihm wurde das seltene Glück zuteil, bis zum letzten Augenblick den vollen Gebrauch jener Organe und Sinne zu besitzen, deren er zur Erfüllung seiner Mission bedurfte. So blieb seinem Gehör die ganze Feinheit, seinem Blick die Schärfe, seinem Gedächtnis die ganze Frische erhalten. Trotz seines Alters drängte sein Schritt eilig vorwärts wie bei einem Menschen, der seine Stunden zählt und der trotz seiner Erschöpfung mit mutigem Eifer den Dienst Gottes ausführen will.»

Der Himmel scheint ihn sogar körperlich auffallenderweise gestärkt zu haben. «Er hatte noch so viel Kraft, dass er die große, sehr schwere Fahne, die jeder andere nur mit Mühe in die Höhe zu heben vermochte, aus der Kirche hinaustragen konnte.» Beim Pfarrer von Ars verspürte man durch die Hülle seines unaufhaltsam abnehmenden und wie durchsichtigen Leibes, die Seele – man schaute sie. Sie glänzte auf seiner Stirn, in seinem Auge; und auf ihrem lauteren Grund entdeckte man schlichte Einfalt, edle Zartheit und reine Güte. In seinem Benehmen fand sich auch nicht die Spur von Geziertem oder Berechnetem, nichts von dieser rein weltlichen Liebenswürdigkeit, in die sich so viele Menschen wie in eine Verkleidung vermummen. Auch mit den höchsten Persönlichkeiten verkehrte er einfach und völlig ungezwungen. Als ihn der Erzbischof von Lyon, Kardinal Bonald, der wie er im Jahr 1786 geboren war, einmal aufsuchte, ging Vianney freudig auf ihn zu und streckte ihm zuerst die Arme zum Willkommen entgegen. «Ich war mit ihm nicht anders als mit dem einfachsten Pfarrer», sagte nachher der arme alte Priester von dieser denkwürdigen Zusammenkunft.

Bischof Ullathorne von Birmingham schrieb am 14. Mai 1854 nach einem Gespräch mit Vianney: «Er hat uns mit einer entzückenden Kindlichkeit aufgenommen; er war ganz Demut und Güte und hatte nichts von jener übertrieben-gemachten Art, die weiter nichts als Vorspiegelung von Demut ist. In seiner reinen Demut verwob sich ein abgeklärtes Naturell mit der herzlichen Höflichkeit eines Heiligen.»

Ein junger Mann von hoher Geburt war aus Marseille nach Ars gekommen, um bei dem Heiligen zu beichten. Als er nachher Bruder Athanasius, den Vorsteher der Schule, traf, stellte er ihm verschiedene Fragen: «Bruder, aus was für einer Familie stammt denn, bitte, Herr Vianney? ... Wo hat er seine Studien gemacht? ... Welchen gesellschaftlichen Verkehr hat er gepflegt? ... Welche Stellen hat er vor Ars bekleidet?» Der Bruder gab ihm zu verstehen, der Pfarrer sei ein Bauernsohn, habe keine besonderen Studien gemacht – worauf der Edelmann sein Erstaunen nicht zurückhalten konnte.

«Warum haben Sie mir eigentlich diese Fragen gestellt?», erkundigte sich schließlich Bruder Athanasius.

«Ich war betroffen von der ausgesuchten Höflichkeit, mit der mich Vianney empfing. Bei meinem Eintreten in die Sakristei hat er mich sehr liebenswürdig gegrüßt, hat mir meinen Platz auf dem Betstuhl angewiesen und hat sich erst nachher selber gesetzt. Nach erfolgter Beichte ist er zuerst aufgestanden, hat mir die Tür geöffnet, hat mich verabschiedet und hat dann mit der gleichen Zuvorkommenheit den nächsten Pönitenten eingelassen.»

Bruder Athanasius erwiderte, der Pfarrer behandle alle in der gleichen Weise. «Ich verstehe», sagte der andere, «er ist ein Heiliger. Er besitzt jene Güte, welche die Quelle aller wahren Höflichkeit ist.»

Mochte er in seinem Zimmer oder in der *Vorsehung* empfangen, nie setzte er sich, sondern hieß die Leute Platz nehmen. Sein warmer Willkomm lautete: «Ich grüße Sie ehrerbietigst»; er wusste jedoch die Formel auf Rang und Freundschaft abzustimmen.

Sicher stach er in seiner schäbigen Soutane ziemlich stark von dem Äußeren des hl. Franz von Sales ab, aber eine ganze Menge liebenswürdiger Züge hätten würdig in das Leben des Bischofs von Genf gepasst.

Am 23. Juni 1855 sandte ihm jemand aus Ars zu seinem Namenstag eine Torte, die mit vier Figuren, einem Ochsen, einem Löwen, einer Giraffe und einem Täubchen verziert war. Bei Überreichung des Kuchens, mit dem er andere beglücken wollte, hielt er eine kleine Ansprache. «Der Ochs», sagte er, «versinnbildet die Kraft, der Löwe den Mut, die Giraffe die Seele, die mit großen Schritten nach dem Himmel ausholt, die Turteltaube die Seele, die über den Dingen dieser Welt schwebt. ...»

«Man stieß und drängte sich, nur um ihn ganz aus der Nähe sehen und mit ihm sprechen zu können», erzählt Martha des Garets. «Es war ein einzigartiges, köstliches Schauspiel, wenn man in die Sakristei trat und er sich einem mit seiner liebenswürdigen Miene und ein paar frommen Ermahnungen zuwandte.»

Gern stellte sich dieses Mädchen zusammen mit seinen Geschwistern auf den Weg des Heiligen. Väterlich streichelte er die Knaben, die Mädchen mussten sich mit seinem Lächeln zufrieden geben. Im Vorübergehen mahnte er sie: «Liebe Kinder, o meine Kinder, habt den lieben Gott recht lieb.» Ein reicher Bauer aus Ars, Andreas Benedikt Trève, der seinen Pfarrer lange und genau beobachten konnte, zeichnet ihn folgendermaßen: «Trotz seiner natürlichen Strenge, die sich in seinem durchdringenden Blick äußerte, war er doch vom angenehmsten Umgang. Hätte man nicht den Heiligen in ihm verehrt, man hätte wenigstens den mildesten Menschen in ihm lieben müssen.» Diese Milde bestand keineswegs aus Schwäche. Wenn nötig nahm er auf Personen besondere Rücksicht, ließ sich aber nie über Gebühr festhalten. Seine Zeit war ihm kostbar; hatte er das Notwendige gesagt, ließ er sich nicht gern länger aufhalten. «Ich habe viel zu tun, ... ich habe es eilig», hielt er zudringlichen Menschen furchtlos entgegen.

Bedurfte ein Armer oder Betrübter eine Viertelstunde und auch mehr, so gewährte er ihm die Unterredung ohne weiteres. Sprachen Hochgestellte nur zu einem Gruß bei ihm vor, so hielt er sie nicht über die unbedingt notwendige Zeit zurück. Frau Mandy-Scipiot sah einst «im Vierspänner eine hochadelige Familie vorfahren, die im kleinen Sprechzimmer empfangen wurde, das der Heilige am Eingang des Hofes hatte einrichten lassen. Der Besuch dauerte fünf Minuten, nach deren Verlauf die Familie wieder heraustrat, vorher so entzückt über die ihr gewordene Ehre, nunmehr enttäuscht über sein schnelles Verschwinden». Gelegentlich wusste er die Leute in die Schranken zu weisen. Eines Tages wurde er aus der Menge von einem Mann dreist angerufen. «Wer sind Sie, mein Freund?», fragte der Heilige den Fremden. «Protestant», erwiderte der andere. «Oh, mein *armer* Freund!», gab Vianney zurück und betonte dabei jedes Wort. ... «Ja, Sie sind arm, sehr arm: ihr Protestanten habt nicht einen einzigen Heiligen, dessen Namen ihr euren Kindern geben könnt. Ihr müsst eure Vornamen der katholischen Kirche entlehnen.» Sprachs und schritt seines Weges weiter.

«Ich warte nirgends, nicht einmal im Vatikan», erklärte ihm eine Dame, die ihn mit allerlei Titeln zu blenden versuchte und sich vor den andern an den Beichtstuhl herandrängen wollte.

«Oh», antwortete der Diener Gottes mit sanftem Spott in der Stimme, «aber vor dem Beichtstuhl des armen Pfarrers von Ars werden Sie wohl warten müssen.»

Im August 1854 kam ein junger Fant nach Ars. «Herr Pfarrer», redete er den Heiligen an, der durch eine Pilgergruppe von der Kirche ins Pfarrhaus schritt, «Herr Pfarrer, ich möchte mit Ihnen einige religiöse Fragen diskutieren!»

«Sie, mein Freund», fertigte Vianney ihn ab, «*Sie* über Religion diskutieren? ... Davon wissen Sie weniger als ein Abc-Schütze in der Christenlehre. Sie sind ein Ignorant, mein Freund, ein Ignorant.»

«Fräulein, in welchem Monat des Jahres reden Sie am wenigsten?», fragte er nach einem bekannten Scherz eine Person, die ihn schon oft mit ihrem leeren Geplapper belästigt hatte. Und auf die Antwort dieser Schwatzbase, sie wisse es nicht, erklärte ihr der Heilige: «Das muss im Februar sein, denn der ist um drei Tage kürzer als die andern», und milderte mit einem gütigen Lächeln seine Bosheit, um die gute Seele nicht zu verletzen.

«Vianney war von Natur aus ein Gemütsmensch», sagt der Geistliche Toccanier, der ihm in diesem Punkt verwandt war. «Wenn er nur einem Kranken, armen Waisenkindern, einer Mutter oder Gattin in Trauer begegnete, verriet sich seine innere Ergriffenheit unwillkürlich durch Tränen, die er gar nicht zu verbergen suchte.»

«Er war», nach Frau des Garets, «sehr empfindsam, ja, ich möchte sagen, übermäßig empfindsam.» Aber diese Empfindsamkeit hatte nichts Krankhaftes an sich. Wären andere überlastet, gehetzt, bedrängt worden wie er, sie wären mindestens entsetzlich nervös geworden.

Aber sein inneres Gleichgewicht und noch mehr seine wundersame Tugend verliehen ihm für jeden Augenblick das notwendige Verhalten. Man sah ihn «stets gleich gestimmt, immer zuvorkommend, wie unterschiedlich man ihn auch behandeln mochte».

«Nie hatte in seinem Herzen ein Rachegedanken Raum», schrieb von ihm sein erster Aushilfspriester Raymond, der ihn wahrhaftig in diesem Punkt kennen musste. Seine Art war: lieben, verzeihen, danken. Für reine Seelen verspürte er eine unwillkürliche Zuneigung. Um ihrer Unschuld willen ging er mit Kindern wunderbar zart um. Auf dem Weg hielt er an, sprach mit ihnen und ließ seinen Blick mit unsagbarer Milde auf ihnen ruhen. Es war seine größte Freude, den Waisenkindern der *Vorsehung* beim Spielen zuschauen zu können. Den Kindern gegenüber verhielt er sich mit entzückender Unbefangenheit. Diese unschuldigen Kleinen durften sich bei ihm alles herausnehmen.

Im Jahr 1852 stellte sich eines Tages nach der Elf-Uhr-Christenlehre ein Mädchen auf die Zehen und rupfte ihm ein Haar aus, das länger war als die andern. «Kleine, habe den lieben Gott lieb!» – mit diesem Wort lächelte er ihr ruhig zu.

Im Jahr 1858 brachte eine Mutter aus Lyon ihre beiden Knaben nach Ars. Der Ältere wollte sich über seinen Beruf Rat holen. Er wohnte der Heiligen Messe des Dieners Gottes bei. In die Sakristei zurückgekehrt, legte Vianney, noch ganz in seine ekstatische

Reliquienkapelle in Ars mit dem Herzen des Pfarrers

Inneres der Basilika «de la Chasse» in Ars

Sammlung versenkt, langsam die heiligen Gewänder ab. Priester und Volk hielten sich etwas im Hintergrund, um nachher der Reihe nach mit ihm zu sprechen. Der kleine Lyoner Knabe hatte sich hindurchgedrängt und wurde mit einem Lächeln vom Pfarrer von Ars empfangen.

«Was willst du, Kleiner?», fragte er ihn mit jener leicht zittrigen, aber so gütigen Stimme, die man nie mehr vergessen konnte, wenn man sie auch nur einmal gehört hatte.

«Herr Pfarrer, ich möchte gern wissen ...»

«Aus dir wird ein guter Priester», nahm ihm Vianney ohne auch nur das geringste Zögern das Wort ab.

Der Jüngere, kaum sechsjährig, hörte von der Geschichte. Vor einigen Wochen hatte man ihm eine Fibel in die Hand gedrückt und er empfand für das geheimnisvolle Buch eine wachsende Abneigung. «Ich werde den Pfarrer von Ars fragen», erklärte er seiner Mutter, «ob ich lesen lernen soll.»

Als am nächsten Tag Vianney aus der Kirche ins Pfarrhaus ging, entdeckte er in der Menge den kleinen Gernegroß, der mit ihm zu sprechen wünschte.

«Herr Pfarrer», fragte der Erstklässler, «soll ich lernen oder spielen?»

«Spielen, liebes Kind, das passt für dein Alter.»

Nie wurde ein Bescheid des Heiligen mit größerem Jubel aufgenommen. «Mama», schrie der Knirps triumphierend, «der Herr Pfarrer hat mir gesagt, ich soll spielen.»

Äußerst sensibel war Vianney für Gefühle echter Freundschaft. «Er schätzte jeden Erweis einer solchen Gesinnung hoch ein und erwiderte ihn oft mit überschwänglicher Innigkeit.» Die Heiligkeit trocknet und engt eben das Herz nie ein, sondern stimmt es weit und weich. «Die Heiligen waren *weichherzig*», lautet ein Ausspruch des Pfarrers von Ars. «Ein reines Herz», war ein anderes seiner Worte, «muss lieben, weil es zur Quelle aller Liebe, zu Gott, hingefunden hat.»

Während der Choleraepidemie des Jahres 1854 hielt sich Toccanier drei Wochen in seiner Heimat Seyssel auf. Heimgekehrt, drängte es den jungen Missionar, seinen Pfarrer wiederzusehen, und er stellte sich vor dessen Beichtstuhl, wo der Heilige schon seit Mitternacht eingepfercht war. Vianney erhob sich sofort und umarmte ihn zärtlich. «So sind Sie wieder zurück, lieber Freund», redete er ihn mit unterdrückter Stimme an, «oh, das freut mich. Die Zeit ist mir lang geworden! Ich dachte, die Verdammten müssen doch entsetzlich unglücklich in der Hölle sein: ewig von Gott getrennt! Man leidet schon auf Erden fern von den Menschen, die man lieb hat.»

Für Erkenntlichkeiten hatte er ein ausgesprochen zartes Empfinden. Von denen, die ihm je Gutes erwiesen hatten, sprach er stets in ergriffenen Worten: von seiner Mutter, von Balley aus Ecully, die er beide nur mit Tränen in den Augen nannte, von der Gräfin von Ars, von der Familie des Garets ... Fast seine sämtlichen Briefe an den Grafen Prosper des Garets enthalten die Worte: *mein hochverehrter Wohltäter*.

Am 7. November 1823 schrieb er an die Mutter Fayot in Les Robins: «Sagen Sie bitte allen, die ich in Les Noës zu kennen das Glück hatte, ich lasse sie freundlich grüßen und ihnen meinen herzlichsten Dank aussprechen. Möge all ihre Güte zu mir nie meinem Gedächtnis entschwinden.»

Auf jede nur erdenkliche Weise suchte er seiner Dankbarkeit gegen seine «liebe Wohltäterin» von Les Robins Ausdruck zu geben. Als später eine ihrer Töchter bei ihm in Ars vorsprach, kaufte er ihr einen seidenen Schirm zum Andenken an all die Fürsorge, die ihm von ihrer Mutter zuteil geworden war.

Um Toccanier etwas zu entlasten, hatte der Obere Camelet einen jungen Prediger gesandt, der noch ein Neuling war. «Wo ist der kleine Missionar?», fragte Vianney, «ich will ihm einen schönen Rosenkranz schenken.»

Im Jahr 1849 übernahmen die Brüder von der hl. Familie an Stelle von Johannes Pertinand die Knabenschule, die er elf Jahre geleitet hatte. Der Pfarrer von Ars war auf diesen Wechsel erst eingegangen, als er sich vergewissert hatte, dass es für seinen treuen Freund «nicht Opfer und Leid» bedeute und er für ihn eine ehrenvolle Stellung ausfindig gemacht hatte.

Er hatte ein eigenes Verständnis dafür, bei jeder Gelegenheit seine Dankbarkeit zu bekunden! Ein Bildchen, eine schlichte Medaille, die man ihm schenkte, waren in seinen Augen wertvoll.

Alfred Monnin hat von der «Trost-Kraft» gesprochen, die vom Pfarrer von Ars ausströmte. Das Wort ist wunderbar treffend.

Alles mögliche Leid und Elend wurde vor ihn getragen. Väter und Mütter und Gattinnen, die ihr Liebstes beweinten, Monikaseelen, die um ihren Augustinus bangten, an Seele und Leib Geschlagene, vom Leben Gebrochene, Menschen mit zerissenen Herzen, Entmutigte, Verzweifelte fanden den Weg zu ihm. Und er schien nur an ihr Leid zu denken; eigener Schmerz galt nichts. Er hörte ihre Geständnisse und Klagen unter Ausrufen des Mitleids an, wobei er seine alten, zittrigen Hände zum Himmel hob.

«Er hat sie mit einer Art echt priesterlicher Zärtlichkeit getröstet, es war ihm eine persönliche Freude, ihre Tränen zu trocknen.» Und hatten sich diese Geprüften an seinem Herzen vertrauensvoll ausgeweint, dann gingen sie gefasster, mit größerem Frieden ins Leben zurück, schauten Pflicht und Prüfung und Zukunft tapferer entgegen. «Nie bin ich ohne neue Kraft in der Seele von ihm geschieden», erklärt Borjon, dem der Heilige auf so herzliche Weise verziehen hatte.

Stephan Dubouis, dessen Pfarrei Fareins zu seinem bitteren Leidwesen von der jansenistischen Häresie zerrissen war, versichert: «Ich muss gestehen, dass jeder von ihm mit helleren Gedanken schied und gewillt, mit frischem Mut den Lebenskampf zu tragen.»

Ein schwer kranker Polizist gab Vianney in einem Brief an den Heiligen folgenden treffenden Namen, den er noch durch einen kräftigen Federstrich hervorhob: «Guter Tröster der Betrübten.»

«Welch ein wundersamer Bewirker von menschlichem und göttlichem Glück, welch eine tröstliche und auferweckende Kraft ist durch dieses Dorf gegangen!»

Für jeden Schmerz fand der Pfarrer von Ars das rechte Wort, und «was andere durch lange Reden nicht erreicht hätten, wirkte er oft mit einem einzigen Wort». Er sah allerdings ab von rein menschlichen, meist unwirksamen Trostworten und schöpfte Geist und Leben aus den Lehren unseres heiligen Glaubens. Er fürchtete nicht, die niedergeschlagenen Herzen aus ihrer eigenen engen Welt nach oben zu weisen. «Möge Gottes Wille geschehen», war sein Wort. ... «Wir müssen wollen, was Gott will. ... Man muss sich zufrieden geben mit dem, was Gott schickt. ...»

Auf die Klagen einer schlichten Verkäuferin aus Ars, Martha Miards, die in ihrem Geschäft Verluste erlitten hatte, antwortete er: «Oh, immer noch besser das als die Sünde!»

Dieselbe Person erzählt: «Der Pfarrer meines Heimatortes Saint Jean-de-Bourgneuf wollte anfangs an meine Wunderberichte nicht glauben. Da er aber einen schweren Kummer hatte, ging er schließlich doch ins Dorf. Und nach der Begegnung mit Vianney kam er mir völlig verwandelt vor. Er nahm sein Kreuz mit voller Ergebung auf sich. Der Pfarrer von Ars hatte ihm einfach gesagt: ‹Mein Freund, ergründen Sie die Geduld des Heilandes.›»

Im Mai 1855 kam eine Dame von weit her nach Ars gereist in der Hoffnung, Linderung in einer sehr schmerzhaften Krankheit zu finden. «Als sich schließlich nach einer innigen Novene noch immer keine Heilung zeigen wollte, bat sie den Hilfspriester, er möge doch den Mann Gottes fragen, ob sie geheilt würde. Seine Antwort für die Kranke lautete: «Die Person ist fromm, das Kreuz ist auf der rechten Schulter. Es wird für diese Frau eine Leiter sein, die sie zum Himmel führt.›»

Seine Nichte Margaret Humbert kam eines Tages von Ecully herüber, um ihm ihr gefährlich erkranktes Kind anzuempfehlen. «Das ist eine reife Frucht für den Himmel», antwortete er ohne Zögern; «du, meine Nichte, du brauchst Kreuze, damit du an Gott denkst.»

Claudine Fayot, die Vianney in ihrer Kindheit gekannt hatte, damals, als er im Weiler Les Robins versteckt gelebt hatte, siechte langsam dahin. Ihre Mutter ließ den heiligen Priester, den sie wie ihr eigenes Kind geliebt hatte, von ihrem Kummer und ihrer Befürchtung wissen.

«Die Erde zählt nicht!», sandte ihr Vianney als Antwort zurück. Kurz darauf starb Claudine eines heiligmäßigen Todes.

Frau Chamonard aus Saint-Romain-des-Iles war eine ausgezeichnete Christin, aber mit dem ungläubigsten Menschen verheiratet. Im Sommer 1851 legte sie ihrem kranken, schwer leidenden Gatten nahe, mit Vianney zu sprechen. Zuerst widerstrebte er einer so befremdlichen Zumutung: er, der Freigeist, und solche Ehre einem Priester antun! Und doch wäre er so gerne gesund geworden. ... Endlich entschließt er sich, lässt sich aber nur durch inständige Vorhaltungen bewegen, knapp über die Schwelle der Arser Kirche zu treten. Vianney, der gerade Christenlehre erteilte, fasste den Ungläubigen sofort in seinen durchbohrenden Blick. Chamonard verließ spornstreichs die Kirche, beteuerte, nie mehr einen Schritt hinein zu setzen, und war entschlossen, sofort abzureisen. Als die Frau, schmerzzerrissen, mit dem Heiligen sprechen konnte, bat sie nur um die Genesung ihres Mannes. «Die Schmerzen sind nicht das Schlimmste», bemerkte ihr Vianney, «die Seele müsste man heilen. Ihre Aufgabe hat erst begonnen.» Frau Chamonard schied von Ars «mit einem Gefühl der Bewunderung und eigentümlich gestärkt». Sie trug «die unerschütterlichste Zuversicht mit nach Hause». Vier Jahre später starb ihr Gatte, mit Gott versöhnt.

Ein armes junges Mädchen aus Saint-Martin-de-Commune war völlig erblindet. Sie wallfahrtete mit ihrer Mutter nach Ars. Auf dem Weg erbettelten sie das Brot und nächtigten in Ställen. Beim Anblick der unglücklichen Kranken erschaute Vianney gotterleuchtet hinter diesen geschlossenen Augen eine wunderbar tapfere Seele und fürchtete nicht, ihr von dem Geheimnis Gottes, das in jedem Leid liegt, ein Stückchen zu enthüllen.

«Liebes Kind, du könntest geheilt werden; gäbe dir aber Gott das Augenlicht zurück, wäre das Heil deiner Seele nicht so sicher. Wenn du aber deine Krankheit behalten willst, wirst du in den Himmel kommen und ich garantiere dir sogar noch einen schönen Platz.» Die Blinde hatte verstanden, sie bat nicht weiter um Heilung, sondern schied in voller Ergebung.

Der Pfarrer von Ars hätte es nicht fertig gebracht, Mütter zu bedauern, die ihre Kinder früh verloren. «Ich hatte das Unglück», erzählt Frau des Garets, «eines meiner Kinder im Alter von fünf Jahren zu verlieren. Mein Schwager teilte Vianney die Nachricht mit und erhielt von ihm zur Antwort: ‹Glückliche Mutter, glückliches Kind! Welch eine Gnade für beide! Wodurch hat dieses unschuldige Kind es verdient, dass die Zeit seines Kampfes abgekürzt und es so schnell der ewigen Seligkeit teilhaftig wird?›»

Bei anderen Gelegenheiten wusste er auch ohne Scheu mit dieser edlen Christin zu weinen. Als sie nacheinander ihre zwei ältesten Söhne verlor, eilte der Heilige zum Schloss. «Seien Sie groß, seien Sie tapfer», rief er der leidgeprüften, vom Kreuz zerschmetterten Mutter unter Tränen zu, «lassen Sie sich nicht niederschlagen, nehmen Sie die Prüfung an! ...» Und er nannte sie in einem Ton unendlichen Mitleidens «Mutter der Schmerzen». In Erinnerung an diese grausame Stunde, da er sie aufgerichtet hatte auf dem Golgathahügel ihres Lebens, sagte Frau des Garets: «Man schied von ihm mit dem Gefühl als sei man neu geboren, man fühlte sich stark, sein Kreuz anzunehmen und es zu tragen.»

Die Leidbedrückten, die den Pfarrer von Ars nicht selber aufsuchen konnten, schrieben an ihn oder ließen ihm schreiben. Daher eine umfangreiche Post, die Vianney jeden Mittag auf dem kleinen Eichentisch seines Zimmers vorfand. Obgleich er sie eilig überflog, konnte er nicht alles lesen.

Die meisten Briefe enthielten Bitten um Rat und Gebet, wehe Geständnisse, Notschreie. Mit Beichthören überlastet, konnte er nur selten persönlich antworten. Er beauftragte mit dieser Sorge Personen seiner Umgebung, zuerst Katharina Lassagne, dann nacheinander die Vikare Raymond, Toccanier und Bruder Athanasius. Diesen Gelegenheitssekretären gab er kurz an, was sie antworten sollten, und unterschrieb zuweilen eigenhändig.

Erhalten geblieben sind von den wenigen Trostbriefen, die er selber schreiben konnte, zwei an seinen Neffen, den Bruder Chalovet, der im Spital zu Lyon mit schweren Versuchungen zu kämpfen hatte.

«Mein lieber Freund, ich schreibe diese Zeilen in aller Eile, um dir zu sagen, doch ja nicht auszutreten trotz aller Prüfungen, die Gott dich erdulden lassen will. Fasse Mut! Der Himmel ist reich genug, dir alles zu vergelten. Bedenke wohl, alle Übel dieser Welt sind der guten Christen Anteil. Du duldest eine Art Martyrium. Aber welch ein Glück für dich, ein Märtyrer der Liebe zu sein! Verlier diese schöne Krone nicht!

‹Selig die Verfolgung leiden aus Liebe zu mir›, sagt uns Jesus Christus, unser Vorbild. Lebe wohl, mein innigst geliebter Freund. Halte auf dem Weg aus, den du glücklicherweise betreten hast, und wir werden uns im Himmel wiedersehen. ...» (Brief vom 25. Juli).

«... Mut, mein lieber Vetter! Bald werden wir ihn schauen, diesen schönen Himmel! Bald gibt es für uns kein Kreuz mehr. Welch göttliches Glück! Jesus schauen, der uns so sehr geliebt und so innig beseligen wird. ...» (Brief vom 17. Mai).

Viele dieser Briefe, die bei Vianney einliefen, sind ergreifend. Einem Heiligen gegenüber, dem der Ruf vorausging, er lese in den Herzen, fühlte sich der Briefschreiber ungehemmt und legte ohne falsche Scham und Menschenfurcht seine kleinen und großen Armseligkeiten dar.

Von diesem «Seelenbriefwechsel» ist leider nur ganz wenig erhalten geblieben. Bald ist es ein Priester, der ihm die traurigen Verhältnisse seiner Pfarrei darlegt; ein Mädchen, das sich frei machen will von Welt und Heimat; ein Vater, der sich dem Beruf seiner Tochter widersetzt und den Heiligen ersucht, diesem Beruf entgegenzuwirken; dann sind es zermarterte, zerrissene Herzen, die dem «guten Vater» ihr Leid klagen. Die Briefe, in denen vom Beruf zum Ordensstand die Rede ist, sind am zahlreichsten vertreten.

Vianney ging nie gleichgültig über diese Gebetsempfehlungen hinweg. Aber da es unmöglich war, jede eigens vor Gott darzubringen, fasste er sie im Memento seiner Heiligen Messe zusammen und brachte sie dort vor unseren Heiland. Oft waren schon beim Lesen Tränen des Mitleids geflossen und vor dem Himmel für diese rührenden Anliegen eingetreten.

Neben seinen reichen Herzensgaben besaß der Pfarrer von Ars edlen Takt und kluges Urteil.

«Eine milde, offene Heiterkeit, eine liebenswürdige Ungezwungenheit herrschte in allen seinen freundschaftlichen Beziehungen.»

Gegenüber den Frauen, die ihn bedienten, war er von äußerster Zurückhaltung. Er kannte ihren Opfergeist, ihre erprobte Tugend, aber eine übernatürlich bestimmte Klugheit diktierte ihm diese Haltung. Die feinsinnige Katharina Lassagne hat das treffend bemerkt: «Jene, die am meisten mit ihm zu tun hatten, um ihm die notwendigen Dienste zu leisten, wurden in seiner Gegenwart von heiliger Ehrfurcht erfasst und hatten zuweilen Angst, ihm selbst von sehr dringenden Angelegenheiten zu sprechen. Der liebe Gott ließ das zu, damit man bei der Sorge um seinen guten, getreuen Diener einzig und allein auf seine Ehre bedacht blieb.»

Dagegen gab er sich bei seinen Mitbrüdern, seinen Hilfspriestern und andern Fremden ganz ungezwungen; er hatte bei seiner geselligen Natur sogar das Bedürfnis nach diesem Umgang – besonders am Abend nach den aufreibenden Stunden im Beichtstuhl.

Einer der Brüder begleitete ihn dann in sein Zimmer und mit dem Bruder kamen öfters die Missionspriester, der treue Bürgermeister des Garets und andere; denn manche Pilger, Priester und Laien, erbaten sich die Gunst, die letzten Augenblicke des Tages in der Gesellschaft des Heiligen verbringen zu dürfen. Vianney hieß sie herzlich willkommen. Er ließ sich die Tagesereignisse erzählen, die

Geschehnisse aus Heimat und Kirche. Um Politik kümmerte er sich nur insoweit, als sie religiöse Belange betraf. Allerdings «schien er, sobald man von den Dingen dieser Welt sprach, nicht mehr in seinem Element zu sein», und er lenkte die Unterhaltung gleich wieder auf seine Lieblingsthemen über.

«Seine innigste Freude war es», erzählt sein Beichtvater Ludwig Beau, «sich über geistliche Dinge zu unterhalten. War er aus Höflichkeit gehalten, auf weltliche Angelegenheiten einzugehen, so hatte man bald das Empfinden, dass er nur aus Gefälligkeit äußerlich mittat ... Ich habe selber gesehen, wie glücklich er war, sooft man ihm eine erfreuliche Nachricht über die Kirche, das Heil der Seelen oder über eine gut geglückte Mission brachte; dagegen litt er schwer bei jeder Nachricht von irgendeinem Ärgernis.»

«Sein Herz war so übervoll von Gottesliebe, dass er in allen Gesprächen darauf zurückkam, zwischenhinein oft innehielt, die Hände faltete und mit zum Himmel erhobenen Augen seufzte: ‹Mein Gott, wie bist du gut!›» Gottes Güte war sein unablässiges Sinnen und Denken.

«Eines Tages», erzählt Toccanier, «bemerkte ich zu ihm: ‹Heute ist schlechtes Wetter, Herr Pfarrer.› ‹Für den Gerechten ist immer gutes Wetter›, antwortete er mir; ‹schlechtes Wetter herrscht nur für die armen Sünder.›»

Vianney wusste nichts von den feinen, verborgenen Hintergründen der Eigenliebe. Gewöhnlich «sprach er von sich selbst überhaupt nicht, nicht im guten und nicht im schlechten Sinn». Wenn seine Vertrauten gewisse rühmliche Einzelheiten seines Lebens erfahren wollten, mussten sie ihn auf Umwegen und unbemerkt zu vertraulichen Gesprächen und Geständnissen locken. Sobald er die Falle bemerkte, brach er unvermittelt ab. Gegen weiteres Drängen wehrte er sich: «Es ist genug. Ich habe bereits zuviel gesagt.»

Dabei überließ er sich gern seinen Erinnerungen. Nur «erzählte er dann», nach der Aussage von Bruder Athanasius, «alles, was ihn in ein günstiges Licht setzen konnte, als beträfe es eine fremde Person». Eine List der Missionare, die länger seinen Erzählungen lauschen wollten, bestand darin, wie von ungefähr den Namen Balley einzuwerfen, über den er unerschöpflich weiterplaudern konnte. Schließlich hieß es doch Schluss machen. «Wenn uns Vianney in voller Vertraulichkeit und Ungezwungenheit unterhalten hatte, aufrecht an seinen armseligen Tisch gelehnt», erzählt Graf des Garets, «grüßte er uns plötzlich: ‹Ich wünsche euch gute Nacht› – und seelisch entzückt schieden wir.»

Bei aller Arglosigkeit war der Pfarrer von Ars doch ein feiner, kluger Kopf. «Wieviel Geist steckte in diesem Mann, und welch ein großer Geist!»

Bei seiner scharfen Beobachtungsgabe hätte er die Menschen empfindlich treffen können. Aus Tugend tat er es nie; höchstens, dass er in der Ungezwungenheit der Unterhaltung Worte von entzückender, zuweilen sogar stichelnder Heiterkeit fallen ließ, «Bemerkungen, die einer gewissen köstlichen Boshaftigkeit nicht entbehrten».

Diese Neckereien verletzten niemanden, denn ihr harmloser Schalk wurde gemildert durch den scherzhaften Ton seiner Stimme und den gutmütigen Ausdruck seines Gesichtes.

«Eine meiner Schwestern erbat sich von ihm Reliquien», erzählt Martha des Garets. «Fabriziere selber welche», antwortete ihr Vianney und wollte ihr damit nahe legen, sie solle eine Heilige werden.

Eine Ordensschwester sagte ihm mit kindlicher Unbefangenheit: «Man hält Sie allgemein für einen Ignoranten, Herr Pfarrer.»

«Das ist kein Irrtum, Kind, aber eine gleichgültige Geschichte; ich kann Ihnen jedoch immer noch mehr beibringen, als Sie je lernen werden.»

Ein Freund aus der Diözese, Pfarrer Blandon, ein ziemlich beleibter Herr, unterhielt sich eines Tages vertraulich mit ihm. «Herr Pfarrer», neckte ihn der Mitbruder gutmütig, «ich zähle etwas auf Ihre Hilfe, um droben gut anzukommen ... Wenn Sie in den Himmel kommen, werde ich mich an Ihre Soutane klammern.»

Die Erwiderung, in ein liebes boshaftes Lächeln gehüllt, ließ nicht auf sich warten: «Lieber Freund, lasst das ja bleiben. Der Eingang zum Himmel ist eng. Wir würden so beide in der Türe stecken bleiben.»

«Was muss ich tun, Herr Pfarrer, um in den Himmel zu kommen», fragte ihn eine fromme Seele, die ebenfalls etwas füllig geraten war. «Drei Monate fasten, gutes Kind!»

Bei starkem Regen kam der heilige Pfarrer einst ohne Schirm und Hut am Brüderhaus vorbei. Er eilte zu einem Kranken. Bruder Athanasius stürzte ihm nach und holte ihn mit großer Mühe ein.

«Wo gehen Sie hin, mein Freund?», fragt ihn Vianney. «Ich bringe Ihnen einen Schirm.» «Bah, bah! Ich bin nicht aus Zucker», nahm er lachend das Regendach und setzte seinen Weg fort.

Gewisse Prediger charakterisierte er sehr gut. Collet, der als Pfarrer von Trévoux starb, predigte am liebsten über die ernsten Glaubenswahrheiten.

Auf der Kanzel war er Alfred Monnin vorausgegangen, der sich mit Vorliebe an die tröstlichen Geheimnisse hielt und sie mit einer warmen, poetischen Anschaulichkeit behandelte. «Diese guten Herren», sagte Vianney, «führen uns in den Himmel, der erste auf einer Stein-, der zweite auf einer Blumenbrücke.»

Nie hätte der Pfarrer von Ars ein verletzendes Wort gegen die Liebe gesprochen. In dem einzigen Fall, wo ihn der etwas skrupelhafte Bruder Hieronymus schuldig zu finden meinte, handelte es sich um die Machenschaften eines Industriemagnaten, der in der Gegend nur zu berüchtigt war. «Vianney», fügte der Bruder bei, «flehte unablässig zu Gott, dieser Mensch möge nicht zur Priesterwürde gelangen, die er anstrebte.»

Im Gebrauch der Zunge zeigte der Heilige stets eine fast übertriebene Zurückhaltung. Den Beweis hierfür haben wir in einem Brief vom Jahre 1823. Er ist an den Grafen von Cibeins gerichtet mit dem Zweck, auch nur die Spur einer Verfehlung gutzumachen. Nach der Einleitung kommt Vianney mit offensichtlicher Verlegenheit auf den Fehler zu sprechen, der ihn quält.

«... Es ist eine Sache, die mir großen Kummer bereitet hat: Bei meinem Besuch in Ihrem Haus habe ich ohne Überlegung eine üble Nachrede ausgesprochen, die mich wirklich geschmerzt hat, obgleich ich keinen bösen Gedanken dabei hatte, als ich Ihnen gegenüber bemerkte, man würde mich leicht hintergehen. Hätte ich im Augenblick an etwas Böses gedacht, wollte ich lieber all mein Gut verloren haben. Ich bitte Sie, nie davon sprechen zu wollen. Ich habe sehr darunter gelitten, da wir für die Güter dieser Welt nicht jene des Himmels preisgeben dürfen.»

Eine so vollkommene Reue über auch nur den Schatten einer Verfehlung zeigt, wie heilig und zart es der Pfarrer von Ars mit der Nächstenliebe nahm.

Eine Wolke von Zeugen

Die Heiligkeit, das heißt die völlige Loslösung von sich selbst und von allem Vergänglichen, das unablässige Eintauchen in Gott und die Wirklichkeiten der jenseitigen Welt; die Heiligkeit, wie sie im Pfarrer von Ars vor unser staunendes Auge tritt, die Heiligkeit, welche die Kirche auf die Altäre erhebt, zu dieser Heiligkeit ist nicht jeder gewöhnliche Christ berufen.

Sie setzt hohe Gnadengeschenke von Seiten Gottes voraus und fordert von dem begnadeten Geschöpf unablässigen, kühnen, heroischen Einsatz aller Kräfte.

In gewissem Sinn könnte man auch den Erwerb der Heiligkeit, wie man es bei einem Genie tut, «Beharrlichkeit bis ans Ende» nennen. Sie ist Geschenk und Kampfpreis; ist Frucht aus göttlichem Zuvorkommen und menschlichem Mitwirken, die selige Krone lebenslangen Tuns.

Der Pfarrer von Ars mochte von Kind auf und wie triebmäßig den Drang nach Gott in sich verspüren, trotzdem galt auch für ihn das Gesetz des Sich-anstrengen-Müssens und zielbewusster Zähigkeit in allem Ringen. Er ist nicht immer mit geblähten Segeln dahingefahren. Auch er hat die Ruder führen müssen.

Wie jeder andere Mensch hat er seinen unvollkommenen Charakter läutern, seine allzumenschlichen Strebungen zügeln, hat harte Widerstände in sich überwinden müssen. Er hat das Aufbäumen der Nerven gekannt, die Trockenheit der Seele und inneren Widerwillen, den Zustand der Niedergeschlagenheit, der an Verzweiflung grenzt. «Ja, es ist eine schöne Sache, heilig zu sein», rief eines seiner Beichtkinder aus, «was hat es aber den Pfarrer von Ars gekostet!»

Er hat sicherlich jahrelang darum ringen müssen, denn «es ist kein Kinderspiel, sich selber gänzlich zu verleugnen». Dieses Ziel hat er aber erreicht, weil sein Wille, trotz der Auflehnung der Sinne und des Widerstreites des Herzens, nie das Wort gesprochen hat: Ich kann nicht! Im Gegenteil, sein Ausruf blieb: Ich vermag alles in dem, der mich stärkt. Das Geheimnis seiner hohen Heiligkeit liegt beschlossen in heroischem Wollen und unablässigem Mut.

Johannes-Maria Vianney war zuerst das fromme Kind, der Jüngling, der Seminarist, der mustergültige Priester. Und endlich brach der von Gott allein gekannte Tag an, an dem er «ein Heiliger, ein großer Heiliger» wurde.

Wenn wir ein solches Geheimnis ehrfürchtig ergründen wollen, müssen wir diesen Tag vielleicht in jener Zeit suchen, da er sich jene «unaussprechliche Milde» angeeignet hatte, welche die Pilger so bezauberte; auf die Zeit, da er jedes, wenn auch noch so geringes selbstsüchtige Verlangen abgetan, wo er sogar den nur allzu berechtigten Traum aufgegeben hatte, sich für einige Tage bei den Seinen auf der heimatlichen Scholle auszuruhen; auf die Epoche, da er unter der stetigeren Führung und der klareren Erleuchtung von oben seine Arme weit den Sündern entgegenbreitet in unermesslichem Mitleiden und unsagbarer Milde.

Es mag das Jahr 1844 oder 1845 gewesen sein, dass der Pfarrer von Ars diesen Gipfel der Heiligkeit erklommen hatte.

Von diesem Zeitpunkt an scheint er ein ganz abgeklärtes Wesen geworden zu sein und «vom Menschlichen nichts mehr als nur das Leid zu besitzen». «Er hat den heroischen Grad erreicht, die höchste Kraftentfaltung der gnadengestärkten Natur.» Die Tugend ist bei ihm wirklich wie zur «zweiten Natur» geworden.

Sein drängender, zäher Wille war einzig nach dem Guten ausgestreckt, holte stetig nach dem Besseren aus, schritt von der Vollkommenheit, die er heute erkämpft hatte, zur höheren Stufe weiter, die ihm der anbrechende Morgen verhieß. Bei ihm gab es kein Rasten und Rosten, kein Vertrödeln. Kopf und Herz bleiben unverwandt seinen großen Pflichten zugekehrt.

Von diesem Zustand seiner tapfer erkämpften Heiligkeit haben Augenzeugen seines Lebens und Wirkens berichtet; viele ihrer Worte sind von tiefer Sympathie von innigster Ergriffenheit durchseelt.

«Es sind schlichte, fromme Seelen, die seinen Ruf (der Heiligkeit) begründet haben», hat Vianneys getreuer Peter Oriol gesagt; «aber Personen, die nach Charakter, Alter, Stellung zu den angesehensten Leuten zählten, haben später diesen Ruf, der von Ars und den Nachbarpfarreien ausging, weitergegeben.

Gar oft bin ich Zeuge der Bewunderung gewesen, die das Schauspiel der Tugend des Pfarrers von Ars auslöste. Und dieser Ruf ist seither nur gewachsen.»

Vianney hat wie in einem Glashaus gelebt, hat sich in aller Ruhe überwachen, ausspähen, durchhecheln lassen. Und dann waren es gerade seine Allervertrautesten, die an erster Stelle seine Heiligkeit verkündeten. Nach dem Wort, das ein Priester aus Ars niedergeschrieben hat, haben sie «in seinem Verhalten auch nicht eine freiwillige lässliche Sünde ausfindig machen können».

Zeitgenössische Zeugnisse sind in Fülle vorhanden. Selten haben die Lobeserhebungen schöner und einheitlicher ineinander geklungen. Und niemals werden die Festreden, die jedes Jahr durch die Basilika und über den Dorfplatz von Ars tönen, diese Aussagen in ihrer überzeugenden Kraft und ihrer ergreifenden Wahrheit überbieten.

An erster Stelle möge der Pfarrer von Jassans, Ludwig Beau, reden, der innigste Vertraute, der während der dreizehn letzten Jahre seines Lebens der Beichtvater des Heiligen war.

«Ich könnte nicht sagen, dass er auch nur einen einzigen Tag in seinem Streben nachgelassen habe. ... Er kam seinen Pflichten als Priester und Seelenhirte mit einer bewundernswerten Gewissenszartheit nach und bis zu seinem Tod hat er alle seine Pflichten standhaft und rücksichtslos erfüllt. ...

Ich habe besonders beobachtet, wie er das Kreuzzeichen machte, wie er das Benedicite vor dem Essen und das Ave Maria beim Stundenschlag verrichtete. Die Erinnerung an das, was ich in jenen Augenblicken gesehen habe, geht mir heute noch zu Herzen. Mit welch engelgleicher Frömmigkeit betete er sein Brevier! ...

Ich finde keine Worte. Ich glaube nicht, dass man in der Übung der heroischen Tugenden weiter gehen kann. Ich lese das Leben der Heiligen und finde nichts, was über das, was ich beim Pfarrer von Ars gesehen habe, hinausginge. ...

Er war vom Glanz der Heiligkeit umleuchtet. Ich kann es einfach nicht sagen, bis zu welchem Grad er Verehrung und Ehrfurcht einflößte. ... Nach meiner Meinung hat er die Taufunschuld bewahrt und hat sie stetig gemehrt durch die hohe Heiligkeit seines Lebens.»

Lassen wir nach seinem Beichtvater das Wort einer Person, die bei allen seinen Werken seine rechte Hand war, der bestunterrichteten Zeugin seines Lebens, jener, die Bischof von Langalerie «eine lebendige Reliquie des Pfarrers von Ars» genannt hat.

Im Kapitel ihrer «Kleinen Denkschrift über Herrn Vianney», in dem sie «seine Wohltaten gegenüber der Pfarrei» aufzählt, tritt sie plötzlich aus ihrer gewohnten Zurückhaltung heraus und bricht in die Worte aus: «Wie gut ist doch der liebe Gott, dass er uns diesen Heiligen geschenkt hat und das Glück, ihn über vierzig Jahre besitzen zu dürfen. Man kann sagen, dass er einherging und Wohltaten spendete. Erst beim Endgericht werden wir die Verdienste sehen, die ihn zieren!»

Im Jahr 1839 suchte, nach einem Aufenthalt von zwei Monaten bei Vianney, der Geistliche Tailhades von Montpellier Bischof Devie auf. «Bei dieser Gelegenheit», erzählt Tailhades, «wollte der Prälat die Gelegenheit wahrnehmen und meine Meinung über Vianney hören; er richtete an mich die Frage: ‹Was denken Sie von dem Pfarrer von Ars?› ‹Ich halte ihn für einen Heiligen›, antwortete ich. Worauf der Bischof schloss: ‹Ich denke wie Sie.›»

«Aber es gibt», nach der Bemerkung des Geistlichen Raymond, «keine besseren Richter als die Priester, welche die seelsorglichen Obliegenheiten kennen und die Heiligkeit, die ihren Trägern eigen sein soll; die von den Leiden, Mühen und Sorgen wissen, die mit dem Amt des Pfarrers und Beichtvaters verbunden sind, und die an ihrer eigenen Erfahrung ermessen können, bis zu welchem Grad der gute Pfarrer von Ars den Heroismus in der Tugend, im Opfer und in der Hingabe seiner selbst getrieben hat.»

Joseph Toccanier, während sechs Jahren sein Hilfspriester, sagt von ihm: «Man nahte sich ihm, wie man sich einer Reliquie nähert. Niemals habe ich ein solches Maß von Energie und Willenskraft gesehen. Nichts schlug ihn nieder, nicht Widerspruch, nicht Krankheit, nicht Versuchung. Beständig legte er den gleichen Mut in der Übung der Tugend und im Opfergeist für den Nächsten an den Tag.

Diese Tugend war so hervorstechend bei ihm, dass sie die Bewunderung all derer weckte, die ihrer ansichtig wurden. Es war eine ruhig wirkende Macht, wie die Kraft, die von Gott ausgeht, eine unbezwingliche Macht. Die Pilger, selbst die Ordensleute aus den strengsten Orden, gestanden, sie bräuchten kein anderes Wunder als das seiner Macht, um von seiner Heiligkeit überzeugt zu sein.»

Alfred Monnin, sein erster Biograph, der als junger Missionar von Pont-d'Ain vier- bis fünfmal auf mehrere Monate zu ihm nach Ars kam, gesteht: «Ich habe in seinem Leben auch nicht einen Augenblick erhaschen können, der nicht das Siegel der Vollkommenheit trug. ... Ich erachte, die Heiligkeit sei mir nie unter sichtbareren, lieblicheren, auffallenderen Formen erschienen. Nichts sagte er, nichts tat er, was man besser hätte ausführen, besser aussprechen können!»

Bischof Ludwig Mermod, ein Mann von tiefer Tugend, war in seiner Priesterjugend ein eifriges Beichtkind des Pfarrers von Ars gewesen. Sein Zeugnis lautet: «Nach meinem Wegzug von Chaleins hat es fünfundzwanzig Jahre gedauert, bis ich den Diener Gottes wiedersah. Als ich dieses Glück hatte, fielen mir die Kennzeichen der Heiligkeit derartig auf, dass ich mich scheute, vor ihm zu erscheinen.»

Auch andere Priester, die ihn genau gekannt hatten, künden sein Lob: «Vianney war das lebendige Bild des übernatürlichen Lebens. ... Die Vollkommenheit, die er andern predigte, machte er zur harten Regel seines Verhaltens. Das Motiv all seiner Handlungen, seines ganzen Lebens war der Glaube. ... In ihm habe ich die Fülle aller Tugend gesehen. ... Ich habe nie ein wahreres Abbild des göttlichen Meisters geschaut. ... Das Glück, ihn gekannt zu haben, erachte ich als besondere Gnade Gottes.»

Der berühmte Priester Combalot, der in seiner Jugend zu den Schülern Lammenais' und zu dessen großen Bewunderern gehört hatte, kam eines Tages in früher Morgenstunde zum Pfarrer von Ars beichten. Unmittelbar nach dieser Zwiesprache warf er sich, ganz in Tränen aufgelöst, in die Arme Toccaniers. «Mein Gott! Welch einen Menschen habt ihr hier!», rief er aus. «Wie ist es möglich, dass ich wartete, bis meine Haare ergrauten, bevor ich ihn hier aufsuchte!»

«Zwei Geistliche, der Postulator des ehrwürdigen de la Salle, Msgr. Estrade, und ein Ordensmann, beide aus dem römischen Klerus», erzählt der Hilfspriester Raymond, «kamen während meines Aufenthaltes nach Ars.

Es war mir zu Ohren gekommen, dass in Rom zwei Priester im Ruf hoher Heiligkeit standen und ich fragte die Besucher, ob sie jene zwei Priester kennen. ‹Ja›, antworteten sie.

‹Was für einen Unterschied finden Sie zwischen diesen lebenden Heiligen und meinem guten Pfarrer?›

‹Vianney›, sagten sie, ‹macht auf uns einen tieferen Eindruck; sein Gesicht drückt eine größere Heiligkeit aus.›»

Die Laien waren in ihrer Bewunderung und in ihrem Lob nicht weniger bestimmt und nicht weniger begeistert. Wir lassen einige dieser Zeugen aus allen Gesellschaftsschichten zu Wort kommen.

Der Arzt Dr. Saunier, der den Heiligen in den letzten siebzehn Jahren behandelte, bezeugt: «Meine Beziehungen zu dem Diener Gottes waren freundschaftlicher Art. Nie habe ich in ihm etwas anderes als ein vollendetes Vorbild aller Tugenden gesehen.»

Hier folgen einige weitere Beurteilungen, die zumeist von Arser Einwohnern, von Bauern, Arbeitern und Adeligen stammen. «Er war immer und überall, in der ganzen Bedeutung des Wortes, der vollkommene Priester, der vorbildliche Pfarrer, der Mann Gottes. ... Hochgestellte Geistliche, Männer von Welt, Künstler haben uns versichert, sie hätten nichts erlebt, das dem Schauspiel dieses Herzens gleichgekommen wäre, wenn es glühte, wenn es anbetete und seufzte ... Er war nicht heroisch in *einer* Tugend, sondern in *allen,* nicht nur für eine Spanne Zeit, sondern sein Leben lang ... Die Lesung der Heiligenleben hat mir keine derartig hohe Idee von Heiligkeit gegeben wie die Gesamtheit seines Verhaltens ... Ich sehe in ihm einen der größten Heiligen, den Gott der Kirche geschenkt hat. ... Ist *er* es nicht, dann gibt es überhaupt keinen Heiligen! ...»

Auch das namenlose Volk, der große Zeuge, dessen Stimme nach dem Sprichwort Gottes Stimme ist, hat sich in seiner Einschätzung des Pfarrers von Ars nicht getäuscht. «Wo ist der Heilige?», fragten die Neugekommenen.

«Der Heilige! ... Schaut, da geht der Heilige vorüber!», rief man in der Menge, sobald die Gestalt des demütigen Priesters auftauchte. Und nachdem sie diesen Jubel um ihn her geschaut, wandten sich manche an seine Pfarrkinder mit der Bemerkung: «Wir brauchen kein weiteres Wunder mehr, um an die Heiligkeit eures Pfarrers zu glauben!» «Wenn je ein Mensch durch des Volkes Stimme heilig gesprochen wurde», schrieb Kardinal Luçon, «dann war es sicher unser heiliger Pfarrer, das Urteil der Kirche bestätigt nur die Meinung des Volkes.»

Einem Winzer aus der Gegend von Mâcon stellte man die Frage, was er in Ars gesehen habe. «Ich habe Gott in einem Menschen gesehen», gab er zur Antwort. Ein junger Pilger gestand: «Nachdem man das Glück hatte, diesen Priester zu sehen, begreife ich nicht mehr, wie man den lieben Gott beleidigen kann.»

Ein Mann aus Marseille hatte eine so hohe Vorstellung von dessen Heiligkeit, dass er sich nicht getraute, dem Pfarrer von Ars unter die Augen zu treten, ohne vorher sein Gewissen zu reinigen und in der Fourvière-Kapelle die hl. Kommunion zu empfangen.

Auf ein Gerücht hin, das im Jahre 1851 in Lyon umging und Vianney die Prophezeiung in den Mund legte von der «Ermordung des Prinz-Regenten im Lauf einer Parade, die er abnehmen sollte», erschien beim Bürgermeister von Ars ein Unbekannter, der nicht besonders vertrauenerweckend ausschaute. Es war ein Polizeikommissar, der den Auftrag hatte, über die angebliche Voraussage Erkundigungen einzuziehen. In großer Aufregung warnte Herr des Garets den Pfarrer von Ars im Beichtstuhl.

«Seien Sie ruhig», antwortete ihm dieser, «es ist nichts zu fürchten.» Er ließ den Kommissar in die Sakristei eintreten und schloss die Tür hinter ihm. Die Unterredung dauerte zehn Minuten.

«Die Tür ging auf», erzählte der Bürgermeister, «und heraustreten sah ich den Herrn Pfarrer mit dem Fremden, der reichlich Tränen vergoss. Ich folgte dem Herrn, und beim Verlassen der Kirche sagte er tief ergriffen zu mir: ‹Aber euer Pfarrer ist wunderbar: Das ist ein Heiliger!›»

Der Polizeikommissar war mit einem peinlichen Auftrag zum Heiligen abgeordnet worden, den er nur allzugern als Phantasten und Unruhestifter hingestellt hätte. Statt dessen schied er von ihm «voller Bewunderung für seine Tugend». So machten sich viele Leute auf den Weg nach Ars, ohne an Vianney zu glauben. Ein Heiliger! Das bedeutete für sie ein überlebtes, prähistorisches Ungetüm.

Ein junger Mann aus Lyon erzählte: «Im Lauf des Sommers 1841 hörte einer meiner Freunde, der schwer krank war, von einem Dorfpfarrer, der für seine Heiligkeit bekannt war. Die frommen Seelen, die ihm dies berichtet hatten, zweifelten weder an den durch diesen Priester bereits gewirkten und auch nicht an seinen zukünftigen Wundern; mein Freund wollte ihn sehen. ... Er ersuchte mich, mit ihm nach Ars zu gehen.

Zuerst war ich, ich muss es gestehen, nicht recht dazu aufgelegt, ihn zu begleiten. Ich hatte absoluten Glauben an die christliche Heiligkeit, hatte große Ehrfurcht vor den wunderbaren Heiligengestalten, die von Zeit zu Zeit in der Geschichte auftauchen –

Gnadenerscheinungen für die Welt, sie zu trösten und zu lehren. Aber unter dem Einfluss unserer materialistischen Epoche und meiner klassischen Studien war ich dem Stolz unserer Verstandeskultur nicht entgangen. ...

Ich stellte mir die Frage, wie ich möglicherweise einen Heiligen erkennen könnte in diesem Mann, der von mir nicht durch Zeit und Generationen getrennt war, dessen Verdienst ich einzig mit meiner armseligen fünfundzwanzigjährigen Einsicht würdigen könnte, und ich lehnte die vorgeschlagene Reise ab.

Mein Freund drang in mich, jedoch erfolglos. Gegen Ende August erklärte er mir, allein reisen zu wollen. Da führte die Furcht, ihn in diesem Augenblick mit seiner geschwächten Gesundheit von seiner Familie weggehen zu sehen, meine Entscheidung herbei. ...»

Von dieser mit Skepsis angetretenen Reise kehrte der junge Wallfahrer, wie es sein langer Bericht beweist, begeistert nach Lyon heim, hingerissen von allem, was er gesehen und gehört hatte.

Er schloss mit einer Anspielung auf seine und seines Freundes schwere Prüfungen: «Von nun an mussten wir uns zurückflüchten in unsere Erinnerungen an Ars und mussten in unserer Seele Vianneys heilige Gestalt wieder aufleben lassen, auf dass sie uns tröste und aufs neue ermutige.»

Zwanzig Jahre hindurch klingen diese Stimmen in einhelligem Lob zusammen. Kein Misston mischte sich darunter. «Mir ist auch nicht ein Wort bekannt», erklärte Gräfin des Garets, «das gegen diesen heiligen Ruf gesprochen worden wäre. Ich war sogar erstaunt über das Schweigen der schlechten Blätter, obgleich ihre Berichterstatter das Dorf heimsuchten, um auszuspähen, was dort vorging.»

Selbst die Spötter, deren Vertreter sich das eine und andere Mal vorwagten, mussten unbewusst den Heiligen ehren. Ein Einwohner von Villefranche, einer dieser Freigeister, deren Gattung nie ganz aussterben wird, züngelte eines Tages folgende Bemerkung gegen Vianney: «Es ist widerlich, dass dieser Pfarrer von Ars sich erdreistet das neunzehnte Jahrhundert zu stören!»

Bei all diesen nach Herkunft, Bildung und Stand so verschiedenartigen, aber mit glücklicher Klarsicht begabten Zeugen fällt unwillkürlich das eine auf: Sie knüpfen ihre Vorstellung von Heiligkeit nicht an das bloß Nebensächliche. Sie gehen den Dingen auf den Grund. In ihren Augen ist der Pfarrer von Ars ein Heiliger, weil er sie erbaute durch seine heroischen Tugenden und nicht weil er Wunder wirkte, in Ekstase schwebte, in den Herzen las und die Zukunft vorhersagte – alles Dinge, die nicht notwendig zur Heiligkeit gehören.

Diese außerordentlichen Gottesgaben hat der hl. Johannes-Maria Vianney auch gar nicht gewünscht und nicht erbetet. Was er einzig suchte, war Gott: Gott, angebetet und geliebt um seiner selbst willen; Gott, dem seine Geschöpfe dienen. Was ihm in höchster Fülle zuteil geworden war: die vollkommenste aller übernatürlichen Gaben – die Liebe.

Und «Heiligkeit ist, nach einem Wort, nichts anderes als Liebe.»

Christusmedaillon auf dem Messkelch von Pfarrer Vianney

Demut und Liebe zur Armut

Wenn die katholische Kirche die Möglichkeit der Seligsprechung eines im Ruf der Heiligkeit verstorbenen Menschen in Betracht zieht, geht sie bis ins Einzelne den Tatsachen und Handlungen seines Lebens nach, um festzustellen, ob sie tatsächlich das Siegel christlicher Vollkommenheit tragen. Diese Prüfung hat den Pfarrer von Ars zur Ehre der Altäre erhoben. Es ist nicht Sache seines Biographen, auf diesen Prozess zurückzukommen. Ihm fällt einzig die Aufgabe zu, jene Tugenden hervorzuheben, die für seine Person charakteristisch sind. Hier erhebt sich nun die Frage, was unter den Helden, welche die Kirche ehrt, dem hl. Johannes-Maria Vianney seine Sonderprägung gibt. Uns dünkt, er habe mit besonderem Heroismus vier Tugenden geübt: Demut, Liebe zur Armut und zu den Armen, Geduld und Abtötung.

I.

Die Demut, die Königin der göttlichen Tugenden, ohne die jede andere Tugend leerer Schein ist, war für Vianney wahrhaft Meisterin seines Lebens und seiner Vollkommenheit. Sie warf ihren Glanz über seine ganze Persönlichkeit. Ségur, der ihn im Jahre 1858 aufsuchte, war der Meinung, diese Tugend allein würde genügen, ihn zur Ehre der Altäre zu erheben.

Als der erblindete Prälat ins Schloss zurückkehrte, wo er Gastfreundschaft genoss, konnte er sich über die Demut des Pfarrers von Ars nicht genug tun. «Sie kam ihm wie ein wahres Wunder vor», berichtet die Gräfin des Garets, «inmitten dieses gewaltigen Andranges, der für den guten Pfarrer eine ununterbrochene Versuchung zur Eigenliebe sein musste.» Auch der Geistliche Raymond, der ein Augenzeuge seines Lebens war, und zwar ein sehr strenger, hat sich vor diesem Wunder beugen müssen. «Was mich unter anderem beim Pfarrer von Ars am meisten betroffen hat», gestand er, «ist die Tatsache, dass er sich auf so wunderbare Weise nicht von dieser unaufhörlichen Verhimmelung berauschen ließ. Er wusste, ja, er sah nur zu klar, dass man nach Ars kam. Und dennoch habe ich nie ein Gefühl des Stolzes in seinem Herzen, nie ein Wort des Stolzes auf seinen Lippen bemerken können.»

Einem eingebildeten Gecken wäre diese Verherrlichung zu Kopf gestiegen, er wäre der Blendung solcher Glorie erlegen. Eine Alltagstugend hätte ihr nicht lange standgehalten. Einzig ein Heiliger konnte inmitten solchen Triumphes demütig bleiben.

Ein klar blickendes und ungemein scharfsinniges Beichtkind Vianneys meint, ihr heiliger Beichtvater habe nie auch nur einen Anflug des Stolzes empfunden. «Er schien jedem Lob gegenüber gleichgültig zu sein», sagt die Baronin von Belvey, «und gedachte nur, den verschiedenen Aufgaben seines Amtes zu folgen.» Wie eines dieser Kleinen, die in ihrer Kinderunschuld dessen gar nicht bewusst werden, schritt er durch die Huldigungen der Menge.

Der Pfarrer von Ars ging jenen köstlichen «Weg der Kindheit», den eine andere Heilige, Theresia vom Kinde Jesus, so wundervoll lehren und leben sollte.

«Eines Tages», berichtet Dufour, Missionar von Pont-d'Ain, «richtete ein Priester in meiner Gegenwart äußerst schmeichelhafte Worte an ihn. Er schaute den Sprecher mit erstaunten Augen an und fragte: ‹Ach, mein Gott, was reden Sie denn?›»

Die Demut, die jeder Sterbliche üben soll, besteht darin, dass sich der Mensch nicht überschätzt. Der gesunde Menschenverstand reicht zu ihrem Erwerb aus. Über diese unterste Stufe ist der Pfarrer von Ars weit hinausgewachsen, was ihm ohne besondere Hilfe von oben nicht möglich gewesen wäre.

Die Demut hatte bei Vianney «den heroischen Grad erreicht, den Grad der Heiligen, der die Frucht besonderer Gnaden ist». Solche Demut ist viel mehr Gottes freies Gnadengeschenk als bloßes Ergebnis rein menschlicher Anstrengungen.

In vertraulichen Gesprächen hat er sich selber darüber erklärt. «Meine Tochter», sagte er zu einem seiner Beichtkinder, «erbitten Sie sich nie von Gott die volle Erkenntnis Ihres Elendes. Ich habe sie einmal erfleht und erhalten. Hätte mich damals Gott nicht gestützt, ich wäre im gleichen Augenblick in Verzweiflung verfallen.»

Ein ähnlich vertrauliches Geständnis machte er dem Bruder Athanasius. «Ich war so entsetzt über die Erkenntnis meiner Nichtigkeit, dass ich unverzüglich um die Gnade bat, sie wieder vergessen zu dürfen. Gott hat mich erhört, hat mir aber so viel Bewusstsein von meiner Nichtigkeit gelassen, dass ich einsehe, aber auch zu gar nichts nütze zu sein!»

Vianney konnte sich all das Gute, das er in der Seelsorge wirkte, nicht verhehlen, betrachtete sich aber als Werkzeug Gottes und führte alle Ehre auf den zurück, dem sie einzig gebührt. «Ich bin wie ein Hobel in den Händen des lieben Gottes», sagte er eines Tages zu Bruder Athanasius. ... «Oh, meine Freunde, hätte er einen unwissenderen Priester finden können, einen unwürdigeren als mich, er hätte ihn an meinen Platz gestellt, um die Größe seiner Barmherzigkeit gegen die armen Sünder ins helle Licht zu rücken.»

Bei seinem klaren Einblick in das eigene Innere musste der Pfarrer von Ars mühelos feststellen, dass alles Gute, das er besaß und wirkte, von Quellen ausging, die über ihm lagen. Auch wusste er, in welche Abgründe er hätte stürzen können, wenn ihn Gott nicht vor der Gefahr bewahrt hätte. «Ich bin der Letzte unter den Menschen», seufzte er. «Wenn Gott mich nicht beschützt hätte, was wäre aus mir geworden? ...»

Es gibt Menschen, die den Demütigen spielen, um gelobt zu werden. «Niemand war weiter als Vianney von dem entfernt, was man gemeinhin ‹Demut› nennt. Wenn er von seiner Unwissenheit sprach, von seiner Unwürdigkeit, so tat er es ganz natürlich, ohne irgendwelche Pose.»

Er war sozusagen die Demut in Person. Der alte Pfarrer von Saint-Trivier-sur-Moignans, der ihn gut gekannt hat, fasst seine Erinnerungen in diese Worte zusammen: «Blick, Sprache, Beispiel des ehrwürdigen Pfarrers von Ars haben mir die Demut verständlicher gemacht als alle Bücher. Wenn er von sich als einem armen Sünder sprach, der sein armes Leben beweinen müsste, tat er es mit einer solchen Schlichtheit, in einem so aufrichtigen Ton, der über seine wahren Gefühle auch nicht den leisesten Zweifel aufkommen ließ.» Er konnte die einstimmigen Lobeshymnen, die immer lauter um ihn wurden, nicht zurückdämmen; vielmehr «ist der Ruf von seiner Heiligkeit spontan emporgeschossen und hat sich gemehrt, trotz des fortdauernden Entgegenwirkens seiner tiefen Demut». Immerhin suchte er die Verdemütigung nicht um ihrer selbst willen. Seine Demut war taktvoll und verständig.

«Wenn ihm in der Unterhaltung Verbindlichkeiten gesagt wurden, wies er sie nicht direkt ab. Er begnügte sich, mit einer gut gegebenen Entgegnung darüber hinwegzugehen. Der Dichter Jasmin aus der Gascogne hatte mit dem Pfarrer von Ars bekannt werden wollen.

«Herr Pfarrer», sagte er ihm beim Abschied, «ich habe niemals Gott so aus der Nähe gesehen.» «Tatsächlich», antwortete der Heilige, «ist Gott nicht fern.» Und er deutete auf den Tabernakel.

Man darf nicht glauben, Vianney habe bei der Übung der Demut das Lächerliche gesucht. Nach dem Wort von Frau des Garets «hatte die Demut bei ihm einen gewissen Charakter von Weihe und Würde». Nur in vertrautem Kreis spaßte er über sich selbst; und gab er zuweilen in der Öffentlichkeit eine etwas wunderliche Figur ab, dann geschah es nicht absichtlich. Wenn ihn die Pilger mit seinen kleinen Milchkrug in der Hand über den Platz gehen sahen, mochten sie wohl lächeln. Sie waren aber tief erbaut, wenn sie hörten, dass dieser Held der Nächstenliebe dies tue, um keine Zeit zu verlieren und schneller zu seiner erhabenen Arbeit zurückzukehren.

Bei gewissen Gelegenheiten litt der Pfarrer von Ars sichtlich, wenn er gelobt wurde. Ziemlich oft glaubten sich fremde Prediger, die in seiner Gegenwart auftraten, verpflichtet, Lobesworte an den Seelsorger des Ortes zu richten. Dann erschien ein Blick des Widerwillens auf seinem Gesicht und «er verkroch sich», sagt die Gräfin des Garets, «mit einer so bedrückten Miene in seinem Chorstuhl, dass wir selber das Peinliche für ihn empfanden. ...»

Am Ende eines Fastenzyklus verwandte der Prediger ein ganzes Schlusswort auf des Heiligen Verehrung. «Oh, mein Freund», erklärte ihm Vianney, als er in die Sakristei zurückkehrte, «Sie haben sehr gut gepredigt während der ganzen Fastenzeit; leider hätte der Schluss beinahe alles verdorben.»

Eines Tages dachte Bischof Devie aus Versehen ganz laut vor ihm: «Mein heiliger Pfarrer ...!» Das Wort löste bei Vianney eine wahre Trostlosigkeit aus. «Also auch Seine bischöflichen Gnaden täuschen sich in mir!», rief er aus; «ich muss wirklich ein Heuchler sein!»

Der Obere des Ordens von der Heiligen Familie, Bruder Gabriel, hatte ein Büchlein verfasst «Der Geleitengel der Arspilger» und brachte nun sechs Exemplare dem heiligen Pfarrer, der sie freudig entgegennahm mit der Bemerkung, dass die Arbeit viel Gutes stiften werde.

«In der Vorrede», erzählt der Verfasser selber, «hatte ich den Missgriff getan und sein Leben in kurzen Strichen gezeichnet und es als Vorbild von Tugend und Heiligkeit hingestellt!

Als er mich dann am nächsten Morgen in der Kirche erblickte, winkte er mich zu sich. Auf seinen Zügen lag ein Ausdruck außerordentlicher Betrübtheit und Strenge. Ich folgte ihm in die Sakristei. Er schloss die Tür und erklärte mir dann mit Heftigkeit und unter reichlichen Tränen: ‹Mein Freund, ich hätte es Ihnen nicht zugetraut, dass Sie ein so schlechtes Buch verfassen könnten.›

‹Oh! Herr Pfarrer! ...›

‹Das ist ein schlechtes Buch! ... ein schlechtes Buch! ... Wieviel hat es Sie gekostet? Ich werde es Ihnen auf der Stelle erstatten und dann verbrennen wir es.› Wie aus allen Himmeln gefallen fragte ich ihn, worin denn die Schlechtigkeit des Buches liege.

‹Sicher, sicher. ... Es ist ein schlechtes Buch! ... Ein schlechtes Buch! ...› ‹Aber noch einmal, mein Vater, wieso denn, bitte? ...›

‹Nun gut, wenn es denn gesagt werden muss; hier: In diesem Buch sprechen Sie von mir als von einem tugendhaften Menschen, wie von einem Heiligen, während ich doch der Letzte unter den Priestern bin.›

‹Immerhin, mein Vater, habe ich dieses Buch klugen, gelehrten Männern vorgelegt. Der Bischof hat die Korrekturbogen durchgesehen. Er hat seine Approbation gegeben. Das kann doch kein schlechtes Buch sein.›

Vianneys Tränen flossen darob nur um so stärker. ‹Merzen Sie alles aus, was mich betrifft, und es ist ein gutes Buch.›

Nach Belley zurückgekehrt, erzählte ich den Vorfall sofort Bischof Devie. ‹Welch eine Lehre der Demut gibt uns dieser heilige Priester›, antwortete mir der Bischof. ‹... Nein, nein, streichen Sie nichts in Ihrem Büchlein, ich verbiete es Ihnen.› Ich folgte seiner Weisung. Aber niemals setzte der Pfarrer von Ars seinen Namen in eines meiner Bücher, während er ihn so willig auf fromme Schriften und Gegenstände schrieb, die man ihm vorlegte.»

Im Jahr 1845 war ein neuer Pfarrer, Ludwig Beau, für Jassans ernannt worden. Beau wollte so bald wie nur möglich mit seinem Amtsbruder von Ars in Verbindung treten. Empfangen wurde er durch den Hilfspriester Raymond, der ihn zum Mittagessen zurückhielt.

Als Vianney nach der Mahlzeit eintrat, bezeugte er über das Zusammentreffen eine große Freude, umarmte den Gast und drückte ihm lange die Hände. Dann nahm er ihn mit in sein Zimmer im Pfarrhaus, wo er ihm mit milder Vertraulichkeit erklärte: «Mein Freund, Ihr Vorgänger hatte die Güte, mir die Beichte zu hören. Sie werden mir doch denselben Dienst erweisen?»

Vianney zählte neunundfünfzig Jahre, Beau erst siebenunddreißig; und nun war er hier unversehens der Seelenführer eines Heiligen geworden! ... Er wollte Einwendungen machen. Der Pfarrer von Ars schnitt jeden Widerspruch ab; mit einer Handbewegung, die keine Widerrede zuließ, wies er dem jungen Priester den Stuhl an, der für den Beichtvater bestimmt war, kniete sich auf den Steinfliesen des Zimmers hin und begann seine Beichte.

Am 24. Juni 1848 hatte Pater Nègre einen Teil seines Jungmännervereins zu einem Pilgergang nach Ars mitgenommen. Da sie vom Namenstag Vianneys wussten, hatte die kleine Truppe ein Liedchen eingeübt. Es wurde gerade an der Kapelle der *Vorsehung* gebaut. Die Burschen warteten den Augenblick ab, da der Heilige die Baustelle besuchte, um ihm ihren poetischen Gruß vorzutragen. Der Empfang hätte nicht liebenswürdiger sein können. Aber das Ende entsprach nicht der Einleitung. Kaum hatte Pater Nègre seine jungen Leute vorgestellt, als auch schon der Gesang einsetzte. Ohne die zweite Strophe abzuwarten, «schwang sich Vianney über das Gerüst und verschwand».

Stets war ihm das Getue um seine Person lästig. «Er empfand es als wahren Kummer», erzählt Frau des Garets, «wenn er sah, dass man Gegenstände, die er in seinem Gebrauch gehabt hatte, zu erhaschen suchte, um sie als Reliquien zu verwahren.» Als er eines Tages bemerkte, dass man seine Soutane zerstückelte, seufzte er: «Welch eine falsch verstandene Frömmigkeit!»

Sooft er sich die Haare schneiden ließ, sammelte er sie sorgfältig und verbrannte sie im Kamin seines Zimmers. Allerdings waren seine Friseure nicht besonders ängstlich und ließen sich gern bestechen. Der Lehrer Johannes Pertinand machte sich viele Freunde mit den Diebereien, die er sich bei jeder Gelegenheit gestattete.

Da der Pfarrer von Ars der am wenigsten argwöhnische Mensch auf der Welt war, kam er nicht immer auf die Diebstähle, deren Opfer er so oft wurde.

«Nach einer Mission stellte er fest, dass sein Kerzenständer verschwunden war. ‹Es ist doch erstaunlich›, sagte er, ‹ich glaubte, alle seien bekehrt ... und siehe da, man bestiehlt mich!›»

Als ihn Dr. Saunier in den letzten Jahren mehrmals zur Ader ließ, um den Blutandrang zum Kopf zu mildern, ließ Vianney das Blut auf den Friedhof bringen, «weil es Christenblut sei», und ließ es in seiner Gegenwart vergraben. Das hinderte aber die guten Brüder von Ars keineswegs, einiges davon zu entwenden und als kostbare Reliquien zu verteilen.

Sein Bildnis überall im Dorf ausgehängt zu sehen, war sicherlich eine der großen Prüfungen für den demütigen Priester. Seit dem Jahr 1845 gab es die Bilder von Epinal, die Einzelheiten aus seinem Leben erzählten. ... «Sehr niedergeschlagen» ob dieser Zurschaustellung, «wollte er diese Bilder anfangs verschwinden lassen. Die Kaufleute flehten ihn jedoch an, er möge doch den Verkauf gestatten. Das sei, sagten sie, ihr Brotverdienst. Der gute Pfarrer ließ sich rühren. ‹Wieviel schlagt ihr aus diesem Stich heraus?›, fragte er sie. ‹Zwei Sous, Herr Pfarrer.› ‹Zwei Sous! Das ist teuer genug für diesen elenden *Karneval*! So bleibt dabei!›»

Als er eines Tages in einem Fenster sein Bild ausgelegt sah, erkundigte er sich nach dem Preis. «Fünf Franken», war die Antwort. «Fünf Franken! Oh! Ihr verkauft das niemals: Der Pfarrer von Ars ist nicht so viel wert.»

«Schließlich», sagte er manchmal, «wenn sich dieser arme *Karneval* die Ratschläge, die ich ihm gegeben habe, ins Gedächtnis zurückruft, ist er nicht ganz und gar unnütz.» Um aber seine Verachtung dafür kundzutun, weigerte er sich stets, seine Bildnisse mit seinem Namen zu versehen oder zu weihen. Fand es sich unter den Bildern, die man ihm vorlegte, so schob er es mit einer heftigen Handbewegung zur Seite. Dazu machte er Bemerkungen wie: «Das dient nur für drei Tage im Jahr» – er meinte damit die drei Fastnachtstage mit ihrem Mummenschanz.

Des Kampfes müde, war er dazu übergegangen, darüber zu lachen. «Eines Tages unterhielt er sich bei der Kirche mit meinem Gatten», erzählt Frau Prosper des Garets, führte ihn vor die Auslagen der Kaufbuden und zeigte ihm, was er seinen *Karneval* nannte.

Er machte ihm darüber die lustigsten Bemerkungen, die man sich denken kann.» «Was, du nimmst mich und du verkaufst mich!», warf er lachend einer jungen Händlerin, einem seiner Pfarrkinder, hin. «Man hat von mir ein neues Porträt hergestellt», teilte er Katharina Lassagne mit. «Diesmal bin ichs leibhaftig, ich schaue dumm drein, dumm wie eine Gans.» Beim Anblick einer dieser Karikaturen, die noch verzerrter und verschmierter geraten waren als die andern, sagte er heiter: «Schauen Sie nur ein wenig hin! Sieht es nicht so aus, als ob ich aus der Kneipe käme?»

In einem Punkt blieb er unzugänglich. Er wollte nie für eine Aufnahme sitzen. Erst auf seinem Totenbett hat man ihn photographieren können. Im Jahr 1858 entschloss sich Pater Toccanier zusammen mit dem Bildhauer Emilien Cabuchet, um jeden Preis ein möglichst getreues Bild seines heiligen Pfarrers zu schaffen. Bis dahin besaß man von ihm nur ungetreue Bildnisse, die verstohlen abgenommen oder nur nach dem Gedächtnis gemalt worden waren. Für den Bildhauer ging es darum, nach der Natur zu arbeiten und eine Büste in Wachs herzustellen. Aber wie sollte er das fertig bringen?

Bischof von Langalerie hatte dem Bildhauer einen Empfehlungsbrief mitgegeben. ... Und der Künstler stellte sich dem Pfarrer von Ars vor ... im Beichtstuhl. Er kniet sich hin und überreicht Vianney, der bereits seine Hand zum Segnen erhebt, den bischöflichen Brief, der alle Widerstände lähmen soll. Der Heilige überfliegt ihn, steht auf, öffnet die Tür und verabschiedet den falschen Pönitenten mit der schneidenden Bemerkung: «Nein, nein! ... Weder für Sie noch für Ihren Bischof!»

So musste man mit List an ihn herankommen. Toccanier stellte dem Künstler in einer Ecke der Kirche einen Platz bereit, von wo aus er sein Modell beobachten konnte. Cabuchet wohnte dem Katechismusunterricht des Heiligen bei. Mit dem Wachsvorrat, den er in seinem breiten Schlapphut versteckt hatte, dachte er unauffällig arbeiten zu können ... Alles ging nach Wunsch, bis ihn nach acht Tagen heimlichen Treibens Vianney scharf, aber ohne einen bösen Klang in der Stimme anrief: «Sie dahinten, wann hören Sie endlich auf, mich und die andern zu stören!»

Aber Cabuchet hatte Zeit gehabt, das Wachs zu formen und den so beweglichen, lebhaften, so fesselnden Gesichtsausdruck festzuhalten, auf dem fast gleichzeitig alle Schwingungen einer tief empfänglichen Seele ineinander spielten und sich widerspiegelten ...

Die fertig gestellte Büste brachte der Bildhauer in das Refektorium der Missionare. Man stellte den Pfarrer von Ars seinem eigenen Bild gegenüber. «Ja, das», bestätigte er, halb verwirrt, halb lachend, «das ist kein *Karneval*!» Dann fragte er: «Wer hat das gemacht?» Emilien Cabuchet trat vor. «Sie haben mir nicht gehorcht, mein Herr!», redete ihn der Heilige in einem strengeren Ton an. «Soll ich Ihnen verzeihen?» Toccanier und die anwesenden Brüder legten Fürsprache ein für den Künstler und für ... das Kunstwerk. Vianney versprach, diese Büste, die ihn so glücklich wiedergab, nicht zu zerstören, «nahm aber Cabuchet das Versprechen ab, sie vor seinem Tod nicht an die Öffentlichkeit gelangen zu lassen».

So blieb der Pfarrer von Ars demütig bis an sein Ende. Nicht einmal auf seine übermenschliche Arbeit berief er sich, um für sich Privilegien zu beanspruchen. Wenn er für seine letzten Lebensjahre vom Breviergebet befreit war, so war es nur auf einen Schritt seines Hilfspriesters hin geschehen.

In wunderbarer Gesinnung ließ er sich von jüngeren und weniger berühmten Mitbrüdern zurechtweisen. Auch noch zu der Zeit, da er die Verehrung sämtlicher Mitbrüder erlangt hatte, betrachtete er sich weiter als ihren Untergebenen, «empfing sie stets mit dem größten Entgegenkommen, bezeugte ihnen seine tiefe Hochachtung und empfahl sich in ihr Gebet».

Bischöfe, berühmte Prediger, hochgestellte Laien sah er zu Füßen seiner Kanzel sitzen und sich in seinem Beichtstuhl niederknien. Wie er bemerkte, «war ihm eine arme Frau, die um ein Almosen bei ihm anhielt, lieber als diese hohen Persönlichkeiten». Bérenger de la Drôme holte im Jahr 1850 seinen Rat ein «über Schwierigkeiten, die ihm unentwirrbar schienen».

Der Richter schied begeistert von Ars. Vianney hatte nicht einmal daran gedacht, ihn nach dem Namen zu fragen. Als im Oktober 1855 der Ain-Präfekt und der Kommandant des Departements bei ihm vorgesprochen und ihn zur Verleihung der Ehrenlegion beglückwünscht hatten, bemerkte Graf Prosper des Garets: «Oh, Herr Pfarrer, unser Ars empfängt die Mächtigen der Erde.»

«Das sind Menschen mit Leibern und Seelen», warf der demütige Priester hin.

Pater Pététot, der Obere des Oratoriums, und Pater Combalot, der apostolische Missionar und glühende Verkünder des Gotteswortes, holten sich bei ihm Weisung für ihren Eifer und ihre heilige Beredsamkeit. Hingerissen kehrten sie von diesen Gesprächen heim. In der Menge der Gläubigen verloren, wohnte Allou, Bischof von

Meaux, acht Tage hintereinander seinem Katechismusunterricht bei. Bischof Dupanloup und Kardinal Bonald machten die Reise nach Ars, um sich bei ihm Rat zu holen. Und dabei schien es Vianney nicht einmal zu bemerken, dass er der Gegenstand ihrer frommen Verehrung war. Er nahm solche Huldigung entgegen, als ob sie einem andern gälte.

Am Samstagabend des 3. Mai 1845 traf Pater Lacordaire, der seit langem den Pfarrer von Ars kennen zu lernen wünschte, inkognito von Lyon aus in dem heiligen Dörflein ein. Er stieg im Schloss ab. Am nächsten Morgen begab er sich bereits um fünf Uhr in die Kirche.

Vianney bezeugte eine große Freude, ihn zu sehen, «umarmte ihn mit Innigkeit, drückte ihm mehrmals die Hände und dankte ihm mit einem unaussprechlich glücklichen Lächeln». Dann suchte er für ihn den kostbarsten Kelch und die reichsten Gewänder aus. Um zehn Uhr wohnte der große Dominikaner im Gestühl der Schlossfamilie dem Hochamt bei. Pfarrer Vianney zelebrierte und hielt seine Ansprache über die Aufnahme des Heiligen Geistes.

Lacordaire fand sich auch für die Katechismusstunde ein, die jeden Sonntag gegen ein Uhr stattfand. Er selbst sang die Vesper und predigte dabei. Das bedeutete eine Enttäuschung für manche neu eingetroffenen Pilger, die lieber den Heiligen gehört hätten. «Aus Demut hatte sich der Prediger wohl dazu verstanden, seine Worte etwas zu entfärben, einfacher zu halten.»

«Während der berühmte Prediger sprach», sagt ein Zeuge dieser Szene, «lauschte ihm Vianney mit einer Aufmerksamkeit, die ich begierig und gerührt nennen möchte.»

Am Montag kamen die Priester der Umgegend zur kirchlichen Konferenz zusammen und nahmen auf dem Schloss das Mittagessen ein, wobei Pater Lacordaire den Vorsitz führte.

Einer der Gäste nahm sich die Frage heraus: «Sie werden das Wort des Pfarrers von Ars nicht besonders geistreich gefunden haben?»

«Er hat gepredigt», gab der Redner kühl zurück, «wie ein guter Pfarrer predigen soll.» Am Abend vorher hatte Lacordaire in Gegenwart des Lehrers Pertinand das Wort fallen lassen: «Dieser heilige Priester hat über den Heiligen Geist in packender Weise einem Gedanken Ausdruck verliehen, über den ich seit langem nachdenke.»

Aus diesem ehrenvollen Besuch schien Vianney einzig ein Stück Selbstverdemütigung herausschlagen zu wollen.

«Am nächsten Tag», erzählt Raymond, «sagte er zu mir: ‹Sie kennen das Sprichwort: *Les extremes se touchent – Die Extreme berühren sich*; – gut, gestern ist das auf der Arser Kanzel zugetroffen, wo sich die äußerste Weisheit und die äußerste Unwissenheit hören ließen.›»

Die Demut war wirklich die Lieblingstugend des Heiligen. «Er schätzte sie so hoch ein», berichtet Bruder Athanasius, «dass er beständig davon sprach, besonders bei seinen Unterweisungen. ... ‹Bleibt demütig, bleibt einfach›, wiederholte er unaufhörlich vor den Brüdern der Heiligen Familie, ‹je mehr ihr es seid, um so mehr Gutes wirkt ihr.›»

Gern gab er folgende Geschichte zum Besten. «Eines Tages erschien der Teufel dem hl. Makarius. ‹Alles, was du tust, tue ich auch›, sagte Satan zum Einsiedler der Thebais. ‹Du fastest, ich esse nie. Du wachst, ich schlafe nie. Es gibt nur eines, das du tust und das ich nicht tun kann.›

‹Und das wäre?›

‹Mich verdemütigen!›»

Nach Toccaniers Aussage wiederholte er oft: «Die Demut bedeutet für die Tugenden das, was die Kette für den Rosenkranz ist; nehmt die Kette weg und alle Perlen fallen auseinander. Verlasst die Demut und alle Tugenden sind verschwunden.»

II.

Eine demütige Seele wird immer die Armut und die Armen lieben. «Auf den Pfarrer von Ars konnte man in Wahrheit das Wort des hl. Franziskus von Assisi anwenden, das er von sich selber sagte: er habe die Frau Armut geehelicht. Vianneys Zimmer war arm; arm seine Einrichtung, arm seine Kleider, arm seine Nahrung.» «Hätte man die Armut in Person malen wollen, man hätte keine passendere Gestalt finden können.»

Von den Vorwürfen einiger Mitbrüder gegen sein äußeres Auftreten haben wir gehört. Sie gehen auf seine ersten Seelsorgsjahre zurück. Solange er noch etwas Muße hatte, d.h. bis zum Jahr 1827 oder 1828, flickte der Pfarrer von Ars seine Kleider selbst;

und da er die Nadel nur ungeschickt handhabte, kann man sich die saubere Arbeit leicht vorstellen. «Seine Strümpfe», erzählt Johanna Maria Chanay, «hatte er im Lauf der Zeit derartig vernäht, dass sie ihm die Füße wundreiben mussten.»

Eines schönen Tages überraschte ihn Katharina Lassagne, die etwas mit ihm zu besprechen hatte, beim Flicken seines Hosenknies. Ganz bestürzt über den Anblick, blieb die gute Seele auf der Schwelle des Zimmers stehen. «He! Katharina», rief ihr der Heilige in spaßendem Ton zu, «Sie waren darauf gefasst, Ihren Pfarrer zu treffen, und nun stoßen Sie auf einen Schneider!»

Bis zum Zeitpunkt, da die Wallfahrt einsetzte, besaß er nur eine einzige Soutane, die sich schließlich aus unzähligen Flicken und Stücken zusammensetzte. Diese freiwillige Einschränkung brachte ihn eines Tages in große Verlegenheit. Es war Winter. Er kam aus einer Nachbarpfarrei. Der Regen hatte ihn bis auf die Knochen durchnässt und mehrere Male war er ausgerutscht und in den Straßenschlamm gefallen.

Er hatte das vernünftige Empfinden, dass es doch eine todbringende Unklugheit wäre, in solchem Zustand ins Pfarrhaus zu gehen, wo er keine Kleider zum Wechseln hatte. So nahm er seine Zuflucht zu einem seiner guten Pfarrkinder, dem er seine Not klagte. Der Mann wurde bei diesem Geständnis zu Tränen gerührt und beeilte sich, ihm die Kleider abzunehmen und ihm sein eigenes Gewand zur Verfügung zu stellen, solange die tropfnasse Soutane an einem großen Holzfeuer trocknete.

Als sich die Pilgerscharen mehrten, machte man ihm Vorhaltungen: Es schicke sich wirklich nicht für ihn, dieses armselige Gewand noch länger zu tragen.

So nahm er das Geschenk von zwei Soutanen an und legte die bessere für die großen Feste zurück; aber die ärmlichere hatte er am liebsten. Er trug sie lange, auch als sie schon fadenscheinig geworden war. Wenn sie bei den Zeremonien zu sehen war, entschuldigte er sich mit den Worten: «Eine schlechte Soutane nimmt sich sehr gut aus neben einem schönen Messgewand.»

Bei einem bischöflichen Besuch hatte er vergessen, sich in sein Festtagsgewand zu werfen. «Ich habe erst nachher daran gedacht», erzählte er dem Bruder Athanasius; «ich habe es schwer bereut.» Er willigte nie ein, mehr als zwei Soutanen gleichzeitig zu besitzen.

Leute, die ihm eine neue gegen eine alte anboten – auf diese Art verschaffte man sich eine kostbare Reliquie – wurden mit ihrem Geschenk abgewiesen. Zuweilen legte man sie einfach in seinem Zimmer nieder, ohne ihm vorher davon Mitteilung zu machen. Er schenkte sie nachher an die Brüder weiter. Auf diese Weise erbte Bruder Athanasius drei Soutanen.

Nach dem Zeugnis seines Beichtvaters Beau sah man ihn in seinen letzten zehn Lebensjahren «immer schlicht, aber sauber, in der vollen Priestertracht gekleidet». Nie trug er einen Mantel.

«Während des Jubiläumsjahres 1826 kaufte man ihm in Trévoux einen solchen. Er schenkte ihn einem Armen.» Dieselbe Soutane diente ihm im Dezember so gut wie im Juli. Mit aller List brachte man es fertig, sie für den Winter zu füttern, ohne dass er es merkte.

Das Pfarrhaus von Ars passte zu seinem Mieter. Der vorgelagerte enge Hof überzog sich mit Gras wie eine Wiese. Ohne Zutun waren darin drei Holunderbäume aufgeschossen. Vianney nannte sie nach dem Pariser Park spaßend seinen *Bois de Boulogne*.

Es ist fraglich, ob er je ihren Schatten genoss, je ihren Blütenduft eingeatmet hat. Von den Pfarrhausmauern fiel langsam der Bewurf ab, und Risse klafften auf. Erst auf eindringliches Bitten hin erhielt Herr des Garets die Erlaubnis, sie ausbessern und mit Kalk streichen zu lassen. Aber an das Innere des Hauses ließ Vianney nicht rühren. «Ich bin so gut genug untergebracht», protestierte er, «kommt ein neuer Pfarrer, wird er schon mein Zimmer und den Rest nach seinem Geschmack herrichten lassen.»

In seinem Zimmer waren die Fliesen teilweise ausgebrochen. In aller Dringlichkeit musste sie der Bürgermeister während der Abwesenheit des Heiligen neu legen lassen. Da in den übrigen Räumen weiter keine Möbel standen, waren sie dem Verfall preisgegeben. Die Fensterfüllungen lockerten sich und die Scheiben fielen heraus. Im Erdgeschoss rankten Dornen in die Küche hinein. Ein Schößling fasste sogar Wurzel und schlug im Kamin aus. Außerhalb des Zimmers des Heiligen «war der Zerfall vollständig».

Seine Gebrauchsgegenstände waren auf das Notwendigste beschränkt. Für seine Mahlzeiten genügten ihm ein Napf und ein Löffel. «Man schenkte ihm drei oder vier recht hübsche Tassen», erzählt Katharina Lassagne. «Eines Tages suchte ich sie in seinem Zimmer und konnte sie nicht mehr finden. Johanna Maria Chanay,

Sarkophag des Heiligen. Eben zelebriert ein Priester mit einer Pilgergruppe aus Italien vor dem Sarkophag.

Totenbüste. Antlitz des hl. Pfarrers von Ars. Jedes Jahr beten gegen eine halbe Million Pilger vor dem Reliquienschrein.

die mich begleitete, sagte zum Diener Gottes: ‹Herr Pfarrer, da schauen Sie, wie Sie Ihr Geschirr zerschlagen.› Zuerst lächelte er, dann antwortete er ein wenig streng: ‹Kann ich denn nie die Armut in meinen Haushalt kriegen?›»

Den Leiterinnen der *Vorsehung* gab er für seinen persönlichen Unterhalt nicht einen einzigen Heller. Gutherzige Menschen stellten ihnen das Nötigste für ihn zur Verfügung. Nicht ein einziges Mal sorgte er sich ängstlich für den kommenden Tag. Und dabei ging so viel Geld durch seine Hände!

«Er erhielt beträchtliche Summen; alle verwandte er für gute Werke.» «Das Geld schien ihm in den Händen zu brennen.» Mit einem Großteil unterstützte er die Armen. Er neckte und beklagte im gleichen Atemzug die Geldzusammenscharrer: «Sie gleichen Menschen, die Nebel in einen Sack füllen wollen, oder einer Person, die Kürbisse aufhäuft und sie wie einen Schatz hütet, bis sie mit einbrechendem Winter alles verfault vorfindet.»

«Herr Pfarrer», mahnte ihn eines Tages Katharina Lassagne, «Sie haben Geldscheine auf dem Tisch liegen. Geben Sie Acht, dass Sie die Dinger nicht ins Feuer werfen!» «Na, dann ist es eben geschehen!», erwiderte er gleichmütig. Am Abend vorher hatte er versehentlich mit einem Brief, der fünfhundert Franken in Geldscheinen enthielt, die Kerze angezündet. Als er an jenem Tag auf seinen Freund Dubouis, den Pfarrer von Fareins, stieß, sagte er ihm: «Gestern, mein Freund, habe ich teure Asche fabriziert! ...» Seinem Bericht fügte er bei: «Oh, es ist weniger schlimm, als wenn ich eine lässliche Sünde begangen hätte.»

«Sein Herz erbarmte sich in innigem Mitleiden über jede Not. ... », sagte Graf des Garets, «zärtlich liebte er die Armen. Ihretwegen versagte er sich alles und jedes: Er schenkte, schenkte ohne Unterlass. Um ihnen Almosen geben zu können, verkaufte er alles, was er besaß: seine Möbel, seine Wäsche, den geringfügigsten persönlichen Gebrauchsgegenstand.»

Seine Mildtätigkeit war unerschöpflich. «Er hat mir gestanden», berichtet Bruder Athanasius, «dass er oft schon vor Sonnenaufgang über hundert Franken an Almosen verteilt hat. Lachend nannte er die Tasche seiner Soutane, in die er das Geld für seine Armen steckte, die Tasche des Webschiffchens, weil das Geld ununterbrochen darin aus- und einging.

Am Abend zählte er, was er selber seine Zinsen nannte, d.h. die paar Münzen, die ihm verblieben waren. ... Hatte er nichts mehr, so lieh er; denn er wollte keinen Armen unbeschenkt von seiner Tür weisen.

Bei all dem verschleuderte er das Geld nicht blindlings. Wenn er sich auch ausbeuten ließ – was wohl jeden wohltätigen Menschen trifft –, so verteilte er seine Almosen doch mit kluger Überlegung. Auch hier kam ihm sein Blick in die Seelen zustatten, denn im Allgemeinen spendete er denen, die in dringenderer Not waren, reichlichere Gaben.

Gegen Ende seines Lebens kam er für die Miete von mindestens dreißig Familien in Ars und Umgegend auf. Er wurde «geizig», sparte jedes Jahr, wenn es auf den Martinstag zuging. «Ich muss meine Höfe zahlen», sagte er. Mehreren bedürftigen Familien lieferte er das Holz und das Mehl. Lange Zeit hindurch holte jede Woche eine Mutter aus Villefranche das Brot für ihre Kinder bei ihm ab.

Mit einzigartigem Feingefühl wusste er die Empfindlichkeit der armen Leute zu schonen. Familien, die im Dorf einen kleinen Handel anfingen, streckte er die nötige Summe vor; und wenn sie von Zurückerstatten sprachen, sagte er ihnen ganz leise: «Ich leihe nicht aus, ich schenke. Hat nicht mir der liebe Gott, hat *er* nicht mir zuerst alles geschenkt?»

In seinen Schrank legte man ihm nur wenige Hemden auf einmal, weil er sonst auf einen Schlag seine sämtliche Wäsche weggeschenkt hätte.

«Legen Sie mir doch mehr hinein!», bat er die unerbittliche Katharina. Er nahm nämlich die zerlumpten Armen in sein Zimmer mit und ließ sie dort ihr Hemd wechseln. Im Winter zündete er ihnen ein wohliges Feuer an. «Und während er so ihren Körpern einheizte», bemerkt Katharina Lassagne köstlich, «suchte er ihre Seelen mit dem Feuer göttlicher Liebe zu wärmen.»

Bisweilen wollten Leute seiner Umgebung ihnen in seinem Namen helfen. Aber die Armen verlangten nach Vianney persönlich. «Er nannte sie ‹mein Freund› mit einem so lieben Ton in der Stimme, dass sie neu getröstet von dannen zogen.» «Wie glücklich sind wir», sagte er selber, «dass die Armen so zu uns kommen. Kämen sie nicht, man müsste ausgehen und sie aufsuchen. Und man hat doch nicht immer die Zeit dafür.»

Jede Gelegenheit war ihm recht, den Unglücklichen zu helfen. Eines Tages begegnete er auf dem Weg zur Katechismusstunde im Waisenhaus einem armen Teufel mit ausgetretenem Schuhwerk. Er schenkte ihm seine eigenen Schuhe und suchte seine bloßen Strümpfe unter der Soutane zu verbergen. So kam er in die *Vorsehung*.

«Eines Morgens», erzählt Johanna Maria Chanay, «hatte ich ihm ein Paar neue gut gefütterte Schuhe gegeben. Wie groß war aber mein Erstaunen am Abend, als ich seine Füße in den alten, völlig abgetragenen Schuhen stecken sah! Ich hatte vergessen, sie aus seinem Zimmer fortzunehmen. ‹Sie haben die andern verschenkt?›, fragte ich ihn treuherzig. ‹Vielleicht ja›, antwortete er in aller Seelenruhe.»

Im Januar des Jahres 1823 hörte Vianney bei der großen Mission in Trévoux fast Tag und Nacht Beichte. Von Erbarmen gerührt, legten seine Amtsbrüder aus der Umgegend zusammen und kauften ihm. ... eine Hose. Es war ein gutes Stück aus Samt und hätte für den Pfarrer von Ars lange halten müssen. Eines Samstagabends kehrte der Heilige wie immer zu Fuß in seine Pfarrei zurück, als er beim Bruyères-Feld einem kaum bekleideten und vor Frost zitternden Armen begegnete.

«Warte, mein Freund», redete ihn Vianney an – verschwand hinter einer Hecke und tauchte gleich wieder auf, mit seiner schönen Hose in der Hand. Der arme Tropf schlüpfte hurtig hinein. ...

Einige Tage hernach kam man im Pfarrhaus von Trévoux auf die Kniehosen zu sprechen und man fragte den Pfarrer von Ars, ob er mit seinem Geschenk zufrieden sei. «O ja», antwortete er heiter, «ich konnte sie gut verwenden: Ich habe sie zinslos einem Armen ausgeliehen.»

Eine Schwäche hatte er für die Mutter Bichet, eine blinde Frau, die neben der Kirche wohnte. Dieser bedürftigen Person half er mit Vorliebe, «weil er ihr Almosen reichen konnte, ohne dass sie den Wohltäter erkannte». «Er trat leise zu ihr hin, legte seine Gabe – Lebensmittel oder Geld – in ihre Schürze und zog sich, ohne ein Wort zu sagen, wieder zurück. Die gute Blinde meinte, es mit einer Nachbarin zu tun zu haben und sagte jedesmal: «Danke, mein Schatz, danke vielmals!» Darüber lachte der Pfarrer im Fortgehen aus ganzem Herzen.

Seine Wohltaten nahmen ihren Weg auch in die Ferne, wohin er seine Vermittler entsandte. «Bis nach Lyon bin ich gegangen», erzählt Maria Filliat, «wo ich in seinem Auftrag einer bedürftigen Familie hundert Franken aushändigen musste. ...

Eines Tages ärgerte er sich über sich selber, weil er einer Armen aus Saint-Didier nicht genug gegeben hatte, und beauftragte mich, ihr noch fünfzehn Franken zu überbringen. Dergleichen Aufträge habe ich öfter in den Nachbarpfarreien erledigen müssen.»

Herumziehende, oft anspruchsvolle, lästige Leute, fanden bei ihm stets liebe Aufnahme. «Es gibt falsche Arme», sagte ihm Toccanier;

«Sie täuschen sich sicher manchmal, wenn Sie so jedem Hergelaufenen etwas geben.» «Man irrt sich nie», antwortete der Heilige, «wenn man dem lieben Gott gibt.»

Eine ehemalige Pensionärin der *Vorsehung* hatte im Waisenhaus Wäsche gestohlen und in der Sakristei Geld. Sie wurde festgenommen, verurteilt und eingekerkert. Vianney hatte sich vergeblich bemüht, sie vor dieser entehrenden Strafe zu bewahren. Aus dem Gefängnis entlassen, kam sie zum Pfarrer von Ars und flehte ihn um seine Hilfe an.

Er nahm sich ihrer an, gab ihr Kleider und gewährte ihr Unterstützung. Man kann sich nach all diesen Einzelheiten ein lebhaftes Bild davon machen, dass der Name Vianney in der Welt der Enterbten einen guten Klang hatte. «Er konnte im Dorf nicht ausgehen, ohne von einer Masse Armer umringt zu werden.»

Ars war der hauptsächliche Treffpunkt aller Bedürftigen geworden. Pfarrkinder, die diesen unglücklichen, nicht immer empfehlenswerten Gestalten nur unwillig Herberge boten, beklagten sich beim Bürgermeister. ...

«Der Herr Pfarrer ist schuld daran», erklärten sie ihm. Graf des Garets gab ihre Beschwerden an die richtige Adresse weiter. «Hat unser Heiland nicht gesagt», erwiderte der Heilige, «‹Arme habt ihr immer bei euch?›» Und er bestand darauf, dass keiner abgewiesen würde. Er hatte eben für die Armen eine ganz übernatürliche Hochachtung, eine von den Worten des Evangeliums geprägte Ehrfurcht. Er schaute in ihnen unsern Heiland, den göttlichen Armen, der die Armut selig gepriesen hat. Auch liebte er es, in seinen Christenlehren allerlei Beispiele zu erzählen, wie Jesus in der Gestalt irgendeines Bettlers erschienen war.

Die Geschichte des hl. Johannes von Gott, der plötzlich in den Füßen eines Zerlumpten, den er pflegte, die Wundmale aufleuchten sah und ausrief: «Das bist ja du, Herr!», ließ ihn jedesmal in Tränen ausbrechen. Eine letzte Anekdote möge vollends zeigen, mit welcher Verehrung der Pfarrer von Ars die Armut hegte.

An einem Sommertag – es war kurz vor Mittag – saß Vianney auf seiner kleinen Kanzel und erklärte der Pilgerschar den Katechismus. Die Leute drängten sich bis auf die Schwelle der Kirche hinaus. Da nahte sich ein Armer, den Bettelsack übergeworfen, auf seinen zwei Krücken. Auch er wäre gern noch eingetreten, aber unmöglich! ... Der Pfarrer wurde auf sein vergebliches Bemühen aufmerksam.

Plötzlich erhebt er sich, schreitet durch die Menge und führt den Bettler durch die dicht gedrängten Reihen mit sich nach vorn. Im ganzen Schiff ist kein Platz mehr frei. Wo sollte nur der Arme Jesu Christi seine matten Glieder ausruhen?

Ein Heiliger kommt wegen solcher Kleinigkeit nicht in Verlegenheit. Der Pfarrer von Ars ließ den Unglücklichen auf seine kleine Kanzel steigen und ihn auf dem Sitz, der die Menge übersah, Platz nehmen. Dann sagte er mit fröhlicher Stimme «Na!» und setzte aufrecht stehend seine Unterweisungen fort.

Es ist wie eine Geschichte aus dem Leben des Poverello von Assisi, die in dieser Szene an unserm Auge vorüberzieht.

«Seine Bußwerkzeuge stellte sich der Heilige selbst aus dickem Eisendraht her. ... An den Enden der Ketten befestigte er kleine Schlüssel oder Widerhaken. Die Schläge, die er seinem armen Körper versetzte, waren schrecklich. Einmal ließ er uns eine Kette kaufen und zeigte uns, wie stark sie sein müsse. Wir errieten sofort, dass sie für seine Geißel bestimmt war» (Katharina Lassagne).

Geduld und Abtötung

I.

Die Liebe zur Armut und zu den Armen war tief in Vianneys Natur verwurzelt. Er war von Herzen gütig. Aber eine andere seiner Tugenden, die Geduld, scheint ihm nicht in die Wiege gelegt worden zu sein. Hätte er sich diese Tugend nicht in langem heroischem Ringen erworben, er wäre sein Leben lang ein schroffer und heftiger Charakter geblieben.

Statt dessen brachte er es so weit, dass «die Milde seines Charakters einen glauben ließ, er sei leidenschaftslos und könne überhaupt nicht aufbrausen». Wer ihn aber aus der Nähe und des öfteren beobachtete, bemerkte bald, von «welch lebhaftem Empfinden und hitziger Charakterart» er im Grunde war.

Auf der Kanzel erklärte er: «Oh, meine Kinder, ihr beklagt euch, dass ihr es nicht fertig bringt, Geduld zu üben. Ja, mein Gott, von der Heftigkeit hat jeder seinen Anteil mitbekommen.»

«Herr Pfarrer», fragte ihn Raymond, «wie bringen Sie es fertig, mit Ihrem heftigen Charakter so ruhig zu bleiben?»

«Ja, mein Freund, die Tugend fordert Ausdauer, ständiges Sich-Gewalt-antun und vor allem Hilfe von oben.»

«Er hat tatsächlich lange arbeiten und viel leiden müssen, um sich die so viel an ihm bewunderte Geduld anzueignen», sagt Graf des Garets. «Auch ist es gerade diese Tugend, die mich an ihm am meisten betroffen und am tiefsten bewegt hat. Ich halte es für unmöglich, dass es jemand darin weiter zu bringen vermag als er. Ich habe ihn stets gleichmütig gesehen, zuvorkommend, gleichgültig dagegen, wie man ihn behandelte.»

«Ich glaube», fügt Bruder Athanasius hinzu, «hätte ihn die Tugend nicht völlig gemeistert, er wäre leicht aufgebraust. Um sich zu beherrschen, musste er sich oft aufs Äußerste Gewalt antun. Ich habe das an fast unauffälligen Zeichen ersehen können. Wenn ihn lästige Personen bei gewissen Gelegenheiten quälten, zerkrampfte er sein Taschentuch, das er gewohnheitsmäßig in der Hand hielt; und ich sah, welche Gewalt er sich antat, um die Ungeduld niederzuringen. Man musste natürlich mit seiner Art sehr vertraut sein, um diese Dinge zu bemerken.»

«Er hatte ein reges Gefühlsleben»; unwillkürlich empfand er auch Antipathien, verbarg sie aber aus übernatürlicher Liebe. «Oft war es uns klar», sagt Martha Miard, «dass er sich gewissen Personen gegenüber Gewalt antun musste; gezeigt hat er es aber nie.» Alles was man im Laufe dieser seelenzerwühlenden Stürme erhaschen konnte, war neben dem veränderten Gesichtsausdruck «ein rasches Aufblitzen in seinen Augen».

An dem Tag, als er zum Kanonikus ernannt wurde, schwebte er für ein paar Sekunden in diesem Zustand innerer Erregung, in dem Augenblick, als ihn Bruder Hieronymus ersuchte, sich mit dem roten Mäntelchen angetan in seinen Chorstuhl zu setzen.

Von seiner Geduld hat der Pfarrer von Ars erstaunliche Proben abgelegt. «Eines Tages», erzählt der Lehrer Johannes Pertinand, «hatten wir ohne Wissen Vianneys ein Kind der Pfarrei auf frischer Tat ertappt, als es gerade Messstipendien entwendete.

Der Bürgermeister und ich meldeten die Sache den Eltern. Die Mutter des kleinen Diebes meinte, der Pfarrer habe den Schuldigen angezeigt und kam am nächsten Morgen in die Sakristei, wo sie Vianney die heftigsten Vorwürfe machte. Ich befand mich in der Nähe der Tür in der Kirche und hörte diesen Ausbruch von Beschimpfungen an.

‹Sie haben ganz Recht! Beten Sie für meine Bekehrung›; mit dieser Antwort begnügte sich unser guter Hirte.»

Katharina bezeugt in ihrer «Kleinen Denkschrift»: «Ich habe sagen hören, dass am Anfang ein Mann aus Ars zu ihm kam und ihn mit Beschimpfungen überhäufte. Er hörte ihn wortlos an. Dann wollte er ihn aus Höflichkeit noch hinausbegleiten und vor der Verabschiedung umarmen. ...

Diese Überwindung nahm ihn derartig mit, dass er nur mit größter Mühe ins Zimmer zurückfand und sich ins Bett legen musste. Im nächsten Augenblick war er von Pusteln bedeckt. ...

Des öfteren hat man gesehen, wie er gegenüber Leuten, die ihn hart anfuhren, die Ruhe bewahrte; aber gleich danach wurde sein ganzer Körper von einem Zittern geschüttelt. ‹Hat man seine Leidenschaften niedergerungen›, sagte er, ‹dann lässt man seine Glieder zittern.›»

«In der *Vorsehung*», erzählt Johanna-Maria Chanay, «ging ihm einmal etwas sehr gegen den Strich. ‹Wenn ich nicht den Willen hätte, mich zu bekehren›, sagte er zu uns, ‹würde ich mich erzürnen.› Mit diesen Worten bewahrte er seine volle Ruhe.»

Andreas Trève berichtet: «Ich kann weder Ort noch Zeit angeben, aber es ist mir wieder eingefallen, dass man ihm eines Tages ein Ohrfeige gab, worauf er sagte: ‹Mein Freund, meine andere Wange ist eifersüchtig!›»

Diese wunderbare Geduld trat am klarsten inmitten des Menschenandranges hervor. Hier bot sich ihm unaufhörlich die Gelegenheit, beständige Selbstüberwindung zu üben. Wer ihn sprechen wollte, hatte es eilig. Wer ihn gesprochen hatte, wollte ihn ein zweites Mal aufsuchen.

So bildeten sich, nach dem Wort des Kanonikus Gardette, «um seine Person entgegengesetzte Strömungen, die ihn nach allen Seiten hinzerrten. Aber überraschende Tatsache! Mochte er umdrängt, fast erstickt werden, immer blieb er ein Engel der Liebe und Milde. Auf seinem Gesicht konnte man wohl die körperliche Erschöpfung ablesen, nie aber die Spuren unserer bösen Menschennatur!

Und doch musste er bei seinem so lebhaften und sensiblen Temperament die Widerwärtigkeiten empfinden. Er wusste, wie rasch die Zeit verfliegt und kannte die Nöte so vieler Seelen und da hielt ihn diese Person mit ihren Wiederholungen auf, während jene andere ihm die nichtssagendsten Dinge erzählte. Aber allen bezeigte er eine derartig geduldige und liebevolle Güte, dass jeder zufrieden von ihm schied.»

Mehr als einmal ist es vorgekommen, dass man ihn in die Sakristei rief, während fünfzig und mehr Personen seinen Beichtstuhl umlagerten. Er ging und «hörte alles ohne ein Zeichen von Ungeduld an, obgleich man ihn gestört hatte, um ihm lauter Nichtigkeiten mitzuteilen».

«Während sehr viele Pönitenten auf ihn warteten, habe ich gesehen, wie er dreimal den Beichtstuhl verließ, nur um drei verschiedenen Personen, die auch gleichzeitig hätten vortreten können, die heilige Kommunion zu reichen; und das ohne jegliche Klage seinerseits, ohne Murren, ohne irgendeine Bemerkung.

Ein Augenzeuge dieser Szene empörte sich so sehr darüber, dass er außer sich die Kirche verließ, drauf und dran loszubrechen, wobei er jedem, der es hören wollte, zurief: ‹Ich bin wütend für den Pfarrer, der es nicht ist.›»

«Bei diesem stets so ruhigen Anblick sagte ich ihm», berichtet Toccanier: ‹Aber, Herr Pfarrer, an Ihrer Stelle würden sich die Engel entrüsten! ... Ich werde es für Sie tun müssen.›»

Im Jahr 1854 musste er eines Tages nach einer Katechismusstunde auf dem Gang von der Kirche zum Pfarrhaus so viele Belästigungen über sich ergehen lassen – einer versuchte, ein Stück aus seinem Chorhemd zu schneiden, ein anderer, ihm Haare auszurupfen –, dass Leute ihm entrüstet zuriefen: «Herr Pfarrer, Sie sollten alle zum Kuckuck jagen. ... An Ihrer Stelle würde mich die rote Wut packen», und dergleichen.

«O mein Gott», antwortete der Heilige, «seit sechsunddreißig Jahren bin ich in Ars und habe mich noch nie aufgeregt: Jetzt bin ich zu alt, um damit anzufangen.»

Man sah Priester, die lange wie gebannt vor dem Schauspiel einer solchen Geduld stehen blieben. Der Pfarrer der Kathedrale von Grenoble, Gérin, den Vianney «seinen Vetter» nannte, sah stundenlang zu, wie er so umdrängt, von der Menge belagert, ewig milde und geduldig blieb.

«Ich habe den Diener Gottes aus nächster Nähe beobachtet, um ihn bei einer Regung der Ungeduld zu ertappen», erzählt Kanonikus Tailhades, «und es ist mir nie gelungen. ... Inmitten der größten Zudringlichkeiten fand ich ihn stets milde, stets lächelnd, stets unverändert. Auf die Bemerkung, die ich ihm gegenüber deswegen machte, gab er zurück: ‹Was wollen Sie? Was hätte ich mit meinem Böswerden gewonnen? Oh, wie gut tut ein Priester daran, sich Gott jeden Morgen zum Opfer darzubringen.›»

Das Schwierigste für eine Tugend wie die Geduld besteht darin, sich vollkommen zu beherrschen, sich in gleichmäßiger Stimmung zu erhalten, nicht nur inmitten der Menge, sondern angesichts gewisser Personen, von denen man täglich umgeben ist und die einem auf die Nerven gehen. Dies ist der Prüfstein der Geduld. Nun hat der heilige Pfarrer acht Jahre lang – von 1845 bis 1853 – das Gehaben eines Priesters über sich ergehen lassen, in dem Katharina in ihrer unbefangenen Art einen «Abgesandten Gottes» erblickte, «der seinen guten Diener in der Geduld üben sollte».

Raymond, der doch nur Vianneys Hilfspriester war, «betrachtete sich vielmehr als seinen Vorgesetzten». Dabei «war er ein guter Priester, der treu seine Pflicht erfüllte».

Er war zwanzig Jahre jünger als der Pfarrer von Ars und dieser hatte sogar sein Pensionsgeld im Seminar bezahlt. Raymond ging aber ein Stück Takt und Selbsterkenntnis ab.

Dies konnte man gleich bei seiner Ankunft bemerken. Rücksichtslos richtete er sich im Zimmer des Pfarrers wohnlich ein, während der heilige Mann sich mit einem dumpfen, sehr feuchten Raum im Erdgeschoss zufrieden gab.

Als die Pfarrkinder daraufhin wissen ließen, sie würden Skandal schlagen, falls man ihren guten Pfarrer irgendwie in seinen Gewohnheiten störe, zog Vianney wieder in sein Zimmer und Raymond nahm sich eine Wohnung im Dorf.

Der Neue, den Vianney selber als Hilfspriester angefordert hatte, erträumte sich nichts weniger, als an dessen Stelle zu treten, die Leitung der Wallfahrt in die Hand zu nehmen und seinerseits «Pfarrer von Ars» zu werden. Er hatte nicht bedacht, dass der Weggang des Heiligen das Dorf in denselben Zustand zurückwerfen würde, der vor 1818 dort herrschte.

Jäh, herrisch, eigensinnig in seinen Entscheidungen, eingebildet auf sein Wissen und seine Beredsamkeit, behandelte er den Mann, der sein Wohltäter gewesen und nun sein Vorgesetzter war, «mit Härte, ohne Schonung, ohne jegliche Rücksicht auf sein Alter und seine Heiligkeit». Dass ihm seine verletzende Art nicht bewusst war, ist allein eine Entschuldigung für Raymond.

Des öfteren maßte er sich an, den Heiligen anzuherrschen, ihm Vorwürfe zu machen, weil er ihm nicht alles mitteilte oder die Wallfahrt nicht richtig leite. «Er ging sogar so weit, ihn öffentlich auf der Kanzel anzugreifen.»

Ein solches Gebaren war selbstverständlich für Vianneys feinfühlige, empfindsame Seele äußerst schmerzlich.

Katharina Lassagne schrieb: «Der Hilfspriester war viel jünger als er; er hatte selbst bei seiner Ausbildung geholfen; und nun versuchte er in den ersten Tagen, diesen so entgegengesetzten Charakter noch zu verteidigen.

Er sah aber, dass er ihm auf diese Weise nur noch mehr Anlass für sein Verhalten geben würde; so fand er sich damit ab, ihn im Voraus zu benachrichtigen, ihn bei verschiedenen Gelegenheiten um Rat zu fragen, ihm, mit einem Wort, so viel wie möglich den Willen zu tun.»

Was aber noch mehr und nur als Wunder der Gnade und Tugend zu verstehen ist – der Pfarrer von Ars war seinem Hilfspriester sogar in Liebe zugetan. «Ich kann nur das eine bedauern», musste Raymond später sagen, «dass ich nicht genug Nutzen aus seinem Beispiel gezogen habe; ich zähle jedoch auf seine gütige, väterliche Zuneigung, die er mir immer erwiesen hat.»

Vianney ließ nie etwas auf seinen Hilfspriester kommen und verteidigte ihn bei jeder sich bietenden Gelegenheit. «Die Pfarrkinder wurden zuweilen der Umtriebe Raymonds gewahr und ergriffen für ihren Pfarrer Partei. Er hingegen wusste nur Gutes über seinen Hilfspriester zu sagen und fügte bei: ‹Wenn man ihm Schwierigkeiten macht, werden wir beide fortgehen!›»

Dem Pfarrer von Fareins, Dubouis, der im Auftrag von Bischof Devie Erkundigungen über das Verhalten Raymonds einziehen sollte, antwortete Vianney: «Oh, lasst ihn mir doch, er deckt mir meine Fehler auf!»

«Wieviel habe ich ihm zu verdanken», vertraute er seinen Freunden an; «ohne ihn müsste ich mir sogar Sorge machen, ob ich den lieben Gott ein bisschen liebe.» «Sie sagen mir auch gar nichts», tadelte er später den gutherzigen und versöhnlichen Camelet, den Missionsobern, «Sie machen mir gar keine Vorwürfe. ... Ich fühle mich gar nicht so wohl wie früher.»

Als er Bischof Devie einlud, nach Ars zu kommen und die *Vorsehung* zu weihen, nahm er die Gelegenheit wahr und strich in diesem Schreiben seinen Hilfspriester heraus: «Eurer bischöflichen Gnaden sage ich nichts Besonderes über Raymond, außer dass er einen großen Platz in Ihrem Herzen verdient als Dank für all die Güte, die er mir entgegenbringt. Schenken Sie ja diesen schlechten Zungen keine Glauben, die, wie immer man es auch betrachtet, voller Bosheit sind.»

War es aber nicht schon genug, dass ein Mitglied des Klerus von Ars zu begründeter Kritik Anlass gab? Fromme Personen machten Vianney darauf aufmerksam, dass dieser Zustand lange genug gedauert habe. Ein erstes Mal ersuchte der Heilige den Bruder Athanasius, einen Brief an Bischof Devie zu schreiben.

«Er diktierte mir sozusagen die Ausdrücke», erzählt der treue Sekretär; «vor allem drang er darauf, dass ich das Recht Raymonds auf eine gute Stelle betonen müsse. Es war in der Karwoche. Ich reichte dem Diener Gottes den Briefentwurf in dem Augenblick, als er hinter dem Altar herging. Er las ihn, besann sich einen Moment und zerriss ihn in vier Teile.

‹Ich habe hier gedacht›, gestand er mir, ‹der Heiland habe sein Kreuz gerade während dieser heiligen Tage getragen. Ich kann es ihm wahrhaftig auch nachtun.›»

Kurze Zeit danach willigte er ein, dass Herr des Garets mit Bischof Devie über Raymond sprach. Aber in der Zwischenzeit hatte sich der Pfarrer von Ars bereits wieder anders besonnen.

Als der Bürgermeister beim Prälaten die Frage vorbrachte, wies dieser einen Brief vor, den er soeben erhalten hatte und in dem der Heilige ersuchte, man möge ihm noch ein wenig seinen «lieben Raymond» belassen.

Nun fügte es Gott, dass der unhaltbare Vikar selber seine Versetzung beantragte. Endlich war ihm aufgegangen, er werde niemals den heiligen Priester ersetzen können, dem die Massen zujubelten. Bischof Chalandon ernannte ihn im Jahr 1853 zum Pfarrer von Polliat. Bis zum Ende behandelte ihn Vianney mit vollendeter Rücksicht.

«Nach meiner Abreise», sagt Raymond, «schrieb er mir: ‹Sie sind mir so nützlich gewesen, Sie haben mir so viele Dienste erwiesen, dass Sie mein Herz eingenommen haben!› Ich hatte das Glück, ihn acht Tage vor seinem Tod noch einmal zu sehen. ...

Ich werde es nie vergessen, mit welcher Güte er mich aufgenommen, mit welcher Hochherzigkeit er mir einen Chorrock geschenkt hat. ... Sobald ich von seinem Hinscheiden hörte, machte ich mich auf den Weg nach Ars, wo ich ihn noch ein letztes Mal umarmen durfte.» Noch am Tag des Begräbnisses forderten die Missionare Raymond auf, seine persönlichen Erinnerungen zusammenzustellen.

Er begann tatsächlich mit einem «Leben des Pfarrers von Ars», führte es aber nie zu Ende. Die Bruchstücke, die uns davon verblieben sind, wie auch die Aussagen des einstigen Hilfspriesters beim Seligsprechungsprozess verraten Bewunderung und Hochachtung für den Heiligen.

Körperliche Schmerzen ertrug Vianney nicht weniger geduldig als seelisches Leid. Er wurde von Krankheit und allerlei Gebrechen heimgesucht.

Nach den Aussagen mehrerer Personen, die sein Vertrauen genossen, wissen wir von einigen dieser körperlichen Leiden.

Am linken Arm hatte er eine offene Wunde. «Manchmal drängten und zerrten ihn die Pilger derartig, dass sie ihm entsetzliche Schmerzen verursachten. Dann entschlüpfte ihm zuweilen ein: ‹Sachte! ... Ihr tut mir weh›, ohne dass er dabei irgendein Missfallen bezeigte.»

«Wenigstens fünfzehn Jahre lang», sagt Raymond, «war er von Rheumatismus gequält, den er sich durch sein Schlafen in einem feuchten, kalten Zimmer des Pfarrhauses zugezogen hatte. Dieser verursachte ihm wilde Kopfschmerzen.

‹Oh, welche Schmerzen habe ich hier!›, sagte er oft zu mir und griff mit der Hand an seine Stirn. ... Der Mangel an Bewegung rief bei ihm Schwindelanfälle hervor, weshalb er sich jedes Jahr zur Ader lassen musste.

Beim Beichthören zog er sich einen doppelten Bruch zu, den er erst sehr spät behandeln ließ. Man konnte es sich nicht erklären, weshalb er beim Verlassen des Beichtstuhls ganz gebückt ging. Erst durch den Arzt erfuhren wir die Ursache dafür.»

Wenn er sich bei Besuchen, wie Kamillus Monnin erzählt, niemals setzte, so geschah es aus Ehrfurcht vor den Personen, die er empfing, aber auch wegen der Wunden, an denen er litt, und die er sich bei seinem langen Beichthören geholt hatte.

Er litt an furchtbaren Zahnschmerzen. «Er hat mich selber gebeten», berichtet Lehrer Pertinand, «ihm mehrere Zähne mit der Zange auszureißen. ...»

Aber selbst in der Zeit, da sein *armer Kadaver*, wie er seinen Leib nannte, die entsetzlichsten Schmerzen ausstand, blieb sein Geist ewig jung. In seiner Unterhaltung und seiner Stimmung verriet auch nichts die innere Qual. «Als er eines Tages zum Segnen unserer Gebäude erschienen war», erzählt Frau des Garets, «litt er schrecklich. Ich fragte ihn, ob er etwas einnehmen wolle. ‹Ach!›, antwortete er, ‹man hätte allzuviel zu tun, wenn man bei jedem Unwohlsein etwas einnehmen wollte.›»

Mehr als einmal konnte man ihn während des Nachtgebetes wie vom Schmerz überwältigt in der Kanzel niedersinken sehen, dann sich tapfer wieder emporreißen und mit einem Feuer predigen, als ob nichts wäre.

II.

In der Geduld des hl. Johannes-Maria Vianney sehen wir ein wunderbares Vorbild, während seine Abtötung eher zur Bewunderung als zur Nachahmung vor uns steht. Tatsächlich ist der «Athlet Christi» «bis an die äußerste Grenze menschlicher Kraft, wenn nicht sogar darüber hinaus» gegangen.

Graf des Garets sagte: «Vianney ist ein Mensch, der den alten Adam in sich ertötet und der Natur nie irgendwelche Zugeständnisse gemacht hat.» Und die Gräfin fügt hinzu: «Seine Abtötung war andauernd, übertrieben, ging auf das Letzte und alles; sie durchdrang sein ganzes Sein. ...

Das Leben eines Trappisten ist nichts im Vergleich zu dem seinen. Christlicher Bußgeist könnte, glaube ich, nicht weiter getrieben werden. Der Pfarrer von Ars hat in uns wieder den Glauben an das Außerordentlichste geweckt, das man von den Wüstenvätern erzählt.»

«Menschliche Weisheit», erklärt Dufour, Missionar von Pont-d'Ain, «mag sich über derartige Kasteiungen aufregen und sie übertrieben finden. Der Mann, der sie freiwillig auf sich genommen hatte, spürte Inspiration und die Hilfe seines Gottes über sich.»

«Auf dem Weg der Buße ist nur der erste Schritt schwer», sagte der Heilige selber. Aber gerade das Ausholen für diesen ersten Schritt, um dann auf den Gipfel einer schweren Tugend zu gelangen, bedarf eines von der Gnade fortwährend getragenen Heroismus.

Im alten Pfarrhaus von Ars bewahrt man wie Trophäen Vianneys Geißeln und den Bußgürtel auf. Sein entsetzlichstes Bußwerkzeug ist nicht hier untergebracht; das hat man in der Kirche gelassen: den Beichtstuhl.

Man darf ruhig sagen: Hier hat sich der Diener Gottes aus freien Stücken gekreuzigt. Er war ein «Märtyrer des Bußsakramentes», sagt ein Augenzeuge seines Lebens.

Er hätte ja ruhig die Sünder fliehen und sich in ein Kloster oder eine Einöde zurückziehen können. Aus Liebe zu den Seelen ist er geblieben. Er, der seine Jugend draußen inmitten der Natur verlebt hatte, in der reinen Luft der heimatlichen Hügel – blieb auch an den Tagen, wo ein milder Himmel auf die Wege hinaus lockte, an dieses Holz gekettet, ein Gefangener der Sünder. Sein empfindungsreiches

Herz hatte die Natur geliebt; er hatte das lachende Tal des Fontblin, an dem die Erlen stehen, durchwandert; nur ein paar Häuser und die Kirchenmauern trennten ihn von seinem Zauber, seiner Frische, seinen lauschigen Schattenpfaden; aber auf all das hat er dreißig Jahre lang aus freiem Entschluss verzichtet.

«Einige Stunden Beichtstuhl zermürben auch den stärksten Priester; er verlässt ihn mit steifen Gliedern, mit brummendem Kopf, unfähig, auch nur einen Gedanken festzuhalten; er verliert dabei Schlaf und Hunger; und müsste er Tag um Tag diese endlosen Sitzungen aufnehmen, sein Mut würde ihn verlassen.»

Nun hat aber der Pfarrer von Ars nach dem Wort der Gräfin des Garets «eine Arbeit geleistet, die sechs Beichtväter aufgerieben hätte». Raymond, der ihn bei der Arbeit gesehen hat, ist in die Worte ausgebrochen: «Das hat mich immer wunderbar gedünkt und über alle Menschenkraft, dass ein Priester, der so gebrechlich war, der so streng fastete, sozusagen sein ganzes Leben im Beichtstuhl verbringen konnte! ...

Ich habe, Gott sei Dank, eine gute Gesundheit, ich muss aber gestehen, dass ich diese Lebensweise auch nicht eine Woche ausgehalten hätte; dasselbe habe ich von andern Priestern gehört, die das Beichthören an Wallfahrtsorten aus Erfahrung kannten.» Ja, hier zwischen diesen Brettern, in diesem Sarg hat der Pfarrer von Ars am meisten gelitten. Im Sommer «war es in der Kirche wie in einer Schwitzstube».

«Die Hitze im Beichtstuhl gab ihm», nach Vianneys eigenem Geständnis, «eine Vorstellung von der Hölle.» Oft musste er mit einem feuchten Umschlag auf der Stirn Beichte hören, so unerträglich peinigte ihn das Kopfweh – aus diesem Grunde trug er auch die Haare auf dem Vorderkopf kurz geschnitten.

An Gewitter- und drückenden Hitzetagen war die Luft im engen Kirchenschiff derart verbraucht und verdorben, dass der heroische Beichtvater von Erbrechensanfällen geschüttelt wurde und es nur durch Einatmen von Essig oder Kölnisch-Wasser aushalten konnte.

Der Winter hingegen bringt im Dômbes-Gebiet eine Kälte zum Steine-zersprengen, besonders wenn der Nordwind von den Alpen herüberbraust.

«Mehrere Male», erzählt Dubouis, «wurde der Diener Gottes im Beichtstuhl ohnmächtig vor Kälte und Schwäche.

Ich fragte ihn: ‹Wie können Sie stundenlang so aushalten, und das bei einer so strengen Kälte, ohne das Geringste mitzunehmen, um sich die Füße warmzuhalten?›»

«Oh, mein Freund, das hat seinen guten Grund: Von Allerheiligen bis Ostern spüre ich meine Füße überhaupt nicht.»

Kanonikus Alexis Tailhades von Montpellier, der einen Teil des Winters 1839 bei ihm verbrachte, berichtet, dass die Füße des armen Priesters sich in einem derartigen Zustand befanden, dass die Haut der Ferse in den Strümpfen hängen blieb, wenn er sie am Abend auszog.

Um die Härte des Brettes, auf dem er saß, ein wenig zu mildern, legte man des öfteren kleine, strohgestopfte Kissen darauf. Er warf sie fort. Gegen Ende seines Lebens, in den beiden Wintern 1857 und 1858, musste man zur List Zuflucht nehmen, um ihn etwas erwärmen zu können.

Nacht für Nacht schob man, bevor er in die Kirche kam, eine Wärmeflasche in seinen Beichtstuhl und erneuerte sie mehrmals am Tag. Lange Zeit entging ihm dies. Als er es bemerkte, ließ er es geschehen, weil seine Gesundheit mehr und mehr verfiel.

In der Sakristei, wo er die Männer beichthörte, verbrannte er notgedrungen etwas Papier, um sich die Hände wieder zu beleben. Die Erlaubnis, dort einen Ofen aufzustellen, konnte Toccanier nur durch den Hinweis erlangen, dass in diesem kalten, feuchten Raum die heiligen Gewänder verschimmelten. Lange Zeit hatte er auch in seinem Zimmer kein Feuer.

In den letzten fünfzehn Jahren seines Lebens suchte ihm während der schlechten Jahreszeit der Lehrer Pertinand oder einer der Brüder zuvorzukommen und im Kamin ein prasselndes Reisigfeuer anzuzünden. «Unglücklicherweise konnte er sich nach der Rückkehr in sein Zimmer nicht mehr erwärmen», berichtet der Schulmeister, «und sein Schlaf musste dadurch schwer leiden. ...

Bei anbrechendem Frühling wurde man aus verschiedenen Bemerkungen unseres guten Pfarrers gewahr, dass auch für ihn wie für die ganze Natur eine Zeit der Wiedergeburt und des Wohlbehagens angebrochen war.»

Vianneys Ausdauer im Beichtstuhl und die Leiden, die er darin ausstand, hätten allein genügt, ihn zu hoher Heiligkeit zu führen. Da seine Seele aber nach Abtötungen wie andere nach Gelüsten hungerte, vermochte ihn keine Buße zu sättigen. So legte er sich das Opfer auf, nie mehr den Duft einer Blume einzuatmen, nie mehr Obst zu essen, nie mehr, auch nicht an den größten Hitzetagen, einen Tropfen Wasser zu genießen. Nicht einmal eine Mücke, die ihn belästigte, hätte er von seiner Stirn verscheucht. Beim Knien stützte er sich nicht auf.

Er hatte es sich zum Gebot gemacht, keinen Ekel zu bezeigen, alles Widerstreben seiner Natur verborgen zu halten. Auch die berechtigte Neugierde hat er unterdrückt. Er äußerte nicht einmal den Wunsch, die Eisenbahn zu sehen, die einige Kilometer vor Ars vorüberfuhr und ihm jeden Tag eine solche Menge Pilger zuführte.

Sein Herz war sündenlos und doch fastete und geißelte er sich vierzig Jahre lang für die Sünder. Wir haben gesehen, wie er sich in den ersten Zeiten seiner Seelsorge bis aufs Blut geißelte, um von Gott die Bekehrung seiner Pfarrkinder zu erwirken. Als seine Schäflein bekehrt waren, ließ er dennoch seine Bußwerkzeuge nicht rosten.

Immerhin zwangen ihn seine aufgebrauchten Kräfte, sie seltener und weniger grausam gegen seinen armen *Kadaver* zu schwingen; er musste wenigstens warten, bis die Wunden geheilt waren, um von neuem auf sich einzuschlagen.

Dank der Mithilfe von Katharina Lassagne konnte der Geistliche Tailhades im Jahre 1839 «sein Zimmer aufs Genaueste durchsuchen». Er sagt: «Ich entdeckte schließlich am Kopfende des Bettes, unter dem Vorhang verborgen, einc Disziplin aus sehr starkem Eisendraht.»

Bruder Athanasius, der später eine ähnliche Entdeckung machte, erklärt, «der Disziplin habe man es angesehen, dass sie ihren Dienst getan hat. Jemand entwendete sie. Vianney hatte keine Ruhe, bis man ihm eine andere verschaffte». Dem fügt der Bruder hinzu: «Ich habe eine gesehen, die er sich selber hergestellt hat. Sie war aus sehr starken Kettengliedern verfertigt. Jeder Schlag musste das Fleisch aufreißen.»

Der Reihe nach hat er mehrere Personen ersucht, ihm Kettchen zu kaufen, ohne anzugeben, wofür er sie verwenden wollte. Maria Filliat, Lehrerin in der *Vorsehung*, weigerte sich eines Tages, ihm in Trévoux, wohin sie ging, einen derartigen Auftrag zu besorgen. Er musste sich an einen armen jungen, halb einfältigen Menschen wenden, «der ihm zuweilen sagte: ‹Oh, Herr Pfarrer, es ist doch zu viel!›»

In der zweifellosen Annahme, dass Johannes Picard, der Dorfschmied von Ars, nicht dahinter kommen würde, bestellte er bei ihm «eine doppelgliedrige Eisenkette, vier bis fünf Zentimeter breit und lang genug, um sie um den Leib zu schlingen. ...

«Mir kam auch nicht der leiseste Gedanke, wofür er sie gebrauchen könnte», erklärt der Handwerker selber. «Ich dachte, es handle sich um die Turmuhr, die gerade repariert wurde. Aber an einem Ostertag wurde es dem Herrn Pfarrer in der Kirche schlecht und ich half, ihn in sein Zimmer zu schaffen. Als wir ihn auskleideten, um ihn aufs Bett zu legen, entdeckte ich meine Kette um seinen Leib geschlungen.»

An jedem Arm trug er ein mit scharfen Spitzen versehenes Eisenband. «An seinen steifen Bewegungen, an der Art und Weise, wie er sich auf der Kanzel und am Altar wie aus einem Stück wendete, konnte man leicht sehen», sagt Frau des Garets, «dass sein Leib mit einem Büßerhemd und andern Marterwerkzeugen bedeckt war.» Einmal riss ihm sein Bußgürtel eine derartige Wunde, dass man Wundbrand befürchtete.

Solche Kasteiungen konnten ihn nur schwächen. Wie hielt er sich überhaupt aufrecht, dieser Priester, «der von dem lebte, was für einen andern gerade zum Sterben gereicht hätte»?

Man hätte annehmen sollen, er werde nach seinen «Jugendtorheiten», nach den zwei- und dreitägigen Fasten, die er sich im Anfang auferlegt hatte, nunmehr angesichts seiner Arbeit und seiner Hinfälligkeit ausreichend Nahrung zu sich nehmen. Katharina und ihre Mitarbeiterinnen hofften dies, als sie um das Jahr 1827 erfuhren, der Pfarrer werde sich von jetzt ab die Mahlzeiten in der *Vorsehung* geben lassen. Welche Illusion! Wohl fand er sich bereit, alle Tage etwas zu essen; aber es war zu wenig!

Das bis dahin ununterbrochene Fasten ging weiter. Gewöhnlich kehrte er um die Mittagszeit in der Küche des Waisenhauses ein, wo auf der Herdecke ein Krüglein Suppe oder Milch für ihn bereit stand.

Oft leerte er das Krüglein nicht einmal ganz. Andere Male aß er neben der Suppe noch ein paar Brocken trockenes Brot. Lange Zeit nahm er morgens nichts zu sich. Als sich bei ihm gegen 1834 eine größere Müdigkeit einstellte, musste er Bischof Devie gehorchen, der ihn auf ein Frühstück verpflichtete. Von nun an trank er nach seiner Heiligen Messe ein wenig Milch, verzichtete allerdings an Fasttagen auch auf diese Kleinigkeit.

«Während der Fastenzeit der Jahre 1849, 1850 und 1851», sagt Bruder Athanasius, «beobachtete ich, dass er sich streng an eine einzige Mahlzeit am Tage hielt.» Zu Mittag nahm er eine Kleinigkeit Nachtisch an, verzichtete aber in den letzten Jahren seines Lebens auch darauf vollständig. Bis zu seiner schweren Erkrankung im Jahre 1843 aß er abends nie etwas.

Von 1854 bis 1859 musste er sich auf Anordnung des Arztes Dr. Saupier in verschiedene unumgängliche Milderungen fügen. «Jetzt, wo ich verpflichtet bin, eine kräftigere Kost zu genießen», seufzte er, «fühle ich mich nicht so wohl beim Beichten.» Und er warf sich Genusssucht vor. Sein «Vater in Christo» mag uns selber diesen allzu nahrhaften Speisezettel verraten.

«Ich bin des öfteren, wenn er aß, zugegen gewesen», erzählt Beau. «Seitdem die Schwestern die *Vorsehung* leiteten, wurde er in seinem Zimmer bedient. Er setzte sich nie. Auf einem unbedeckten Tisch stand eine irdene Platte mit etwas Gemüse, manchmal zwei Eier; wenn er schwerer ermüdet war, eine Kleinigkeit Fleisch (er aß nie Fleisch, ohne von mir die Erlaubnis hierzu erbeten zu haben); ein Krug Wasser, eine Flasche Wein und ein Stück Brot. In weniger als zehn Minuten war die Mahlzeit erledigt.

Beim Essen unterdrückte er den Geschmack der Speisen. Auf der Platte blieb gewöhnlich der größte Teil des Aufgetragenen zurück. Er hatte nur ein paar Tropfen mit Wein gerötetes Wasser getrunken und nur einige Bissen Brot gegessen ... Ich war lebhaft betroffen von dieser übertriebenen Mäßigkeit.»

Ein Pfund Brot reichte bei ihm länger als eine Woche. «Ich habe eines Tages in seinem Zimmer einen kleinen Laib gesehen in den ein Loch gefressen war, allem Anschein nach von den Zähnen einer Ratte», berichtet Kamillus Monnin. «In Wirklichkeit war es eine Fingerspitze voll Brot, die der Diener Gottes herausgeklaubt und womit er sich einen großen Teil des Tages ernährt hatte.»

Es kam eine Zeit, wo er infolge der Magenschrumpfung über sein gewohntes Maß hinaus unmöglich etwas mehr vertragen konnte.

Bei den kirchlichen Konferenzen, für welche die Schlossfamilie Gastgeber war, «aß er recht angängig» in den ersten Jahren. Bald aber setzte er es durch, dass er von dieser Agape befreit wurde, und erachtete dies als «eine große Gnade». Um sich diese «Gunst» zu erwirken, hatte er vorgegeben, «man erwarte ihn im Beichtstuhl und er wolle seine Leute nicht warten lassen».

Bei einem Essen wollte Bischof Devie seinen «lieben Pfarrer» an seiner Seite haben und verpflichtete ihn zu essen wie die anderen Gäste. Vianney unterwarf sich. Nachher litt er unter entsetzlichen Leibschmerzen und wurde sterbenskrank.

«Sein Magen war eben nur ans Fasten gewöhnt», sagt Johannes-Baptist Mandy. Von diesem Mahl an ließ ihn Bischof Devie völlig unbehelligt seine gewohnte Speisekarte einhalten. Selbstverständlich zwang der Pfarrer von Ars diese Lebensweise nicht den Personen auf, die bei ihm einkehrten. Zu Anfang war ja der Tisch, den sie im Pfarrhaus vorfanden, mehr als bescheiden und man tat gut daran, einige Vorräte mitzubringen.

Nach Errichtung der *Vorsehung* überließ er den jungen Leiterinnen die Bewirtung seiner vorbeikommenden Gäste. «Als sich meine Enkelin verheiraten wollte», erzählte Margarete Vianney in ihren alten Tagen, «suchte sie einige Tage vor ihrer Hochzeit meinen Bruder

Das getreueste Bildnis des Pfarrers von Ars, von einem zeitgenössischen Bildhauer modelliert

auf. Sie bestellte bei Katharina Lassagne ein kleines Essen. Er selbst setzte sich mit den Verwandten zu Tisch, legte an diesem Tag seine gewohnte Strenge ab und nahm beim Mahl eine Kleinigkeit von allem.»

«Wenn wir ihm Holz, Getreide oder sonstige Vorräte für seine *Vorsehung* brachten», berichtet Wilhelm Villier, «empfing und bewirtete er uns sehr gut; er brachte uns selber das Essen, schenkte uns zu trinken ein; er drang fest darauf, dass wir seine Dienste annahmen. Gern stieß er mit uns an, trank aber nicht; wir konnten ihn nie dazu bringen.»

Vom Jahr 1854 ab fanden die Konferenzen für die Geistlichen nicht mehr im Schloss, sondern in der Wohnung der Missionare statt. «Bei der letzten Zusammenkunft, die zu seinen Lebzeiten stattfand», sagt Bruder Athanasius, «vertrauten mir mehrere anwesende Priester an: ‹Wir haben das beste Essen vom ganzen Dekanat gehabt.›

Toccanier richtete am Abend Vianney, der selber den Speisezettel zusammengestellt hatte, die Zufriedenheit der geistlichen Herren aus. ‹Um so besser›, antwortete der Diener Gottes, ‹so muss man es immer halten; wenn man seine Mitbrüder empfängt, muss es vornehm zugehen. Balley hat es früher auch so gehalten. Wenn wir in Ecully nur unser zwei waren, lebten wir von dem, was es gerade gab; alles war recht; wenn aber jemand kam, wurde er ausgezeichnet bewirtet. ... Ja, Herr Balley! ... Er war so gut!›»

Während dieses Mahles, von dem er mit solcher Zustimmung sprach, hatte der Pfarrer von Ars seinen Teil innerhalb von fünf Minuten am Tischlein in seinem Zimmer verspeist.

«Es muss ihn entsetzlich viel gekostet haben, es zu solch übertriebener Mäßigung zu bringen», sagt Graf des Garets, der mit Bewegtheit ein so völlig abgetötetes Leben mit eigenen Augen schaute.

Und wenn es gilt, zur Würdigung Vianneys des Büßers einen Spezialisten der Kasteiung aufzurufen, möge hier das demütige Geständnis eines Mönches aus der Großen Kartause folgen: «Wir Einsiedler, Eremiten, Mönche, Büßer aller Art, wir gestehen, dass wir dem heiligen Pfarrer von Ars nur mit großer Bewunderung zu folgen vermögen, dass wir nicht würdig sind, die Spur seiner Füße, den Staub seiner Schuhe zu küssen!»

Die Gabe des Hellsehens und Voraussagen des Pfarrers von Ars

Am 3. September 1856 kam Graf von Tourdonnet, dessen Schloss in der Corrèze liegt, mit einer seiner Mägde, die taub war, nach Ars. Obgleich er, wie allzuviele seiner Epoche, den Glauben verloren hatte, wollte er doch von dem angeblichen Wundertäter die Heilung dieses armen Kindes erbitten. Er konnte in die Kirche gelangen; da er aber Vianney unter vier Augen zu sprechen wünschte, gab er Maria – so hieß das Mädchen – ein Zeichen, sie möge an der Haupttür stehen bleiben.

Nach langem Warten konnte er endlich den Diener Gottes sprechen, der um diese Stunde in der Sakristei beichthörte. «Herr Pfarrer», fragte er ihn, «könnten Sie meine Magd heilen?» «Ah, ja, *Maria*?», erwiderte der Heilige. «*Ich sehe sie* gerade im Chor.» «Verzeihung, Herr Pfarrer, *sie ist hinten in der Kirche! ...*»

Wer von den Beiden täuschte sich? Der Landpfarrer, der das Mädchen im Chor *sah*, oder der Edelmann, der sie hinten im Schiff *wusste*? ... Zwar hatte Vianney das Dienstmädchen bei Namen genannt, ohne dass Herr von Tourdonnet ihn ausgesprochen hatte; das konnte aber Zufall sein; hießen doch so viele Dienstmädchen *Maria*! ... Der Graf wollte sich unverzüglich Klarheit verschaffen. Er geht zum Weihwasserbecken zurück: Maria ist dort nicht zu finden. Er geht hinaus: Maria ist unter den kommenden und gehenden Pilgern nicht zu entdecken. Herr Tourdonnet sucht sie aufs Neue hinten im Schiff, in der Mitte der Kirche, vorn im Schiff. ...

Wo treibt sie sich nur herum? Zuletzt entschließt er sich, im Chor nachzuschauen, wo der Pfarrer von Ars sie eine halbe Stunde vorher *gesehen* hat.

Und tatsächlich, dort entdeckt er seine Magd im Gebet «hinter dem Hauptaltar, in der Nähe eines Beichtstuhls, an einem Platz, den Vianney von der Schwelle der Sakristei überhaupt nicht hatte sehen können». Der ungläubige Edelmann stand betroffen da. Er erzählte die Sache mehreren Leuten, darunter auch dem Pater Toccanier, der den Bericht auf der Stelle niederschrieb. «Und jetzt, Herr Graf», bat der junge Missionar, «wären Sie bereit, diese Zeilen zu unterschreiben?»

«Warum nicht, es ist die Wahrheit!»

«Nun! Wie erklären Sie sich das?»

«Ich verstehe nichts davon ... In jedem Fall *sind die Augen des Pfarrers von Ars nicht von der Art wie die anderer Menschen.*»

Bereits früher haben wir das Wort eines anderen Arser Pfarrkindes vernommen: «Ich glaube immerhin: *Dieser Mann sah etwas*.»

Vianney vermutete nicht, er erriet nicht, was den gewöhnlichen Menschen verborgen bleibt; er *sah*, und das durch eine besondere Gabe Gottes. Bei gewissen eigens veranlagten Menschen hat man Phänomene außerordentlichen Hellsehens, von zweitem Gesicht, von Fernschau feststellen können.

Für solche Phänomene, die nicht aus dem Bereich des Natürlichen herausfallen, haben die Gelehrten natürliche Erklärungen abgegeben. In unserem Fall müssen wir aber darüber hinaus gehen und von übernatürlicher Kenntnis sprechen.

Der Pfarrer von Ars besaß die von der mystischen Theologie «Herzensschau» genannte Gabe. Die Menge, die ihn unaufhörlich umwogte, hat richtig geurteilt, als sie in dieser wunderbaren Tatsache etwas Überirdisches erkannte, ein Siegel der Heiligkeit. «Aus dem Mund vieler», berichtet Pater Faivre, der öfter nach Ars kam, «habe ich gehört, dass sie den Pfarrer von Ars befragten über ihren Beruf, über Prozesse, über Familienschwierigkeiten, über Krankheiten, über zu treffende Entscheidungen, und dass er ihnen stets mit wundersamer Sicherheit geantwortet habe.

Mehreren hat er Ereignisse vorausgesagt, die später eingetroffen sind. Gewissen und Seelenzustand vieler Menschen kannte er derart genau, dass sie tiefes Staunen überkam. Die öffentliche Meinung, die ihm übernatürliche Gaben zuschrieb, war derart stark, dass man ihm stets ohne das geringste Zögern glaubte.»

Das Charisma der Herzensschau war ihm nicht ständig gegeben. Nicht alle Herzen lagen wie ein offenes Buch vor ihm aufgeschlagen. Meistens riet er Mittel an, wie sie ein gesunder Menschenverstand eingibt. Aber in vielen Fällen «enthüllte er, noch bevor man den Mund auftat, was man ihm sagen und was man ihm verheimlichen wollte».

Es gab Leute, die gekommen waren, um ihn zu sehen und dann, wenn sie von seiner Gabe der Herzensschau hörten, es nicht mehr wagten, vor ihn zu treten, aus Furcht, er könnte ihren Seelenzustand aufdecken.

Wiederholt suchten Menschen seiner Umgebung ihm das Geheimnis seines übernatürlichen Wissens abzulisten. Um die Neugierigen auf falsche Fährte zu lenken, vor allem aber aus Demut, antwortete er: «Oh! Das ist eine Idee, die mir durch den Kopf gegangen ist.» Oder auch: «Bah! Ich mach es wie die Kalender: Wenns zutrifft, triffts zu.»

Eines Tages kniete eine junge Savoyardin in seinem Beichtstuhl nieder. Noch bevor sie den Mund geöffnet hatte, sprach Vianney sogleich mit ihr «über die Frömmigkeit ihrer Schwestern und über ihren eigenen Herzenswunsch nach dem Ordensstand».

Das Beichtkind konnte sich vor Staunen nicht fassen. Beim Verlassen der Kirche stieß sie auf Toccanier und vertraute ihm ihre Überraschung an. «Wie haben Sie dieser Person, ohne sie auch nur zu kennen, derartige Dinge offenbaren können?», fragte der Missionar nachher unseren Heiligen. «Ei – ich habe getan wie Kaiphas: Ich habe geweissagt, ohne es selber zu wissen.»

Aber er spaßte nicht immer. Ein überraschender Angriff des Fragestellers hinderte ihn manchmal daran, sich beizeiten zusammenzunehmen, und dann verriet er sich ungewollt. «Bei einer Gelegenheit», erzählt Pater Toccanier, «stellte ich ihm ins Gesicht hinein die Frage: ‹Herr Pfarrer, es ist zweifellos wie ein Erinnern, wenn man ein übernatürliches Gesicht gehabt hat?›

‹Ja, mein Freund›, gab er mir zur Antwort; ‹so habe ich einmal einer Frau gesagt: ‹Sie haben also Ihren Mann im Krankenhaus zurückgelassen und weigern sich, wieder mit ihm zusammenzuleben?› ‹Woher wissen Sie denn das?›, gab sie mir zurück. ‹Ich habe doch mit niemandem darüber gesprochen!› Ich war betroffener als die Frau: Ich hatte gedacht, sie habe mir bereits alles erzählt.»

Desgleichen geschah es dem Pfarrer von Ars beim Beichthören, dass er seine außerordentliche Fähigkeit, in den Herzen zu lesen, zugab und sogar einen Grund dafür nannte.

Eine junge Magd, die bei der Familie Cinier in der Nähe der Kirche in Dienst stand, beichtete. Sie hatte eine schwere Anklage auf den Lippen. ... Sie schwieg aber und verschob das Bekenntnis auf später. «Aber das?», fragte der Heilige und nannte genau das, was das Mädchen verheimlichen wollte. «Sie sagen es nicht und doch haben Sie es getan.» Betroffen über solche Enthüllung, dachte das Beichtkind bei sich: «Wie weiß er das denn?» – als Vianney auch schon zur Antwort auf die unausgesprochene Frage hinzufügte: «Ihr Schutzengel hat mir das gesagt.»

Mehr als einmal schienen die prophetischen Gesichte des Pfarrers von Ars gegen alle Regeln menschlicher Weisheit zu verstoßen und andern Urteilen, andern Voraussagen, die von als klug gerühmten Personen stammten, zu widersprechen. Eine junge Lyonerin, die soeben aus seinem Mund vernommen hatte, sie werde eines Tages Oberin eines Hauses christlicher Barmherzigkeit werden, bemerkte lachend zu ihrer Mutter: «Ich glaube, dieser gute Pfarrer *fabuliert*!»

Aber die Erfüllung bewies, dass der Mann Gottes klar in die Zukunft geschaut hatte. ... «Wenn man alles in Betracht zog, musste man sich vor der Sicherheit seines Hellsehens beugen und ausrufen: Ja, er trägt den verborgenen Gott in sich, der ihn erleuchtet.» Um sämtliche Tatsachen, die auf das Charisma des Pfarrers von Ars zurückgeführt werden, zu schildern, bedürfte es eines dicken Bandes. Wir sind deshalb gezwungen, aus dieser allzustarken Garbe nur einige Ähren herauszulesen.

Die Frage der Zukunft bedeutet, an erster Stelle für die Jugend, eine Sorge, oft sogar eine Beängstigung. Als sich deshalb die Kunde verbreitete, Vianney lese in den Herzen und die Schleier der Zukunft scheinen vor seinem Auge zu zerreißen, machten sich die Seelen, die um ihre Lebensbestimmung bangten, massenhaft nach Ars auf.

Die jüngste Schwester von Fräulein Berlioux aus Saint-Etienne, die später General-Assistentin der Maristinnen von Belley wurde, «hatte einen starken Hang für die Welt» und wusste nicht recht, wofür sie sich entscheiden sollte. Sie trat ins Noviziat in Belley ein und verließ es wieder aus Mangel an Beruf, wie man ihr erklärte. So setzte sie es sich in den Kopf, Hals über Kopf zu heiraten. Immerhin wollte sie vorher den Rat des *Heiligen* von Ars einholen. «Sie wollen heiraten?», erklärte ihr der Diener Gottes; «Sie denken, auf diesem Weg nur Rosen zu finden; Sie würden aber nichts als Dornen finden.»

Sie schied, enttäuscht. Eine neue Wallfahrt – und diesmal der ganz unerwartete Bescheid: «Treten Sie bei den Schwestern der hl. Klara ein.» «Und hat er dir versichert, dass du aufgenommen wirst?», wandte ihre Mutter bei ihrer Rückkehr ein. Eine dritte Reise, mit der beruhigenden Antwort: «Ja, mein Kind, Sie werden bei den Töchtern der hl. Klara aufgenommen; Sie werden dort verbleiben;

Sie werden dort sterben; Sie werden von dort in den Himmel kommen.» Fräulein Berlioux trat in das Kloster ein, das ihr der Heilige genannt hatte, führte dort vierundzwanzig Jahre lang ein strenges und hartes Leben und war noch im Verscheiden «die Erbauung der Klosterfamilie». «Welch ein beneidenswerter Tod!», rief die Mutter Priorin aus.

Im Jahr 1855 vertraute Fräulein Bossan, die Schwester des Erbauers der Wallfahrtskirche von Fourvière, dem Pfarrer von Ars an: «Herr Pfarrer, ich werde bald heiraten; bitte geben Sie mir Ihren Segen.» Statt sie zu segnen, begann der Heilige zu weinen: «Oh, meine Tochter, wie unglücklich werden Sie sein!» «Aber, Vater, was soll ich denn tun?» «Treten Sie bei der Heimsuchung ein. Treten Sie ein, mein Kind, beeilen Sie sich. Sie haben keine fünfzig Jahre vor sich, um Ihre Krone zu wirken.» Fräulein Bossan, später Schwester Marie-Aimée, starb als Novizenmeisterin in der Heimsuchung von Fourvière am 13. August 1880. Am 8. Juli war sie in ihr fünfzigstes Lebensjahr eingetreten.

Fräulein Hedwig Moizin aus Bourg schien eine ausgesprochene Berufung für das Kloster zu haben. Aber ihre Familie widersetzte sich hartnäckig.

Zu Jahresbeginn ging das arme Kind nach Ars und vertraute ihren Kummer dem teilnahmsvollen Vianney an. «Trösten Sie sich», erklärte ihr der Heilige, «all Ihre Kümmernisse werden in einem Jahr verschwunden sein.» – Am Ende des Jahres war sie tot.

Fräulein Bernard aus Fareins wäre gern Ordensfrau geworden. «Nein», bedeutete ihr ohne Zögern Vianney, «nicht Sie werden es sein, sondern Ihre verheiratete Schwester. ...» Tatsächlich wurde diese Frau bald hernach Witwe, wurde der Welt überdrüssig, nahm den Schleier bei den Ursulinen von Villefranche, wo sie als Ordensfrau starb.

Fräulein Bernard blieb bei ihren Eltern, wurde krank und bat um einen Besuch des Pfarrers von Ars. Er kam. «Werde ich sterben?», fragte sie ihn. Es war im Monat Juni. «Nein, mein Kind, nicht sofort, es wird noch bis Mariä-Himmelfahrt gehen.» Sie starb an diesem Tag.

August Faure, Professor am freien Kollegium von Saint-Etienne, wäre gern Jesuit geworden. «Nein, mein lieber Freund», antwortete ihm Vianney, «bleiben Sie, wo Sie sind. Das Leben ist so kurz!»

Nach noch nicht einem Jahr holte sich Faure, während er Soldaten auf die österliche Beichte vorbereitete, eine Lungenentzündung. Er starb, siebenundzwanzig Jahre alt, mit dem Magnifikat auf den Lippen. In Saint-Etienne verehrt man ihn wie einen Heiligen.

Fräulein Louise Lebon hatte im Jahr 1848 das Pensionat der Benediktinerinnen von Pradine verlassen, wollte aber unverzüglich trotz ihrer siebzehn Jahre als Schwester eintreten. Die Mutter Äbtissin weigerte sich, sie ins Noviziat aufzunehmen. Freundinnen brachten sie daraufhin nach Ars. Da sie an der Möglichkeit, den heiligen Pfarrer im Beichtstuhl erreichen zu können, verzweifelte, schrieb ihm Louise einen vier Seiten langen Brief, in dem sie ihm ihre Herzenswünsche auseinander setzte. Sie hatte das Glück, ihren Brief Vianney in dem Augenblick in die Hand drücken zu können, als er um Mittag ins Pfarrhaus zurückkehrte.

Am Abend stand das Mädchen in einer dicht gedrängten Menge in der Kirche. Vianney schritt durch das Schiff, um sich von seinem Beichtstuhl in die Sakristei zu begeben.

Plötzlich hielt er inne, wendete sich um, heftete seinen durchdringenden Blick auf Louise und forderte sie durch einen Wink auf, ihm zu folgen. Eine Minute später kniete sie, am ganzen Leibe zitternd, zu Füßen des Mannes Gottes nieder.

«Mein Kind, Sie haben mir also geschrieben?» «Ja, mein Vater.» «Nun gut, Sie brauchen sich nicht weiter zu quälen. Sie werden in Ihr Kloster abreisen. In einigen Tagen wird Ihnen die Frau Mutter schreiben, dass Sie Ihnen Aufnahme gewährt.»

Nun hatte aber gerade vorher Fräulein Lebon von der Äbtissin einen Brief mit einer genauso deutlichen Absage erhalten wie die früheren. Und siehe da, zehn Tage nach ihrer Aussprache mit dem Pfarrer von Ars gingen ihr zu ihrer frohen Überraschung folgende Zeilen zu: «Meine liebe Louise! Die Inständigkeit deiner Wünsche zwingt mich, dir ein großes Ja zu sagen. Komme, wann du willst.» Am 2. Juli 1849 war alles entschieden.

Eine kleine Novizin, Schwester Maria von Jesus, war zu jung befunden und ihre Gelübdeablegung auf drei Jahre verschoben worden. Sie war trostlos darüber. Man gestattete ihr eine Wallfahrt nach Ars, wo sie eine Generalbeichte ablegte. «Oh, meine Kleine, wie glücklich sind Sie!», rief der Heilige, sobald sie geendet hatte. «Sie haben Recht, Vater, ich bin trotz allem glücklich; ich habe aber den lieben Gott vor meinem Eintritt beleidigt.» «Mein Kind, Sie hätten in der Welt so viele Sünden begangen, dass Sie verloren gegangen wären. Bleiben Sie Ihrer Berufung treu.»

Er wollte sie vor ihrer Abreise noch einmal sehen. «Schwesterchen», sagte er ihr, «Ihre Seele ist weiß, ganz weiß. ... Und nun gehen Sie und legen Sie Ihre Gelübde ab.» «Aber Vater, Sie wissen doch, dass ich für zu jung befunden bin.» «Alles ist bereit, mein Kind! Ihr Kreuz ist fertig. Gehen Sie!»

Im Augenblick, da Schwester Maria von Jesus die Pforte des Lyoner Krankenhauses überschritt, wo sie im Auftrag ihrer Oberin einen Besuch zu machen hatte, überreichte ihr die Pförtnerin ein kleines Paket: «Das ist für Sie, Schwester.» «Darf ich es öffnen?» «Aber sicher!»

Und Schwester Maria von Jesus entdeckte in tiefer Ergriffenheit ein Kreuz, auf dessen Rückseite ihr Name und ein Datum eingezeichnet waren: ihr Professkreuz! Die Oberin hatte sich plötzlich entschieden, die zu einem Aufschub von drei Jahren verurteilte Novizin doch zu den ersten Gelübden zuzulassen. Und diesem Kind hatte der Pfarrer von Ars soeben erklärt: «*Ihr Kreuz ist fertig. Gehen Sie nur!*»

«Ja, mein Kind, Sie werden Kleine Schwester von den Armen werden», antwortete Vianney eines Tages Ernestine Durand, einer achtzehnjährigen Lyonerin; «ja, ja, Sie werden es. ... Aber nach dem Eintritt werden Sie die Genossenschaft wieder verlassen müssen.» «O dann, Vater, dann ziehe ich es vor. ...» «Doch, doch, gehen Sie hin, gehen Sie hin! Drei Tage nach Ihrem Weggang wird Sie Ihre Mutter wieder zurückbringen.»

Blindlings gehorchte Ernestine dem guten Heiligen von Ars. Nachdem sie sich mit vieler Mühe die Zustimmung ihrer Eltern erwirkt hatte, konnte sie bei den Kleinen Schwestern in Lyon eintreten und ihr Postulat beginnen. ... Da trafen von der Familie Briefe ein, die ihr Fortgehen bedauerten, dann drohten: Das Mädchen sei noch nicht volljährig; sie habe auf die Mutter Druck ausgeübt; nötigenfalls würde die Polizei eingreifen. ...

Und tatsächlich erschien Ernestines Bruder im Kloster in Begleitung eines Polizeibeamten. Die Postulantin musste ins väterliche Haus heimkehren. Aber vor Kummer konnte sie nicht mehr essen, nicht mehr schlafen. ...

Nach Verlauf von drei Tagen erklärte Frau Durand ihrer Tochter: «Oh, ich will nicht an deinem Tod schuld sein. ... Ich will dich dann lieber deinen Mitschwestern zurückgeben!» Und so brachte die Mutter, wenn auch nicht ganz ergeben, ihr Kind zu den Kleinen Schwestern der Armen zurück, wie es der Pfarrer von Ars vorausgesagt hatte!

Frau Sermèst-Décroze aus Arbigneux hatte drei Töchter. Es war ihr Wunsch, eine von ihnen möge Schwester werden, und zwar die Jüngste, Josephte, ein frommes, bescheidenes Ding, schien für das Kloster wie vorausbestimmt.

Die Älteste, Anthelmette – es war die Zeit romantischer Namen –, hatte in den Augen der Mutter das Gehaben und Verhalten eines Weltkindes; sie hing an Schmuck und schönen Kleidern. Also sollte sie heiraten, und zwar zuerst. Im Jahre 1856 kam Frau Sermèt-Décroze gelegentlich durch Ars und legte Vianney ihre mütterlichen Pläne vor.

«Mein Kind», sagte ihr der Heilige, «nein, Ihre Josephte wird keine Ordensfrau; nicht sie, nicht sie, eine andere aus Ihrem Haus wird eintreten, und zwar schneller, als Sie denken.» Die gute Frau wollte ihren Ohren nicht trauen. Sie kehrte über Lyon nach Arbigneux heim, wo sie für ihre Älteste ein schönes Kleid kaufte. «Oh, Mutter», rief Anthelmette, als sie das verführerische Geschenk erblickte, «das werde ich nicht mehr tragen: Ich will ins Kloster gehen.»

Und kurze Zeit hernach trat sie bei den Maristenschwestern in Belley ein. Josephte dagegen, die sich nie mit Klostergedanken getragen hatte, heiratete am 16. Februar 1857 im Alter von siebzehn Jahren.

Einen sympathischen Zug, in dem sich Vianneys «Art» besonders gut offenbart, möge die Heldin der Geschichte, die Baronin von Lacombe, selber erzählen.

«Ich war Witwe, hatte zwei Söhne. Eines Tages erfuhr ich, dass sich mein Jüngster in ein hübsches Mädchen von fünfzehn Jahren vernarrt hatte, wo er doch erst achtzehn war. ... Wir wechselten Briefe. Nichts konnte ihn in seinem Entschluss wankend machen.

Ich war allein und wusste nicht, wo Rat holen. ... Nach vielem innigem Beten entschloss ich mich, eine Wallfahrt nach Ars anzutreten. ... Nach drei Tagen Postkutsche kam ich endlich an. Unglücklicherweise konnte ich mich nur einige wenige Stunden im

Dorf aufhalten und ich hörte, um mit Vianney zu sprechen, müsse man endlos warten, bis man an die Reihe käme. Ich trat in die Kirche. ... Von der Eingangstür bis zum Beichtstuhl war auch nicht ein Platz frei.

Ich setzte mich in die letzte Bank vor dem Weihwasserbecken, fühlte mich trostlos und gedachte abzureisen. Unwillkürlich hefteten sich meine Augen auf die Täuferkapelle, wo der Pfarrer von Ars beichthörte. Ich betete aus ganzem Herzen! ...

Wie groß war dann mein Erstaunen, als ich plötzlich einen Priester in weißem Haar aus der Kapelle treten und im Schiff die Richtung einschlagen sah, die auf mich zu gehen schien. ... Er kommt ja auf mich zu! ... Ich war dem Tode näher als dem Leben. Er hält an, er neigt sich, er murmelt mir ins Ohr: ‹Lassen Sie die beiden heiraten! Sie werden sehr glücklich sein!› – und geht in den Beichtstuhl zurück. Nun hatte doch niemand von meiner Reise gewusst; niemand hatte Vianney meinen Besuch melden können; niemals hatte er mich gesehen.

Wieder einmal hatte ihm Gott für mich, eine gequälte und besorgte Mutter, die wunderbare Gabe des Hellsehens verliehen, diese Gabe, die ihn in den Herzen lesen ließ, um sie in ihren Zweifeln und Verzagen zu erleuchten und zu stärken.»

Wie viele glückliche und unglückliche Ereignisse hat Vianney so gesehen oder vielmehr vorausgeschaut!

Im Jahr 1856 sah er zum erstenmal den Geistlichen Babey, den Obern des Kollegiums von Saint-Jean-d'Angely, und fragte ihn mit ganz herzlicher Freundlichkeit: «Sie kommen für den jungen kranken X.?» Ohne Zögern nannte er den Namen des typhuskranken Schülers, für den der Obere die Wallfahrt machte.

«Nun gut, schreiben Sie von mir aus seinen Eltern, dass das Kind an dieser Krankheit nicht sterben wird. ...» Tatsächlich erholte sich der Student schnell von dem Anfall.

Sebastian Germain aus Mizérieux hatte als Neffe von Maria Filliat, der Lehrerin in der *Vorsehung*, schon in früher Kindheit öfter das Glück gehabt, Vianney bei der Heiligen Messe zu dienen.

Er heiratete, wurde Vater von drei Knaben und war trostlos, weil er nicht auch ein Mädchen bekam. So suchte er Vianney auf. Es war Mitte Juli 1859. Er begegnete ihm auf dem Platz vor der Kirche. Der Heilige hielt Rosenkränze in der Hand. Ohne Umschweife setzte ihm Germain den Zweck seiner Reise auseinander. «Da nimm», sagte ihm der Heilige und reichte ihm einen nach dem andern, «vier Rosenkränze; sie sind für deine Kinder.» «Aber, Herr Pfarrer, ich habe nur drei Kinder, drei *Knaben*!» «Mein lieber Sebastian, der vierte wird für deine *Tochter* sein. ...»

Im nächsten Jahr erschien eine kleine Maria und beglückte das Heim der Eltern Germain. Von ihr, die später Frau Jallat wurde, haben wir diese hübsche Geschichte übernommen. «Mein Vater», schloss sie, «hat mir tatsächlich den schlichten Rosenkranz mit den Holzperlen und dem Drahtkettchen übergeben. Noch heute bewahre ich ihn wie eine kostbare Reliquie auf.»

Am 10. Juni 1859 stand Frau Prat in Ars an dem Weg, wo Vianney vorüberkam. Er hielt vor der Frau, die er noch nie gesehen hatte, an und sagte ihr in einem Ton besonderen Mitleids: «Oh, mein Kind, Sie werden von einem niederschmetternden Unglück getroffen werden. Machen Sie eine Novene zur hl. Philomena.» Auf den Tag sechs Monate später, am 10. Dezember, verlor Frau Prat ihren Gatten, den ein Schlaganfall in der Marseiller Börse hinwegraffte.

Eine junge Ordensfrau, Schwester Maria-Franziska aus Saint-Sorlin, hatte mit ihrer Oberin vier Tage in Ars verbracht. Im Begriff abzufahren, begegneten sie Vianney. «Nehmen Sie das», sagte der Heilige zur Oberin und überreichte ihr drei Frankenstücke, «nehmen Sie; Sie werden es brauchen.» «Aber, Herr Pfarrer, ich habe genug Geld, um den Wagen zu bezahlen.»

«Nehmen Sie immerhin, mein Kind.» Sie steckte es ein. Wie groß war aber die Überraschung der Ordensfrauen in Villefranche, als sie den Fuhrmann bezahlen wollten! Die Oberin hatte die Geldtasche, welche die drei notwendigen Franken enthielt, verlegt. Es war ein Glück, dass Vianney vorgesorgt hatte.

Bei einer anderen Reise kam Schwester Maria-Franziska in früher Morgenstunde im Dorf an. Diesmal war sie in Begleitung ihrer Mutter und ihrer Oberin.

Vianney sah diese Letztere im Augenblick, als er in die Sakristei ging, um sich auf die Heilige Messe vorzubereiten. «Reisen Sie schnell ab!», sagte er ganz leise zu der Ordensfrau. «Aber, Vater, die Heilige Messe! ...» «Nein, mein armes Kind, warten Sie nicht. Eine von euch wird krank werden. Falls Ihr hier bleiben würdet, könntet Ihr nicht so bald wieder heimkehren.»

Erschrocken drang die Oberin bei den beiden Reisegefährtinnen auf die sofortige Abreise. «Zwei Stunden vor unserm Haus», erzählt Schwester Maria-Franziska, «überfiel mich plötzlich große Müdigkeit und ich konnte nicht weitergehen. Meine Mutter und meine Oberin mussten mich halb tragen, halb schleppen. Und das war für mich der Anfang einer schweren Krankheit, die mich vierzehn Tage ans Bett fesselte.»

An einem Sommermorgen des Jahres 1857 wohnten zwei Mädchen gegen elf Uhr Vianneys Katechismusstunde bei. Es war mehr Neugierde als Frömmigkeit, die sie nach Ars getrieben hatte. Die leichtsinnigste, die des Schauspiels überdrüssig war, deutete auf den in Sprache und Haltung so schlichten Priester und spöttelte: «Was für eine Karikatur! Wahrhaftig der Mühe wert, von so weit herzukommen!»

Flugs hatte der Prediger die Bemerkung aufgegriffen. Lächelnd, etwas spöttisch warf er dem frechen Ding die Antwort hin: «Gelt, Fräulein, es ist sinnlos, so weit herzukommen, um eine *Karikatur* zu sehen?» Dann fuhr er mit dem Unterricht fort.

Man kann sich die Verwirrung der jungen Ausflüglerin vorstellen. Sie blieb in der Kirche, suchte nach beendigter Christenlehre Vianney auf und bat ihn unter Tränen um Entschuldigung. Ihre Freundin begleitete sie. Der Heilige nahm beide in seiner gewohnten Güte auf. «Zur Buße», sagte er ihnen, «gehen Sie beichten und morgen früh kommunizieren.»

Dann nahm er die Freundin der Schuldigen beiseite: «Haben Sie bei der Heimkehr ein Auge auf Ihre Reisegefährtin. Es wird ihr ein Unglück zustoßen. ... Da sie aber morgen die hl. Kommunion als Wegzehrung empfangen hat, wird ihr Heil nicht gefährdet sein.»

Mit innigem Eifer verrichteten die beiden Mädchen ihre Andacht. Glücklich, dass ihr Ausflug als Wallfahrt geendet hatte, brachen sie raschen Schrittes in ihr Dorf auf. Schon hatte die Wanderin, die ein Auge auf ihre Freundin haben sollte, die Empfehlung des Heiligen vergessen, als ihre Gefährtin plötzlich einen gellenden Schrei ausstieß. Eine Viper hatte sie in die Wade gebissen. Die Vergiftung griff im Nu um sich. Das arme Kind starb auf der Stelle, mitten auf dem Heimweg, ohne dass man ihr ein Heilmittel reichen konnte.

Nach einem solchen Bericht könnte einem der Gedanke kommen: Eigentlich hätte der Pfarrer von Ars dieses Unglück nicht nur voraussagen, sondern auch verhindern sollen. Hier stehen wir mitten im Geheimnis. Vielleicht schaute Vianney nur ein unausweichliches Unglück, ohne deshalb auch Ursache und Einzelheiten zu kennen. ... Bei andern Gelegenheiten hat er auf besondere Zulassung Gottes hin nicht bloß die Gefahr, sondern auch das Entkommen vorausgeschaut.

«Im Jahre 1873», erzählte Frau E., Witwe eines Kavallerieoberst, «suchte ich mit meinem Gatten und einem Freund unserer Familie den Geistlichen Rousset auf. ... Der Priester, der Vianney gut gekannt hatte, hielt uns zum Mittagessen zurück und nahm dann seine Gäste zum Fischen mit. ...

Ich blieb bei der Magd, einem groß gewachsenen Mädchen, die mir Tee vorsetzte. Und während wir so miteinander plauderten, erzählte sie mir folgende außerordentliche Geschichte:

‹Ich war mit neunzehn Jahren im Waisenhaus der Schwestern von Autun. In der Absicht, meinen Lebensunterhalt selber zu verdienen, bat ich um die Erlaubnis, nach Lyon gehen und dort eine Stelle suchen zu dürfen.

Die Mutter Oberin vertraute mich einer Dame an, die auf der Reise nach Lyon einen Umweg machen wollte, um den Pfarrer von Ars in einer Angelegenheit zu befragen. Als wir in die Kirche traten, stand Vianney auf seiner Katechismuskanzel und erklärte das Kreuzzeichen. Er nahm mich wahr, hielt einen Augenblick inne und sagte zu mir: ‹He! Dort unten die Große, kommen Sie nachher sofort in die Sakristei: Ich habe Ihnen etwas mitzuteilen.›

Nach der Christenlehre ging ich zu ihm. ‹Sie reisen nach Lyon weiter›, redete er mich an, ohne dass ich ihm auch nur das Geringste mitgeteilt hatte; ‹wissen Sie, mein Kind, eine große Gefahr wartet dort auf Sie. Wenn Sie sich darin befinden, denken Sie an mich und beten Sie zu Gott!›

Wir kamen nach Lyon und drei Tage lang suchte ich vergebens. Dann betrat ich ein Stellenbüro. Zwei Männer warteten dort. Ich legte ihnen meine Angelegenheit auseinander.

‹Ah!›, sagte der eine von ihnen, ‹Sie suchen eine Stelle? Ich suche gerade ein Dienstmädchen.› Wir kamen miteinander überein und er fügte hinzu: ‹Meine Frau muss Sie auch sehen; besuchen Sie mich heute Nachmittag um drei Uhr.› Er gab seine Adresse an. Es war das Mulatièreviertel.

Zur abgemachten Stunde ging ich hin. Mein Gott, wie lang kam mir dieser Weg vor. Endlich erreichte ich den Zusammenfluss von Saône und Rhône. Schiffe und Arbeiter waren dort! Nach einer Biegung stand ich mitten in einer Einöde, worin ein einziges Haus war. Auf der Schwelle sah ich einen Mann, der mich herbeiwinkte.

Plötzlich packte mich eine schreckliche Angst. Ich erinnerte mich an die Worte des Pfarrers von Ars, stieß einen Schrei zu Gott empor und floh, was ich nur laufen konnte. Der Schuft lief hinter mir her und suchte mir ein Lasso um den Hals zu werfen. Es gelang ihm nicht, und beim Herannahen der Schiffer musste er davon ablassen.

Später habe ich erfahren, dass ich fast in die Hände des berüchtigten Dumollard, des *Dienstmädchenmörders*, gefallen wäre. ... Nach der Verhaftung des Verbrechers habe ich vor Gericht als Zeugin gegen ihn ausgesagt ... Ich muss aber gestehen, dass ohne den Pfarrer von Ars! ...›» Man sieht: Vianney durchdrang das Geheimnis wie von selbst, ohne Anstrengung, ohne sich zu irren.

Im Beichtstuhl las er in den Herzen. Aber auch sonst überall, in der Sakristei, auf der Kanzel, auf der Straße, Geschwätz, das außer seiner Hörweite geführt wurde, vernahm er, selbst am Altar, während der Heiligen Messe. Auch betraf sein Hellsehen nicht immer Dinge von hoher Wichtigkeit. Zuweilen ging es um Geringfügigkeiten und bekundete sich auf ganz unerwartete Weise.

«Ah! Da wären Sie endlich!», rief er aus, als er zu seinen Füßen die junge Katharina Bray aus Lyon erblickte, die ihm vor einiger Zeit in Berufsanliegen geschrieben hatte und der er nun zum ersten Mal begegnete.

Von der Tür des Beichtstuhls aus, und somit durch eine dicke Mauer vom Kirchenschiff getrennt, sagte er einer Person, die den Ordnungsdienst in der Kirche versah: «Rufen Sie mir bitte die Dame, die unter der Kanzel kniet und ein weißes Taschentuch in der Hand hält. Ich habe ihr etwas mitzuteilen.»

Im Juli 1859 entstieg die Lyonerin Maria Regipas als erste der Postkutsche, die vor der Arser Kirche anhielt. «Fräulein», sagte ihr ohne weitere Förmlichkeiten ein Herr, der auf sie zu warten schien, «der Herr Pfarrer wünscht Sie zu sprechen.» «Mich?» «Ja, Fräulein. Ich bin auf Posten und Herr Vianney hat mir den Auftrag mit diesen Worten gegeben: ‹Gehen Sie auf die nächste Postkutsche und bitten Sie das Fräulein, das zuerst aussteigt, sofort in den

Beichtstuhl zu kommen.›» Das Fräulein war von schwächlicher Gesundheit und konnte nur kurze Zeit im Dorf bleiben.

Eines Morgens trat eine Frau mit den übrigen Gläubigen an die Kommunionbank. Zweimal überging sie der Heilige, ohne ihr die hl. Kommunion zu reichen. Beim dritten Mal sagte sie leise: «Vater, Sie haben mir die hl. Kommunion nicht gegeben.» «Nein, mein Kind, Sie haben heute Morgen etwas zu sich genommen.» Die Person trat zurück und sogleich fiel es ihr wieder ein, dass sie morgens beim Aufstehen ein bisschen Brot gegessen hatte.

Im Mai 1854 kam Fräulein Henry, die einen Kaufladen in Chalon-sur-Saône besaß, zu Vianney und bat ihn um die Heilung ihrer Tante, die in Lyon wohnte. «Sie halten eine Novene zur hl. Philomena», antwortete der Heilige, «und Ihre Tante wird bald wiederhergestellt sein.» «Oh, in diesem Fall, Vater, reise ich nach Lyon weiter; sie wird zufrieden sein! ...» «Nein, mein Kind, nach meiner Heiligen Messe nehmen Sie das Schiff, das nach Chalon abgeht. Beeilen Sie sich heimzukommen. Während Sie hier sind, *‹betrügt man sie›*.»

Fräulein Henry sollte gar bald der Sinn dieser Worte aufgehen. Die Fremde, der sie ihren kleinen Laden anvertraut hatte, warf schamlos mit dem Geld um sich. Die kranke Tante aber erholte sich innert kurzer Zeit.

Eines Tages legte eine Person aus Lyon, die in Begleitung ihres Töchterchens gekommen war, dem Heiligen in der Sakristei Andachtsgegenstände zum Weihen vor. Bevor er das Kreuz darüber zeichnete, legte Vianney eine Medaille auf die Seite. «Diese da kann ich nicht weihen.» Das Kind hatte die Medaille im Vorübergehen auf einer Auslage gestohlen.

Johannes Claudius Viret aus Cousance war für die Elf-Uhr-Christenlehre zu spät gekommen und hatte gerade noch hinter der kleinen Kanzel nahe der Sakristeitür einen Platz erhascht. Vianney hatte ihn überhaupt nicht eintreten sehen, hatte keine Ahnung von seiner Anwesenheit und wusste um so weniger, wo der Fremde sich hingesetzt hatte. Er konnte die Stimme des heiligen Pfarrers kaum hören und, des Horchens schließlich müde, zog unser Johannes seinen Rosenkranz hervor und ließ ihn gedankenlos durch die Finger gleiten. Bald hatte ihn die Zerstreuung ganz eingelullt und der brave jurassische Bauer zählte an seinen Fingern statt der Perlen nur noch seine Einkünfte nach. ...

Plötzlich erhob der Katechist seine Stimme und der Zerstreute konnte folgende Mahnung vernehmen: «Oh, meine Kinder, man kommt da in die Kirche und ist hier vor unserm Heiland, ohne auf seine Gegenwart aufzumerken; schaut, gerade wie jene Person, die drüben an der Sakristeitür dreinschaut, als bete sie den Rosenkranz. ... Nun gut, er zählt seine Einkünfte an den Fingern ab. Oh, meine Kinder, es lässt einen erzittern, sehen zu müssen, dass man vor unserm Heiland keine Ehrfurcht hat!» Der arme Viret, der fühlte, dass es ihm galt, konnte als Zeichen seines Schuldbekenntnisses einzig seinen Kopf senken.

Eine fromme Bäuerin aus Bâgé-la-Ville, Frau Mercier, hatte die Gewohnheit, jedes Jahr drei, vier Tage in Ars zu verbringen. Gleich bei ihrer Ankunft stellte sie sich in der Nähe des Beichtstuhls in Reih und Glied. Vianney wusste das. Bei einem dieser Besuche stellte er ihr nach der Beichte die Frage: «Wie lange gedenken Sie hier zu bleiben?» «Bis morgen, Vater.»

«Nein, nein, reisen Sie heute noch ab. Es ist eine Schlange in Ihrem Haus.» Die Hofbäuerin zweifelte nicht im Geringsten an der Kenntnis des Pfarrers von Ars und machte sich eilig auf den Heimweg. In ihrer Abwesenheit und ohne ihr Wissen hatte ihr Gatte den Bettsack zum Aussonnen hinausgelegt. Heimgekehrt, fand Frau Mercier alles an Ort und Stelle, das Zimmer glänzend vor Sauberkeit, wie sie es verlassen hatte. ...

Ganz verlegen und in der Furcht, einer Neckerei zum Opfer gefallen zu sein, ließ sie auch nicht ein Wort von Vianneys sonderbarer Warnung verlauten. Hatte sie ihn richtig verstanden? Von was für einer Schlange hatte der Diener Gottes eigentlich sprechen wollen? ... Unter solchen Erwägungen rückte sie das Bett. Da schnellte eine große Schlange hervor und kroch in den Hof hinaus. Sie wurde von den Leuten des Hofes getötet, die auf das Schreien der Frau Mercier herbeigeeilt waren.

Im Jahr 1845 hatte die Witwe Berthier aus la Fouillouse (Loire) ihr elfjähriges Kind bei einem Pächter in Saint-Bonnet-les-Oules in Dienst geben müssen. Während der junge Hirtenbub eines Tages die Herde hütete, schleppte ein Wolf ein Schaf fort. Da ihn der Bauer deswegen schlug, lief er weg, hatte aber nicht den Mut, zur Mutter heimzukehren, sondern strolchte seines Weges, ohne zu wissen, wo er landen werde. Er irrte eine Zeitlang umher, bis er auf einen

Wagen stieß. Der Fuhrmann ließ ihn aus Mitleid aufsteigen. Von Müdigkeit übermannt, fiel er in tiefen Schlaf. In Montceau-les-Mines angekommen, weckte der Fuhrmann das Kind, das seinen Heimatort nicht nennen wollte, und setzte es hier ab. Da der Knabe ordentlich ausschaute, nahm ihn ein ehrbarer Bergmann zu sich und stellte ihn als Hauer des Minerals im Bergwerk an.

Als die unglückliche Mutter hörte, was sich in Saint-Bonnet zugetragen hatte, ließ sie ihren Sohn suchen, konnte aber keine Spur von ihm entdecken. Nach vier langen Jahren erfolgloser Nachforschungen hielt sie ihn für ertrunken oder von Wölfen aufgefressen. Um diese Zeit hörte sie vom Pfarrer von Ars erzählen. Sie sandte ihre Tochter zu ihm mit dem Auftrag, sie solle bei Vianney fragen, was aus dem Ausreißer geworden sei.

Kaum hatte der Heilige den Anfang des Berichtes vernommen, als er auch schon ohne Zögern sagte: «Mein Kind, teile deiner Mutter mit, dass es ihrem Sohn gut geht. Er arbeitet *unter der Erde* bei ehrbaren Leuten, fern von hier und von euch daheim. Aber tröstet euch beide, an einem schönen Festtag wird er zu euch heimkehren. ...» Diese auffallende Voraussage ging buchstäblich in Erfüllung. Fünf bis sechs Jahre später traf ein groß gewachsener Bursche in la Fouillouse ein, am Abend von Mariä-Himmelfahrt, und klopfte an die Tür von Frau Berthier. ... Nach den ersten Freudenausbrüchen, den ersten Zärtlichkeiten und Umarmungen wollte die Mutter wissen, ob ihr liebes Kind auch katholisch geblieben sei. «Ja, Mutter, ich habe stets meine Pflichten in Montceau-les-Mines erfüllt.» Da wurde die Freude der Mutter so übervoll, dass sie Gott dankbar für ein solches Glück pries und ihn bat, sie nun sterben zu lassen. Sie starb kurze Zeit danach.

Tiefer und geheimnisvoller als die materielle Schöpfung ist die Welt der Seelen. Bei der Schilderung seines Wirkens im Beichtstuhl haben wir oft gesehen, wie der Pfarrer von Ars mit seinem inspirierten Blick des öfteren aus der Masse der Pilger Personen herausholte, die es mit der Heimreise eilig hatten, oder Sünder, die allem Rufen der Gnade gegenüber taub geblieben waren und dem göttlichen Erbarmen am liebsten entflohen wären.

Nun lassen wir einige Geschichten folgen, in denen der Heilige die geheimsten Gedanken der Menschen aufdeckt und die verschlossensten Gewissen durchschaut.

Als die Rede davon umging, Vianney lese in den Herzen, schüttelten die studierten Menschen skeptisch den Kopf. «In den ersten Jahren», vertraut uns Fräulein von Belvey an, «fand ich trotz allem, was ich gehört hatte, nicht den Mut, ihm von einer Sache zu sprechen, die mir großen Kummer verursachte.

Ich fürchtete, falsch verstanden zu werden und bangte, sein Entscheid möchte meine Seele in eine unsägliche Verwirrung stürzen und niemand würde mich nachher beruhigen können, da kein anderer Priester im selben Maß mein Vertrauen besaß. Da es sich nicht um Fehler handelte, die ich anklagen musste, entschloss ich mich zu schweigen und trat in den Beichtstuhl. Wie groß war aber mein Erstaunen, als der Pfarrer von Ars auf meine Gedanken einging, wie es kein Mensch vermocht hätte, auch wenn ich ihm meine Angelegenheit noch so genau bis in die Einzelheiten hinein dargelegt hätte.

Als ich mich das erste Mal an ihn gewandt hatte, verbot er mir, eine Generalbeichte bei ihm abzulegen. Seither habe ich bei vielen Gelegenheiten festgestellt, dass er über mein geheimstes Innenleben auf dem Laufenden war und über alle Gnaden, die mir zeit meines Lebens zuteil geworden waren.

Anfänglich hatte er sich geweigert, mir bei meinen Anklagen nachzuhelfen. Dann fing er plötzlich an, mich über diesen und jenen Punkt auszufragen, stets über mir unbekannte oder vergessene Fehler. Das ging so weit, dass ich nicht zu leugnen wagte, auch wenn es mir nicht sogleich einfiel, so sicher war ich, dass er sich nicht täuschte. ... Desgleichen haben mir viele Personen versichert, dass er in ihren Gewissen gelesen hat.»

«Werden Sie Ordensfrau, mein Kind», sagte eines Tages Vianney zu einer jungen Modistin aus Lagnieu, Joseline Ballefin – und schloss das Gitter des Beichtstuhls. Niedergeschmettert von dieser Entscheidung, brach Joseline, die an der Welt hing, in einen Strom von Tränen aus. Auf den Rat einer Freundin sprach sie noch einmal beim Diener Gottes vor. «Vater», begann sie, «Ihre Worte haben mich trostlos, verzweifelt gemacht. Kann ich mich auf Sie verlassen? Sie kennen mich doch nicht?» «Ich kenne Sie nicht, mein Kind? Ich lese ja in Ihrem Herzen, wie wenn ich Sie Ihr ganzes Leben lang beichtgehört hätte. Ja, Sie müssen Ordensfrau werden.» Und zum zweiten Mal schloss sich erbarmungslos das Gitter.

Im Jahr 1857 rüstete sich ein Architekt aus Beaucaire, Hippolyt Pagès, damals 45-jährig, zur Beichte bei Vianney, den er bereits wiederholt aufgesucht hatte. Diesmal überkam ihn ein altes Bedauern wieder, dass er nicht Priester geworden war – ein Bedauern, über das er noch mit keinem Menschen gesprochen hatte.

«Mein Kind», erklärte ihm Vianney nach der Anklage, «ich kenne die menschlichen Beweggründe, die eine Ihrer Verwandten veranlasst hat, Ihnen vom Priesterberuf zu sprechen. Wäre ich bei unserm ersten Zusammentreffen der Meinung gewesen, es sei besser für Sie, Priester zu werden, hätte ich es Ihnen gesagt.»

Tatsächlich hatte eine Verwandte von Pagès auf seinen Eintritt ins Priesterseminar gedrängt aus dem einzigen Grund irdischer Eitelkeit heraus.

Ein anderes Mal sagte der Pfarrer von Ars dem gleichen Beichtkind: «Danke, mein Kind, dass Sie mit mir so oft Erbarmen gehabt haben.» Der fromme Architekt fügte nämlich einem seiner täglichen Gebete folgende Worte für Vianney bei: «Herr, erbarme dich seiner wie aller meiner Verwandten und Wohltäter.»

Und er zählte alle Personen auf, deren er besonders gedenken wollte. «Sie tun recht daran, Gott auch Ihre Verwandten und Wohltäter zu nennen», fuhr Vianney fort, «nur nennen Sie manche, die das Gebet weniger nötig haben als andere, die Sie vergessen.» Er schloss: «Glücklich der Freund eines Vaters, der ein frommes Kind hat!» Tatsächlich betete Pagès jeden Tag für Claparède, einen Freund seines Vaters.

Ein Professor vom Sankt-Irenäum in Lyon, der Geistliche Denavit, war in Ars erschienen, nicht um den Mann, dem die Massen zujubelten, zu bewundern, sondern um ihn bei einem Fehler zu ertappen. Dieser Priester hatte aus irgendeinem unbekannten Grund nur ein ganz mittelmäßiges Vertrauen in Vianneys Entscheidungen. Der Professor stellte sich dem Heiligen in dem Augenblick, da Vianney von der Kirche ins Pfarrhaus hinüberging in den Weg.

«Herr Pfarrer», sagte Denavit, «ich bin Direktor am Großen Seminar von Lyon, ich wäre Ihnen sehr dankbar für einige Ratschläge, wie ich mein schweres Amt gut erfüllen könnte.»

Über Vianneys Gesicht huschte ein geheimnisvolles Lächeln; er bohrte seine tiefen Augen in die Augen des Fragestellers, dann sagte er ihm lateinisch, um von den Umstehenden nicht verstanden zu werden: «Declina a malo et fac bonum. (Meide das Böse und tue das Gute.»)) Und er wandte sich anderen Personen zu.

Um das Jahr 1845 hielt Dewatine, Pfarrer von Montagne, auf einer Reise in Ars an. Auch er hatte kein besonderes Vertrauen in die Geschichten, die man von Vianney erzählte. Aus diesem Grund war er, als der Pfarrer von Ars von der Kirche ins Pfarrhaus hinüberschritt, von der Menge, die auf den Vorübergang des sogenannten «Heiligen» wartete, weg getreten. Wie groß muss aber die Erregung Dewatines gewesen sein, als der Mann Gottes von seinem Weg abbog, ihm auf die Schulter klopfte und ihm ins Ohr murmelte: «*Haben Sie Vertrauen*, mein Freund.»

Ein Lyoner Schuster, Anton Saubin, hatte seinen sehr lebendigen Jugendglauben zwar nicht ganz verloren, sich aber plötzlich dem Spiritismus verschrieben. Gar bald verfolgten ihn derartig entsetzliche Schreckbilder – es war im Juni 1859 –, dass er sich entschloss, den Pfarrer von Ars aufzusuchen. Es gelang ihm, im Kirchenschiff bis zu einem Platz vorzudringen, von dem aus man den Altar der hl. Philomena sehen konnte.

Gerade betete Vianney einen Teil seines Breviers, kehrte aber Anton Saubin, der ihn gern von Angesicht hätte sehen mögen, den Rücken zu. Die Zeit verstrich. Unser Geisterbeschwörer zählte nicht zu den Geduldigsten und hatte auch keine Zeit zu verschwenden. «Hätte dieser Priester Gottes Geist, wie behauptet wird», sagte er sich schließlich, «er wüsste, dass ich mit ihm reden wollte und es eilig habe.»

Kaum war ihm dieser Gedanke durch den Kopf gegangen, als sich der Pfarrer umdrehte: «Geduld, mein Freund, ich stehe Ihnen gleich zu Diensten.» Saubins Erstaunen war ungeheuerlich. Er besprach sich zweimal mit Vianney, seine Ängste verschwanden, er fand zum Glauben seiner Kindheit zurück und kurze Zeit nachher trat er unter dem Namen Bruder Joachim ins Trappistenkloster Notre-Dame des Neiges ein.

Kamillus Monnin, Notar in Villefranche, zählte unter seinen Bekannten einen Mitbürger, den tyrannische Menschenfurcht von jeder religiösen Übung fernhielt. Dieser Christ von der traurigen Gestalt mischte sich eines Tages unter die Menge, die Vianney umdrängte. Plötzlich wurde der Pfarrer von Ars seiner zum ersten Mal gewahr, teilte die dicht gescharten Reihen der Pilger, trat vor ihn hin und sagte ihm gütig: «Oh, mein Freund, diesen Kopf da, *den* müsste man heilen.»

«Bei einer von mir gepredigten Mission», berichtet Camelet, «wurde ich betroffen von der frommen Haltung eines schlichten Eisenbahnangestellten. ‹Der Pfarrer von Ars hat mich bekehrt›, erzählte er mir selber. ‹Seit meinem Eintreffen in der hiesigen Gegend hatte ich so oft von diesem Priester reden hören, dass ich mir darüber Klarheit verschaffen wollte. Es ging keineswegs ums Beichten, es handelte sich um Neugier. Von dem Anblick des Mannes wurde ich dann so gepackt, dass mir der Gedanke kam, mit ihm zu sprechen. So trat ich in die Sakristei. Er hieß mich in seinem Beichtstuhl niederknien.›

‹Mein Freund›, fragte er mich, ‹seit wann haben Sie nicht mehr gebeichtet?›

‹Ach, es ist schon so lange her, Vater, dass ich mich gar nicht mehr daran erinnere.› ‹Forschen Sie gut nach. Es sind achtundzwanzig Jahre her.› ‹Achtundzwanzig Jahre? ... Achtundzwanzig Jahre? ... Ja, es stimmt.›

‹Und zudem haben Sie damals nicht kommuniziert. Sie haben nur die Lossprechung erhalten.›

‹Auch das stimmte. Bei diesen Worten fühlte ich meinen Glauben neu aufwachen und zwar so stark, dass ich jedenfalls eine sehr aufrichtige Beichte ablegte und Gott versprach, nie mehr von meinem Glauben zu lassen.›»

Eines Tages sandte die Baronin von Belvey einen verhärteten Sünder, der nur zu Weihnachten und Ostern seinen Fuß in die Kirche setzte, unter dem Vorwand eines Auftrages zu Vianney. Man war der Meinung, er habe seit seiner ersten hl. Kommunion nicht mehr gebeichtet.

«Wie lange haben Sie nicht mehr gebeichtet?», fragte ihn der Pfarrer von Ars. «Oh, vierzig Jahre ...»

«Vierundvierzig Jahre», erwiderte der Heilige.

Der Mann zog einen Bleistift hervor und rechnete auf dem Mauerputz nach.

«Sie haben wahrhaftig Recht», gestand er ganz betroffen. Der Sünder bekehrte sich und starb als guter Christ.

Im Jahre 1851 kam Fräulein Etiennette Vermorel aus Arcinges nach Ars. Sie wollte geistliche Exerzitien machen und sie mit einer

Generalbeichte über ihr ganzes Leben beginnen. «Vater», begann sie, «ich habe mein Gewissen sorgfältig erforscht.» Der Heilige ließ sie ganz nach Belieben ihre Anklage zu Ende führen. Dann fragte er schließlich:

«Sie erinnern sich sonst an nichts mehr?» «Nein, Vater, an nichts, an gar nichts mehr.» «Nun gut, mein Kind, da Sie so rein wie nach Ihrer Taufe aus diesem Beichtstuhl treten wollen, so gehen Sie und bitten Sie Unsere Liebe Frau von den Sieben Schmerzen, Ihnen das, was Sie ausgelassen haben, einzugeben, dann kommen Sie wieder zurück.»

Das Mädchen ging in die Ecce-Homo-Kapelle hinüber, wo die Statue der Schmerzensmutter stand. Hier fielen ihr nun drei frühere Fehler ein, die sie schnell beichten wollte. «Und ist es diesmal wirklich alles?», fragte der Mann Gottes. «Ich glaube, Vater.»

«Aber dieser letzte Fehler, den Sie vergessen und den Sie nie in einer Beichte angeklagt haben?» Und Vianney offenbarte seinem Beichtkind bis ins Kleinste die Zeit und den Ort, wo jene vergessene Sünde geschehen war. Er fügte bei: «Es ist wahr, Sie haben sich an gar nichts mehr erinnert.» Tatsächlich hatte das Mädchen vergeblich seine Erinnerung durchforscht.

«Wenn Sie aber an der Stelle, die ich Ihnen genannt habe, vorbeikommen, wird es Ihnen einfallen.»

Der Heilige sprach die Lossprechung über sie, versicherte ihr, ihr Beruf sei ein jungfräuliches Leben in der Welt, und ließ sie froh von dannen ziehen. Auf dem Heimweg kam sie an der Stelle, an der sie Gott beleidigt hatte, vorüber; und sie erinnerte sich. Aber ihre Freude wurde deshalb nicht getrübt; sie trug das zuversichtliche Bewusstsein der Vergebung in der Seele.

«Ein junger Mann aus Lyon, dessen Aufrichtigkeit ich aus seinem Leben und seinen Werken klar ersehe», berichtet Toccanier, «hat mir erzählt: er habe im Alter von fünfzehn Jahren bei Vianney gebeichtet. Plötzlich unterbrach der Heilige: ‹Mein Freund, du sagst nicht alles!› ‹Vater, helfen Sie mir bitte, mir fallen keine weiteren Sünden ein.› ‹Und jene Kerzen, die du in der Sakristei der Sankt-Vinzenz-Kirche entwendet hast, um deine kleinen Hausaltärchen zu schmücken?› Es traf zu.»

Ein Mann aus dem Drôme-Departement, dessen Frau krank lag, kam, um den großen Krankenheiler von Ars zu befragen.

«Sie können ihn bloß im Beichtstuhl sprechen», erklärte man ihm. So stellte er sich dort an, allerdings ohne Begeisterung. Dieser Pilger, ein etwas sonderlicher Mensch, war leicht verwachsen. Bei einer Mordgeschichte hatte er in einem Hohlweg Prügel erhalten, war erkannt und in Untersuchungshaft gesteckt worden. ...

Nun rief ihm zu seinem großen Erstaunen der Diener Gottes die Schläge und den Hohlweg und das Gefängnis ins Gedächtnis zurück. Der arme Mann verstand, dass er nicht einem Wichtigtuer in die Hände gefallen war. Die Enthüllungen erschütterten ihn, er bekehrte sich und scheute sich keineswegs, seine wunderbare Geschichte überall zu erzählen.

Einer Anzahl von Personen hat Vianney den Weg zum Ordensstand oder zu einer Stellung in der Welt gewiesen, ohne dass in allen Fällen klar auf eine übernatürliche Herzensschau geschlossen werden könnte. So hat er vielen jungen Menschen – man zählt deren sechzig – die Worte gesagt: «Treten Sie bei den Brüdern von der christlichen Schule ein, und es wird durch Sie viel Gutes gewirkt.»

«Unserer Genossenschaft von der Heiligen Familie brachte er großes Interesse entgegen», versichert Bruder Gabriel, der Gründer und erste Obere, «er hat uns allein an die vierzig Postulanten zugeführt.» Ungefähr zwanzig hat er zu den Trappisten gewiesen mit der Versicherung, das sei ihr Beruf. Einem dieser jungen Menschen, der vor der Aussicht eines derartigen Opfers schauderte, legte er die Frage vor: «Sind nicht die andern, die bereits im Kloster sind, aus Fleisch und Blut?» Und er ließ das Beichtkind selbst die Folgerung ziehen. Bei diesen verschiedenen Gelegenheiten mochte ihm seine natürliche Klugheit und sein für die Seelenführung reges Feingefühl genügend Licht und Weisung bieten; einige Seelen aber führte er mit Seherblick in die Zukunft.

Das Leben des Pfarrers von Ars fällt in eine Blütezeit katholischer Werke. Er ist über Notwendigkeit und Nützlichkeit und über die Zukunft der meisten aus ihnen befragt worden. Und auch hierin erwies er sich als der Mann des Rates und selbst als Seher, dessen Voraussagen die Zeit bestätigt hat.

Kurze Zeit nach dem Weihnachtsfest 1856, das er seinen «Bekehrungstag» nannte, zögerte Pater Chévrier noch weiter, sich mit Leib und Seele für die verwahrloste Kinderwelt einzusetzen. Er machte sich auf den Weg nach Ars.

«Oh, mein Kind», erklärte ihm der heilige Pfarrer, «Ihre Eingebungen kommen vom Himmel. Sie werden auf viele Schwierigkeiten stoßen; mit Mut und Ausdauer werden Sie aber eine große Seelenernte erreichen.»

Pater Chévrier hatte verstanden; er hielt aus und hat in Lyon, Gott allein weiß unter welchen Opfern, die «Vorsehung des Prado» gegründet, die unermesslich viel Gutes wirkt.

Fräulein Smet war um 1850 der Gedanke gekommen, eine Genossenschaft zu gründen, die all ihre Gebete und guten Werke den Armen Seelen zuwenden würde. In ihrer Ängstlichkeit wendet sie sich, auf den Rat von Bischof Chalandon, an den Pfarrer von Ars. Der Heilige diktiert Toccanier seine Antwort für sie: «Ein Orden für die Armen Seelen, darauf habe ich seit langem gewartet! ... Sie möge ihn errichten, wann sie will. ... Ja, sie möge Ordensfrau werden und diesen neuen Orden gründen, der sich in der Kirche schnell ausbreiten wird.»

Aber das völlige Fehlen der notwendigen Hilfsmittel? ... Aber die Trennung von den innig geliebten Eltern, die ihre Einwilligung versagen? «Gehen Sie nur voran», ließ ihr der Pfarrer von Ars antworten, «alles wird gut gehen; übrigens werden die aus einer allzu natürlichen Zärtlichkeit geweinten Tränen bald versiegen.»

Die Archive des Arser Heiligtums berichten uns, dass an die zwanzig Werke – Genossenschaften, Missionen, Bruderschaften, Wallfahrten, Waisenhäuser – Vianneys weisem Rat Entstehen und Bestehen verdanken.

«Habt eine reine Meinung», empfahl er den Gründern und Obern, «seid demütig. ... Reichtum wird euch kommen in dem Maße, als ihr auf die Vorsehung vertraut. ... Macht wenig Geräusch in den Zeitungen, aber ein wenig mehr an der Tabernakelpforte. ...»

Er scheute auch nicht davor zurück, von einem Beginnen, dessen Misserfolg und Unfruchtbarkeit er voraussah, abzuraten. «Wenn jedes Unternehmen, das aufs Gute zielte, seiner Unterstützung sicher war», sagt Toccanier, «so verwarf er doch jeden Plan, der keine Zukunft und keinen Nutzen hatte.»

Beim Abschluss dieses Kapitels über die Gesichte und Voraussagen des Pfarrers von Ars erhebt sich eine Frage: Hat unser Heiliger wichtige Ereignisse, die für Kirche und Gesellschaft von Bedeutung sind, wie Verfolgungen und Kriege, im Voraus angesagt?

Auf diese Frage sind bereits klug abgewogene Antworten gegeben worden. Joseph Vianney schrieb im Jahre 1904: «Wenn zu seinen Lebzeiten nichts mehr als die Kämpfe des Pfarrers von Ars mit dem Teufel die gegensätzlichsten Meinungsäußerungen heraufbeschworen hat, so hat seit seinem Tod nichts mehr Gerede und Geräusch geschaffen als seine Weissagungen. Da man nur von den Reichen leiht, hat man auch ihm mehr als eine Voraussage zugeschrieben, die er nie getan hatte.» So seine angeblichen Prophezeiungen über den letzten großen Krieg.

Der Pfarrer von Ars hatte selber gegenüber sogenannten Weissagungen Klugheit angeraten. «Auf das ununterbrochene Drängen der Pilger, er möge sich doch über die politischen Ereignisse äußern», berichtete Gräfin des Garets, «ist Vianney nie eingegangen. Und dennoch hat man ihm Aussagen unterschoben. Man hat sogar ganz falsche Prophezeiungen vorgebracht. Er seufzte darob: ‹Armer Pfarrer von Ars! Wie man ihn reden lässt, ihn, der doch nichts redet!›»

Immerhin hat er zuweilen seiner Schau über die Großen dieser Welt Ausdruck gegeben.

Julius von Maubon erzählt, wie er bei einem Aufenthalt in Ars im Jahre 1849 mit einem Sanchez Remon, einem verbannten karlistischen Offizier, ins Gespräch kam. Sie gingen auf dem Dorfplatz auf und ab. Und sogleich erging sich der Spanier in heftigen Angriffen auf Pius IX., der gerade nach Gaëta geflüchtet war. Er nannte ihn einen «liberalen Papst» und warf ihm vor, bei seiner Erhebung auf den päpstlichen Stuhl den Beifall von Demagogen entgegengenommen zu haben.

Nach seiner Meinung war der Papst nicht mehr länger würdig, den Stuhl Petri innezuhaben. «Ich konnte seine Ideen nicht teilen», sagte von Maubon, «und nach einem Spaziergang von ungefähr einer Stunde trennten wir uns.»

Während dieser Zeit hielt Vianney seine Christenlehre in der Kirche. Als er nach seiner Mahlzeit aus dem Pfarrhaus trat, stieß er auf den Edelmann.

«Oh, mein Freund», entschlüpfte es ihm, «wie weit sind doch die Menschenwege verschieden von Gottes Wegen! Man hat Ihnen heute Morgen gesagt, der Heilige Vater müsste, nach Rom zurückgekehrt, seine päpstliche Gewalt niederlegen. Nun gut, Sie werden es erleben, Pius IX. wird einer der größten Päpste sein, welche die Kirche regiert haben.»

Eine seiner Weissagungen betrifft die Bekehrung jenes protestantischen Landes, das sich ehemals den Namen «Insel der Heiligen» verdient hatte. Am 14. Mai 1854 empfing der Pfarrer von Ars den Besuch von Bischof Ullathorne von Birmingham. «Ich habe mit ihm vom Gebet für England gesprochen», schrieb der Prälat, «und ich erklärte ihm in wenigen Worten, welche Prüfungen und Leiden unsere armen Katholiken für ihren Glauben erdulden müssen.

Plötzlich unterbrach er mich und öffnete diese Augen, die infolge ihres Tiefliegens in Schatten getaucht sind, solange er lauscht und sinnt. Und während ich so vom Glanz ihres weißen Lichtes erhellt stand, sagte er zu mir in einem festen, zuversichtlichen Ton, wie wenn er ein Glaubensbekenntnis ablege: ‹Aber, bischöfliche Gnaden, ich glaube, dass die Kirche von England zu ihrem alten Glanz zurückkehren wird.› Dass er fest daran glaubt, darüber habe ich keinen Zweifel, wenn ich auch nicht weiß, woher er diese Überzeugung hat.»

Der große Beter Johannes-Maria-Baptist Vianney

Und seiner eigenen Pfarrei, diesem «Ars, das nicht mehr Ars war», so sehr hatte die Gnade Gottes das Dorf umgewandelt und verklärt, sollte der heilige Pfarrer ihr wirklich eine traurige, düstere Zukunft geweissagt haben? In Emil Baumanns «Drei heilige Städte» stehen die Worte: «Hat nicht Vianney vorausgesagt, dass weniger als ein Jahrhundert nach seinem Tod Ars zurückfallen werde in das, was es bei seiner Ankunft war?»

Keine Briefstelle, keine Denkschrift, kein zeitgenössischer Bericht, kein Zeugnis im Seligsprechungsprozess bringt diese pessimistische Vorhersage. Es verlangt schon eine eigenartige Einstellung, um eine solche Deutung herauszulesen, und das unter ganz anders klingenden Ausdrücken, aus einem nicht sehr klaren Abschnitt in der «Kleinen Denkschrift» von Katharina Lassagne. Dort heißt es: «Es war (im Jahre 1845) am Tag, da Vianney ankündigte, er werde Raymond, Pfarrer von Savigneux, als Hilfspriester erhalten. Bei seiner Unterweisung sagte er: ‹Ars ist wie ein großer Baum. Haut die Wurzel ab, der Baum wird fallen; oder, wenn ihr wollt, ein gut aufgegangener Teig, der nachher wieder zusammenfällt und in nichts zusammenschrumpft. ...› Man hat nichts davon verstanden.»

In Anbetracht der Zeit und der Umstände liegt hier eine einzige Auslegung auf der Hand. Mit diesen Worten deutete der Heilige keineswegs auf seine Pfarrkinder und ihre religiöse Zukunft hin, sondern auf die ununterbrochen ab- und zuströmende Flut von Pönitenten, die mit seiner Person aus Ars verschwinden würde.

Hätte Raymond, der offensichtlich die Nachfolge anstrebte, im Jahr 1845 oder später sein Ziel erreicht, Ars wäre sicher «in nichts zusammengeschrumpft». Das Dorf hätte viel von seiner Bedeutung eingebüßt.

Die Wallfahrt wäre Vianney zu seiner neuen Stelle gefolgt. Der Beweis hierfür war im Jahre 1843 erbracht worden, gelegentlich seiner «Flucht» nach Dardilly. Da aber der Heilige trotz seiner Sehnsucht nach Zurückgezogenheit auf seinem Posten ausharrte, wurde «die Wurzel» nicht abgehauen. «Der Baum» fiel nicht.

Mitten in Ars ragt dieser «große Baum» immer noch. Wenn auch unter veränderter Gestalt, hat die Wallfahrt ihren Gründer überlebt. Und seine Pfarrei hat bis auf den heutigen Tag Vianneys Lehren treu wie das Testament eines innig verehrten Vaters gehütet.

Die Wunder

Eines Tages – es war wahrscheinlich im September 1843 – suchte Margaret Humbert aus Ecully ihren Vetter Vianney auf. In ihrer Unterhaltung sagte der Pfarrer von Ars unter anderem: «Gott ist noch immer allmächtig. Er kann immer noch Wunder wirken; und er würde sie wie in früheren Zeiten wirken; es fehlt aber am Glauben.»

«Der Diener Gottes wusste immerhin, dass sich auffallende Dinge in seiner Pfarrei ereigneten; selber hat er verschiedentlich zugestanden, dass viel Gutes dort geschah; er führte aber alles auf Gott und seine Heiligen, besonders auf die hl. Philomena zurück.» Durch seine übernatürliche Macht verwirrt und von der Verehrung der Massen für seine eigene Person überrascht, war der Pfarrer von Ars ganz zufrieden, die kleine Jungfrau-Märtyrin in den Vordergrund rücken und sich völlig in ihrem Schatten verstecken zu können. Es ist ihm nie ganz gelungen.

Die Menge hatte zweifellos Vertrauen in die Fürsprache der hl. Philomena und huldigte ihrem Wunderwirken: Vielen aber kam es vor, als ob ihre Fürsprache nur mit den Bitten des Pfarrers von Ars vermischt erhört würde. Er protestierte dagegen: «Ich wirke keine Wunder. Ich bin nur ein armer Dummkopf, der die Schafe gehütet hat. ... Wendet euch an die hl. Philomena. Ich habe sie nie um etwas gebeten, ohne erhört worden zu sein.» Das gerade schien er zu übersehen, dass die Tatsache, vom Himmel immer erhört worden zu sein, auf eine ziemlich hohe Heiligkeit schließen ließ; auch schien es ihm zu entgehen, dass dieses und jenes Wunder nach *seinem* Segen oder nach der Auflegung gerade *seiner* Hände geschah.

Er hatte nur eines im Auge: Gott verherrlichen durch die Rettung der Seelen. Das war seine eigentliche Sendung. Die Heilungswunder erachtete er als nebensächlich. Er stellte sie tief unter die Bekehrungswunder. «Ich habe gute Lust, der hl. Philomena jedes Wunderwirken an den Leibern zu verbieten», sagte er eines Tages. «Sie muss vor allem die Seelen heilen. Der arme *Kadaver*, der verfaulen wird, bedeutet nicht viel.»

Und wenn die hl. Philomena sich nun einmal aufs Krankenheilen versteifte, dann mochte sie in Gottes Namen ihre Güte sonstwo bezeigen! Die sichtbaren, materiellen Wunder zogen zu viele

Menschen ins Dorf Ars und die Demut des Heiligen kam dabei nicht auf ihre Rechnung. «Herr Pfarrer», sagte ihm eines Tages Toccanier, «es geht ein Gerücht über Sie um.» «Und das wäre, Herr Confrater?»

«Sie scheinen der hl. Philomena verboten zu haben, hier weiterhin Wunder zu wirken.»

«Es stimmt», antwortete er. «Das bringt zuviel Gerede auf. Ich habe die hl. Philomena gebeten, hier so viele Seelen zu heilen, als sie mag, die Leiber aber fern von hier zu kurieren. Diesmal hat sie gut auf mich gehört: Mehrere Personen sind hierher gekommen, haben hier ihre Novene angefangen und haben sie daheim fortgesetzt, wo sie auch erhört worden sind. Ungesehen und ohne Zweifel, dass die hl. Philomena sie geheilt hat!»

Wenn man ihn so hört, könnte man auf den Gedanken kommen, er habe mit seiner Lieblingsheiligen einen Vertrag abgeschlossen. Aber nur allzuoft ließen die Wunder nicht auf sich warten und traten gleich bei Beginn der Novene ein. Nun gab es lustig-launige Bemerkungen, wie folgende nach der Heilung eines kleinen Krüppels: «Die hl. Philomena hat nicht Wort gehalten. Sie hätte dieses Kind anderswo heilen müssen!»

Dann änderte er plötzlich seine Meinung. Er, der feinfühlige Herzensmensch, zitterte bei dem Gedanken, seiner lieben kleinen Heiligen weh getan zu haben. «Warum verbieten Sie ihr, die Menschen gesund zu machen?», fragte eines Tages Katharina Lassagne; «glauben Sie, sie sei zufrieden?»

«Oh, drei Nächte lang war es mir, als ob mir etwas fehlte; es war wie eine Leere; die hl. Philomena machte ein Gesicht, wie wenn sie mir vorwerfen wollte, dass ich nicht genug an sie denke. Ich habe ihr versprochen, öfters zu ihr beten zu wollen.»

Sahen die Pilger den Pfarrer von Ars gegen die hl. Philomena «grollen», so riefen auch sie die Märtyrin weniger an. Dann setzte es zwischen dem irdischen Heiligen und der Heiligen des Paradieses kleine «Szenen» ab, deren die Engel Zeuge waren. Eine Heilung war während einer Heiligen Messe erfolgt, die Vianney am Altar der hl. Philomena las. Er kehrte in die Sakristei zurück, ohne dass er des Wunders gewahr geworden war. Während er auf dem Ankleidetisch Bilder mit seinem Namen versah, trat Raymond an ihn heran. «Herr Pfarrer», sagte er zu ihm nach berichteter Tatsache, «die hl. Philomena hat sich ein gutes Stück Zeit zum Ausruhen genommen.»

«Deshalb habe ich ihr ja während der Heiligen Messe gegrollt und ihr gesagt: ‹Große Heilige, wenn du keine Wunder mehr wirkst, wirst du deinen ganzen Ruf einbüßen!›»

Wenn man die zahlreichen Wunder betrachtet, die teils beim Seligsprechungsprozess, teils von den Untersuchungsstellen des Heiligtums in Ars gesammelt worden sind, durcharbeitet, wird es einem klar, dass die Wunder, die um die Stirn unseres Heiligen noch zu seinen Lebzeiten die Aureole leuchten ließen, gut und recht «Wunder zu zweit» waren.

Fand er irgendeine Heilung wünschenswert, dann formulierte Vianney den Wunsch mit lauter Stimme oder in seinem Herzen und beauftragte sodann die hl. Philomena, sie möge die glückliche Verwirklichung von Gott erlangen. Nannte er sie nicht gerade deshalb seine «Geschäftsträgerin», seinen «Konsul bei Gott»? Die meisten Wunder von Ars sind augenscheinlich nicht anders zustande gekommen. Immerhin werden wir auch Fälle anführen, wo Gott der kleinen Heiligen sozusagen keine Zeit ließ, mitzuhelfen, und ihr großer Freund die «Schande» tragen musste ..., sich beim Wunderwirken auf frischer Tat ertappt zu sehen.

Wir haben bereits von der armen kleinen Schwester Dosithea aus der *Vorsehung* in Vitteaux gesprochen. Sie war lungenkrank und der Arzt hatte erklärt: «Wenn die Blätter fallen, wird sie gehen.» Als Vianney ihrer in der Menge ansichtig geworden war, hatte er sie vorweg in den Beichtstuhl treten lassen. «Schwester», fragte er sie, «warum wünschen Sie gesund zu werden?» Sie nannte ihre Gründe. «Nun gut, gehen Sie in die Kapelle der hl. Philomena und bitten Sie um Ihre Heilung; unterdessen werde ich für Sie beten.»

Schwester Dosithea flehte zur kleinen Jungfrau-Märtyrin und fühlte sich auf der Stelle geheilt. Dies geschah im Mai 1853. Die Ordensfrau zählte fünfundzwanzig Jahre. Sie starb in der *Vorsehung* von Vitteaux am 11. Februar 1914, 99 Jahre alt.

Im Lauf der schweren Krankheit, die im Mai 1843 Vianney fast hinweggerafft hätte, kam Frau Claudine Raymond-Corcevay aus Chalon-sur-Saône nach Ars, um Heilung zu suchen. Da Kehlkopf und Bronchien angegriffen waren, konnte sie kein Wort hervorbringen, ohne im Hals einen Schmerz wie von glühendem Eisen zu verspüren: Mit ihrer Umgebung verständigte sie sich nur noch mittels einer Schiefertafel ... Auf gleichem Wege wandte sie sich am Morgen, als sie in etwas besserem Zustand zum erstenmal in die Kirche ging, auch an den Pfarrer. «Mein Kind», erhielt sie zur Antwort, «die Heilmittel dieser Erde helfen Ihnen nicht mehr. Man hat Ihnen schon viel zu viel verabreicht. Aber der liebe Gott will Sie gesund machen. Wenden Sie sich an die hl. Philomena. Legen Sie Ihre Schiefertafel auf ihren Altar nieder. Tun Sie ihr Gewalt an. Sagen Sie ihr: wenn sie Ihnen nicht Ihre Stimme wiederschenken will, möge sie Ihnen die eigene überlassen!»

«Sogleich», erzählt Frau Raymond-Corcevay, «warf ich mich zu den Füßen der kleinen Heiligen nieder; und kaum hatte ich mein Gebet beendet, als ich auch schon geheilt war.

Seit zwei Jahren hatte ich nicht mehr geredet, seit sechs Jahren grausam gelitten. Zu Frau Favier, bei der ich wohnte, heimgekehrt, las ich in Gegenwart mehrerer Personen einige Seiten über das Vertrauen zur Gottesmutter vor.»

Am darauffolgenden 11. August, am Fest der hl. Philomena, ließ Frau Raymond ihre schöne wiedergefundene Stimme in der Kirche von Ars erschallen.

«Meine kleine Tochter, die wie ich Margaret hieß», erzählte im Jahre 1863 Frau Gérin, Vianneys Schwester, «litt an einem Polyp im Kehlkopf. Die Ärzte hatten sich vergebens um sie bemüht. So verfiel man schließlich auf den Gedanken, sie zu ihrem Onkel, dem Pfarrer von Ars, zu bringen. Mein Bruder empfahl uns, eine Novene zur hl. Philomena anzufangen. Keine Besserung. So riet er uns zu einer zweiten; er wollte währenddessen mit uns beten. In der Nacht des achten Tages fühlte sich meine kleine Margaret sehr müde, gab eine Masse Schleim von sich und war geheilt, ohne dass sich je neue Anzeichen des Übels einstellten.»

Ein junges Mädchen aus der Umgegend von Charlieu (Loire) war auf der einen Seite völlig gelähmt, konnte sich noch auf ihren Beinen fortschleppen, ihr linker Arm aber versagte jeden Dienst. Sie will dem Pfarrer von Ars ihre lange Elendsgeschichte erzählen. Der heilige Beichtvater unterbricht sie. «Reden Sie darüber mit der hl. Philomena!» Sie begibt sich, so gut und schlecht es geht, durch die dicht gedrängte Menge an den Altar der kleinen Heiligen. «Gib mir meinen Arm wieder oder schenke mir deinen.» Die Heilung tritt auf der Stelle ein. Sie, die Gelähmte, eilt ins Waisenhaus, ihrer Freundin Katharina Lassagne die frohe Kunde zu bringen.

Die Beine von Karl Blazy aus Cébazat (Puy-de-Dôme) sind fast ganz abgestorben und er kann ohne Krücken überhaupt nicht mehr gehen. Er sieht Vianney. Dieser rät ihm eine Novene zur hl. Philomena an. Erfolglos. Dem Mann fehlt der Glaube. Er beginnt eine Zweite, in der gleichen ungläubigen Haltung. «Vater, glauben Sie, ich könnte meine Krücken hier zurücklassen?»

«Ei, mein Freund, Sie brauchen sie noch allzusehr.» Mehr und mehr rührte die Gnade an das Herz des Verkrüppelten. Wird auch die zweite Novene ergebnislos verlaufen wie die erste? Auf den Schlusstag fällt Mariä Himmelfahrt, der 15. August 1858.

Der bedauernswerte Kranke schleppt sich nach der Heiligen Messe in die Sakristei. «Wie stehts, mein Vater», hält er an, «darf ich diesmal, ja oder nein, meine Krücken zur hl. Philomena tragen?» «Geh, mein Freund!»

Der noch eben Verkrüppelte richtet sich auf. Er ist geheilt. Seine Krücken hebt er in die Luft, schreitet jubilierend durch die staunende Menge und opfert sie der himmlischen Wunderwirkerin. «Auf seinem Heimweg», schrieb am 8. September der Pfarrer von Cébazat, «hat Karl Blazy zu Fuß und ohne Ermüdung achtzehn Kilometer zurückgelegt und erfreut sich heute vollkommener Gesundheit.» Der wunderbar Geheilte ist als Bruder in den Orden der Heiligen Familie von Belley eingetreten.

Am Aschermittwoch, dem 25. Februar des Jahres 1857, traf in Ars ein armes Weiblein aus Saint-Romain, Frau Dévoluet, ein. Vor sich her schob sie ein armseliges Wägelchen, in dem ihr kleiner Knabe lag, ein schönes achtjähriges Kind, das ein Hüftleiden hatte. Sie vertraut ihren Johannes-Maria der Familie Vernu an, denn um Vianney sicherer zu treffen, bringt die tapfere Mutter, aller Müdigkeit zum Trotz, die ersten Nachtstunden im Vorraum der Kirche zu.

Der heilige Pfarrer nimmt sie wahr und ohne sie zu kennen, redet er sie an: «Kommen Sie vor den andern. Sie haben es am eiligsten.» Sonderbar! Sie beichtet und flüstert, zweifellos aus Mangel an Zeit, auch nicht ein Wort von ihrem kleinen Krüppel. Leidzerquält kehrt sie in die Kirche zurück, diesmal mit ihrem Kind, um der Messe des heiligen Pfarrers beizuwohnen. Es gelingt ihr, ganz in der Nähe der Sakristei einen Platz zu finden. Vianney geht hinein. Man will die Tür schließen. Entschlossen stellt die Mutter Dévoluet ihren Fuß zwischen Tür und Schwelle. Während sie mit Bruder Hieronymus verhandelt, ruft der Heilige: «Sie möge eintreten.»

Die Frau wirft sich ihm zu Füßen und reicht ihm das Kind zum Segnen hin. «Dieser Knabe», spricht Vianney weiter, «ist zu groß, um sich so tragen zu lassen. Stehen Sie auf, gute Frau, und stellen Sie den Kleinen auf den Boden.» «Aber er kann doch nicht.» «Er wird schon können. Haben Sie nur Vertrauen zur hl. Philomena.» Der Pfarrer von Ars küsste das Kind auf die Stirn. Dann wies er sie an: «Gehen Sie, gute Mutter. Gehen Sie und beten Sie vor der hl. Philomena. Sie wird ihn euch heilen.» Und als Anna Dévoluet den Krüppel auf ihre Arme nehmen will, mahnt er sie: «Nein, nein, lassen Sie ihn doch laufen!»

Das Kind konnte sich unter großer Anstrengung, von der Mutter Hand gehalten, bis zum Altar der kleinen Heiligen schleppen. Aus eigener Kraft kniete es hin und blieb dort fast Dreiviertelstunden ohne ein Zeichen von Müdigkeit, warf seine Blicke bald auf die ruhende Statue der hl. Philomena, bald auf ein kleines Gebetbüchlein, das ihm seine Mutter gegeben hatte. Diese vermochte überhaupt nicht zu beten, ihr Gesicht war tränenüberströmt, sie wusste gar nicht, wo sie war.

Endlich steht der Knabe allein auf und sagt: «Ich habe Hunger!» Er geht. Die Mutter nimmt ihn bei der Hand. Er entschlüpft ihr, läuft in seinen Strümpfen bis an die Tür. Er möchte hinaus.

Unglücklicherweise regnet es. «Mama, schau», ruft er, «wenn du mir die Holzschuhe mitgebracht hättest. ...» Johannes-Maria hatte schon auf der Herfahrt danach verlangt. Anna Dévoluet nimmt ihren kleinen Knaben unter den Arm, trägt ihn zum Holzschuhhändler und lässt ihm ein Paar anlegen; sofort springt das junge Wunderkind beglückt auf die Straße hinaus, wo der Regen aufgehört hat, und tummelt sich mit den Kindern seines Alters.

Wenn Ars auch an die Wunder gewohnt war, dieses machte doch Geräusch im Dorf. Das Echo kam Vianney zu Gehör. Es war bei dieser Gelegenheit, dass er die hl. Philomena beschuldigte, ihm nicht Wort gehalten zu haben. Der Pfarrer von Ars hat auch Wunder gewirkt, ohne die hl. Philomena anzurufen. Wenigstens hat er die Anrufung nicht äußerlich ausgesprochen.

«Eine kranke Frau, ich weiß nicht aus welcher Pfarrei», erzählt Schwester Saint-Lazare, «war mit der Postkutsche eingetroffen.

Auf ihre Krücken gestützt, stellte sie sich Vianney in den Weg. ‹Nun gut, gehen Sie!›, sagte der Diener Gottes zu ihr. Sie zögerte. ‹Aber gehen Sie doch, da man es Ihnen sagt!›, fügte Toccanier hinzu, der den Pfarrer begleitete. Sofort warf die Frau ihre Krücken fort. ‹Und nehmt sie mit!› befahl ihr Vianney, als er die Bewegung sah, die durch die Menge ging.»

Im Jahre 1854 lebte in Grenoble ein fünfjähriges Mädchen namens Mathilde Besançon. Beim Spiel hatte ein kleiner Kamerad sie am Kopf bei den Ohren gepackt und sie mit solcher Gewalt von der Erde emporgehoben, dass die Halsmuskeln gerissen waren. Das Kind konnte den Kopf ohne Stütze nicht mehr gerade halten. Da die Eltern nach langen Monaten die Unheilbarkeit des Übels erkannt hatten, brachten sie das Kind nach Ars. Dort wollten sie zur hl. Philomena beten, doch ihre Gebete schienen unwirksam zu sein. Nun wohnten die guten Leute Vianneys heiliger Messe bei, dem sie die kranke Kleine empfohlen hatten. Mitten im feierlichen Schweigen der Wandlung richtete sich das Mädchen plötzlich mit einem Schrei auf: «O Mama, ich bin geheilt ... Schau!» Tatsächlich konnte sie den Kopf mit Leichtigkeit und ohne Hilfe nach allen Seiten drehen.

Im Jahr 1855 hatte sich Frau Raymond-Corcevay, die zwei Jahre vorher in Ars von einer Kehlkopfentzündung geheilt worden war, in Vianneys Beichtstuhl hingekniet. «Darf ich Vertrauen haben», fragte sie, «dass mir die hl. Philomena die Sprache bis an mein Ende erhalten wird?» «Hören Sie, meine Tochter», antwortete der Diener Gottes, «schauen Sie, erst vor einigen Tagen ist eine gute Frau vom Land hierhergekommen mit ihrem sieben Jahre alten Kind, das von Geburt an stumm war. Während diese arme Mutter bei mir beichtete, hielt sie plötzlich inne.

‹Mein Kind›, sagte ich zu ihr, ‹fahren Sie fort.› ‹Oh, mein Vater, das ist unmöglich. Bedenken Sie doch, dass ich mein Töchterchen noch nie sprechen gehört habe. Oh, welche Gnade! welche Gnade! ...›» Das Kind war tatsächlich nicht mehr länger stumm, es sprach deutlich. «Diese Frau», fügte Vianney hinzu, «war zu ergriffen, um ihre Beichte fortsetzen zu können. Sie konnte nur noch unter Tränen wiederholen: ‹Welche Gnade, mein Gott, welche Gnade!›»

Am 1. Februar 1850 hatte man Fräulein Claudine Venet aus Virégneux nach Ars gebracht. Nach einer Gehirnhautentzündung war sie völlig taub und blind geworden. Vianney hatte dieses unglückliche Geschöpf nie gesehen. Niemand hatte sie bei ihm empfohlen. Als sie nun am 1. Februar vor der großen Kirchenpforte stand, ging der Heilige gerade vorüber. Ohne ein Wort zu sagen, nahm er die Blinde bei der Hand, führte sie in die Sakristei und ließ sie im Beichtstuhl niederknien. Kaum hatte er sie gesegnet, als sich ihre Augen dem Licht öffneten und ihre Ohren dem Schall. ... Es war ihr, als ob sie aus einem langen Traum erwache.

Aber nach vollendeter Beichte machte ihr der Heilige die sonderbare Voraussage: «Ihre Augen sind geheilt; Sie werden aber für zwölf Jahre wieder taub werden. ... So ist es Gottes Wille.» Claudine Venet trat allein aus der Sakristei. Und als sie den Priester verließ, fühlte sie, wie sich ihre Ohren von neuem schlossen. Tatsächlich hörte sie nachher nichts mehr.

Das Gebrechen hielt der Voraussage gemäß, vom 1. Februar 1850 ab gerechnet, genau zwölf Jahre an. Ruhig und gottergeben in der Freude an ihrem wiedergeschenkten Augenlicht harrte die Kranke auf den Tag der Befreiung. Wie groß war dann ihre gläubige Ergriffenheit, als am 18. Januar 1862 die volle Heilung eintrat.

Im Jahre 1855 traf Fräulein Farnier, ein junges Mädchen aus Montchanin, in Ars ein. Sie hinkte. Vom Heiligen erbat sie sich die Heilung ihres Beines. «Mein Kind», antwortete Vianney, «Sie sind zu oft Ihrer Mutter ungehorsam; Sie geben ihr freche Antworten. Wenn Gott Sie heilen soll, müssen Sie vorher diesen schlimmen Fehler ablegen. Oh, das wird Arbeit kosten! Denken Sie an eines: Sie werden geheilt werden, ja! Aber nach und nach, entsprechend den Anstrengungen, die Sie machen, um sich zu bessern.»

Gleich nach ihrer Heimkehr machte sich Fräulein Farnier daran, gehorsamer zu werden und ehrfürchtiger gegen ihre Mutter. Ihr Bein, das um zehn Zentimeter kürzer war als das andere, verlängerte sich unmerklich und in wenigen Jahren war die Verunstaltung völlig verschwunden.

«Im Jahr 1856», erzählt Hippolyt Pagès, «war ich selber Zeuge, wie ein junges Mädchen geheilt wurde, das seit drei Jahren infolge einer Lähmung stumm war. Nachdem sie beim Diener Gottes schriftlich gebeichtet und aus seiner Hand die heilige Kommunion empfangen hatte, war sie so glücklich, während der Danksagung den vollen Gebrauch ihrer Sprache wieder zu erhalten. Ich habe nachher mit ihr gesprochen und habe mich persönlich von ihrer

Heilung überzeugt. ‹Schauen Sie, wie das geschehen ist›, erzählte sie mir. ‹Während meiner Danksagung fühlte ich an den Bewegungen meiner Zunge, die dem Beten meines Herzens folgte, dass ich sprechen kann!›»

Eine Frau aus Lyon brachte ein armes Kind, das unter dem Auge eine große Geschwulst hatte, zum Pfarrer von Ars. Das Kind sollte operiert werden; aber vorher wollte man es vom Diener Gottes segnen lassen. Im Augenblick, da der Heilige seine Rechte über das Haupt des Kleinen breitete, ergriff die Frau die ehrwürdige Hand und drückte sie auf die Geschwulst, die sogleich verschwand.

Da sich das Ereignis sofort im Dorf herumsprach, suchte sich Vianney im voraus abzusichern. Als am gleichen Abend Toccanier und Bruder Athanasius ihn in sein Zimmer zurückführten, wandte er sich zu ihnen um und sagte:

«O meine Confratres, heute ist mir ein lustiges Stückchen passiert. Wie habe ich mich doch geschämt! ... Hätte ich ein Mauseloch gefunden, ich hätte mich darin versteckt. ...»

«He! Was ist denn geschehen?», fragte der Missionar.

«Man mag sagen, was man will, der liebe Gott wirkt immer noch Wunder! ... Eine Frau hat ein Kind zu mir gebracht, das ein böses Übel neben dem Auge hatte. Sie hat mich das Übel betupfen lassen, und weggeschmolzen wars! ...»

«Diesmal», gab ihm Toccanier zurück, «werden Sie aber nicht sagen, es sei die hl. Philomena gewesen.» Vianney schaute ein wenig verlegen drein, antwortete aber schließlich:

«Ah! Sie könnte doch zum großen Teil dahinter stecken.»

Könnte man nicht aus diesen letzten Worten schließen, der Pfarrer von Ars habe bei sämtlichen Heilungen zuerst mit einem Herzensseufzer seine liebe kleine Heilige angerufen oder durch ein geheimnisvolles Gesicht ihr gelegentliches Einwirken wahrgenommen? Vielleicht. Jedenfalls trug er ständig Sorge, sämtliche Heilungsgnaden ihr und der lieben Gottesmutter alle Bekehrungsgnaden zuzusprechen.

Die Prozessakten berichten über eine schöne Anzahl von Wundern, von mindestens dreißig. Seither haben sich noch andere Zeugen zu Wort gemeldet ... Man weiß übrigens von anderen Stellen, dass Tausende von Kranken beim Pfarrer von Ars um Befreiung von ihrem Leiden gebeten haben. Die meisten wurden nicht geheilt. Der Heilige erbat ihnen bessere Gaben: Der übernatürlichen Gnade christlichen Leidens maß er höchsten Wert bei. «Größtes Kreuz ist, kein Kreuz zu haben!», verkündete er.

«Um so besser, mein Freund, um so besser! Das belebt den Glauben neu!», antwortete er Bruder Athanasius, der ihm seine Leiden anvertraute. «Als ich ihm eines Tages zu einem Kranken gefolgt war», erzählt Dufour, «hörte ich ihn mahnen: ‹Oh, mein Freund, ich weiß nicht, ob ich für Ihre Genesung beten soll. Man soll das Kreuz nicht von Schultern herunternehmen, die es so gut zu tragen wissen.›»

Wenn man mit der Bitte um Heilung an ihn herantrat, war Vianneys erste Forderung: *Glaube*. «Frau, dein Glaube ist groß!», rief der Heiland aus, bevor er die Tochter der kananäischen Frau heilte. Nicht weniger verlangte der Pfarrer von Ars, wenn man ihn um ein Wunder anging. «So macht mans nicht, wenn man geheilt sein will», antwortete er einem jungen Menschen aus Marseille, der an Fallsucht litt und weder Glaube noch Tugend aufzuweisen hatte.

«Gut! Halten Sie eine Gebetsnovene», sagte er zu einer Frau aus Montfleur, die für einen kranken Verwandten die Wallfahrt unternommen hatte. «Nur», fügte er zögernd hinzu, «weiß ich nicht, ob der liebe Gott Sie erhören wird, denn in dem Haus dort unten herrscht nicht mehr Religion als in einem Pferdestall.» Das war nur zu wahr. Der Kranke starb am Schluss der Novene.

Ein satter Bürger aus Nantes litt an Gicht. Während er sich mit dem Gedanken trug, sich in Paris einer sehr kostspieligen Kur zu unterziehen, suchte ihn einer seiner Freunde davon zu überzeugen, dass «die Gebete des Pfarrers von Ars wirksamer seien als sämtliche Konsultationen der geschicktesten Ärzte ...»

Aber unser Gichtige begann zu kritisieren, stellte Bedingungen. ... Man schrieb dem Bruder Athanasius, er möge Vianney die Sache darlegen. Die Antwort aus Ars lautete: «Der Pfarrer, der keine ‹wenn› und ‹aber› mit dem lieben Gott ausstehen kann, hat mir soeben erklärt, man möge diesen Herrn ruhig nach Paris abreisen lassen; denn stellt man bei der Bitte um eine Gnade Bedingungen, dann wird man sicher nichts erhalten.»

Das Wunder bedeutet göttliches Siegel. Es ist die Unterschrift Gottes auf den Blättern dieser Welt. Heiligkeit kann es allerdings ohne diese Zeichen geben. Hätte der Pfarrer von Ars auch nicht ein einziges Wunder gewirkt, er wäre deshalb nicht weniger wunderbar. Übrigens ist sein Leben ein fortwährendes Wunder gewesen. Von ihm gilt das Wort Ribadeneiras über den hl. Bernhard von Clairvaux im «Leben der Heiligen», das der Pfarrer von Ars immer wieder las: «Er war selber das erste und größte all seiner Wunder.»

Und diesen Gedanken des alten Hagiographen hat ein Zeitgenosse Vianneys, der brave Johannes Pertinand, sein Freund, sein Krankenpfleger und sein Schulmeister, in nicht weniger glücklichen Worten festgehalten: «Das schwerste, außerordentlichste, auffallendste, das wunderbarste Werk, das er geschaffen hat, ist sein eigenes Leben.»

«Ich glaube», sagt sein Nachbarpfarrer von Fareins, Dubois, «er hätte seine aufreibenden Arbeiten nicht leisten können ohne übernatürlichen Beistand.»

«Es ist menschlicherweise unfassbar», versichert Kanonikus Gardette, «wie er dreißig Jahre lang einer Seelsorgsaufgabe nachkommen konnte, unter deren Last jeder andere auch noch so starke Priester schnell zusammengebrochen wäre.»

«Er lebte durch Gottes sichtbare Mithilfe», bezeugte Pater Faivre.

Und die Würdigung einer der Ärzte, die dem Pfarrer von Ars ihre Fürsorge angedeihen ließen, geht dahin: «Nach seiner Lebensweise, so wie sie mir bekannt geworden ist, betrachte ich seine ganze Existenz als außergewöhnlich und auf natürliche Weise unerklärlich.» Dies sagt Dr. Michel aus Coligny.

Worauf wir mit dem Satz Paul Bourgets schließen: «Nein, die Epoche der Wunder ist nicht abgeschlossen, aber es braucht Heilige und die sind sehr selten!»

Johannes-Maria Vianney. Das Porträt entstand nach seinem Tod.

Die großen mystischen Tatsachen

«So will ich nun», schreibt der Apostel Paulus, «zu den Gesichten und Offenbarungen des Herrn übergehen ... zu den Beweisen meiner apostolischen Sendung, die unter euch erbracht worden sind in Geduld durch Zeichen und Wunder und machtvolle Taten.» Auf zwar seltene, aber unbedingt gesicherte Dokumente gestützt, werden wir von einigen der auffallendsten Gnadenerweise berichten, deren der Pfarrer von Ars von Seiten Gottes gewürdigt worden ist.

Bevor der hl. Paulus auf die höheren Tatsachen seines eigenen mystischen Lebens übergeht, entschuldigt er sich bei seinen gläubigen Freunden von Korinth: Ja, es ist zweifellos eine gefährliche Sache, sich selber zu rühmen; wenn aber der Apostel spricht, tut er es notgedrungen; seine Gegner leugnen seine göttliche Sendung; diese Behauptung will der Apostel zuschanden machen durch die Beweise, die ihm Gott für seine Berufung gegeben hat. ...

Der Pfarrer von Ars hatte nicht «die Sorge um alle Gemeinden»; er war in seinem weltverlorenen Dorf verborgen und hat deshalb Angriffen von Feinden, die es nur auf seine Person abgesehen hatten, ein gottergebenes Schweigen entgegengebracht.

Er erzählte gern und bei jeder Gelegenheit von seinen Kämpfen mit der Hölle. Aber beharrlich überging er die so verdienten Entschädigungen, die ihm vom Himmel zuteil geworden sind. Alfred Monnin, der ja verschiedene Male auf längere Zeit bei ihm weilte, hat als erster diese Tatsache festgehalten.

«Der Diener Gottes sprach nie über die göttlichen Gunsterweise, deren er zuteil geworden ist. Diesbezügliche Fragen belästigten und ermüdeten ihn sichtlich.

Um ihnen auszuweichen, hatte er die Gewohnheit angenommen, sich in Ergüssen der Gottesliebe zu ergehen oder in entzückenden Einzelheiten aus dem Leben der Heiligen, von denen er sprach, wie wenn er sie persönlich gekannt hätte. Aus diesem Grund konnten wir nur aus dem Mund verschiedener Zeugen und nicht von ihm etwas über die Geheimnisse seines mystischen Lebens erfahren.»

Immerhin ist es auch beim Pfarrer von Ars vorgekommen, dass er sich ungewollt verraten hat, dass er einer zu starken Ergriffenheit erlag oder in eine seiner Demut gestellte Falle ging. So betrat er eines Tages die *Vorsehung*, das Antlitz lichtüberströmt.

«Welch eine Gnade, welch ein Glück, welch wunderbares Geschehen!», rief er in Gegenwart von Katharina Lassagne aus, die von den Worten ganz benommen wurde.

«Aber was denn?», fragte sie ihn nach einem Augenblick.

«In der Kirche ... in der Kirche! ...»

Mehr brachte er nicht heraus. «Das Große, das Gott im Innersten seiner Kreaturen wirkt, schafft natürlicherweise Schweigen, Erschüttertsein, ein Ergriffensein von Gott, das jeden Ausdruck übersteigt.»

Was hat der Pfarrer von Ars an jenem Tag denn in seiner Kirche gesehen? Vielleicht jene «Heiligenprozession», von der er bei einer anderen Gelegenheit der «Schwester Katharina Lacand» gesprochen hat und wovon er ein Erinnern bewahrte, das ihn immer wieder in tiefster Seele ergriff.

Jene, die das Glück hatten, seiner Heiligen Messe beizuwohnen, haben die Verklärung, die seine ganze Person erfasste, wahrgenommen. Er war sich dieser Tatsache selber derart bewusst, dass er den Waisenkindern der *Vorsehung* ans Herz legte, den Priester am Altar nicht anzuschauen.

Er, ein Engel des Glaubens, ein Seraph der Liebe, hatte bei der Darbringung des heiligen Opfers «Feueraugen, die sein Antlitz übergluteten». Andreas Trève bekennt: «Oft habe ich, wenn ich ihm bei der Heiligen Messe diente, bemerkt, dass seine gesammelte Haltung alle Kennzeichen der Verzückung an sich trug.»

Unwillkürlich schaute man auf seine Füße, um zu sehen, ob sie noch die Erde berührten. Er hat gestanden, dass – wie es bei andern Heiligen vorgekommen ist – die eucharistischen Gestalten genügten, ihn zu ernähren. «Oh, wie hatte ich Hunger während der Heiligen Messe», erzählte er eines Morgens Katharina Lassagne.

«Als dann der Augenblick der hl. Kommunion gekommen war, sagte ich zu unserm Heiland: Mein Gott, nähre mir Leib und Seele! Und mein Hunger war völlig verschwunden.» «Ich glaube», sagte ein Priester, «es wird eine Zeit kommen, wo der Pfarrer von Ars nur noch von der hl. Kommunion leben wird.»

Hat unser Heiliger während seiner Heiligen Messe wirklich Visionen gehabt? Hat er tatsächlich Christus unter den Gestalten seiner Menschheit geschaut? Nach der Aussage Toccaniers «war man in Ars allgemein der Meinung, dass er sich der sichtbaren

Gegenwart des Heilandes in der hl. Eucharistie erfreute». «Nach der Konsekration», gestand der Heilige, «vergesse ich mich, wenn ich unsern Erlöser in meinen Händen halte. Ist unser Heiland während der Heiligen Messe auf dem Altar und bittet man ihn für die Sünder, gleich zückt er auf sie seine Lichtstrahlen, um ihr Elend vor ihnen bloßzulegen und sie zu bekehren.»

Personen, die ihn schon am frühen Morgen um Rat angingen, antwortete er zuweilen: «Warten Sie ... gleich nach der Heiligen Messe», wie wenn er sich Gottes Weisung direkt während des hl. Opfers hätte holen müssen. Auf diese Weise teilte er einem Mädchen aus Rive-de-Gier, der späteren Schwester Maria-Gabriel, mit, dass sie gegen allen Anschein zum Ordensstand berufen sei.

«Oh, mein Kind», rief er ihr zu, und sein Angesicht leuchtete verklärt, als er sie beim Verlassen der Kirche traf, «wie glücklich sind Sie! Unser Heiland hat Sie sich zur Braut erkoren!»

Als er eines Tages nach der Christenlehre sein bisschen Essen einnahm, meinte er jedenfalls allein zu sein – er hatte nicht gemerkt, dass Johanna-Maria Chanay vor ihm in die Küche getreten war – und er fing an zu seufzen: «Wahrhaftig! Seit Sonntag habe ich den lieben Gott nicht gesehen!» Er fuhr zusammen, als Johanna-Maria, die alles gehört hatte, ihm die Frage stellte: «Vor dem Sonntag haben Sie ihn also gesehen?» Ganz verlegen, sich verraten zu haben, erwiderte der gute Heilige nichts.

Um 1850 sagte er in einer seiner Elf-Uhr-Christenlehren: «Schaut, wir sind ganz irdisch und unser Glaube zeigt uns die Gegenstände nur aus dreihundert Stunden Entfernung, wie wenn der liebe Gott jenseits des Meeres wäre. Hätten wir aber einen lebendigen Glauben, wir würden ihn ganz sicher im hl. Sakrament sehen. Es gibt Priester, die ihn alle Tage beim hl. Messopfer schauen.»

Wenn Vianney «den lieben Gott schaute», war es jedenfalls keine sinnenfällige Erscheinung. Er wurde nur in seinem Geist der unaussprechlichen und unsichtbaren Gegenwart Jesu inne. Darüber hat sich der Pfarrer von Ars in einer vertraulichen Stunde selber klar eröffnet, als er von seinem lieben Freund Tailhades seine ersten Seelsorgsjahre neu erstehen ließ, «die Zeit außerordentlicher Gnaden», wie er sagte. «Am Altar erfreute ich mich besonderer Tröstungen: Ich sah den lieben Gott.»

«Sie haben ihn gesehen? ...»

«Oh, ich könnte Ihnen nicht sagen, es sei auf sinnlich-wahrnehmbare Weise gewesen. ... Aber welche Gnade! ... Welche Gnade!»

Diese Worte weisen über den hohen, von der Gnade gewirkten Grad der Beschauung hinaus, sie weisen auch hinaus über die mystische Vereinigung, in der «Gott sich der Seele eint, während die Seele ganz in den Schoß Gottes überströmt und des Gefühles seiner innigsten Gegenwart inne wird».

Aber noch war es nicht die körperliche Verzückung, «wo, nach der Erklärung des hl. Thomas, die Seele durch die Beschauung dem Einwirken der Sinne entrissen wird».

Kein zeitgenössisches Zeugnis über ihn spricht für körperliche Ekstasen während der Heiligen Messe. Nie hat der Pfarrer von Ars, wie es scheint, die Feier der Heiligen Messe über die notwendige Zeit ausgedehnt. Aber bei anderen Gelegenheiten ist ihm sicher diese erhabene Gnade zuteil geworden.

Schwester Maria-Franziska vom Dritten Orden des hl. Franziskus in Saint-Sorlin beichtete in der Karwoche 1849 oder 1850 bei Vianney. Nach beendigter Anklage fragte sie: «Was will Gott von mir, Vater?» «Oh! Mein Kind!», murmelte hinter dem Gitter eine milde Stimme. Nichts weiter. Dann, erzählt die Schwester, sprach Vianney «wie mit sich selber, fünf Minuten lang, ich weiß nicht in welcher Sprache; ich habe nichts verstanden. Ganz betroffen, schaute ich ihm ins Gesicht. Er schien außer sich. Ich glaubte, er schaue den lieben Gott. Ich fühlte mich unwürdig, hier in der Gegenwart eines so großen Heiligen zu verweilen, und zog mich ganz erschüttert zurück».

Im März 1852 gegen halb zwei Uhr morgens ließ der Pfarrer von Ars als erste eine junge Schwester aus der Genossenschaft vom Kinde Jesus, Schwester Klotilde, seinen Beichtstuhl betreten. Nur eine Kerze erhellte diesen Winkel der Täuferkapelle. Durch das Gitter erschien Vianney seinem Beichtkind wie von Glanz umflossen. Ein feines, überirdisches Licht schien ihn ganz zu umhüllen. Tief ergriffen bekannte die Schwester ihre Sünden. Und als sie geendet hatte, sagte sie: «Vater ...»

«Beichten Sie», murmelte der Heilige, immer noch lichtumstrahlt. Gehorsam zählte die arme kleine Schwester noch einmal ihre Sünden auf. «Vater», wagte sie ein zweites Mal.

«Beichten Sie.»

«Aber ich habe nichts mehr zu sagen. ...»

Dann trat ein langes Schweigen ein. Endlich trat der Pfarrer von Ars aus seiner Regungslosigkeit heraus. Er fragte:

«Mein Kind, haben Sie immer Ihre Buße gut verrichtet?»

Bei diesen Worten entdeckte die Schwester in ihrer Vergangenheit Nachlässigkeiten, die ihrem Gedächtnis entfallen waren. Sie klagte sich in aller Demut an, empfing die Lossprechung und entfernte sich. Sie war ungefähr eine Stunde im Beichtstuhl geblieben. Als sie heraustrat, hatte der Pfarrer von Ars sein gewöhnliches Aussehen wiedererlangt.

Im Jahr 1849 hatte Fräulein Maria Roch aus Paris-Montrouge Vianneys Rat erbeten. Sie war von heftigen inneren Nöten zerquält und hatte den Eindruck, allein der Mann Gottes könnte sie ihr abnehmen.

Nach langem Warten kam das Mädchen endlich an den Beichtstuhl heran. Ihre Blicke durchdrangen das Dunkel, wo der Diener Gottes saß. Und was sieht sie? Vom Antlitz des Heiligen, dessen Züge wie erloschen sind von blendendem Glanz, scheinen zwei Feuerstrahlen hervorzubrechen. Ist aber diese Fremde nicht am Ende der Spielball eines Trugbildes? Nein, es ist keine Einbildung möglich.

Fräulein Roch hat sich völlig in der Gewalt und die Sonne, die um diese Stunde strahlt, bringt in diesem Winkel keine so wunderlichen Erscheinungen hervor. Wie gebannt von den Flammen, heftete die Pariserin lange ihr Auge in die Feuerstrahlen, acht bis zehn Minuten lang, und sie erloschen nicht. Sie hatte nicht den Mut, den Beichtstuhl zu betreten und verließ die Täuferkapelle. Aber der Heilige hatte in ihrem Herzen gelesen. Am nächsten Tag kam er nach der Christenlehre an ihr vorüber, hielt bei ihr an und, ohne dass sie ein Wort mit ihm geredet hatte, sagte er zu ihr: «Mein Kind, bleiben Sie ruhig! Alles wird gut gehen.»

Was schaute der Pfarrer von Ars, was erlebte er in diesen Minuten, da er nicht mehr der Erde angehörte? Er allein hätte uns darüber Aufschluss geben können, hat es aber nicht getan. Glücklicherweise sind zwei- oder dreimal Dritte derselben Gesichte gewürdigt worden wie er und diese haben Zeugnis abgelegt. So haben wir wenigstens über eine seiner Erscheinungen scharf umrissene Einzelheiten erfahren.

Der Bericht stammt von Fräulein Etiennette Durié aus Arfeuille, von einer intelligenten, bescheidenen und vertrauenswürdigen Person. Sie bettelte opferwillig für Vianneys Werke. Am Morgen des 8. Mai 1840 traf sie in Ars ein. Diesmal brachte sie eine ziemlich beträchtliche Summe mit, die für Messenstiftungen bestimmt war. Sie ging zuerst in die *Vorsehung*, wo sie sich stärkte; dann wollte sie das Geld Vianney übergeben. Sie erzählt:

«Es hatte ein Uhr mittags geschlagen. Der Pfarrer war allein in seinem Zimmer. Katharina Lassagne öffnete mir die Tür zum Pfarrhaus. Ich betrat die Treppe, als ich Vianney sprechen hörte, als ob jemand bei ihm wäre. Ich stieg leise hinauf. Ich lauschte. Jemand sagte zu ihm mit milder Stimme: ‹Was verlangst du?›

‹Oh! Meine gute Mutter, ich verlange die Bekehrung der Sünder; Tröstung für die Betrübten, Linderung für meine Kranken, insbesondere für eine Person, die seit langem leidet und die nach Sterben oder Genesung verlangt.›

Die Stimme antwortete: ‹Sie wird gesund werden, aber später.›

Bei diesen Worten betrat ich plötzlich das Zimmer, dessen Tür leicht offen gestanden hatte. Da ich an Krebs litt, war ich überzeugt, dass es sich soeben um mich gehandelt hatte. Wie groß war aber mein Erstaunen, als ich vor dem Kamin eine Dame stehen sah von gewöhnlicher Größe, in ein Kleid von blendendem Weiß gehüllt, das von goldenen Rosen übersät war. An ihren Händen leuchteten die reichsten Diamanten. Ihre Stirn war von einem Sternenkranz umgeben, der wie die Sonne glänzte. Ich war davon geblendet.

Als ich meine Blicke wieder auf sie richten konnte, sah ich sie gütig lächeln. ‹Meine gute Mutter›, sagte ich sofort, ‹nimm mich doch in den Himmel mit.›

‹Später.› ‹Oh, es ist Zeit, Mutter!›

‹Du wirst immer mein Kind und ich werde stets deine Mutter sein.›

Mit diesen Worten entschwand sie. Ich verblieb einen Augenblick wie außer mir, betroffen von der Gnade, die mir zuteil geworden war. Zu mir gekommen, erblickte ich den Pfarrer, aufrecht vor dem Tisch, die Hände über der Brust gekreuzt, mit strahlendem Gesicht und unbeweglichem Blick. Ich fürchtete, er könne tot sein. Ich näherte mich ihm und zupfte ihn an einer Falte seiner Soutane.

‹Mein Gott›, sagte er, ‹bist *du* es?›

‹Nein, Vater, *ich* bin es.› Wie ich diese Worte aussprach, kam er zu sich und regte sich. ‹Wo waren Sie denn, Vater? Was haben Sie denn gesehen?›

‹Ich habe eine Dame gesehen.›

‹Ich auch›, fuhr ich fort. ‹Wer ist denn diese Dame?›

‹Wenn Sie davon sprechen›, erwiderte Vianney in einem strengen Ton, ‹werden Sie keinen Fuß mehr hier herein setzen.›

‹Soll ich Ihnen sagen, Vater, was ich gedacht habe? Ich dachte, es ist die allerseligste Jungfrau.›

‹Sie haben sich nicht getäuscht. ... So hätten Sie sie also auch gesehen?›

‹Ja, ich habe sie gesehen und habe mit ihr gesprochen. ... Aber jetzt müssen Sie mir sagen, in was für einem Zustand Sie gewesen sind, als ich Sie für tot hielt.›

‹O nein! ... Ich war nur überglücklich, meine Mutter zu sehen!›

‹Oh guter Vater, nur Ihnen habe ich es zu danken, dass ich sie gesehen habe. ... Wenn sie wiederkommt, müssen Sie mich ihr weihen, damit sie mich selbst ihrem göttlichen Sohne weiht.›

Das versprach mir der Diener Gottes. Dann fügte er hinzu: ‹Sie werden gesund werden.› ‹Aber wann, mein Vater?›

‹Etwas später. Fragen Sie mich nicht des langen und breiten darüber aus.›

In einem milderen Ton fügte er hinzu:

‹Mit der lieben Gottesmutter und der hl. Philomena wissen wir, woran wir sind.›» Wahrscheinlich hat der Pfarrer von Ars auf diese wunderbare Szene angespielt, als er einem hochgestellten Besucher eines Tages erklärte: «Man würde es nicht mehr wagen, den Fuß auf eine bestimmte Steinplatte zu setzen, wenn man wüsste, was sich dort begeben hat.»

Aus diesem Visionsbericht sind zwei Einzelheiten bemerkenswert: Vianney spricht von der allerseligsten Jungfrau und der hl. Philomena wie ein Mensch, der an ihre Besuche gewöhnt ist; er übernimmt es wie eine Selbstverständlichkeit, das Fräulein Durié der lieben Gottesmutter zu weihen, in der Gewissheit neuer Erscheinungen. Zwar möchte Fräulein Durié mehr von ihm erfahren. Der Mann Gottes wehrt aber alle zudringlichen Fragen kurz ab.

Er hat sich in den sechs Jahren, da Toccanier bei ihm wohnte, keineswegs redseliger gezeigt. Dieser berichtet: «Ich sagte eines

Tages zu ihm: ‹Man behauptet mit Bestimmtheit, Sie hätten Visionen.› Ich konnte ihm nur dieses einfache Zugeständnis entlocken: ‹Ja, ich habe einmal an meinem Bett einen weiß gekleideten Mann gesehen, der leise zu mir sprach wie ein Beichtvater.›»

Wenn man der Marianne Renard, die mit ihrer Mutter ein an das alte Pfarrhaus stoßende Haus bewohnte, Glauben schenkt, hat Vianney schon von seinen ersten Pfarrjahren an Visionen gehabt. «Im Anfang der Wallfahrt – also um 1828 – kam eine Frau nach Ars, um beim Diener Gottes zu beichten. Sie begab sich bereits in früher Morgenstunde in die Kirche. Und wessen wurde sie durch die offen stehende Sakristeitür ansichtig? Des Pfarrers, der sich mit einer weiß gekleideten Dame unterhielt. Sie getraute sich nicht einzutreten und wartete.

Endlich wurde Vianney auf sie aufmerksam. ‹Warum sind Sie nicht gleich hereingekommen?›, fragte er sie. ‹Aber, Vater, weil Sie mit einer ‹Dame› im Gespräch waren.› Der Diener Gottes gab keine Antwort.

Als die Fremde die Sakristei betrat, war die Dame entschwunden. Da sie niemanden aus der Sakristei hatte gehen sehen, nahm die Frau an, Vianney habe sich mit der allerseligsten Gottesmutter unterhalten.»

Franz Bourdin, einer von Vianneys Bekehrten, hätte nach sieben aufeinander folgenden Beichten ein rein gewaschenes Gewissen haben müssen. Trotzdem packte ihn am Morgen des achten Tages, im Augenblick, da er an die Kommunionbank treten wollte, die Unruhe: Hat er tatsächlich die Lossprechung erhalten? ...

Er konnte sich nicht mehr genau erinnern. Und wenn er sie nicht erhalten hatte, wie sollte er dann im Stande der Gnade sein? ... Statt zu kommunizieren, stellte sich Bourdin in die letzte Reihe der Pönitenten. Durch das lange Warten dieser letzten acht Tage mit Geduld gewappnet, blieb er dort fast bis zum Abend stehen. Endlich kam er ganz nahe an die Pforte. Als der Vordermann den Sakristei-Beichtstuhl verlassen hatte, kniete sich Franz Bourdin an seine Stelle. Keine zweite Person war mit ihm eingetreten.

In diesem Augenblick fand er Vianney nicht mehr auf seinem gewöhnlichen Brettersitz, wo er beichthörte. Den Rücken zur Tür gekehrt, unterhielt er sich mit einer Dame, die ihn etwas überragte und die wie er stand. Sie war mattblau gekleidet und wunderbar schön. Der Pfarrer von Ars hatte den Pönitenten beim Eintreten nicht beachtet. Nur die Dame hatte auf den armen Sünder einen Blick voll Güte geworfen. Die geheimnisvolle Zwiesprache dauerte ungefähr eine halbe Stunde, ohne dass ein Wort zu vernehmen war. Während dieser Zeit blieb das Beichtkind knien, den Kopf in die Hände geborgen. «Es war ihm, wie wenn ein ungeheures Gewicht von seiner Brust weg genommen würde; er hatte den fühlbaren Eindruck der Gnade in seinem Herzen.»

Plötzlich ergriff der Priester den Pönitenten beim Arm. Bourdin hatte sich aufgerichtet. Er suchte nach der Erscheinung. Sie war entschwunden, ohne dass die Tür aufgegangen war. Statt sich hinzusetzen und seine Beichte abzunehmen, schickte ihn der Pfarrer von Ars gütig fort: «Gehen Sie, mein Freund, gehen Sie im Frieden! Sie sind wirklich mit Gott gnadenvoll ausgesöhnt.»

Zweifellos gingen Berichte dieser Art in der Pfarrei und bei den Pilgern um. «Man hatte die Überzeugung», erklärte Frau Christine von Cibeins, «der Pfarrer habe Visionen und erfreue sich insbesondere der Erscheinung der allerseligsten Jungfrau.»

Wie wir soeben gehört haben, hat er zusammen mit den Erscheinungen der Gottesmutter auch die hl. Philomena genannt. Erneut hat er von ihr gegen Ende seines Lebens, im Mai 1859, gesprochen. Im kleinen Sprechzimmer, das am Eingang des Pfarrhauses eingerichtet worden war, unterhielt er sich mit der Baronin Alix von Belvey.

Die Unterhaltung war vertraulich geworden und der Greis überließ sich seinen Erinnerungen. «Ich sorgte mich», vertraute er dieser unbedingt zuverlässigen Person an, «wie ich den Willen Gottes erfahren könnte hinsichtlich der neuen Kirche: Sollte ich alle meine Hilfsmittel in diesen Bau stecken und das Werk der Pfarrmissionen opfern? ...

Während ich betete, ist mir die hl. Philomena erschienen, vom Himmel ist sie herabgestiegen, schön, leuchtend, in Wolkenweiß gekleidet. Zweimal hat sie zu mir gesagt: ‹Nichts ist kostbarer als das Heil der Seelen.›

Damit bezeichnete sie das Werk der Missionen.» «Während er so sprach», fügt Fräulein Belvey hinzu, «stand Vianney da, die Augen erhoben, das Gesicht überleuchtet von dieser Erinnerung, die immer noch wie ein Entzücken auf ihn zu wirken schien.»

In Vianneys Umgebung vermutete man, dass er kaum schlief. Durch seine eigenen Bemerkungen wusste man zur Genüge, dass ihn der Teufel oft wach hielt. Wurden aber dessen widerliche Besuche nicht durch selige Erscheinungen aufgewogen? Wie sollte man ihm das Geheimnis entlocken?

Auch hier konnte der sonst so geschickte Toccanier nur Weniges herausbringen. «Sie beten auch während der Nacht?», fragte mit unschuldiger Miene der junge Vikar. «Ja, mein Freund, wenn ich aufwache. ... Ich bin jetzt alt; ich habe nicht mehr lange zu leben, man muss jeden Augenblick ausnutzen. ...» «Sie liegen auf einer harten Unterlage und schlafen nicht viel?»

«Oh, man liegt nicht beständig auf dem harten Lager. ...» Plötzlich trat ein verlegenes Schweigen ein. Der Pfarrer von Ars wurde gewahr, dass er zu viel gesagt hatte.

Dennoch hätte er sich beinahe ein zweites Mal vergessen. «Wirklich, Herr Pfarrer», fuhr der Missionar fort, «durch all diese Missionen, die Sie gründen, lässt Sie der liebe Gott klar erkennen, dass er Sie hier haben will.» «Oh, mein Freund, es ist etwas ganz anderes!» Nun war es vorbei mit den vertraulichen Geständnissen. Schnell gab Vianney der Unterhaltung eine andere Wendung. Das begab sich am 22. November 1856. War es wie ein Widerschein tröstlicher Visionen, jenes geheimnisvolle Leuchten, das ein Seminarist durch den Arser Nachthimmel aufflimmern sah?

Vielleicht. «Der junge Tissot – er ist später als Pater Maria-Bartholomäus in der Abtei Notre-Dame d'Aiguebelle gestorben –, der seine Ferien beim Schulmeister Johannes Pertinand zubrachte, lehnte sich gegen Mitternacht aus dem Fenster des ersten Stockes, sah draußen über das Pfarrhaus eine große Helle gebreitet und dachte sich, dass dort Wunderbares geschehen müsse.»

Tatsachen, die mehr beweisen als Schauungen, wahrhafte Offenbarungen scheinen darauf hinzuweisen, dass der Blick des Heiligen durch ein göttliches Gnadengeschenk mehr als einmal ins Jenseits hinübergedrungen ist.

«Meine persönliche Überzeugung», sagte die Gräfin des Garets, «geht dahin: Vianney ist in direkter Verbindung mit den Abgestorbenen gestanden und das Fegfeuer war für ihn ein Ort, von dem er wusste, was sich dort zutrug. Einer meiner Söhne war im Krimfeldzug gefallen. Sobald uns diese traurig-ruhmvolle Kunde erreicht hatte, versicherte uns unser heiliger Pfarrer über das Heil unseres Johannes. Einige Tage darauf spielte er in der Christenlehre auf unsern lieben Toten an und es entschlüpfte ihm das Wort: ‹Es ist wie bei diesem armen Kleinen. Er ist im Fegfeuer, aber nur für kurze Zeit.›

Trotzdem lebten wir in einer gewissen Unruhe: Hatte unser liebes Kind vor dem Sterben noch einen Priester sehen können? Nach sechs Monaten erhielten wir von einem Offizier einen Brief mit der Versicherung, unser Sohn habe nach der Verwundung noch gebeichtet und sei eines erbaulichen Todes gestorben. Eilends brachte mein Gatte die Kunde dem Pfarrer, dessen einzige Antwort war: ‹Oh, es ist mir recht für die Mutter; aber für mich ändert das nichts an dem, was ich bereits glaubte.›»

Nachdem ihn eine junge Ordensfrau aus Saône-et-Loire über ihren Beruf befragt hatte, wollte sie wissen, ob ihr bei einem Unglücksfall ums Leben gekommener Vater gerettet sei: «Ja, mein Kind, aber er ist *sehr tief*. Beten Sie viel für ihn.»

Um das Jahr 1849 kam eine Dame Meunier aus Perreux zum Pfarrer von Ars beichten. «Mein Kind», sagte er zu ihr, bevor sie auch nur den Mund geöffnet hatte, «Ihr Gatte arbeitet am Sonntag. Sagen Sie ihm in meinem Namen, er möge diese schlechte Gewohnheit ablegen. Es wird ein Augenblick kommen, wo er froh sein wird, auf mich gehört zu haben.»

Und der Heilige fügte hinzu: «Man soll sich nicht gegenseitig versprechen, nach dem Tod wiederkommen zu wollen, um mitzuteilen, wie es in der andern Welt aussieht, weil der liebe Gott das nur sehr wenigen Personen gewährt.»

Nun hatten sich die beiden Gatten früher dieses Versprechen gegeben. Immerhin kam der Mann der Ermahnung des Pfarrers nach und arbeitete nicht mehr an Sonntagen und gebotenen Feiertagen. Als er im darauffolgenden Jahr am Dreifaltigkeitssonntag im Wagen von der Vesper heimfuhr, scheute plötzlich das Pferd, verwickelte sich und warf Meunier auf die Straße, der bald bewusstlos, ohne die Sterbesakramente empfangen zu haben, verschied.

Sieben Wochen nach dem Unglück kehrte Frau Meunier zu Vianney zurück, um ihm ihre Befürchtungen über das ewige Los ihres Gatten anzuvertrauen. Kaum hatte er das Beichtgitter geöffnet, begann der Mann Gottes auch schon: «Mein Kind, Sie glauben,

Verdammte in Ihrer Familie zu haben; ich aber, ich glaube es nicht.» «Oh Vater, die Person, die mir am Herzen liegt, muss sie lange im Fegfeuer bleiben?»

«Warten Sie!» Bei diesem Wort lehnte sich Vianney in den Beichtstuhl zurück. Das Beichtkind hörte ihn während fünf Minuten allein sprechen, wie wenn er mit einer unsichtbaren Person ein Gespräch angefangen hätte. Dann näherte er sich wieder dem Gitter: «Armer Nährvater», seufzte er, «welch ein Unglück!» Frau Meunier hatte Vianney nicht mitgeteilt, dass sie fünf Kinder habe und dass der Tod ihres Gatten sie fast mittellos zurückgelassen hatte.

«Er bedarf nur weniger Messen, um in den Himmel zu kommen. In drei Jahren wird er dort sein und Sie werden es durch eines Ihrer Kinder erfahren.»

Drei Jahre später starb eines der Kinder, noch ganz jung, fern von Perreux, bei einer Tante. Nun hatte gerade in der Nacht seines Verscheidens die Mutter einen Traum, in dem sie ihren Kleinen zusammen mit dem Vater zum Himmel aufsteigen sah. Da die Mutter im Glauben lebte, ihr Kind erfreue sich bester Gesundheit, schenkte sie ihrem Traum anfangs nicht die geringste Beachtung. Als sie aber vom Hingang ihres Engels hörte, erinnerte sie sich an die Voraussage des Pfarrers von Ars.

Verschiedentlich haben sich zu Füßen unseres Heiligen verzweifelte Menschen niedergeworfen: Irgendeine liebe Seele war ihnen entrissen worden, die sie nun auf ewig verloren hielten. Aber Vianney hatte mit seinem geheimnisvollen Blick weiter gesehen als sie.

«Eine fromme Dame», erzählt Fräulein von Belvey, «hatte einen Gatten, der nicht praktizierte. Sie betete viel für seine Bekehrung, denn er litt an einer weit fortgeschrittenen Herzkrankheit und konnte einmal plötzlich sterben. Diese Dame hatte ihre Freude daran, eine Muttergottesstatue ihres Hauses zu schmücken. Ihr Gatte pflückte gern Blumen und brachte sie ihr, weil er wusste, wozu sie dieselben verwenden würde. Er starb augenscheinlich eines plötzlichen Todes, verstockt, wie man glaubte, und ohne Sakramente.

Der Kummer seiner Gattin war entsetzlich. Sie wurde krank darüber und man fürchtete für ihren Verstand. Endlich konnte sie, hergereist aus fernem Land, nach Ars gelangen. ‹Meine Dame›, sagte ihr der Pfarrer von Ars gleich beim ersten Zusammentreffen, ‹haben Sie die Blumensträuße vergessen, die Sie der seligsten

Jungfrau dargebracht haben?› Diese Worte, die sie in ein tiefes Erstaunen versetzten, gaben der Frau Gewissheit, trösteten sie, gaben ihr die Gesundheit des Leibes und die Ruhe des Geistes wieder.»

Eines Tages begab sich Guillaumet, der langjährige Obere des Ordens von der Unbefleckten Empfängnis von Saint-Dizier, nach Ars. Es war in den Jahren 1855 oder 1856. Im Wagenabteil war nur von den Wundern in dem heiligen Dorf die Rede. Vianneys Name war auf aller Lippen. Neben dem Priester saß eine Frau in Trauer, die schweigend zuhörte. Erst als sich Guillaumet anschickte, in Villefranche auszusteigen, öffnete die Dame endlich den Mund: «Würden Hochwürden erlauben, dass ich Ihnen nach Ars folge. ... Gerade so gut dort wie sonstwo, nicht wahr? Ich reise zur Zerstreuung.»

Der Geistliche übernahm es, der betrübten Reisenden im Wallfahrtsort Führer zu sein. Der Wagen, den sie in Villefranche bestiegen hatten, setzte sie vor der Kirche ab. Da die Elf-Uhr-Christenlehre zu Ende ging, führte Guillaumet die Frau auf den Platz zwischen der Kirche und dem Pfarrhaus.

Sie brauchten nicht lange zu warten. Im Chorrock erschien der Pfarrer von Ars. ... Er hielt vor der Dame in Schwarz an, die mit der Menge niedergekniet war. Er neigte sich zu ihrem Ohr. «*Er* ist gerettet», sagte er ihr. Die Unbekannte schnellte empor. Vianney wiederholte: «Er ist gerettet.»

Eine Geste des Unglaubens war die ganze Antwort der Fremden. Darauf antwortete der Heilige, indem er jedes seiner Worte betonte: «Ich sage Ihnen, *er* ist gerettet. Er ist im Fegfeuer und man muss für ihn beten. ... Zwischen dem Brückengeländer und dem Wasser hat er noch Zeit gehabt, einen Akt der Reue zu erwecken. Die liebe Gottesmutter hat ihm diese Gnade erwirkt. Erinnern Sie sich an den Marienmonat in Ihrem Zimmer! Obgleich glaubenslos, hat er sich zuweilen mit Ihrem Gebet vereint. Das hat ihm die Reue und ein letztes Erbarmen erwirkt.»

Guillaumet verstand selbstverständlich nichts von diesen Worten, die er, da er neben der Witwe stand, deutlich vernahm. Erst am nächsten Tag erfuhr er, wie wundersam Gott seinen Diener erleuchtet hatte. Die Dame in Trauer brachte die Stunden, die auf die Begegnung mit Vianney folgten, in Einsamkeit und Gebet zu.

Ihr Gesichtsausdruck war nicht mehr der gleiche; sie hatte den Frieden wiedergefunden.

Vor ihrem Abschied suchte sie Guillaumet auf, um ihm zu danken. «Die Ärzte hatten mir aufgetragen, meiner Gesundheit wegen zu reisen», sagte sie, «in Wirklichkeit litt ich an einer schrecklichen Verzweiflung beim Gedanken an den tragischen Tod meines Gatten: Er war ungläubig und ich lebte nur dem Gedanken, ihn zu Gott zurückzuführen. Ich habe nicht die Zeit dazu gefunden. Er hat sich freiwillig das Leben genommen! ...

Ich konnte nichts anderes denken, als dass er verdammt sei. Oh, uns nie mehr wiedersehen zu sollen! ... Nun haben Sie gehört, was der Pfarrer von Ars mir gesagt und wiederholt hat: ‹*Er* ist gerettet!› Ich werde ihn also im Himmel wiedersehen! ... Hochwürden, ich bin geheilt!»

Nur ein Fall ist bekannt, wo Vianney um das ewige Los eines Verstorbenen Sorge zu haben schien. Falls er sich auch in andern Fällen ähnlich geäußert hat, haben die Leute ihr schmerzliches Geheimnis für sich behalten. «Eine Person war aus Paris oder dessen Umgegend gekommen», erzählt Hippolyt Pagès, «und fragte ihn, wo die Seele eines ihrer vor kurzem verstorbenen Verwandten sei. Sie erhielt folgende Antwort ohne jegliche weitere Erklärung: ‹Er hat im Augenblick des Todes nicht beichten wollen.› Das war nur zu wahr. Der Sterbende hatte den Priester abgewiesen, was Vianney nicht wissen konnte.»

Dagegen hat der Pfarrer von Ars mehrere Male Personen innig getröstet durch die Versicherung, dass die heimgegangene Seele sich bereits der ewigen Seligkeit erfreue. «Oh, wie glücklich ist man doch, wenn man Verwandte im Himmel hat!», sagte er zu einem jungen Mädchen, dessen Mutter kürzlich gestorben war. «Ihre Mutter hat in ihrer langen Krankheit große Geduld an den Tag gelegt. Gott hat sie aufgenommen und sie bittet für Sie.»

«Fräulein von Bar, unsere Verwandte», lautet ein weiterer Bericht der Gräfin des Garets, «hatte ihre Mutter verloren, deren Leben von Prüfungen übersät gewesen war. Sie kam nach Ars und als sie in die Sakristei trat, schritt Vianney auf sie zu und redete sie an: ‹Oh Fräulein, Sie haben also Ihre Mutter verloren? ... Sie ist im Himmel.› ‹Das ist mein Vertrauen, Herr Pfarrer.› ‹O ja, sie ist im Himmel.› Und als ihm Fräulein von Bar den Rosenkranz ihrer Mutter zum Segnen hinreichte, nahm ihn Vianney in die Hand und küsste ihn mit Ehrfurcht wie eine Reliquie.»

«Fräulein von Murinais hatte sich ihr ganzes Leben lang für gute Werke geopfert und war dann nach einer langen schmerzhaften Krankheit heimgegangen. Ich empfahl sie in Vianneys Gebet. ‹Zwecklos für sie zu beten, mein Kind›, gab er mir zur Antwort. Und als die Schwägerin der Verstorbenen ihn um Heilige Messen für deren Seelenruhe bat, schlug er ab mit den Worten: ‹Sie hat es nicht nötig!›»

Noch andere übernatürliche Gnaden, die im Leben der größten Heiligen wiederkehren, sind dem Pfarrer von Ars zuteil geworden.

In reichem Maß erhielt er die Gabe der Tränen. Nach der hl. Teresa von Avila kommen diese Tränen «von einem Gefühl unaussprechlich-inniger Anhänglichkeit an Gott» oder «von der innern Marter, welche die Seele erleidet, wenn sie Gott so schrecklich beleidigt sieht». «Solche Tränen», schrieb Lacordaire, «Gott ist es, der sie schafft, und die Verzückung, die sie auspresst.»

«Nie sprach Vianney, ohne zu weinen, über Sünde und Sünder.» Schluchzen erschütterte seine Brust, sooft er den Kreuzweg ging. Wenn er die hl. Kommunion austeilte, rannen ihm oft die Tränen auf das Messgewand hinunter.

Besonders in seinen letzten Lebensjahren konnte er nicht mehr über die Eucharistie, über die Güte und Liebe Gottes, über die Freuden des Himmels, seine Lieblingsthemen, predigen, ohne von Weinen unterbrochen zu werden. ... Tränen vergoss er vor dem schlichtesten Naturschauspiel, das ihn an die Güte Gottes oder die Verstocktheit der Sünder erinnerte. «Dieser Tage», erzählte er in einer Ansprache aus seinen ersten Jahren, «kehrte ich von Savigneux heim. Die Vöglein zwitscherten im Gehölz. Ich fing an zu weinen. Arme Tierlein!, dachte ich bei mir, der liebe Gott hat euch zum Singen erschaffen und ihr singt. ... Der Mensch dagegen, der doch geschaffen ist, dass er Gott liebe, liebt ihn nicht!»

Von mehreren Heiligen weiß man, dass sie durch eine geheimnisvolle Kraft von der Erde emporgehoben und ohne natürliche Stütze in der Luft schweben blieben. Wenigstens einmal hat Ars dieses Wunder der Levitation geschaut. Kanonikus Johannes Gardette hat unter Eid Folgendes bezeugt: «Mein Bruder, Pfarrer an der Sankt-Vinzenz-Kirche in Chalon-sur-Saône, hielt sich eines

Tages mit mir in Ars auf. Am Abend stellten wir uns der Kanzel gegenüber auf. Während Vianney gegen Mitte der Andacht den Liebesakt vorbetete, sah mein Bruder, der sehr gute Augen hat, wie er langsam erhoben wurde, bis seine Füße über dem Kanzelrand standen. Sein Gesicht war verklärt und von einer Aureole umkränzt. Mein Bruder schaute sich um und nahm bei keinem der Anwesenden irgendwelche Erregung wahr.

Er blieb still; aber einmal außerhalb der Kirche, konnte er das Wunder, das er mit eigenen Augen gesehen hatte, nicht geheim halten und er erzählte laut und begeistert davon.»

So hatte Gardette den Pfarrer von Ars nicht nur von einer geheimnisvollen Kraft emporgehoben gesehen, auf seiner Stirn hatte er auch die Strahlenkrone geschaut, jenen Widerschein seligen Lebens, der, allerdings selten, um das Haupt der Heiligen schon auf dieser Welt aufleuchtet.

In der Betrachtung von Vianneys innerem Leben haben wir gesehen, dass es «ein immerwährendes Gebet» geworden war und somit ein ununterbrochenes In-Verbindung-Stehen mit dem Himmel. «O schönes Leben», rief er in einer seiner Christenlehren aus, «schöne Einigung der Seele mit unserem Heiland! ...

Das innere Leben ist ein Bad der Liebe, in das die Seele untertaucht. In diesem Zustand umfängt Gott die Seele, wie eine Mutter den Kopf ihres Kindes in ihre Hände nimmt, um ihn mit Küssen und Zärtlichkeiten zu bedecken. Nach einer solchen Seele hungert unser Heiland!»

Enthüllen nicht diese dem Pfarrer von Ars unwillkürlich entschlüpften Worte das tiefste Geheimnis seiner Seele, die ganz dem göttlichen Einwirken, der umgestaltenden Liebe hingegeben war? Ein anderes Geständnis von ihm lautet: «Ich möchte mich verlieren können und mich nie mehr wiederfinden als nur in Gott.» Dieser innige Wunsch seines Herzens ist in Erfüllung gegangen. Die ewige Weisheit hat seine Seele bräutlich umfangen.

Als ihn Toccanier über seinen Verkehr mit Gott und die Tröstungen, die ihm dabei zuteil wurden, mit Fragen bedrängte, dachte er wahrscheinlich an diese unaussprechliche Beglücktheit von Herz zu Herz mit seinem Gott und hat sich das erwähnte, allzu unbestimmte Geständnis entschlüpfen lassen: «Oh, mein Freund, es ist etwas ganz anderes!»

Das letzte Jahr eines Heiligen 1858-1859

«In seinem letzten Lebensjahr hat Vianney mindestens hunderttausend Fremde in seine Kirche kommen sehen. Eilig drängten sich die Massen herbei im allzu sicheren Vorgefühl, dass das Ende des Gottesmannes gekommen sei. Sehen wollten sie ihn, ihm lauschen und womöglich bei ihm beichten. Er konnte der Arbeit nicht mehr genügen. Missionare hörten deshalb in andern Kapellen die Beichten die Pilger.

Der Andrang war zuweilen so gewaltig, dass Leute, die um jeden Preis mit ihm sprechen wollten, bis zu sechs Tagen warten mussten, um auch nur für einige Minuten an ihn heranzukommen. Um die Arbeit zu bewältigen, «hörte er immer länger in die Nacht hinein Beichte, obgleich er sich eine Stunde nach Mitternacht bereits wieder erhob und manchmal sogar noch früher, einem Seemann gleich, der aus Furcht vor Schiffbruch aus allen Kräften in die Ruder greift und von ferne die innig ersehnte Küste grüßt.»

Viele von diesen Menschen, die nach Vergebung und Frieden dürsteten, schienen sich in ihrem blinden Eifer gar nicht darüber Rechenschaft zu geben, dass sie einen armen alten Priester vollends zerbrachen, «der durch ein Leben des Opfers und unaufhörlicher Arbeit bereits erschöpft war». Es war ihm auch nicht mehr eine volle halbe Stunde Ausspannung oder Ruhe beschieden.

Im März 1859, kaum fünf Monate vor seinem Tod, betrat der Journalist Georg Seigneur gegen vier Uhr nachmittags die Dorfkirche. «Der Pfarrer von Ars», so lautet sein Bericht, «saß im Beichtstuhl. Kaum hatte ich mich niedergekniet, als ich ein Seufzen vernahm, das ich nicht beschreiben kann.

Es kam aus dem Beichtstuhl. War es ein Leidens- oder ein Liebesseufzer? Von zehn zu zehn Minuten wiederholte sich dieses Seufzen. Die Ermüdung entriss solchen Klagelaut der erstickten Brust des Pfarrers von Ars. Aber das Leidensseufzen wurde zu einem Liebesruf, klang wie das Empordringen einer durch die Erde niedergezwängten Seele, die sich einen Durchgang zum Himmel frei machen möchte.»

Seine Christenlehren waren nur noch eine Aufeinanderfolge von Ausrufen, die sich in Tränen auflösten. Man konnte ihn nur noch mit vieler Mühe verstehen. Seine Stimme war äußerst schwach geworden; seine Worte brachte er nur unter großer Anstrengung hervor. Von Zeit zu Zeit «ein Hustenanfall, wie ein Schrei, der seine Schmerzen verriet; aber die Liebe zu Gott und der Eifer für die Seelen trugen über seine Zerschlagenheit den Sieg davon».

Sein trockener Husten, der die Brust zu zerreißen schien, ging allen zu Herzen. Man hatte Mitleid mit ihm. Er dagegen bedauerte nur eines: die Zeit, die er durch dieses Unwohlsein verlor. Er war schließlich so schwach geworden, dass er vor dem Schlafengehen ein wenig Milch trinken musste. Das war die einzige Änderung, die er an seiner Lebensweise vornahm: An manchen Tagen genoss er bis in später Abendstunde überhaupt nichts anderes als diese Kleinigkeit. Eines Mittags trat er in das Häuschen von Fräulein Lassagne, das an das Pfarrhaus stieß.

«Ah! Arme Katharina», gestand er ihr, «ich kann nicht mehr!»

«Setzen Sie sich einen Augenblick, Herr Pfarrer, ich werde Ihnen etwas Milch wärmen.»

«O nein, tun Sie nichts; was ich brauche, ist mein Bett.»

Und er verließ das Häuschen, um in sein Zimmer hinaufzusteigen. Sofort bereitete Katharina, ohne sich um seine Absage zu kümmern, eine Tasse Milch.

Wem begegnet sie aber auf der Pfarrhaustreppe? Vianney, der aufs Ausruhen verzichtete und in die Kirche zurückkehrte. Das war des Guten doch zuviel. Katharina nahm sich ein Herz:

«Herr Pfarrer, nehmen Sie diese Tasse! Sie können nicht warten bis heute Abend.»

«Nein, nein, ich will nichts.»

«Herr Pfarrer, Sie müssen diese Milch nehmen!»

Vianney zeigt mit seinem Finger gegen seine Stirn, um Katharina zu verstehen zu geben, dass sie ihm den Kopf durcheinander bringe.

«Lassen Sie mich doch durch», entgegnete er.

«Herr Pfarrer, ich werde nicht weichen!»

Aber mit einer befehlenden Geste hatte sich Vianney freie Bahn geschaffen. Er gelangte bis in den Hof hinunter. Katharina Lassagne war ihm mit der Tasse Milch in der Hand gefolgt.

«Die Pilger werden Sie ja sehen!», rief der Pfarrer. Er mochte noch so stark protestieren, schließlich musste er doch nachgeben. ... Am Abend musste er seiner unerbittlichen Krankenpflegerin eingestehen:

«Immerhin, Katharina, ich glaube ohne Ihre Tasse Milch hätte ich doch nicht bis abends durchhalten können.»

Im Jahre 1855 hatte Toccanier angesichts der zunehmenden Müdigkeit für Vianney, ohne dessen Wissen, die Dispens vom Breviergebet erwirkt. Er verrichtete es trotzdem fast alle Tage, musste aber auf seine lieb gewordene, seit dem Subdiakonat eingehaltene Gewohnheit verzichten und durfte es nicht mehr auf den Knien beten.

Als der Heilige im November 1858 den Saal verließ, in dem sich sämtliche Schülerinnen der *Vorsehung* versammelt hatten, fiel er auf der Treppe und verletzte sich den Fuß. Die Wunde, die er kaum pflegte und die in ein Geschwür überging, brauchte lange Zeit zum Heilen.

Noch immer wollte er sich geißeln, wurde aber fast ohnmächtig dabei. Er war trostlos darüber, dass er sich nicht mehr wie einst schlagen konnte. «Wenige Tage vor seinem Tod», erzählt Pagès, «sandte er mich nach Lyon und beim Abschied beauftragte er mich, ihm eine fußlange Kette mitzubringen, etwas dicker als eine Uhrkette. ‹Wenn Sie mir keine bringen›, sagte mir der Diener Gottes, ‹müsste ich mich einer andern bedienen, die ich hier habe und die rauher ist.›» Mit dieser letzteren Geißel brachte er sich am Morgen auf die Beine.

Vorüber war die Zeit, wo er sagen konnte: «Ich habe einen guten *Kadaver*; wenn ich etwas Nahrung genommen und zwei Stunden geschlafen habe, kann ich meine Arbeit von neuem aufnehmen.» Wenn er nunmehr völlig zerschlagen war, begnügte er sich mit den Worten: «Man wird sich in der anderen Welt ausruhen!» «Mein lieber Herr Pfarrer, Sie müssen sich schonen», empfahl ihm Herr des Garets unaufhörlich.

«Ach! Dummes Zeug, mein lieber Freund», antwortete der Heilige lächelnd, «für das alles wird der liebe Gott schon sorgen.»

Seine kurzen Nächte verbrachte er schweißgebadet auf seinem schmalen, harten Lager; unaufhörlich wälzte er sich von einer Seite auf die andere. Niemand würde es ohne die Aussage von Bruder Athanasius glauben, dass «er jeden Morgen einen schweren Kampf zu bestehen hatte, um sich vor Tag zu erheben, und dass er nur mit dem größten Widerstreben in die Kirche hinüberging, um seine harte Arbeit aufzunehmen.

‹Immer heißt es neu anfangen!›, seufzte er.»

Trotz dieses unwillkürlichen Aufbäumens der Natur hat der 73-jährige Greis nie – und darin liegt eines der Wunder seines unvergleichlichen Lebens –, nie hat er «eine Ruhe, die keine war», im Bett verlängert. «Ich hatte heute Morgen Lust zu schlafen», sagte er eines Tages, «habe aber nicht gezögert aufzustehen: Es ist so wichtig, das Heil der Seelen!» Und schon in früher Morgenstunde von Müdigkeit gebrochen, begab er sich zur gewohnten Stunde in den Beichtstuhl.

«Er hat mir gestanden», erzählt Toccanier, «dass er eines Tages auf dem Weg zur Kirche viermal vor Schwäche hingefallen ist und dass er sich viermal mit größter Mühe wieder aufgerichtet hat. ... Ein andermal bemerkte ich zu ihm, er schaue sehr müde aus, worauf er mir lächelnd erwiderte; ‹Oh, die Sünder werden schließlich den armen Sünder umbringen›.»

Gegen vier und fünf Uhr morgens wie auch gegen drei und vier Uhr nachmittags überkam ihn ein entsetzliches Verlangen nach Schlaf. Er mochte noch so tapfer kämpfen, die Rosenkranzschnur noch so eifrig durch seine mageren Hände gleiten lassen, er schlummerte dennoch mehrere Male ein. «Mitleidige Menschen, die es wahrnahmen, unterbrachen ihre Beichten, um ihm einige Augenblicke Ruhe zu lassen.»

In dieser Phase eines unaufhörlich gelebten Heroismus hat er seinem teuren Confrater Toccanier folgende staunenswerten Antworten gegeben, die einer ewigen Bewunderung würdig sind:

«Vater», fragte ihn eines Tages der junge Missionar, «wenn Ihnen der liebe Gott die Wahl ließe: entweder sofort in den Himmel zu kommen oder hier, wie Sie es jetzt tun, weiterzuarbeiten an der Bekehrung der Sünder, was würden Sie wählen?»

«Ich würde bleiben.» «Aber im Himmel sind die Heiligen so glücklich! Keine Schmerzen, keine Versuchungen mehr!»

«Ja», erwiderte er, «die Heiligen sind sehr glücklich, aber das sind Rentner. Sie haben allerdings tapfer gearbeitet; denn Gott straft die Faulheit und belohnt nur die Arbeit; sie können aber nicht mehr wie wir durch Arbeit und Leid Seelen für Gott gewinnen. ...» «Wenn Gott Sie bis zum Ende der Welt hier auf Erden belassen würde, dann hätten Sie ein gut Stück Zeit vor sich, dann würden Sie doch sicher nicht so früh morgens aufstehen?»

«Oh, mein Freund, ich würde immer um Mitternacht aufstehen. Es ist keineswegs die Müdigkeit, die mich schreckt; ich wäre der glücklichste Priester, wenn nicht der Gedanke wäre: Ich muss als Pfarrer vor dem Richterstuhl Gottes erscheinen!»

Und zwei große Tränen rannen ihm über die Wangen.

Indessen nahmen seine Gebrechlichkeiten und Leiden immer mehr überhand. Aber der Sonne gleich, die an die Horizontlinie rührt und sie übergoldet, warf seine Seele ein immer stärkeres Glänzen über die Welt, je näher sie an das Ziel alles Ringens und Mühens kam. Sein armer Leib mochte von Tag zu Tag leidgebrochener werden, «sein Geist blieb stets frei, sein Antlitz ruhig lächelnd. Nichts verriet den Augen der Pilger seine heftigsten Schmerzen».

Wenn er nicht mehr konnte, suchte er sich wenigstens zu halten bis zu dem Augenblick, da er von bekannten Personen umgeben war, die von seiner Gebrechlichkeit wussten; dann ließ er sich auf einen Stuhl fallen und meinte behaglich: «Ah! Wahrhaftig! Es ist zum Lachen!»

Er blieb arbeits- und unternehmungsfreudig. Zum Ende des Jahres 1858 hatte er in seiner Pfarrei eine Mission halten lassen. «Diesmal werden Sie uns bekehren», bemerkte er zum Prediger Descôtes. Um dieselbe Zeit studierte er zusammen mit Peter Bossan den Plan zur «schönen Kirche», die er der hl. Philomena errichten wollte. Dem Architekten gegenüber regelte er die Kostenfrage mit einem wundervollen goldgekettelten Korallenrosenkranz.

Am 2. April 1859 eröffnete Vianney eine Subskription persönlich mit tausend Franken. «Ich werde», schrieb er – und das sind die letzten Zeilen von seiner Hand – «den lieben Gott bitten für Jene, die mir helfen werden, eine schöne Kirche zu Ehren der hl. Philomena zu bauen.»

Gegen Ende des Monats hielt er daran, noch einmal die Männer und Jünglinge von Ars um sich zu sammeln, die sich zu Ostern den heiligen Sakramenten genaht hatten. Ostern fiel in jenem Jahr auf den 24. April. In der Einleitung verglich er sich mit Moses, der vor seinem Sterben das Volk Israel ein letztes Mal um sich scharte.

«Oh, meine Kinder», fügte er unter anderem bei, «wie schön ist das, was ihr soeben getan habt. Durch die Erfüllung eurer Osterpflicht habt ihr dem lieben Gott in eurem Herzen eine Wohnung bereitet; ihr werdet ihm eine neue bereiten durch den Bau einer schönen Kirche. ... Sonst, meine Brüder, bin ich zu euch gekommen und ihr habt mir nie etwas abgeschlagen. Ich danke euch dafür. ... Heute sucht euch der Missionar auf, aber es ist als wenn ich selber käme: Ich begleite ihn mit meinem Herzen. ... Ach! Es gibt noch Sünder in der Pfarrei. Ich muss fortgehen, damit ein anderer sie bekehren kann.»

Das war sein schlichtes «Nunc dimittis». Und wirklich «sahen viele in Vianneys Worten eine Abschiedsrede und schlossen daraus, dass der Tod nicht mehr fern sei».

Wenn er zuweilen noch vor den Gerichten Gottes zu bangen schien, wenn er davor zitterte, «als Pfarrer» sterben zu müssen, über seine eigentliche Zukunft war er nicht mehr in Unruhe. Hatte er nicht «den lieben Gott in die Enge getrieben»? Er wusste, dass nur *er* allein ihn von seinem Posten in Ars abberufen würde. Auch war seine Furcht gemildert durch ein Vertrauen, das voller Liebe war. «In seinem letzten Jahr», erzählt Martha des Garets, «kam er auf das Schloss, sprach von der Liebe Gottes und fing an zu weinen.» Auf der Kanzel fing er manchmal mit einem andern Thema an, kam aber immer auf die Gegenwart unseres Heilandes in der Eucharistie zurück. Diese Liebe zu der wirklichen Gegenwart Jesu im Sakrament nahm auf sichtbare Weise gegen Ende seines Lebens zu. ... Er unterbrach sich, er vergoss Tränen, sein Gesicht strahlte und er ließ nur noch Liebesrufe vernehmen.»

Durch andauernde Kämpfe hatte er zu einem unwandelbaren Frieden gefunden. «Zur Zeit meiner ersten Krankheit», gestand er unumwunden, «hat mich noch etwas beunruhigt, nunmehr fürchte ich nichts mehr.» Zu Ende war es auch mit dem Widerspruch der Menschen. Vorbei war die Zeit, wo man wagte, es ihm gegenüber an Rücksicht mangeln zu lassen.

Sein Hilfspriester Toccanier umsorgte ihn wie ein Sohn. Der Heilige wusste ihm nur einen Vorwurf zu machen, ihm und seinen Mitbrüdern von Pont-d'Ain: dass sie dem armen Pfarrer von Ars zu viel Beachtung schenkten. Als er eines Tages dem jungen Missionar gegenüber eine solche Bemerkung machte, antwortete dieser treffend und zart: «Du sollst Vater und Mutter ehren, auf dass du lange lebest auf Erden.» Über Vianneys Antlitz ging eine helle Freude und er ließ es seinen Mitbruder fühlen, wie innig ihn die Antwort berührt hatte.

Vereinsamung, Gebrechlichkeiten, Lebensmüdigkeit verbittern nur allzuviele Greise. Sie kommen schwerer mit dem Nächsten aus, haben genug mit ihrem eigenen Elend zu tun. Vianney hat sich bis ans Ende seine zarte, teilnahmsvolle Güte bewahrt.

Fünf Monate vor seinem Tod empfing er bemerkenswerte Besucherinnen, zwei Arme; eine von ihnen war die ruinierte, ausgenutzte, bemitleidenswerte Pauline Jaricot aus Lyon.

Frostgeschüttelt hatten sie bei eisigem Schneetreiben den Weg zurückgelegt. Vianney wollte ihnen ein warmes Feuer anzünden und führte sie deshalb in sein Zimmer. Er ging hinunter, um Stroh zu holen und etwas Reisig. Aber das Holz war feucht, die Flamme verlöschte gleich wieder. «Ich bitte Sie», seufzte Pauline Jaricot, «versuchen Sie es nicht weiter, unserer Kälte abzuhelfen. Ich bin daran gewöhnt. Erwärmen Sie lieber meine arme Seele mit ein paar Funken Glaube und Hoffnung.»

Der Heilige von Ars tröstete nach bestem Können die schwer geprüfte Seele, durch die Gott so viel Großes gewirkt hatte. Aber die Begegnung war kurz. Schon belagerten die Pilger das Pfarrhaus und verlangten nach ihrem Beichtvater. Vianney überreichte Pauline Jaricot ein kleines Holzkreuz – es sollte ihr eine stumme Lehre der Ergebung in Gottes Willen sein – und entfernte sich, nachdem er den beiden Besucherinnen, die sich vor ihn hingekniet hatten, den Segen erteilt hatte.

Wer mein Jünger sein will, der verleugne sich selbst, nehme sein Kreuz auf sich und folge mir nach (Mt 16,24).

Letzte Krankheit und Tod

Vianney hat mit Sicherheit nicht nur die ungefähre Zeit, sondern das genaue Datum seines Todes schon lange im Voraus gewusst. «Seit seinem letzten Fluchtversuch (im Jahr 1853)», erzählt Katharina Lassagne, «sprach unser heiliger Pfarrer nie mehr von seinem Weggang, außer im Sinne des Hinübergehens von diesem Leben in die Ewigkeit. Oft sagte er: ‹Wir gehen fort: Es heißt sterben, und zwar bald.›»

Vor dem Fronleichnamsfest 1858 hatte man ihm ein schönes Band zum Geschenk gemacht. «Es wird Ihnen bei der Prozession dienlich sein und die Monstranz stützen helfen», sagte man ihm.

«Ich werde es nicht zweimal gebrauchen», antwortete er mit einem geheimnisvollen Lächeln. Und tatsächlich fühlte er sich am Fronleichnamsfest 1859 – es fiel auf den 23. Juni – so schwach, dass er das Allerheiligste nicht von einem Altar zum andern zu tragen vermochte. Man überließ es ihm nur für den Augenblick des Segens.

Gegen Allerheiligen 1858 schickte er Katharina auf das Schloss der Cibeins, «um dort eine Tagesrente von einem Franken abzuholen, die man ihm aus Barmherzigkeit gestiftet hatte». «Das ist das letzte Mal», sagte er mit etwas zögernder Stimme, um dann in sicherem Ton zu wiederholen, «ja, das ist das letzte Mal.»

Im Lauf des Juli 1859 betrat eine eifrige Seele aus Saint-Etienne, Frau Pauze, Vianneys Beichtstuhl. Diese Dame hatte die Gewohnheit, jedes Jahr in Begleitung ihres Gatten die Wallfahrt nach La Louvesc zu machen. Mit innerem Glücksgefühl sprach ihr der Pfarrer von Ars vom lieben hl. Franz Regis, dessen Grab er selber besucht hatte und dem er so viel verdanke. In der Annahme, dass sie nicht mehr wiederkommen könne, sagte die Frau dem Heiligen Lebewohl.

«Doch, doch, mein Kind», erwiderte Vianney lebhaft, «in drei Wochen werden wir uns wiedersehen!» Die Pilgerin kehrte heim mit dem Gedanken: Hat der Pfarrer von Ars denn die Absicht, bald nach Saint-Etienne zu kommen? ...

Frau Pauze teilte ihrer Familie diese Worte mit, deren Sinn ihr verborgen blieb. Aber «drei Wochen später waren der Pfarrer von Ars und sein frommes Beichtkind fast gleichzeitig verschieden und konnten sich im Himmel wiedersehen».

Am 18. Juli – das heißt siebzehn Tage vor Vianneys Tod – kam Fräulein Etienette Durié, die im Zimmer des Heiligen das Ende einer seiner Ekstasen miterlebt hatte, von Exerzitientagen aus La Louvesc nach Ars zurück. Sie kniete im Beichtstuhl nieder. Hier entspann sich dann folgendes Zwiegespräch, das wie aus der andern Welt an unser Ohr klingt:

«Mir ist, Vater, als ob ich in La Louvesc keine guten Exerzitien gemacht habe», vertraute sie ihm an, «denn Ihre Gesundheit lag mir beständig im Sinn: Ich glaubte, Sie seien krank.»

«Für den Augenblick bin ich ja nicht krank», antwortete Vianney, «aber meine Laufbahn ist zu Ende. Das ist mein letztes Jahr. ... Ich habe Ihnen andere Male das Gleiche gesagt, um eine unnütze Neugier auf falsche Fährte zu führen; diesmal aber sage ich es, wie ich es weiß; das ist mein letztes Jahr. ... Sprechen Sie nicht davon, mein Kind. Ich habe nur noch wenige Tage zu leben. Ich brauche diese Zeit, um mich vorzubereiten. Wenn Sie es ausplauderten, würde man mit dem Beichten drängen: Und ich wäre so überlastet.»

«Oh! Sie sind doch genügend gerüstet.»

«Ich bin nur ein großer Sünder; die Tränen kommen mir, wenn ich daran denke.»

«Aber was soll dann *ich* tun?»

«Wenn ich das Glück habe, in den Himmel zu kommen, werde ich beim lieben Gott bitten, dass er auch weiter Ihr Führer bleibt.»

«Oh Vater, erbitten Sie von Gott, er möge Sie noch einige Zeit bei uns lassen.»

«Nein, ich kann ihn nicht darum bitten: Der liebe Gott wird das nicht gestatten. ... ich verlasse bald die Welt.»

Unter vielen Tränen fügte er hinzu: «Ich weiß nicht, ob ich meine Amtspflichten treu erfüllt habe.»

«Wenn *Sie* klagen, Vater, was soll dann aus *mir* werden, die ich beständig in der Welt leben muss?»

«Für das, was Sie tun, braucht man nicht so zu fürchten wie für mein priesterliches Amt.»

«Vater, Ihre Arbeit ist viel wichtiger als meine.»

«Wie fürchte ich den Tod! Ach, ich bin ein großer Sünder.»

«Gottes Güte – Sie selbst haben es gesagt – ist größer als all unsere Vergehen. ... ich möchte so sicher sein wie Sie, dass ich in den Himmel komme. ...

Aber, Vater, wann werden Sie denn sterben?» «Wenn es nicht Ende dieses Monats ist, dann zu Beginn des nächsten.»

«Wie soll ich den Tag wissen, da Sie es mir nicht sagen wollen?» «Jemand wird es Ihnen sagen. Sie werden meiner Beerdigung beiwohnen und die letzte Nacht an meinem Sterbebett zubringen.» Fräulein Durié wollte nicht recht an eine solche Voraussage glauben.

Vor der Lossprechung sagte der Heilige aber mit Nachdruck: «Empfangen Sie, mein Kind, die letzte Lossprechung vom Vater ihrer Seele.»

Nach Empfang des Bußsakramentes kam Etiennette Durié auf ihre Frage zurück: «Um Gottes willen, Vater, geben Sie mir doch Ihren Sterbetag an.»

«Nein, mein Kind, Sie sollen es jetzt nicht wissen: Sie würden hier bleiben und zu viel darunter leiden. Aber Sie werden es zur bestimmten Stunde erfahren.»

Mit Aufträgen für Vianney verließ sie Ars am 22. Juli. Als sie zwölf Tage später in Roanne eintraf, begegnete sie dem Vater Vadon, der ihr mitteilte: «Ich höre, Vianney ist krank.» Da erinnerte sie sich der Worte des Heiligen und schlug sofort den Weg nach Ars ein. Sie sollte den «Vater ihrer Seele» nicht mehr am Leben treffen. Als sie um fünf Uhr abends ins alte Pfarrhaus trat, hörte sie Schluchzen. Der Heilige war in der Nacht gestorben.

Das Ende jenes Monats Juli war äußerst trocken. Tag und Nacht lastete Gewitterschwüle über dem Land. Draußen atmete man Feuer. Im engen Arser Kirchenschiff, das mehr denn je brechend voll war und wie ein Treibhaus dunstete, war es zum Ersticken. Alle Augenblicke mussten die Pilger hinausgehen, um frische Luft zu schöpfen. Nur der Heilige harrte in seinem Beichtstuhl aus, ein Märtyrer seiner heroischen Hingabe.

«Es wäre nicht übel», lautet eines seiner Worte, «wenn ein Priester sterben würde an den Peinen und Arbeiten, die er zur Ehre Gottes und für das Heil der Seelen ertragen hat!» Sein Traum sollte in Erfüllung gehen.

Am Freitag, dem 29. Juli, fühlte er sich schon beim Aufstehen kränker. Trotzdem ging er gegen ein Uhr nachts in die Kirche hinunter. Aber im Beichtstuhl erfassten ihn Erstickungsanfälle. Er musste die Kirche mehrere Male verlassen und sich einen Augenblick im Hof ausruhen. Das Fieber verbrannte ihn.

Vor der Elf-Uhr-Christenlehre rief er Oriol, einen seiner freiwilligen Wächter, in die Sakristei und bat ihn um ein wenig Wein. Er trank einige Tropfen aus der hohlen Hand und konnte allein auf die Kanzel steigen. Man verstand ihn aber nicht mehr. Immerhin erriet man, dass er über sein Lieblingsthema sprach, denn er wandte sich zum Tabernakel und heftete sein tränengebadetes Auge auf die unsichtbare Gegenwart Gottes.

Am Abend kehrte er gebrochen, auf den Arm von Bruder Hieronymus gestützt, ins Pfarrhaus zurück. Er schien sterbenskrank. Die Familie des Garets stand an seinem Weg. Über diese lieben Freunde hob er seine matte Hand. «Es ist sein letzter Segen über uns», sagten sich die treuen Seelen.

Am Fuß seiner Treppe überkam ihn ein kurzer Schwächeanfall. Der Bruder riet ihm, für einen Augenblick ins Freie zu treten; die Luft würde ihm gut tun. ... So schlug er, immer gestützt, die Richtung nach der Brüderwohnung ein, kehrte aber gleich wieder um. Es ging nicht mehr. Nur mit größter Mühe konnte er in sein Zimmer hinaufsteigen. Bruder Hieronymus half ihm beim Zubettgehen und ließ ihn dann auf seine wiederholte Bitte allein. ...

Da es ihn ungefähr eine Stunde nach Mitternacht, trotz der erstickenden Atmosphäre – die Nacht war völlig windstill – wie Eis überlief, klopfte er um Hilfe. Katharina Lassagne, die ohne Vianneys Wissen im Nebenzimmer auf Posten geblieben war, eilte als Erste herbei. «Das ist mein armes Ende», hauchte er, «Sie müssen den Pfarrer von Jassans rufen.»

Auf Katharinas Nachricht trat auch Bruder Hieronymus ein. Es war sonst zu dieser Jahreszeit der späteste Zeitpunkt – Viertel nach ein Uhr und halb zwei Uhr –, dass der Pfarrer von Ars in die Kirche hinunterging. Aber diesmal sprach er dem Bruder Sakristan nicht vom Aufstehen und nicht vom Zelebrieren. Er fühlte, dass er zu Tode getroffen war. «Das ist mein armes Ende», wiederholte er, «gehen Sie und holen Sie meinen Beichtvater.»

«Ich werde auch den Arzt rufen.»

«Das ist zwecklos. Da kann der Arzt nichts mehr machen.»

In Tränen aufgelöst, eilte auch Toccanier herbei. «Herr Pfarrer, die hl. Philomena, die Sie vor sechzehn Jahren geheilt hat, wird Sie auch dieses Mal gesund machen.»

«Oh, auch die hl. Philomena kann da nicht helfen!»

Der Pfarrer von Jassans, Ludwig Beau, und der Arzt Dr. Saunier aus Saint-Euphémie trafen fast gleichzeitig beim ersten Morgengrauen ein.

Der Arzt konnte nur die völlige Erschöpfung des Kranken feststellen; er habe nicht mehr die Kraft, gegen die Krankheit anzukämpfen. «Falls die Hitze nachlässt, können wir noch hoffen», lautete das Urteil des Arztes; «hält sie an, so werden wir ihn verlieren.»

Die Hitze nahm zu. Ein Gewitter brütete schwül über Ars. Unter den Pilgern, die teilweise erst in der Nacht eingetroffen waren, löste die Nachricht, der Pfarrer werde diesen Morgen nicht herunterkommen, ja vielleicht nie mehr in seiner Kirche erscheinen, unaussprechliche Trostlosigkeit aus. ...

Sie umlagerten die Tür zum Höfchen. Einige konnten sich durch eine unbegreifliche Vergünstigung – vielleicht hatte sie der Heilige selbst rufen lassen – bis an sein Bett herandrängen und dort ihre Beichte ablegen.

Er, der bis jetzt so schwer zu pflegen gewesen, war «folgsam wie ein Kind» geworden. Bei seiner Erkrankung im Jahr 1843 hatte er nur gezwungenermaßen eine Matratze angenommen.

Als man sie nun an diesem Samstagmorgen auf seinen harten Strohsack legte, dankte er schweigend mit einem Lächeln. Er nahm alle Arzneien, die man ihm reichte. Er wehrte sich nur einmal, als eine Josephsschwester, die an seinem Sterbebett wachte, die Mücken verscheuchen wollte, die sich auf sein schweißgebadetes Gesicht niedersetzten. Er machte eine Geste, und man glaubte zu verstehen: «Lasst mich mit meinen armen Mücken. Nur eines ist widerlich: die Sünde.»

Sein Beichtvater, der Zeuge dieser erhabenen Sterbestunde war, erzählt: «Er blieb bis zum letzten Augenblick bei vollem Bewusstsein. Er legte bei mir seine Beichte ab mit seiner gewohnten Frömmigkeit, ohne Unruhe und ohne auf sein schlechtes Befinden einzugehen.»

Er gab keinen Wunsch nach Genesung zu erkennen. Der Teufel hatte nicht länger Gewalt, diese seine hehre letzte Stunde zu stören. «Seine größte Angst war gewesen, er könnte in seinen letzten Augenblicken der Verzweiflung verfallen.» Nun aber war die Furcht vor dem Tod, die bei ihm so oft und so stark zutage getreten war, völlig verschwunden.

Nachdem er die Bitterkeit der irdischen Verbannung bis auf den Bodensatz gekostet hatte, genoss er nun «die Wonne des Todes» und erlebte so selbst eines seiner kernigen Worte: «Wie schön lässt es sich sterben, wenn man auf dem Kreuz gelebt hat!»

Die Krankheit griff schnell um sich. Der Diener Gottes erfreute sich vollkommenen Friedens. Keine Klage. Man hätte glauben können, er leide überhaupt nicht mehr. Priester, Brüder, fromme Laien lösten sich bei ihm ab, wenn er auch das Alleinsein vorzuziehen schien.

Die Einwohner von Ars, seine stets geliebten Pfarrkinder, und Pilger fanden sich in endlosem Zustrom an der Tür seines Zimmers ein, ließen fromme Gegenstände weihen und erbaten sich selbst einen letzten Segen von ihm. Gern kam er ihren frommen Wünschen nach, ohne aber ein Wort zu sprechen. Am Vorabend seines Todes, als man niemanden mehr zulassen wollte, erzwangen sich einige den Zugang. «Wir werden trotz Ihnen gehen», riefen sie weinend dem Bruder Athanasius zu, der an der Hoftür Wache stand, «er war unser Pfarrer, bevor er der eurige wurde!»

Der Bruder gab nach und ließ sie durch, nur sollten sie geräuschlos hinaufgehen. Schweigend, mit kaum verhaltenem Schluchzen knieten sie auf der Schwelle des Zimmers nieder. Der Heilige erkannte sie. Man führte seine schwache Hand und er machte über sie das Kreuzzeichen.

«Ich habe ihn an seinem letzten Lebenstag auf seinem Bett gesehen», erzählt Wilhelm Villier, der in der Menge gewesen war; «er sah milde und ruhig aus wie ein Engel.»

Der Graf des Garets, der in diesen schweren Tagen nicht mehr aus dem Pfarrhaus ging, ließ seine Familie kommen. Der sterbende Heilige schaute für einen Augenblick die Kinder an, denen er väterlich zugetan war. Er erinnerte sich, dass er bisher der kleinen Martha-Philomena noch kein Andenken geschenkt hatte, und gab dem Bruder Hieronymus ein Zeichen, ihr einen Rosenkranz zu reichen.

Während dieser Zeit standen die Pilger dicht gedrängt zwischen dem Pfarrhaus und der Kirche und riefen nach ihrem Beichtvater. Die zuletzt Gekommenen wollten ihn wenigstens einmal sehen. Man meldete ihnen, dass der Pfarrer sie von seinem Bett aus segnen würde. Zu bestimmten Augenblicken schwang man ein Glöckchen, worauf draußen alle niederknieten und sich mit dem Zeichen des heiligen Kreuzes bezeichneten.

In der Kirche drängten sich Gruppen vor dem Altar der hl. Philomena und flehten die «liebe kleine Heilige» an, sie möge doch ihren großen Freund von Ars gesund machen. Manche Personen wallfahrteten sogar bis zur Gnadenstätte Unserer Lieben Frau von Beaumont.

Man tat alles, was man menschlicherweise tun konnte, um dem kranken Heiligen Linderung zu verschaffen. «Wenn die Hitze abnimmt», hatte Dr. Saunier gesagt, «können wir Hoffnung haben.» In der Annahme, sie könnten so Kühlung ins Pfarrhaus bringen, spannten die Einwohner von Ars vom Dach hinunter um das Pfarrhaus große Tücher, die Pagès und andere von Leitern herab mit Wasser begossen. Die Hingabe aller war wunderbar.

Der Sterbende schien in seiner wunderbaren Milde nicht mehr der Erde anzugehören. «Man sah kein Lispeln mehr auf seinen Lippen», sagt sein Beichtvater, «aber sein Auge blieb zum Himmel gerichtet und weckte den Eindruck, er lebe in Beschauung. Ich spürte etwas Außerordentliches über ihm. Auf die verschiedenen Fragen, die man ihm stellte, antwortete er fast immer nur mit Ja und Nein.»

Er sprach nur noch wenige Worte. Am Dienstagmorgen, dem 2. August, lösten sich Bruder Athanasius und Toccanier an seinem Sterbebett ab. Während der Bruder wachte, meldete man den Besuch des Arztes. «Ich habe noch 36 Franken», brachte der Kranke heraus, «bitten Sie Katharina, sie Herrn Saunier zu geben. ... Und dann mag sie ihn ersuchen, nicht wiederzukommen: Ich könnte ihn nicht bezahlen. ...»

Toccanier vertraute dem heiligen Pfarrer seine Befürchtungen hinsichtlich des Kirchenbaues an: «Mein Vater, da die Regierung die Lotterie abgelehnt hat und Gott Sie jetzt von dieser Welt abberuft, ist es wohl aus damit. ...» «Mut, mein Confrater! ... Es wird drei Jahre dauern!»

Als es auf drei Uhr nachmittags zu ging, hielt es sein Beichtvater für angebracht, dem Heiligen die Sterbesakramente zu spenden, nach denen er selbst bereits verlangt hatte.

Vianney wollte nicht, dass man, wie vorgeschlagen worden war, bis zum nächsten Morgen warte. «Wie gut ist doch der liebe Gott», murmelte er, «wenn man ihn nicht mehr selber aufsuchen kann, kommt er zu uns!»

Die Glocke im Kirchturm schlug an und begleitete mit ihrem Geläut den Pfarrer von Jassans, der die heilige Hostie trug. An die zwanzig Priester begleiteten, mit brennender Kerze in der Hand, das Allerheiligste. Beim Klang der Glocke rannen erneut Tränen aus den Augen des Sterbenden. «Oh Vater, warum weinen Sie», fragte ihn Bruder Elias, der an seinem Bett kniete. «Es ist so traurig, *zum letzten Mal* kommunizieren zu sollen!»

Als er den Zug in sein Zimmer treten sah, richtete er sich selber auf seinem Lager auf, faltete die Hände und ließ seine Tränen reichlicher fließen. Sein Beichtvater gab ihm die Wegzehrung und dann die letzte Ölung. «Er empfing sie», sagt Beau, «mit einem Glauben und einer Frömmigkeit, wie man es bei ihm gewohnt war.» In seinem überschwülen Zimmer hatten die Geistlichen ihre Kerzen auslöschen müssen.

Nach dieser rührenden Feier wachte der Pfarrer von Fareins, Stephan Dubouis, bei ihm.

«Herr Pfarrer», flüsterte ihm der alte Mitbruder zu, «Sie sind mit dem lieben Gott zusammen.»

«Ja, mein Freund», antwortete der Heilige mit einem himmlischen Lächeln.

«Wir feiern heute», fügte Dubouis hinzu, «die Übertragung der Reliquien des hl. Stephanus. Dieser Heilige sah noch im irdischen Wandel den Himmel offen.»

«Da richtete Vianney», erzählt der Zeuge, «die Augen empor, mit einem wundersamen Ausdruck von Glaube und Beglückung.»

Noch beunruhigte eine wichtige Frage den Bürgermeister und die Einwohner von Ars. Wer würde nach seinem Heimgang die sterblichen Überreste ihres Pfarrers besitzen?

Das letzte von Vianney geschriebene Testament – vom 10. Oktober 1855 – lautete: «Ich überlasse meinen Leib nach meinem Tod dem Gutdünken des hochwürdigen Bischofs von Belley.» Welchen Entscheid wird Msgr. von Langalerie nun treffen? Wird der Prälat nicht dem Verlangen von Dardilly nachgeben? Und wäre es recht und vernünftig, dass der, dessen Heiligkeit dem Dorf all seine Schönheit und seinen Ruhm verliehen hat, mit Leib und Seele Ars verlassen sollte? ...

Deshalb betrat am Mittwoch, dem 3. August, um ein Uhr der Notar Gilbert Raffin mit vier Zeugen Vianneys Zimmer. «Wo wollen Sie begraben sein?», fragte ihn der Notar. Man lauschte. Der Sterbende hauchte: «In Ars. ... Aber mein Leib zählt weiter nicht ...» Dann schrieb Raffin ein Testament, das der Heilige nicht mehr selber unterzeichnen konnte.

«Am gleichen Tag sprach ich», erzählt Beau, «in Gegenwart mehrerer Geistlicher die Scheidegebete der Seele. Auch jetzt war noch die gleiche Ruhe und Beschauung über ihm.» Kurz zuvor waren Alfred Monnin und ein anderer Missionar eingetroffen, die in aller Eile von ihren Missionen zurückgekehrt waren.

Gegen sieben Uhr abends traf der Bischof von Belley ein. Der Kranke erkannte sehr gut seinen Bischof, versuchte ihm zu danken, konnte aber kein Wort hervorbringen. Der Bischof umarmte ihn und versprach ihm, in die Kirche hinüberzugehen und für ihn zu beten. Der Heilige lächelte dazu. «Das ist der einzige Augenblick», bemerkt sein Beichtvater, «dass ich ihn an diesem Tage aus der Vereinigung mit Gott heraustreten sah.»

Gegen zehn Uhr abends schien das Ende des Pfarrers von Ars gekommen zu sein. Toccanier spendete ihm den vollkommenen Ablass für die Sterbestunde.

Um Mitternacht reichte ihm Monnin sein Missionskreuz zum Kusse dar und begann sodann die Gebete für die Todesstunde. Er verrichtete sie ganz langsam und hielt dazwischen oft lange schweigend inne.

Am Donnerstag, dem 4. August 1859, um 2 Uhr morgens, im Augenblick, als der junge Priester mit zitternder Stimme die Worte betete: *Mögen die heiligen Engel Gottes ihm entgegeneilen und ihn einführen in das himmlische Jerusalem*; während sich über dem Himmel von Ars ein Gewitter mit Blitz und Donner entlud, gab der hl. Johannes-Maria-Baptist Vianney in den Armen von Bruder Hieronymus seine Seele ohne Todeskampf in die Hände Gottes zurück und schlief endlich ein wie der Arbeiter, der sein Tagewerk treu erfüllt hat.

Oriol hatte den Trost, ihm die Augen schließen zu dürfen. Der Heimgegangene zählte dreiundsiebzig Jahre, zwei Monate, siebenundzwanzig Tage; Pfarrer von Ars war er einundvierzig Jahre, fünf Monate und dreiundzwanzig Tage gewesen.

Gegen 4 Uhr ging Beau in die Kirche hinunter, um für ihn die Heilige Messe zu lesen. Der Sakristan hatte schwarz gedeckt. Pfarrer Beau, der dreizehn Jahre lang der Vertraute seiner Seele gewesen war, zögerte zuerst, ob er dieses Trauergewand anlegen solle, «weil», sagte er, Vianneys Leben derart heilig war, dass er ihn nicht einmal mit einer freiwilligen lässlichen Sünde belastet glaubte».

Im Arser Glockenturm hub das Sterbeläuten an. In diesem Augenblick ließ die Pfarrei, «die bis auf den Letzten in banger Sorge schwebte», ihr ungeheures Weh ertönen.

Mit Tränen in den Augen redeten sich die Leute an: «Unser heiliger Pfarrer ist tot!» «In den Nachbarpfarreien teilte man unsern Schmerz», sagt Martha des Garets, «die Klage der Glocken hatte ihnen die große Schmerzenskunde hinübergetragen. In Savigneux, Mizérieux, Toussieux bis nach Jassans wurden die Totenglocken geläutet.» «Die Kunde von dem Verscheiden verbreitete sich mit Blitzesschnelle. Der Telegraph trug sie überallhin.» Sofort machten sich die Massen auf den Weg.

Am Morgen des 4. August eilte Kamillus Monnin, Notar in Villefranche, auf Ars zu. «Der Weg», erzählte er, «war von Pilgern zu Fuß und zu Wagen versperrt. Auf dem Platz war eine gewaltige Menschenmenge versammelt. Alles weinte. Auch mich ergriff die allgemeine Rührung. Ich fiel meinem Bruder in die Arme. Unsere Tränen flossen ineinander.»

Zum erstenmal seit langer Zeit hatte es an jenem Morgen erst bei Sonnenaufgang Angelus geläutet.

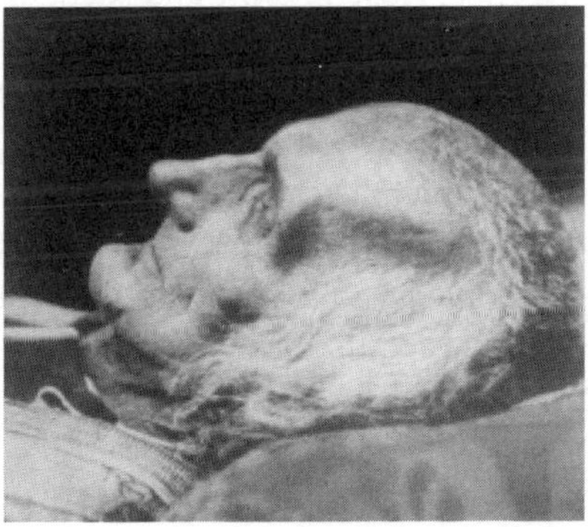

Totenmaske des Pfarrers von Ars

In der Glorie

Kaum hatte der Heilige seinen letzten Hauch getan, drängte man sich schon geschäftig um seinen «armen Kadaver». Ehedem hatte Vianney den Wunsch ausgesprochen, man möge ihn nach dem Tode nicht entkleiden. Er fürchtete, man könnte die Spuren seiner entsetzlichen Kasteiungen entdecken. Über dieses Verbot wurde hinweggegangen und nun schauten die Missionare und Brüder in unsagbarer Ergriffenheit die ehrwürdige Reliquie, die gemarterten Glieder, die «das Bild äußerster menschlicher Entkräftung boten».

Gegen fünf Uhr morgens wurde der Leichnam des Pfarrers von Ars, mit Soutane, Chorrock und Stola bekleidet, in ein Zimmer des Erdgeschosses hinuntergetragen. «Das Antlitz war ruhig und friedvoll, als ob er noch lebe.» Sodann setzte vor der heiligen Hülle ein ununterbrochener Vorbeizug ein, der zwei Tage dauern sollte. Alle wollten den Diener Gottes im Vorübergehen grüßen, die verehrten Züge ihres Vaters, ihres Freundes, ihres Trösters, ihres Hirten noch einmal sehen.

Man ließ den Besuchern, die in kleineren Gruppen vorgelassen wurden, nur die Zeit, ein *Vaterunser* und *Ave Maria* zu beten. Zwei Brüder und zwei Schüler des Pensionates hatten zwei Tage lang nichts anderes zu tun, als fromme Gegenstände an dieser kostbaren Reliquie anzurühren.

«Man raubte alle Arser Kaufläden aus», erzählt Martha Miard; «bei mir trugen Frauen, ohne sich auch nur die Zeit zum Zahlen zu nehmen, Bilder, Kreuze, Rosenkränze und Medaillen fort.»

Der Notar Raffin mochte ruhig die Siegel am Pfarrhaus anlegen, es wurden dennoch überall kleine fromme Diebereien begangen. Die drei Holunderbäume im Höfchen mussten, soweit sie mit der Hand zu erreichen waren, ihre sämtlichen Blätter lassen.

Der Vorüberzug der Pilger stockte nur für eine halbe Stunde am Nachmittag des 4. August 1859. Während die Sonne heißer denn je niederbrannte, legte man den Leichnam auf das Paradebett, in Blumen und Gezweig; und zum erstenmal konnte ein Photograph ein Bild des Pfarrers von Ars aufnehmen.

Die Beerdigung war auf Samstag, den 6. August, festgelegt worden. Am Vorabend war der Zustrom der Fremden so gewaltig, dass im Dorf die Lebensmittel ausgingen. Da die meisten keine

Unterkunft finden konnten, mussten sie sich auf dem Platz schlafen legen und die Nacht unter freiem Himmel zubringen. Gegen acht Uhr bildete sich ein endloser Zug: dreihundert Priester und Ordensleute, sechstausend Gläubige zählte man.

Der Sarg war nicht geschlossen worden: Der Heilige lag mit unbedecktem Gesicht da. «Beim Aufheben der Leiche», erzählt Alfred Monnin, «überkam die Menge die gleiche unwiderstehliche Bewegung, die zu seinen Lebzeiten die Gegenwart des Dieners Gottes ausgelöst hatte. ... Alle wollten an den Sarg herantreten, wollten ein letztes Mal die Züge des Pfarrers von Ars sehen.»

Endlich konnte sich der Zug in Bewegung setzen; ein letztes Mal zog der heilige Johannes-Maria-Baptist Vianney durch die Gassen seines innig geliebten Dorfes.

Das war nicht Trauer, es war Triumph. Hinter den weiß gekleideten Mädchen und dem Klerus im Chorrock folgte der schwere Blei- und Eichensarg, den abwechselnd Priester, Brüder des Ordens von der Heiligen Familie und junge Männer der Pfarrei trugen. Bei seinem Vorüberzug knieten die Leute, die Spalier bildeten, nieder, wie um des Toten letzten Segen zu empfangen. Aus aller Augen flossen stille Tränen.

In der Menge standen einige der Kirche entfremdete Menschen. Einer von ihnen, berichtet Bruder Hieronymus, fühlte sich von einem solchen Schauspiel derart ergriffen, dass er ausrief: «O ja, das war ein Heiliger!» – und seine Seele wurde davon völlig umgewandelt. Aus der Ferne hörte man das Trauergeläute von den Glockentürmen der Umgegend herübertönen.

Auf dem Dorfplatz hielt der Zug an. Der Leichnam wurde in der Mitte am Fuß der Kreuzigungsgruppe niedergestellt. Hier kündete Bischof von Langalerie, der den Beerdigungsfeierlichkeiten vorstand, das Lob des Dieners Gottes. Die bischöflichen Worte bedeuteten die vorausgenommene Seligsprechung.

«Wohlan, du guter und getreuer Knecht», begann der Bischof, «geh ein in die Freude deines Herrn! ... Dein Tagwerk ist nun abgeschlossen. Du hast genug gewirkt, genug gearbeitet. Komm, hier ist deine Vergeltung, der Preis deiner Mühen. ... Und wisse es, lieber und verehrter Pfarrer, der schönste, der innigst ersehnte Tag meines Episkopates wäre der, an dem die unfehlbare Stimme der Kirche mir gestatten würde, dir feierlich zu huldigen und zu deiner

Ehre anzustimmen: Euge serve bone et fidelis, intra in gaudium Domini tui. – Du guter und getreuer Knecht, gehe ein in die Freude deines Herrn.»

Nach beendigter Ansprache wurde der Sarg in die Kirche getragen, in die nur der Magistrat, der Klerus und die Familie des Heimgegangenen eintraten.

Nicht ein Laut stieg von der auf dem Kirchensteig und in der engen Gasse zusammengedrängten Masse empor. Während des Requiems schwebte ein heiliges Schweigen über dem Dorf, das in seiner Trauer selber ein Heiligtum geworden war. Bei jedem Glockenzeichen fiel die Menge in die Knie und erhob sich wieder.

Nach dem «Libera» (das gesungenes Bittgebet für die Verstorbenen aus der Totenmesse: «Bewahre die Seelen aller verstorbenen Gläubigen vor den Qualen der Hölle. ...»), das Bischof von Langalerie gehalten hatte, wurde der Sarg in der Täuferkapelle niedergestellt, vor dem Beichtstuhl, in dem der Diener Gottes so viele beladene Seelen losgesprochen und gestärkt hatte. Solange der Sarg dort stand, wurde er einzig von Pfarrkindern bewacht.

Am 14. August wurde der Leichnam in eine in der Mitte des Schiffes ausgehobene Gruft geborgen. Das Grab wurde mit einer Platte aus schwarzem Marmor geschlossen, in die ein Kelch und die schlichte Inschrift eingraviert war: *Hier ruht Johannes-Maria-Baptist Vianney, Pfarrer von Ars.* An diesem Ort verblieben die leiblichen Überreste des Dieners Gottes von 1859 bis 1904, fünfundvierzig Jahre lang.

Eine neue Wallfahrt setzte ein. Des Volkes Stimme, die in diesem Fall wirklich Gottes Stimme war, hatte zuerst die Heiligkeit des Pfarrers von Ars ausgerufen.

Nun sollten die Massen erneut zu seiner Kirche pilgern, um ihn dort zu ehren und zu ihm zu beten. Tag für Tag trafen Wallfahrer ein, die auf der Grabplatte niederknieten, die seinen Leib bedeckte. Man sah Kardinal Villecourt sich hier in der ganzen Majestät seines kirchlichen Purpurs und seiner weißen Haare zum Boden neigen und den ehrwürdigen Stein küssen.

Während dieser ganzen Zeit blieb die Diözesanbehörde nicht müßig. Ihr fiel die schwere und ehrenvolle Aufgabe zu, die Heiligkeit des Pfarrers von Ars nachzuweisen. Dann sollte es nach den langen Informationsprozessen dem ehemaligen Pfarrer von Salzano, Papst

Pius X., der genau auf den Tag vierundvierzig Jahre nach dem Sterbetag des Dieners Gottes zum Papst gewählt worden war, vorbehalten sein, Vianney zur Ehre der Altäre zu erheben.

Am 26. Januar 1904 stand Papst Pius X. der allgemeinen Kongregation vor, welche die Wunder des Ehrwürdigen prüfte.

Am 21. Februar 1904 veröffentlichte Seine Heiligkeit das Dekret, das die Wunder als echt und für die Seligsprechung des ehrwürdigen Johannes-Maria-Baptist Vianney zulässig anerkannte. Endlich erklärte am Gute-Hirten-Sonntag, dem 17. April, ein letztes päpstliches Dekret, dass man in aller Sicherheit an die feierliche Seligsprechung herantreten könne.

«Das ist ein Heiliger!», hatten ehedem die Massen beim Vorübergehen des Pfarrers von Ars ausgerufen. Und tatsächlich leuchtete seine Heiligkeit klar wie Sonnenschein auf. Trotzdem hatte die Kirche, klug und weise wie sie ist, nicht weniger als fünfundvierzig Jahre gebraucht, um ihr Urteil sicher zu stellen. Und nun stimmte der Spruch der Kirche mit der Meinung des Volkes überein. Bei dieser Nachricht ging ein großer Jubel durch die katholische Welt; am innigsten freute sich das Herz der Priester.

«Nichts Lieberes und Segenvolleres konnte uns werden», sagte Papst Pius X., «nicht nur Uns, die wir während so vieler Jahre mit ganzer Seele der Pfarrseelsorge gedient haben, sondern allen Pfarrern des katholischen Erdenrundes, als den ehrwürdigen Pfarrer unter die Seligen ehrenvoll eingereiht zu sehen. Unsere Freude ist um so größer, als seine Glorie auf alle Jene überstrahlt, die sich dem Dienst an den Seelen geweiht haben.»

Endlich ging am Himmel Roms die Morgenröte des großen Tages auf. Ein Sonnenglitzern überleuchtete diesen Sonntagmorgen des 8. Januar 1905, der für die Verherrlichung des demütigen Pfarrers von Ars festgelegt worden war. Dreißigtausend Menschen hatten sich zu der Feier eingefunden. Die Verlesung des Seligsprechungsbreves schloss mit den Worten: *Wir gestatten, dass fürderhin dem ehrwürdigen Diener Gottes Johannes-Maria-Baptist Vianney der Titel selig zuerkannt werde.* In diesem Augenblick fiel der Vorhang, der Berninis Wunderwerk verhüllte, und zwischen dem Bronzeglanz, der die Kathedra Petri umstrahlt, leuchtete das Gemälde auf, das den Pfarrer von Ars in der Verklärung darstellt, wie er von zwei Engeln getragen seinen Flug zum Himmel nimmt.

Alle Glocken der Basilika trugen die frohe Kunde über die Ewige Stadt hin. In einer unwillkürlichen Regung der Verehrung beugten die Anwesenden die Knie. Viele Augen füllten sich mit Tränen. Erzbischof Luçon stimmte das Te Deum an und dreißigtausend Menschen sangen in heiligster Begeisterung mit.

Beim Herannahen der Seligsprechung war am 17. Juni 1904 der Leichnam des ehrwürdigen Vianney aus der Gruft gehoben worden. Mit beglückter Überraschung stellte man fest, dass der Leib unversehrt geblieben war. Die Haut war dunkel geworden, die Fleischteile waren eingetrocknet aber ganz erhalten. Nur das Gesicht hatte, so erkenntlich die Züge geblieben waren, leicht unter der Verheerung des Todes gelitten. Man hatte die Freude, das Herz des Heiligen unversehrt zu finden und diese kostbare Reliquie gesondert aufbewahren zu können. Als am 2. April 1905 die Arser Greise, die Vianney noch gut gekannt hatten, die Reliquie seines Körpers, so wie sie sich heute den Augen darbietet, sahen, riefen alle unter Tränen aus: «Oh! Das ist ganz er!»

Im Jahr 1916 wurden unter dem Pontifikat Benedikts XV. die beiden Wunder geprüft, die für die Heiligsprechung des seligen Vianney erforderlich waren. Als Beweis für seine Heiligkeit ließ man die Heilung von Schwester Eugenia und von Mathilde Rougeol gelten.

Bei Schwester Eugenia hatten sich zu Beginn des Jahres 1905 Krampfadern gebildet, die bald zu bluten begannen und in ein sechs Zentimeter langes und fünf Zentimeter breites Geschwür übergingen und der armen Schwester schließlich jede Bewegung unmöglich machten.

Im August 1905 sprachen die Pfarrkinder von Ronno (Rhône), wo die Schwester wirkte, von einer Wallfahrt nach Ars.

Die arme Kranke bat, man möge sie ins Dorf des heiligen Pfarrers mitnehmen. In die Kirche getragen, verblieb sie in einem Sessel ungefähr eine Stunde auf dem Grab, in dem Vianney geruht hatte.

«Mein Vater», erklärte sie dem Pfarrer von Ars mit kindlichen Worten, «ich hatte in meiner klösterlichen Gemeinschaft die Küche zu besorgen. Morgen muss ich es wieder tun.» Plötzlich fühlte sie sich geheilt. Sie stand auf und ging zum Hotel, in dem die Pilger aus Ronno abgestiegen waren. Am andern Tag nahm Schwester Eugenia ihre Arbeiten in der Küche wieder auf.

Statue der hl. Philomena in der Philomena-Kapelle

Mathilde Rougeol aus Villers-le-Faye war im Alter von achtundzwanzig Jahren infolge einer bösartigen Grippe an Halstuberkulose erkrankt. Da sie ihre Stimme völlig verloren hatte und wusste, dass ihr Übel unheilbar sei, hatte sie auf weitere ärztliche Hilfe verzichtet.

Im Juli 1910 nahm sie an einer Wallfahrt nach Lourdes teil. Sie fand keine Heilung bei Unserer Lieben Frau von Massabielle. Auf dem Heimweg hielten die Pilger im Dorf Ars an. Mathilde Rougeol setzte ihr ganzes Vertrauen in die Fürsprache des seligen Vianney. Bei seiner Predigt in der Arser Kirche flehte Dadolle, Bischof von Dijon, den seligen Pfarrer an, er möge doch Wunder wirken und so seine Heiligsprechung ermöglichen.

Im Augenblick der Abreise versammelten sich die Pilger ein letztes Mal vor dem Altar, um die Herzens-Reliquie des hl. Pfarrers von Ars zu küssen. Beim Kuss hatte Mathilde innerlich gebetet: «Wenn du willst, kannst du mich heilen.»

An ihren Platz zurückgekehrt, versuchte sie zu singen. O Wunder! Ihre Stimme, die sie vor vier Jahren verloren hatte, klang wie ehedem laut auf und jubilierte zum Basilikagewölbe das so volkstümliche Arser Wallfahrtslied empor.

Die Heilung war plötzlich und vollkommen gewesen. Zweimal gab Mathilde Rougeol mit klarer und volltönender Stimme vor dem kirchlichen Gericht, welches die Sache des Heiligen führte, ihr Zeugnis ab.

Am Pfingstfest, dem 31. Mai 1925, wurde dem demütigen Priester die höchste kirchliche Ehrung zuerkannt. Es war ein neues Pfingsten. Die Menge aus allen Zonen und Sprachen füllte den gewaltigen Dom bis auf den letzten Platz. Fünfunddreißig Kardinäle, zweihundert Bischöfe reihten sich um den Heiligen Vater.

Während das Banner des seligen Vianney durch das lichte Basilikaschiff vorangetragen wurde, brach in den Massen eine begeisterte Huldigung los. Gegen zehn Uhr dreißig verkündete Papst Pius XI. als Haupt und unfehlbarer Lehrer der Kirche: *Wir erklären hiermit heilig und tragen in das Verzeichnis der Heiligen ein den seligen Johannes-Maria-Baptist Vianney.*

Von allen Seiten grüßten Beifallsrufe diesen Spruch; die Silbertrompeten erklangen; die Glocken von Sankt Peter und nach ihnen sämtliche Geläute von Rom sangen ihren Festjubel über die Ewige Stadt. Aller Herzen bemächtigte sich eine überströmende Freude.

An diesem unvergesslichen Tag hatte Rom, die Ewige Stadt, das Rom der Päpste, Metropole und Herz der Kirche, Mutter der Seelen, Rom, das im heiligen Purpurglanz seines Marterblutes «an Schönheit alle Schönheiten der Welt überstrahlt», dem Pfarrer von Ars Liebe mit Liebe vergolten.

Rom! Nicht nennen hören konnte er zeit seines Lebens diesen Namen, ohne vor inniger Anhänglichkeit zu weinen. Wie gerne hätte er die Stadt des Papstes gesehen und ihre Stätten aufgesucht! Mit welcher Beglücktheit hätte er sich zu Füßen des Heiligen Vaters in die Knie geworfen!

«In einigen Tagen werde ich beim Heiligen Vater sein», berichtete ihm der Sekretär von Kardinal Pacca, der nach Ars wallfahrten gekommen war. «Oh, wenn ich mit Ihnen gehen könnte», antwortete ihm der Gottesmann und weinte vor Sehnsucht.

Zu Rom und seinen Lehren bekannte er sich im Geiste tiefen Glaubens. «Als man in Frankreich die liturgische Frage aufwarf, stellte er sich sofort auf die Seite der *Römischen* Liturgie.» Es war ihm eine Herzenssache, in Vereinigung mit dem gemeinsamen Vater aller Gläubigen zu beten, weshalb er die gleichen Gebete verrichten wollte wie er. Des öfteren hatte er den Wunsch nach einem *römischen Brevier* ausgesprochen. ...

Im Jahr 1857 teilte ihm Lacroix, ein Professor der Universität Nancy, mit: «Herr Pfarrer, ich gehe nach Rom, ich will am Grab der Apostel hinknien und beten. Geben Sie mir, bitte, Ihren Segen für die Fahrt.»

«Beim Namen Rom», berichtete Lacroix, «ging ein frohes Lächeln über Vianneys Züge, seine gesenkten Augen hoben sich und sein gesammelter, tief innerlicher Blick belebte sich, ein leuchtender Strahl brach hervor.

‹Ah, Sie gehen nach Rom›, sagte er, ‹Sie werden dort den Heiligen Vater sehen!› Bei diesem Wort nahm sein Gesicht einen Ausdruck an, in dem alles ausgesprochen lag, was sein Herz empfand. ‹Schön›, fügte er nach einer kurzen Pause hinzu, ‹ich empfehle mich in Ihr Gebet an der Confessio der Apostelfürsten›.»

Wahrhaftig! Rom hat im heiligen Pfarrer von Ars einen der besten und liebreichsten Söhne zur Ehre der Altäre erhoben.

GERTRUD DIE GROSSE

Gesandter der göttlichen Liebe

2. Aufl., 507 Seiten, 26 Abb., geb., Hardcover

Das berühmteste Frauenkloster im Mittelalter war das Kloster Helfta. Die hl. Gertrud kam als 5-Jährige dorthin. Die Äbtissin Gertrud von Hackeborn wurde ihre geistliche Mutter. Gertrud war sehr intelligent. Sie beherrschte Latein in Wort und Schrift. Als sie 26 Jahre alt war, erschien ihr Christus und sagte zu ihr: «Fürchte dich nicht. Ich will dich retten und frei machen.» Gertrud entbrannte in zärtlicher Liebe zu Christus, ihrem geistlichen Bräutigam. Was der hl. Johannes vom Kreuz von Gott erbat, wurde bei Gertrud Wirklichkeit: «Zerreiße doch den Schleier!»
Es begann eine Liebesgeschichte zwischen einer menschlichen Seele und ihrem Gott von einer solchen Zartheit, Vertraulichkeit und schrankenlosen Offenheit, wie sie in der ganzen mystischen Literatur einmalig ist. Darum erhielt sie als einzige Mystikerin die Beinamen «Die Große» und «Prophetin des inneren Lebens». Alle ihre geistlichen Gespräche mit Christus fanden ihren Niederschlag in ihrem Hauptwerk «Gesandter der göttlichen Liebe», einem Werk, das den Leser nicht mehr los lässt.

FERDINAND HOLBÖCK **Gottes Nordlicht**

3. Aufl., 376 Seiten, 24 Farbfotos, 24 s/w-Abb., Pb.

Die große Heilige Birgitta von Schweden (1303-1373) hat alle Weisen des Frauseins durchlebt, als Jungfrau, Ehegattin und Mutter, als Witwe und Ordensgründerin. Könige und Päpste haben sie um Rat gefragt. Durch die Offenbarungen, die sie im Auftrag Christi niederschrieb, wurde sie zur Prophetin in einem durch Krieg zerrissenen Abendland. Ihre Sprache ist hinreißend, die Bilder sind von visionärer Kraft, die Offenbarungen sind bestürzend aktuell.

CHRISTIANA-VERLAG • CH-8260 STEIN AM RHEIN